**1150 Jahre Marköbel**
**850 Jahre Baiersrödehof**

# 1150 Jahre Marköbel

# 850 Jahre Baiersröderhof

Hammersbach 1989

| | |
|---|---|
| Herausgeber | Gemeindevorstand der Gemeinde Hammersbach |
| Gesamtredaktion | Dirk-Jürgen Schäfer |
| Druck und Verlag | Verlag Wort im Bild GmbH, Hammersbach |

| ISBN | 3-88654-237-8 |

# Inhaltsverzeichnis

# Vorwort

Die Gemeinde Hammersbach hat 1978 eine Chronik für Hirzbach und 1982 eine Chronik für Langen-Bergheim herausgegeben. Nun legt sie eine Chronik für Marköbel und den Baiersröderhof vor. Damit steht jetzt für alle Ortsteile der Gemeinde eine geschichtliche Aufarbeitung zur Verfügung, die den heutigen Stand unseres historischen Wissens wiederspiegelt. Dabei ist zu berücksichtigen, daß die Ortsteile Langen-Bergheim und Marköbel mit Hirzbach und dem Baiersröderhof historisch zu unterschiedlichen Herrschaftsbereichen gehörten, deren Folgen noch in den Kreisgrenzen bis zum Zusammenschluß zur Gemeinde Hammersbach deutlich waren.
Die Arbeitsgruppe "Chronik" hat mit der Erstellung dieses Bandes hervorragende Arbeit geleistet. Es ist den Autoren gelungen, eine vielfältige und kenntnisreiche Darstellung der Marköbler Geschichte einschließlich des Baiersröderhofes vorzulegen. Die Herausgabe dieses geschichtlichen Werkes erfüllt mich daher mit besonderer Freude.
Allen Autoren gilt mein Dank für ihre Bereitschaft, sich am Zustandekommen dieses Buches, dem eine breite Beachtung zu wünschen ist, zu beteiligen. Mein besonderer Dank gilt dem Leiter der Arbeitsgruppe Chronik, Dirk-Jürgen Schäfer, der sich seit Jahren intensiv in die Geschichte Marköbels eingearbeitet und auch die Gesamtredaktion der Chronik übernommen hat.
Danken möchte ich insbesondere auch dem ehemaligen Ersten Beigeordneten unserer Gemeinde, Willi Kuhn, der großzügig das gesamte Papier für die Herstellung des umfangreichen Werkes gespendet und die Abbildungen des Umschlages übernommen hat.
Mein besonderer Dank gilt auch dem Marköbeler Verlag "Wort im Bild", der Satz, Abbildungen und Druck der Chronik preisgünstig besorgte.
Durch die preisgünstige Herstellung und die großzügige Papierspende ist es der Gemeinde möglich, die Chronik so preiswert abgeben zu können.
Den Lesern dieses Buches wünsche ich eine gewinnbringende Lektüre. Lassen Sie sich von der reichen Vergangenheit Marköbels faszinieren, erleben Sie ihre Höhen und Tiefen mit. Die Geschichte des Baiersröderhofes spiegelt beispielhaft auch die landwirtschaftliche Entwicklung wieder. Lernen Sie mit uns aus einer langen und ereignisreichen Geschichte, die uns für eine menschenwürdige Zukunft in Freiheit und Frieden verpflichtet.

Hammersbach, im Mai 1989

Helga Meininger
Bürgermeisterin

# Einleitung

Marköbel wurde erstmals vor 1150 Jahren urkundlich erwähnt. Die Geschichte des Ortes reicht aber nachweisbar 1900 Jahre zurück in die Römerzeit, und archäologische Funde weisen sogar 6000 Jahre zurück in die Jungsteinzeit. Die Chronik kann angesichts dieser Zeitspanne nur Schwerpunkte setzen. Die Wiedergabe allein der wesentlichen überlieferten Einzelheiten (und wer bestimmt, was wesentlich ist?) würde den stattlichen Umfang der jetzt vorliegenden Chronik völlig sprengen - und lesbar wäre sie dann sicher auch nicht mehr.

Zudem bedarf es einer Vielzahl - vielleicht sogar einiger Generationen - von engagierten Heimatforschern, die Literatur und das umfangreiche Archivmaterial allein des Gemeindearchivs Marköbel durchzuarbeiten. Zur notwendigen Ergänzung und zum Verständnis der übergeordneten Zusammenhänge sind darüber hinaus die Hanauer Archivalien im Hessischen Staatsarchiv Marburg heranzuziehen.

Jede Zeit setzt zudem auch neue Schwerpunkte in der historischen Betrachtung.

Ziel der vorliegenden Chronik ist es, einen "roten Faden" durch die Marköbeler Geschichte zu ziehen und die Chronik von Dr. Heinrich Bott aus dem Jahre 1939 zu aktualisieren und zu erweitern. Dies gilt insbesondere für die Vorzeit, die Römerzeit und das Mittelalter, denn hier haben Ausgrabungen und Quellenforschung viele neue Erkenntnisse gebracht. Auch der Reichskammergerichtsprozeß Marköbels um die alten Rechte gegen die Hanauer Grafen wird nach der wissenschaftlichen Auswertung der vergleichbaren Prozesse im Rahmen der reichsgeschichtlichen Entwicklung heute nüchterner gesehen. Manche Themen sind bei Bott nur am Rande erwähnt oder fehlen völlig. So zum Beispiel die Kirchengeschichte, die Wald- und Jagdgeschichte, die Geschichte der jüdischen Gemeinde, eine Abhandlung über die Flurnamen, die Geschichte des Weinanbaues, die Auswanderergeschichte sowie nicht zuletzt die Geschichte des Baiersröderhofes, dessen urkundliche Ersterwähnung nun auch schon 850 Jahre zurückliegt.

Dr. Heinrich Bott hat heute noch als Wissenschaftler einen guten Ruf. Welche Teile der Chronik 1939 von dem damaligen Herausgeber - der NS-Organisation KdF ("Kraft durch Freude") - redigiert worden sind, läßt sich heute nicht mehr feststellen. Dr. Bott hat nach dem Krieg der Gemeinde Marköbel angeboten, den neueren Teil der Chronik von 1939 zu überarbeiten. Dazu kam es aber nicht. Die Gründe sind nicht bekannt.

Als der Unterzeichner 1983 damit begann, die Geschichte Marköbels aufzuarbeiten, lag außer einem Archivverzeichnis von 1939 und einem Verzeichnis der an das Hauptstaatsarchiv Wiesbaden abgegebenen Akten kein neueres Verzeichnis der Marköbeler Archivalien vor. Es mußte praktisch neu angefangen werden. Es galt zunächst, die Marköbeler Gemeindeakten vor der Renovierung des Rathauses entsprechend der Altablage in großem Umfang neu aufzunehmen und zu registrieren. Eine detaillierte Inventarisierung - wie sie vom Landkreistag für das Langen-Bergheimer Archiv durchgeführt wurde - fehlt noch. Die historischen Bauakten waren überhaupt nicht verzeichnet. Hier half Karl Jung, der den größten Teil der Bauakten in einer Kartei erfaßte. Die Aufstellung ist noch nicht komplett. Die Vorstellung, die baugeschichtliche Entwicklung Marköbels seit Mitte des letzten Jahrhunderts detailliert in der Chronik darzustellen, mußte zurückgestellt werden.

Dank der guten Zusammenarbeit zwischen Bürgermeister Wahl und Kreisarchivpfleger Elsässer kamen in den sechziger Jahren die bis in die Zeit vor dem Dreißigjährigen Krieg zurückreichenden Gemeindeakten als Leihgabe an das Hauptstaatsarchiv Wiesbaden und nicht, wie in vielen anderen Gemeinden, in den Reißwolf!

Dadurch ist das Marköbeler Archiv, das auch alle früheren Bürgermeister gehütet hatten, fast vollständig erhalten und in seiner Vielfalt nur mit wenigen Archiven anderer Gemeinden vergleichbar. An dieser Stelle möchte ich mich bei Herrn Dr. Heinemann vom Hauptstaatsarchiv Wiesbaden für die jederzeit bewiesene freundliche Hilfsbereitschaft bedanken. Ihm ist es unter anderem zu verdanken, daß die Marköbeler Altakten seit April 1988 nach ihrer Sicherheitsverfilmung wieder in Hammersbach sind.

Neben der Erschließung des Marköbeler Archivs mußte die für die Geschichte der Gemeinde in Betracht kommende Literatur in zeitraubender Kleinarbeit gesichtet und ausgewertet werden.

Als die Gemeindevertretung 1985 die Kommission "1150 Jahre Marköbel / 850 Jahre Baiersröderhof" einsetzte, und die Kommission eine Arbeitsgruppe Chronik einsetzte, waren viele Vorarbeiten bereits erledigt, so daß den einzelnen Mitgliedern umfangreiches Material an die Hand gegeben werden konnte. Der Arbeitsgruppe Chronik gehörten zunächst an: Wilhelm Dietzel, Eberhard Glänzer, Karl Jung, Dirk-Jürgen Schäfer und Ernst Siegmund-Schultze. Eberhard Glänzer, der als Bearbeiter für die Geschichte des Baiersröderhofes vorgesehen war, legte sein Amt wegen Arbeitsüberlastung nieder. Neu hinzu kamen: Martin Glade, Rigobert Oberländer-Simanavicius, Rudolf Sirsch und Paul Trackis. Fleißige Mitarbeiterin wurde Ursula Dietzel, die nicht nur bei der Auswanderer-Aufstellung mithalf, sondern auch Zeichnungen aus Kartenwerken für die Römerzeit, die Wald- und Jagdgeschichte sowie die Flurnamen anfertigte.

Neben den örtlichen Autoren konnten weitere, fachkundige Autoren mit wissenschaftlichen Spezialkenntnissen gewonnen werden. Peter Jüngling, Rainer Tews und Johannes Steidte von der Archäologischen Arbeitsgemeinschaft des Hanauer Geschichtsvereins erklärten ihre Mitarbeit. Besonders erfreut waren wir über die Mitarbeit des Leiters des Hessischen Landesamtes für geschichtliche Landeskunde in Marburg, Prof. Dr. Fred Schwind, der bereit war, die mittelalterliche Geschichte Marköbels zu schreiben. Durch seine Vermittlung konnten wir weitere wissenschaftliche Autoren gewinnen zu den Themen Flurnamen (Bernd Vielsmeier), Reichskammergerichtsprozeß (Dr. Jost Hausmann) und Baiersröderhof (Otto Volk). Darüber hinaus ist uns Prof. Dr. Fred Schwind jederzeit ein wertvoller Berater für die Chronik insgesamt gewesen.

Die Mitarbeiter der Arbeitsgruppe Chronik mußten sich in einer relativ kurzen Zeit in die Archivalien einarbeiten und ihre Beiträge schreiben. Zu Hilfe kam vor allem den ört-

lichen Mitarbeitern, daß Dr. Bott eine Reihe von Gemeindearchivalien aus der nur schwer lesbaren Handschrift des 17./18. Jahrhunderts übertragen hatte und diese Schreibmaschinenabschriften allen Mitarbeitern zur Verfügung standen.
Die Geschichte dieses Jahrhunderts ist in einigen Beiträgen themenbezogen enthalten. Leider war es in der Kürze der Zeit nicht mehr möglich, eine ausgewogene Darstellung der Entwicklung Marköbels seit dem Ersten Weltkrieg zu schreiben. Material gibt es in Fülle. Wir hoffen hier auf die geplanten "Hammersbacher Geschichtsblätter", deren Erscheinen wir dringend wünschen. Im ersten Heft könnte die Auswertung der kultur-anthropologischen Untersuchung der Frankfurter Studenten Hans-Jörg Halva und Wolfgang Neef über das Zusammenwachsen der beiden Ortsteile Marköbel und Langen-Bergheim sowie der Eingliederung der Neubürger in Hammersbach erscheinen. Eine Aufnahme des sehr umfangreichen Beitrages in die Chronik war leider nicht mehr möglich.
Unser Dank gilt dem Gemeindevorstand, der uns bei der Auswahl der Autoren und der Themen sowie der Gestaltung freie Hand ließ. Die Arbeitsgruppe will auch nach dem Erscheinen der Chronik noch weitere geschichtliche Themen aufarbeiten.
Wir hoffen, daß diese Chronik auch dazu beiträgt, bei jüngeren Menschen das Interesse für die Geschichte ihrer Heimat zu wecken.

Hammersbach, im April 1989

Dirk-Jürgen Schäfer
Leiter der Arbeitsgruppe Chronik

# Bodenfunde berichten aus der vorgeschichtlichen Zeit

*Rainer Tews*

Mit der ersten urkundlichen Erwähnung im Jahre 839 beginnt die geschichtliche Zeit Marköbels. Aber auch vor dieser Zeit lebten hier Menschen. Das Leben dieser Menschen ist uns nicht durch schriftliche Überlieferungen, sondern nur durch archäologische Hinterlassenschaften, den "Bodenurkunden" überliefert.

Der folgende Beitrag soll uns das Leben dieser Menschen vor 7000 bis 2000 Jahren ein wenig näherbringen. Die Fachwissenschaft nennt diese Zeit die *"vorgeschichtliche Zeit" (Prähistorie).*

Ein Problem muß aber noch erwähnt werden. Leider ist ein Teil der Funde aus Marköbel wie auch aus Hanau und anderen Gemeinden während des Zweiten Weltkrieges vernichtet worden, so daß mancher interessante Fund nicht abgebildet werden kann. Auch hat sich in der Dokumentation der vorgeschichtlichen Archäologie einiges geändert. Heute ist nicht mehr der Fund so wichtig, sondern eher, in welchem Zusammenhang ein Fund entdeckt und ausgegraben (Befund) wurde, denn nur eine genaue Dokumentation des Befundes kann Aufschluß über das Leben des vorgeschichtlichen Menschen geben.

Die Vorgeschichtliche Archäologie wird vereinfacht unterteilt in drei große Phasen:
- Steinzeit - Bronzezeit - Eisenzeit.
Der größte Abschnitt der Menschheitsgeschichte ist dabei die Steinzeit. Die Steinzeit wird wiederum unterteilt in *Altsteinzeit (Paläolithikum), Mittelsteinzeit (Mesolithikum)* und *Jungsteinzeit (Neolithikum).*

Der Mensch der altsteinzeitlichen Epochen war in der Hauptsache Jäger und Sammler. Teilweise lebte er unter sehr extremen Witterungsbedingungen, denn es gab von unterschiedlicher Zeitdauer sogenannte Warm- und Kaltzeiten. Aus dem Gebiet von Marköbel gibt es bisher keine Funde aus dieser Zeit. Der nächstgelegene Fundort ist der Judenberg und der Pfingstwald in Neuberg-Rüdigheim. Hier wurde eine *"aus Kieselschiefer gefertigte Spitze von 5,3 cm Länge"* gefunden. Sie wird zeitlich ans Ende der mittleren Altsteinzeit datiert, besser bekannt als die Zeit des "Neandertalers".
Die bisher ältesten Funde von Marköbel stammen vom Beginn der JUNGSTEINZEIT. In dieser Zeit veränderte sich die Lebensweise des Menschen so sehr, daß die Wissenschaft von einer Art "Revolution" spricht. Die Errungenschaften (Umzüchtung wilder Tiere in Haustiere = Viehzucht und Kultivierung von Pflanzen = Ackerbau) ließen den Menschen seßhaft werden. Er verweilte nicht mehr saisonal an einem Ort, sondern

| | | | |
|---|---|---|---|
| 800 | | | |
| | Früh-mittel-alter | | |
| 480 n. Chr. | | | |
| | Völker-Wanderungs-zeit | | |
| 260 n. Chr. | | | |
| | Römerzeit | | |
| 70 n. Chr. | | | |
| | | Jüngere | La Tène-Zeit |
| 450 v. Chr. | Eisenzeit | | |
| | | Ältere | Hallstattzeit |
| 800 v. Chr. | | | |
| | | Jüngere | Urnenfelderzeit |
| 1200 | Bronzezeit | | |
| | | Mittlere | Hügelgräberzeit |
| 1600 | | | |
| | | Frühe | Adlerberg-Gruppe |
| 1800 v. Chr | | | |
| | | Späte | Glockenbecherkultur / Schnurkeramische Kultur |
| 2500 | Jungsteinzeit | | |
| | | Jüngere | Michelsberger Kultur |
| 3500 | (Neolithikum) | | |
| | | Mittlere | Rössener Kultur |
| 4000 | | | |
| | | Frühe | Bandkeramische Kultur |
| 5000 v. Chr. | | | |
| | Mittelsteinzeit (Mesolithikum) | | |
| 8000 v. Chr. | | | |
| | | Späte | |
| 10 000 v. Chr. | | | |
| | | Jüngere | |
| 35 000 v. Chr. | Altsteinzeit | | |
| | | Mittlere | |
| 200 000 v. Chr. | (Paläolithikum) | | |
| | | Ältere | |
| 700 000 v. Chr. | | | |

Zeiteinteilung von der Altsteinzeit bis zum Mittelalter

verbrachte Jahre oder Jahrzehnte an der gleichen Stelle. Die ersten Bauern nennen wir anhand ihrer Verzierung auf den Gefäßen "BANDKERAMIKER".

Bau eines Hauses in der Jungsteinzeit. Die verschiedenen Arbeitsgänge wie Errichten der Tragpfosten, Verlegen der Dachkonstruktion, Herstellung der Flechtwände und Decken des Daches sowie Verputzen der Wände mit Lehm werden nebeneinander gezeigt (nach "Urgeschichte in Baden-Württemberg").

Dieser Begriff ist wie andere vorgeschichtliche Zeiteinteilungen ein von den vorgeschichtlichen Archäologen entwickeltes Kunstwort, da aus dieser Zeit keine schriftlichen Überlieferungen vorliegen.

Die Bandkeramik ist die z.Zt. besterforschte vorgeschichtliche Kultur. Wir wissen viele Einzelheiten über das tägliche Leben dieser Menschen, wovon sie sich ernährt haben (z.B. Einkorn, Gerste, Emmer oder Linsen), welche Haustiere sie hatten (Schwein, Rind, Schaf und Ziege). Auch über ihren Hausbau geben uns zahlreiche Ausgrabungen der letzten Jahre Auskunft. Sie bestatteten ihre Toten in eingetieften Gruben, oft in der Hockerstellung, und gaben den Toten Beigaben in Form von Gefäßen, Steingeräten (z.B. Pfeilspitzen oder Klingen aus Feuerstein) und auch Schmuck (z.B. aus Muscheln oder Tierzähnen hergestellt) mit ins Grab.

Zahlreiche Fundstellen in der Gemarkung von Marköbel zeigen, daß die Bandkeramiker auch hier siedelten. "Am Kammerborn", nahe den Hirzbacher Höfen fand man 1903 und 1906 verzierte Scherben, ein großes unverziertes Gefäß und Steingeräte, ebenso am "Baiersröderhof", westlich des Hofes zwischen der Ostheim-Marköbeler Straße und dem Firzenfluß. Zwei restaurierte Gefäße von dieser Fundstelle zeigen sehr deutlich die bandartige Verzierung.

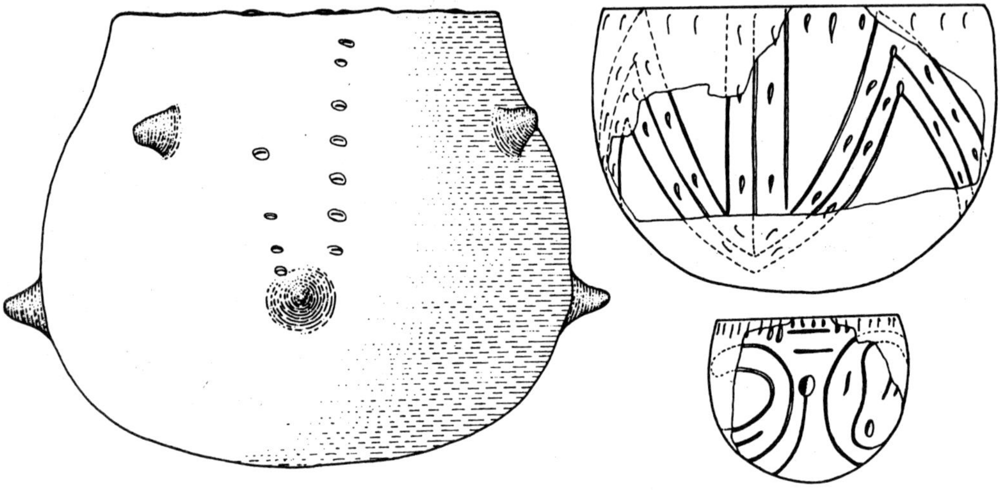

Bandkeramische Gefäße aus Marköbel. LInks ein Topf (30 cm hoch) aus braunem Ton mit Griffwarzen, kurz nach der Jahrhundertwende "Am Kammerborn" südwestlich der Hirzbacher Höfe gefunden. Rechts oben ein Gefäß (9,3 cm hoch), das 1903 in einer Grube und rechts unten ein Gefäß (5,4 cm hoch), das 1909 auf einem Felde gefunden wurde. Beide stammen aus dem Gebiet westlich des Baiersröderhofes.

Eine markante Fundstelle liegt an der Straße nach Ostheim auf dem Gebiet des Baiersröderhofes. Diese sogenannten "WETTERAUER BRANDGRÄBER" beschäftigten die Wissenschaftler mehrere Jahrzehnte und waren zu Anfang unseres Jahrhunderts eine archäologische Sensation. Doch wurden nach 1920 keine Gräber mehr gefunden, nachdem der Entdecker der Brandgräber, der Windecker Brunnenbohrer Bausch, seine Ausgrabungstätigkeit einstellte. Der wichtigste Fund innerhalb dieser Gräber waren Ketten aus Kieselsteinen. Diese Ketten waren es auch, die diese Gräber nach heutigem Wissenstand als Fälschungen entlarvten. Denn Bohrer, mit denen solche kleinen Löcher hätten gebohrt werden können, gab es z.Zt. der Bandkeramik nicht (diese bestanden aus Feuerstein oder Quarzit, aber nicht aus Stahl).
Die nachfolgende "RÖSSENER KULTUR" (benannt nach einem Gräberfeld bei Rössen nahe Merseburg in der DDR) unterscheidet sich u.a. von der Bandkeramik in der Verzierung und in der Erstellung neuer Gefäßtypen. Die Häuser haben jetzt keinen rechteckigen, sondern einen trapezförmigen Grundriß. Die Lebensweise (Ackerbau und Viehzucht) veränderte sich gegenüber den Bandkeramikern kaum. Fundstellen von Marköbel kennen wir aus der Nähe des Baiersröderhofs, vom Kastellgelände und wieder vom "Kammerborn" (bei Hirzbach). Sehr gut dokumentiert ist dabei das Gefäß vom "Kastellgelände", die typische Form eines Rössener Gefäßes mit Bauchknick.
Von der der Rössener Kultur folgenden "MICHELSBERGER KULTUR" (benannt nach dem Fundort Michelsberg bei Untergrombach, Krs. Bruchsal) besitzen wir nur wenige Hinterlassenschaften. Das typische Gefäß ist der "Tulpenbecher", der im Gebiet des

"Tannenkopf" an der Grenze zu Butterstadt schon vor dem ersten Weltkrieg gefunden wurde. Auch im Altkreis Hanau gibt es nur wenige Fundstellen dieser Kultur. Eine Eigenart der Michelsberger Leute wäre noch anzumerken. Bisher sind von dieser Kultur fast nur Siedlungs- und kaum Grabfunde bekannt. Die Menschen aus jener Zeit bauten große befestigte Anlagen, sogenannte "Erdwerke". Doch sind sich die Fachwissenschaftler bis heute nicht einig, wozu sie dienten, da nur wenige Hausgrundrisse innerhalb solcher Anlagen entdeckt wurden. Vielleicht dienten sie als Fluchtpunkte, bei Gefahr.
Wir nähern uns dem Ende der Jungsteinzeit. Die nun folgenden beiden Epochen nennen wir nach dem typischen Gefäß "Becherkulturen". Bisher gibt es nur einen Fund aus Marköbel, wobei nicht bekannt ist, woher er primär stammt. Eine sogenannte "Facettierte Axt" wurde beim Bau eines Stalles 1952 auf dem Grundstück Fritz Gärtner, Nordstraße 7, entdeckt. Sie diente wohl eher zur Abwehr von Blitzen (Blitzzauber). Diese Axt gehörte zur Kultur der "SCHNURKERAMIK", die im Totenbrauchtum eine Neuerung einführte. Zum ersten Mal wird der Verstorbene unter einem Grabhügel bestattet. Das nördlich von Langen-Bergheim ehemals gelegene Grabhügelfeld "Haarstrauch" (heute Autobahn-Tank- und Raststätte) enthielt in einigen Hügeln auch Scherben der Schnurkeramik.
Das Ende der Jungsteinzeit ist mit der GLOCKENBECHERKULTUR verbunden. Ähnlich wie bei der Schnurkeramik sind fast nur Grabfunde bekannt. Obwohl in den letzten Jahren mehrere Siedlungsstellen entdeckt worden sind, ist ihre Anzahl noch sehr gering. Aus Marköbel gibt es keine Funde der Glockenbecherkultur. Der nächstgelegene Fundort stammt vom "Hessenjacobsborn" in Nidderau-Windecken.
Mit dem Ende der Glockenbecherkultur beginnt eine neue Epoche des vorgeschichtlichen Menschen. Die Bronze wird das Material, aus dem Schmuck, Geräte des täglichen Lebens und auch Waffen hergestellt werden. Leider haben wir aus Marköbel bisher keinen einzigen Fund, der in die Hochblüte der sogenannten "HÜGELGRÄBER-BRONZEZEIT" datiert. Das bedeutet nicht, daß in der Zeit zwischen 1600 und 1200 v.Chr. hier keine Menschen gelebt haben. Bisher sind eben noch keine Funde in Marköbel entdeckt worden. Es besteht eine Fundlücke. Daß es Funde aus dieser Zeit in der näheren Umgebung gibt, zeigen uns Funde aus Nidderau und Bruchköbel-Niederissigheim.
Gegen 1200 v.Chr. wandeln sich in recht kurzer Zeit die Bestattungssitten in fast ganz Mitteleuropa. Der Mensch geht über zur Leichenverbrennung und entsprechend der Bestattungsart heißt diese Zeit zwischen 1200 und 800 v.Chr. "URNENFELDERKULTUR". Das Hauptbearbeitungsmaterial ist immer noch die Bronze, doch vereinzelt erscheinen bereits Gegenstände aus Eisen. Oft wurden diese Veränderungen um 1200 v.Chr. auch mit dem Eindringen fremder Völker in Verbindung gebracht. Aber die Beziehung zwischen politischen Geschehnissen und archäologischen Hinterlassenschaften sind mannigfaltig und mit unseren Vorstellungen von einem Wechsel, sei es von Zeit, Mode und Lebensart, nicht in Einklang zu bringen. Daher ist bei dieser Problema-

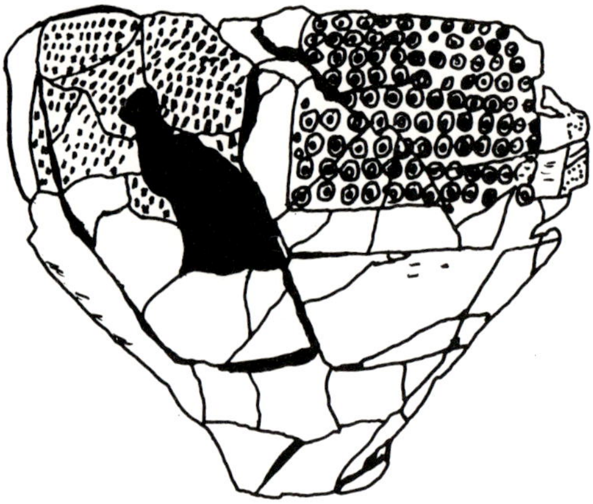

Beim Pflügen mit dem tief gehenden Dampfflug wurden 1903 am Firzenfluss, etwa 500 Meter westlich des Baiersröder Hofes, Urnenreste, Bernsteinperlen sowie zwei bronzene Armringe gefunden. Unsere Abbildung zeigt die damals teilweise zusammengesetzte Urne. Sie wurde im Zweiten Weltkrieg in Hanau vernichtet. Eine Abbildung ist im Katalog Kutsch erhalten. Die Nachzeichnung fertigte Ursula Dietzel an.

tik, Veränderungen bedingt durch andere ethnische Gruppen, viel Vorsicht geboten. Fundstellen der Urnenfelderkultur im Bereich von Marköbel kennen wir bisher nur vom "Tannenkopf". Über den Hausbau der Urnenfelderleute ist bisher nur wenig bekannt. Interessant ist, daß sie aber auf markanten topographischen Punkten, wie z.B. dem Glauberg bei Büdingen eine Befestigung errichteten. Grabfunde sind aus dem Gebiet des Altkreises Hanau bis heute sehr zahlreich bekannt.
Um 800 v.Chr. beginnt die letzte große vorgeschichtliche Epoche, die Eisenzeit. Die erste Hälfte von ca. 750 - 450 v.Chr. wird nach einem Fundort im Salzkammergut in Österreich "HALLSTATTZEIT" benannt. Aus der Hallstattzeit sind wir wiederum gut informiert über das Totenbrauchtum der damaligen Menschen. Sie bestatteten ihre Toten unter Grabhügeln wie uns auch die Ausgrabung im ehemaligen Grabhügelfeld "Haarstrauch" nördlich von Langen-Bergheim zeigt. Grab 1 und 14 enthielten zum Beispiel ein Eisenschwert, eine typische Männerbeigabe. Aus Marköbel kennen wir auch mehrere Fundstellen. 1906 wurde ein Grab im Wald am "Bäckersborn" nordwestlich des Ortes unter einem Grabhügel geborgen. Interessant ist dabei das Eisenschwert, das *"mit Resten der mit großmaschigem Stoff gefütterten Holzscheide"* versehen war. Die Funde aus den Gräbern am "Baiersröderhof" zeigen die große Palette an Beigaben, z.B. Bronzearmringe, eine Kette aus Bernsteinperlen, Keramik und Eisenmesser. Ein Siedlungsfund ist bekannt vom Acker Schmidt am Westausgang des Ortes an der Straße nach Ostheim mit zahlreichen Gefäßfragmenten. Daß die Toten nicht nur verbrannt, sondern auch wie heute bestattet wurden, zeigt uns das Grab vom "Bäckersborn".
Die letzten 450 Jahre bis zur Zeitenwende - die "LATENEZEIT" - sind benannt nach einem Fundort am Neuburger See in der Schweiz. Sie gilt als die Zeit der Kelten. Aus der Latenezeit besitzen wir auch Funde aus Marköbel. Der jüngste in Marköbel geborgene Fund stammt aus dieser Epoche. 1984 wurde eine kleinere Untersuchung in der Flur "Am Goldborn" am Rüdigheimer Weg vorgenommen und dabei typische Siedlungskeramik der Mittel- und Spätlatenezeit geborgen.

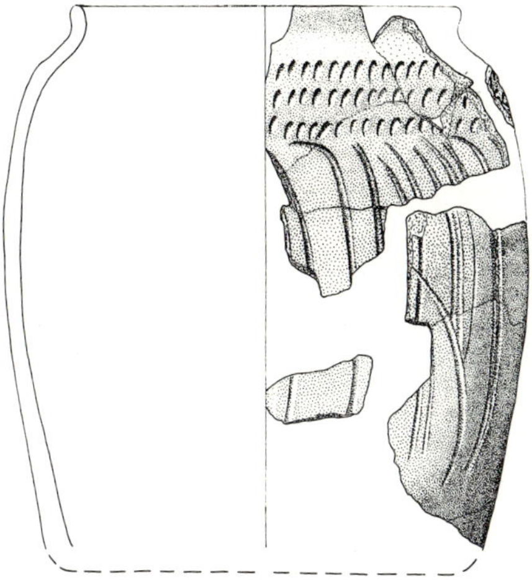

Siedlungskeramik der Latenezeit vom Marköbeler "Goldborn" (Rüdigheimer Weg) aus der Grabung des Jahres 1984.

Die Grabfunde vom "Tannenkopf" gehören fast ausschließlich in die ausgehende Latenezeit. An Beigaben wurden u.a. Fragmente von Fibeln (vergleichbar mit unseren heutigen Sicherheitsnadeln), Keramik und Teile einer Gürtelkette gefunden. Grabfunde der frühen Latenezeit kennen wir bisher nicht aus Marköbel, aber aus dem Altkreis Hanau z.B. von Erlensee-Langendiebach, Langenselbold oder Niederdorfelden.

Die Latenezeit ist die Blütezeit der Kelten, eines Volkes, das auch in der antiken Literatur oft erwähnt wird. Wir wissen, daß die Kelten teilweise mit Beginn des 4. Jhdts. v. Ch. große Wanderungen unternommen haben (man denke an die Belagerung Roms im Jahre 387 v. Chr. und den berühmten Spruch des keltischen Heerführers Brennus "Vae Victis - Wehe den Besiegten"), die sie im 3. Jh. v. Chr. sogar bis in das Gebiet der heutigen türkischen Hauptstadt Ankara führte. Ein Teil der Kelten kehrte in ihre angestammten Gebiete in Mitteleuropa zurück, doch mit den Eindrücken, die ihnen die Kulturen des Mittelmeerraumes vermittelt haben. Die besten Zeugnisse davon sind in der keltischen Spätzeit die sogenannten "Oppida" (stadtähnliche Anlagen) und der Münzumlauf bei den Kelten anhand griechischer Vorbilder. Die beste schriftliche Überlieferung über die Kelten oder auch "Gallier" ist das Buch über den gallischen Krieg von Caesar. "Oppida" kennen wir aus dem Taunus, wie z.B. den Altkönig oder das Heidetränke-Oppidum. Als die Römer ab 15 v.Chr. mit ihren Vorstößen ins Innere Germaniens begannen, waren die keltischen Siedlungen im Taunus bereits aufgegeben oder verlassen. Es besteht daher im wesentlichen eine Fundlücke zwischen dem Ende der Kelten und der römischen Besetzung. Vielleicht mußten die Kelten dem Druck der aus dem Norden vorstoßenden Germanen und den aus Süddeutschland vorrückenden Römern weichen, oder sie haben sich langsam mit den eindringenden Germanen vermischt. Einzelne germanische Funde sind aus dem Main-Kinzig-Kreis bekannt, darunter auch ein Fund aus Marköbel. Mit dem Eindringen der Römer beginnt eine neue Zeit, ganz besonders auch für Marköbel.

## Literatur

G. BERNHARDT, Die Vor- und Frühgeschichtlichen Funde im ehemaligen Kreis Büdingen. Unpub. Magisterarbeit Frankfurt 1976.
L. FIEDLER, Jäger und Sammler der Frühzeit. Alt- und Mittelsteinzeit in Nordhessen. Vor- und Frühgeschichte im Hess. Landesmuseum in Kassel 1 (1983).
F.-R. HERRMANN, Die Funde der Urnenfelderkultur in Mittel- und Südhessen. Römisch-Germanische Forschungen 27 (1966)
P. JÜNGLING, Fundchronik der Bodendenkmalpflege im Main-Kinzig-Kreis 1985/86. Neues Magazin für Hanauische Geschichte 9 (1), 1987, 12 ff. "Hammersbach-Marköbel".
F. KUTSCH, Hanau - Museum des Hanauer Geschichtsvereins. Kataloge West- und Süddeutscher Altertumssammlungen, V, Frankfurt 1926.
G. LOEWE, Zur Frage der Echtheit der jungsteinzeitlichen "Wetterauer Brandgräber". Germania 36, 1958, 421 ff.
W. MEIER-ARENDT, Die bandkeramische Kultur im Untermaingebiet. Veröffentlichung des Amtes für Bodendenkmalpflege im Reg.-Bez. Darmstadt 3 (1966).
H. MÜLLER-KARPE, Die Urnenfelderkultur im Hanauer Land. Schriften zur Urgeschichte 1 (1948).
P. PRÜSSING, Jäger und Sammler (Wildbeuter) in der Hanauer Region. Hanauer Geschbl. 29, 1985, 7 ff.
H. SCHÖNBERGER, Die Spätlatenezeit in der Wetterau. Saalburg Jahrbuch 11, 1952, 21 ff.
A. SCHUMACHER, Die Hallstattzeit im südlichen Hessen, Teil 1 und 2. Bonner Hefte zur Vorgesch. 5, 1972 und 6, 1974.
A. STROH, Die Rössener Kultur in Südwestdeutschland. Ber. RGK 28, 1938, 9 ff.
J. WAHL, Der römische Militärstützpunkt auf dem Frankfurter Domhügel. Schriften des Frankfurter Mus. für Vor- und Frühgesch. 6 (1982) 54 f., Taf. 56, 8-10
G. WOLFF, Die südliche Wetterau in vor- und frühgeschichtlicher Zeit mit einer archäologischen Fundkarte (1913).
G. WOLFF, Neolithische Brandgräber in der Umgebung von Hanau. Prähistorische Zeitschrift 3, 1911, 1 ff.

## Karte der vor- und frühgeschichtlichen Fundstellen in Hammersbach

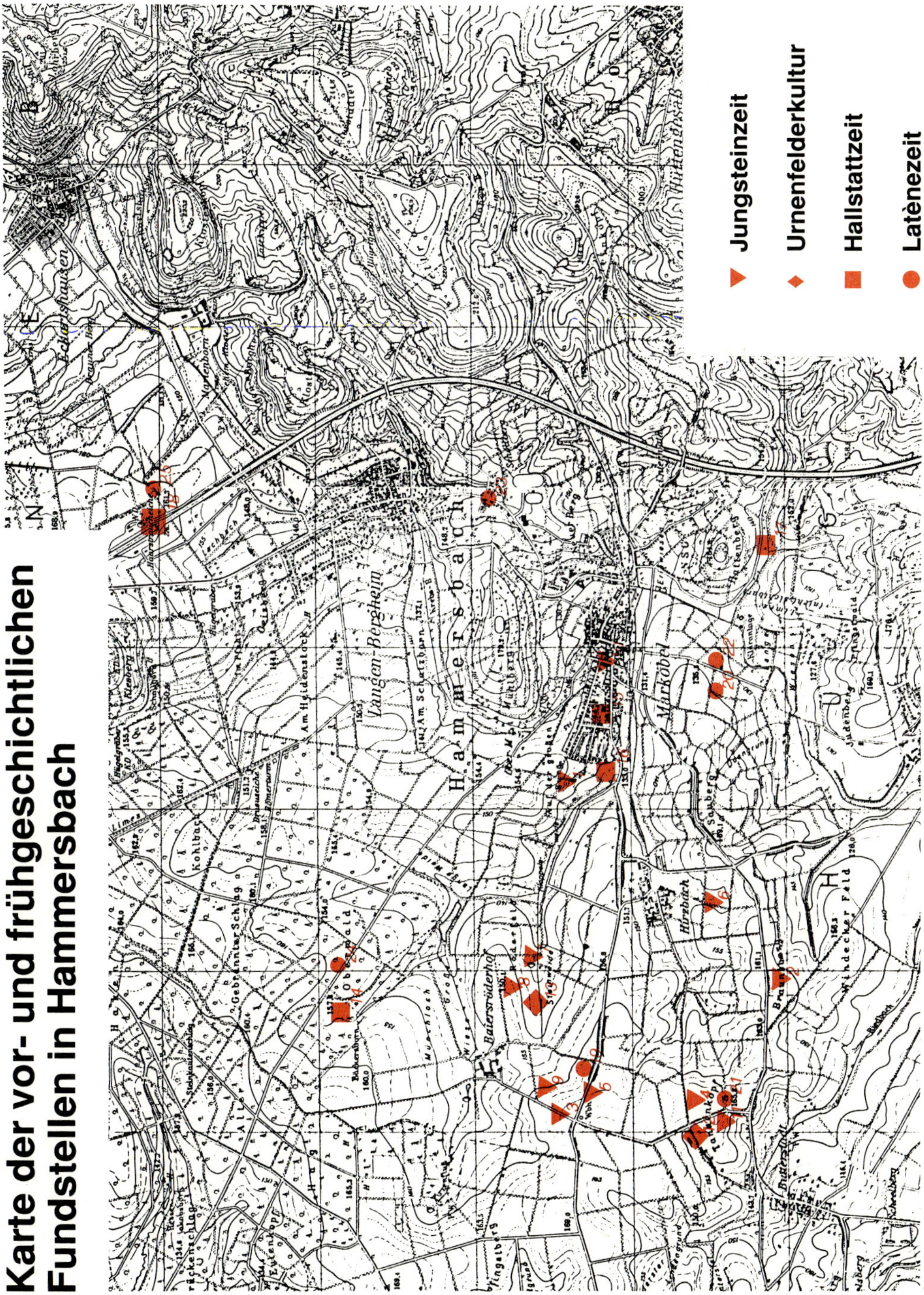

# Vor- und frühgeschichtliche Funde in Hammersbach

*Rainer Tews*

Die hier erstmals vorgelegte vollständige Zusammenstellung aller bekannten vor- und frühgeschichtlichen Funde in Hammersbach beruht auf der Ortsakte Hammersbach der Archäologischen Arbeitsgemeinschaft des Hanauer Geschichtsvereins. In der Ortsakte enthalten sind alle veröffentlichten Funde, sowie die nicht veröffentlichten Funde aus der Bestandskartei des Hanauer Museums. Ein Teil der nicht ausgelagerten Funde wurde bei der sinnlosen Zerstörung Hanaus im Zweiten Weltkrieg vernichtet.
In die Fundkarte konnten die Funde nicht aufgenommen werden, bei denen die Angabe der Fundstellen zu ungenau sind, wie z. B. "aus der Gemarkung von Langenbergheim" oder "auf einem Acker vor dem Ort". In die Karte wurden gleichfalls die Fundstellen nicht aufgenommen, bei denen die Funde in sekundärer Lage gefunden wurden. In der nachfolgenden Aufstellung sind sie ohne Numerierung (o.N.) aufgenommen.

Die Aufstellung ist wie folgt gegliedert:
Nummer auf der Fundkarte, Fundstelle,
Fundumstände,
Funde,
Datierung,
Aufbewahrungsort.

## Jungsteinzeit (ca. 5000 - 1900 v.Chr.)

1) "Auf der Großen Burg", WNW von Marköbel gelegen.
1913 vom Besitzer der Untermühle. abgekauft von G. Wolff für das Museum Hanau.
"Schuhleistenkeil" und eine Axt.
Bandkeramik und Jungsteinzeit allgemein.
Museum Hanau.

2) Am "Braunsberg", 1 km SW der Hirzbacher Höfe.
Lesefunde von 1911.
Keramikreste, verziert.
Bandkeramik.
Museum Hanau (durch Kriegseinwirkung zerstört).

3) "...auf beiden Seiten des von Butterstadt nach dem Baiersröder Hof führenden Weges...".
Lesefunde von 1907.
"Scherben".
Bandkeramik.
Unbekannt

4) Am "Tannenkopf", Acker Jung.
Aus Siedlungsgruben 1902/03 geborgen.
"Scherben, Steingeräte, Mahlsteine".
Bandkeramik.
Museum Hanau (durch Kriegseinwirkung zerstört).

5) 1 km südlich vom Baiersröder Hof, östlich der Kreuzung des Butterstädter Weges mit der Ostheimer-Marköbeler Straße.
Bei der Verschiebung des Straßengrabens wurden u.a. drei jungsteinzeitliche Gruben angeschnitten (1912).
Scherben?
Bandkeramik.
Unbekannt.

6) Am "Kammerborn", 200 m südlich der Hirzbacher Höfe.
Zwischen 1903 und 1906 wurden dort "neolithische Gruben" entdeckt.
Verzierte und unverzierte Scherben, Steingeräte.
Bandkeramik.
Museum Hanau (der größte Teil durch Kriegseinwirkung zerstört).

7) Zwischen "Steinweide" und "Röderfeld".
Bei den Untersuchungen 1907 und 1908 wurde u.a. auch eine "Grube" entdeckt.
Verzierte Scherben.
Bandkeramik und Rössener Kultur.
Museum Hanau (durch Kriegseinwirkung zerstört)

8) Baiersröderhof, auf dem "Röderfeld", östlich des Hofes.
1908 aus "Gruben" geborgen.
Verzierte und unverzierte Scherben, Hüttenlehm, Steingeräte aus Quarzit, Feuerstein und Felsgestein, Mahlsteine.
Bandkeramik.
Museum Hanau (durch Kriegseinwirkung zerstört).

9) "...auf beiden Seiten des von Butterstadt nach dem Baiersröder Hof führenden Weges..." (vgl. Nr. 3).
Lesefund von 1907.
"Scherben".
Rössener Kultur.
Unbekannt.

10) "Kastellgelände".
Aus den römischen Funden heraussortiert.
Ein "Urnchen in Rössener Form".
Rössener Kultur?
Museum Hanau.

11) Am "Tannenkopf" dicht an der Hohen Straße, Acker Jung (vgl. Nr. 4).
Aus einer "Wohngrube" 1903 geborgen.
Tulpenbecher der Michelsberger Kultur.
Michelsberger Kultur.
Museum Hanau.

o.N. Genauer Fundort unbekannt. Diese Axt wurde im Jahre 1952 im Anwesen Gärtner, Nordstr. 7, entdeckt.
Beim Bau eines Stalles in sekundärer Lage mit neuzeitlicher Westerwälder Ware gefunden.
Facettierte Hammeraxt.
Schnurkeramik.
Museum Hanau.

o.N. Hauptstr. 63.
Beim Anlegen der Kanalisation im Mai 1953 vor dem Hauseingang in sekundärer Lage entdeckt.
Spitznackiges Steinbeil.
Michelsberger Kultur (?).
Museum Hanau.

o.N. "Zwischen Marköbel und Ostheim".
Lesefund.
"...durchlochte Steinaxt mit breitem schrägem Nacken."
Jungsteinzeit allgemein.
Museum Hanau.

o.N. "Auf der Birke", nach dem Ostheimer Wald zu (alten Haag).
Lesefund.
"...flaches rundnackiges Steinbeil..."
Jungsteinzeit allgemein.
Museum Hanau.

o.N. Aus der Gemarkung Langenbergheim.
Lesefund.
Rechteckbeil aus Hornblendschiefer.
Schnurkeramik.
Heuson-Museum Büdingen.

o.N. Aus der Gemarkung Langenbergheim.
Lesefund.
Trapezbeil aus Kieselschiefer.
Schnurkeramik.
Heuson-Museum Büdingen.

o. N. Auf einem Acker vor dem Ort.
Lesefund vor dem zweiten Weltkrieg.
Spitznackiges Felsgesteinbeil.
Michelsberger Kultur (?)
Privatbesitz R. Lerch (?)

o. N. Ringstraße 9
Beim Anlegen eines Kanals in sekundärer Lage auf dem Anwesen von W.G. Hitzemann gefunden.
Bearbeiteter Stein aus Kieselschiefer.
Jungsteinzeit allgemein.
Privatbesitz W.G. Hitzemann.

o. N. "Am alten Hof".
Aus einer "Wohngrube" (Siedlungsgrube).
"Zwei Steinmeißelchen, ein Steinhämmerchen, rohe Scherben, Hüttenlehm."
Jungsteinzeit allgemein.
Museum Hanau.

o. N. Nordabhang des Hattenbergs.
Unbekannt.
"Neol. Einzelfund."
Jungsteinzeit allgemein (?)
Unbekannt.

## Urnenfelderkultur (ca. 1200 - 750 v.Chr.)

12) Nordhang des "Tannenkopfs", Acker Jung (vgl. Nr. 4).
Siedlungsgruben, die zwischen 1903 und 1908 geborgen wurden.
Hauptsächlich unverzierte Keramikfragmente, eine Randscherbe hat einen mit Fingernageleindrücken verzierten Rand.
Urnenfeldenkultur.
Museum Hanau.

13) Zwischen "Steinweide" und "Röderfeld".
Wohl aus Siedlungsgruben?
"Bruchstück einer Schale" und "rohe Scherben".
Urnenfelderkultur (unsicher).
Museum Hanau.

## Hallstattzeit (ca. 750 - 450 v.Chr.)

14) Oberhalb des "Bäckerborns" im Oberwald.
Bestattung innerhalb eines 1906 angeschnittenen Grabhügels.
Eisenschwert mit Resten der mit grobmaschigem Stoff gefütterten Holzscheide, "rohe" Scherben.
Hallstattzeit.
Museum Hanau (durch Kriegseinwirkung zerstört).

15) "Auf den Kreutzen".
Beim Schulneubau 1953 wurden innerhalb des römischen Brandgräberfeldes vorgeschichtliche Keramikreste gefunden.
Verzierte und unverzierte Scherben.
Hallstattzeit.
Museum Hanau.

16) Acker Schmidt, nördlich der Straße nach Ostheim am Westausgang von Marköbel.
In einem Suchschnitt wurden 1953 zwei Siedlungsgruben entdeckt.
Zahlreiche verzierte und unverzierte Scherben, Hüttenlehm, Tierknochen.
Hallstattzeit.
Museum Hanau.

17) Acker Möller, südlich des "Hattenbergs" gelegen.
Wohl aus Siedlungsgruben.
Zahlreiche verzierte und unverzierte Scherben.
Hallstattzeit.
Museum Hanau (der größte Teil durch Kriegseinwirkung zerstört).

18) Walddistrikt "Haarstrauch" nördlich von Langenbergheim gelegen (heute Autobahnraststätte).
Zwischen 1906 und 1909 wurden in diesem Gebiet 25 Grabhügel untersucht, da im Rahmen der Feldbereinigung neues Ackerbaugebiet entstehen sollte. Innerhalb der Grabhügel meistens Brandbestattungen und Skelettgräber der Hallstattzeit und Skelettgräber der frühen Latènezeit.
U.a. Keramik, Bronzegegenstände und Eisenschwerter.
Hallstatt- und Latènezeit.
Heuson-Museum Büdingen, Wetteraumuseum Friedberg und Landesmuseum Darmstadt.

o.N. Aus der Gemarkung Langenbergheim.
Lesefund.
Bronzearmring, verziert.
Hallstattzeit.
Heuson-Museum Büdingen.

o.N. "Am Firzenfluß", nordwestlich vom Baiersröderhof gelegen, Acker des Oberamtmanns Schwarz.
"Gruben und Brand- und Bestattungsgräber,..." wahrscheinlich sind durch den Dampfpflug 1903/04 Siedlungsgruben und ein Gräberfeld angeschnitten worden.
Verzierte und unverzierte Keramikfragmente, zahlreiche Bronzegegenstände (Fingerring, Armring, Pinzette), Fragmente eines Eisenmessers, Fragmente eines Eisenrings, dreireihige Kette aus Bernsteinperlen.
Hallstattzeit.
Museum Hanau (durch Kriegseinwirkung zerstört).
In den Ortsakten wird dieser Fundpunkt unter Nidderau-Ostheim geführt.

## Latènezeit (ca. 450 - 50 v.Chr.)

19) An der Straße Marköbel - Ostheim (vgl. Nr. 5).
1907 wurden "Gruben" angeschnitten.
"Rohe" Scherben.
Latènezeit (fraglich).
Unbekannt.

20) Feldweg nach Rüdigheim.
Lesefund.
"plumpe schwarze Schüssel".
Latènezeit.
Unbekannt.

21) Nordhang des "Tannenkopfs".
"...unter steinzeitlichen Gräbern und Gruben..." (Kutsch 1927, 67 f.) "..aus 6 Gräbern..." (Schönberger 1952, 112).
U.a. eine kleine durchsichtige Glasperle, zwei sogenannte Bronzebommeln, Frgm. einer Mittellatènefibel, Tierkopfgürtelhaken mit Resten einer noch ca. 30 cm langen feingliedrigen Bronzekette, Beschlagstück aus Bronze (wohl zu einer Kette gehörend), Rand- u. Wandscherbe eines oder zweier Bronzegefäße, Fragment eines Bronzeringes, verzierte und unverzierte Keramikfragmente.
Latènezeit.
Museum Hanau.
Der Fundpunkt wird in der Literatur unter Bruchköbel-Butterstadt.

22) Feldweg nach Rüdigheim südlich von Marköbel.
Bergung von Resten einer Siedlungsstelle im Januar 1984.
Verzierte und unverzierte Scherben, Fragment eines Spinnwirtels, drei winzige Bronzesplitter und ein Steinbruchstück.
Latènezeit.
Museum Hanau.

23) Ca. 600 m südlich von Langenbergheim, an der Hohen- oder Reffenstraße.
Beim Verschleifen einer "Hohle" wurden zwei Skelettgräber entdeckt (1910/11).
Keramik, 5 Fibeln (vgl. mit unseren heutigen Sicherheitsnadeln), 2 durchlochte Bronzescheiben, 2 Armringe, Eisenfragmente, Ortbandfragmente (gehört zur Schwertscheide) und ein Bernsteinringfragment.
Latènezeit.
Wetteraumuseum Friedberg.

24) Im "Oberwald".
Beim Ausheben eines Grabens 1948 entdeckt (Brandgrab).
2 Fragmente eines mehrfach verbogenen Eisenschwertes, Lanzenspitze mit breitem Blatt.
Latènezeit.
Landesmuseum Kassel.

25) Vgl. Nr. 18.

o. N. "Dicht neben der Hohen Straße" ("Tannenkopf").
"Brandgräber".
"Geriefte Schmuckperlen", "andere Gegenstände aus Bronze und Eisen, sowie rohe und feinere Gefäßscherben", zwei Augen- und eine Eberkopffibel (von den Funden sind nur noch die Fibeln vorhanden).
Germanisch, frühes 1. Jahrh. n. Chr.
Museum Hanau.
Der Fundpunkt wird in der Literatur unter Bruchköbel-Butterstadt geführt.

Germanische Fibeln aus dem frühen 1. Jahrhundert n. Chr. aus Brandgräbern an der Hohen Straße ("Tannenkopf").

# Die Zeit der Römer

*Peter Jüngling*

Zu Beginn unserer Zeitrechnung wird Südwestdeutschland von dem Spannungsverhältnis zwischen keltischen und germanischen Völkern geprägt. In dieses Wechselspiel der Kräfte traten im letzten Jahrhundert vor Chr. die Römer ein. Zwischen 58 und 51 v.Chr. eroberte *Julius Caesar* Gallien westlich des Rheines. Nach anfänglichen Plänen, auch Germanien bis zur Elbe zu erobern, mußten sich die Römer nach mehr als einem Jahrhundert zähen Ringens mit der Einbeziehung der fruchtbaren Wetterau in das Reich der mediterranen Hochkultur begnügen. Am Ende des ersten Jahrhunderts n. Chr. errichteten sie an den Grenzen der Wetterau Militärstützpunkte, die mit gut ausgebauten Straßen verbunden wurden. Einer dieser Stützpunkte lag mitten im heutigen Ortsteil Marköbel der Gemeinde Hammersbach.

Der Name dieser römischen Ansiedlung wird uns von keinem der bekannten griechischen oder römischen Schriftsteller der Antike überliefert und wir wissen nichts aus authentischen Quellen über die geschichtlichen Ereignisse in Marköbel vor dem Jahre 839. Daß wir dennoch recht gut über diese frühe Zeit informiert sind und einiges aus den Tagen rekonstruieren können, als die inschriftlich nachgewiesenen "ältesten" Marköbler *Virilis, Victor, Quintili* und *Reg*(inus) hier als Soldaten oder Bürger lebten, verdanken wir einzig der archäologischen Bodenforschung.

Den höchsten römischen Staatsgott, Jupiter Optimus Maximus, zeigt diese kleine Gemme aus einem rötlichen Karneol, die 1983 in Marköbel gefunden wurde. Die Verehrung des capitolinischen Jupiter war neben dem Kaiserkult die einzige, wenn auch keineswegs obligatorische Verpflichtung für die Bewohner des römischen Staates, der ansonsten gegenüber seinen Untertanen weitgehende religiöse Toleranz ausübte.

## Zur Erforschung des römischen Marköbel

Rund einhundert Jahre sind vergangen, seit die römischen Militäranlagen in Marköbel entdeckt wurden. Untrennbar sind diese ersten Ausgrabungen mit dem Namen des bekannten Altertumsforschers Prof. Dr. Georg Wolff verbunden, dem zwischen 1884 und 1892 die Auffindung des Kastelles gelang und der bereits 1896 einen weitgehend noch heute gültigen Überblick über die römische Besiedlung dieses Stützpunktes am östlichen Wetteraulimes vorlegen konnte.
Schon vor der Auffindung des Kastelles durch Wolff waren sich die Forscher einig, daß im Bereich von Marköbel eine römische Militäranlage vorhanden gewesen sein muß. Von ihr mußte insbesondere der Grenzverkehr auf der "Hohen Straße" überwacht werden, einem uralten Fernverkehrsweg, der vom Rhein-Main-Gebiet her kommend auf dem Höhenrücken zwischen dem Main im Süden und Nidder im Norden über den Vogelsberg nach Mitteldeutschland führte. An der Krebsbachfurt in Marköbel verließ dieser Fernweg das römische Gebiet und so war es nur natürlich, daß die römische Militärverwaltung hier einen Grenzsicherungsposten anlegen mußte.
Daß man dieses Kastell zunächst, irritiert durch die Flurbezeichnungen "Auf der großen Burg" und "In der kleinen Burg" zu weit westlich suchte, sollte bei dem sprichwörtlichen Spürsinn des Altmeisters der provinzialrömischen Forschung, Georg Wolff, nur eine forschungsgeschichtliche Episode bleiben. Er stellte schließlich fest, daß dieser Militärstützpunkt weiter östlich und zu wesentlichen Teilen unter der historischen Ortschaft lag und dort sogar den Verlauf einiger Straßen mitbestimmt hatte. Doch dazu später mehr.
Nachdem Wolff noch im letzten Jahrhundert die Topographie des römischen Marköbel in groben Zügen geklärt hatte, kam die Erforschung dieses Grenzkastelles am Obergermanischen Limes weitgehend zum Erliegen. Einzelne Fundmeldungen ergänzten hin und wieder einen der bereits bekannten Befunde, ohne daß wesentliche neue Erkenntnisse hinzukamen. Im Zuge von Bauarbeiten wurde seit 1898 mehrmals im Gräberfeld westlich des Kastelles gegraben, zuletzt im Jahre 1953. Lediglich aus den ersten Jahren besitzen wir genauere Fundbeobachtungen. Der römische Friedhof ist heute vollständig überbaut; ein weiteres Gräberfeld, das man vermuten könnte, ist noch nicht gefunden worden.
Dr. Ferdinand Kutsch konnte 1926 die bis dahin bekannten Funde aus Marköbel vorstellen und zum Teil sogar mit Abbildungen in seinem Katalog "Hanau" der Süd- und Westdeutschen Altertumssammlungen veröffentlichen.
Eine wesentliche Neuentdeckung hatte der Bau einer Heizungsanlage unter dem Chor der Kirche im Jahre 1951 zur Folge: die Bauarbeiter stießen auf alte Mauerreste. Da Pfarrer Handwerk die Bedeutung der Funde erkannte, zog er den Kreisbodendenkmalpfleger Hugo Birkner zu Rate. Dieser konnte die aufgefundenen Baureste als Spuren des römischen Militärbades identifizieren, dessen Standort man bis dahin noch an anderer Stelle vermutet hatte. Eine Veränderung der Heizungsanlage ermöglichte zwi-

schen 1963 und 1965 weitere Untersuchungen der römischen Badeanlage, die mit finanzieller Unterstützung der Deutschen Forschungsgemeinschaft vom Leiter des Hanauer Kulturamtes und Geschichtsvereinsvorsitzenden Dr. Karl Dielmann geleitet wurden. Nach diesen Ausgrabungen trat in der Forschungsgeschichte Marköbels erneut eine längere Pause ein.

Neue Untersuchungen konnten erst wieder zwischen dem 18. Juni und 29. Oktober 1983 durchgeführt werden. Anlaß dieser bisher umfangreichsten Ausgrabungen in Marköbel war die im Mai 1983 vom Verfasser überraschend festgestellte Anlegung eines neuen Friedhofes westlich der Lindenstraße. Dieser liegt innerhalb der letzten bis dahin noch nicht bebauten Fläche des einstigen Kastelles. Hier zeigte sich wieder einmal, daß offensichtlich auch die "moderne" Denkmalverwaltung immer noch nicht willens oder imstande ist, solche Bauvorhaben rechtzeitig zur Kenntnis zu nehmen und, wenn schon ein wirksamer Schutz dieser Bodendenkmäler nicht durchzusetzen ist, die notwendigen Maßnahmen zur Rettung der archäologischen Bodenfunde einzuleiten. Privater Initiative bleibt es dann oft überlassen, ob irgendwelche Maßnahmen ergriffen werden, die uns Aufschluß über die lokale Entwicklung eines Ortes in vorgeschichtlicher oder auch geschichtlicher Zeit geben können. In diesem Fall konnte der Hanauer Geschichtsverein gemeinsam mit dem Landesamt für Denkmalpflege zahllose Befunde und ein regelrecht nach Kubikmetern zu berechnendes Fundmaterial des einstigen römischen Kastelles und einer mittelalterlichen Nachfolgesiedlung ausgraben.

Will man nun in aller Kürze die römische Geschichte Marköbels nachvollziehen,so muß man zunächst mit einigen Einschränkungen beginnen. Eine große Zahl von Funden aus den älteren Ausgrabungen und auch aus unseren Untersuchungen von 1983 konnte noch nicht wissenschaftlich bearbeitet werden. Eine zusammenfassende Auswertung der Marköbler Funde ist zwar in Aussicht gestellt, aber erst kürzlich begonnen worden. Eine solche ist aber unbedingte Voraussetzung dafür, um zu gesicherten Ergebnissen über die geschichtliche Entwicklung Marköbels und darüberhinaus des gesamten Wetteraugebietes zu gelangen. Ohne diese Aufarbeitung bleiben manche Aussagen hypothetisch und werden ebenso wie viele ältere Auffassungen einer späteren kritischen Überprüfung möglicherweise nicht standhalten. Denn jede neue Entdeckung kann unser heutiges Geschichtsbild über die Vergangenheit Marköbels revidieren. Bisher sind ja von den römischen Anlagen noch nicht einmal fünf Prozent ausgegraben und untersucht worden. Manches wird noch im Boden stecken, von dem wir heute nicht einmal die geringste Ahnung haben. Zweifellos ist vieles schon im Laufe der Jahrhunderte durch landwirtschaftliche Tätigkeiten oder Bauarbeiten zerstört worden, und noch vieles mehr wird in unseren Tagen unbemerkt oder mutwillig ein Opfer von Straßenbau- oder Sanierungsmaßnahmen. Dennoch kann man jeden Tag damit rechnen, daß hier neue Überraschungen auftauchen und die Entdeckung des römischen Bades unter der Kirche oder auch die Ergebnisse der Ausgrabungen von 1983 sind dafür nur bescheidene Beispiele.

Wir sind uns solcher Mängel durchaus bewußt, wollen aber dennoch versuchen, ein dem derzeitigen Kenntnisstand entsprechendes Bild der einstigen Bedeutung Marköbels an der Grenze des Römischen Reiches zum "Barbaricum" aufzuzeigen. Dagegen soll hier nicht auf den römischen Alltag oder die Lebensbedingungen der damaligen Menschen eingegangen werden. Über diese Themen sind in den letzten Jahren zahlreiche und zum Teil recht gute Bücher erschienen, in denen wir uns ausführlich über die Gegebenheiten vor nun bald zwei Jahrtausenden informieren können.

## Römische Präsenz im germanischen Raum

Ausgehend von den Eroberungen in Gallien unternahmen die römischen Herrscher vor allem in den Jahren kurz vor und nach der Zeitenwende verschiedene Versuche, germanische Gebiete rechts des Rheines zu erobern. Kaiser Augustus plante sogar, Germanien bis zur Elbe dem römischen Reich einzugliedern. Neben den Landschaften an der Nordseeküste und der in den Niederrhein mündenden Lippe bildete die hessische Senke dazu das dritte natürliche Einfallstor nach Germanien. Ausgangspunkt zahlreicher Feldzüge wurde das gegenüber der Mainmündung liegende Mainz *(Mogontiacum)*, wo ein großes Heerlager aufgebaut wurde. Von hier aus führten Drusus und Tiberius, die Stiefsöhne von Kaiser Augustus, ab 12 v. Chr. mehrere Feldzüge ins Innere Germaniens, das allem Anschein nach auch weitgehend unter römische Kontrolle gebracht wurde.
Verschiedene Aufstände in anderen Regionen und Provinzen des Reiches und vor allem die Niederlage des römischen Provinzstatthalters Varus im Teutoburger Wald gegen den germanischen Stammesfürsten Armin im Jahre 9 n. Chr. vereitelten jedoch diese hochgesteckten Pläne. Der Verlust von 3 Legionen, 3 Alen und 3 Kohorten mit insgesamt etwa 20000 Soldaten bedeutete für das Römische Reich einen schweren Rückschlag. Zwar unternahm Germanicus, der Sohn des Drusus, zwischen 14 und 16 n. Chr. noch mehrere Vorstöße ins rechtsrheinische Germanien, mußte diese aber schließlich ergebnislos abbrechen.
Da die römischen Vormärsche tief in feindliches Land einer gesicherten Logistik und fester Stützpunkte bedurfte, wird man mit einer relativ großen Anzahl römischer Anlagen aus dieser Zeit rechnen müssen. Den archäologischen Niederschlag der Feldzüge zwischen 12 v. Chr. und 16 n. Chr. fand man bisher jedoch lediglich bei Ausgrabungen in Mainz, Wiesbaden, Frankfurt/M.Höchst, Friedberg, Bad Nauheim und Rödgen, einigen Funden in Nordhessen und am Dünsberg sowie dem erst 1985 entdeckten Legionslager von Marktbreit in Unterfranken. In der Folge dieser insgesamt eher unglücklich verlaufenden Feldzüge mußten sich die Römer für einige Jahrzehnte mit rechtsrheinischen Brückenköpfen um Wiesbaden und Hofheim begnügen, die mehrfach von den in Nord- und Mittelhessen ansässigen Chatten bedrängt und auch überrannt wurden.

Dieser Volksstamm, dessen Tüchtigkeit und Klugheit der römische Schriftsteller Tacitus in lebendiger Sprache beschrieb, sollte den Römern auch später noch viele Schwierigkeiten bereiten. Die römischen Kaiser sahen sich im ersten nachchristlichen Jahrhundert mehrfach gezwungen, gegen die aufsässigen Germanen Krieg zu führen. Während der Regierungszeit Vespasians (69-79 n. Chr.) wurden erneut römische

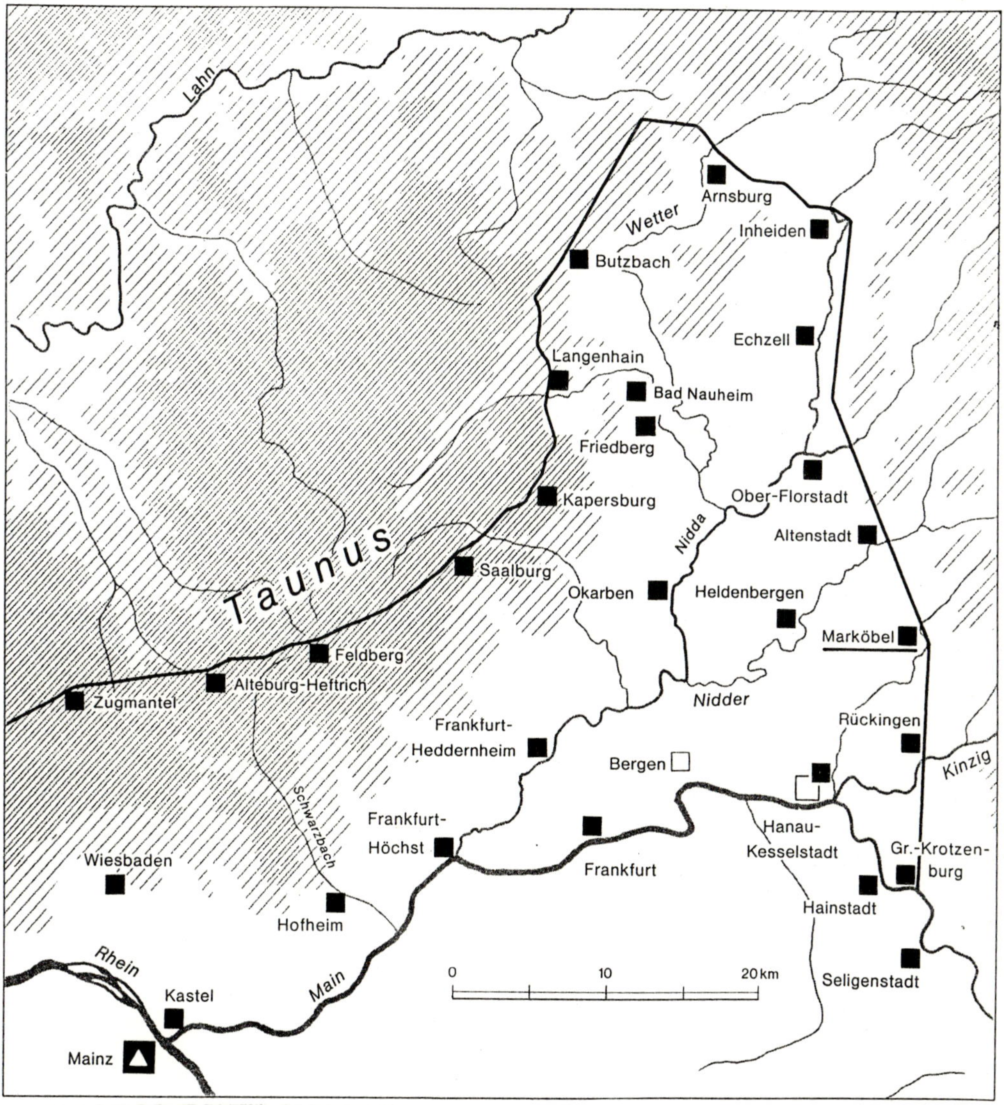


Römische Kastelle des späten ersten und zweiten Jahrhunderts n.Chr. im Rhein-Main-Gebiet und in der Wetterau (nach Schönberger). Hinsichtlich der zeitlichen Einordnung der Anlagen sind keine Unterscheidungen vorgenommen worden, so daß nicht alle Militärstützpunkte gleichzeitig bestanden haben.

Truppenverbände im Untermaingebiet und in der Wetterau stationiert. Einer seiner Nachfolger, der römische Kaiser Domitian, begann im Jahre 83 n. Chr. schließlich einen umfangreichen Präventivkrieg gegen die Chatten. Dieser Feldzug mußte allerdings 85/86 n. Chr. aufgrund einer für die Römer gefährlichen Situation an der unteren Donau abgebrochen werden. Dennoch waren bis zu diesem Zeitpunkt das Rhein-Main-Gebiet und die Wetterau vollständig unter Kontrolle gebracht worden. Auch die weite Landschaft südlich des Maines bis zum Odenwald war nun in römischer Hand.

## Vor der Ankunft der Römer

Zweifellos fanden die ersten römischen Soldaten in unserer Gegend keine menschenleere Einöde vor. Die reiche Kornkammer Wetterau hat zu allen Zeiten die Menschen angezogen, und auch der Marköbeler Raum wies in der urgeschichtlichen Zeit eine relativ dichte Besiedlung auf. Die fruchtbaren Lößböden und das milde Klima versprachen den ackerbautreibenden Bewohnern unserer Gegend einen gesicherten Ertrag ihrer aufgewendeten Mühe. In den früher viel dichteren Waldungen konnte das Vieh gehalten werden, und Wasser war überall reichlich vorhanden.

Noch immer ist die Zusammensetzung der einheimischen Bevölkerung im 1. Jahrhundert n.Chr. in unserem Gebiet weitgehend ungeklärt. Die urprünglich "keltisch" geprägten Menschen in der Wetterau wurden anscheinend nach und nach durch germanische Stämme und Volksgruppen verdrängt oder überlagert. Nicht immer wird dieser Prozeß ganz friedlich abgelaufen sein. Von Kämpfen zwischen Kelten (den antiken "Galliern") und Germanen wird uns nicht nur in der römischen Literatur, sondern auch durch Bodenfunde berichtet. Andererseits muß man aber berücksichtigen, daß gerade in einer Berührungszone zweier verschiedener Kulturkreise, wie der keltischen und germanischen Sprachgebiete, gewisse Ausgleichstendenzen bestehen. So scheinen auch in dem uralten Durchgangsland der Wetterau die Unterschiede zwischen den Volksgruppen nicht so groß gewesen zu sein, daß man nun unbedingt jeden Fund dieser Zeit als "keltisch" oder "germanisch" einordnen könnte. Man wird daher annehmen können, daß hier, von einzelnen Wanderbewegungen durchziehender Stämme einmal abgesehen, ein weitgehend friedliches Neben- und Miteinander ablief, bei dem zunächst die Germanen ein gewisses Übergewicht erlangten.

Archäologische Funde aus dieser Zeit sind selten, und so kommt auch den an der Hohen Straße zwischen Marköbel und Butterstadt am Anfang unseres Jahrhunderts geborgenen Grab(?)funden eine große Bedeutung zu. Auf dem Nordhang des Tannenkopfes hat man damals mehrere Fundkomplexe geborgen, deren Inventare aber anscheinend nicht getrennt gehalten wurden. Es scheint sich dabei um germanische "einheimische" Grabfunde zu handeln, die auch eine größere Anzahl römischer Sachgüter wie Gewandnadeln (Fibeln) und einen Bronzehenkel enthielten. Leider ist die Überlieferungslage dieses wichtigen Fundkomplexes so schlecht, daß wir nicht einmal genau wissen, ob die Funde aus Gräbern oder von Siedlungsstellen stammen, und wo ihre genaue Fundstelle zu lokalisieren ist. Nach den Angaben Wolffs scheint der Fundort, obwohl er von ihm und den folgenden Bearbeitern für Butterstadt (heute zu Bruchköbel gehörig) reklamiert wurde, eher auf der heute zu Marköbel gehörenden Seite des Tannenkopfes gelegen zu haben.

## Marköbel wird Grenzstadt des römischen Reiches

Es ist noch nicht völlig geklärt, wann nun zum ersten Mal Römer in Marköbel auftauchten. Sicherlich erfolgte die endgültige Stationierung einer geschlossenen Truppeneinheit noch während der Regierungszeit Domitians (81-96 n.Chr.), also vor rund 1900 Jahren, wobei die Ereignisse des Chattenkrieges durchaus eine Rolle gespielt haben könnten. Marköbel sollte von nun an für nahezu 180 Jahre römischer Garnisonsort sowie Handelszentrum am östlichen Wetteraulimes werden.
Allerdings scheint schon wenige Jahre nach der Stationierung römischer Truppen ein Ereignis stattgefunden zu haben, das beinahe die eben erst begründete Existenz der aufstrebenden Siedlung in Frage stellte: Bei unseren Ausgrabungen im Jahre 1983 wurde eine umfangreiche Brandschicht gefunden, die allem Anschein nach von einer Zerstörung des Kastelles stammte. Eine Münze datiert diesen Brand auf die Jahre kurz nach 93 oder 94 n.Chr. Da sich auch einige andere Grabungsbefunde in römischen Anlagen der Wetterau und dem Rheingebiet auf kriegerische Ereignisse unmittelbar nach Domitians Tod während der kurzen Regierungszeit Kaiser Nervas (97 n. Chr.) oder zu Beginn der Regierung Trajans zurückführen lassen, werden sich diese wohl auch in Marköbel ausgewirkt haben. Diese Unruhen scheinen jedoch nur lokal begrenzte Folgen gehabt zu haben, und auch in Marköbel gingen die Römer schon bald daran, die entstandenen Schäden zu beheben.

## Die Grenze des römischen Reiches

Da am Rande der Wetterau eine natürliche Grenzlinie wie der Rhein oder Main fehlte, mußte die Reichsgrenze künstlich markiert werden. Deshalb errichteten die Römer hier am Ende des 1. Jahrhunderts den Limes. Man nimmt an, daß der Grenzverlauf in den ersten Jahren lediglich durch einen bewachten Weg markiert wurde. Erst einige Jahrzehnte später erbaute man eine Pallisade und danach einen Wall mit davorliegendem Graben. In regelmäßigen Abständen standen Wachtürme, von denen man einen guten Überblick über die Grenzlinie und deren Umgebung hatte. Die etwa vier bis fünf Mann starken Besatzungen der Türme wurden von den benachbarten Kastellen abgeordnet. Sie hatten Hörner und Fackeln zur Verfügung und konnten im Angriffsfall Alarmsignale abgeben, die von den benachbarten Wachmannschaften weitergegeben wurden.

Der Verlauf des Limes ist in Marköbel nirgends mehr sichtbar und nur an einigen Stellen durch Grabungen nachgewiesen. Bei Langenbergheim war der Limeswall noch bis zum Anfang dieses Jahrhunderts erhalten, fiel dann aber einer Flurbereinigung zum Opfer. Nur im Wald nach Altenstadt ist er noch deutlich erkennbar. Wachtürme, deren Bauweise uns beispielsweise auf einem Relief von der Trajansäule in Rom übermittelt wird, befanden sich auf dem Weinberg (Mühlberg) und südwestlich des Hattenberges. An besonderen Übergangsstellen über ihre Staatsgrenze errichteten die Römer manchmal eindrucksvolle Bauwerke. Ein solcher Grenzpunkt wird sich auch an der Stelle des Übertrittes der Hohen Straße über den Limes befunden haben. Wir können uns vorstellen, daß hier vielleicht ein größerer, vielleicht sogar prachtvoller Torbau gestanden hat, von dem bisher aber noch keine Spuren gefunden wurden. Wir müssen ihn wohl im Bereich der Krebsbachbrücke suchen, dort, wo der Limes nach längerer gerader Streckenführung etwa ab Echzell einen stumpfen Winkel bildet und dann weiter nahezu gradlinig bis Großkrotzenburg verläuft. Die Bedeutung dieser Stelle wird noch heute durch eine alte Wegegabelung deutlich gemacht und scheint ihre Funktion über Jahrtausende hinweg unverändert beibehalten zu haben.

### Zur Topographie des römischen Marköbel

Das Ortsbild Marköbels wird teilweise noch heute durch die römische Siedlungsstruktur geprägt. Sicherlich hat dazu nicht zuletzt die Weiterbenutzung von römischen Gebäuden wie beispielsweise des Bades unter der Kirche und vor allem die Kontinuität im Straßensystem beigetragen. Dies wird besonders im Bereich der Hauptstraße deutlich, deren östliche Hälfte noch heute annähernd die alte Straßenführung vom Limesübergang zur *porta praetoria* des Kastelles einnimmt. Dieses Tor, das vermutlich auf dem Anwesen Hauptstraße 22 südlich des renaissancezeitlichen Marköbeler Rathauses gestanden hat, bildete zweifellos das Haupttor des Kastelles.

Das militärische Kastell und durch Ausgrabungen erschlossene Befunde im römischen Marköbel (Zeichnung U. Dietzel und P. Jüngling).

Rekonstruktionsversuch des Marköbeler Kastelles im späten 2. Jahrhundert. Die Ansicht zeigt die Militäranlage von Nordwesten und ist in ihren oberirdischen Teilen nicht gesichert. Die zweifellos auch westlich vor dem Kastell vorhandene Zivilsiedlung (Werkstätten?) sind nicht genau bekannt und konnten daher nicht berücksichtigt werden (Zeichnung K. Richert).

Wenn die Hauptstraße am historischen Rathaus heute nach Süden abknickt und nach einem kurzen Stück von etwa 100 Metern wieder rechtwinklig nach Westen führt (ehem. Obergasse), so folgt sie auch hierbei noch weitgehend dem Verlauf der alten Kastellumwehrung.

## Das Kastell

Der Marköbler Militärstützpunkt, der mit rund 3,3 ha Grundfläche einer der größten am Wetteraulimes gewesen ist, war zunächst nur aus Holz errichtet worden. Er lag zumindest in seinem Nordwestteil genau unter dem Verlauf der aus einer späteren Bauphase stammenden Kastellmauer aus Stein und scheint somit von Anfang an in dieser Dimension geplant gewesen zu sein.

Die in Marköbel stationierte Truppeneinheit ist uns bisher nicht bekannt. Die ungewöhnliche Größe des Kastelles hat schon früher den Verdacht aufkommen lassen, daß hier vielleicht keine gewöhnliche *cohors* (Infanterieeinheit), sondern eine *ala quingenaria* oder *cohors equitata*, also eine ganz oder teilweise berittene Einheit stationiert war. Darauf deutet auch eine im Gräberfeld gefundene Besitzerinschrift (Graffito) hin, auf der vielleicht eine *turma*, also eine Reitergruppe, genannt wird. Um die Frage nach der hier stationierten Truppe endgültig zu beantworten, muß man jedoch auf den glücklichen Fund einer römischen Inschrift warten, die uns vielleicht eines Tages Klarheit bringt.

Von der Innenbebauung des Kastelles, das man in seiner Funktion etwa mit unseren heutigen Kasernen vergleichen kann, ist uns nur relativ wenig bekannt. Bereits 1892 wurde von Georg Wolff der Westflügel der Kommandantur *(principia)* mit dem Fahnenheiligtum gefunden. Er liegt fast genau unter der heutigen Lindenstraße in Höhe der Einmündung der Römerstraße. Südöstlich davon, im Anwesen Hauptstraße 34 (Gasthof Stein) fand man im gleichen Jahr die Reste eines mit einer Fußbodenheizung ausgestatteten Gebäudes. Es könnte sich um das *praetorium* gehandelt haben, das Wohnhaus des Lagerkommandanten *(praefectus)*.

Denkbare Rekonstruktion eines der Marköbeler Kastelltore. Die aufgehenden Mauerteile sind nicht gesichert, aber von vergleichbaren Militärstützpunkten bekannt (Zeichnung K. Richert).

Ausgrabung 1983 im Kastellgelände

Ungewöhnlich vielfältige und in ihrer Bedeutung wohl nur teilweise befriedigend zu erklärende Funde wurden bei den Ausgrabungen von 1983 angetroffen. Wie uns einige Back- oder Schmelzöfen, Gußtiegelreste aus Ton mit Resten von oxidiertem Kupfer, halbfertig geschnitzte Geräte aus Knochen und Horn sowie andere Hinweise zeigen, befanden sich in diesem Teil des Kastelles die Werkstätten *(fabrica)*. Dazu gehörten auch zahlreiche und zum Teil recht tiefe Dränagegräben mit zweifellos technischer Funktion und eine große Zahl von ungewöhnlich großen Grubenkomplexen, die immer wieder dazwischen auftauchten. Nicht wenige dieser zumeist mit Abfällen und Brandresten verfüllten Gruben erreichten Tiefen von drei bis fünf Meter, wobei nur selten einmal Hinweise auf ihre einstige Funktion gewonnen werden konnten.

Aufgrund dieser vielfältigen Eingriffe in den Boden, die noch durch die Überreste eines Teiles der mittelalterlichen Siedlung überlagert wurden, konnten nur noch ganz bescheidene Reste der einstigen Bebauung mit einzelnen Pfostengruben und Gräben von fachwerkartig konstruierten Gebäuden festgestellt werden. Erschwerend kam noch hinzu, daß bereits vor Beginn der Ausgrabungen im Zuge der Anlage des neuen Friedhofes durch die Gemeinde bis zu 80 cm der alten Oberfläche maschinell abgeschoben worden waren, so daß besonders die jüngeren und höher liegenden Befunde beeinträchtigt wurden.

## Zur Bedeutung der Zivilsiedlung Marköbels

Wirtschaftliche Grundlage des römischen Staates bildete die Landwirtschaft. Während die vorrömische Wirtschaftsweise jedoch weitgehend auf die Versorgung der bäuerlichen Bevölkerung ausgelegt war, ermöglichte die wesentlich verbesserte Landwirtschaft der Römer einen deutlichen Überschuß an Nahrungsmitteln, der weit über den Eigenbedarf der römischen Bauernhöfe *(villae rusticae)* hinausging. Dies bildete eine wesentliche Voraussetzung für die Versorgung des Militärs und das Entstehen einer arbeitsteiligen Wirtschaftsstruktur mit vielfältigen Handwerks- und Gewerbezweigen sowie Dienstleistungsbetrieben in den Städten und Dörfern. Besonders im 2. Jahrhundert nahm der Anteil der nicht landwirtschaftlich tätigen Bevölkerung in den germanischen Provinzen des Reiches stark zu, und so konnte sich wahrscheinlich auch in Marköbel relativ rasch neben dem militärischen Kastell eine blühende Zivilsiedlung entwickeln.

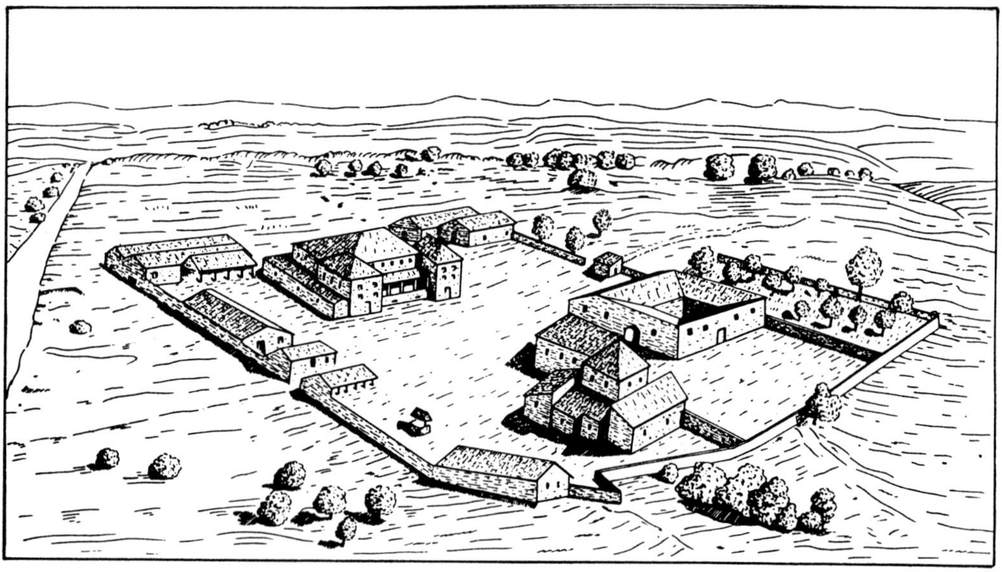

Rekonstruktion einer *villa rustica*, dem typischen Bauernhof der Römerzeit (nach O. Paret). Die hoch entwickelte römische Landwirtschaft wurde nur in Ausnahmefällen von Dörfern oder Städten aus betrieben, in der Regel lagen die Gutshöfe inmitten ihrer zumeist recht ausgedehnten Besitzungen, vergleichbar etwa unseren heutigen Aussiedlerhöfen.
Die rekonstruierte Ansicht zeigt ein solches Hofgut bei Ludwigsburg in Baden-Württemberg, das die typischen Merkmale eines Bauernhofes des 2. Jh. n. Chr. aufweist. Rund um das stattliche Wohnhaus des Gutsbesitzers finden wir hier die charakteristischen Wirtschaftsgebäude eines landwirtschaftlichen Betriebes wie Stallungen, Scheunen und verschiedene Schuppen. Danaben gab es ein relativ großes, in diesem Fall vermutlich mehrfach umgebautes Bad sowie Wohngebäude für das Gesinde. Eigene Werkstätten ermöglichten einen weitgehend autarken Wirtschaftsbetrieb auch für den überörtlichen Bedarf. Solche Gutshöfe befanden sich in Marköbel etwas westlich vom Dorfe, am Tannenkopf, am Baiersröder Hof sowie bei den Hirzbacher Höfen, wobei uns sicherlich noch manche Fundstellen unbekannt sind.

Ihre wirtschaftliche Bedeutung beruhte, neben der Kaufkraft der Soldaten und der Versorgung landwirtschaftlicher Güter in der Umgebung, gerade in Marköbel nicht zuletzt auf ihrer verkehrsgünstigen Lage, die einen geeigneten Ausgangspunkt für reisende Händler in das ferne und noch weitgehend unbekannte Germanien bot. So mancher Heimkehrende wird den Göttern gedankt haben, wenn er hier wieder halbwegs unversehrt römisches Gebiet erreichte und Weihesteine, von denen uns bisher leider aus Marköbel kein einziger bekannt ist, zeugen gelegentlich von solchen gefahrvollen Exkursionen. Andererseits wird man in diesem Stützpunkt an der Grenze auch so manche germanische Delegation empfangen haben, und viele Germanen werden hier in den auch damals weitgehend friedlichen Zeiten den römischen Markt besucht haben.

Das Lagerdorf dürfte sich auch in Marköbel relativ rasch zu einer richtigen Siedlung mit kleinstädtischem Charakter entwickelt haben. Längs der Hauptdurchgangsstraßen entstanden große Gebäude in Holz- und Steinbauweise, von denen Georg Wolff 1894 südlich der Hauptstraße am heutigen Rausche-Hain-Weg mehrere Keller ausgraben konnte. Solche Vorratsräume lagen in der Regel an der Straßenseite der Gebäude, während sich im rückwärtigen Teil der schmalen Häuser die Wohn- und Wirtschaftsräume befanden.
In den Verkaufsläden konnte man sich selbst in einem relativ abgelegenen Kastellvicus wie Marköbel mit nahezu allen damals gebräuchlichen materiellen Gütern versorgen. Schmiede, Bauhandwerker, Schreiner, Drexler, Textilverarbeiter und Schuster boten hier ihr Fachwissen, ihre Arbeitskraft und Waren an. Dazu kamen reine Dienstleistungsbetriebe wie Gaststätten, Schreibstuben, Transportunternehmen und Händler. Regelmäßig wurden Märkte abgehalten, auf denen sich ein großer Teil des Warenumsatzes zwischen der Landwirtschaft und den Bewohnern des Vicus sowie den Soldaten abspielte. Reisende Händler boten hier die im Lagerdorf selbst nicht hergestellten Waren an, zu denen vor allem Salz, viele Gewürze und Feinkost wie die beliebte Fischsoße, Olivenöl, Feigen und Melonen oder südländische Weine gehörten. Kostbare Gläser und feines Tafelgeschirr ergänzten die einheimische Keramikproduktion, die offensichtlich auf dem Höhenrücken im Bereich der Römerstraße betrieben wurde. Hier konnte auch ein großer Ziegelofen ausgegraben werden, in dem man wohl einen Teil des in Marköbel und Umgebung benötigten Baumaterials zum Eindecken der Dächer oder dem Bau von Heizungsanlagen hergestellt haben wird.

## Merkur als Beschützer der Reisenden und Händler

Auf die Bedeutung Marköbels als Handelszentrum am östlichen Wetteraulimes weist uns auch eine kleine Bronzefigur hin, die vor 1879 auf den Äckern "in der kleinen Burg" südlich der nach Windecken führenden Landstraße (heute befinden sich hier die westlichsten Häuser der Haupstraße) aus dem Boden gepflügt wurde.

Bronzestatuette des Merkur ("Marköbeler Teufelchen")
aus dem Gebiet der bürgerlichen Zivilsiedlung

Sie stellt den römischen Gott Merkur dar, der auf den griechischen Götterboten Hermes zurückzuführen ist und wie dieser als Gott des Handels und Verkehrs geachtet wurde. Seine Weihungen finden sich in allen Teilen des römischen Reiches und sind so zahlreich wie die Größe seiner Verehrerschar. So wie Hermes als olympischer Gott der Schafherden Sinnbild von Glück und Reichtum verkörperte, erwarb sich Merkur in weiten Teilen der Bevölkerung durch die Attribute des Reichtums eine große Zuneigung. Dargestellt wurden diese zumeist, wie bei dem Marköbeler Figürchen, durch einen in der Hand gehaltenen Geldbeutel, als Grundlage von Wohlstand und Achtung. Flügelkappe und Flügelschuhe der kleinen Figur bilden dagegen, ebenso wie der (fehlende) Hirtenstab, den die linke Hand einst umklammert hielt, deutliche Attribute des göttlichen Hermes.
Die Qualität solcher Kleinkunstwerke fällt recht unterschiedlich aus, und so finden wir bei den Bronze- oder Messingstatuetten neben herausgehobenen Plastiken bester Verarbeitung recht einfach gestaltete Figürchen der religiösen Volkskunst mehr dekorativen Charakters. Irgendwo zwischen diesen Merkmalen haben wir auch die Marköbeler Statuette anzusiedeln, und es fällt schwer, in ihr eines der anspruchsvollen Kunstwerke eines großen Meisters zu sehen. Ihre künstlerische Aussagekraft begegnet uns eher mit den typischen Kennzeichen einer Massenproduktion und beschränkt sich auf rein formale Merkmale. So können wir davon ausgehen, daß die kleine Statuette vielleicht im Zusammenhang mit einem Altar oder Schrein im Haushalt eines Mar-

köbeler Händlers aufgestellt war und seinem Besitzer Schutz und glückverheißende Geschäfte garantieren sollte.
Während uns die Geschichte und Verwendung des Marköbeler *mercurius* in römischer Zeit also weitgehend unbekannt sind, so muten doch schon die neueren Irrwege der kleinen Figur, des "Marköbeler Teufelchens", sonderbar und fast schon abenteuerlich an.
Nach ihrer Auffindung befand sich die kleine Statuette anscheinend einige Jahre im Besitz eines Landwirts, bevor sie 1879 an den Hanauer Geschichtsverein verkauft wurde. Aber schon zwei Jahre später erschien die aufgeregte Bauersfrau aus Marköbel im Museum und forderte ihre Figur zurück: seit das "Teufelchen" nicht mehr im Hause war, verfolge sie vielfältiges Unglück. Wir wissen heute nicht mehr, wie die Bäuerin hieß, und auch nicht, was für ein Leid die Frau erfahren haben mußte. Welch einen Unterschied macht es auch aus, daß sie die geflügelte Kappe des Götterboten Hermes in ihrer Bedeutung verkannte und als Attribute des Teufels bezeichnete. Zweifellos hat sie ihr Anliegen so überzeugend vorgetragen, daß der Geschichtsverein ihrer Bitte entsprach und den kleinen "Talismann" zurückgab. Allzulange scheint sich die ehemalige und neue Besitzerin ihres "Glücksboten" indes nicht erfreut zu haben, schon 1887 stand er im Hause des Oberamtmannes Schuppius, dem ehemaligen Pächter der Domäne Rüdigheim. Der weitere Weg der kleinen Figur wäre eigentlich vorgezeichnet gewesen und beinahe wie in so vielen ähnlichen Fällen auf dem Müll, als Altmaterial oder bestenfalls als "Merkurstatuette, Fundort unbekannt, vorzügliche provinzielle Arbeit..." im Antiquitätenhandel geendet, wenn nicht...

Ja wenn nicht der Dr. med. Schuppius, ein Sohn des Amtmannes und Arzt in Pommern bei genealogischen Nachforschungen zu seiner Familiengeschichte auf den Hanauer Geschichtsverein gestoßen wäre und diesem als Dank für seine dabei geleistete Unterstützung im Jahre 1925 das ererbte "Familienstück" überlassen hätte. So schließt sich der Kreis, und Merkur/Hermes als Gott der wandernden Schafherden, Reisenden und Händler kehrte in seine "Heimat" zurück.

## Das Bad am Standort der heutigen Kirche

Einen ganz wesentlichen Teil der Freizeitgestaltung römischer Bürger und Soldaten bildete das Badewesen. In den Ursprüngen läßt sich auch die römische Badekultur analog anderer Ausdrucksformen der römischen Zivilisation auf prähistorische Wurzeln zurückführen. Bei nahezu allen vorgeschichtlichen Völkern hatte das Ritualbad in der Nähe von Kultstätten, heiligen Quellen und künstlich angelegten Becken eine wesentliche Bedeutung im menschlichen Leben und religiösen Bewußtsein, und noch heute ist die "Taufe" im christlichen Glauben ein fest verankertes Symbol. In den antiken Hochkulturen des Vorderen Orients wurde dieser Badekult weiter entwickelt und führte im griechischen Kulturkreis zu den ersten öffentlichen Thermen, die - wie ihr Name es besagt - in aller Regel schon beheizbar waren. Die Römer übernahmen, wie so viele Errungenschaften anderer Völker, schließlich auch diese Technik und entwickelten sie zu der Hochkultur des Badewesens, die uns noch heute so stark beeindruckt.

Die römischen Bäder erfüllten neben ihrer eigentlichen Funktion als Stätte der Körperpflege noch wesentliche soziale und kommunikative Aufgaben. Sie bildeten als Einrichtung für medizinische Behandlung, Sport, Erziehung, kulturelles Leben und Unterhaltung aller Art den Mittelpunkt des gesellschaftlichen Lebens einer römischen Kommune oder Gemeinschaft. Die Säulengänge und halbrunden Nischen (Exedren) der Thermen beherbergten Statuen und Gemälde von historischer, politischer oder religiöser Bedeutung. Besonders in den größeren Städten befanden sich hier die öffentlichen Bibliotheken und Vortragsräume. In der Nachbarschaft der Thermen und zumeist

Das Kastellbad in Marköbel während der Ausgrabung im Jahre 1963. Am linken Bildrand die Kirche, darunter Teile des Tepidariums (Laubades), davor der gemauerte Kanal (W).

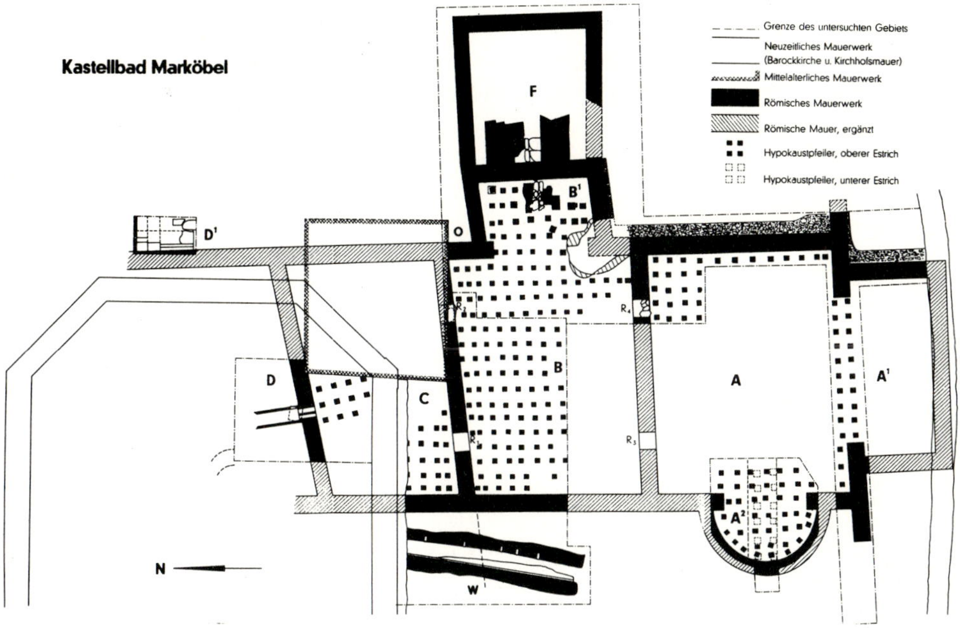


Grundriß des Kastellbades von Marköbel, soweit er durch die Ausgrabungen von 1951 und 1963/65 ermittelt werden konnte (nach Dielmann).

- auch funktionell - eng mit ihnen verbunden lagen die großen Sportanlagen. Daher verwundert es nicht, daß es kaum ein römisches Kastell und kein Dorf ohne Badeanlage gab. Selbst kleinere Siedlungen an der Grenze und viele Gutshöfe besaßen ihre Badeanlage, und eine solche befand sich natürlich auch in Marköbel.
Diese wurde 1951 beim Einbau einer Heizung in die Kirche des Ortes entdeckt und 1963 - 65 teilweise ausgegraben. Wenn wir auch aus den relativ bescheiden wirkenden Fundamenten dieses Bauwerkes kaum einen unmittelbaren Eindruck seines einstigen Aussehens, seiner technischen Einrichtungen zur Abwicklung des Betriebsablaufes, der Ausstattung, Größe und Gestaltung seiner Räume und der Wirkung der geschäftigen Atmosphäre in diesen Gesellschaftsräumen gewinnen können, so sind uns doch aufgrund der vielfältigen Kenntnisse über das römische Badewesen gewisse Rückschlüsse erlaubt.

Das Bad in Marköbel entspricht dem üblichen Schema eines sogenannten "Reihentyps", einer besonders am obergermanischen Limes geläufigen Bauweise des Badehauses. Ausgegraben wurde bisher vor allem ein beheizter Baderaum (caldarium), der im Süden des Gebäudes lag (siehe Abbildung). Er besaß (mindestens?) zwei Warmwasserwannen. Ihm schlossen sich die Laubäder *(tepidaria)* an, in denen lauwarmes

Wasser zur Verfügung stand. Den Abschluß bildete das Kaltbad *(frigidarium)*, das weitgehend unter dem Chor der heutigen Kirche lag und nur noch teilweise untersucht werden konnte. Der nördlich des Chores anzunehmende Umkleideraum *(apodyterium)* ist bisher noch nicht ausgegraben worden. Weiterhin läßt der Grabungsbefund offen, ob sich westlich oder östlich der beschriebenen Gebäudeteile weitere Räumlichkeiten befanden.

Üblicherweise begann man den Badevorgang in den warmen Räumen und beendete ihn im Kaltbad. Dem Ablegen der Kleidung folgte also das sogenannte "Schwitzbad", ein Bad in heißem Dampf ähnlich unserer heutigen Sauna. Danach begab man sich in das Warmbad, dem das auch zum Einsalben genutzte Laubad folgte. Den Abschluß des eigentlichen Badevorganges bildete das Kaltbad. Die warmen Räume besaßen eine Fußbodenheizung *(hypocaustum)*. Hierbei lag der eigentliche Fußboden auf kleinen Pfeilern aus Ziegeln oder Sandsteinen und wurde von unten durch die in einem außenliegenden Ofen erzeugte heiße Luft erwärmt. Der warme Rauch stieg schließlich durch kleine kaminartige Tonröhren in den Wänden nach oben und heizte auch diese noch mit. Die Bäder wurden zumeist durch fließendes Wasser versorgt, das man ähnlich wie heute aus Wasserhähnen zapfen konnte. Als Wasserversorgung könnte bei dem Marköbeler Bad eine bereits 1884 unter dem westlichen Kastelltor festgestellte Wasserleitung gedient haben. Die früher für römisch gehaltene, vom Westhang des Steinkopfes 2 km außerhalb des Limes herkommmende Leitung aus Tonrohren, die bereits 1882 entdeckt wurde, ist wie eine gleichartige Leitung zwischen Mittelbuchen und Hanau wohl jüngeren Datums und dürfte im späten Mittelalter oder am Beginn der Neuzeit entstanden sein.

Insgesamt sind die baulichen Befunde zum eigentlichen Badegebäude mit einiger Gewißheit zu rekonstruieren, allerdings hat man die Ausgrabung oftmals nicht ganz mit der notwendigen Sorgfalt durchgeführt, und insgesamt ist sie wohl mehr als Notbergung zu begreifen. Nur so ist es wohl zu erklären, daß uns gerade von diesem wichtigen Bindeglied zwischen der römischen und der mittelalterlichen Geschichte Marköbels außer gestempelten Ziegeln nahezu keine Funde bekannt sind und außer einem von Karl Dielmann als mittelalterlich eingestuften Mauerwinkel auch keine baulichen Befunde zur zweifellos vorhandenen weiteren Nutzung des Badegebäudes als Vorläufer der mittelalterlichen sakralen Bauwerke festgestellt wurden. So ist wohl eine einmalige Chance vertan worden, die frühmittelalterlichen Gegebenheiten in Marköbel zu erforschen. Denn Kirchen über den Fundamenten römischer Bäder dürften, wie zahlreiche Funde an anderen Orten belegen, ein sehr hohes Alter besitzen.
Als nicht in jeder Beziehung befriedigend geklärt muß auch die Datierung der Badeanlage und ihrer unterschiedlichen Aus- oder Umbauphasen gelten. Die frühesten Ziegelstempel, die alle in sekundärer Lage (Zweitverwendung) gefunden wurden, sind jüngeren Datums, als wir heute die Gründung des Kastelles annehmen können. Dies erlaubt zusammen mit einigen anderen Hinweisen die Frage, ob es in Marköbel vielleicht ein

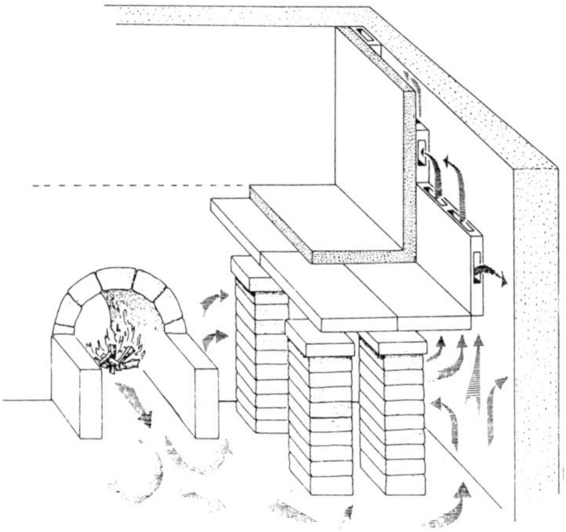

Rekonstruktionsprinzip einer römischen Hypokaustheizung, wie sie unter anderem im Kastellbad von Marköbel gefunden wurde (nach: "Römer in Baden-Württemberg").

weiteres, möglicherweise älteres Bad gegeben hat? Von einem solchen haben wir bisher jedoch keine konkreten Erkenntnisse.

Das Marköbeler Bad unter der Kirche scheint mehrfach ausgebessert und umgebaut worden zu sein, wie wir es deutlich aus den verschiedenen Bauphasen ablesen können. Eine letzte große "Sanierung" hat man wohl im letzten Viertel des 2. Jahrhunderts durchgeführt. Damals wurde offenbar die gesamte Inneneinrichtung entfernt und sogar die Fußböden und Wandverkleidungen herausgerissen und neu verlegt.

Der Anlaß für diese Arbeiten ist uns bisher nicht bekannt. Möglicherweise steht damit ein kleiner Münzschatz in Verbindung, der angeblich 1899 beim Bau eines Hauses im Marköbel gefunden wurde und um 1900 vom Hanauer Geschichtsverein aus dem Fundus eines Büdinger Antiquitätenhändlers angekauft wurde. Er wurde 1922 bei einem Einbruch im Museum gestohlen. Der Fund bestand aus 44 Denaren, deren Münzreihe von *Nero* bis *Lucius Verus* (161-169) reicht. Es fällt bei allen Einschränkungen schwer, den kleinen Münzschatz nicht mit einem für die Jahre um 162/170 belegten Angriff der Chatten auf das obergermanische Grenzland in Verbindung zu bringen, deren Zerstörungen sich auch in anderen Limeskastellen und dem Vorort der *civitas taunensium,* Nida, nachweisen lassen. Möglicherweise wurde hierbei auch das Badegebäude beschädigt oder zerstört und mußte einem tiefgreifenden Umbau unterzogen werden.

## Die Zeit des Niedergangs

Sehr lange scheint man sich indes der renovierten Badeanlage nicht erfreut zu haben. Schon bald begannen unsichere Zeiten, die durch die großen Germanenzüge aus dem Osten ausgelöst wurden. Verschärft wurde die Situation durch teilweise jahrelange, bürgerkriegsähnliche Verhältnisse im Reich sowie die Bedrohung der römischen Provinzen im Nahen und Mittleren Osten. Damit einher ging die weitgehende Unfähigkeit des römischen Militärs, äußere Gefahren abzuwehren, und die reduzierten Einheiten in Obergermanien waren kaum noch in der Lage, germanische Übergriffe zu verhindern.

Bereits am Anfang des 3. Jahrhunderts scheint erneut ein germanischer Überfall das Kastell Marköbel betroffen zu haben, und zahllose mit Brandschutt gefüllte Gruben innerhalb des Kastelles sowie ein Münzschatzfund legen ein deutliches Zeugnis der hier stattgefundenen Ereignisse ab. Der Münzfund besteht aus 69 Silber- und 5 Goldmünzen und ist wohl noch während der Regierungszeit des *Septimius Severus* (193 - 211 n.Chr.) oder am Beginn der Regierung Kaiser *M. Aurelius Antoninus (Caracalla)* (211 - 217 n. Chr.) im Kastellgelände vergraben worden.

Münzen aus dem Münzschatzfund von 1983. Oben die Goldmünzen der römischen Kaiser Nero und Vespasian aus den Jahren 63 bis 71 n. Chr., unten Silbermünzen der Kaiser Vespasian, Domitian, Trajan und Hadrian aus den Jahren 75 bis 138 n. Chr. Die 74 Münzen wurden von Dr. J. Gorecki, Sem. f. Griech. und Röm. Geschichte, Universität Frankfurt, bestimmt und sollen in diesem Jahr in "Fundmünzen der röm. Zeit in Deutschland", Band V 1, erscheinen. Die Fotos stellte Dr. Gorecki zur Verfügung.

Die Kämpfe dieser Jahre gegen den am Mittellauf der Elbe entstandenen Stammesverband der Alamannen banden einen großen Teil der Kräfte des Römischen Reiches und scheinen sich vor allem im Rhein-Main-Gebiet abgespielt zu haben. In einem umfangreichen Präventivkrieg konnten die eindringenden Germanen im Jahre 213 zurückgeschlagen werden. Noch einmal gelang es, die Reichsgrenze für fast zwei Jahrzehnte zu sichern, und eine ruhigere Entwicklung kehrte in die römischen Provinzen an Rhein und Donau zurück. Doch im Jahre 233 fielen die Alamannen erneut nach *Raetien* (Bayern) und *Noricum* (Österreich) ein und auch im hessischen Limesgebiet scheint es in diesem Jahr zu Kampfhandlungen gekommen zu sein.

Nun setzte ein beispielloser wirtschaftlicher und militärischer Niedergang ein. Auch in Marköbel hat man innerhalb des Kastelles anscheinend überhaupt keine festen Bauwerke mehr errichtet, sondern lediglich die Ruinen und Schuttmassen vorangegangener Zerstörungen beseitigt. Leichte Hütten und zeltähnliche Behausungen könnten einen mobilen Ersatz für die verlorenen Bauwerke gebildet haben.
Allerdings fehlte es zunächst noch nicht an Behauptungswillen. Die römische Verwaltung funktionierte wohl in der Mitte des 3. Jahrhunderts noch, wie uns ein im Jahre 249 an einer Fernstraße errichteter Wegweiser (Meilenstein) belegt, der in Friedberg gefunden wurde. Die im Jahre 242 gesetzte Inschrift eines *collegium iuventutis* im Marköbel benachbarten Kastell Altenstadt zeigt, daß unser Raum nach dem weitgehenden Abzug regulärer Truppen durch Jungmannschaften aus der einheimischen Zivilbevölkerung geschützt wurde. Doch die Zerstörungen dieser Jahre kurz vor der endgültigen Aufgabe des rechtsrheinischen Gebietes sind unübersehbar. Die römische Siedlung in Heldenbergen wurde beispielsweise in der 1. Hälfte des 3. Jh. mehrfach zerstört. Daß es hier zu einem ausgedehnten "Gemetzel" gekommen ist, belegen die bisher gefundenen mehr als ein Dutzend Männerleichen, die bei dem Überfall getötet wurden. Ihre Skelettreste weisen starke Hieb- und Stichverletzungen auf, und sie blieben unbestattet zwischen den niedergebrannten Häusern liegen.

Auch in Marköbel dokumentiert ein geschlossener Geschirrfund aus der Mitte des 3. Jahrhunderts die Hilflosigkeit der Opfer. Der Fund besteht aus insgesamt 15 Gefäßen und wurde 1983 im Nordwestteil des Kastelles gefunden. Es scheint sich dabei um das gesamte Küchengeschirr eines Römers oder einer kleinen Gemeinschaft, vielleicht einer Gruppe von Soldaten, gehandelt zu haben. Ihn hat man wohl anläßlich eines bevorstehenden germanischen Angriffs oder der geplanten Verlegung der Einheit in ein anderes Kampfgebiet sorgfältig im Boden vergraben und fand später keine Gelegenheit mehr, den verborgenen Hausrat wieder in Benutzung zu nehmen. Das Service besteht aus einer Sigillataschüssel *(patina)*, einem Kochtopf *(aula)*, einer Reibschüssel für die Zubereitung von Kräutern und Soßen *(mortarium)*, 3 Tellern *(catilli)*, 5 Kannen oder Krügen *(lagoena)* sowie vier Trinkbechern *(pocula)*. Aufgrund dieser Zusammenstellung kann man sich vorstellen, daß zu dem Inventar noch einige Gefäße oder Teile aus Holz bzw. anderen organischen Materialien gehörten, die jedoch im Boden vergangen und nicht mehr erhalten sind.
Als das obergermanische Limesgebiet im Jahre 260 n.Chr. endgültig aufgegeben werden mußte, war ein großer Teil der Bevölkerung bereits ausgewandert oder in den Kämpfen getötet worden. Die Besatzungen der Kastelle scheinen ihre Standorte am östlichen Wetteraulimes eher kampflos geräumt zu haben, zu einer wirksamen Verteidigung dürften ihre Kräfte ohnehin zu schwach gewesen sein. Mit dem Abzug der Römer erlosch schlagartig die noch kurz zuvor so intensive römische Kultur. Mit archäologischen Mitteln ließ sich auch in Marköbel bisher keine hier verbleibende Bevölkerung mehr nachweisen. Geldwirtschaft und Münzen gehörten in den Jahrhunderten

Die Keramik des römischen Gefäß-Depotfundes.

nach dem Limesfall ebenso zu den seltenen Dingen wie die technischen Geräte, Fertigkeiten und Sachgüter des täglichen Lebens. Es dauerte sehr lange, bis die einheimische Produktion wieder den in römischer Zeit üblichen Standard erreichte und viele Errungenschaften der römischen Zivilisation sind erst in unseren Tagen wieder modern geworden.

## Literatur

GEORG WOLFF U. OTTO DAHM: Der römische Grenzwall bei Hanau mit den Kastellen zu Rückingen und Marköbel. Mitteilungen des Hanauer Bezirksvereins für Hessische Geschichte und Landeskunde 9 (1885).
GEORG WOLFF: Das Kastell Marköbel. Der Obergerman.-Rät. Limes des Römerreiches Bd. II, 21 (1896).
GEORG WOLFF: Die südliche Wetterau in vor- und frühgeschichtlicher Zeit (1913).
FERDINAND KUTSCH: Hanau - Kataloge Süd- und Westdeutscher Altertumssammlungen V (1926).
DIETWULF BAATZ UND KARL DIELMANN: Das römische Kastellbad von Marköbel, Landkreis Hanau. Hanauer Geschichtsblätter 20, 1965, 9 ff.
DIETWULF BAATZ: Marköbel - in: Die Römer in Hessen (1982).
PETER JÜNGLING: Ausgrabungen im römischen Kastell und mittelalterlichen Ortsbereich von Hammersbach-Marköbel. Neues Magazin für Hanauische Geschichte 8 (3), 1984, 161ff.
Ortsarchiv des Hanauer Geschichtsvereines, Ortsakte Hammersbach.

# Marköbel im Mittelalter

## Von der Römerzeit bis zum Dreißigjährigen Krieg

*Fred Schwind*

Am 23. April 1989 kann Marköbel ebenso wie Kilianstädten und Heldenbergen die 1150-jährige Wiederkehr seiner ersten Erwähnung in der schriftlichen Überlieferung begehen. Die drei Orte werden gemeinsam in einer von Kaiser Ludwig dem Frommen, dem Herrscher des Frankenreiches, im Jahre 839 ausgestellten, noch heute im Original erhaltenen Urkunde genannt[1] und erscheinen damit in einem engen historischen Zusammenhang. Das besagt jedoch nicht, daß diese Gemeinsamkeit für längere Zeit Bestand haben mußte, wie auch die erste Nennung eines Ortes nichts über sein tatsächliches Alter aussagt - gerade Marköbel ist ein Beispiel dafür, daß eine Siedlung sehr viel älter als ihre erste Erwähnung sein kann.

Marköbel ist aber auch exemplarisch für die Quellenlage vieler kleiner Orte während des Früh- und Hochmittelalters: Es gibt für die Zeit bis etwa zur Mitte des 13. Jahrhunderts nur wenige Nachrichten, und erst im Spätmittelalter setzt eine etwas breitere Überlieferung ein. Dabei sind wir für Marköbel noch in einer vergleichsweise glücklichen Lage, denn außer dem schon genannten Diplom Ludwigs des Frommen besitzen wir für den Ort noch zwei weitere Königsurkunden: eine Heinrichs IV. aus dem Jahre 1057[2] und eine Friedrichs II. von 1220[3]. Die drei Königsurkunden überspannen einen Zeitraum von nahezu vier Jahrhunderten; dennoch steht zu hoffen, daß ein innerer Zusammenhang zwischen den in den Urkunden bezeugten Rechtshandlungen sichtbar wird. Darüber hinaus kann man den Bogen noch weiter spannen: die 1220 von Kaiser Friedrich II. verfügte Verlegung des Köbeler Marktes nach der von seinem Großvater Friedrich Barbarossa gegründeten Stadt Gelnhausen[4] weist offenbar noch weiter zurück in die römische Vergangenheit Marköbels.

Wer die angesprochenen Urkunden unbefangen liest, wird vielleicht mit dem eher spröden Inhalt wenig anfangen können und dürfte zunächst enttäuscht sein. Hier vermag nur eine eindringliche Quelleninterpretation weiterzuführen, die auch weitere, aussagekräftigere und inhaltlich verwandte Zeugnisse vergleichend heranzieht und die für Marköbel erkennbaren Zustände in größere Zusammenhänge einordnet.

### Karolingerzeitliche Grundherrschaft

Wir wenden uns zunächst der Urkunde von 839 zu. Sie ist von Kaiser Ludwig dem Frommen, dem Sohn Karls des Großen, in der königlichen Pfalz Bodman am Bodensee ausgestellt[5]. Das Itinerar, der Reiseweg des Kaisers, weist aus, daß er von Frankfurt, wo er sich noch am 27. Februar aufhielt, an den Bodensee gezogen war, um dort das Osterfest zu feiern und politische Entscheidungen für die süddeutschen und westlichen Gebiete seines Reiches zu treffen. Dort also ließ er für seinen Getreuen Eckhart die Schenkung eines Königsgutskomplexes im Gau Wetterau an den Orten Stedten (Kilianstädten), Köbel und Heldenbergen beurkunden. Über die Qualität und Beschaffenheit des verschenkten Objekts wird gleich zu handeln sein, wir fragen zunächst, wer dieser Eckhart war.

Wir können ihn einwandfrei identifizieren[6]: Sein Urgroßvater Childebrand war ein Halbbruder des Hausmeiers Karl Martell, seine Familie gehörte also zum Verwandtenkreis des karolingischen Königshauses und zum hohen Adel des Frankenreichs. Eckhart selbst war Graf in Autun, und in Burgund lag auch der Besitzschwerpunkt seiner Familie. Fragen der hohen Reichspolitik, vor allem offenbar ein geplanter Zug des Kaisers nach Aquitanien (südöstliche Provinz in Frankreich), hatten Eckhart an den kaiserlichen Hof in Bodman geführt, und bei dieser Gelegenheit erhielt er die Schenkung in der Wetterau. Es verdient unsere Aufmerksamkeit, daß bereits sein Vater, der Graf Hildebrand, die Güter in Kilianstädten und Marköbel und er diejenigen in Heldenbergen zu Lehen innegehabt hatten. Das bedeutet für Marköbel, daß der erste uns bekannte Inhaber von Grundbesitzrechten der zwischen 826 und 836 verstorbene Graf Hildebrand aus der nach seinem Vater benannten Nibelungen-Sippe war, daß wir also bereits mindestens ein oder zwei Jahrzehnte vor 839 einen Inhaber von Herrschaftsrechten in Marköbel kennen.

Jetzt wurde der gesamte Komplex dem Grafen Eckhart als Eigengut, *ad proprium*, übertragen. Stellt man daraufhin die Frage, warum einer hauptsächlich in Burgund wirkenden Grafenfamilie beträchtlicher Grundbesitz gerade im Raum Marköbel übertragen wurde, so kann man nur Vermutungen äußern. So ist es nicht ungewöhnlich, daß einflußreiche Adelsfamilien innerhalb des Frankenreichs weitgestreuten Besitz hatten, und es könnte durchaus im politischen Interesse Ludwigs des Frommen gelegen haben, eine ihm treuergebene Familie (er bezeichnet ja Eckhart als *fidelis noster*, unseren Getreuen) aus dem westlichen Reichsgebiet auch in einer der östlichen Kernlandschaften des Reiches fest zu verankern. Außerdem ist es möglich, daß diese königliche Schenkung im Zusammenhang mit der wachsenden Bedeutung Frankfurts als königlichem Aufenthaltsort gesehen werden muß.

Nachdem nämlich Karl der Große sich 794 länger als ein halbes Jahr in Frankfurt aufgehalten und dort eine große Reichs- und Kirchenversammlung abgehalten hatte, zählen wir unter Kaiser Ludwig dem Frommen bereits 13 Königsbesuche in Frankfurt [7]. Der Kaiser erbaute dort die prächtige Königspfalz, deren Reste westlich des Doms heute wieder sichtbar sind. In den Königspfalzen aber wurden Regierungshandlungen vorgenommen, und dazu kamen Berater des Herrschers, hohe Geistliche und weltliche Amtsträger aus dem Reich zusammen. In diesem Zusammenhang haben wir Nachrichten, daß hochgestellte Personen in wichtigen Pfalzorten, z.B. in Aachen, Höfe besaßen, in denen sie abstiegen, während sie am Hofe weilten[8], oder daß ihnen in der Nähe Güter übertragen wurden, aus denen sie sich in dieser Zeit versorgen konnten. Ein solcher Fall könnte bei der Übertragung der Königsgüter im Raum Marköbel an den Grafen Eckhart und auch schon an seinen Vater vorliegen.

Die Schenkung an den in Burgund beheimateten und wirkenden Grafen Eckhart vermag auch zu erklären, warum dessen Güter in der Wetterau offenbar wenigstens teilweise wieder an das Königtum zurückgefallen sind: Nach dem Tode Ludwigs des Frommen 840 wurde das Reich unter seinen Söhnen aufgeteilt; darauf gehörten Burgund mit Autun zum Westfrankenreich, das Rhein-Main-Gebiet mit der Wetterau zum ostfränkischen Reich. Die Verbindungen zwischen den Reichsteilen wurden aber durch die Feindschaft der karolingischen Brüder nachhaltig gestört, so daß viele Familien, die in einem der Reichsteile saßen, ihre Güter in dem anderen Teil verloren.

Das dürfte im Falle des Grafen Eckhart bereits vor 876 geschehen sein, denn aus diesem Jahr besitzen wir von ihm ein in mehreren Fassungen überliefertes Testament[9], in dem seine wetterauischen Besitzungen nicht mehr genannt sind. Das Schicksal der Eckhart'schen Güter bereitet allerdings einiges Kopfzerbrechen. Zunächst ist es bemerkenswert, daß unter den gegebenen Umständen die Schenkungsurkunde im Original erhalten geblieben ist, denn Urkunden für weltliche Herren sind sehr viel häufiger verloren gegangen als solche für kirchliche Institutionen, weil die Erhaltungsbedingungen bei Bischofskirchen und Klöstern günstiger waren und die Geistlichen offenbar größeren Wert auf schriftliche Dokumente für ihren Güterbestand legten. Sodann ist zu beachten, daß die Urkunde, die heute im Hauptstaatsarchiv München liegt, zum Archivbestand der Würzburger Bischofskirche gehörte[10].

Dieses Problem ist sogleich zu erörtern, es sei jedoch zunächst eine Überlegung mitgeteilt, die an den Namen des wenige Kilometer nordöstlich von Marköbel liegenden Ortes Eckartshausen anknüpft. Diese Siedlung dürfte im Zuge eines dem Krebsbachtal aufwärts folgenden Landesausbaus von Marköbel aus gegründet und dann nach dem Inhaber der sich ausweitenden Grundherrschaft genannt worden sein. Auch für Langenbergheim, Himbach und Niedernhausen, wo später das Kloster Marienborn gegründet wurde, ist eine Zugehörigkeit zur Grundherrschaft Kilianstädten/Marköbel/Heldenbergen wahrscheinlich. Im Krebsbachtal sind dann in der zweiten Hälfte des 13. Jahrhunderts beträchtliche Besitzungen des Hochstifts Würzburg nachzuweisen, nämlich mindestens sieben Hufen in Eckartshausen und Niedernhausen, die Pfarrkirche in Eckartshausen[11] sowie die Rechte an einem Immunitätsbezirk, die zu Lehen an die Herren von Isenburg-Büdingen gegeben waren[12]. Daneben gab es auch Rechte des Hochstifts Worms, doch vor allem die Würzburger Eigenkirche in Eckartshausen zeigt an, daß das mainfränkische Bistum im oberen Krebsbachtal die stärkere Stellung innehatte. Über das Alter der Besitztitel kann freilich nichts gesagt werden.

Auf Zusammenhänge mit Würzburg könnte auch ein weiterer Umstand hinweisen: Hauptpatron der Würzburger Domkirche war seit dem 9. Jahrhundert der irische Märtyrer Kilian[13], und seit 1290 heißt das *Stetin* der Urkunde von 839 *Kilian*städten. Diese Hinzufügung des Bestimmungswortes ließe sich am leichtesten erklären, wenn Würzburg größere Besitzungen am Ort gehabt hätte - doch bisher konnte ich solche noch nicht nachweisen.

Eine allseits befriedigende Lösung kann ich nicht geben. Doch ließe sich der Weg der Eckhart-Urkunde nach Würzburg noch am ehesten erklären, wenn sie mit einer Güterschenkung des Eckhart dorthin gelangt wäre. Die für das 13. Jahrhundert urkundlich nachgewiesenen Würzburger Rechte im Krebsbachtal könnten dann auf diese Güterübertragung zurückgehen. Allerdings scheint nicht die gesamte Villikation an Würzburg gelangt zu sein; Marköbel und Heldenbergen dürften in andere Hände gekommen, wahrscheinlich an das ostfränkische Königtum zurückgefallen sein.

## Wirtschaftliche und soziale Verhältnisse

Wir wenden uns nun der Frage zu, was 839 an Eckhart geschenkt wurde und welche wirtschaftlichen und sozialen Verhältnisse für die Zeit der ersten Erwähnung in Marköbel und den mitgenannten Orten zu erschließen sind. Dazu sei bemerkt, daß die Schenkungsurkunde uns Aufschluß über die Beschaffenheit der Güter zum Zeitpunkt ihres Übergangs aus dem Königsgut in den Besitz Eckharts gibt. Wenn sie auch schon eine gewisse Zeit in der Nutzung Eckharts bzw. seines Vaters standen, dürften sie doch die innere Organisation des Königsgutes weitgehend beibehalten haben, so daß wir es für gerechtfertigt halten, weitere, das Königsgut betreffende Zeugnisse heranzuziehen. Dafür kommt vor allem das sog. Lorscher Reichsurbar in Betracht[14], das sehr ausführlich die Königsgüter im Rhein-Main-Gebiet beschreibt und ziemlich genau aus der gleichen Zeit stammt wie unsere Urkunde. Ob nach der Schenkung an den Grafen Eckhart irgendwelche Eingriffe in die Organisation des Grundherrschaftskomplexes erfolgten, können wir nicht sagen. Ich halte es jedoch nicht für wahrscheinlich, da sich im allgemeinen die innere Struktur des Königsgutes von der des Grundbesitzes weltlicher Herren und kirchlicher Institutionen, also der Bistümer und Klöster, nur wenig unterschied.

Nach diesen Vorbemerkungen geben wir eine Interpretation der Urkunde: Ludwig der Fromme schenkte also aus seinem Eigengut an seinen Getreuen - man könnte auch sagen Gefolgsmann - Eckhart, und zwar ebenfalls zu Eigen, was dessen Vater bzw. er bereits zu Lehen innegehabt hatten, nämlich Güter und Hörige in Kilianstädten, Marköbel und Heldenbergen. Im einzelnen handelt es sich um einen Herrenhof *(mansus dominicatus)* mit 14 zugehörigen Bauernstellen *(alii mansi)* und außerdem 10 *bunuarii* Ackerland. *Bunuarius* ist ein Landmaß, das vor allem im Westfrankenreich üblich war und in seiner Größenordnung über einem Hektar liegt[15]. Seine Verwendung in der Urkunde von 839 erklärt sich daraus, daß die sachlichen Angaben der Urkunde von dem im westlichen Reichsteil beheimateten Eckhart stammten[16]. Wir lassen einige erläuternde Zusätze zunächst beiseite und stellen fest, daß mit diesen knappen Angaben eine typische grundherrliche, landwirtschaftliche Betriebseinheit der Karolingerzeit beschrieben wird. Wir bezeichnen einen solchen, sich im Besitz eines Grundherrn befindlichen Komplex als Villikation[17]. Charakteristisch hierfür ist eine Zweiteilung der Wirtschaftsform zwischen Herrenhof und abhängigen Bauernstellen. Von dem herrschaftli-

Die Urkunde mit der erstmaligen Erwähnung Marköbels als Cavilla vom 23. April 839. Original im Bayerischen Hauptstaatsarchiv München.

chen Wirtschaftshof aus wurde das Herrenland, die *terra salica*, bestellt, und es wurde dort Viehzucht betrieben, wobei der Umfang dieser "Eigenwirtschaft" verschieden groß sein konnte. Sofern der Grundherr mehrere Villikationen besaß, wurden diese jeweils von einem Verwalter geleitet. Auf dem Wirtschaftshof lebten und arbeiteten persönlich unfreie Knechte und Mägde, die dort Unterkunft und Verpflegung erhielten und in der Mehrzahl unverheiratet waren. In unserer Urkunde ist zu dem Ausdruck *mansus dominicatus* noch hinzugefügt: "mit Häusern (oder Hütten) und allem Zubehör". Das weist eindeutig auf eine mehrgliedrige Anlage hin und erlaubt uns, zur Interpretation erstmals eine ausführlichere Beschreibung vergleichbarer Königshöfe zu Hilfe zu nehmen[18]: Diese bestanden aus einem größeren Herrenhaus, oft in Stein gebaut, und daneben aus Behausungen für die Hörigen, Scheuern, Ställen, Werkstätten und Vorratsspeichern; bei diesen Gebäuden handelt es sich um Hütten aus Fachwerk oder mit Lehm beworfenem Flechtwerk, z.T. auch in den Boden eingetieft. Das Ganze war in der Regel mit einem festen Zaun umgeben.

Die zweite Seite einer Villikation machten die Bauernstellen oder Hufen aus[19]. Das sind bäuerliche Betriebe von unterschiedlicher Größe; es gab Höfe mit 20, 30, 40 oder mehr *iugera* oder *iurnales* (Tagwerk, etwa unseren Morgen vergleichbar). Die Größe von 30 Tagwerk für eine Hufe begegnet in den Quellen recht häufig und könnte eine Art Normalwert darstellen. Die Größe der Hufen war offenbar so bemessen, daß sich eine Familie auf ihnen ernähren und noch bestimmte Abgaben für den Grundherrn erwirtschaften konnte. Außerdem mußten von diesen Hufen Frondienste auf dem herrschaftlichen Wirtschaftshof geleistet werden. Durch die Abgaben, die auf den Herrenhof zu liefern waren, und durch die Frondienste waren die Hufen organisatorisch eng an den Villikationsmittelpunkt gebunden, obwohl sie keineswegs alle am Ort des Herrenhofs liegen mußten. Schon unser Beispiel Kilianstädten, Marköbel und Heldenbergen zeigt ja, daß sich diese Villikation mindestens über drei Orte erstreckte. Es kommt hinzu, daß die Gemarkungen dieser Orte in der Karolingerzeit sicher größer waren als heute, so daß es möglich war, im Zuge einer von den Grundherrschaften betriebenen inneren Landerschließung neues Ackerland zu roden und innerhalb der alten Gemarkungen neue Siedlungen anzulegen (z.B. Eckartshausen), die erst später eine eigene Gemarkung erhielten. Auf diese Weise konnten sich die Villikationen in dem damals noch dünn besiedelten Land weiter ausbreiten.

Um die knappen Angaben der Urkunde von 839 besser verstehen zu können, erweitern wir unseren Gesichtskreis, indem wir einen Blick auf die nahegelegene königliche Grundherrschaft Florstadt werfen, die in dem schon erwähnten, im Kloster Lorsch überlieferten Reichsgutverzeichnis ausführlich beschrieben ist [20]. Die königliche Villikation Florstadt war sehr viel größer als die in Kilianstädten/Marköbel/Heldenbergen. So gehörten zum Florstädter Komplex 1000 Tagwerk Herrenland, Wiesen mit einem Ertrag von 240 Karren Heu sowie Wald von einer Größe, die für die Mast von 500 Schweinen ausreichte. Außerdem werden für Florstadt 60 1/2 Hufen verzeichnet. Nachdrücklich sei betont, daß diese große Gütermasse nicht an einem einzigen Ort gelegen haben kann, sondern sich über mehrere Gemarkungen erstreckt haben muß. Im Gegensatz zu der an Eckhart geschenkten Villikation, bei der über die Qualität der Hufen nichts gesagt ist, sind die Florstädter Hufen in Freienhufen *(mansi ingenuales)* und Knechthufen *(mansi serviles)* unterschieden. Diese Differenzierung wirkt sich in der Aufzeichnung nur noch in unterschiedlichen Abgaben und Diensten der jeweiligen Hufen aus, sie ist jedoch offensichtlich darauf zurückzuführen, daß die Hufen ursprünglich mit freien oder unfreien Bauern besetzt waren. Das bedeutet, daß in die königliche Grundherrschaft auch persönlich freie Leute integriert waren und das Königsland bewirtschafteten.

An Abgaben der Hufen werden genannt: Schweine, Schafe, Hühner, Eier, Holz, Forsthafer und Geldzinse, insbesondere als Ablösung für das sog. Mägdewerk, die Verpflichtung der auf den Bauernstellen lebenden Frauen, Wollstoffe und Leinen für die Grundherrschaft zu weben. Stärker unterschieden waren die persönlichen Dienste: Während auf den Freienhufen nur bestimmte Verpflichtungen ruhten (Pflügen eines Ackerstücks, Pferdegestellung, Botendienste), mußte der Inhaber einer Knechtshufe drei Tage pro Woche Frondienst auf dem Herrenhof leisten.

In ähnlicher Weise wie in Florstadt und auch in der Villikation Frankfurt, die ebenfalls im Lorscher Reichsurbar verzeichnet ist, haben wir uns auch den Aufbau und die Wirtschaftsstruktur der an Eckhart übertragenen Grundherrschaft vorzustellen. Die enge Nachbarschaft läßt einen solchen Analogieschluß zu. Daß die Urkunde von 839 weniger präzise Angaben macht als das Lorscher Reichsurbar, liegt an dem unterschiedlichen Charakter der beiden Quellen: das Urbar soll die Erträge für den König möglichst vollständig verzeichnen und sichern, während es bei einer Schenkung genügt, die übertragenen Güter anzuführen.

So können wir etwa folgendes Fazit ziehen: Bei der an Eckhart als Eigengut übertragenen Villikation handelt es sich um eine in sich geschlossene Wirtschaftseinheit. Der Wortlaut der Urkunde erlaubt den Schluß, daß sowohl mit *mansus dominicatus* (herrschaftlicher Wirtschaftshof) als auch mit *alii mansi* (andere Hufen) komplette Betriebe mit den zugehörigen Wirtschaftsflächen gemeint sind; die zusätzlich genannten 10 *bunuarii* (ca. 13-15 ha) Ackerland wurden wahrscheinlich von dem Herrenhof zusätzlich in Eigenwirtschaft bestellt. Da auf den Bauernstellen jeweils eine Familie von 4-6 Personen gesessen haben dürfte[21], könnten mit dem Gesinde des Herrenhofes bis zu 100 Personen zu der Villikation gehört haben. Die große Mehrzahl von ihnen zählte zu den persönlich unfreien Leuten; diese Feststellung findet in der Urkunde eine sichere Stütze. Ich beziehe mich dabei auf die sog. Pertinenzformel, eine in vielen Schenkungsurkunden auftauchende Aufzählung aller nur denkbaren, vielfach gar nicht vorhandenen Zubehörteile eines Schenkungsobjekts, deren Realitätsgehalt vielfach gering veranschlagt wird. In unserer Urkunde jedoch geht die Pertinenzformel sehr ausführlich und mit einer individuellen Formulierung auf die innerhalb der Villikation lebenden Unfreien ein: "Die zu den Hufen gehörenden Unfreien beiderlei Geschlechts und jeden Alters, die an diese Hufen an jedweden Ort nach Recht gebunden sind und zu ihnen gehören". Es sei nachdrücklich darauf hingewiesen, daß die Menschen hier ausdrücklich als Zubehör der Hufen eingestuft werden. Es hat den Anschein, daß beim Übergang aus der königlichen in eine andere Grundherrschaft bekräftigt werden sollte, daß damit für die Hörigen keine rechtliche Besserstellung verbunden war, daß vielmehr die Beschränkungen für diesen Personenkreis, wie fehlende Freizügigkeit, weitgehende Gerichts- und Strafgewalt des Herrn, Eheschließung nur mit dessen Erlaubnis, bestehen blieben.

Es sei noch angemerkt, daß diese breite Schicht der Unfreien in sich noch einmal differenziert war: Auf der untersten Stufe standen die auf den Herrenhöfen lebenden Knechte und Mägde; sie waren wirtschaftlich unselbständig und wurden zu allen Diensten ohne Beschränkung herangezogen. Über ihnen rangierten die Hufenbauern; sie hatten zwar keinen anderen rechtlichen, aber doch einen besseren sozialen Status, denn sie konnten offenbar nicht ohne weiteres von ihren Hufen vertrieben werden, wirtschafteten weitgehend selbständig und konnten wohl auch persönlichen Besitz erwerben.

Wenn wir oben von der Villikation Eckharts als einer in sich geschlossenen Wirtschaftseinheit sprachen, so war damit die innere Organisation, nicht die räumliche Geschlossenheit gemeint. Der Urkundentext zeigt schon an, daß die Hufen an verschiedenen Orten lagen, wenn wir auch nicht sagen können, wie viele Hufen sich an welchen Orten befanden. Darüber hinaus dürfen wir davon ausgehen, daß die Schenkung an Eckhart nicht die gesamten landwirtschaftlichen Betriebe und Wirtschaftsflächen innerhalb der drei Gemarkungen umfaßte. Vielmehr gab es dort wahrscheinlich noch weiteres Königsgut, das nicht verschenkt wurde, und sicherlich Besitz von Grundherren und freien Bauern, da Königsgut häufig in Gemengelage mit Gütern anderer Herren anzutreffen ist. Eine solche Streulage der Höfe und Wirtschaftsflächen ist auch für die Grundherrschaft Eckharts anzunehmen.

Schließlich erhebt sich die Frage, an welchem der drei Orte der Herrenhof lag, wo sich also das Zentrum der Villikation befand. Es leuchtet ein, daß diese Frage für die Geschichte der drei beteiligten Gemeinden von großer Bedeutung ist. Hier kann freilich die Urkunde nicht weiterhelfen, denn die Reihenfolge der Ortsnamen hat möglicherweise keine ausschlaggebende Bedeutung. Wir bleiben auf Schlußfolgerungen angewiesen und werden mehr als eine gewisse Wahrscheinlichkeit nicht erreichen können.

## Der allgemeinhistorische Kontext

Wir werden auf diese Frage zurückkommen; zunächst jedoch erscheint es sinnvoll, in einem knappen Überblick den allgemeinhistorischen und den von Wetterau und Untermainland bestimmten landschaftlichen Rahmen aufzuzeigen, in den die Geschichte Marköbels und seiner Umgebung eingefügt ist. Eine erste nachhaltige Einwirkung auf die Geschichte Marköbels ging von der Römerherrschaft aus. Durch die Errichtung des Limes wurde die fruchtbare Wetterau fest in das Imperium Romanum eingefügt[22]. Der

Raum Marköbel lag am östlichen Rand des erfaßten Gebiets und wurde so zur Grenzregion gegenüber dem freien Germanien. Hier, wo der Limes einen stumpfen Winkel bildet, führte offenbar eine Straße in die Germania libera. Vor allem zum Schutze dieses Grenzübergangs wird in Marköbel das große Kohortenkastell errichtet worden sein[23], das der Niederlassung bis zum Ende der Römerzeit einen starken militärischen Charakter gab - im Gegensatz zu dem etwa 7 km vom Limes entfernten Heldenbergen[24], dessen Militärlager offenbar nur kurzfristig belegt waren und das sich zu einem *vicus*, einer Zivilsiedlung, entwickelte. Das Marköbeler Kastell hat die innerörtliche Straßenführung bis heute bestimmt, d.h., im Mittelalter muß das Kastell noch gut erkennbar gewesen sein und Einfluß auf die Grundrißgestaltung des Ortes gehabt haben[25]. Wir sehen darin ein wichtiges Element der örtlichen Kontinuität von der Spätantike zum frühen Mittelalter. Auch darüber wird noch zu handeln sein.

Um 260 brach unter dem Ansturm der Germanen (in der Wetterau waren es die Alamannen) die römische Herrschaft in den Gebieten östlich des Rheins endgültig zusammen. Das Land mußte aufgegeben werden, die Reichsgrenze wurde auf den Fluß zurückgenommen. Die Wetterau gehörte nun zum Siedlungsgebiet der Alamannen[26], der Marköbeler Raum wurde sicherlich in den Machtbereich eines Herrschaftszentrums auf dem nahegelegenen Glauberg eingefügt [27]. Gegen Ende des 5. Jahrhunderts wurde die Herrschaft der Alamannen durch die der Franken abgelöst.

Wie sich die politischen Umwälzungen nach dem Ende der Römerherrschaft auf das ehemals römische Gebiet auswirkten, darüber wissen wir wenig. Es scheint jedoch, daß die ursprüngliche Bevölkerung nicht ganz vertrieben oder ausgerottet wurde. Elemente einer gewissen Kontinuität blieben also gewahrt, zumindest das eine oder andere römische Gebäude dürfte weiter benutzt, die römischen Felder werden weiter bebaut oder bald wieder bestellt worden sein.

Im 6., 7. und auch noch im 8. Jahrhundert lag der Schwerpunkt des fränkischen Reichs westlich des Rheins, in der Francia [28], mit den Zentren im Pariser Becken, in Soissons, Reims u.a. Mit Ausnahme des Maingebiets und der Wetterau, die offenbar seit dem 6. Jahrhundert allmählich fränkisch besiedelt wurden, waren die Regionen östlich des Rheins Nebenländer und gerieten erst im Laufe des 8. Jahrhunderts stärker in den Blickpunkt der fränkischen Reichsgewalt. Zu den äußeren Anzeichen für die fränkische Durchdringung des ostrheinischen Raumes, die auch die Christianisierung einschließt, gehören der Aufbau der Kirchenorganisation, die Gründung von Klöstern (in Hessen Fritzlar, Fulda, Lorsch, Hersfeld) und deren Überführung in Reichsbesitz durch Karl den Großen [29]. Die Klöster erhielten umfangreichen Grundbesitz, wurden neben dem Königtum zu den bedeutendsten Grundherren und leisteten im Rahmen ihrer Grundherrschaften einen wichtigen Beitrag zur wirtschaftlichen Erschließung und herrschaftlichen Erfassung des Landes.

Noch vor den Klöstern aber haben Königtum und Adel große Teile des Landes in Besitz genommen und dort ihre Grundherrschaften errichtet. Wie sich diese Vorgänge im einzelnen abspielten, bleibt uns weitgehend verborgen. Dennoch ist es auffällig und immer wieder betont worden, daß das fränkische Königtum häufig dort Besitzschwerpunkte hatte, wo vorher offenbar römische Staats- und Militärländereien gewesen waren. Diese Beobachtung gilt in besonderem Maße für die Oststrecke des Wetterau-Limes[30]. Genannt seien nur die Reichsgutkomplexe Florstadt und Marköbel.

Seit der Regierungszeit Karls des Großen wird die intensive Inanspruchnahme des rechtsrheinischen Gebiets durch die Karolinger deutlich sichtbar. Das Gewicht dieses Raumes wird noch stärker nach dem Vertrag von Verdun von 843, durch den das ostfränkische Reich unter Ludwig dem Deutschen verselbständigt wird. Jetzt wird Frankfurt neben Regensburg zum Vorort - das Wort Hauptstadt möchte ich vermeiden - dieses Reichsteils. Der Begriff Hauptstadt ist für diese Zeit deshalb nicht angebracht, weil der fränkische oder später deutsche König im Mittelalter nicht von einer festen Residenz aus regierte, sondern seine Herrschaft ausübte, indem er in seinem Reich umherzog, in Königspfalzen, Bischofsstädten und Reichsklöstern Station machte und dort seine Regierungshandlungen vornahm[31]. Dennoch gab es Landschaften, die der König häufiger als andere und auch für längere Zeit aufsuchte. Eine solche "Kernlandschaft des Reiches" war das Rhein-Main-Gebiet mit den bevorzugten Aufenthaltsorten Worms, Mainz, Frankfurt, Ingelheim und Trebur[32]. Voraussetzung für die intensive Nutzung dieser Bischofsstädte und Pfalzen durch den König und sein Gefolge, das unserer Schätzung nach mehrere hundert Personen groß sein konnte, war ein leistungsfähiges Versorgungssystem, das aus königlichen Wirtschaftshöfen und abhängigen, auf Königsland angesetzten Bauern bestand. Die Massierung von Königsgut im Rhein-Main-Gebiet und seinem nördlichen Vorland, der Wetterau, erklärt sich aus diesen Gegebenheiten.

In diese Organisation gehörte auch die Villikation Kilianstädten/ Marköbel/ Heldenbergen. Sie dürfte ursprünglich zur Versorgung des königlichen Hofes und auch zur Verpflegung und Ausstattung des königlichen Heeres beigetragen haben. Schon vor Ausstellung der Urkunde von 839 befand sich die Villikation jedoch nicht mehr in der unmittelbaren Nutzung durch das Königtum, und das dürfte der Grund dafür sein, daß sie nicht im Lorscher Reichsurbar verzeichnet ist. Sie war an die vornehme und einflußreiche Familie des Eckhart zu Lehen ausgegeben worden. Auf diese Weise belohnte der König seine Anhänger, band sie fest an sich und setzte sie, indem er ihre ökonomische Basis verbreiterte, in die Lage, ihm Heeresfolge und sonstige Dienste zu leisten.

## Marköbel unter der Herrschaft der Münzenberger

Die zweite hier zu behandelnde Urkunde[33] führt in andere Zusammenhänge; es handelt sich wieder um eine Königsurkunde, mehr als zwei Jahrhunderte nach dem Diplom Ludwigs des Frommen ausgestellt im Namen des damals siebenjährigen Königs Heinrich IV., wiederum für einen weltlichen Empfänger, dieses Mal jedoch nicht für ein Mitglied des hohen Adels, sondern für den unfreien königlichen Dienstmann Cuno. Er wird *serviens noster* genannt, und er ist wohl personengleich mit einem

Cuno, der wenige Jahre später als *regis iuventutis pedissequus,* wörtlich: "Begleiter der Jugend des Königs" bezeichnet wird [34]. Er war also wohl Erzieher des jungen Heinrich. Wir fassen mit diesem Cuno den Vertreter einer in der Wetterau ansässigen Dienstmannenfamilie, aus der eine Erbtochter einen Eberhard von Hagen heiratete, der nach dem heutigen Dreieichenhain südlich von Frankfurt genannt war. Aus dieser Verbindung ging das Reichsministerialengeschlecht von Hagen-Arnsburg-Münzenberg hervor, später nur noch nach der Burg Münzenberg genannt. Beide Familien, die des Cuno in der Wetterau und die von Hagen (die letztere mit der Verwaltung des großen Reichsforstes Dreieich betraut) hatten durch persönliche Tüchtigkeit aus der großen Zahl der unfreien königlichen Diener heraus einen sozialen, nicht rechtlichen Aufstieg geschafft und eine angesehene Stellung erworben. Ihre Dienste wurden durch zahlreiche königliche Schenkungen belohnt.

Der Aufstieg dieser Familien, der später bei den Münzenbergern noch sehr viel größere Dimensionen annehmen sollte, ist beispielhaft für einen Prozeß, der in der zweiten Hälfte des 11. und im 12. Jahrhundert einen neuen Stand entstehen ließ, den der Ministerialität oder Dienstmannschaft. Es gab Dienstmannschaften weltlicher Fürsten und Herren, von Bischöfen und Äbten und als vornehmste und zahlreichste die des Königs. Der Grund für die Entstehung dieser breiten Dienstmannenschicht und für ihre Förderung durch ihre Herren war die Notwendigkeit, treu ergebene Kriegsleute und Verwaltungsfachleute zu gewinnen. Um diese durch persönlichen Gehorsam an ihren Herren gebundenen Leute materiell so auszustatten, daß sie den finanziell aufwendigen Kriegsdienst zu Pferd leisten konnten, mußte ihnen Landbesitz übertragen werden. Zu diesem Ausstattungsgut für den königlichen Dienstmann Cuno gehörte also Marköbel oder zumindest ein Teil des als *villa* bezeichneten Ortes. Das bedeutet, wie schon erörtert, daß das Königtum entweder die Verfügungsgewalt über den Ort zurückgewonnen oder aber 839 einen Teil nicht aus der Hand gegeben hatte.

Es ist zu beachten, daß Marköbel jetzt nicht mehr zusammen mit Kilianstädten und Heldenbergen genannt wird, sondern mit Himbach und (Langen-)Bergheim. Alte Verbindungen sind also gelöst, neue geknüpft. Langen-Bergheim, Himbach und auch Ekkartshausen liegen am Oberlauf des Krebsbaches. Diese charakteristische Lage gestattet die Vermutung, daß diese Siedlungen im Zuge einer von Marköbel ausgehenden, talaufwärts vorrückenden Rodung und Landerschließung entstanden sind.

Die Urkunde von 1057 gibt die geographische und politisch-administrative Zugehörigkeit der an Cuno übertragenen Güter an: Sie lagen im Gau *(pagus)* Wetterau und in der Grafschaft Malstatt des Grafen Berthold [35]. Marköbel gehörte also zu der nach ihrer Gerichtsstätte bei Bauernheim genannten Grafschaft Malstatt, die große Teile der Wetterau umfaßte und in die östlichen Waldgebiete reichte. Diese Grafschaft wurde 1043 von König Heinrich III. an das Kloster Fulda gegeben und stand unter der Verwaltung der Grafenfamilie der Bertholde, die sich später nach der Burg Nürings (am Taunus) nannte. Die Schenkung an Cuno wird wieder durch eine ausführliche, aber nicht durch besondere Formulierungen auffallende Pertinenzformel beschrieben und

besagt wie 839, daß bisheriges Lehen bzw. Dienstgut[36] in Eigengut des Empfängers umgewandelt wurde. Daß dem unfreien Dienstmann Eigengut übertragen wurde, zeugt von dem hohen Ansehen, das Cuno am Königshof genoß.
Mit dieser Schenkung an Cuno war für Marköbel der Weg in den engeren Herrschaftsbereich der Reichsministerialen von Münzenberg vorgezeichnet. Das gilt für deren Eigengüter ohne Einschränkung, und das gilt auch für den Besitz anderer Herren oder Bauern am Ort, falls solcher vorhanden war; dieser konnte wohl auf Dauer kaum dem allgemeinen, wir würden heute sagen: staatlichen Herrschaftsanspruch der Münzenberger entzogen werden, zumal ihnen nach dem Aussterben der Grafen von Nürings (um 1170)[37] weitere Herrschaftsrechte zugefallen sein dürften. Die unangefochtene Dorfherrschaft der Münzenberger in Marköbel war auf jeden Fall mit der Schenkung von 1057 vorprogrammiert.
Es ist hier nicht der Ort, den Aufstieg der Familie der Münzenberger zu schildern, die es in der Stauferzeit, obwohl sie die Fesseln der persönlichen Unfreiheit nicht abstreifen konnte, an Macht und Ansehen mit Fürstengeschlechtern aufnahm. Die prächtige Burgruine über der Stadt Münzenberg zeugt noch heute von dem Selbstbewußtsein und Machtanspruch ihrer Erbauer und Besitzer.
Das Schicksal der Familie und der Herrschaft Münzenberg wurde schließlich auch ausschlaggebend für die spätere Zugehörigkeit Marköbels zur Herrschaft Hanau. Als das Geschlecht 1255 im Mannesstamme ausstarb, erbten sechs Schwestern des letzten Münzenbergers, Ulrichs II. Eine von ihnen war mit Reinhard I. von Hanau verheiratet. Hanau erhielt also ein Sechstel der umfangreichen Münzenberger Erbschaft und konnte seinen Anteil auch behaupten, während die Herren von Falkenstein, ebenfalls Erben eines Sechstels, die Anteile der übrigen Berechtigten nach und nach erwerben konnten, so daß sie schließlich fünf Sechstel der Erbmasse besaßen[38]. Für größere Komplexe bildete sich offenbar in der Regel ein annäherndes Besitzverhältnis von 5:1 zwischen Falkenstein und Hanau heraus; bei kleineren Objekten wie beispielsweise Marköbel sind die Verhältnisse weniger gut zu erkennen. Wir werden darauf noch eingehen, stellen jedoch jetzt schon fest, daß die spätere territoriale Zugehörigkeit Marköbels zur Herrschaft Hanau auf die Schenkung von 1057 an Cuno zurückgeht.

## Der Köbeler Jahrmarkt - Wurzeln in der Römerzeit?

In der dritten Marköbel betreffenden Königsurkunde[39] verfügte König Friedrich II. im Jahre 1220 die Verlegung des Köbeler Jahrmarktes nach Gelnhausen. Der Jahrmarkt *(forum annuale)*, der bis zu dieser Zeit in oder bei Köbel abgehalten worden war, sollte in Zukunft in Gelnhausen stattfinden, und zwar zwei Wochen lang, je eine Woche vor und nach Matthei, also dem 21. September. Es war offenbar von Anfang an ein Fernhandelsmarkt geplant, und die Kaufleute, die ihn besuchten, sollten den besonderen Schutz des Königs und des Reiches genießen. So lange der Markt in Köbel abgehalten worden war, hatte er sicherlich nicht zwei Wochen gedauert, aber er muß dennoch eine große Bedeutung gehabt haben, denn die Erinnerung, daß es sich bei dem Gelnhäuser Jahrmarkt ursprünglich um den Köbeler Markt gehandelt habe, lebte noch lange fort[40], und der seit 1272 überlieferte Zusatz *Mar*köbel gegenüber *Bruch*köbel wird sicherlich auf diesen Markt zu beziehen sein. Mit der Verlegung sollte offenbar Gelnhausen von einer lästigen Konkurrenz befreit werden.

Man darf die allgemeine wissenschaftliche Meinung über das Verhältnis von Markt und Stadt heute dahingehend verstehen, daß mit der Verlegung des Marktes nach Gelnhausen der Ort Marköbel nicht eines hoffnungsvollen Ansatzpunktes für eine eigene Stadtentwicklung beraubt wurde. Jahrmärkte hatten im allgemeinen keine stadtbildende Kraft, diese kam in der Regel nur einem kontinuierlichen Marktverkehr zu, also Wochenmärkten oder gar täglichen Märkten[41]. 1220 war Gelnhausen bereits eine Stadt mit florierendem Wirtschaftsleben und zumindest wöchentlich abgehaltenen Märkten[42], es erhielt mit dem neuen Markt also lediglich ein zusätzliches wirtschaftliches Element. An Gelnhausen und Marköbel erwies sich, wie an zahlreichen anderen Orten, daß eine neu gegründete, wirtschaftlich aufstrebende Stadt einen benachbarten, auf alter Tradition beruhenden Jahrmarkt nicht automatisch an sich zog. Gelnhausen bedurfte, um den Köbeler Markt in seine Mauern zu ziehen, eines königlichen Privilegs, was für Marköbel einem Verbot seines Marktes gleichkam; es gab jedoch auch Fälle, wo ein ländlicher Jahrmarkt mit überörtlicher Bedeutung neben dem ständigen Markthandel einer nahen Stadt weiter existierte[43].

Mit dieser Tradition, die bewirkte, daß ein bei einem Dorf abgehaltener Markt eine solche Bedeutung besaß, muß es eine besondere Bewandtnis haben. Diese rührt daher, daß Marköbel zu den sog. Kastellmärkten gerechnet wird, denen die Wissenschaft schon seit längerem ihre Aufmerksamkeit schenkt. Eine zusammenfassende Behandlung erfolgte in jüngerer Zeit in einem Aufsatz von Michael Mitterauer über "Jahrmärkte in Nachfolge antiker Zentralorte" [44]. Er untersucht in Gallien und anderen römisch besetzten Gebieten zahlreiche, nicht zu Städten gewordene Plätze, für die im Mittelalter oder später Jahrmärkte von z.T. überregionaler Bedeutung bezeugt sind. Die Wurzeln dieser Märkte reichen mit großer Wahrscheinlichkeit in die Römerzeit oder noch weiter zurück, und ihre Existenz läßt sich nur durch diese Kontinuität hinreichend erklären. Zu diesen Plätzen gehören die Kastellmärkte im Taunus und in der Wetterau, die "eine besondere Gruppe unter den seit der Antike kontinuierlich abgehaltenen Jahrmärkten stellen" [45]. Das Interesse der Forschung wurde durch die Beobachtung geweckt, daß am Platz zahlreicher ehemaliger Limeskastelle noch im 19. Jahrhundert und z.T. heute noch auf freiem Feld periodische Märkte stattfanden. Auch ihre Existenz kann nur erklärt werden, wenn man ihren Fortbestand seit der Antike annimmt. Als Beispiele seien angeführt: Alteburg bei Heftrich im Taunus[46], die Alteburg bei Arnsburg, Inheiden, Oberflorstadt, Marköbel und Seligenstadt. Marköbel kommt in dieser Reihe eine besondere Bedeutung zu, weil hier der Markt sehr früh urkundlich bezeugt ist.

Von besonderem Interesse ist es, wie diese Märkte entstanden sind und wie ihr Fortbestand bis ins Mittelalter und z.T. bis in die Neuzeit erklärt werden kann[47]. Für die Entstehung der Märkte waren sicherlich die Zivilsiedlungen, die bei den meisten Kastellen vorhanden waren, ausschlaggebend. Eine solche Siedlung ist ja für Marköbel archäologisch nachgewiesen. Der Bedarf der Truppe an Gütern des täglichen Lebens lockte Handwerker und Händler an. Dazu kam bei Marköbel die Lage an einem offenbar wichtigen Übergang aus dem von Römern beherrschten Gebiet in das freie Germanien[48]. Da der Limes keinen undurchdringlichen Wall bildete und in Friedenszeiten vielfältige Verbindungen über die Grenze möglich waren, dürfte am Ort ein regelmäßiger Handelsverkehr mit der Bevölkerung jenseits des Limes entstanden sein. So wird der Grenzhandel zur Konsolidierung des Marköbeler Marktes beigetragen haben, wenn auch allgemein der zentralörtlichen Bedeutung der Kastellorte, von denen aus ja die umliegenden Militärterritorien verwaltet wurden, und der Nahmarktfunktion für Truppe und Zivilbevölkerung für die Entstehung der Märkte das größere Gewicht zugemessen wird. Diese Märkte, die in der Römerzeit anscheinend oftmals im Jahr in regelmäßigen Abständen abgehalten wurden und sich erst später auf wenige oder gar einen Termin reduzierten und so zu Jahrmärkten wurden, dürften der marktpolizeilichen Aufsicht des Lagerkommandanten unterstanden haben.
Schwierig zu verstehen ist die Kontinuität der Kastellmärkte über die Wirren der Völkerwanderungszeit hinweg ins Mittelalter. Denn wenn auch ein Teil der bäuerlichen Bevölkerung des Umlandes an seinen Wohnsitzen blieb, so wird doch die Zivilbevölkerung der Lagersiedlungen mit den Truppen abgezogen sein. Die baulichen Reste der Kastelle dürften jedoch weiter eine gewisse Anziehungskraft ausgeübt und zusammen mit einer dem Menschen eigenen beharrenden Tendenz den traditionellen Märkten das Überleben gesichert haben[49].
Wir geben an dieser Stelle eine Zwischenbilanz: Von der Interpretation der Kastellmärkte her spannt sich für Marköbel ein Bogen über mehr als 1000 Jahre zu der Urkunde Friedrichs II. von 1220: Die Marktfunktion - für die Römerzeit erschlossen, für die Stauferzeit urkundlich bezeugt - verlieh dem Ort eine gewisse zentralörtliche Bedeutung für sein Umland. Dazu kam seine günstige Verkehrslage an der Hohen Straße, die offenbar seit frühester Zeit eine wichtige Verbindung aus dem Rhein-Main-Gebiet über Fulda nach Thüringen bildete. Die Belege über die Existenz von Reichsgut in Marköbel überbrücken die große Zeitspanne von der Römerzeit zur Stauferzeit. Da wir vom Weiterbestehen des Marktes nach der Römerzeit - zumindest aber von seiner baldigen Wiederbelebung - ausgehen, könnte der Markthandel in karolingischer Zeit in Anlehnung an die Villikation stattgefunden haben[50] und mit den Marköbeler Besitzungen Eckharts wieder an das Königtum zurückgefallen sein. Das würde erklären, daß Friedrich II. uneingeschränkt über den Markt verfügen konnte.
Daß sich im Frühmittelalter in Marköbel eine nicht unbedeutende Siedlung befand, wird offenbar auch durch archäologische Befunde bestätigt. 1983 wurden bei der Erweiterung des Friedhofes im Bereich des ehemaligen Kastells archäologische Untersuchun-

gen vorgenommen und dabei Grundrisse von Häusern, einer Webhütte und möglicherweise von weiteren Werkstätten aufgedeckt[51]. Das umfangreiche Fundmaterial ist noch nicht bearbeitet, die Grabung noch nicht veröffentlicht, so daß für eine Beurteilung und zeitliche Einordnung der Befunde die Grundlagen fehlen. Die Publikation der Grabung ist daher dringend erwünscht, zumal hier die seltene Gelegenheit gegeben ist, den archäologischen Befund mit den Schriftquellen zu vergleichen und vielleicht Hinweise für eine Siedlungskontinuität am Ort zu gewinnen.
Damit kommen wir noch einmal auf die Frage zurück, an welchem der 839 genannten Orte der Herrenhof der karolingerzeitlichen Villikation gelegen haben könnte. Für Marköbel sprechen die Existenz des Marktes seit der Römerzeit, seine zentralörtliche Bedeutung, die Beobachtung, daß von Marköbel aus offenbar eine Ausweitung der Villikation stattgefunden hat, sowie die archäologischen Hinweise auf eine in ihrer Struktur differenzierte Siedlung, was allerdings ohne eine wissenschaftliche Grabungspublikation nur ein ungesichertes, zusätzliches Argument sein kann. Wir halten es daher für wahrscheinlich, daß Marköbel der Hauptort der Villikation Eckharts war[52] - aber es sei nochmals betont, daß für diese Aussage mehr als eine gewisse Wahrscheinlichkeit nicht zu erreichen ist.

## Übergang an die Herrschaft Hanau

Es wurde schon darauf hingewiesen, daß das Jahr 1255 wegen des Aussterbens der Münzenberger im Mannesstamm zu einem wichtigen Datum für die Geschichte Marköbels wurde[53]. Dieses Ereignis fällt in die Zeit des sog. Interregnums, als es nach dem Tode der letzten Staufer im deutschen Reich keinen allgemein anerkannten Herrscher gab. Erst die Erhebung des Grafen Rudolf von Habsburg zum deutschen König im Jahre 1273 beendete diesen Zustand. Von Anfang an gehörten die Herren von Hanau zu den treuesten Anhängern des neuen Königs und erfuhren von ihm mannigfache Unterstützung[54]. Das war vor allem wichtig bei der Erweiterung und inneren Konsolidierung des zunächst kleinen, aus einzelnen Teilen und zerstreuten Rechten bestehenden hanauischen Territoriums. Dieser Aufbau der hanauischen Herrschaft fügte sich in einen allgemeinen, etwa in der zweiten Hälfte des 12. Jahrhunderts beginnenden, im Spätmittelalter fortschreitenden Prozeß der Entstehung von Territorial- und Landesherrschaften ein, hatte allerdings einen bescheideneren Zuschnitt als in den Territorien von geistlichen und weltlichen Fürsten.
Etwa seit der Mitte des 13. Jahrhunderts wird die Quellenlage für die Landes- und Ortsgeschichte allmählich besser, ohne daß wir jedoch auf alle uns interessierenden Fragen ausreichend Auskunft erhielten. Es kommt hinzu, daß wir uns im Rahmen dieses Beitrags im wesentlichen auf die gedruckt vorliegenden Quellen stützen müssen, so daß auch nach diesem Aufsatz die Geschichte Marköbels während des 15. und 16. Jahrhunderts durch Heranziehung ungedruckten, in Archiven lagernden Quellenmaterials noch weiter aufgehellt werden kann.

Daß wir weiterhin beträchtliche Lücken in Kauf nehmen müssen, erweist sich schon bei der Betrachtung des Übergangs Marköbels an Hanau. Dabei handelt es sich nicht um die Grundbesitzverhältnisse innerhalb des Ortes, sondern um dessen politische Zugehörigkeit zu einem Territorium, um die Dorf- und Gerichtsherrschaft. Auszugehen ist von zwei Urkunden aus den Jahren 1304[55] und 1317[56]. In der ersten setzen die Herren von Falkenstein die Dörfer Büdesheim und Marköbel als Pfand dafür ein, daß sie eine mit Ulrich von Hanau getroffene Vereinbarung einhalten werden; nach der zweiten, nur 13 Jahre später ausgestellten Urkunde verkauft Ulrich II. von Hanau das Dorf Marköbel für 800 Pfund Heller an Philipp d.Ä. von Falkenstein. Die Pertinenzformel, mit der das Objekt beschrieben wird *(das dorff Markebele mit luden, gulden, gerichten, welden, weiden, wisen, vischerien, wazsern und wassergangen und mit allem deme, das darczu gehort, mit nuczen und rechten, damidde wir dasselbe dorff biisz her besezsen haben),* charakterisiert deutlich die Herrschaft über das Dorf. Ulrich von Hanau behält sich - und das ist für die weitere Geschichte Marköbels von ausschlaggebender Bedeutung - bei diesem Geschäft den Wiederkauf vor, d.h., er oder seine Erben können zu jeder Zeit den Ort für die gleiche Kaufsumme zurückkaufen. Das muß, ohne daß wir darüber eine Urkunde besitzen, geschehen sein, denn seit spätestens 1349 ist die unbestrittene Zugehörigkeit Marköbels zur Herrschaft Hanau belegt[57].

Dieser mehrmalige Wechsel der Dorfherrschaft zwischen den Münzenberger Erben ist zunächst verwirrend, kann jedoch aus dem komplizierten, aus der gemeinschaftlichen Erbschaft herrührenden Verhältnis der beiden Familien erklärt werden. Ursprünglich dürften sowohl die Falkensteiner als auch die Hanauer in Marköbel Rechte besessen haben. Schon 1275 ist für die Falkensteiner ein Verfügungsrecht über das Marköbeler Gericht bezeugt[58], und 1298 steht das Patronatsrecht über die Marköbeler Kirche zu zwei Dritteln den Falkensteinern, zu einem Drittel den Hanauern zu[59]. Dieses Verhältnis von 2:1 könnte zunächst auch für die übrigen Rechte am Ort gegolten haben. Es kam jedoch zwischen den beiden Familien immer wieder zu Streitigkeiten über die gemeinsame Nutzung oder die Aufteilung der Erbschaft[60], wobei offenbar Tausch oder Verkauf einzelner Objekte zwischen beiden Partnern vorkamen. Daraus läßt sich erklären, daß Marköbel 1304 den Falkensteinern und 1317 den Hanauern unterstand, ohne daß wir für die vorausgegangenen Besitzverschiebungen einen urkundlichen Beleg haben. Erst durch das in der Urkunde von 1317 belegte Rückkaufsrecht der Hanauer, von dem wir aber nicht wissen, wann es realisiert wurde, endeten offenbar die Falkensteiner Ansprüche auf Marköbel.

## Spätmittelalterliche Grundherren

Von der Dorf- und Gerichtsherrschaft zu unterscheiden sind die Grundbesitzverhältnisse in der Siedlung und der Gemarkung Marköbel. Wenn wir zu diesem Komplex auch zahlreiche Urkunden besitzen, so ist doch die Einschränkung zu machen, daß Urkunden nur bei Besitzwechsel ausgestellt wurden und daß von diesen wiederum nur ein Teil erhalten ist. Höfe und Grundstücke, die nicht den Besitzer wechseln, erscheinen in den Urkunden überhaupt nicht. Daraus folgt, daß unser Einblick in die Besitzverhältnisse unvollkommen bleibt und wir nur bestimmte, wenn vielleicht auch wichtige Ausschnitte erkennen.

Einen besonderen Anstoß für Veränderungen der Grundbesitzverhältnisse in Marköbel ergab sich durch die Verlegung des Zisterzienserinnenklosters Haug (Herrenhaag bei Büdingen) im Jahre 1274 an den Platz der Siedlung Niedernhausen im Krebsbachtal[61]. Dieses von den Herren von Isenburg-Büdingen geförderte, seit 1275 Marienborn genannte Kloster war von 1288 bis 1344 an sieben Grundstücksgeschäften in Marköbel beteiligt. 1288 erwarb das Kloster von Bischof Simon von Worms dessen (d.h. wohl seines Hochstifts) Güter in Marköbel, Himbach, (Langen-)Bergheim und Ensheim für 300 Mark Aachener Pfennige[62]. Sowohl diese hohe Summe als auch die Pertinenzformel, die Zehnten und Hufen, Weinberge und Einkünfte an Wein, Geldzinsen, Hühner und Gänse nennt, lassen auf einen umfangreichen Güterkomplex schließen. Schon ein Jahr später kaufte Marienborn von dem Ritter Konrad von Mörlen eine Hufe in Marköbel, wozu die Falkensteiner, von denen diese Hufe lehnsabhängig war, ihre Zustimmung gaben[63]. Eine interessante Transaktion ist zum Jahre 1297 überliefert. Ein Wolfram von Köbel übergibt sich selbst und seinen Besitz an das Kloster, in dem er Aufnahme findet *(... residenciam habeo)*[64]; wahrscheinlich schließt sich Wolfram damit als sog. Familiare dem Kloster an, d.h., er gelobte der Äbtissin Gehorsam, war zur Arbeitsleistung verpflichtet und erhielt dafür eine lebenslängliche Versorgung im Kloster[65]. Derartige Familiaren konnten in den Wirtschaftsbetrieben des Klosters verantwortungsvolle Funktionen übernehmen. Hervorzuheben ist noch, daß die Erträge einer in Köbel gelegenen Hufe dazu bestimmt wurden, daß zum Seelenheil des Wolfram einmal im Jahr den Nonnen eine besondere Gabe gereicht werden konnte.

Zwei weitere große Erwerbungen gelangen Marienborn in den Jahren 1310[66] und 1323[67]; dabei handelt es sich offenbar um einen einzigen Güterkomplex, der aus dem Erbe des Frankfurter Bürgers Thilmann Kapman stammte und der (wie schon 1288 die Wormser Besitzungen) in den Orten Marköbel, Himbach, Ensheim und (Langen-)Bergheim lag. Diese Erbschaft befand sich im Besitz der angesehenen Gelnhausener Familie Breitenbach, die dort mehrfach im Schöffenkolleg vertreten war[68]. Ansprüche auf das Erbe meldete aber auch das Kloster Marienborn an. Es kam zu einem Schiedsspruch, der von der Stadt Gelnhausen beurkundet wurde. Danach verzichtete die Familie Breitenbach auf die Hälfte der strittigen Güter und übertrug sie an das Kloster. 1323 kaufte dann das Kloster von dem Ehepaar Hartmann und Margarethe von Breitenbach für 294 Pfund Heller dessen gesamten Besitz in den genannten vier Orten. Daraus ist der Schluß erlaubt, daß es sich dabei um die zweite Hälfte des Kapmanschen Erbes handelte. Zugleich wird noch einmal die enge Bindung zwischen Marköbel und den Orten im Krebsbachtal unterstrichen.

Nachdem Marienborn 1344 aus dem ursprünglichen Besitz des Ritters Werner von Köbel noch die Rittmühle in Marköbel gekauft hatte[69], brechen die Erwerbungen des Klosters am Ort für längere Zeit ab.
Wir sind auf die größeren der Marköbel betreffenden Gütergeschäfte Marienborns so ausführlich eingegangen, weil dabei sichtbar wird, wie eine neu gegründete geistliche Institution sich in ihrer näheren Umgebung ein wirtschaftliches Fundament schafft und dabei beträchtliche Geldmittel einsetzt. Zugleich erkennen wir, in welchem Maße eine solche zielbewußte Erwerbspolitik die Besitzverhältnisse innerhalb eines Ortes beeinflussen kann und wie - das Beispiel des Wolfram von Köbel zeigt es - auch persönliche Beziehungen zu den Bewohnern der umliegenden Siedlungen aufgebaut werden[70].
Die weiteren Erwerber von Höfen, Land, Weinbergen und Einkünften in Marköbel spielen gegenüber dem Kloster Marienborn eine untergeordnete Rolle. Wir nennen das Nonnenkloster Patershausen, die Antoniter in Roßdorf, die Deutsch-Ordens-Kommende in Frankfurt-Sachsenhausen, die Marköbeler Pfarrkirche, Bürger von Gelnhausen, die Herren von Falkenstein sowie Personen aus der Umgebung[71]. Von diesen meist kleineren Geschäften hebt sich der 1295 erfolgte Verkauf eines Hofes sowie von 12 Mark Einkünften in Marköbel durch Gottfried von Brauneck an Heinrich von Isenburg ab[72]. Der Kaufpreis betrug 100 Mark Wetterauer Pfennige; die Herkunft der Geldeinnahmen ist exakt beschrieben: 9 Mark von den Hufen, 3 Mark von den Abgaben höriger Leute des Gottfried von Brauneck. Es handelt sich hier also wiederum um einen größeren Besitzkomplex in Marköbel. Dieses Geschäft, bei dem lediglich ein Besitzwechsel zwischen zwei Erben der Büdinger Herrschaft stattfand[73], lenkt unsere Aufmerksamkeit auf den Kreis der Verkäufer bzw. Veräußerer von Gütern, mit dem wir möglicherweise eine frühere Schicht von Grundbesitzern in Marköbel fassen können.
Als ursprüngliche Besitzer großer, über Marköbel hinausreichender Komplexe haben wir das Hochstift Worms und den Frankfurter Bürger Thilmann Kapman ausgemacht[74]. Über die Herkunft der Rechte Kapmans wissen wir nichts, für Worms ist die Vermutung geäußert worden, daß es seine Besitzungen während der Salierzeit durch königliche Zuwendung erhalten habe[75]. Das Hochstift dürfte jedenfalls neben Würzburg eine starke Position in den Orten im Krebsbachtal innegehabt haben. Über die spätmittelalterlichen Lehnsbeziehungen der Herren von Isenburg-Büdingen zu Würzburg wurde schon gesprochen. Ob die Besitzungen der Büdinger Erben in Marköbel darauf zurückzuführen sind, erscheint möglich, muß aber offen bleiben. Auf jeden Fall dürfte es sich dabei um ursprünglich büdingische, vor dem Aussterben der Herren von Büdingen, also vor der Mitte des 13. Jahrhunderts vorhandene Rechte gehandelt haben, da neben den Herren von Brauneck die Trimberger als weitere Büdinger Erben in Marköbel nachweisbar sind[76].
Schließlich reichen von Marköbel aus Verbindungen in die Wetterau. Lehnsrechte der Falkensteiner (neben ihrer Beteiligung an der Dorfherrschaft) weisen auf die Münzenberger Erbschaft zurück, während mehrere Besitztitel von Ritterfamilien, die zur Friedberger Burgmannschaft gehören (v. Mörlen, v. Bellersheim, Halber [v. Cleeberg])[77]

darauf hindeuten könnten, daß Marköbeler Güter den Staufern zur Ausstattung Friedberger Reichsburgmannen gedient haben könnten.
So fassen wir schon für die Mitte des 13. Jahrhunderts eine differenzierte Besitzstruktur, wobei freilich in den Urkunden nur die größeren, nicht in Marköbel lebenden Grundbesitzer begegnen. Daneben hat es sicherlich Eigengut in der Hand Marköbeler Einwohner gegeben, doch diese tauchen zunächst in den Urkunden kaum auf[78]. Eine Ausnahme bildet die Ritterfamilie von Köbel, über die allerdings nur mit Vorbehalten und Schwierigkeiten gehandelt werden kann. Die Schwierigkeiten liegen vor allem darin, daß sich nahezu alle in den Urkunden erscheinenden Personen nur nach Köbel nennen, eine Unterscheidung zwischen Bruch- und Marköbel vom Personennamen her also nicht möglich ist[79], und daß es nicht sicher ist, ob alle, die "von Köbel" heißen, einer einzigen Familie angehören oder überhaupt zum Ritterstand zu zählen sind.
Dennoch müssen wir nicht resignieren. So ist die politische Orientierung beider Orte so unterschiedlich, daß schon von daher Anhaltspunkte gewonnen werden können. Bruchköbel erscheint seit dem 13. Jahrhundert innerhalb des Bücherthals, des althanauischen Gebiets um Dorfelden und Wachenbuchen[80], und weist Bindungen zum Kloster Seligenstadt auf, während Marköbel nach der Wetterau, besonders der Herrschaft Münzenberg-Falkenstein und der Reichsburg Friedberg, ausgerichtet ist und Beziehungen zum Kloster Marienborn hat.

## Die Ritterfamilie von Köbel

Von 1250 bis 1256 begegnet in mehreren Urkunden ein Werner von Köbel, der Lehen von Ulrich II. von Münzenberg hat und zu den Burgmannen der Reichsburg Friedberg gehört[81]. Er steht in den Zeugenreihen unter den Vertretern der angesehenen Friedberger Burgmannenfamilien Waise v. Fauerbach, v. Karben, v. Mörlen, v. Södel u.a., wird von Ulrich von Münzenberg *fidelis noster*, "unser Getreuer" genannt und ist *miles*, gehört also dem Ritterstand an. Die Familie Werner v. Köbel zählte demnach zu der Gruppe der Niederadelsgeschlechter der Wetterau, die der Reichsdienstmannschaft oder den Lehnsleuten großer Herren entstammten und als Burgmannen oder berittene Krieger Dienst taten. 1253 überträgt Werner v. Köbel 1 1/2 Hufen von seinem Eigengut in Marköbel an Ulrich II. von Münzenberg und erhält sie als Lehen zurück[82]. Er hat damit Ersatz geleistet für ein Lehen in Kaichen, das er mit Erlaubnis seines Lehnsherren verkauft hat. Werner besaß also in Marköbel Eigengut, und im Zusammenhang mit der Benennung nach dem Ort dürfen wir schließen, daß er dort seinen Stammsitz hatte.
Seit dem Ausgang des 13. Jahrhunderts begegnen noch mehrere Ritter, die sich nach Köbel nennen und derselben Familie angehören dürften. 1292 ist ein Werner v. Köbel mit Heinrich Weise von Friedberg verwandt und besaß bis dahin mit ihm gemeinsam ein Lehen bei Friedberg von den Herren von Falkenstein und Hanau, also den Münzenberger Erben[83]. 1320 ist ein Markel von Köbel, Burgmann in Assenheim (also der

Falkensteiner), mit der Tochter Kunigunde des Hermann I. von Vilbel verheiratet[84]. 1328 ist Wenzel von Köbel ebenfalls Burgmann Kunos von Falkenstein in Assenheim und hat auch dort seinen Wohnsitz[85]. 1336 wirkt Werner v. Köbel *senior*, Ritter und Reichsburgmann, an einem Schiedsspruch mit, den die Friedberger Burgmannschaft sowie Schöffen und Bürger von Friedberg und Wetzlar zwischen dem Landgrafen von Hessen und dem Kloster Ahnaberg in Kassel fällen[86]. Da Werner hier als *senior* bezeichnet wird, sind der 1344 und 1348 begegnende Werner v. Köbel[87] und sein Bruder Heinrich gen. Binthamer sicherlich seine Söhne oder Neffen; zugleich wird ein Schwiegersohn des jüngeren Werner, Wolf v. Hattstein, genannt[88]. In beiden angeführten Urkunden wird über Eigengut der Familie verfügt. 1344 erfolgt der schon besprochene Verkauf der Rittmühle an Marienborn, 1348 wird Eigengut in Marköbel zu Lehen an Falkenstein aufgetragen. Daß der Wolfram v. Köbel, der sich selbst und seinen Besitz 1297 an das Kloster Marienborn übergab, der Marköbeler Ritterfamilie angehörte, ist sehr wahrscheinlich, kann jedoch nicht abgesichert werden.
Von der Mitte des 14. Jahrhunderts an werden die Nachrichten über Personen, die eindeutig Marköbel zugeordnet werden können, spärlicher. Lediglich gegen Ende des 14. Jahrhunderts begegnen in Fehdebriefen an die Stadt Frankfurt als Anhänger der Herren von Hanau zwei Männer, die sich ausdrücklich nach Marköbel nennen[89].
Nach alledem dürfte kein Zweifel bestehen, daß von der Mitte des 13.[90] bis zur Mitte des 14. Jahrhunderts, vielleicht noch darüber hinaus, eine Familie nachgewiesen werden kann, die ihren Sitz in Marköbel hatte und dort beträchtliche Eigengüter besaß. Sie gehörte dem Niederadel an, und ihre Mitglieder führten regelmäßig das Prädikat *miles*, Ritter. Werner war eine Art Leitname der Familie, denn wohl in jeder Generation kommt ein Träger dieses Namens vor. Spekulationen über den Ursprung der Familie, die an ihrem Eigengut in Marköbel anzuknüpfen hätten, sollen hier nicht angestellt werden. Dagegen dürfte feststehen, daß die erbliche Zugehörigkeit zur Friedberger Burgmannschaft und das Lehnsverhältnis zu den Münzenbergern ihre wirtschaftliche Basis verbreitert und ihren sozialen Aufstieg gefördert haben; wir sehen dabei Parallelen zu zahlreichen Ministerialen- bzw. Niederadelsgeschlechtern der Wetterau und des Rhein-Main-Gebiets[91]. Der Dienst als Reichsburgmannen in Friedberg, dessen Beginn sicherlich noch vor den urkundlich bezeugten Zeitpunkt zurückreicht, der Besitz von Lehen außerhalb Marköbels und Heiratsverbindungen haben den weit über Marköbel hinausreichenden Aktionsradius der Familie bestimmt.

## Dorfgericht und Verfassung

Neben den Angehörigen der Ritterfamilie v. Köbel werden in den Urkunden noch zahlreiche in Marköbel lebende Personen genannt. Da die Mehrzahl von ihnen jedoch im Zusammenhang mit dem Marköbeler Gericht erscheint, ist es sinnvoll, zunächst die Gerichts- und Verfassungsverhältnisse zu besprechen. Vom Marköbeler Gericht wird

Fortsetzung Seite 62

# Todesurteile des Marköbeler Gerichtes

*Dirk Jürgen Schäfer*

Das Marköbeler Gericht war im Mittelalter nicht nur Zivil-, sondern auch Strafgericht. Es konnte Todesurteile fällen und vollstrecken lassen. Der heutige Straßenname "Am Hochgericht" im Ortsmittelpunkt erinnert an die Hinrichtungsstätte. Mit der "Gerichtsreformation" in der Grafschaft Hanau 1603/07 wurde das peinliche Halsgericht Marköbel nach Windecken verlegt. Die ursprüngliche Absicht, das Landgericht Windecken mit dem Marköbeler Gericht in Marköbel zusammenzulegen wurde "wegen der entfernten Lage des Ortes" und aus "vielen (anderen) Gründen"[1] nicht verwirklicht. Der Hauptgrund dürfte wohl der Dauerkonflikt der Gemeinde Marköbel mit der Hanauer Herrschaft über die alten Rechte und der sich daraus anbahnende Reichskammergerichtsprozeß gewesen sein. Der Vergleich von 1680 legte fest, daß das Windecker Gericht in Marköbel tagen mußte, wenn ein in der Marköbeler Gemarkung verübtes Verbrechen verhandelt wurde.

Aus den Archivalien sind uns zwei Todesurteile des Marköbeler Gerichts bekannt: Im 16. Jahrhundert sprachen die Schöffen ein Todesurteil wegen Diebstahls des Kirchenkelches[2]. 1609 wurde der Bergheimer Hans Seuberlin wegen Frauenmordes zum Tod durch Rädern verurteilt. Die Kostenrechnung über diesen Prozeß hat sich in den Unterlagen über den Reichskammergerichtsprozeß[3] erhalten. Der Wortlaut[4] der Kostenrechnung ist nachstehend wiedergegeben:

### Die Gerichtskosten des Mörders Hans Seuberlin 1609

Specificirte verzeichnus uber die uncosten, so ufferlauffen seindt, als der ubeltheter Hanß Seuberlin von Bergkhaim allhier zue Marcköbell ist gerichtlich verurtheilet unndt hingerichtet worden

| | | | |
|---|---|---|---|
| 22 fl | | 2 d | alß man dem ubeltheter endgegen gezogen unndt gelieffert angenommen hatt, verzehret worden, durch defensorem (Verteidiger) des armen |
| 5 fl | 13 ß | | das gericht verthan, alß sie uff der mahlstatt bey der ertödeten fraw gewessen etlich mahl |
| 3 fl | 13 ß | 3 d | das gericht verthan an cost nach geschehener hinrichtung des armen |

| | | | |
|---|---|---|---|
| 10 fl | 3 ß | 5 d | das gericht das selb mahll verthan an wein |
| 3 fl | | | haben der herr amptmann, schultheis, pfarrer undt andere verthan an cost sampt der kuchen verehrung |
| 8 fl | 14 ß | 2 d | an wein, it [em] |
| | 12 ß | 7 d | ahn hafern unndt pferd futterung |
| 2 fl | 12 ß | | des stadschreibers besoldung |
| 3 fl | 19 ß | | der procuratorum (Anwälte) besoldung |
| 5 fl | 10ß | 5 d | haben die procuratores bey dem wurth verthan an wein undt cost |
| 2 fl | | | haben die buchsen schutzen verthan uf bewilligung des herrn amptmans |
| 1 fl | 23ß | 5 d | haben schmidt undt wagener verthan alß sie das rad verfurtiget undt ufgericht haben |
| 1 fl | | | der wagener belohnung |
| 4 fl | | | dem schmidt fur das eissenwerck, so zum radt verarbeitet worden mit sampt seiner belohnung |
| | 13ß | 8 d | die waldschutzen verzehrt, als sie das holtz zum radstutzell gehawen |
| 1 fl | | | denen so die nacht uber des armen sunders gehütet undt gewacht haben ahn wein undt cost geliefert uff des armen begehren |
| 2 fl | 4ß | | fur zwo leitt [ern], item ein beiell undt ein hamer, so etlichen leuthen dargeliehen undt vom meister mit weggefuret worden |
| 3 fl | | | des scharpfrichters belohnung |
| 6 fl | 4ß | 1d | die scharpfrichter verthan, alß sie etlich mahll bey dem wurth gezehret haben |

| | | | |
|---|---|---|---|
| 1 fl | 1ß | 7d | des scharpfrichters pferd ahn haffern und stallgeld verzehrt |
| 1 fl | | | der ubelthader an wein undt cost verthan |
| | 8 ß | | vor das radt |
| 3 fl | 8ß | | uferlauffen, alß diesse verzeichnung ist gemacht word[en] in beysein der landtseckelmeister undt andernn interessenten |

summa alles solchen 71 fl 17 ß

## Hinrichtung durch Rädern

Die Hinrichtungsart des "Räderns" wird wie folgt beschrieben[5]:
"Das Rädern war bis Ende des achtzehnten, ja bis Anfang des neunzehnten Jahrhunderts eine in Deutschland, Österreich, Frankreich, Schweden, Spanien und Portugal, in der Schweiz und in Dänemark oft verhängte und auch vollstreckte Hinrichtungsart. Im Deutschen ist das 'Sich-wie-gerädert-Fühlen' sogar sprichwörtlich geworden. Trotzdem haben wohl die allermeisten Menschen heute von dieser gräßlichen Strafe entweder gar keine oder doch nur sehr ungenaue Vorstellungen. Deshalb sei hier zunächst der Ablauf der komplizierten Exekution geschildert, damit der Leser seine Vorstellungen nötigenfalls ergänzen kann.
Das Rädern war eine reine Männerstrafe. Frauen sind in den alten Zeiten nie und in den letzten Jahrhunderten nur höchst selten gerädert worden, und auch dann nur, wenn es sich um besonders gemeine Mörderinnen handelte.
Der Delinquent wurde hinaus zum Hochgericht geführt, oft auch auf einem Gestell hinausgeschleift, wie wir es vom Hängen kennen. Draußen entkleidete man ihn völlig oder bis auf einen Lendenschurz. Danach wurde er auf die Erde geworfen; die ausgestreckten Arme und Beine band man an Pflöcken fest. Unter die Gliedmaßen wurden dreieckige Holzscheite geschoben, so daß die Extremitäten hohl lagen. Bisweilen band man den Verurteilten jedoch auch auf ein großes, liegendes Wagenrad.
Das eigentliche Strafinstrument war ein etwa halbmannshohes, schweres Wagenrad. Es sollte neu sein, noch nie gebraucht, und besaß an einer Seite einen eisernen Beschlag, eine Art Vorstoß. Mit diesem Rad trat der Henker nun vor den liegenden Verurteilten. Er hob das Rad und ließ es zunächst auf ein Schien-

Hinrichtung durch Rädern. Aus J. Stumpffs "Schweizer Chronik", 1548.

bein niederfallen, wodurch die getroffenen Knochen gebrochen wurden. Danach brach der Stoß des Rades den Oberschenkel, anschließend in der gleichen Reihenfolge das andere Bein und schließlich die Arme an Unter- und Oberarm. Danach setzte der Henker einen Radstoß auf die Brust, in die Nähe des Herzens, was oft den Tod des Verurteilten herbeiführte. Bisweilen folgte auch noch ein Radstoß ins Genick. Ein solch tödlicher Stoß wurde 'Gesellenstoß' genannt.

Das oben geschilderte Verfahren war das Rädern 'von unten herauf'. Es bedeutete, daß der Delinquent die volle Qual der Radstöße durchzustehen hatte, bis er

eventuell - und keinesfalls sicher - vom Tod erlöst wurde. Das Rädern 'von unten herauf' war also die verschärfte Form dieser Strafart. Im Gegensatz dazu stand das Rädern 'von oben herab'. Die Reihenfolge der Radstöße war hier genau umgekehrt. Der erste Stoß traf das Genick oder die Herzgegend und hatte den Tod oder wenigstens die Bewußtlosigkeit des Delinquenten zum Ziel. Danach folgte das Zerbrechen der Gliedmaßen. Das Rädern 'von oben herab' war also die mildere Variante dieser grausamen Hinrichtungsart. Bisweilen wurde der Verurteilte auch 'aus besonderer Gnade' vor Beginn des Räderns mit einer Schnur erdrosselt.
Nach der eben geschilderten Exekution folgte der obligatorische zweite Teil der Strafe. Er bestand darin, den Verurteilten auf ein zweites, etwas größeres Wagenrad zu legen und seine zerschlagenen Gliedmaßen zwischen den Speichen dieses Rades hindurch zu ziehen. 'Aufs Rad flechten' nannte man diese Prozedur. Anschließend wurde das Rad mit dem Verurteilten auf die Spitze eines Pfahles gesteckt und dieser aufrechtstehend im Boden verankert. Der Verurteilte, der oft genug noch lebte, blieb nun da oben in luftiger Höhe seinem Sterben überlassen, was bisweilen lange dauerte. Aber auch wenn er endlich tot war, durfte der Leichnam noch nicht abgenommen werden, sondern mußte, den Vögeln und der Witterung überlassen, sich langsam auflösen. In dieser Hinsicht erinnert das Rädern ans Kreuzigen und Hängen. Wiederum handelt es sich eigentlich um eine Auslieferung an die Macht der Elemente....
Daß eine so komplizierte Hinrichtungsart auf eine alte Kultform, also auf ein Menschenopfer zurückgehen muß, liegt auf der Hand. Es gibt keinerlei rationalistische oder juristische Begründung, die das Rädern anders erklären könnte. Besonders das stets folgende Aufs-Rad-Flechten und das Aufstecken des Rades mit dem Verurteilten läßt das alte Opferritual noch fast unverfälscht erkennen.
Dieses Aufstecken wurde als ein Hauptbestandteil der Strafe angesehen und für so wichtig erachtet, daß bisweilen auch Übeltäter, die 'aus Gnaden' vorher mit dem Schwert enthauptet worden waren, anschließend noch auf das Rad geflochten und aufgesteckt wurden. Man verzichtete also lieber auf den ersten als auf den zweiten Teil der Strafe, weil man dieses als wesentlicher empfand."

## Anmerkungen

1. ZIMMERMANN, S. 721.
2. BOTT, S. 45. Nähere Einzelheiten sind bisher nicht bekannt.
3. StAM 81 D 1 100 1/2 4 1/2 Quad. 25.
4. Die Übertragung der Rechnung nahm Dr. Jost HAUSMANN vor.
5. LEDER, Todesstrafe - Ursprung, Geschichte, Opfer, München 1980.

erstmals zum Jahre 1275 berichtet, als Philipp und Werner von Münzenberg (d.h. von Falkenstein) Güter in Niedernhausen an das Kloster Marienborn übertragen und sie dabei von der Zugehörigkeit zum Köbeler Gericht befreien[92]. Über die daraus abzuleitende Gerichtsherrschaft der Falkensteiner wurde schon gesprochen; hier kommt es darauf an, daß Niedernhausen bis zu dieser Zeit zum Gericht Marköbel gehörte und daß dort *plebiscita generalia* und *specialia* abgehalten wurden. Wir dürfen dies als gebotene, also regelmäßig (möglicherweise drei Mal im Jahr) abgehaltene und unregelmäßig, aus besonderem Anlaß einberufene Gerichtstage interpretieren[93]. Über die Gerichtspersonen und die sachliche Zuständigkeit des Gerichts ist nichts gesagt.

Die nächsten Nachrichten über das Marköbeler Gericht liegen aus der Mitte des 14. Jahrhunderts vor. Der Gerichtsbezirk scheint jetzt auf die Gemarkung Marköbel einschließlich der Außensiedlungen Hirzbach und Baiersrode beschränkt zu sein[94]. Überliefert werden Akte der freiwilligen Gerichtsbarkeit, also vor allem Güterübertragungen; das aber dürfte vor allem darin begründet sein, daß die Strafgerichtsbarkeit, soweit sie durch das Dorfgericht geübt wurde, fast keinen Niederschlag in den Urkunden gefunden hat.

Um einen Einblick in die vor dem Marköbeler Gericht abgeschlossenen Geschäfte zu geben, sei eine Urkunde aus dem Jahre 1345 ausführlich interpretiert[95]. Sie ist ausgestellt und besiegelt von dem Ritter Wigand Fende von Assenheim, der der Deutschordens-Kommende Frankfurt-Sachsenhausen zwölf Achtel jährlicher Fruchteinkünfte verkauft, die von zwei Hufen seines Eigengutes aufgebracht werden sollen. Die beiden Hufen liegen in der Gemarkung des Dorfes Marköbel *(in der marcke und der gewande des dorffs zu Marckebel)* und werden in ihren einzelnen Bestandteilen so beschrieben, wie sie von den Geschworenen des Dorfes vermessen worden sind. Es folgt die Aufzählung der einzelnen Ackerstücke, gegliedert nach den drei großen "Feldern" der Gemarkung (1. Feld nach Rüdigheim; 2. Feld nach Rode = Baiersrode; 3. Feld nach Gelnhausen ) und in ihrer Lage beschrieben durch zahlreiche Flurnamen[96]. Die Dreiteilung der Gemarkung gibt einen Hinweis auf die im Dorf geübte Dreifelderwirtschaft, und die zahlreichen Flurnamen belegen, wie sich eine Dorfgemeinschaft ihren Lebensraum auch sprachlich erschließt. Die beiden Hufen sind genau zu 60 Morgen ausgemessen; in jedem der drei "Felder" liegen 20 Morgen. Die beiden Hufen bestehen aus insgesamt 38 Ackerstücken von 1/2 bis 4 Morgen Größe, was eine außerordentliche Zersplitterung der Ackerflur in dieser Zeit erkennen läßt.

Wigand Fende oder sein Pächter haben das Getreide nach Frankfurt-Sachsenhausen zu liefern. Kommen sie dieser Verpflichtung nicht nach, so können die Güter gepfändet werden *noch des gerichts recht und des landes gewonheit.* Diese im Gericht angewandten Rechtsgrundsätze und die im Lande - das ist entweder die Herrschaft Hanau oder eine die Territorien überlagernde größere Einheit - gültigen Rechtsbräuche werden häufig genannt, ohne daß sie näher präzisiert würden. Immerhin werden die einzelnen Schritte des Rechtsgeschäfts, also die exakte Prozedur einer Güterübertragung vor dem Marköbeler Gericht, aufgezählt: der *kauff* (der Abschluß des Kaufvertrags), die *vorzigung* (wohl die Besichtigung des Objekts), die *uffgifft* (die Auflassung durch den Verkäufer) und die *insatzunge* (die Einweisung des Erwerbers). Schließlich werden die Zeugen der Rechtshandlung genannt: Drei Standesgenossen des Wigand Fende, wobei nicht auszumachen ist, ob sie ebenfalls in Marköbel begütert waren, der Priester Siegfried als am Ort tätiger Vertreter des eigentlichen Pfarrstelleninhabers[97] sowie der Schultheiß und sechs Schöffen als Vorsitzender und Urteiler des Marköbeler Dorfgerichts[98]. Soweit ich sehe, erscheinen in den mittelalterlichen Urkunden in Marköbel nie mehr als sechs Schöffen gleichzeitig. Dennoch muß ihre Gesamtzahl höher gewesen sein, denn 1345 begegnen in zwei Urkunden neun Namen. So ist am ehesten von der weit verbreiteten Zahl von zwölf Mitgliedern des Schöffenkollegs auszugehen.

Die Urkunde gibt uns auch Einblick in die innere Organisation des Dorfes. Vor allem nennt sie neben dem Gericht die Geschworenen, die sicherlich von der Dorfgemeinde bestellt und auf die gewissenhafte Erfüllung ihrer Pflichten vereidigt waren. Als Organ der Gemeinde dürften sie neben der Vermessung von Grundstücken noch weitere, auf das innerörtliche Leben und die Nutzung der Flur bezogene Aufgaben gehabt haben. Möglicherweise waren sie die Vorläufer des später bezeugten Märkergerichts[99].

Die späteren Gerichtsurkunden bestätigen und ergänzen den bisher gewonnenen Befund. Die Gemarkung wird umschrieben mit *termeny des Gerichts zü Margkebile* und ähnlichen Formulierungen[100]. 1377 wird ein Verkauf "vor dem Schultheißen und den Schöffen des Gerichts zu Marköbel" vorgenommen[101], d.h., das Gericht tritt ausdrücklich als handelndes Organ auf, seine Mitglieder sind nicht nur als Zeugen der Rechtshandlung genannt. Auch die Namen der Schultheißen und Schöffen geben Hinweise auf die Ordnung des Gerichts. 1345 ist Johann Rusche Schultheiß[102], danach wird ein Schultheiß wieder 1356 genannt; es ist Ditmar, der Gele Sohn. 1369, 1371 und 1377 hat Heinrich von Hayn das Amt inne. 1371 erscheinen unter den fünf Schöffen zwei ehemalige Schultheißen, darunter Ditmar, offenbar der Schultheiß von 1356; das zeigt, daß das Amt von der Herrschaft neu vergeben wurde, obwohl der Inhaber noch als Schöffe tätig sein konnte, und es zeigt zugleich, daß die Schultheißen aus der Gemeinde Marköbel und aus dem Kreis der das Schöffenamt bekleidenden Personen genommen wurden.

1345, als Johann Rusche Schultheiß ist, ist zugleich ein Werner Rusche Schöffe. Wahrscheinlich handelt es sich dann bei dem Werner Rusche, der von 1369 bis 1377 Schöffe ist, um dieselbe Person. Im letzten Jahr wird er "der Alte" genannt. In der Zeugenreihe erscheinen außerdem (nicht als Schöffen!) Henne Rusche und Werner Rusche, der Junge. 1345 ist unter den Schöffen Eberhart Schuchwort, 1371 Kunz Schuchwort; ob der *Concze Schuwecht,* der 1402[103] dem Gericht vorsitzt, mit dem gleichnamigen Schöffen von 1371 identisch oder vielleicht dessen Sohn oder Neffe ist, kann nicht entschieden werden. Leider ist die Zahl der Urkunden sehr gering, aber dennoch scheinen sich herausgehobene Familien abzuzeichnen, von denen mehr als ein Mitglied das Schultheißen- bzw. Schöffenamt bekleidete.

Das Gerichtssiegel von 1509

Im Dorfgericht und in den Geschworenen wird die Dorfgemeinde als handlungsfähiger Verband sichtbar, wobei im Gericht, das ja im Namen des Dorfherren und unter dem Vorsitz des von ihm bestellten Schultheißen abgehalten wird, das Zusammenwirken von Herrschaft und Gemeinde zum Ausdruck kommt. Dem genossenschaftlichen Verband der Gemeinde ist auch das "Spielhaus" zuzuordnen, das 1391 erstmals genannt wird[104] und das 1436 als Tagungsort des Dorfgerichts bezeugt ist[105]. Dieses Gemeindehaus, Vorläufer des Rathauses, dürfte der Geselligkeit und den dörflichen Festen gedient haben, war jedoch auch der Ort, wo Gericht und Gemeindeversammlungen abgehalten, die Verwaltungsgeschäfte der Gemeinde besorgt und ihre Schriftstücke verwahrt wurden[106]. Ein weiteres Symbol der Gemeinde als rechtsfähiger Verband, ein eigenes Gerichtssiegel, erscheint erst relativ spät, im Jahre 1509[107], während vorher offenbar die Schultheißen oder sonstige siegelführende Personen, z.B. Angehörige des Ritterstandes oder die Pfarrer, die Marköbeler Urkunden mit ihrem Privatsiegel beglaubigten.

Die Dorfgemeinde wird gebildet von den im Ort wohnenden und arbeitenden Menschen. Diese *merckere gemeynlichen zu Marckebil*[108] sind in ihrer Mehrzahl nicht die Eigentümer der von ihnen bewirtschafteten Güter. Zu den wenigen Ausnahmen, die wir namhaft machen können, gehört der Heinrich Furhultzer, der 1337 eine halbe Hufe *arthafftis ackirs rechtis eygins*, also Ackerland aus seinem Eigengut, in Marköbel verkauft[109]; 1345 begegnet er als Schöffe. Ebenfalls in Marköbel ansässig und Grundbesitzer ist Gotze Burger, der 1356 Schöffe ist und 1364 eine Wiese in Marköbel zum Pfand setzt[110].

Der überwiegende Teil der Bauern aber hatte seine Güter in Pacht oder als Leihegut und zahlte für ihre Nutzung Geld- und Naturalzinsen. Daß Bauern in Marköbel nicht nur für das von ihnen genutzte Land, sondern auch von ihrer Person Abgaben zu leisten hatten, ist in den Urkunden bezeugt[111]. Das bedeutet, daß es unter den Bewohnern persönlich unfreie Leute gab. Ihr Rechtsstand dürfte jedoch ihre Stellung innerhalb der Dorfgemeinde kaum beeinträchtigt haben, da Rechte und Pflichten im Spätmittelalter sehr viel stärker an den Gütern als an den Personen hafteten. So ist anzunehmen, daß sich auch unter den Schöffen Männer befanden, die von kirchlichen Institutionen und außerhalb Marköbels lebenden Herren abhängig waren und deren Land bebauten. Darüber hinaus sind noch zahlreiche Personen als Zeugen und Inhaber von Hufen sowie als Anlieger bei der Beschreibung der Lage von Grundstükken genannt. Mehrfach treten Gelnhausener Bürger auf, die sich nach Marköbel nennen und über dortigen Besitz verfügen[112]. Sie oder ihre Vorfahren sind also von dort in die Reichsstadt gekommen. Ob ein Konrad, Sohn des Schultheißen in *Kebele*, der 1336 in Frankfurt Bürger wird, aus Marköbel oder Bruchköbel stammt, ist nicht zu entscheiden[113].

## Kirchliche Verhältnisse im Mittelalter

Von großem Einfluß auf das Leben einer Dorfgemeinschaft waren im Mittelalter auch die kirchlichen Verhältnisse. Marköbel gehörte zum Dekanat Roßdorf im Archidiakonat des Propstes von St. Mariengreden zu Mainz[114]. Diese Gliederung der Bistümer, hier des Bistums Mainz, in Archidiakonate, dieser wiederum in Dekanate bzw. Archipresbyterate und ähnliche Kleinbezirke, erscheint in den Quellen seit dem 12. Jahrhundert[115]. Sie ermöglichte eine effektivere Verwaltung des Bistums und eine bessere Beaufsichtigung des Klerus. Die Geistlichen eines Dekanats waren in einem Ruralkapitel zusammengeschlossen, dem ein Archipresbyter (Erzpriester) vorstand[116]. Die Dekanate waren zugleich Sendbezirke, d.h. Sprengel der vom Archidiakon oder in seinem Auftrag ausgeübten geistlichen Gerichtsbarkeit[117]. Einmal im Jahr bereiste der Propst von St. Mariengreden oder sein Stellvertreter seinen Bezirk, übte in den einzelnen Pfarreien die Sendgerichtsbarkeit aus und erhob dabei von den Gläubigen Abgaben. Nach der Beschreibung einer solchen Sendreise durch das Dekanat Roßdorf aus der ersten Hälfte des 15. Jahrhunderts[118] kommt das Gericht am zweiten Sonntag nach Mariae Himmelfahrt, also Ende August, nach Marköbel. Für diesen Tag heißt es: "Zur Stunde der Messe in Rüdigheim, und sie (die dortigen Sendpflichtigen) geben 1 Pfund Heller... - Am selben Tag, nach dem Frühstück, wenn es gefällt [119], in Marköbel. Doch der Pastor dieser Kirche behauptet, die Abhaltung der dortigen Gerichtssitzung stehe dem dortigen Pfarrer (also ihm selbst) zu - mit welchem Recht weiß ich nicht". Infolgedessen ist auch in Marköbel von einer Abgabe der Gläubigen nichts verzeichnet. Der Pfarrer von Marköbel beansprucht also eine gewisse Sonderstellung, wie sie sonst nur für Stadtpfarreien bekannt ist.
Fragt man, worauf dieses Vorrecht zurückzuführen sein könnte, so wird man auf ein Schreiben aus dem Jahre 1291 gewiesen[120]; es stammt von dem Erzpriester, dem Kämmerer und den Kapitelbrüdern des Kapitels in (Mar-)Köbel, ist mit dem Siegel des Erzpriesters in (Wachen-)Buchen beglaubigt und verwendet sich für die Kirche und den Pfarrer von Bischofsheim. Bei diesem Kapitel handelt es sich um den Zusammenschluß der Geistlichen des Dekanats Roßdorf; es war eine handlungsfähige Gemeinschaft und stand zu damaliger Zeit unter der Leitung des Pfarrers von Wachenbuchen.

Die Bezeichnung *capitulum in Kebela* deutet darauf hin, daß der Sitz des Kapitels, der Ort seiner regelmäßigen Zusammenkünfte, damals Marköbel war. Das wiederum läßt auf ein besonderes Ansehen und ein hohes Alter der Marköbeler Kirche schließen. Von daher halte ich es auch für wahrscheinlich, daß ein 1216 bezeugter *Sifridus decanus in Kebela* nach Marköbel gehört[121]. Zusammen mit dem Erzpriester Wasmud aus Roßdorf und einem Priester Ar. aus Dorfelden hat er an Reinhard von Hanau eine Vorladung vor ein geistliches Gericht überbracht. Die Funktionen des Erzpriesters und des Dekans können als Zeugnis für die Existenz des Ruralkapitels Roßdorf am Beginn des 13. Jahrhunderts gewertet werden[122]; darüber hinaus macht die Zeugenreihe der schon genannten Urkunden von 1192 sein Bestehen schon für dieses Jahr wahrscheinlich[123].

Der im Jahre 1298 protokollierte Vergleich zwischen Werner und Philipp von Falkenstein auf der einen und Ulrich von Hanau auf der anderen Seite über das Patronatsrecht in Marköbel[124] eröffnet eine lange Reihe von Urkunden, die sich immer wieder mit diesem Problem beschäftigen. Das Patronat bedeutet in dieser Zeit vor allem das Recht, den Pfarrkandidaten zu präsentieren, also das Vorschlagsrecht bei der Neubesetzung der Pfarrei, die dann durch den Bischof vorgenommen wurde. Das Patronatsrecht, das in Marköbel auf die Münzenberger zurückgeht, leitet sich in vielen Fällen aus dem Eigenkirchenrecht her[125], das in der Folge des Investiturstreits, der großen Auseinandersetzung zwischen Königtum und Papsttum um die Freiheit der Kirche, durch das Patronat aufgehoben und abgelöst wurde. Die Marköbeler Kirche war also offenbar eine Eigenkirche der Münzenberger, die sicherlich nicht von ihnen gegründet, sondern mit der königlichen Schenkung von 1057 an sie gekommen war. Letztlich bedeutet das, daß die Marköbeler Kirche ursprünglich eine königliche Eigenkirche der dortigen Grundherrschaft gewesen sein dürfte.

Die Ausübung des Präsentationsrechts, das jeweils zweimal den Falkensteinern und einmal den Hanauern zustand, und die damit verbundenen Auseinandersetzungen können hier nicht im einzelnen verfolgt werden. Es sei jedoch wenigstens erwähnt, daß sich im Jahre 1464 sogar der Papst in die Besetzung der Marköbeler Pfarrpfründe einmischte[126], die durch den Tod des Pfarrers Theoderich Bromser seit langem vakant war. Bromser hatte als ständiger Begleiter eines römischen Kardinaldiakons[127] gute Beziehungen zur Kurie und hatte offenbar seinen Kappellan Paulus Mengis als seinen Nachfolger empfohlen. Zu dessen Gunsten hob der Papst das Präsentationsrecht der Patronatsherren *(ius patronatus laycorum)* für dieses eine Mal auf und befahl, seinem Kandidaten die Pfarrstelle, deren Einkünfte auf 7 Mark Silber geschätzt wurden, zu übertragen.

Es ist von besonderem Interesse, daß das Patronat über die Marköbeler Kirche das am hartnäckigsten bewahrte Recht innerhalb des Dorfes war. Über die Reformation hinweg, ja bis ins 20. Jahrhundert, haben die Rechtsnachfolger der ursprünglichen Patronatsherren an der Mitwirkung bei der Pfarrerbestellung festgehalten[128].

Auf die tatsächlichen Verhältnisse der Pfarrei Marköbel werfen mehrere Urkunden aus der Zeit vor der Mitte des 14. Jahrhunderts einiges Licht. 1338 lautet die Ausstellerzeile einer Urkunde[129]: *Ich Gerlach von Beldersheim, ein pastor von Markebele, und her Syfrid min vicarius.* Gerlach, Angehöriger der Niederadelsfamilie von Bellersheim (zwei Brüder von ihm sind Ritter), ist der Pfarrer von Marköbel; er handelt zwar für seine Pfarrei in dem hier beurkundeten und anderen Rechtsgeschäften, wird auch zu besonderen Gelegenheiten, z.B. an hohen Kirchenfesten, in Marköbel tätig geworden sein, übt aber den eigentlichen Pfarrdienst nicht aus, sondern läßt sich vor Ort von dem Vikar Siegfried vertreten. Sein Hauptbetätigungsfeld erfahren wir wenige Jahre später: *Ich Gerlach von Beldersheim, coster des stiftis zu Lympurg, pastor der parre zu Markebele*[130]. Gerlach gehört also zu den Stiftskanonikern in Limburg, und zwar seit 1308, als er durch Wahl ein freigewordenes Kanonikat und die zugehörige Pfründe erhielt[131].

1334 ist er als Thesaurar, 1347 als Kustos des Limburger Stifts bezeugt; beide Begriffe bezeichnen das gleiche Amt: er betreute den Kirchenschatz und war für die kirchlichen Geräte und Gewänder verantwortlich. 1353 ist er auch noch Dekan des Stifts in Ober-Mockstadt. Eine derartige Pfründenhäufung in der Hand eines vornehmen geistlichen Herren ist keine Seltenheit.

Derweil betreute der Vikar für eine in der Regel bescheidene Entlohnung die Gemeinde in Marköbel. Um die wirtschaftliche Lage des jeweiligen Vikars zu bessern, machte Gerlach von Bellersheim im Jahre 1347 eine Stiftung[132]. Er kaufte bei Langen-Bergheim zwei Morgen Weinberge, die er zunächst selbst nutzen wollte und die nach seinem Tode seiner Nichte und deren Gefährtin, beide Nonnen in Marienborn, zustehen sollten. Erst nach deren Tod sollten sie an die Pfarrei Marköbel fallen und zwar an den Vikar, nicht an den Pfarrer (!), es sei denn, daß dieser ständig in Marköbel Wohnung nehme und selbst die Pfarrei besorge und *"besinge".*

Eine weitere Stiftung von einem Morgen Weinberg erhielt der Marienaltar in Marköbel von dem Schreiber Markel von Frankfurt, der ehemals Glöckner in Marköbel gewesen war[133]. Auch dieser in der Gemarkung Marköbel liegende Weinberg war offenbar erst zum Zwecke der Stiftung gekauft worden, und zwar, als Markel bereits Witwer war (*uff myme wydemestule*). Mit der Stiftung war die wirtschaftliche Absicherung einer Frühmesse beabsichtigt und die Verpflichtung verbunden, zahlreiche Seelenmessen für den Stifter und seine Verwandten zu lesen. Die ausführliche Urkunde bietet noch weitere Nachrichten. So wurde über die Einrichtung der Frühmesse vor Ulrich von Hanau und dem hanauischen Vogt zu Windecken in Anwesenheit von Rittern und Edelleuten und der Marköbeler "Märker" [134] verhandelt. Damit ist offenbar der Kreis der Laien umschrieben, der für kirchliche Angelegenheiten verantwortlich war. Schließlich wird bestimmt, daß die Urkunde von den Baumeistern in der *heilligenkysten* verwahrt werden soll. Die Baumeister waren offenbar die im Auftrag der Gemeinde für die bauliche Unterhaltung der Kirche und für die Verwaltung Verantwortlichen, die Heiligenkiste der Platz, wo die liturgischen Geräte und die Schriftstücke der Pfarrei ver-

wahrt wurden. Für diese für die Ortsgeschichte interessanten Einzelheiten ist der ehemalige Glöckner sicherlich ein zuverlässiger Zeuge.
Spätestens seit der Mitte des 14. Jahrhunderts gab es also in der Marköbeler Pfarrkirche einen besonderen, der Gottesmutter geweihten Altar für die Frühmesse mit einem eigenen Geistlichen, dem Früh- oder *erstemesser*[135], und einem Sondervermögen. Allerdings scheint die Ausstattung nicht gerade üppig gewesen zu sein, denn der Geistliche dieses Altars wechselte recht häufig. Gegen Ende des 15. Jahrhunderts schließlich wurde noch einmal ein neuer, der Maria Magdalena geweihter Altar errichtet[136].

## Dorfgemeinde und Dorfherrschaft

An dieser Stelle halten wir noch einmal inne, um die charakteristischen Merkmale der inneren Ordnung des spätmittelalterlichen Marköbel zusammenzustellen. Auf die Scheidung zwischen den Eigentümern der Höfe und des Landes auf der einen und den in Marköbel lebenden und das Land bebauenden Leuten auf der anderen Seite haben wir hingewiesen. Daß es einige Personen gab, die im Dorf lebten und offenbar ihren Grundbesitz selbst bewirtschafteten, ändert an der grundsätzlichen Situation kaum etwas. Innerhalb des Dorfes lebten die Bauern, zum überwiegenden Teil Pächter ihrer Höfe, ferner die Ritterfamilie v. Köbel. Ein Flurname "Burg" und eine Lageangabe "bei dem Burgfrieden"[137] könnten auf einen befestigten Hof dieser Familie innerhalb des Ortes hindeuten. Innerhalb des Dorfes und mit der Dorfgemeinde lebten auch der

Bauerntracht im Hanauischen 1514. Zeichnung im alten Saalbuch des Klosters Naumburg

Geistliche, der die Seelsorge ausübte, also meistens ein Vikar des Pfarrers, und seit der Mitte des 14. Jahrhunderts der Frühmesser. Ob im Dorf eine nennenswerte Gruppe von Menschen lebte, die nicht Bauern mit voller Berechtigung an der Allmende waren, läßt sich aus den spätmittelalterlichen Quellen nicht entscheiden.
Die Handlungsfähigkeit der Dorfgemeinde zeigt sich für uns am deutlichsten in ihrer Beteiligung am Dorfgericht. An Akten der freiwilligen Gerichtsbarkeit - und fast nur solche sind uns überliefert - waren die der Dorfgemeinde angehörenden Schöffen beteiligt; wir können von ihnen allein von der Mitte des 14. bis zum Anfang des 15. Jahrhunderts 25-30 Personen namhaft machen. Auch die Schultheißen als Beauftragte des Dorfherren stammten in der Regel aus diesem Kreis. An Güterübertragungen wirkten häufig die Geistlichen und auch Angehörige von Ritterfamilien mit, wobei nicht zu unterscheiden ist, ob die letzteren als Grundbesitzer am Ort oder als Standesgenossen eines der am Rechtsakt Beteiligten auftreten.

Von besonderer Bedeutung für die Dorfgemeinde war ihr Verhältnis zum Dorfherren. Seit der Mitte des 14. Jahrhunderts ist die Zugehörigkeit Marköbels zum hanauischen Amt Windecken bezeugt[138]. Das Dorfgericht wurde im Namen des Herrn von Hanau unter der Leitung seines Schultheißen abgehalten; von den Gerichtsgebühren und den Bußen standen ihm, wenn wir den allgemein üblichen Gewohnheiten folgen, zwei Drittel zu. Außerdem erhielt der Herr von Hanau, selbst wenn wir darüber aus dem Mittelalter keine Belege haben, als Dorfherr Abgaben[139].

Die Beziehungen des Dorfes nach außen waren vielfältig. Neben dem Dorf- und Landesherren konnten die auswärtigen Grundbesitzer wohl am stärksten auf die Dorfbewohner und deren Lebensverhältnisse einwirken. Die Pächter waren ihnen zu regelmäßigen Abgaben in Geld und Naturalien, vor allem Getreidezinsen, verpflichtet. Als Beispiel sei ein Einkünfteverzeichnis des Klosters Patershausen aus der Zeit um 1360 angeführt[140]. Von einem Hof, den die Nonnen von dem Schöffen Contze Schuchwert gekauft hatten und den dieser weiter bewirtschaftete, erhielt das Kloster jährlich 20 Achtel[141] Weizen, die der Pächter auf eigene Kosten und eigenes Risiko nach Frankfurt zu liefern hatte. Auch hatte das Kloster *uff derselben hovestad an dem buw XX gulden*; das bedeutet wohl, daß Patershausen auf dem Hof 20 Gulden in die Gebäude investiert hatte, für die möglicherweise ein Zins zu zahlen war. Ferner mußte Contze Schuchwert für eine halbe Hufe in Hirzbach noch 6 Achtel Weizen, eine Gans, ein Huhn und 1/2 Simmer Öl liefern. Von einem weiteren Gut und zusätzlichen Grundstükken erhielt das Kloster 8 Achtel Weizen und 3 Mark Geld; ferner von einem Haus in Marköbel 1 Pfund und 1 Schilling, von einem Garten 6 Schilling, von einem Weinberg 6 Schilling.

Zahlreiche Marköbeler Güter bildeten die materielle Grundlage für adelige Lehensbeziehungen, d.h., ein Lehnsherr, der Grundbesitz in Marköbel hatte, gab diesen an einen seiner ritterlichen Vasallen zu Lehen, der dieses Gut wiederum nicht selbst bewirtschaftete, sondern es weiter verpachtete. Daraus folgt, daß außer dem in Marköbel

lebenden Pächter noch zwei weitere, außerhalb Marköbels wohnende Nutznießer an den Erträgen Anteil hatten.
Über die wirtschaftlichen Verhältnisse in Marköbel gibt es für das spätere Mittelalter nur wenige Nachrichten. Aus der Einteilung der Gemarkung in drei "Felder" ist der Schluß auf eine weitgehende Dreifelderwirtschaft erlaubt. Die zahlreichen Fruchtabgaben geben einen Hinweis auf die große Bedeutung des Getreideanbaus. Mehrmals sind Weinberge genannt[142], einmal wird ein Hopfengarten erwähnt[143]. Es gab mindestens zwei Mühlen in der Gemarkung, denn die obere Mühle[144] setzte eine untere Mühle voraus; ob es sich bei der Rittmühle um eine von beiden handelt, müßte von der örtlichen Forschung geklärt werden. Von Handwerkern ist in den Urkunden, die sich vor allem mit Grundstücksgeschäften befassen, nicht die Rede, aber die für die bäuerliche Wirtschaftsweise wichtigsten Handwerke (Schmied, Stellmacher, Schreiner u.ä.) waren sicherlich vorhanden. Was an handwerklichen Erzeugnissen nicht im Dorf produziert wurde, war leicht auf den Märkten in Gelnhausen und Frankfurt zu erwerben.
Einem bestimmten Wirtschaftsraum läßt sich Marköbel nicht zuordnen. Es werden sowohl Frankfurter als auch Gelnhausener Getreidemaße genannt; auch die Währungsangaben für Geldzinse sind nicht einheitlich.

## Die Stadtrechtsurkunde von 1368

Über die Größe des Ortes und seine Einwohnerzahl sind für das Spätmittelalter keine Angaben überliefert. Dennoch lassen die Quellen den Schluß zu, daß es sich bei Marköbel um ein wirtschaftlich leistungsfähiges Dorf mit wohlgeordnetem Gemeindeleben gehandelt hat. Wirtschaftliche Impulse kamen sicherlich auch von den Städten Frankfurt und Gelnhausen und von der nahegelegenen hanauischen Residenzstadt Windekken. Daß Marköbel in der Tat zu den bedeutendsten Dörfern der Herrschaft Hanau gehörte, erwies sich im Jahre 1368, als Ulrich III. von Hanau, der zu damaliger Zeit Landvogt der Wetterau war, von Kaiser Karl IV. eine Stadtrechtsverleihung für seine Dörfer Marköbel, Bruchköbel, Dorfelden und Schafheim erhielt[145]. Der Kaiser verlieh Ulrich für die genannten Orte die Freiheiten und Rechte von Hanau[146] und Windecken und erlaubte ihm, aus ihnen Städte und Märkte zu machen und sie mit Toren, Türmen, Mauern und Gräben zu befestigen. Es ist von Bedeutung, daß das Privileg nicht für die Bewohner der genannten Orte, sondern für den Territorialherren ausgestellt wurde, daß also er dessen Ausstellung betrieben hat, offenbar mit dem Ziel, in seinem Territorium zu den vorhandenen Städten weitere feste Plätze und wirtschaftliche Zentren zu errichten. Die Stadtrechtsverleihung für die hanauischen Orte fügt sich in eine ansehnliche Reihe gleichartiger Urkunden Ludwigs des Bayern und Karls IV. für zahlreiche Territorialherren ein; doch wurden - wie auch im Falle Marköbels - viele dieser Privilegien nicht wirksam, weil das Städtenetz zu damaliger Zeit schon sehr dicht war und weil in den Territorien häufig die wirtschaftlichen Voraussetzungen für weitere Städte fehlten[147]. Dennoch maßen die Hanauer ihrem Privileg offenbar auch später noch Be-

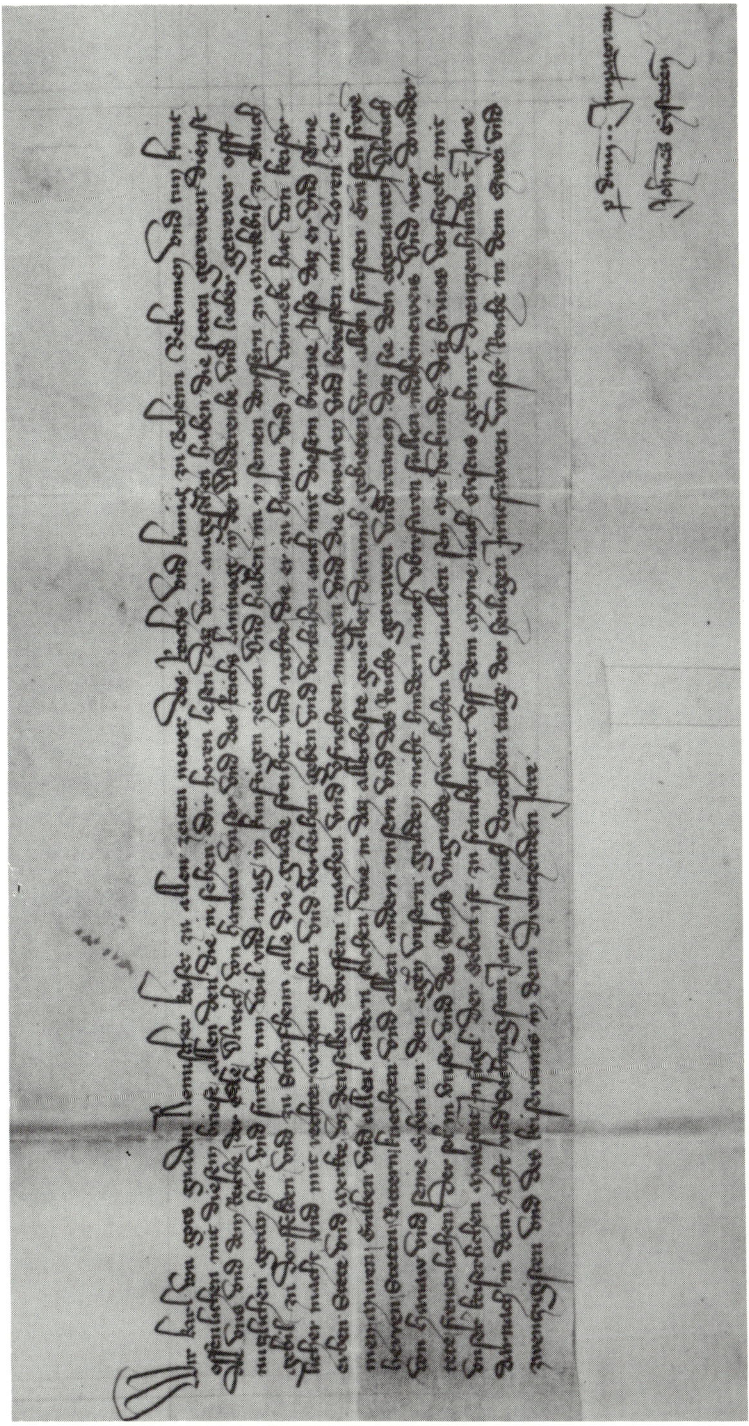

Die Stadtrechtsurkunde von 1368. Original im Hessischen Staatsarchiv Marburg.

deutung bei, denn 1401 und 1404 wird in zwei Neuverleihungen der hanauischen Reichslehen durch König Ruprecht von der Pfalz Marköbel mit unter den Städten, Märkten und Dörfern aufgeführt, die wie Frankfurt und Gelnhausen gefreit seien[148].

Für Marköbel trifft allerdings die Aussage, daß die Stadtrechtsverleihung ohne Wirkung blieb, nur insofern zu, als aus dem Dorf keine Stadt wurde und ein regelmäßiger Markt nicht entstand. Marköbel besaß jedoch eine Befestigung mit Mauer, Türmen und zwei Toren, die offenbar 1374 erstmals genannt wird[149]. Falls dieses Datum zutrifft, so wäre der Zeitraum zwischen der Urkunde von 1368 und der Erwähnung von Tor und Graben für den Bau einer kompletten Umwehrung sehr knapp. Es erscheint daher möglich, daß eine Befestigung, in welcher Form auch immer, schon vor 1368 vorhanden war und nun durch die kaiserliche Erlaubnis legitimiert wurde. Falls es richtig ist, daß Marköbel schon vor 1368, also als Dorf, ummauert war, so wäre das gerade im hanauischen Territorium kein Einzelfall, denn es gab gut bezeugte bzw. noch teilweise erhaltene Dorfbefestigungen in Hochstadt, Dörnigheim, Wachenbuchen, Ostheim und anderen Orten[150].

Die Marköbeler leiteten auch später noch aus der Freiung und Stadtrechtsverleihung von 1368 eine besondere, von den übrigen hanauischen Dörfern abgehobene Rechtsstellung und die Befreiung von bestimmten Abgaben und Diensten ab, was ihnen aber von der Herrschaft Hanau bestritten wurde[151].

Die Urkunden des 15. Jahrhunderts, von denen einige schon herangezogen wurden, verändern das bisher gezeichnete Bild von den inneren Verhältnissen der Gemeinde Marköbel kaum. Erst am Anfang des 16. Jahrhunderts erscheinen neben Schultheiß und Schöffen zwei Bürgermeister[152], was auf eine stärkere Trennung von Dorfgericht und Verwaltung der Gemeindeangelegenheiten schließen läßt. Eine 1442/43 überlieferte Auseinandersetzung zwischen Graf Reinhard von Hanau und Diether von Isenburg-Büdingen um die Zollerhebung in Marköbel und um die freie Durchfahrt (wohl auf der Hohen Straße) berührte die inneren Angelegenheiten des Ortes kaum, zeigte aber, daß Marköbel als Hanauer Zollstelle an der Hohen Straße Bedeutung hatte[153].
Die Reformation, die in gewisser Weise den Ausklang des Mittelalters und den Übergang zur Neuzeit markiert, und ihre Einführung in Marköbel werden an anderer Stelle dieses Bandes behandelt. Für die weltliche Seite des Gemeindelebens, die durch die Verfassung, die Beziehung zum Dorfherren, die wirtschaftlichen Verhältnisse und durch alltägliche Begebenheiten geprägt wird, bildet die Reformationszeit keinen einschneidenden Bruch. Daher halten wir es für sinnvoll, zum Abschluß dieses hauptsächlich dem Mittelalter gewidmeten Beitrags aus den am Ende des 16. Jahrhunderts einsetzenden örtlichen Rechnungsbüchern einige Aspekte des innerörtlichen Alltags aufzuzeigen. Wir tun dies in der Überzeugung, daß die im späten 16. Jahrhundert erkennbaren Zustände sich nicht wesentlich von denen des ausgehenden Mittelalters unterscheiden.

## Die Bügermeisterrechnung von 1589/90

Bei den aus dem 16. Jahrhundert überlieferten Marköbeler Rechnungen handelt es sich um die Bürgermeister-Rechnungen und die Weinmeister-Rechnungen[154]. Es sind dies schmale, hochformatige Hefte in der Größe von etwa 33 x 10,5 cm. Von besonderer Bedeutung sind für uns die Bürgermeister-Rechnungen, denn sie enthalten jeweils den Gemeindehaushalt eines Jahres. Die älteste erhaltene Bürgermeister-Rechnung, die aus dem Jahr 1589/90 stammt, soll hier ausführlich besprochen werden[155]. Das Rechnungsjahr begann und endete an Michaelis, also am 29. September. Dieser Abrechnungszeitraum war zugleich die Amtszeit der beiden Bürgermeister, die jährlich wechselten. Im Jahr 1589/90 waren Hans Gaul und Michel Schlarr Bürgermeister. Die Jahresrechnung wurde in Windecken, dem Sitz des für Marköbel zuständigen Amtmanns, abgehört; diese Prüfung fand für die Rechnung 1589/90 am 3. Februar 1591 statt, also relativ bald nach Ablauf des Rechnungsjahres.

Die Geldbeträge sind jeweils in Gulden (fl), Schilling (s) und Pfennig (d) angegeben. Dabei ergibt sich aus der Abrechnung, daß der Gulden zu 24 Schilling, der Schilling zu 9 Pfennig gerechnet wurde. Ein Gulden entsprach also 216 Pfennig.

Die frühen Rechnungen gleichen sich in ihrem Aufbau weitgehend. Zunächst werden die Einnahmen, dann die Ausgaben verzeichnet, wobei Einnahmen und Ausgaben jeweils in mehrere Untergruppen gegliedert sind. Diese Ordnung bietet sich für das Jahr 1589/90 etwa folgendermaßen dar:

### A. EINNAHMEN

1.) Einnahmen Rezeß und geliefert Geld (das ist der von den Amtsvorgängern aus dem Vorjahr übernommene Kassenbestand: 2 1/2 fl 6 d, und der von den Weinmeistern erwirtschaftete und an die Bürgermeister abgelieferte Überschuß: 40 fl).

2.) Bede-Einnahmen, das sind die regelmäßigen Steuereinnahmen von den einzelnen Haushaltsvorständen des Ortes[156]. Insgesamt werden für Marköbel 129 Steuerpflichtige verzeichnet, dazu kommen 13 Personen in Hirzbach, 5 in Baiersrode und 8 Ausmärker, wohl Leute, die außerhalb des Dorfbereichs in der Gemarkung wohnten oder von benachbarten Orten aus Land in Marköbel bewirtschafteten[157]. Die höchste Steuersumme beträgt 5 fl 13 s 7 d (Henches Michel), die geringste 1 s. Insgesamt erbrachte die Bede den Betrag von 205 fl 7 s 1/2 d, das ergibt bei 155 Steuerpflichtigen einen Durchschnitt von etwa 1 fl 7 s 7 d.

3.) Dienstgeld. Im Jahr 1589/90 fehlt die Einzelaufstellung über die Erhebung des Dienstgeldes, das sicherlich als Ablösung für die einstmals der Herrschaft zu leistenden Dienste, z.B. Fuhrdienste, geschuldet wird. Dafür findet sich der Vermerk: Das Dienstgeld ist erst im Jahr 91 bewilligt und festgesetzt worden, nämlich 61 fl 22 s 4 d. In der nächsten erhaltenen Jahresrechnung von 1597/98 werden 136 Personen zum Dienstgeld veranschlagt.

4.) Zinseinnahmen. Diese *Innam gemeyne zins* stammen von den der Gemeinde gehörenden, verpachteten Grundstücken und Gebäuden. Als höchster Betrag wird hier 2 fl für das Gemeinde-Schankhaus eingenommen; das ist fast die Hälfte der Gesamtsumme von 4 fl 10 s 3 d.

5.) Einnahmen von Weggeld und Mahlzeichengeld. Das Weggeld, als ein in Marköbel erhobener Durchgangszoll, erbrachte 7 fl 22 s 2 d, das Mahlzeichengeld (die Bäcker hatten von einem Achtel verbackenen Getreides 10 d zu zahlen) 5 fl 4 s. Zusammen brachten diese beiden Posten 13 fl 2 s 2 d.

6.) Einnahmen von (a) Waldrügen und (b) Feldrügen. Hier werden die Bußen verzeichnet, die bei Vergehen gegen die Ordnungen für Wald und Flur erhoben wurden. Genannt werden zu (a): das Fällen von Buchenstämmen bzw. das Abschlagen von grünem Buchenholz (jeweils 5 s) sowie das unberechtigte Fahren mit den Pferden in den Wald (12 s); zu (b): das Betreten verbotener Weiden, das Abbrennen eines Feldes, das Eintreiben der eigenen Pferde, Kühe und Schweine in fremde Fruchtfelder und Krautäcker. Die Höhe der Bußen beträgt bei den Feldrügen zwischen 2 und 12 s, die Vergehen gleichen denen, die in vielen Gerichtsbüchern des späten Mittelalters und der frühen Neuzeit begegnen.

Insgesamt wurden aus den Wald- und Feldrügen 11 fl 9 s eingenommen.
Damit betrugen die Gesamteinnahmen der Gemeinde Marköbel im Rechnungsjahr 1589/90 ohne die in diesem Jahr nicht erhobenen Dienstgelder 276 fl 17 s 3 d.

## B. AUSGABEN

Die Ausgaben sind gegliedert in ständige Ausgaben *(Ausgabe ständig Geldtt)* und Gemeinde-Ausgaben *(Gemeine Ausgabe)*[158]. Hier können nur die wichtigsten, für die Ortsgeschichte interessantesten angeführt werden.

1.) Ständige Ausgaben: An der Spitze steht die dem Grafen von Hanau jährlich geschuldete Abgabe von 109 1/2 fl, außerdem 13 fl, die dem Grafen zur "Atzung", also zur Verpflegung[159], gezahlt werden mußten. Bei beiden Posten handelt es sich um einen festen Betrag, der in den nächsten Jahresrechnungen in gleicher Höhe erscheint. Verwaltungskosten schlagen in mannigfacher Form zu Buche: Kosten für das Rechnungshören durch den Amtmann (2 1/2 fl), für den Wirtschaftsbeamten (Kellner) in Windecken (1 fl); Besoldung der beiden Bürgermeister (5 fl), des Schreibers (1 fl), der beiden Waldförster (2 1/2 fl), der Wächter und Zolleinnehmer (27 fl), Vergütungen für das Stellen der Uhr (1 fl 6 s), für die Einziehung von Zöllen und Gebühren, Aufwendungen bei der Wahl der Bürgermeister, für "Zehrung", also Verpflegung bei "Dienstreisen" von Schultheiß und Bürgermeistern

Zeitgenössische Darstellung des bäuerlichen Lebens im 15. Jahrhundert: Pflügen, Säen, Dreschen, Holzhacken und Graben. Zu sehen sind auch die mittelalterlichen Strafen Hängen, Rädern und "in den Block schließen".

u.ä.
Die Summe der "ständigen" Ausgaben beträgt 178 fl 3 s 4 d.

2.) Gemeine Ausgaben: Hier werden zunächst noch Unkosten verbucht, die mit der Verwaltungstätigkeit der Gemeindeorgane zusammenhängen, vor allem für die Festsetzung und Ablieferung von Bede und Dienstgeld. Allein 5 fl erhielten der Schultheiß und die alten und neuen Bürgermeister (die vom vergangenen Jahr und die amtierenden) für die Festsetzung der gräflichen Bede. Eine Kommission, bestehend aus dem Schultheißen und den Gerichtspersonen, die mehrmals im Jahr in Marköbel, Hirzbach und Baiersrode Schornsteine und Flachsdörren inspizierte, erhielt für diese feuerpolizeilichen Maßnahmen 2 fl.
Zahlreiche Eintragungen belegen den Einkauf von Baumaterialien und sonstigen Utensilien sowie Reparaturarbeiten an den gemeindeeigenen Gebäuden und Einrichtungen. Einige Posten seien angeführt: Beleuchtungsmaterial (1 fl), 3 Fensterscheiben für das Rathaus (4 fl 18 s), 2 Schlösser für das Wirtshaus und die Mehlwaage (1 1/2 fl), je ein Schloß für Ober- und Unterpforte, Kacheln für den Ofen im Gemeinde-Schankhaus. Zimmerleute, die Bretter für die "gemeine Brücke" geschnitten haben, erhalten 4 fl, der "Wegsetzer" wird für das Pflastern eines Wegstücks mit 8 fl 14 s entlohnt, für die Ausbesserung eines Brunnens werden 3 fl 18 s gezahlt, 3 fl 10 s 8 d kostet das Pflastern des "gemeinen Tränkbachs", also der Viehtränke. Reparaturen an Türen, Ersatz von Schlössern und Zubehör für die Brunnen (Eimer, Ketten, Seile) tauchen immer wieder auf. Als besondere Anschaffungen seien noch Feuereimer, Teriak (ein vielfach angewandtes Arzneimittel) für den Gemeindekuhhirten, Papier sowie Kalender für das Gemeindehaus genannt.
Die Pflege des Schützenwesens ließ sich die Gemeinde einiges kosten. Während des Jahres erhalten die Büchsenschützen bei ihren Schießübungen Wein für 9 fl; wenn sie an auswärtigen Schießveranstaltungen teilnehmen, wird ihnen ein "Einleg-Geld" gewährt, sie nahmen also offenbar an Preisschießen teil[160].
Breiten Raum nimmt in der Rechnung von 1589/90 das Almosen-Wesen ein. Wir ersehen aus den Eintragungen, daß aus Mitteln der Gemeinde zahlreichen durchziehenden Armen, Kranken, im Krieg Verwundeten, durch Feuer ihrer Habe Beraubten kleinere Beträge zur Linderung ihrer tatsächlichen oder vorgeblichen Notlage gewährt wurden: ein Mann aus Breidenbach, der durch Feuer geschädigt wurde, ein Kranker, der auf einem Karren gebracht wird, eine arme lahme Frau mit einem Jungen aus Steinau an der Straße, ein armer Müllerjunge aus Roßdorf, ein armer Pfarrer, der von Johannitern vertrieben wurde u.s.w. Von Ort zu Ort ziehende, oft von weit her kommende und aus den verschiedensten Gründen um ein Almosen bittende Menschen waren zu damaliger Zeit offenbar eine verbreitete Erscheinung, so daß in zahlreichen Abrechnungen Ausgaben für die Unterstützung Bedürftiger verzeichnet sind[161].
Die "Gemeinen Ausgaben" betrugen 95 fl 19 s 2 d[162].

Die Gesamtausgaben werden mit 273 fl 22 s 6 d angegeben, somit verbleibt bei einer Gesamteinnahme von 276 fl 17 s 3 d ein kleiner Überschuß von 2 fl 18 s 6 d.

Insgesamt bietet die Bürgermeisterrechnung einen guten Einblick in den Gemeindehaushalt und über diesen in die Wahrnehmung der Gemeindeangelegenheiten und in die Lebensverhältnisse der Bewohner. Eine mehr ins Einzelne gehende Interpretation und die Heranziehung einer größeren Zahl nach Möglichkeit aufeinanderfolgender Jahresrechnungen würden noch weitere Aufschlüsse bringen.
Im Rahmen dieses Beitrags können aus den nächstfolgenden Rechnungen[163] nur noch einige Ergänzungen gebracht werden. Die wichtigste davon betrifft die in Marköbel lebenden Juden. Von der Rechnung 1597/98 an werden die Juden nach den jeweiligen Bede- und Dienstgeldpflichtigen als besondere Gruppe geführt, während sie in der Rechnung 1589/90 zwar als Juden bezeichnet, aber zwischen den christlichen Steuerzahlern aufgeführt sind. 1589/90 zahlen Mayer 2 fl 6 s, Löw 1 fl 18 s und Salomon 1 fl Bede, die Höhe ihrer Abgaben unterscheidet sich also nicht wesentlich von dem Durchschnitt der übrigen Steuerzahler. 1597/98 zahlen 4 Juden (Salomon, Löw, Mayer, Abraham) je 2 fl 6 s Bede und 17 s Dienstgeld; beide Abgaben sind also in diesem Jahr einheitlich festgesetzt, doch wird dies in der Folgezeit nicht durchgehalten. Die Zahl der Judenfamilien schwankt in den folgenden Jahren zwischen drei und fünf. Wir beschränken uns an dieser Stelle auf die Nennung der Juden in den Bürgermeisterrechnungen. Im Staatsarchiv Marburg sind jedoch noch zahlreiche Quellen zur Geschichte der Marköbeler Juden im 16. Jahrhundert vorhanden, die Aufschluß über ihre wirtschaftliche Betätigung und ihr Verhältnis zu den christlichen Mitbewohnern und zur Herrschaft Hanau geben und eine zusammenfassende Behandlung verdienen. Hier seien nur die engen Beziehungen der Marköbeler Juden zur Windecker Judengemeinde betont.[164]
Während die Jahresrechnung von 1589/90 bei den Ausgaben zwischen *"ständigen"* Ausgaben und "*gemeine*" = Gemeindeausgaben scheidet, tritt hier ab 1597/98 eine Änderung ein, welche die Abrechnung übersichtlicher macht: Die Gemeindeausgaben werden aufgeschlüsselt. Zunächst werden die Bauausgaben gesondert aufgeführt *(Außgab gelt so in der gemeind verbauet worden)*, ab 1598/99 tritt dann eine Dreiteilung ein: Bauausgaben, Ausgaben für arme Leute bzw. Almosengeld, Gemeinde-Ausgaben. Dennoch kritisiert der Windecker Schultheiß bei der Abhörung der Rechnung 1602/03 die liederliche "Buchführung" der Gemeinde Marköbel in zahlreichen Punkten und bemängelt Rechenfehler, zu niedrig angesetzte Bußen und zu hohe Unkostenerstattungen für gemeindliche Funktionsträger.
In der Folge werden dann die Ausgaben noch weiter aufgeschlüsselt. So wird beispielsweise von 1604/05 an eine besondere Abteilung *Außgab zerung* eingerichtet, und schon 1603/04 erscheint *Ausgab pensions geldt*: Die Gemeinde hat neben einigen kleineren Summen, darunter 10 fl vom Schulmeister für den Kauf einer Lehmgrube,

beim Frankfurter Bartholomäus-Stift ein Kapital von 100 fl aufgenommen und am Schulhaus verbaut; davon waren 5 fl Zinsen zu zahlen. Im nächsten Jahr hat sich die Schuld auf 200 fl erhöht, wovon bei einem Zinssatz von 5 Prozent 10 fl Zinsen fällig waren. 1614 war das Kapital offenbar zurückgezahlt. In diesem Jahr begegnet zum ersten Mal ein Einzugsgeld, das von vier Personen, von denen zwei nach Marköbel und zwei nach Baiersrode zogen, in Höhe von je 2 1/2 fl erhoben wurde.
Mehrfach erscheinen in den Rechnungen Ausgaben für Reparaturen an der Befestigung. 1589/90 erhalten Maurer 8 fl für Arbeiten an der Ringmauer, außerdem entstehen Kosten für das Herbeischaffen von Kalk; 1602/03 werden Löcher in der Ringmauer geflickt. An den beiden Toren und den Torstuben ist ständig etwas zu reparieren und zu ergänzen. - 1597/98 wird für 1 fl Pulver gekauft, um gegen Übergriffe vorüberziehender Truppen gerüstet zu sein; derartige Ausgaben sind noch mehrfach verzeichnet ebenso wie Botenlöhne für Nachrichten über Truppenbewegungen in der Umgebung. Das sind lebensnahe Zeugnisse für das Bemühen der Gemeinde, sich über mögliche Gefahren für das Dorf kundig zu machen und rechtzeitig Vorsorge zu treffen.

Im Rechnungsjahr 1599/1600 war die Einrichtung einer neuen Badestube offenbar eine "Schwerpunktmaßnahme" der Gemeinde. Es werden Fenster eingesetzt und ein neuer Kessel angeschafft, Weißbinder- und Zimmerarbeiten bezahlt, ein neuer Ofen gesetzt und dafür Kacheln beschafft, ein Schreiner aus Windecken wird für Bänke, die Tür und die Täfelung der offenbar recht aufwendigen Badestube bezahlt. Bau- und Instandsetzungsarbeiten, bei denen manchmal während eines Rechnungsjahres jeweils ein Gebäude im Vordergrund steht, schlagen sich in vielen Ausgabeposten nieder und machen einen beträchtlichen Anteil an den Gemeinde-Ausgaben aus. Dabei erfordern das Rathaus, das Schankhaus (auch gemeine Herberge genannt), das Schulhaus sowie Backhaus und Badestube neben der Ringmauer mit Toren und Türmen, schließlich Wege und Brunnen ständige Aufwendungen.

Einen geringen Prozentsatz des Gemeindehaushalts machen die Almosengelder aus, wenn sie auch in den Rechnungen mit einer großen Zahl von Einzelposten nachgewiesen sind. Wenn 1598/99 4 fl 1 s 4 d und 1603/04 4 fl 13 s 1 d an Almosen verteilt wurden, so ist das jeweils mehr als doppelt so viel wie in den übrigen Jahren.

Die Weinmeister-Rechnungen, von 1505 an mit Lücken überliefert und bis 1629 geführt, sind in dem Beitrag von D. Schäfer über den Weinbau ausführlich behandelt. Wir können uns daher darauf beschränken, einige wenige, mit dem Gemeindeleben zusammenhängende Angaben heranzuziehen. So ist es von Bedeutung, daß die beiden jährlich wechselnden Weinmeister als Organe der Gemeinde für eine ertragreiche Durchsetzung des der Gemeinde zustehenden Weinmonopols zu sorgen hatten und darüber eine besondere Rechnung führten. Sie kauften den Wein ein und lagerten ihn im Gemeinde-Weinkeller. Ihr Hauptabnehmer war der Schankwirt, der das Gemeinde-Schankhaus gepachtet hatte und der mehrmals im Jahr von den Weinmeistern Wein bezog. Außerdem hatten diese zu allen möglichen Gelegenheiten im Namen der Gemeinde unentgeltlich Wein auszugeben. Von jedem verkauften Fuder Weins erhielt der Landesherr 3 fl Ungeld. Der Gewinn, den die Weinmeister erwirtschafteten, blieb teilweise als Kassenbestand für das nächste Jahr, zum Teil wurde er an die Gemeindekasse abgeführt und erscheint in den Bürgermeister-Rechnungen als Einnahme.

## Gemeindeverfassung und -verwaltung vor dem 30-jährigen Krieg

Zum Schluß sei aus den Angaben der Rechnungen zusammenfassend die Verfassung der Gemeinde und die Verwaltungstätigkeit ihrer Organe kurz vor Beginn des Dreißigjährigen Krieges charakterisiert. An der Spitze standen der herrschaftliche Schultheiß und die beiden, die Gemeinde repräsentierenden, jährlich wechselnden Bürgermeister. Der Schultheiß war nach wie vor Vorsitzender des Schöffengerichts, aber in den Rechnungen fällt seine gelegentliche Beteiligung an Verwaltungsgeschäften, insbesondere bei der Festsetzung der Bede, auf. Bei diesen Gelegenheiten wachte er offensichtlich darüber, daß die herrschaftlichen Interessen nicht verletzt wurden. Eigentliches Kontrollorgan aber war der Amtmann in Windecken, wo die Rechnungen abgehört und wohin die Abgaben geliefert wurden.

Den Bürgermeistern, welche die Gemeindeverwaltung verantwortlich leiteten und vor allem die Rechnung führten, standen mehrere Funktionsträger und Bedienstete zur Seite. Von den Weinmeistern wurde schon gesprochen, die Baumeister waren vor allem für kirchliche Belange verantwortlich, der Märkermeister und das Märkergericht für die Ordnung in Wald und Flur zuständig. Für die Beaufsichtigung und Nutzung des Waldes waren zwei Waldförster eingesetzt, um die zweimal im Jahr abgehaltenen Hirzbacher Märkte kümmerten sich neben den Bürgermeistern zwei besondere Aufsichtspersonen. Der Schreiber wird nicht während des ganzen Jahres angestellt gewesen sein, sondern für besondere Arbeiten, z.B. das Aufstellen und Abschreiben der Jahresrechnungen, bezahlt worden sein. Das Gleiche gilt für den Landscheider, der für das Setzen von Steinen und die Besichtigung der Gemeindewege eine Vergütung erhielt. Daneben gab es Gemeindediener, von denen im Jahr 1602/03 nicht weniger als sechs angenommen wurden, Pförtner, Torhüter bis hinunter zum Kuh- und Schweinehirten.

Die Gemeindeverwaltung schlug in den Bürgermeisterrechnungen mit einer ansehnlichen Summe zu Buche. Dabei waren die Amtsvergütungen für die Bürgermeister und die Löhne für die Bediensteten nicht so ausschlaggebend wie die vielen "Zehrungen" und Aufwandsentschädigungen bei allen möglichen Reisen und Dienstgeschäften. Dazu einige Beispiele, die zugleich die Vielfalt der Amtsgeschäfte zeigen: 1 fl bei der Wahl der neuen Bürgermeister; 3 fl 8 s dem Schultheißen für zwei mit den Bürgermeistern zu Hirzbach abgehaltene Märkte; 2 fl für die Beaufsichtigung dieser Märkte; 1 fl dem Schultheißen für seine Beteiligung an der Verhandlung der Rügen; 12 s dem

Schultheißen und den Bürgermeistern für die Überbringung der Bede nach Windecken; 2 fl dem Schultheißen und dem Gericht für eine Grenzbesichtigung, Zehrung für Bürgermeister und Schultheiß bei der Besichtigung des Schützenhauses in Windecken. Die Reihe ließe sich beliebig fortsetzen. Dazu kommen die unzähligen Gelegenheiten, bei denen auf Kosten der Gemeinde Wein ausgeschenkt wurde: Dingwein und Schlußwein gab es bei der Vergabe und nach Abschluß jeder größeren Arbeit; wenn die Gemeindediener angenommen wurden, gab es einen Weintrunk, durchreisenden hohen Persönlichkeiten wurde Wein gereicht, der Graf erhielt größere Mengen, wenn er in der Nähe auf der Jagd war.

Wir brechen hier in dem Bewußtsein ab, daß die reichen Quellenaussagen der Rechnungen nur unvollkommen ausgewertet werden konnten. Wir hoffen jedoch, daß zumindest eine Vorstellung davon vermittelt werden konnte, wie reich und vielgestaltig das Gemeindeleben Marköbels an der Wende vom 16. zum 17. Jahrhundert war. Und wir bekräftigen noch einmal unsere Überzeugung, daß es in diesem Bild von der inneren Ordnung der Gemeinde charakteristische Bestandteile gibt, die auch schon das Gemeindeleben Marköbels im Spätmittelalter mit bestimmten.

## Anmerkungen

1 REIMER 1, Nr. 27

2 Die Urkunden Heinrichs IV. (Monumenta Germaniae Historica. Die Urkunden der deutschen Könige und Kaiser 6), Hannover 1978, Nr. 21 = REIMER 4, Nachtrag Nr. 2; Übersetzung aus einem Falkensteinischen Kopialbuch REIMER 1, Nr. 61.

3 REIMER 1, Nr. 140.

4 Vgl. F. SCHWIND, Reichsstadt und Kaiserpfalz Gelnhausen, in: Blätter für deutsche Landesgeschichte 117, 1981, S. 73-95; H. STOOB, Gelnhausen (Deutscher Städteatlas, Lief. 1, Dortmund 1973).

5 A. BORST, Die Pfalz Bodman, in: H. BERNER (Hrsg.), Bodman. Dorf Kaiserpfalz Adel 1, Sigmaringen 1977, S. 169-230, hier S. 186 ff.

6 L. LEVILLAIN, Les Nibelungen historiques et leur alliances de famille, in: Annales du midi 49, 1937, S. 337-408; 50, 1938, S. 5-66; K. SCHMID, Religiöses und sippengebundenes Gemeinschaftsbewußtsein in frühmittelalterlichen Gedenkbucheinträgen, in: Deutsches Archiv für Erforschung des Mittelalters 21, 1965, S. 18-81, bes. S. 49ff. - An der Identität des in Marköbel begüterten Eckhart mit dem Angehörigen der Nibelungen-Sippe und Grafen von Autun kann kein Zweifel bestehen. Eckhart erhielt am 29. Dez. 839 und am 8. Mai 840 noch zwei weitere Schenkungen Ludwigs (J.F. BÖHMER, E. MÜHLBACHER, Die Regesten des Kaiserreichs unter den Karolingern 751-918, Nachdruck der 2. Aufl., Hildesheim 1966, Nr. 1001 und 1005); dabei wird Eckhart wie im Falle Marköbels *fidelis noster* genannt, und der eine der ihm übertragenen Komplexe, in der Nähe von Autun gelegen, erscheint 876 in seinem Testament (vgl. Anm. 9).

7 Zu Frankfurt als Pfalzort M. SCHALLES-FISCHER, Pfalz und Fiskus Frankfurt. Eine Untersuchung zur Verfassungsgeschichte des fränkisch-deutschen Königtums, Göttingen 1969; E. ORTH, Frankfurt, in: Die deutschen Königspfalzen, Bd. 1: Hessen, Göttingen 1983 ff., S. 131 ff.

8 D. FLACH, Untersuchungen zur Verfassung und Verwaltung des Aachener Reichsgutes, Göttingen 1976, S. 56 ff.

9 M. PROU, A. VIDIER, Recueil des chartes de l'abbaye de Saint-Benoît-sur-Loire 1, 1907, Nr. 25-28.

10 Für hilfreiche Auskünfte danke ich den Herren Prof. Dr. P. JOHANEK und M. MERSIOWSKY, Münster.

11 St. A. WÜRDTWEIN, Diocesis Moguntina in archidiaconatus distincta 3, Mannheim 1777, S. 155 ff. Nr. 106 u. 107; vgl. auch ebd. Nr. 104 u. H. PHILIPPI, Territorialgeschichte der Grafschaft Büdingen, Marburg 1954, S. 73.

12 PHILIPPI (wie Anm. 11), S. 41 f.; vgl. A. SCHÄFFLER, J.E. BRANDL, Das älteste Lehenbuch des Hochstiftes Wirzburg, in: Archiv d. hist. Verein für Unterfranken u. Aschaffenburg 24, 1880, S. 121, Nr. 867: *Item nobilis Lutherus de Isenburg tenet vallem Ekharzhusental cum omnibus bonis et pertinenciis suis necnon judicia ejusdem.*

13 K. LINDNER, Untersuchungen zur Frühgeschichte des Bistums Würzburg und des Würzburger Raumes, Göttingen 1972, S. 174 ff.

14 Druck bei K. GLÖCKNER, Codex Laureshamensis, 3 Bde., Darmstadt 1929/36, hier 3, S. 173-176, Nr. 3671-3675. - Das Urbar ist in nahezu allen Arbeiten zum karolingischen Reichsgut allgemein und zum Reichsgut im Rhein-Main-Gebiet behandelt; vgl. z.B. M. GOCKEL, Karolingische Königshöfe am Mittelrhein, Göttingen 1970; W. METZ, Das karolingische Reichsgut, Berlin 1960.

15 Vgl. etwa F.-L. GANSHOF, Le polyptyque de l'abbaye de Saint-Bertin (844-859), Paris 1975, S. 28, Anm. 7. - Ganshof nimmt für Saint-Bertin für einen *bunuarius* 1,38 ha an; in der Regel hatte in dem Polyptichon von Saint-Bertin eine Bauernhufe 12 *bunuarii.*

16 Es ist also nicht angebracht, *bunuarius* als "fest begrenzte Fläche bestimmter Qualität, also Zaunland" zu deuten, wie dies I. LEISTER tut (Poströmische Kontinuität im ländlichen Raum. Der Beitrag der Flurplananalyse, in: Berichte zur deutschen Landeskunde 53, 1979, S. 415-469, bes. S. 426 ff.). Alle auf der Deutung der *bunuarii* als Beunden, große Zaunländer, basierenden Flurplananalysen Leisters sind damit hinfällig. Eine Auseinandersetzung mit einzelnen Aussagen erübrigt sich.

17 Knappe, grundsätzliche Ausführungen zur mittelalterlichen Grundherrschaft bei H. K. SCHULZE, Grundstrukturen der Verfassung im Mittelalter 1, Stuttgart 1985, S. 95 ff.

18 Brevium exempla ad describendas res ecclesiasticas et fiscales, in: Capitularia regum Francorum, Bd. 1, ed. A. BORETIUS, Hannover, 1883, S. 250-256, Nr. 128. - Dazu METZ (wie Anm. 14), S. 26 ff.
19 W. SCHLESINGER, Die Hufe im Frankenreich (1979), jetzt in: Ausgewählte Aufsätze von Walter Schlesinger 1965-1979, Sigmaringen 1987, S. 587-614; L. KUCHENBUCH, Bäuerliche Gesellschaft und Klosterherrschaft im 9. Jahrhundert, Wiesbaden 1978.
20 Codex Laureshamensis (wie Anm. 14), Nr. 3675. Dazu F. SCHWIND, Zur Geschichte der nördlichen Wetterau und des Hüttenberg-Gebietes im frühen Mittelalter, in: Wetterauer Geschichtsblätter 28, 1979, S. 1-23, bes. S. 10 ff.
21 Diese durchschnittliche Größe einer Bauernfamilie ergibt sich aus zahlreichen Hörigenlisten, die vor allem im Quellenbestand des Klosters Fulda erhalten sind. Vgl. dazu F. IRSIGLER, Art. Bevölkerung, in: Lexikon des Mittelalters, Bd. 2, München Zürich 1983, Sp. 11-17, der für die bäuerliche "Kernfamilie" etwa 3,5 Personen annimmt. Diese Zahl scheint mir nach Auszählung zahlreicher Listen mit Hörigenfamilien als zu gering, zumal auch noch alte Menschen, Verwandte, vielleicht sogar Knechte auf einer Hufe leben konnten.
22 D. BAATZ, Die römische Epoche, in: W. HEINEMEYER (Hrsg.), Das Werden Hessens, Marburg 1986, S. 55-84; D. BAATZ, F.-R. HERRMANN, Die Römer in Hessen, Stuttgart 1982.
23 Die Römer in Hessen (wie Anm. 22), S. 429 ff.; siehe auch den Beitrag von P. JÜNGLING in diesem Band.
24 W. CZYSZ, Heldenbergen, Gde. Nidderau, Main-Kinzig-Kreis. Römische Lager und Zivilsiedlung, Wiesbaden 1980 (Archäologische Denkmäler in Hessen 13); Die Römer in Hessen (wie Anm. 22), S. 450 ff.
25 Vgl. den Plan von Marköbel in: E. J. ZIMMERMANN, Hanau Stadt und Land, 2. vermehrte Aufl. Hanau 1917, S. 7.
26 Der Übergang von den Römern zu den Alamannen und dann zu den Franken ist eine relativ "dunkle" Zeit. Vgl. den Abschnitt "Grundlagen und Anfänge hessischer Geschichte", in: Das Werden Hessens (wie Anm. 22); SCHWIND (wie Anm. 20), S. 4.
27 J. WERNER, Zu den alamannischen Burgen des 4. und 5. Jahrhunderts, in: Speculum historiale. Festschrift J. Spörl, Freiburg, München 1965, S. 439-453.
28 Über die politische Geschichte des Frankenreiches gibt es zahlreiche Darstellungen. Zuverlässig und knapp: B. GEBHARDT, Handbuch der deutschen Geschichte, Bd. 1, 9. Aufl. Stuttgart 1970; J. FLECKENSTEIN, Grundlagen und Beginn der deutschen Geschichte, Göttingen 1974 (Deutsche Geschichte 1); R. SCHNEIDER, Das Frankenreich, München, Wien 1982 (Oldenburg Grundriß der Geschichte 5).
29 F. SCHWIND, Die Franken in Althessen, in: W. SCHLESINGER (Hrsg.), Althessen im Frankenreich, Sigmaringen 1975, S. 211-280; K. HEINEMEYER, Hessen im fränkischen Reich, in: Das Werden Hessens (wie Anm. 22), S. 125-155.
30 Vgl. W.-A. KROPAT, Reich, Adel und Kirche in der Wetterau von der Karolinger- bis zur Stauferzeit, Marburg 1965, S. 185 ff.; SCHWIND (wie Anm. 20), S. 10; M. MITTERAUER, Jahrmärkte in Nachfolge antiker Zentralorte, in: DERS., Markt und Stadt im Mittelalter, Stuttgart 1980, S. 68-153, hier S. 117 f.
31 C. BRÜHI, Fodrum, Gistum, Servitium regis. Studien zu den wirtschaftlichen Grundlagen des Königtums im Frankenreich und in den fränkischen Nachfolgestaaten Deutschland, Frankreich und Italien vom 6. bis zur Mitte des 14. Jhs., 2 Bde., Köln, Graz 1968.
32 W. SCHLESINGER, Die Pfalzen im Rhein-Main-Gebiet (1965), in: Ausgewählte Aufsätze von Walter Schlesinger (wie Anm. 19), S. 297-314.
33 Wie Anm. 2.
34 K. BOSL, Die Reichsministerialität der Salier und Staufer, 2 Bde., Stuttgart 1950/51, S. 64 ff.; H.O. KEUNECKE, Die Münzenberger. Quellen und Studien zur Emancipation einer Reichsdienstmannenfamilie, Darmstadt, Marburg 1978.
35 KROPAT (wie Anm. 30), S. 46 ff.
36 Der lateinische Wortlaut *(tale beneficium et tale bonum)* kann in dieser Zeit sowohl Lehen als auch Dienstgut bedeuten.
37 KROPAT (wie Anm. 30), S. 173, 181 f.
38 Die Quellen zu diesen umfangreichen Besitztransaktionen zusammengestellt bei KEUNECKE (wie Anm. 34), S. 209 ff.
39 Wie Anm. 3.
40 REIMER 1, Nr. 263: um 1250; 2, Nr. 161: 1316 Juni 9; 4, Nr. 677: 1394 Okt. 21.
41 Vgl. M. MITTERAUER, Jahrmarktkontinuität und Stadtentstehung, in: DERS., Markt und Stadt (wie Anm. 30), S. 154-191; ebd. S. 4.
42 Vgl. den Stadtgrundriß bei STOOB (wie Anm. 4) mit den beiden Marktplätzen Ober- und Untermarkt.
43 Vgl. MITTERAUER, Jahrmärkte (wie Anm. 30), S. 132 ff., das Beispiel des Jahrmarkts Petronell und der Stadt Hainburg in Österreich.
44 Wie Anm. 30.
45 Ebd. S. 102.
46 Die Römer in Hessen (wie Anm. 22), S. 343 ff.: Lageplan und Aufnahme.
47 Das Folgende nach MITTERAUER (wie Anm. 30); vgl. auch W. HESS, Geldwirtschaft am Mittelrhein in karolingischer Zeit, in: Blätter für deutsche Landesgeschichte 98, 1962, S. 26-63, hier S. 54 f.
48 Vgl. unten zu Anm. 50.
49 MITTERAUER, Jahrmärkte (wie Anm. 30), S. 116.
50 Es gab im frühen Mittelalter offenbar sehr viel mehr Märkte, auch bei grundherrschaftlichen *villae,* als uns durch schriftliche Nachrichten bezeugt sind. Vgl. dazu W. BLEIBER, Naturalwirtschaft und Ware-Geld-Beziehungen zwischen Somme und Loire während des 7. Jahrhunderts, Berlin 1981, S. 116 f., 121 f.
51 P. JÜNGLING, Ausgrabungen im römischen Kastell und mittelalterlichen Ortsbereich von Hammersbach-Marköbel, in: Neues Magazin für Hanauische Geschichte 8, 1984, S. 161-168. Für weitere Auskünfte danke ich Herrn Dr. F.-R. HERRMANN, Wiesbaden.
52 Die von LEISTER (wie Anm. 16), S. 439, lediglich aus spätmittelalterlichen Zinsverhältnissen abgeleitete Vermutung, der Haupthof habe in Heldenbergen gelegen, ist nicht stichhaltig, da bis zum Ende des Spätmittelalters so große Veränderungen im Güterbestand möglich sind, daß sich solche Schlüsse verbieten.
53 Vgl. oben zu Anm. 38.
54 Zusammenfassend F. SCHWIND, Zu den Anfängen von Herrschaft und Stadt Hanau, in: 675 Jahre Altstadt Hanau, Hanau 1978, S. 20-33.
55 REIMER 2, Nr. 42.
56 REIMER 2, Nr. 184.
57 REIMER 2, Nr. 771.
58 REIMER 1, Nr. 516.
59 REIMER 1, Nr. 781.
60 Vgl. etwa REIMER 2, Nr. 40 u. 42.
61 Dazu PHILIPPI (wie Anm. 11), S. 80 ff.
62 REIMER 1, Nr. 667.

63 REIMER 1, Nr. 677.
64 REIMER 1, Nr. 778.
65 Vgl. M. KUHN-REHFUS, Zisterzienserinnen in Deutschland, in: K. ELM, P. JOERISSEN, H.J. ROTH (Hrsg.), Die Zisterzienser. Ordensleben zwischen Ideal und Wirklichkeit, Bonn 1980, S. 125-147, hier S. 133 f.
66 REIMER 2, Nr. 90.
67 REIMER 2, Nr. 246.
68 Vgl. REIMER 1-4, Register, Stichwort "Breitenbach".
69 REIMER 2, Nr. 651.
70 Im Register zu REIMER 1 wird unter dem Stichwort "Köbel" (S. 615) eine Gertrud Äbtissin zu Marienborn 1287-1290 aufgeführt. Aus den beiden angegebenen Urkunden geht jedoch nicht oder zumindest nicht eindeutig hervor, daß die Äbtissin G. der Familie v. Köbel entstammte. In Nr. 692 lautet die Zeugenreihe: *domina Gertrude abbatissa, de Kebel Wernhero dicto Bauro, Franckone de Morlen, militibus...* Danach, vor allem nach der Zeichensetzung Reimers, ist *de Kebel* nicht auf *Gertrude* zu beziehen. Einen anderen Hinweis dafür, daß die Äbtissin Gertrud zur Familie v. Köbel gehörte, habe ich bisher nicht finden können. Falls es doch zuträfe, würde es die enge Beziehung der Familie zu dem Kloster demonstrieren.
71 Die Nachweise alle in REIMER 1 u. 2.
72 REIMER 1, Nr. 749.
73 PHILIPPI (wie Anm. 11), S. 108 ff.
74 REIMER 1, Nr. 667 u. 2, Nr. 90.
75 Vgl. KROPAT (wie Anm. 30), S. 188; PHILIPPI (wie Anm. 11), S. 41.
76 V. Brauneck: REIMER 1, Nr. 729 u. 749; V. Trimberg: REIMER 3, Nr. 138.
77 REIMER 1, Nr. 677, 691, 729; 2, Nr. 724; 3, Nr. 138. Ob ein Lehen des Fende v. Assenheim (2, Nr. 674) in gleicher Weise zu deuten ist, muß offen bleiben.
78 Siehe dazu unten zu Anm. 102ff.
79 Dagegen ist die Unterscheidung der Orte weniger schwierig, da für Bruchköbel schon von 1247 an häufig ein unterscheidender Zusatz gebraucht wird: REIMER 1, Nr. 243: *in inferiori Kebele*; Nr. 246: *Fredericus de Bruchkebele.*
80 G.W. SANTE (Hrsg.), Hessen (Handbuch der historischen Stätten 4), 3. Aufl., Stuttgart 1976, S. 65.
81 Th. SCHILP, Die Reichsburg Friedberg im Mittelalter. Regesten der Urkunden 1216-1410, Marburg 1987, Nr. 42; REIMER 1, Nr. 306, 313.
82 REIMER 1, Nr. 293.
83 REIMER 1, Nr. 717.
84 SCHILP (wie Anm. 81), Nr. 201.
85 REIMER 2, Nr. 324. Sein Burglehen besteht aus: ein Hof in Assenheim *(da he inne wonnit),* 3 Morgen Wiesen u. ein Garten ebendort, 25 Schilling Wetterauer Pfennige zu Naumburg, eine Hufe Land und ein Hof in Okarben; er erhält die Erlaubnis, dieses Burglehen auf seine Tochter Gela zu übertragen, falls ihm ein männlicher Erbe versagt bleibt. - Der in der vorigen Anm. genannte Ritter Markel v. Köbel war schon 1320 Burgmann in Assenheim (J.F. BÖHMER, F. LAU, Urkundenbuch der Reichsstadt Frankfurt, 2. Band, Frankfurt am Main 1905, Nr. 150, S. 121.
86 M. FOLTZ, Urkundenbuch der Stadt Friedberg, 1. Band: 1216-1410, Marburg 1904, Nr. 303.
87 REIMER 2, Nr. 651 u. 754. Der Wenzel von 1328 und der Werner von 1344 u. 1348 sind offenbar ein und dieselbe Person. Der Ältere hatte also den erblichen Reichsburgmannensitz in Friedberg inne, während der Jüngere ein Burglehen in Assenheim besaß. - Wer von beiden jener *strenge ritter her Wernher von Kebele* ist, der 1330 als Lehnsmann Ulrichs v. Hanau mit dessen Erlaubnis seiner Tochter Gertrud eine Mitgift von 200 Mark auf Lehen in Heuchelheim und anderen Orten anweist und zwei Brüder mit Namen Johannes und Bechtram besitzt, ist schwer zu entscheiden.
88 Vgl. dazu H.-P. MIELKE, Die Niederadligen von Hattstein, ihre politische Rolle und soziale Stellung, Wiesbaden 1977, S. 347.
89 REIMER 4, Nr. 475: *Henne von Markobil*; Nr. 709: *Heincze Marckebel, Henne von Kebel.*
90 Die Frankfurter Bürgerin *Lugardis vidua, concivis nostra dicta de Kebele* (REIMER 1, Nr. 206), die 1238 ihr Haus in Frankfurt am Markt dem Kloster Haina vermacht, dürfte aus Bruchköbel stammen.
91 Vgl. dazu BOSL (wie Anm. 34), S. 287 ff.
92 REIMER 1, Nr. 516.
93 Vgl. dazu U. WEISS, Die Gerichtsverfassung in Oberhessen bis zum Ende des 16. Jhs., Marburg 1978, wo auch die allgemeine Literatur angeführt ist; bes. S. 16 ff. u. 68 ff.
94 L. CLEMM, Die Urkunden der Prämonstratenserstifter Ober- und Niederilbenstadt, in: Archiv f. hessische Geschichte u. Altertumskunde, Neue Folge 14, 1925, Nr. 308 (Hirzbach) und 394 (Baiersrode).
95 REIMER 2, Nr. 674.
96 Vgl. den Beitrag von B. VIELSMEIER in diesem Band.
97 Vgl. dazu unten zu Anm. 132.
98 Zur dörflichen Gerichtsverfassung vgl. WEISS (wie Anm. 93), S. 43 ff. Ferner K.S. BADER, Studien zur Rechtsgeschichte des mittelalterlichen Dorfes. 2. Teil: Dorfgenossenschaft und Dorfgemeinde, Weimar 1962, S. 342 ff.; H. REYER, Die Dorfgemeinde im nördlichen Hessen, Marburg 1983, S. 113 ff.
99 Vgl. den Beitrag von J. HAUSMANN in diesem Band.
100 REIMER 2, Nr. 771.
101 REIMER 4, Nr. 67. - Aus dem Jahr 1407 ist ein Schreiben Philipps von Falkenstein an Schultheiß und Schöffen von Marköbel gerichtet; das Gericht ist also als Ganzes Empfänger des eine Streitsache betreffenden Schriftstücks (CLEMM, wie Anm. 94, Nr. 318).
102 Die von 1345-1377 das Gericht betreffenden Urkunden werden hier, um die Zitierweise zu vereinfachen, gemeinsam in chronologischer Reihenfolge nachgewiesen: 1345 März 30: REIMER 2, Nr. 674; 1345 Sept. 20: REIMER 2, Nr. 677; 1349: REIMER 2, Nr. 771; 1356: REIMER 3, Nr. 189; 1369: REIMER 3, Nr. 573 Zusatz; 1371: REIMER 3, Nr. 646 Zusatz; 1377: REIMER 4, Nr. 67.
103 CLEMM (wie Anm. 94), Nr. 308.
104 CLEMM (wie Anm. 94), Nr. 281.
105 CLEMM (wie Anm. 94), Nr. 394: *vndir dem spilhuse.*

106 Zum Spielhaus, das Vorläufer des Rathauses oder zugleich Gemeinde- bzw. Rathaus ist, vgl. BADER (wie Anm. 98), S. 402 ff., der den Begriff "Spielhaus" mit Unterhaltung und Geselligkeit in Verbindung bringt. REYER (wie Anm. 98), S. 33, leitet dagegen den Begriff von *spellen* = sprechen ab.
107 Staatsarchiv Marburg, Urkunden 0 II c Pfarrei Marköbel 1509 Sept. 14. - Für freundliche Auskunft danke ich Herrn Archivoberrat Dr. LACHMANN.
108 REIMER 2, Nr. 771.
109 REIMER 2, Nr. 483.
110 REIMER 3, Nr. 467.
111 REIMER 1, Nr. 749; 1295: (Gottfried von Brauneck)... *de exactione autem nostrorum hominum in eadem villa.*
112 Z.B. REIMER 3, Nr. 253; REIMER 4, Nr. 872: 1384 ist Johann v. Köbel einer der beiden Bürgermeister in Gelnhausen.
113 D. ANDERNACHT, O. STAMM (Hrsg.), Die Bürgerbücher der Reichsstadt Frankfurt 1311-1400, Frankfurt am Main 1955, S. 19 u. 24.
114 G. KLEINFELDT, H. WEIRICH, Die mittelalterliche Kirchenorganisation in Oberhessen und Nassau, Marburg 1937, S. 15 ff.
115 H.E. FEINE, Kirchliche Rechtsgeschichte. Die katholische Kirche, Köln, Graz 4. Aufl. 1964, S. 201 ff.; W. CLASSEN, Die kirchliche Organisation Althessens im Mittelalter, Marburg 1929, S. 10 ff.
116 A. WERMINGHOFF, Verfassungsgeschichte der deutschen Kirche im Mittelalter, Leipzig, Berlin 2. Aufl. 1913, S. 167 f.
117 FEINE (wie Anm. 115), S. 216 f.
118 WÜRDTWEIN (wie Anm. 11), S. 6 ff.
119 Ebd. S. 8: *Item eod. die facto prandio si placet in Markhebil.*
120 REIMER 1, Nr. 713: *Archipresbiter, camerarius et fratres capitulares capituli in Kebela.*
121 REIMER 1, Nr. 128; dagegen dürfte der Nr. 121 zum Jahr 1192 genannte *pastor H.* nach Bruchköbel gehören, da Beziehungen zum Kloster Naumburg eher für diesen Ort sprechen. Diese Zuweisungen so auch bei Reimer und Kleinfeldt-Weirich (REIMER 1, Nr. 121).
122 Vgl. KLEINFELDT-WEIRICH (wie Anm. 114), S. 18.
123 REIMER 1, Nr. 121. Es handelt sich um die Entscheidung eines Streites durch Erzbischof Konrad von Mainz über ein Gut in Bruchköbel. Am Ende einer langen Zeugenreihe erscheinen, von den übrigen, zumeist Mainzer Geistlichen durch drei weltliche Zeugen (Ministerialen) abgesetzt: *Conradus archipresbiter de Rendele, Siboldus plebanus in Heldebergen, Hechedas pastor in Rossdorf, Bertholdus plebanus in Karben.* Alle diese Orte gehören zum Dekanat Roßdorf.
124 REIMER 1, Nr. 781 u. 782.
125 U. STUTZ, Die Eigenkirche als Element des mittelalterlich-germanischen Kirchenrechts (1895), Darmstadt 1955.
126 WÜRDTWEIN (wie Anm. 11), S. 136 ff.: Schreiben von Papst Paul II. an die Dekane von St. Peter und St. Viktor in Mainz.
127 ... *diaconi cardinalis familiaris continuus commensalis existens:* ständiger Begleiter und Tischgenosse. Bromser versah also, wie üblich, seine Pfarrei nicht selbst.
128 M. ASCHKEWITZ (nach Lorenz Kohlenbusch), Pfarrergeschichte des Sprengels Hanau, Teil 1, Marburg 1984, S. 235.
129 REIMER 2, Nr. 513.
130 REIMER 2, Nr. 724; 1347 Juni 2.
131 W. - H. STRUCK, Das St. Georgenstift, die Klöster, das Hospital und die Kapellen in Limburg an der Lahn. Regesten 910-1500 (Quellen zur Geschichte der Klöster und Stifte im Gebiet der mittleren Lahn bis zum Ausgang des Mittelalters, Bd. 1), Wiesbaden 1956, Nr. 92. Die weiteren Belege: Nr. 205, 218, 233, 346, 422, 487.
132 REIMER 2, Nr. 724.
133 REIMER 2, Nr. 771. - Er begegnet zwei Jahre vorher als Markel von Köbel, der Forderungen für Schreibarbeiten, die er dem verstorbenen Ulrich II. von Hanau geleistet hat, geltend macht und dabei Gerlach von Bellersheim, den Pastor von Marköbel, seinen Herrn nennt (REIMER 2, Nr. 722).
134 Das sind die an der Gemarkung Nutzungsberechtigten, also im wesentlichen die Inhaber der Bauernstellen.
135 REIMER 3, Nr. 467, 1364: ... *ich Heynrich von Ameneburg erstemesser zu Markebil.* Dieser Heinrich, auch *unsirn fruherren* genannt, siegelt eine Schenkungsurkunde des Marköbeler Schöffen Gotze Burger und seiner Ehefrau. Allerdings begegnet Heinrich von Amöneburg schon 1356 als Pfarrer von Marköbel (... *hern Heinrichen von Ameneburg, unsern pherrer zu Marckebil*) und führt das Pfarrsiegel mit der Umschrift: S PLNI DE MARGKEBE (*Sigillum plebani de Margkebel*) (REIMER 3, Nr. 189).
136 StAM Urkunden O II c Pfarrei Marköbel 1490 Nov. 16. u. 1502 Jan. 4. (mehrere Verkäufe von Zinsen an den Altar).
137 REIMER 2, Nr. 674; CLEMM (wie Anm. 94), Nr. 326.
138 REIMER 2, Nr. 771. Vgl. auch ZIMMERMANN (wie Anm. 25), S. XXXVIII B.
139 Für die frühe Neuzeit siehe unten zu Anm. 159.
140 REIMER 3, Nr. 361, S. 400 f.
141 Getreide wurde in Hohlmaßen gemessen. Diese können von Stadt zu Stadt, von Territorium zu Territorium verschieden sein. Als Anhaltspunkt seien hier die von J.M. ELSAS (Umriß einer Geschichte der Preise und Löhne in Deutschland, 2 Bde., Leiden 1936-1949, hier Bd. 2, S. 21 f.) für Frankfurt angegebenen Maße zitiert (Frankfurter Getreidemaß kommt in Marköbel vor): 1 Achtel = 4 Simmer; 1 Simmer = 28,685 Liter; demnach 1 Achtel = 114,74 Liter. Bis etwa 1420 war 1 Malter = 2 Achtel.
142 Vgl. dazu den Beitrag von D. SCHÄFER über den Weinanbau.
143 REIMER 3, Nr. 138; 1355: ... *und eyne hovestat, daz itzunt ist eyn hoppfengarte.* Das könnte ein Hinweis darauf sein, daß nach der Pest von 1348/50 Hofstätten im Dorf nicht bewohnt waren und daher anderweitig genutzt wurden.
144 REIMER 3, Nr. 502 Zusatz.
145 REIMER 3, Nr. 569.
146 Vgl. SCHWIND (wie Anm. 54).
147 H. STOOB, Minderstädte. Formen der Stadtentstehung im Spätmittelalter (1959), in: DERS., Forschungen zum Städtewesen in Europa I, Köln, Wien 1970, S. 225-245.
148 Regesten der Pfalzgrafen am Rhein 1214-1508, bearb. von L. v. OBERNDORFF, 2. Bd., Innsbruck 1912, Nr. 1528 u. 3738.
149 BOTT, S. 20: "in einer Urkunde vom 24. Nov. 1374 heißt es von einer Hofstatt, sie liege an der Porten gen Gelnhausen zur linken Hand auf dem Graben". - Bisher konnte ich diese Urkunde noch nicht ausfindig machen.
150 G. BOTT, Die Städte in der Wetterau und im Kinzigtal, Frankfurt am Main 1950, S. 60 ff.
151 Vgl. den Beitrag von J. HAUSMANN in diesem Band.

152 StAM Urkunden O II c, Pfarrei Marköbel, 1515 Dez. 27.

153 Isenburger Urkunden. Regesten zu Urkundenbeständen und Kopiaren der fürstlichen Archive in Birstein und Büdingen 947-1500, bearb. von F. BATTENBERG, 3 Bde., Darmstadt, Marburg 1976, Nr. 1625, 1630 f., 1652, 1654-1658a, 1669.

154 GAM (HStA) Nr. 71 ff. u. 466 ff. - Ich danke Frau Dr. U. BRAASCH-SCHWERSMANN für die Aufbereitung der Quellen.

155 Auch BOTT (wie Anm. 149), S. 27 ff, analysiert den Dorfhaushalt um 1600. Er stützt sich dabei hauptsächlich auf die Rechnung 1600/01. Vgl. für andere hanauische Orte, besonders Hanau und Hochstadt, ZIMMERMANN (wie Anm. 25), S. 293 ff.

156 Dabei handelt es sich offensichtlich um die Besteuerung des Grundbesitzes. In dem Fragment der Rechnung von 1614 nennen einige Posten außer dem Namen des Bede-Pflichtigen und dem Betrag auch die Objekte, von denen die Bede bezahlt wurde: 1/2 Morgen Acker (3 1/2 d), 1 Scheune (2 s), 1 Garten (1 d), 1/2 Weingarten (2 d) u.s.w.

157 Nur mit größter Vorsicht möchte man von den 129 Marköbeler Steuerzahlern einen Schluß auf die Einwohnerzahl des Ortes ziehen. Wenn man es doch tut und einen Multiplikationsfaktor von 3-4 annimmt, kommt man auf etwa 400-500 Einwohner. Zum Multiplikationsfaktor vgl. IRSIGLER (wie Anm. 21).

158 Hier wäre die Übersetzung "Allgemeine Ausgaben" ebenfalls möglich. Das Wort *gemeine* bedeutet jedoch in vielen Fällen Gemeinde-...

159 Also die Ablösung der Verpflichtung, den Herren zu bestimmten Anlässen verköstigen zu müssen.

160 Auch in den folgenden Rechnungen werden Ausgaben für die Schützen genannt, mehrmals für Schießscheiben, z.B. für das Kirmesschießen (1599/1600, f. 14 v).

161 Vgl. H. MEYER ZU ERMGASSEN, Die Universitäts-Almosen. Ein Kapitel aus der Sozialgeschichte der Universität Marburg, in: Hessisches Jahrbuch für Landesgeschichte 37, 1987, S. 99-239. Für Hanau und Hochstadt siehe ZIMMERMANN (wie Anm. 25), S. 299 u. 305. - Vgl. auch M. MOLLAT, Die Armen im Mittelalter, München 1984, bes. S. 174 ff.

162 In der Rechnung nicht als besondere Summe ausgeworfen. Hier aus der Differenz der Gesamtausgaben und der ständigen Ausgaben errechnet.

163 Erhalten für die Jahre 1597/98 - 1601/02 und 1603/04 - 1605/06. Von da an für längere Zeit größere Lücken mit einzelnen Fragmenten.

164 Zur allgemeinen Lage der Juden in der Grafschaft vgl. ZIMMERMANN (wie Anm. 25), S. 476 ff., bes. S. 500 f. Trotz der 1591 verfügten Ausweisung konnten die Judenfamilien in Marköbel bleiben. In der Rechnung 1600/01 ist die Einforderung eines Judenschutzgeldes verzeichnet. Für Hinweise und ausführliche Quellennachrichten danke ich Frau Archivoberrätin Dr. LÖWENSTEIN.

# Wo lag Weldericheshusen?

*Johannes Heck*

In der heutigen Gemarkung Marköbel gab es im Mittelalter noch zwei weitere Ansiedlungen: Weldrichshausen im Wald an der Hüttengesäßer Straße und Prangenheim am Südabhang des Hattenberg. Weldrichshausen wird in einer Urkunde aus dem Jahre 1062 erwähnt, Prangenheim kann nur aus den Flurnamen erschlossen werden (siehe den Beitrag von Bernd Vielsmeier über Flurnamen). Beide Ansiedlungen dürften bereits im hohen Mittelalter, also lange vor dem Dreißigjährigen Krieg, untergegangen sein. Die Gründe kennen wir nicht.

In der Urkunde von 1062 (Reimer 1,65) übergibt Reginbodo dem Kloster Fulda *"für das Seelenheil meines Bruders Sigebodo und zu meinem Gedächtnis"* zehn Hufen und zwar sechs in Roßdorf, eine in Kebilo (Marköbel), *"eine in Weldericheshusun"*, eine in Buocho (Buchen), eine in Oweheim (Auheim) und einen Weinberg, außerdem 150 Morgen salisches Land und eine Kirche mit allem Zehnten und was dazugehört. Darüberhinaus übergibt er vier Hufen, mit denen diese Kirche ausgestattet ist, drei in diesem Dorfe selbst (wahrscheinlich Roßdorf), eine in Ruomundeshusun (Rommelhausen).

*"Wo lag Weldericheshusen?"* Dieser Frage ging Pfarrer Johannes Heck, Marköbel, in einem Beitrag für das Hanauische Magazin im Jahre 1928 nach und kam anhand der Flurnamen zu dem Ergebnis, daß dieser untergegangene Ort an der Straße Marköbel-Hüttengesäß am Unterwald gelegen hat. Wir geben nachstehend den persönlich engagierten Beitrag von Pfarrer Johannes Heck wieder (Hanauisches Magazin, 7. Jhg, 1928, Seite 54 f):

"Nach Zimmermann "Hanau Stadt und Land" S. 18 übergibt Reginbodo 1062 dem Kloster Fulda Güter zu Rosdorf, Kebilo, Weldericheshusen, Buocho usw. (nach Reimers Hanauer Urkundenbuch 1, 65). Die Frage, wo dieses Weldericheshusun gelegen hat, wird verschieden beantwortet.

Junghans schreibt S. 122 seiner *"Kurze Geschichte des Kreises und der Stadt Hanau"*: *"Das mit Buchen und Kebel 1062 genannte Weldericheshusen lag vermutlich in der Gemarkung Mittelbuchen."* Er möchte es also Mittelbuchen zuschreiben. Aber so sehr ich Mittelbuchen als meinem Geburtsort alles Gute gönne, ich muß Weldericheshusen für Marköbel in Anspruch nehmen; Mittelbuchen hat genug an Lützelbuchen. Zimmermann bemerkt S. 18: *"Weldericheshusen (ausgegangener Ort, vermutlich bei Bruchköbel)"* und im Register S. 943 *"Weldericheshausen (1062 Weldericheshusen) Wüst. bei Bruchköbel am Köbeler Wald (?)"* Er möchte sich also für Bruchköbel entscheiden.

Reimer, "Historisches Ortslexikon für Kurhessen" gibt an: *"Weldericheshusen, wüst, wird 1062 mit Mark- oder Bruchköbel und Buchen genannt."* Er läßt die Lage unentschieden.
Ich will im folgenden zeigen, daß es östlich von Marköbel lag.
Die hiesige Pfarrei besaß bis 1912 in der Langenbergheimer Gemarkung einen Acker mit der Flurbezeichnung "IM WELLER". Er lag an der Marköbeler Grenze, an der Marköbeler Heeg, wie es S. 64 der Kompetenz von 1699 heißt. Die Flur wird aber hier "AM WALLERSGRUND" genannt, während sie in der Kompetenz von 1770 den vorhin erwähnten Namen "IM WELLER" führt. Bei der Kirchenrechnung 1690 fand ich ein "Handt-Register über Alle Einnahm Geldt, Wachs Unndt Öhlen Zinsen des Kirchen Baus allhier zu Marcköbell". Mit diesem Fund kam Licht über die Dunkelheit des Namens "IM WELLER". In diesem Handbuch sind S. 20, 21, 29, 61 und 83 Wiesen "ZU WELLERS HAUSSEN" aufgeführt. (Anm.: Der gleiche Name erscheint auch im Marköbeler Gerichtsbuch am 13. Dezember 1693: *"ITEM 34 RUTHEN WIESEN ZU WELLERSHAUSEN NEBEN JOHANNES KAHMER STÖST UFF DEN WALD".*) S. 83 mit der Bemerkung *"NEBEN DER GEMEINEN WEYDT GELEGEN".* Was ist Wellershausen anders als das alte Weldericheshusen, das über Wellerichshausen sich in Wellershausen verkürzt? Und eine ähnliche, nur dunklere Verkürzung hat die zuerst wohl "IM WELLERSHÄUSSER GRUND" lautende Flurbezeichnung sich gefallen lassen müssen, die 1699 als "AM WALLERSGRUND" erscheint und 1770 zum geheimnisvollen "IM WELLER" zusammengeschrumpft ist. Auf der Katasterkarte von Langenbergheim, die ich auf dem dortigen Bürgermeisteramt eingesehen habe, führen drei von Süden nach Norden übereinanderliegende Fluren, die im Osten auf die Hammerbach stoßen, die Namen: IM WELLRESS, AM WELLRESS, AM WELLREßHANG. Die Bezeichnung ist da noch unklarer geworden, indem er in re umgestellt und aus Wellers ein Wellres wurde. Die erste Flur "Im Wellreß" hieß wohl "IM WELLERS(HÄUSER) GRUND", die zweite und dritte wohl "AM WELLERS(HÄUSSER) HANG. An der erwähnten Hammerbach nun liegt ein verfallener Born. Dort soll Wellershausen oder, wie die Leute meist sagen, Wallershausen gelegen haben, vergl. Kompetenz 1699 "AM WALLERSGRUND". Geht man von diesem Born der Hammerbach eine kurze Strecke südlich entlang, so stößt man auf die Marköbeler-Hüttengesäßer Chaussee, die dort südlich des Walddistrikts Hohenberg verläuft. Südlich von diesem Weg und östlich von der Hammerbach liegt eine größere Wiesenfläche, die jetzt der Gemeinde gehört. Vor der Zusammenlegung 1905 lagen aber auch einige Privatwiesen dort. Hier haben wir wohl die im Handbuch 1690 erwähnten Wiesen "ZU WELLERS HAUßEN" zu suchen, von denen eine "NEBEN DER GEMEYNEN WEYDT" Gelegen. Eine andere "WEYDT" ist dort nicht zu finden. An der Hammerbach also, etwa 1 1/2 km östlich von Marköbel, am dortigen Unterwald hat Wellershausen gelegen. Der ganzen Örtlichkeit nach kann es keine größere Ansiedlung gewesen sein. Es war vielleicht nur ein einzelnes Gehöft.
Wann ist dieses Wellershausen nun untergegangen? Nicht erst im 30jährigen Krieg. Unsere Gemeinde-Rechnungen, die mit 1590 beginnen, zählen uns wohl in ihren

Beed-Registern die Einwohner von Hirzbach und Baiersröderhof auf - damals mit Raydt bezeichnet, vergl. Hof Raith bei Schlüchtern -, aber keine von Wellershausen. Auch in den Kirchen-Rechnungen, die mit 1518 anfangen, findet sich keine Spur von Wellershausen. Es ist schon vor dem 30jährigen Krieg verschwunden.

In Zukunft bitte ich also Weldericheshusen = Wellershausen dem Ort zuzuschreiben, der allein Anspruch hat; das ist unser Flecken Marköbel. Was Marköbel zusteht, daran hält es bis zum äußersten fest. Das zeigt seine Geschichte. 1601 reichte es dem Grafen zu Hanau ein "schreiben des Fleckens Alte gerechtigkeit betreffend" ein. Er hörte nicht darauf. Die Folge war ein Prozeß gegen die Herrschaft, der von 1613 bis 1680 dauerte. Meine Ausführungen sind auch gleichsam "ein schreiben des Fleckens Alte Gerechtigkeit betreffend". Discite moniti! oder frei nach Jagow: "Ich warne Widersprechende" und bitte die Kosten eines so langwierigen Prozesses zu bedenken. Ich vertraue aber dem historischen Gerechtigkeitssinn, daß hinfüro unseres Fleckens Alter gerechtigkeit kein Eintrag mehr geschicht, sondern es für alle Zeiten feststeht: Weldericheshusen gehört Marköbel."

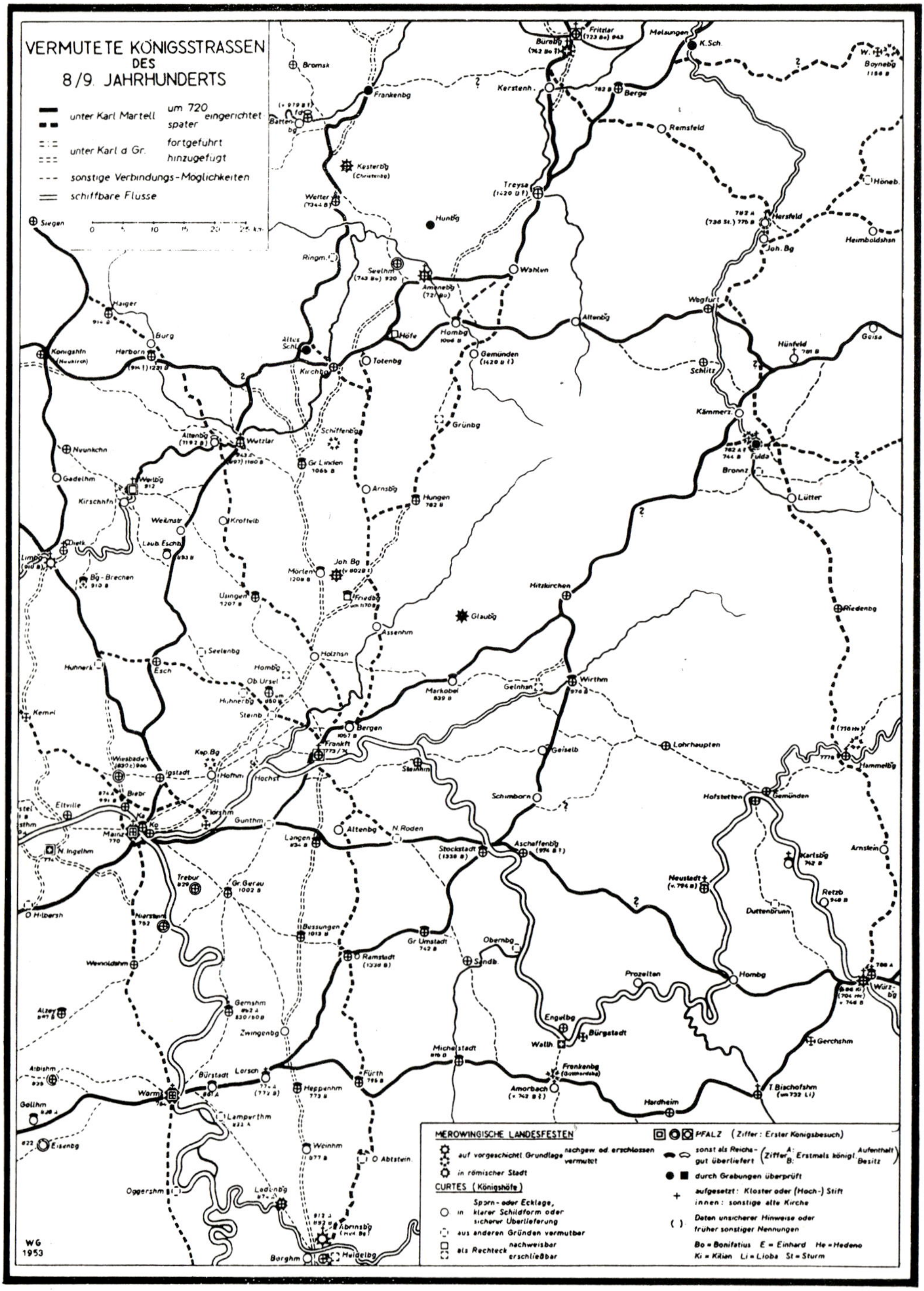
VERMUTETE KÖNIGSSTRASSEN
DES
8/9. JAHRHUNDERTS
unter Karl Martell
um 720 eingerichtet
später
unter Karl d. Gr.
fortgeführt
hinzugefügt
sonstige Verbindungs-Möglichkeiten
schiffbare Flüsse
MEROWINGISCHE LANDESFESTEN
auf vorgeschichtl. Grundlage
nachgew. od. erschlossen
vermutet
in römischer Stadt
CURTES (Königshöfe)
PFALZ (Ziffer: Erster Königsbesuch)
durch Grabungen überprüft
WG
1953

# Die Hohe Straße

*Johannes Steidte*

Die Hohe Straße ist eine seit der Jungsteinzeit benutzte Fernverbindung vom Rhein nach Thüringen. Sie begann in Mainz und führte über Frankfurt-Höchst weitgehend gradlinig über Eckenheim nach Bergen. Nachdem sie die Berger Höhe erstiegen hatte, führte sie, den Höhenrücken zwischen Nidda und Nidder bzw. Main und Kinzig einhaltend, in Richtung Marköbel. Auf dem Schäferkippel, welcher zwischen Oberdorfelden und Wachenbuchen liegt, bildete die mittelalterliche Straße, um dem Kamm des Höhenrückens zu folgen, einen weiten Bogen nach Osten, während die römische Straße der alten Richtung über das Ostende von Kilianstädten folgte. Südwestlich vom Wartbaum traf die mittelalterliche Straße mit ihr wieder zusammen. Von hier verlief sie über den zwischen Ostheim und Rossdorf gelegenen Rommelsberg, sowie über den nördlichen von Butterstadt gelegenen Tannenkopf zum Hirzbacher Hof. Der genaue Verlauf vom Hirzbacher Hof nach Marköbel ist nicht nachgewiesen. So läßt Georg Wolff den Verlauf der mittelalterlichen Straße offen, während er die römische Straße durch das Hofgelände durchziehen läßt. Heinrich Bott vertrat dagegen die Meinung, daß sie ab dem Tannenkopf der heutigen Landstraße Ostheim-Marköbel folgte, also nördlich an Hirzbach vorbei nach und durch Marköbel hinunter zum Krebsbach (dem alten "Kebelbach") führte, der an derselben Stelle wie heute überschritten wurde. Es war dies der erste Talübergang nach ca. 35 Kilometern. Östlich des Krebsbaches stieg sie dann in der tiefeingeschnitten "Hohle" den Galgenberg hinauf und zog weiter auf der Höhe über Diebach am Haag als "Reffenstraße" durch den Büdinger Wald bis Hitzkirchen. Von hier bis Radmühl heißt die Hohe Straße "Kärnersweg" und dann bis Reichlos "Alte Straße". Dort gabelt sie sich in die ältere "Langestraße" und die jüngere "Fuldaerstraße". Vom Brandloser Berg ab zieht sie als "Alte Straße" weiter. Dieser Name könnte der älteste überhaupt sein. Denn die um das Jahr 754 anzusetzende "Chartula St. Bonifatii" hat sie uns als "Antsanvia" überliefert. Nach Heinrich Haas könnte der Name eine Umbildung aus "antiana via" = "Alte Straße" sein. Wie die bisherige Schilderung deutlich macht, wird der Verlauf der Hohen Straße und der alten Fernwege im allgemeinen, dadurch entscheidend bestimmt, daß günstige Furten benutzt und wasserreiche Niederungen gemieden werden konnten. Es ist heute eine allgemein akzeptierte Erkenntnis der Straßenforschung, daß der Verkehr bis tief in das Mittelalter sumpfiges Gelände mehr scheute als Steigungen und sich deshalb in der Hauptsache auf ausgesprochenen Höhenwegen vollzog, während die großen Fernstraßen und Eisenbahnlinien der Neuzeit den Niederungen und Tälern folgen. Die Wahrscheinlichkeit für das sehr hohe Alter eines Fernweges besteht also dann, wenn dieser auf einer trockenen Höhe oder Wasserscheide verläuft und auf eine leicht zu durchquerende Furt zustrebt; die Wahrscheinlichkeit wird fast zur Gewißheit, wenn Bodenfunde zeigen, daß entlang dieses Weges menschliche Siedlungen in vorgeschichtlicher Zeit standen oder andere

Funde die Benutzung durch Händler erweisen. Diese Erkenntnis machte sich bereits 1913 Georg Wolff zunutze, um damit das Alter der Hohen Straße als alter Fernweg ab der Jungsteinzeit zu beweisen.

Die Bezeichnung "Straße" ist allerdings für vorgeschichtliche Wege fehl am Platze, da diese keine Kunstbauten wie die römischen und neuzeitlichen Straßen waren, sondern ausgefahrene "Feldwege". Der Handel der Vorzeit dürfte daher hauptsächlich zu Fuß oder mit Hilfe von Tragtieren und nur vereinzelt mit zwei- oder gar vierrädrigen Wagen bewältigt worden sein.
Obwohl bereits seit der Bronzezeit hölzerne Scheibenräder und im 7. Jahrhundert v. Chr. hölzerne Speichenräder für den profanen Gebrauch bekannt sind, waren die Transportmöglichkeiten mit zweirädrigen Karren von max. 1,50 m Spurweite sicher sehr bescheiden. Erst die im 5. Jahrhundert v. Chr. aufkommende Kriegführung mit Streitwagen erforderte leichtere und zugleich sehr robuste Bauweise. So lassen die erhaltenen Überreste darauf schließen, daß das Stellmacherhandwerk ebenso weitverbreitet wie hochentwickelt war: In der Tat hat es seit dem 2. Jahrhundert v. Chr. keiner nennenswerten Verbesserung mehr bedurft. Das Speichenrad, wie wir es heute kennen, wurde schon damals technisch vollendet. So waren die Kelten bereits mit der Arbeit vertraut, die Felgen aus einem einzigen etwa fünf Zentimeter breiten Holzstreifen zu biegen, auf die dann der erhitzte, geringfügig kleinere Eisenreifen aufgetrieben wurde. Es ist deshalb nicht unbegründet, anzunehmen, daß im keltischen Kulturkreis der Personen- und Gütertransport mit Wagen im 2. Jahrhundert v. Chr. seinen Anfang nahm. Die Kelten werden deshalb die vorhandenen Verkehrswege verbreitert und wenn erforderlich verbessert haben, aber Straßen bauten sie nicht, dies taten erst die Römer.

Es gehörte nämlich zur römischen Eroberungspolitik, annektierte Ländereien durch Truppenstationierungen in Kastellen und Nachschublagern zu sichern. Der darauf folgende Bau von geradlinigen Straßen ermöglichte es dann, Nachrichten, Truppen und Nachschub auf kürzestem Weg zwischen den einzelnen Kastellen zu befördern. Die Römer beherrschten den Straßenbau bereits so perfekt, daß, wie von dem römischen Philosophen und Rhetoriker Cicero überliefert ist, dieser auf seinen Reisen sogar während der Fahrt seine Bücher schreiben konnte.
Ob die Römer die Hohe Straße als Einmarschlinie benutzten, läßt sich nicht beweisen, aber die Krebsbachfurt war so wichtig, daß die Römer an der Stelle des heutigen Marköbel ein Kastell errichteten. Wie Wolff nachweisen konnte, begradigten die Römer teilweise die Hohe Straße und versahen sie mit einer Kiesdecke, damit die Wagen bei aufgeweichtem Boden nicht im Lehm steckenblieben.
Die römische Herrschaft über die Wetterau dauerte bis etwa 260 n. Chr. Da niemand in späterer Zeit für die Unterhaltung der Römerstraßen aufkam, wurden diese zunehmend unpassierbar. Deshalb dürften die Naturstraßen der vorgeschichtlichen Zeit, die

sich weitgehend auf trockenen Höhen hielten, allmählich wieder den Durchgangsverkehr auf sich gezogen haben. Erst zur Zeit Karls des Großen setzt die schriftliche Überlieferung wieder ein. So wird das von Bonifatius neugegründete Reichskloster Fulda mit zu einem vorzüglichen Träger einer neuen geistigen Kultur, gleichzeitig aber auch als Grundbesitzer unerhörten Ausmaßes bestimmend für die argrarische Wirt-

Zeichnung und Druck vom Hessischen Landesvermessungsamt

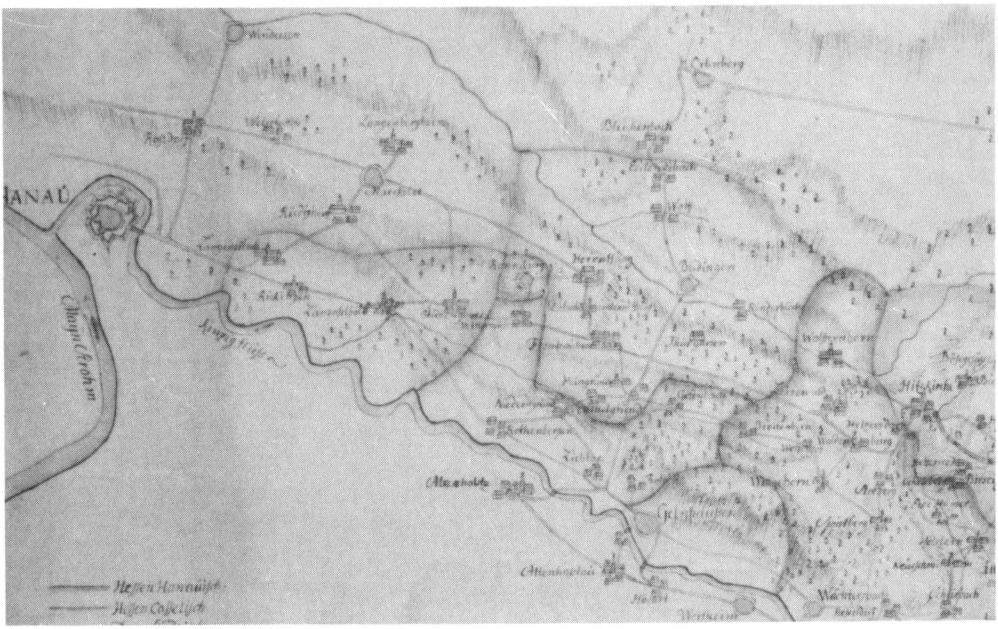

Ausschnitt aus der Karte des Hanauer Landwegekommissars Knobeloch vom Jahre 1783 zum Ausbau der Hohen Straße als Kunststraße (Pflasterstraße). (StAM Karten P II, Nr. 10.559)

schaftsform dieser Zeit. Verbindungsstraßen von Mainz nach Fulda waren die Kinzigstraße, die Hohe Straße (Antsanvia) und die Nidderstraße (der Ortesweg). 801 und 980 wird ein Königsweg von Hersfeld nach Fulda erwähnt. Ein anderer Königsweg zieht 803 von Mainz nach Frankfurt. Daraus folgt, daß es schon in karolingischer Zeit eine Königsstraße gab, die vom Rhein bis zur Weser und Elbe führte. Eine weitere Straße des Königs war die über die Höhen des Spessarts und der Rhön nach Mitteldeutschland verlaufende "Birkenhainer Straße", welche dann aber allmählich ihre Bedeutung zugunsten der Kinzig- und Fuldatalstraße verlor. So reiste 975 Otto II von Frankfurt über Fulda nach Weimar; zwei Jahre später war Fulda abermals Zwischenstation zwischen Diedenhofen und Sachsen.
Die Erkenntnis der alten hessischen Straßenforschung, daß ausgeprochene Höhenwege nur bis zum 13. Jh. die großen Fernverbindungsadern bildeten, bestätigt sich also auch im Falle der "Birkenhainer-Straße" wie auch der "Hohen Straße".
Nachdem König Friedrich II 1220 den Markt von Marköbel nach Gelnhausen verlegte, dürfte sich auch der Verkehr zunehmend auf die Kinzigtalstraße verlagert haben.
Ein weiterer Grund für die zunehmende Benutzung der Kinzigtalstraße wird auch in dem Umstand zu suchen sein, daß die Wagen ab dem 16. Jh. zunehmend größer und schwerer wurden. Deshalb waren die Fuhrleute bestrebt, vor allem Straßen mit nur geringen Steigungen befahren zu müssen.

Reisefuhrwerk und Warentransport im Mittelalter

Als Rest der historischen Hohen Straße hat sich in Marköbel der Hohlweg von der Büdinger Straße zur Schule erhalten. Er heißt im Volksmund "Galgenhohl", weil dieser Weg zugleich zum Galgen am Hochgericht führte.

Der eigentliche Kunststraßenbau - gewöhnlich handelte es sich um eine gewölbte Pflasterung auf einer Sand- und Schotterschicht mit beidseitigen Gräben und Alleebäumen - setzt in der Mitte des 18. Jh. in Deutschland ein. In dieser Zeit bestand auch die Absicht, die Hohe Straße auszubauen. Die Karte des Hanauer Landwegekommissars Knobeloch für den Ausbau hat sich noch erhalten. Doch zum Ausbau kam es nicht, wohl weil in dem damals in zahlreiche kleine Herrschaften zersplitterten Deutschland die rund hundert Kilometer lange Hohe Straße durch zu viele Territorien hätte geführt werden müssen.

1839 schreibt Karl Arnd in seiner Zeitschrift für die Provinz Hanau: *"Auf der.... Wasserscheide findet man jetzt nur noch einen schmalen, einspurigen mit Rasen überzogenen einsamen Weg, und in Marköbel erscheinen die großen, aber verlassenen Wirtshäuser noch als schwache Denkmale an einen Verkehr, welchem die neueren Straßenbauten andere Linien vorgezeichnet haben".*

Heute erinnert in Marköbel nur noch der Hohlweg zur Schule - im Volksmund als "Galgenhohl" bezeichnet - an die jahrtausendealte Hohe Straße.

# Der Dreißigjährige Krieg 1618-1648

*Ernst Siegmund-Schultze*

Dieser die deutschen Lande fast ganz verwüstende Krieg war in seiner Anfangsphase gespeist vom Ringen um religiöse Einflußsphären: einerseits der katholische Kaiser, andererseits die Protestanten, voran der Kurfürst von der Pfalz, der zum Schutze der Protestanten König von Böhmen wurde. Dies bedeutete ein protestantisches Reich in unmittelbarer Nähe der Stammlande des Kaisers - das durfte nicht sein. Zum anderen war der Anfang des dreißigjährigen Krieges geprägt von dem Gegensatz Kaiser - Fürsten, wobei schon sehr bald dieser Gegensatz quer durch die religiösen Lager ging. Später war es ein Krieg um die verschiedensten Interessen Spaniens und Österreichs auf der einen Seite, Frankreichs und Schwedens auf der anderen. Vor allem aber wurde es ein Krieg um des Krieges willen, weil keiner die gewaltigen Heere abrüsten konnte. Nach 1648 fiel das schwer genug.

Im Anfang des Krieges gehörte die protestantisch-calvinistische Grafschaft Hanau zum katholischen Kaiser. Der Graf Philipp Moritz war vom 25. März 1630 bis 1. November 1631 kaiserlicher Obrist. An diesem Tag wurde Hanau durch "Schweden" erobert und der Graf wurde am 7. Februar 1632 schwedischer Obrist. Seit dem Dezember 1637 löste sich Hanau von den Schweden und *"mischte sich im geringsten nicht in fremde Händel ein"* [1].

Dies war allerdings nicht ungewöhnlich, sondern bei allen Rängen üblich. Die gefangenen, einfachen Soldaten wechselten sofort nach einem Gefecht zum Sieger über, sofern dieser zahlungskräftig war. Ebenso aber wechselten Heerführer immer wieder die Fronten. E. Meise gibt eine eindrucksvolle Liste solcher Heerführer [2].

Die Finanzierung erfolgte durch Zahlung von Militärhilfe (Subsidien) ausländischer Staaten, durch Zahlung von Verteidigungslasten (Contributionen) der jeweils besetzten Länder, durch Eroberung gegnerischer Kassen und Reserven, schließlich durch die Beschlagnahme der Verpflegung und eventueller Ersparnisse durch die Soldaten bei der Bevölkerung (Fourage).

Die Staatsfinanzen Schwedens besserten sich im Laufe des Krieges, da die in Deutschland unter schwedischer Oberhoheit kämpfenden Truppen nichts kosteten und einzelne Offiziere ein Teil ihres Einkommens nach Hause transferierten.

Die Darstellungen über diese Zeit befassen sich ausführlich mit der längeren Belagerung Hanaus in den Jahren 1635/1636 und berücksichtigen weniger das Geschehen auf dem Land und die Auswirkungen für die dortige Bevölkerung. So wird im Folgenden der Versuch gemacht, aus Nebenbemerkungen ein Bild darüber zu gewinnen, was der Krieg für die Bewohner der Umgebung Hanaus allgemein und für die Marköbler bedeutete.

In den ersten Jahren des Krieges bis 1621 führte die Hanauer Regierung noch ihren eigenen Krieg gegen die Marköbler. Am 7. April 1620 schrieb der Kaiser an die

Hanauer Gräfin Catharina Belgica, sie habe Marköbel und seine Bewohner *"übel tractiret, un wie man spricht, fast auf den gradt ausgesogen"* [3].
Im selben Jahr 1621 wurden die nordöstlichen Orte der Grafschaft zum ersten Mal geplündert. Die Regentin erhielt zwar Schutzbriefe des Kaisers, doch dies hinderte die Truppen nicht, in den Jahren 1623, 1624 und 1626 Orte in der Umgebung Hanaus zu drangsalieren.
*Schon über die Jahre 1625/26 schreibt Wedgwood: "Die berechtigte Suche (der Soldaten) nach Lebensmitteln artete in Balgerei um Beute und Weiber aus, bei welchen die von den sozialen Sicherungen des Friedens nicht länger im Zaum gehaltene menschliche Grausamkeit auf entsetzliche Weise zum Ausbruch kam. Vergeblich baten Stadtgemeinden und Dörfer unter Hinweis auf ihre Treue um Garantien für ihre Sicherheit; der Feldherr gab sie, konnte sie aber nicht durchsetzen. In blinder Zerstörungswut setzten die Soldaten Dörfer in Brand und schlachteten das Vieh ab, wenn sie es nicht wegtrieben. In ihrer Lust am Plündern gruben sie in den Friedhöfen nach verborgenen Schätzen, durchstöberten die Wälder, in denen die obdachlosen Bauern Zuflucht genommen hatten, und schossen fast alle, die sie fanden, nieder"* [4].
Ganz so schlimm war es in diesen Jahren noch nicht in der Hanauer Gegend. Im Jahre 1626 wurde von kaisertreuen Truppen das kaisertreue Windecken durch ein Regiment zu Pferd erobert, *"dabei seye ein Bürger niedergeschossen, etliche verwundet"... " Ausserdem verheerten noch drei Compagnien Reuter und der Regimentsstaab (dessen Hofhaltung mehr als zwei Compagnien koste) das Land. Diese Bedrängnisse und Klagen geben uns ein lebendiges Bild des damaligen traurigen Zustandes unserer Heimath"* [5].

## Bayrischer Fähnrich quartiert im Pfarrhaus

In der Bürgermeisterrechnung Marköbels von 1621 findet sich der erste Hinweis auf den Krieg: *"Almosen 1621: 2 Männer, die aus der Kurpfalz vertrieben worden, 8ß, Zehrung, den 12. Februar 1621 seind etliche spanische Soldaten allhier kommen, haben verzehrt 11 Maß Wein zu 10 alb. für Essen Speis alles zus 5 fl (Gulden), 3 fl. 12 hat der Oberster von Friedberg mit etl. Soldaten verzehrt. 12 fl. 18ß sind 24 Soldaten uf Befehl des Schultheißen verzehrt w(orden), so von Landgraf Moritzen angenommen, uns.gn.Herrschaft angehörig"* [6].
Im Jahre 1622 wurde offenbar das mortaignische Regiment zu Fuß unter dem Hauptmann Pirson einquartiert. Ein Fähnrich Hans Friedrich von Königsfeld, *"ein bayrischer Edelmann"*, beanspruchte das Haus des Pfarrers Johannes Heupel und offenbar auch seine Verpflegung, denn es entstanden Unkosten von 1100 Gulden [7]. 1625 und 1626 hat Pfarrer Hopf Korn, Hafer und Geld zum Kriegswesen geliefert und kann dies auch mit Quittungen belegen[8].
Gleichzeitig verlangte aber offenbar die Hanauer Herrschaft noch Geld, um sich die Stadt freizukaufen. Dies wurde den Marköblern offenbar von dem Cronen- und vom Af-

fenwirt in Hanau vorgestreckt. Jedenfalls sind der Bürgermeister und etliche Männer am 26. Juli 1630 in Hanau gewesen wegen des Affenmanns Anforderung und haben, wie damals üblich 2 Maß Wein und 4 Maß Bier getrunken. Ständig entstehen neue Forderungen einzelner Soldaten nach Brot und Wein, meist vor dem Tor befriedigt, öfters aber auch innerhalb des Dorfes, besonders, wenn es sich um Offiziere handelt. Der Pfarrer mußte ebenso wie ein auch schon früher genannter Hans Schiff als Gastgeber anstelle des in Hanau weilenden Schultheißen antreten. 89 Reichsthaler hat es die Gemeinde Marköbel direkt gekostet, vor allem aber mußte sie sich beim Cronenwirt in Hanau 1900 Reichsthaler leihen[9]. Noch 1687 war diese Forderung, inzwischen längst in andere Hände übergegangen, noch nicht bezahlt[10]. Sie wurde bezahlt und quittiert, jedoch ohne Datum.
Wir können feststellen, daß schon diese "Episode" des Dreißigjährigen Krieges die Gemeinde Marköbel schwer belastete und auch die neuen Bürger nach dem Krieg noch an dieser Last trugen.
Im Jahre 1631 wurde die Frage einer Contribution (Verteidigungsbeitrag) erneut diskutiert, jetzt allerdings mit der schwedischen Oberherrschaft. Diese Zumutung wurde *"insbesondere auch darum abgelehnt, weil Stadt und Land des Grafen schon so viel für Unterhalt des einquartierten schwedischen Militairs geleistet, und die Unterthanen mit Frohnen und Handarbeiten tagtäglich so belästigt würden"* [11].
Insbesondere mußten die Bewohner der Dörfer am Ausbau der Festung Hanau mitwirken. Schon aus dem Jahre 1615 stammt der Bericht, daß jeder Einwohner Hochstadts drei Tage in Hanau an einem bestimmten Wallstück arbeiten mußte, dabei nur einen kleinen Laib Brot erhielt. *"Und hat das gantze land an dem wall arbeiten müssen"* [12]. Jetzt, bei der Verstärkung der Festungsanlagen, wird es ebenso gehandhabt worden sein.

## Die Schlacht bei Nördlingen 1634

Am 6. September 1634 kam es zur Schlacht von Nördlingen. Zunächst hatten sich die "schwedischen" Heerführer Horn und Bernhard von Weimar mit zusammen 20.000 Mann und Ferdinand, König von Ungarn mit 15.000 Mann gegenübergelegen. In der dortigen Gegend war selbst ein einziges Heer schwer zu verpflegen. Bernhard hoffte anfangs, daß Hunger den Feind zum kampflosen Rückzug zwingen werde[13].
Am 2. September wurde jedoch Ferdinand von Ungarn durch die Ankunft Ferdinands von Spaniens, seines Vetters, mit einem weiteren Heer von 15000 Mann entlastet. Nun mußte es zu einer Entscheidung kommen, da auch das eingeschlossene Nördlingen kaum noch aushielt. Die Schlacht von Nördlingen gewannen die beiden Ferdinands, Ferdinand von Spanien übrigens mit einem Heer, das erstmals mit seinem Schlachtruf *"Viva Espana"* so etwas wie ein nationales Heer darstellte. Auf der anderen Seite, auf der "schwedischen", stand ein französisches Kontingent. *"Es sah wie das Ende der*

*protestantischen Sache und der 'deutschen Libertät' aus; es war das Ende für Schweden"* [14].

Am 9. September sammelte Bernhard im Göppingen, 64 Kilometer von Nördlingen entfernt, die restlichen Truppen und wußte noch nicht einmal, daß sein Mitstreiter General Horn in Gefangenschaft geraten war. Bernhard *"sandte an alle in Franken und Württemberg verstreuten Besatzungen Befehle zur augenblicklichen Räumung, um sich mit den Fliehenden, die er sammeln konnte, und mit den frischen Truppen der Besatzungen weiter westlich aufzustellen"* [15].

Jegliche Verbindung zu den Sachsen unter Arnim und den Schweden unter Bauer in Schlesien ging verloren. Bernhard gab jetzt als erstrebenswert an, den Rhein zu halten, nachdem er zehn Monate zuvor noch Regensburg erobert hatte. Schnell drang die Kunde von dieser Niederlage bis in unser Land. Vor den heranmarschierenden Heeren, denn den Truppen Bernhards folgten die Ferdinands von Spanien und Ungarn, flohen die Bauern, jeder in eine Richtung, die er für sicher hielt. So flüchtete der damalige Pfarrer von Marköbel, Johann Konrad Hopf, in seine Pfälzer Heimat, *"wobei er alle älteren Kirchen- und Pfarrdokumente nach Heidelberg mitnahm"* [16].

Bernhard zog den Rhein herauf, verhandelte mit Frankreich und dem schwedischen Kanzler Oxenstierna, um neue Gelder und Truppen zu bekommen: 12.000 Mann stellte jetzt Frankreich und zahlte eine halbe Million Livres.

In den Monaten Oktober bis Dezember 1634 streiften kaiserliche Heere durch die Wetterau und auf ihren Zügen von Friedberg bis Büdingen und von Aschaffenburg über Gelnhausen in die Wetterau dürfte auch schon Marköbel in Mitleidenschaft gezogen worden sein. Büdingen jedenfalls kapitulierte am 30. November 1634, und die kleine Hanauer Besatzung wurde von der kaiserlichen Armee bis vor die Tore der Stadt Hanau geleitet - es wird für Marköbel nicht ohne Drangsal abgegangen sein[17].

Bernhard stellte bei Darmstadt eine neue Armee auf. Durch 6.000 Mann ihm unterstellte französische Hilfstruppen und das Korps des Rheingrafen Otto Ludwig wurde die Armee auf 20.000 Mann gebracht und marschierte über Frankfurt nach Hanau. Am 10. Januar kamen die ersten Abteilungen nach Hanau. Es sollten 500 Reiter sein, doch als der Befehl ausgegeben wurde, waren über die Hälfte der Reiter beim "Fouragieren", dem Organisieren von Eßbarem, in der Umgebung Frankfurts beschäftigt[18].

So wurden zunächst Angriffe in Richtung Alzenau unternommen, um den dort liegenden Kaiserlichen Einiges abzunehmen. Hanau lieferte einmal 1.000 kg Brot, weigerte sich aber, noch mehr herauszugeben.

### "Schwedisches" Hauptquartier in Marköbel - Das Dorf brennt ab

Am 16. Januar traf Herzog Bernhard in Hanau ein. *"DAS HAUPTQUARTIER verblieb dort mehrere Tage und WURDE DANN NACH MARKÖBEL VERLEGT, während die Armee am 19. auf dem rechten Ufer der Kinzig in dem Dreieck Hanau, Gelnhausen und Büdingen Stellung nahm"* [19].

Die Landbevölkerung mußte die Soldaten ernähren. Wer nicht freiwillig gab, wurde geplündert, oft ermordet und das Haus angesteckt. Solche Szenen mögen sich auch in den Januartagen 1635 in Marköbel abgespielt haben. Aus: "Der Dreißigjährige Krieg", Zeit Bild 1618 - 1648, hrsg. von H. E. Hausner, © by Verlag Carl Uebereuter, Wien.

Die Kaiserlichen lagen am linken Kinzigufer und im Spessart, sie stießen bis Niederrodenbach vor, verloren jedoch Wächtersbach. Die eingetretene strenge Kälte, die annähernd gleich große Heere und der schlechte Zustand der Wege ließen keine großen Kampfhandlungen aufkommen.

*"Die offenbare Zwecklosigkeit eines längeren Verweilens in der Hanauer Gegend, die wachsenden Schwierigkeiten der Verpflegung und die höchst ungünstigen Witterungs-Verhältnisse bewogen Herzog Bernhard, am 25. Januar ... den Rückweg anzutreten; er selbst ging mit seinem Generalstab und der Artillerie zunächst wieder nach Hanau, wo er noch bis zum 28. verweilte; der Marsch führte über Frankfurt und Darmstadt nach der Bergstraße, wo das Heer vorläufig Quartiere bezog"* [20].

War dies die dürre Beschreibung dieser Tage durch einen Wissenschaftler, der die Tragödie jener Zeit allein in der Belagerung sah, so sieht das amtliche Verzeichnis der im November 1634 und Januar 1635 eingeäscherten Ortschaften schon ganz anders aus.

Natürlich sollte dieses Verzeichnis auf der Zusammenkunft im Worms 1635 dafür sorgen, daß die Hanauer Herrschaft weniger zu zahlen hätte.

Von Marköbel heißt es: *"MERGKOBELL Dieser Fleck hat gehabt 1 Kirch 1 Rathauß 1 Pfarr 1 Schulhauß 1 gemein Herberg 3 eingängige Muhlen 104 Wohnheuser undt 95 Schewern neben schönen Stallungen. Allda ist das Weimmarische hauptquartir gewesen undt gleichwohln angesteckt und gantz abgebrandt worden bis uf die Kirch 1 Mühln undt 3 Wohnheuser."*

Von den Hirzbacher Höfen und dem Baiersröder Hof: *"HIRTZBACH Allda seindt durch die Weimmarische abgebrandt 5 Heuser 7 Schewern, undt stehen noch 7 Heuser 7 Schewern.*

*RODT Dieser Hoff hat gehabt 4 Heuser und vier Schewern, die seindt durch die Weim. auch gantz in die aschen gelegt"* [21].

Übrigens gehörte damals auch Hainchen zum Amt Windecken. Dort waren aber nur 3 Häuser verbrannt worden.

In diesen Januartagen des Jahres 1635 endet erst einmal die Geschichte Marköbels. Wie die Häuser aussahen, die noch standen, beschreibt Johann Wilhelm Heupel 1643 so: *"Außer den Wänden war nur noch darin eine Haustür, die unterste Stuben- und Kammertüre, ein zerbrochenes Fenst in der Unterkammer und der Ofen"* [22].

Zwei spätere Erwähnungen lassen erahnen, was sich damals abspielte: Der Anfang des 1638 neu begonnen Gerichtsbuches lautet: *"Als bei der allgemeinen dieser Landen Verherung, so nach der Schlacht und schwedisch Niederlag bei Nördlingen in Anno 1634 geschehen, vorgangen, auch allhie zu Margköbell durch Brand und Mord alles jämmerlich zu Grund gerichtet, auch meistenteils Einwohner, und darbei alle Gerichtspersonen entweder barbarischer Weiß ermordet, oder hernach durch Hunger und Pest verstorben, daß also von den alten Gerichts-Schöpffen keiner mehr überig geblieben, darbei auch das alte Protocoll verrücket worden."* [23] Übrigens ist das Buch auf den ersten vier Seiten nur selten benutzt worden. 1645 ist man erst bei Blatt 4.

Die andere Eintragung stammt zwar von 1643, wurde jedoch offenbar auf Grund von Nachforschungen des gebürtigen Marköblers, späteren Pfarrers Johann Wilhelm Heupel aufgestellt: *Verzeichnuß der ienigen Personen zue Marcköbell so in der Sündfluß Anno 1634,35,36 nach der uns Niederlag zue Nördlingen umbkommen, und theilß durch das barbarische unbarmhertzige Kriegsvolk, sonderlich Croaten ermordt, verbrandt, von wilden Thieren gefressen, auch durch Hunger und sonsten jämmerlich verderben und sterben müssen, so viel man noch in Erfahrung bringen können"* [24].

Ihre Namen folgen hier nach der Buchstabenfolge; in dem Verzeichnis sind sie, wie Bott annimmt, wie auch in den Steuerlisten usw. - nach den Häusern geordnet.

Bretmann, Henrich: seine Frau.
Bretmann, Hans: sein Kind.
Bretmann, Johann: seine Frau, 2 Kinder.
Bretmann, Johann, Zimmermann: 2 Kinder.
Bretmann, Michel: seine Frau, ein Kind.
Bretmann, Josts: drei Kinder.
Brodt, Johann: 1 Kind.
Degen, Henrich: 2 Buben und 2 Mägdlein.
Diegel, Cunz: seine Frau, 2 Kinder.
Diegel, Hans, Lorenz' Sohn: seine Frau, 1 Mägdlein.
Diegel, Hans, der Schäfer: seine Frau.
Diegel, Hans: Witwe.
Diegel, Jost: seine Frau, 3 Kinder verbrannt.
Diegel, Lorenzen: 2 Töchter.
Else, Johann: sein Mägdlein.
Fischer, Lips: 3 Kinder.
Gärtner, Reitz' Witwe, 1 Tocher.
Gaul, Hans, des jung: seine Frau, 3 Kinder.
Gaul, Hansen Witwe.
Gaul, Peters Witwe.
Gerth, Hans: Frau, Tochter.
Gerth, Cunz: Frau, 2 Bübchen, 2 Mädchen.
Gerth, Michel: Frau, 3 Kinder.
Gropp, Johann: seine Frau.
Gürtler, Melchior: sein Vater, seine Frau, 2 Buben, 1 Mägdlein.
Gürtler, Philipp (Lips): sein Kind.
Hartmann, Andreas: seine Frau.
Hartmann, Johanns, Benders: Witwe.
Henrich (ohne weitere Angaben).
Henßel, Hans: seine Frau, 2 Kinder.

Herdt, Michels Witwe.
Jacob, Johann: seine Frau.
Kahmer, Hans: seine Schwester.
Kahmer, Jost: seine Frau, 2 Töchter.
Kahmer, Stoffel: 2 Söhne, 1 Tochter.
Kauß, Stoffel: seine Frau, 2 Töchter, 1 Bübchen.
Keller, Henrich: sein Kind.
Keller, Michel und seine Mutter.
Kempf, David: seine Frau, 2 Buben, 2 Mädchen.
Kempf, Hansen Kind.
Kühn, Andres: seine Frau, 1 Tochter.
Kühn, Balthasar und 2 Kinder.
Kuhnes, Hansen: Witwe, 1 Sohn.
Lang, Hans: seine Frau, 1 Kind.
Mertz, Johanns: 1 Kind.
Mertz, Konrad: seine Frau, 2 Kinder.
Miedmann, Hansen: Frau und 2 Kinder.
Möller, Hansen: Frau und 2 Töchter.
Möller, Johann und 3 Kinder.
Möller, Theobalds Hausfrau.
Nicolaus, Hans: seine Frau, 1 Sohn.
Paul, Hans und seine Hausfrau, 2 Söhnlein, 1 Töchterlein.
Peter, Heinrich.
Peter, Peter: seine Frau, 1 Tochter.
Racquet, Wenzels Frau Catharina im Brunnen aufgehängt.
Reichart, Jost: seine Frau, 1 Bub, 2 Mägdlein.
Reichart, Hans: seine Frau, seine Mutter und sein Bruder.
Rodschidt, Philipps, Praetor (=Schultheiß) und 1 Kind.
Ruth, Hans: eine Frau, 2 Töchter.
Schaaf, Michel: seine Frau.
Schäffer (Schöffer), Hans der alt: sein Sohn und 1 Tochter.
Schäffer, Johann: Frau und 1 Sohn.
Schäffer, Stoffel: seine Frau und 4 Kinder.
Schaub, Hans: seine Frau wurde von den Hunden gefressen.
Schiff, Hans: seine Frau Kunigunde und eine Tochter.
Schlarr, Balthasars Frau.
Schmidt, Andreas genannt Rheinländer: seine Frau, 1 Bub.
Schmidt, Johann, Hofmann, seine Frau, sein Schwiegersohn (Eidam), 2 Kinder.
Schmidt, Johann, Bäcker und seine Frau.
Schmidt, Melchior: seine Frau, 1 Bub.
Schmidt, Hans: seine Frau, seine Mutter, 4 Kinder.

Schmidt, Hans, Stoffels Sohn.
Schmidt, Melchiors (Untermüllers): Witwe, 1 Sohn.
Schmidt, Niclas und sein Bruder.
Schneider, Philipps Witwe, 1 Sohn, 1 Tochter.
Schütz, Hans: seine Frau, 1 Kind.
Stein, Lips: seine Frau, 3 Kinder.
Still, Hans.
Stroh, Hans: seine Frau, 2 Kinder.
Stroh, Fritz: 1 Kind.
Vetter, Hieronymus: seine Frau.
Voltz, Konrad und sein Sohn.
Wahl, Hans und seine Mutter.
Weinland, Hans: seine Frau, 2 Kinder.
Wundenhauer, Heilmann: sein Bub, 1 Mägdlein.

Von den Hofleuten (Pächtern) zu HIRZBACH starben:
Fischer, Hans: seine Mutter (Caspar Fischers Wwe.), 3 Kinder.
Gerth, Nickel: seine Frau, 3 Kinder.
Hartmann, Hans: sein Sohn, 1 Tocher.
Hentzel, Nickel: seine Frau, 2 Buben, 1 Mädchen.
Hermann, Hans: seine Frau, 3 Kinder, seine Mutter, seine 2 Schwestern.
Jung, Hansen: seine Frau, 2 Kinder.
Kahmer, Endres: sein Kind.
Kahmer, Hansen: 2 Kinder.
Kahmer, Peters Frau und 2 Kinder.
Krell, Conrad und sein Kind, (wohnt 1634/35 in Marköbel selbst).
Schmidt, Endres: 2 Söhne.
Schmidt, Balthasar: 1 Kind (wohnte 1634/35 anscheinend wieder in Marköbel selbst).
Seipp (Seyppel), Wörner: seine Mutter, 2 Kinder.

Von den BAIERSRÖDERN starben:
Kühn, Jost: seine Frau, sein Kind.
Wald, Lips: 2 Töchter.

Insgesamt sind es 238 Personen, die diese Liste nennt. Da Marköbel 1632 ungefähr 450 Einwohner hatte[25], waren es 53 Prozent, deren Tod sicher festgestellt war. Von den übrigen wußte man oft nichts, wie sich in den nächsten Jahren zeigte, als eine verschollene Frau auftauchte, der Bruder jedoch verschollen blieb. Es waren 71 Frauen, 38 Töchter, 30 Söhne und 82 Kinder, also insgesamt 150 Kinder, aber nur 17 Männer, die in dieser Liste als Kriegsverluste genannt werden.

Übrigens gibt es noch eine weitere Bemerkung bei Bernhard, die den Franzosen in der Armee des Herzogs Bernhard die größten Freveltaten vorwirft, während die Croaten als Teil der kaiserlichen Armee vorher Streifzüge zwischen Friedberg und Gelnhausen unternahmen und dabei insbesondere Rüdigheim, Issigheim und Eichen heimsuchten[26].

Wedgwood faßt die Folgen für die Zivilbevölkerung gerade dieser Kriegsjahre so zusammen: *"Infolge der rascheren und weiter ausgedehnten Truppenbewegungen in den letzten sechs Jahren hatten Seuchen und Hunger ins Maßlose gesteigerte Verheerungen angerichtet, die Bevölkerung Innerdeutschlands von der Scholle gerissen und sie zu einer fluktuierenden Masse von Flüchtlingen gemacht. Das ist die einzige Erklärung für die völlig verlassenen Dörfer und den Rückgang der Städte auf ein Zehntel und weniger als ein Zehntel ihrer ursprünglichen Größe. Diese Bevölkerungsflucht war nur eine vorübergehende Erscheinung, und viele Geflohene kehrten allmählich zurück, aber mittlerweile kam das Wirtschaftsleben zum Stillstand, und manchen, die als wohlhabende Bürger fortgegangen waren, kehrten zu den verkohlten Ruinen ihrer Heimstätten bloß mit den Lumpen zurück, die sie am Leibe trugen"* [27].

Es muß festgehalten werden, daß es die Zivilbevölkerung war, die durch den Krieg litt, und daß es in Marköbel gerade die Zivilbevölkerung war, die eigentlich durch die Armee Bernhards geschützt werden sollte.

## In Hanau wütet die Pest

Doch nun zu dem, was von Marköbel übrig war. Ein Teil der Bewohner war gewiß in die Stadt Hanau geflüchtet, obwohl wir nur von einer Frau wissen, die beim Schultheißen Aufnahme fand, jedoch dafür später mit ihrem Grundbesitz bezahlen mußte[28].

Der Pfarrer Johann Wilhelm Heupel(ius) flüchtete zwar aus Ortenberg nach Hanau, hat aber nachher noch Auseinandersetzungen wegen der Hanauer Unterkunft ebenso wie wegen der Auszahlung der Miterben an der Marköbler Haus-Ruine[29].

Doch dies waren solche, denen es noch gut ging. Die einfachen Landleute waren den Hanauern Festungsbewohnern bald lästig, sobald ihnen alles abgenommen war, was sie vielleicht noch mitgebracht hatten. Dies gilt nicht nur für Marköbler, sondern für alle Flüchtlinge aus dem Umkreis Hanaus. Im Juni, Juli und August 1635 wütete in Hanau zunächst die Pest, die vor allem die hungernden, zusammengepferchten Flüchtlinge traf. Grimmelshausen berichtet, daß es an der Tafel des Kommandanten Ramsay stets überreichlich zu essen und zu trinken gab. Und er beschreibt, *"wie man Speis und Trank mutwillig verderbte, unangesehen der arme Lazarus, den man damit hätte laben können in Gestalt vieler hundert vertriebener Wetterauer, denen der Hunger zu den Augen herausguckte, vor unseren Türen verschmachtete"* [30]. Manches "Landtvolck" versuchte aus der seit September 1635 belagerten Stadt herauszukommen und vor den Toren noch Nahrung zu finden, wobei etliche erschossen wurden.

Den Höhepunkt der Behandlung bildet jedoch das Vorgehen der gräflichen Regierung im Juni 1635. Zunächst mußten die Landleute im Jahre 1635 frohnen, um die Befestigungen Haunaus zu verstärken.[31]
*"Nach einem Gräflichen Kanzlei-Beschluß vom 20. Juni 1635 ist den anwesenden Landschultheisen angezeigt worden: Dieweil die Pest in beiden Städten sehr einreiße, wäre durch den Kriegsrath vor guth angesehen worden, daß die Landleut sich eine zeitlang ausser der Stadt in dem neuen Garten bei der Mühl aufhielten, damit die Leut nit so hauffenweis in den Heusern übereinanderliegen. Nach gehabter Unterredung brachten die Schultheißen vor, man soll die Landleute ferner den Schutz genießen lassen, sie hätten ja die Festung bauen helfen, und damit eher an den Fremden anfangen (bei der Ausquartierung); auch könnten sie leicht vom Feind überfallen und totgeschlagen werden,, sie würden ja auch, da sie nit in die Stadt dürften, an allem Noth leiden"* [32]. Es wurden dann nur die buchstäblich hinausgeworfen, die des Nachts auf der Straße schliefen, weil sie gar kein Unterkommen gefunden hatten. Es zeigte sich, daß die Priviligierten den Schutzraum der Wälle für sich beanspruchten, diejenigen aber, die früher dafür bezahlt und dann daran gearbeitet hatten, vom Nutzen ausgeschlossen wurden oder ausgeschlossen werden sollten. Dabei war sowieso nur ein Bruchteil der Bevölkerung der Grafschaft innerhalb des Schutzraumes, er bot ja nie der gesamten Bevölkerung Sicherheit. Solche Erfahrungen der Geschichte sollten auch das gegenwärtige Handeln bestimmen.
Wir wissen nicht, wie und wo Marköbler in den Jahren nach dem Januar 1635 gehaust und gelitten haben. Leicht hätte es geschehen können, daß ihr Heimatort zur Wüstung geworden wäre. In den drei darauf folgenden Jahren existiert der Ort jedenfalls nicht.
In Hanau blieb Ramsay, jedoch völlig isoliert. Der Graf Philipp Moritz hatte ja seine Stadt verlassen, bevor es gefährlich wurde und die Belagerung an noch sicherem Ort in den Niederlanden abgewartet.
Meise beurteilt die Lage so: *"Ramsay war in Hanau Kommandant mit unumschränkter Gewalt. Er verfügte über schlagkräftige und ihm ergebene Truppen, beherrschte mit ihnen ein weites Umland und machte mit seinen Beutezügen reichen Gewinn. Er war einer jener Armeeführer geworden, die den Krieg nur noch um des Krieges willen führten. Im Urteil der umliegenden Städte und Territorien war Hanau ein Unruhefaktor, war zu einer Art Raubritterfestung geworden, und Ramsay war der Störenfried, der eine friedliche Entwicklung, ein nachbarschaftliches Arrangement in unserem Raum nachhaltig verhinderte"* [33].
Bernhard schreibt zum Jahr 1637: *"Der Ramsay ... vermehrte das Elend, so in der Wetterau noch nicht aufhörte. Mit der Hungersnot war es in diesen Landen zum Höchsten gekommen. Dabei war es in dieser Gegend höchst unsicher. Vor den streifenden Parteien aus Hanau und den Kaiserlichen aus Friedberg durfte sich fast niemand blicken lassen"* [34].
Am 15. Dezember 1637 kehrte der Graf nach Hanau zurück und wurde von Ramsay zunächst unter Hausarrest gesetzt. Am 13. Februar 1638 wird Ramsay durch den Graf

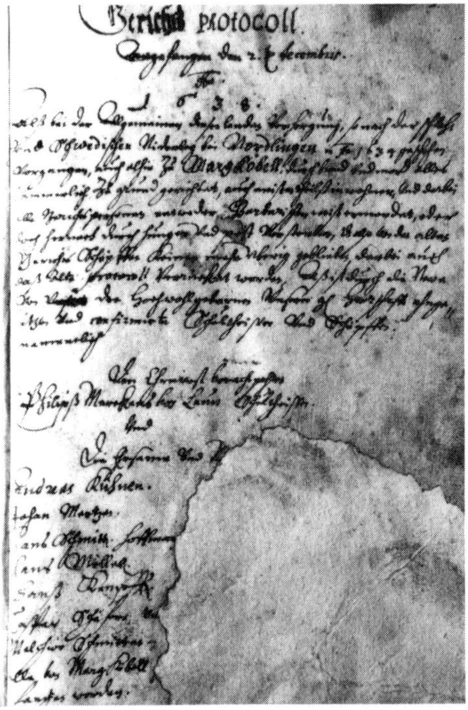

Keiner der alten Gerichtsschöffen war noch am Leben, als ein neues Gericht 1638 ein neues Gerichtsbuch anlegt. Unser Bild zeigt die erste Seite mit den Namen des Schultheiß H. Philip Merckens von Leun und den Schöffen Andreas Kuhnen, Johan Mertzen, Hans Schmith, Hofmann (Rest fehlt), Hans Möller, Hans Kempff, Caspar Schäfer und Melchior Schmitten.

und nachbarliche Truppen entmachtet. Hanau wird wieder kaiserlich. Vom religiösen Bekenntnis hingen die Fronten dieses Krieges überhaupt nicht mehr ab, jeder suchte seinen Vorteil.

Am 3. August 1638 starb der Hanauer Graf, doch seine Regierung hielt an der Politik der Nichteinmischung fest. Hanau blieb fortan als Stadt vom Krieg völlig verschont, doch werden wir sehen, daß dieser Zustand leider nicht für das Umland galt.

## Höfe verkauft, von denen nur noch Keller standen

Doch vor der Beschreibung neuen Leides erst einmal die Anzeichen neuen Lebens. Am 2. Dezember 1638 tritt ein neues Gericht zusammen, alle früheren Gerichtsleute sind umgekommen. Neben dem Schultheiß werden sieben Personen genannt, von denen keine in den Rechnungen vor 1634 auftaucht, nur die Familiennamen Schmitt und Mertz erscheinen vor und nach der "Sintflut" 1635. Doch wir wissen nicht, ob bei diesen beiden Namen Verwandtschaft bestand und wer alles in den weiteren Jahren zurückkehrte.

Im Gericht wurde 1638 und 1639 vor allem darüber verhandelt, was Frankfurter und Hanauer Bürger an sich gebracht hatten. Da wurde Geld geliehen, das erst 1680 zu-

rückgezahlt werden konnte, da gingen Hofreiten nach Frankfurt, da waren aber auch Höfe verkauft oder verpfändet worden, von denen nur die Keller standen.
Obwohl Kohlenbusch [35] einen Pfarrer Johannes Bleichenbach in Marköbel für die Zeit von 1635 bis 1640 aufführt, ist von ihm nichts bekannt. Seit 1640 vertritt der Pfarrer von Rüdigheim, Johann Valentin Reuser, in Marköbel. Er zählt 1640 seine 39 Hörer namentlich auf, die Kinder eingerechnet [36].

Herr Caspar GERHARD, Schultheiß, dessen Hausfrau und eine Tochter.
Johan SCHMIDT, Gerichtsschöff und Kirchensenior, und seine Hausfrau Elisabetha.
Johan KEMPF, Gerichts- und Kirchenschöff, und seine Hausfrau Margaretha.
Johan MERTZ, Gerichtsmann, und seine Hausfrau Margaretha.
Christoffel SCHMIDT.
Melchior SCHMIDT, Gerichtsmann, seine Hausfrau Engel.
Conrad FISCHER, seine Hausfrau Elisabeth.
Wentzel RACQUET, Witwer.
Hans MÜLLER, Frau Maria und ein Kind.
Stephan GÄRTNER, Frau Catharina.
Theobald MÜLLER, Witwer.
Caspar SCHEFER, Gerichtsmann, Frau Catharina.
Hans MÜLLER, Gerichtsschöffe, Ehefrau Julia, ein Töchterlein Els.
Jost BREITMANN, Gerichtsmann, Frau Agnes.
Reitz KAHMER, Frau Anna.
Martin SCHMIDT, Frau Catharina.
Hans GIRTHALER(?), Frau Veronica.
Hans GERTH, Becker, (Kirchen-)Senior, Frau Margreth.
Ferner zwei Witwen: Elisabeth, des Petri, und Catharina, des Johanns Witwe.

In der Bürgermeister-Rechnung 1640/41[37] wird festgestellt, daß keine Steuern eingegangen sind, daß jedoch eine Ablieferung an die gräfliche Regierung aus der Mark erfolgte. Dies waren vor allem Holz und Kohlen, die als Naturalien geliefert wurden und Gebühren für die Schweinemast. Zwar wurde 1640 schon das gemeine Backhaus repariert, doch noch 1642 herrscht solcher Mangel an Brot bzw. Mehl, daß der Kirchenvorstand auch das Besorgen von Brot am Sonntag entschuldigt.
Aber alles wurde 1640 schon wieder übertroffen von den Ausgaben aus der Gemeindekasse für die Unterhaltung der Garnison zu Hanau und "anderen Kriegsvölkern". Das Land blutete weiter!
Ein gewisser Aufschwung kann 1643 verzeichnet werden. Nicht zuletzt durch den Pfarrer Johann Wilhelm Heupel, der um 1600 in Marköbel geboren war und nun nach Beschäftigungen in Ostheim, Selters, Bleichenbach und Ortenberg hierher kam. Aufgrund seiner Kenntnisse ordnete er die Kirchenfinanzen und gab die Einnahmen als

Darlehen weiter. Er sorgte auch für die notwendigsten Reparaturen an der Uhr und an der Kirche, denn deren Giebel war 1642 eingefallen.
Aber die Zeiten blieben unsicher: Pfarrer Heupel, der offensichtlich auch sein eigenes Einkommen gut zusammenzuhalten wußte, mietete, nachdem er am 23. April 1643 in Marköbel eingezogen war, bereits Pfingsten eine Notwohnung für seine Frau und Familie, in die sie am 27. Mai 1643 zum ersten Mal fliehen müssen. Denn Hanau nahm jetzt nur solche auf, die eine Wohnung nachweisen konnten. Übrigens teilt er sich die Wohnung mit einem Mann von Roßdorf.

## Nur noch ein Rauben unter dem Deckmantel des Krieges

Aber die Marköbler scheinen sich 1643 durch viel Geld von der Plünderung oder Zerstörung freigekauft zu haben. Sie kaufen sich einen Freibrief (Salva guardia) von den Königsmarckischen Reitern, müssen nach Windecken für die Schonung durch dieselben Reiter zahlen, müssen das ersetzen, was diese Reiter dem Schultheiß weggenommen haben und müssen schließlich Pulver zur Abschreckung kaufen. Und auch in den kommenden Jahren sind es einmal allgemeine Kriegsunkosten, dann Freikäufe von umherziehenden Kriegsvölkern, im Jahre 1644 z.B. die Katzfeldischen, 1644/45 die fürstlich-hessischen, 1645/46 sind es die bayrischen, die die Glocken wegnehmen, ebenso zwei Frühjahre lang weitere in unserer Gegend gelegene Armeen, die Tribut fordern. Das alles aber war nicht mehr zu steuern und eigentlich nur noch ein Rauben unter dem Deckmantel des Krieges, vielleicht auch die Organisation des Lebensunterhaltes mit Waffengewalt. Da kommt eine Partie Reiter vor das Tor, der "Welsche" reicht dem nächsten Trupp, der von Höchst kommt, Bier heraus vor die Mauern, der Bäcker gibt einem anderen Trupp ein Laib Brot.
Dann quartiert sich 1646/47 wieder ein Teil der kaiserlichen Armee ein, zerstört das Backhaus und den Spilbrunnen (Rathausbrunnen)[38].
Vor allem aber werden alle möglichen Beiträge (Contributionen) zur Verteidigung gefordert und bezahlt, sowohl nach Hanau wie nach Friedberg, nach Höchst und nach Hessen, alle pressten Gelder aus dem Land heraus, das in ihrer Nähe lag und in das man bei Weigerung eigene oder fremde Truppen schicken konnte. Und immer wieder werden "Schutzgelder" an Truppenteile bezahlt, die dann Posten zurückließen, die die Marköbler davor bewahrten, zur gleichen Zeit von anderen Truppen erpreßt zu werden. Nach ihrem Abzug kamen die nächsten Posten. Dies zieht sich durch die Gemeinderechnungen bis 1649/50, als noch einmal eine Riesensumme (132 Gulden) für die einquartierten schwedischen Reiter aufgebracht werden mußte. Dazu kam nun als Abgabe statt der allgemeinen Kriegsunkosten ein Friedensgeld, mit Recht wird alles in der Gemeinderechnungen 1649/50[39] zusammengezählt: *"Ausgab an die Kriegsvölker 803 Gulden, 1 Albus."* Doch nicht nur die Gemeinde als Ganzes mußte zahlen, der Oberst Prutz hielt sich 1649 an den Pfarrer und kassierte, und so wird es den anderen

Ein alltägliches Bild im Dreißigjährigen Krieg. Auf allen Straßen Soldaten. Und keinerlei Hoffnung auf Frieden. Aus: "Der Dreißigjährige Krieg" (s. Seite 99).

Einwohnern auch gegangen sein, nur daß uns Heupels genaue Buchführung erhalten blieb.

Doch nicht nur Geld mußte gezahlt werden, 1646 müssen alle Dokumente wegen des ständigen Fliehens und Ausziehens versteckt werden, ein Notizbuch über die Kirchenvorstandssitzungen ging dabei verloren.

Unter dem Eindruck der Bindungslosigkeit der Soldaten, der unvorstellbaren Not und dem eigenen Durcheinandergewürfeltwerden gerieten natürlich die bisherigen Wertvorstellungen durcheinander. Da wird in den Kirchenvorstandsprotokollen[40] über Sonntagsarbeit, aber auch über Gewaltanwendung in der Ehe geklagt.

Typisch für diese Zeit ist die Verhandlung am 23. Juni 1650, als Dönges Langen wegen seines unordentlichen Hauswesens, worüber die ganze Gemeinde klagt, zitiert wird. Ihm wird vorgeworfen, daß er seine Frau geschlagen, aus dem Haus gejagt und mit dem Tode bedroht habe. Ebenso wird ihm Vollsaufen und nächtliches Lärmen vorgehalten. *"Er sei nicht mehr draußen im Krieg, wollte er bei uns wohnen, sollte er sich wie ein anderer Nachbar auch halten".* Wegen seiner Armut wird er diesmal nicht bestraft. Wegen ständigen Ehezankens wird auch der erste allgemeine Bäcker, den die Gemeinde 1644 anstellt, ermahnt. Einen starken Aufschwung scheint Marköbel erst 1653/54 erlebt zu haben, als sehr viele Bürger zuzogen.

Zwei Dinge seien noch aus dem Aktenmaterial beleuchtet: Das Verhältnis Schultheiß - Gemeinde und die Schule. Der Kirchenvorstand war auch das Gremium, in dem sich Unmut gegen den Schultheißen artikulieren konnte, obwohl er dazugehörte und meist anwesend war. In einer Sitzung beschwerte sich der Vertreter der Gemeinde über die häufige Abwesenheit des gräflichen Schultheiß, wobei Pfarrer Heupel sich zwar als

nicht zuständig erklärte, gleichwohl aber zum Protest ermunterte. Pfarrer Heupel war nicht derjenige, der sich einschüchtern ließ, zumal er die Sitzungen einberief und die Tagesordnung bestimmte. Am 3. Juli 1650 wirft ihm der Pfarrer vor, der Schultheiß schlösse die Tore am Sonntag nicht und solle ihm, dem Pfarrer, den Schlüssel übergeben. Es kommt zu heftigen Protesten, der Schultheiß will sich nicht in sein Amt pfuschen lassen und will den Pfarrer in Hanau anschwärzen, wonach er die Sitzung verläßt, der Pfarrer sich aber mit den übrigen Anwesenden solidarisiert.
1651 hat der Schultheiß einen Bürger gescholten, der mit der Kriegssteuer im Verzug war. Er muß sich daraufhin vor dem Kirchenvorstand entschuldigen. Vor allem aber kann es Heupel, laut Protokoll vom 1. Januar 1650, nicht leiden, daß der Schultheiß nach dem Gottesdienst in der Kirche Kriegssteuern, Herrschaftsansprüche und andere Bekanntmachungen öffentlich mitteilte. Dadurch würden die gehörten Lehren, der Trost und die Erinnerung wieder schwinden und das Gotteswort verdunkelt. Der Schultheiß möge dergleichen Dinge doch anderswo verrichten, was dieser auch zusagt.
Hier zeigen sich jene Ansätze eines Parlamentarismus, die zunächst durch die Reformation bestärkt worden waren, dann aber unter dem Herrschaftsanspruch der Fürsten gelitten hatten, aber bei dem entschieden reformierten Pfarrer Heupel wieder aufgenommen wurden.

## Pfarrer Heupels Einsatz für die Schule

Sein Einsatz galt aber auch der Schule. Bereits vor 1600 hat es in Marköbel Schule und Schulmeister gegeben. Bis 1624 war es unter anderen der Schwager von Johann Wilhelm Heupel, Theodosius Judiköfer aus Schaffhausen, von 1630 - 1633 sein Bruder Johann Peter Heupel. 1635 war es Peter Bender, der sich nach der Zerstörung in Hanau aufhielt und dort versuchte, seinen Lohn aus Marköbel zu erhalten. Am 18. Dezember 1642 ist er bei einer Kirchenvorstandssitzung dabei. Am 20. August 1643 beschwert er sich wegen seines Lohnes, den ihm die Marköbler nicht zahlten. Darauf erklärt der Schultheiß, daß er von Hanau herbeigekommen und sein Amt versehen sollte. Dazu erklärt sich Peter Bender bereit, falls ihm ein Schulhaus und damit eine Wohnung gestellt würde und die Uhr wieder gemacht würde.
Am 4. September 1644 kämpft Heupel wiederum um ein neues Schulhaus. Der Schultheiß lenkt ab, hatte er doch Mühe, die Hanauer Kriegskosten aus Marköbels Gemeindekasse herauszuholen. Doch als Grund gab der Schultheiß an, der Schulmeister käme sowieso nicht aus Hanau.
Darauf wird Hans Kempf, seit 1638 Bürger Marköbels, Gerichtsmann und Mitglied des Kirchenvorstandes, bekniet, sich doch der Kinder anzunehmen. Darin sieht auch der Schultheiß einen Ausweg und redet ebenso auf Hans Kempf ein, denn er habe ja schon früher die Schule gehalten, als es noch mehr Kinder gewesen waren. Hans

Kempf antwortet, *"wenn er ihnen gut genug wäre, wollte ers versuchen, allein der Schreiberei halben wollte er sich entschuldigt haben, könnte solchens nit versehen."*
Nachdem der Schulmeister zum Rücktritt überredet und die Schulaufsicht mit Rücksicht auf das fehlende Schulhaus und das geringe Einkommen zugestimmt hat, wird Hans Kempf am 5. Februar 1645 Schulmeister von Marköbel, entbunden von der Schreiberei.
Er fordert auch sofort einen längeren Anstellungsvertrag, da er die Landwirtschaft aufgeben müsse. 1664 ist Hans Kempf noch Schuldiener, erst 1668 ist von Schulmeister Speck die Rede, der allerdings wegen Saufens alsbald entlassen wird. Doch das Anliegen des Pfarrers galt nach wie vor dem Schulhaus, das 1635 zerstört worden war. In Frage kam eine Reparatur oder, wegen der starken Zerstörung, der Ersatz durch die Balken eines anderen Schulhauses. Da sollte im April 1644 das Schulhaus in Hainchen geholt werden, doch man konnte sich auch über die dann noch entstehenden Kosten nicht einigen. *"1650 hat man auch so schändlich das Schulhaus zu Hirzbach hinweggehen lassen, dessen wir doch selbst bedürftig"*, schreibt Heupel.
Gekauft hat es *"die Frau von Roßdorf"*, die darüber offenbar mit dem Verwalter des Antoniterklosters in Höchst verhandelt hat. Pfarrer Heupel ist tief enttäuscht und hätte das Haus gern selbst gekauft, wie er auch eine Scheune aus Ortenberg mitgebracht hatte. 1651 wird bekannt, daß sogar ein Legat für den Ankauf des Hirzbacher Schulhauses vorhanden war. Es ist erstaunlich, daß Hirzbach überhaupt eine Schule hatte. Und es ist unklar, wo der schreibunkundige Lehrer Hans Kempf eigentlich unterrichtete. Ob in der Kirche, deren Dach und Giebel einfielen? Denn noch 1644 ist das Schulhaus unbewohnt und der wegen Erblindung arbeitsunfähige Schweinehirt Peter Unger bittet darum, ihm den Aufenthalt darin zu erlauben. Falls darin Schule gehalten würde, will er helfen und nicht im Wege sein.
Mit dem Westfälischen Frieden von 1648 waren zwar die Lande erschöpft, die Probleme der Kriegsparteien jedoch noch nicht gelöst, wie an zahlreichen Beispielen aus den Marköbler Quellen gezeigt wurde.
*"Für Deutschland war der Krieg ein restloses, ungemildertes Unheil; er war das auch für das übrige Europa, wenngleich auf andere Art. Der Friede, der die Streitigkeiten in Deutschland verhältnismäßig erfolgreich beendet hatte, weil die Leidenschaften abgekühlt waren, versagte bei der Lösung der europäischen Schwierigkeiten völlig"* [41].
In den ersten zwei Jahren nach der Unterzeichnung des Rahmenfriedensvertrages in Münster am 24. Oktober 1648 war die Fortsetzung des Krieges noch immer sehr wahrscheinlich[42]. Das sahen nicht nur die hohen Politiker, auch in Marköbel stellte Heupel am 5. März 1651 fest, man hätte nicht nur eine Schulhütte, sondern auch manches andere ins Werk setzen und wohl tun können, aber es ging einfach nicht voran. Und resigniert fügt er hinzu: *"So sei denn dies das End vom Lied; Gott wird uns den Frieden wieder nehmen"* [43]. Schon am 1. Januar 1651 hatte er unter alle Pläne für das Jahr gesetzt: *"wenn wir nur den lieben Frieden behielten."*
DIESER WUNSCH GILT DAMALS WIE HEUTE.

## Anmerkungen

1) W. KURZ (Hrsg.), 350 Jahre Lamboyfest. Eine Festschrift mit Beiträgen von Rudolf Bernges, Eckhard Meise und Klaus Remer. Hanau 1986, S.70.
2) Ebd. S. 35-37.
3) siehe den Beitrag J. HAUSMANN in diesem Buch.
4) C. V. WEDGWOOD, Der Dreißigjährige Krieg, München 1967, S. 180.
5) L. K. WEINRICH, Die Aufhebung der Blockade der Stadt Hanau..., Hanau 1836, S. 5.
6) GAM (HStA) Nr. 82 (Bott E).
7) GAM (HStA) Nr. 647, S. 188 (Memorialbuch von Pfarrer J. W. Heupel).
8) GAM (HStA) Nr. 518 (Bott E).
9) GAM (HStA) Nr. 517 (Bott E).
10) GAM (HStA) Nr. 32 (Bott E).
11) WEINRICH, S. 36 f.
12) Vgl. Anm. 1, S. 45.
13) Vgl. Anm. 4, S. 325.
14) Ebd. S. 331.
15) Wie Anm. 14.
16) M. ASCHKEWITZ (Berarb.) nach L. KOHLENBUSCH, Pfarrergeschichte des Sprengels Hanau ("Hanauer Union") bis 1968, Marburg 1984, S. 238.
17) R. WILLE, Hauau im Dreißigjährigen Krieg, Hanau 1886, S. 151.
18) Ebd. S. 154.
19) Ebd. S. 157.
20) Ebd. S. 158.
21) Ebd. S. 656, Anlage 16.
22) Vgl. Anm. 7.
23) Vgl. Anm. 10, S. 1.
24) KAM, Kirchenbuch 1641, S. 257. Die namentliche Aufstellung von Bott wurde weitgehend neu gelesen.
25) Zimmermann, S. 466. Gemäß der Statistik von 1754 wird pro Familie eine Einwohnerzahl von 4,44 angenommen.
26) B. J. ADAM, Historische Chronik der beyden Stätten Alt und New Hanau, Manuskript Geschichtsverein Hanau, 1756.
27) Vgl. Anm. 4, S. 359.
28) GAM (HStA) Nr. 32, S. 3 (Bott E). Auch in die Burg Friedberg sind Marköbler geflohen. Siehe Friedberger Geschichtsblätter, Band XIII, 1938, S. 139 ff. Für den Oktober 1634 werden aufgeführt:
Hans Chunen (=Kuhnen?) Wittib,
Henrich Degen, sein Weib,
Peter Diel, sein Weib,
Philipp Gürtler, sein Weib und Schwieger,
Hans Hansell, sein Weib,
David Kempf, sein Weib,
Jost Peter, sein Weib,
Johannes Scheffer, sein Weib,
Baltheß Schlaw (Schlam?) Wittib,
Cunz Schöffer Jung.
29) Vgl. Anm. 7, S. 137.
30) Vgl. Anm. 1, S. 57.
31) Vgl. Anm. 11, S. 52, Anm. ++
32) Vgl. Anm. 11, S. 59. Anmerkung leicht modernisiert.
33) Vgl. Anm. 1, S. 67.
34) Vgl. Anm. 1, S 66.
35) Vgl. Anm. 16, S. 238.
36) KAM, Catalogus Auditorum.
37) GAM (HStA) Nr. 89.
38) siehe Beitrag von D.J. SCHÄFER über das historische Rathaus.
39) GAM (HStA) Nr. 97.
40) KAM, Presbyterialprotokolle, siehe angegebene Daten.
41) Vgl. Anm. 4, S. 456.
42) Vgl. Anm. 4, S. 440.
43) Vgl. Anm. 40, S. 412.

# Marköbeler Familien nach dem Dreißigjährigen Krieg

*Heinrich Bott*

Die ursprüngliche Absicht, in dieser Chronik eine Familiengeschichte der Marköbeler Familien zu veröffentlichen, scheiterte daran, daß in der Kürze der zur Verfügung stehenden Zeit die umfangreichen Kirchenbücher nicht ausgewertet werden konnten. Daher geben wir noch einmal die "kleine Marköbeler Familienkunde" wieder, die Dr. Heinrich Bott in der Chronik veröffentlicht hat. Bott weist darauf hin, daß er bei den zahlreichen neu zugezogenen Einwohnern nach der Vernichtung des Dorfes 1635 nur die aufzählt, deren Familien "eine gewisse Bedeutung gewonnen haben":

Zwei Leineweber (Johannes *Alles* von Schlitz und Conrad *Andreas* von Rückertshausen) Brachten vielleicht dieses Handwerk nach Marköbel, das dort im 18. und 19. Jahrhundert eine große Rolle spielte.
Joh. Tielemann *Beck*, Bierbrauer, zunächst zu Windecken, Hatte 1654 Eine Tochter Des Pfarrers *Heupel* Geheiratet; Sein Sohn Philipp Otto Beck nahm 1691 Eva *Schaaff* aus einer alten Marköbeler Familie zur Frau.

Jost *Bretmann* heiratete 1661 in zweiter Ehe die Witwe des Johannes Schmidt von Utphe im Vogelsberg.
Hans Henrich Decker von Windecken helratete als Zimmergesell 1687 die Tochter des Jost Henrich *Heyer* von Marköbel.
Carle *Dieterich* heiratete 1658 Elisabeth *Möller*, eine Tochter des Hans Möller. Sein Vater Dielmann Dietrich von Mastricht hatte im Kriege (wohl 1623) als Soldat "im Mortaignischen Regiment unter den Bayrischen Truppen" die Tochter des Endres *Schmidt* geheiratet; Carle Dieterich kam also jedenfalls nach Marköbel, um dort die Erbschaft seiner Mutter anzutreten.

Johann Henrich *Dictzel*, Sohn des † Sebastian D. zu Orleshausen, heiratete 1686 eine Tochter des † Jost *Bretmann*.
Anton *Eckart*, Maurer, kam wie sehr viele seiner Zeitgenossen, die nach dem Kriege beim Wiederaufbau in Deutschland benötigt wurden, aus Tirol; seine Frau stammte aus Rüdigheim. Der Bedarf an Maurern war nach dem Kriege, wo man aus den Erfahrungen der Kriegsjahre heraus überall fester baute, sehr groß; deshalb war gerade bei diesem Beruf die Zuwanderung sehr stark; die Maurer kamen - wie eben schon erwähnt - meist aus dem Süden, aus Tirol, der Schweiz usw. (1728 wird der Maurer Joh. Henrich *Meyer* aus Zürich aufgenmmen, auch der vorher zugezogene Felix *Häuser* kam aus dem katholischen Süden). Anton Eckart hatte nur zwei Töchter; die später in Marköbel ansässigen Familien stammen also nicht von ihm, sondern viel-

leicht von den um 1700 erwähnten Hirten *Eckart*; ein *Eckhardt* aus Langenbergheim heiratete 1807.
Joh. Michael *Frantz*, der 1684 die Witwe des Gerichtsschöffen Johannes *Möller* heiratete, stammte von Heddernheim.
Der Wagner Stephan *Gärtner*, der die alte Marköbeler Familie über den Krieg fortführte, heiratete 1667 in 2. Ehe Elisabeth *Schmidt* von Nieder-Gemünden in Oberhessen; seine Söhne Jost und Johannes stammmen aber von der 1. Frau.
Auch Philipp *Gaul* aus alter Marköbeler Familie nahm seine zweite Frau von auswärts (1664 Anna Margretha, Tochter des † Schuldieners Joh. Phil. *Saturnij* zu Vilbel und Gronau); sein Sohn Caspar heiratete 1671 Anna Catharina *Schmidt* von Utphe; der Sohn Johann Peter 1676 deren Mutter (!), die Witwe des Johannes Schmidt von Utphe, nunmehr Witwe des Jost *Bretmann*.
Joachim *Hartmann*, Schweinehirt, kam (um 1700) aus "Fathen in Hessen", Daniel *Hartmann* 1789 von Ostheim nach Hirzbach.
Neben der alten Baiersröder Familie *Heck*, siedelten sich neue aus der Umgebung an: 1667 Caspar *Heck* aus Oberissigheim (verh. mit einer Tochter des Martin *Schmidt*), 1676 Georg *Heck* aus Bruchköbel (verh. mit einer anderen Tochter desselben).
Hans *Hermann*, der Sohn des 1651 ermordeten Peter Hermann, nahm 1666 eine Frau von Marköbel: Johanna Marentz (Emerentia) *Gärtner*, Tochter des Stephan Gärtner. Sie hatte ihren ungewöhnlichen Vornamen von der Frau des Hanauer Apothekers und Oberschultheißen Johannes Meusenhol, der um 1650 auch einmal in Marköbel oder Hirzbach Ländereien bewirtschaftet hatte.
Von Conrad *Hetterich* zu Hirzbach haben wir schon gesprochen; von seinen Söhnen nahm Hans in 1. Ehe eine Frau aus Hessen (Catharina *Arndt*), in zweiter Maria *de Prez*, Tochter des † Wollenwebers Wilhelm de Prez in Hanau; sein Bruder Joh. Henrich heiratete 1676 deren Schwester, Jeanne Elisabeth de Prez.
Jost Henrich *Heyer*, der 1650 Catharina *Gärtner* zur Frau genommen hatte, wird dabei als Sohn des Trompeters Johann Heyer zu Büdingen bezeichnet, vielleicht gehört dieser zu der schon vor dem Krieg um 1600 in Marköbel vorkommenden Famile Heyer (Haiger).
Ob Mathaeus *Jacobi*, Gemeinde-Bäcker in Marköbel, der 1666 die Witwe des Tilemann *Beck*, Margarehta Cath. *Heupel*, ehelichte, etwas mit den 1630 in Marköbel vorkommenden Jacobis zu tun hat, kann ich nicht angeben.
Neben die Marköbeler Familie *Jung* tritt von 1662 ab die des Pfarrers Wilhelm Jung von Altenkirchen (Pfalz); seine Kinder heirateten meist in Marköbeler Familien *(Degen, Wirsching, Stroh, Stapfer usw.)*

Reitz *Kahmer*, Gerichtsschöff, hatte diese Familie über das große Sterben hinaus fortgeführt; von seinen Söhnen Johannes, Stephan und Peter, heiratete nur Peter eine Frau von auswärts: verh. 1683 mit Anna Margaretha, Tochter des lutherischen Pfarrers Georg Heinrich *Fabricius* in Rüdigheim.

Den Namen *Kittel* hatte es schon 1590 in Marköbel gegeben, 1651 stirbt Agnes, die Witwe eines Endres Kittel; die später vorkommenden sind aber neu zugezogen. Dasselbe gilt von den meisten Trägern des Namens *Koch*, sie stammen von dem Wirt Joh. Caspar Koch, der erst 1732 aus Wachenbuchen zuzog.
Jörg *Krähgen (auch Kreich, Griechen* u.ä.), Knecht bei dem Schultheißen *Gerhard*, aus dem Kurfürstentum Sachsen, soll hier nur erwähnt werden, weil bei seiner Hochzeit mit Anna *Krumm* von Schotten am 17. Februar 1651 Peter Hermann (Hörmen), der Dienstherr der Braut, erstochen wurde.
*Kuhnes* gab es ebenfalls schon vor dem Krieg, doch kam Hans Kuhnes, der den Namen wieder nach Marköbel verpflanzte, aus Hüttengesäß (verh. 1664 mit Anna Cath. *Neidhardt*).
Jacob *Leyß* von Preungesheim vermählte sich 1691 mit Elisabeth *Moßbach*. Johannes Ludwig, der Sohn des Michel, von dem schon oft die Rede war, heiratete 1683 Anna Elisabeth *Kuhn* aus Eichen.
Am 27. Juli 1692 heiratete der Schulmeister und Gemeindeschreiber Emanuel *Martini*, ein Witwer, die Maria Catharine *Weller* aus Engelthal. Seine Vorgänger als Schulmeister waren gewesen: Christoffel Ludwig *Speck* von 1668 bis 1669, da er ein "Vollzapf und Schwelger" war, wurde ihm der Dienst aufgekündigt, Joh. Henrich *Clauer* 1669 - 1672, Erasmus *Stroh* 1672 bis März 1678 (). Sein Nachfolger Abraham *Baumgarten* aus der SCHWEIZ mußte wegen vieler Dinge schon nach vier Wochen entlassen werden. Es folgte Johann Jacob *Mordt*, dessen zierliche Schrift wir in den Gemeindeabrechnungen von 1678 bis 1691 bewundern können, und dann Emanuel *Martini*.
Martin *Moßbach*, dessen Tochter Elisabeth wir schon genannt haben, kam von Heringen im Amt Friedewald (verh. 1659 mit Catharine *Gerth*, der Tochter des Hans Gerth in Marköbel).
Theobald *Möller (Müller)*, der neben Hans und Stephan Möller, diesen verbreiteten Namen über die "Sündflut" in Marköbel gerettet hatte, wurde 1642 in der Spitalkirche zu Hanau - also auf der Flucht - mit Anna Maria *Dietz* aus Ostheim getraut, in 3. Ehe ebenfalls in Hanau 1646 mit Anna *Henß* von Bruchköbel; schließlich heiratete er 1650 als 4. Frau die Witwe des Hans *Kahmer* von Hirzbach. Der Gerichtsschöff Hans Möller, dessen 1. Frau ebenfalls 1634/1636 umgekommen war, nahm 1647 als 3. Frau die Witwe des Sebastian *Frank* von Hainchen.
Johannes *Neidhardt* war schon 1645 von Engelrod im Vogelsberg nach Marköbel gekommen, er hatte eine Frau von Lindheim; sein Burder Sonnewald Neidhardt, der Stammvater der Hüttengesäßer Neidhardts, ließ gelegentlich auch einmal einen Sohn in Marköbel taufen.
Woher der Obermüller Hans *Reuter* kam, ist nicht bekannt; seine zweite Frau (verh. 1685) stammte aus Birstein. Sein Sohn und Nachfolger Richard Reuter heiratete 1694 Anna Barbara *Uhrig* von Rüdigheim.
Bei den Trägern des Namens *Schmidt*, die wir am Ende des 17. Jahrhunderts in Marköbel finden, gibt es neben alten Marköbelern auch Zugezogene: Joh. Hermann

Schmidt von Nieder-Gemünden heiratete 1667 Catharina, die Tochter des Stoffel Schmidt zu Marköbel. Er zog seinen Bruder nach (verh. 1679 mit der Witwe des Schulmeister Erasmus Stroh). Die Witwe des Johannes Schmidt aus Utphe, die wir schon genannt haben, brachte nicht nur eine Tochter, sondern auch einen Sohn Johann mit. Der spätere Schultheiß Johann Ulrich Schmidt (verh. 1666 mit Magdalene Möller) stammte aus dem mainzischen Rockenberg, er trat erst 1672 vom "Papismus" zur reformierten Lehre über.
Peter *Schneider* aus Marköbel hatte eine Marköbelerin zur Frau (verh. 1648 in der Spitalkirche zu Hanau mit Catharina, Tochter des † Johann *Else*).
Jacob *Sprenger (Sprengel, Spranger)* war schon 1653 in Marköbel, seine Herkunft ist nicht bekannt.
Philipp *Stapfer*, Schmied, von Arnoldsberg in Österreich heiratete 1668 die Tochter des † Land-, Gerichts- und Kirchen-Schöffen Henrich *Degen*.
Johannes *Stein* aus Marköbel hatte 1656, die Tochter des Johannes *Köppen* zu Bruchköbel geehelicht.
Der Name *Stroh* war schon vor dem Krieg in Marköbel verbreitet, doch kommen Henrich, Caspar und Philipps Stroh nach dem Krieg aus Hainchen ; auch die Frau Henrichs stammt daher, die Philipps von Eichsfeld.
Johann Henrich *Wald*, Sohn des Nicolas Wald, der 1713 die Witwe des Philipp *Moßbach* heiratete, gehörte sicher zu der alten Baiersröder Familie Wald.
Die Heimat des Henrich *Wirsching (Wörsching)*, der am 7. November 1656 in Marköbel stirbt, ist unbekannt, sein Sohn Johann heiratete 1668 Anna *Hansel* von Rüdigheim.
Joh. Görg *Wittmann*, Pächter zur Hirzbach, kam aus dem Paderbornischen. Caspar und Johannes *Zoll* kamen von Bobenhausen.

Wir haben damit die meisten Familien erwähnt, die bis zum Ende des 17. Jahrhunderts in Marköbel lebten, und dabei gesehen, daß ein sehr starker Zustrom von außerhalb stattfand. Dank dieser Tatsache hatte um 1700 die Einwohnerzahl fast wieder die Höhe von 1630 erreicht.
Der Zustrom von außen dauerte auch später an; wir wollen hier nur wahllos einige Namen nennen, die im 18. und 19. Jahrhundert in Marköbel neu auftreten (mit dem Jahr der Heirat oder der Aufnahme des ersten Namensträgers in die Gemeinde):
Joh. Henrich *Bär*, Bäcker, von Ostheim, wurde schon 1683 in Marköbel konfirmiert. - Michael *Bender* kam als Schwiegersohn des Henrich Zoll 1703. - Brand 1816 von Altenhaßlau. - Der Schulmeister Philipp Caspar *Bröll* um 1728 von Steinau (Nachfolger des Emanuel Martini). - Jacob *Euler* 1728 von Langenbergheim. - *Fischer* 1779 aus Assenheim, 1781 aus Schafheim. - *Forell* ist 1810 schon da. - *Gast* aus Marborn um 1800 - Stumpfweber *Gerlach* aus Düdelsheim heiratete 1750. - *Gleiß* aus Niederreichenbach 1773. - Joh. Georg *Goy* 1732 von Roßdorf (nach Hirzbach). - Joh. Henrich *Goldacker* 1777 von Eckartshausen. - *Jäger* 1875 von Mottgers. - J. Adam *Kailing* um 1800 von Salmünster. - Johannes *Kittel* 1766 von Langenbergheim. - Joh. Georg *Lehr*

1766 von Roßdorf. - Sylvester *Lerch* von Lieblos heiratete 1742. - Kilian *Loth* sitzt schon 1694 in Hirzbach. - Joh. Caspar *Lorey* kam 1735 von Niederrodenbach. - Wilhelm *Meerbott* 1770 von Hochstadt. - Johannes *Rau* 1768 von Altenstadt. - *Rausch* 1848 von Erbstadt. - *Schnitzer* 1796 von Langenbergheim. - *Trebing* 1849 von Breitenborn. - Joh. Wilhelm *Stein* von Eichen 1768; Joh. Georg *Stein* von DÖrnigheim 1777. - Gottfried *Wallner* kam mit Familie 1730 von Bieber. Johannes *Wennel* war schon 1722 ansäßig.

MARKÖBEL
Untertor

# Der Kampf Marköbels um seine Freiheiten

*Jost Hausmann*

Der Kampf Marköbels um seine Freiheiten gegen die Grafen von Hanau vor dem Reichskammergericht (RKG) gehört zu einer Gruppe von Konflikten, die nicht nur von lokalgeschichtlichem Interesse sind, sondern, nicht zuletzt durch die bundesweite Verzeichnung der Prozeßakten, auch zunehmend von der historischen und rechtshistorischen Forschung beachtet werden. In ihnen zeigt sich, wie sehr das Volk im Spannungsverhältnis Untertan-Landesherr-Reichsgewalt darauf baute, daß die höchste Reichsgerichtsbarkeit Schutz gegen Maßnahmen und Neuerungen der Landesherren gewährte, die dann als ungerecht empfunden wurden, wenn sie alten Rechten und Gewohnheiten nicht entsprachen.

Der Marköbeler Prozeß ist ein Beispiel dafür, wie sehr in der reichskammergerichtlichen Praxis die Diskrepanz zwischen der Verfolgung rechtlicher Ansprüche und der faktischen Sanktion der Herrschaft das Vertrauen der Untertanen in die Reichsverfassung hätte erschüttern können. Ob das höchste Reichsgericht über einen langen und unruhigen Zeitraum eine friedensbewahrende Rolle zu spielen vermochte, soll durch die folgende Rekonstruktion der Marköbeler Rechtsverfolgung aufgezeigt werden.

Als nach über dreihundertjähriger Tätigkeit mit der Auflösung des Alten Reichs im Jahre 1806 auch das RKG unterging, war die Aktenüberlieferung des Gerichtes nicht am Gerichtsort in Wetzlar konzentriert. Erst unter Fürstprimas von Dalberg schaffte man die Prozeßakten 1808 aus den verschiedenen Aufbewahrungsorten in das Wetzlarer RKG-Archiv, um sie später auf Beschluß des Deutschen Bundes in den Jahren 1847-52 auf die Mitgliedstaaten zu verteilen[1].

Dem Aufteilungsschema[2] entsprechend hätten die Prozeßakten des Streites Marköbel contra Hanau an Kurhessen fallen müssen, denn die Grafschaft Hanau war 1736 an Hessen-Kassel gekommen. Im Bestand kurhessische Reichskammergerichtsakten[3] des Staatsarchivs Marburg sucht man jedoch die Marköbeler RKG-Akten vergeblich[4], woraus geschlossen werden kann, daß diese Akten nicht von der Verteilungsaktion des 19. Jahrhunderts betroffen waren.

Erst bei den Vorarbeiten zu diesem Beitrag wurde im Bestand Regierung Hanau im StA Marburg[5] ein Aktenbündel entdeckt, das bei näherer Untersuchung nicht nur die vermißte, sondern auch eine weitere RKG-Prozeßakte zum Streit Marköbel gegen Hanau enthielt. Beiden Verfahrensakten, deren einzelne Produkte miteinander vermischt waren, fehlen die bei der Auflösung des RKG-Archivs im 19. Jahrhundert vergebenen Signaturen. Zudem wird das Aktenbündel, welches die Prozesse enthält, bereits im hanauischen Repertorium aus dem 18. Jahrhundert erwähnt. Daher kann vermutet werden, daß die hanauische Regierung die Prozeßakten direkt vom RKG erhalten hat[6].

Verbindet man die RKG-Prozeßakten[7] mit den bei der hanauischen Regierung entstandenen Vorgängen zum Streit Marköbels mit Hanau[8], so ist es möglich, den Kampf der Gemeinde um ihre Freiheiten, dem zeitlichen Ablauf folgend, detailliert nachzuzeichnen[9].

## "Keine Hanauischen Leibeigenen"

Die ersten Eingaben der Marköbeler lassen zuächst noch nicht vermuten, daß sich aus den im Jahr 1565[10] an die vormundschaftliche Regentin für den jungen Grafen Philipp Ludwig I. von Hanau-Münzenberg[11] vorgetragenen Bitten ein fast siebzig Jahre andauernder RKG-Prozeß entwickeln sollte. Zu diesem frühen Zeitpunkt erbat man zunächst nur eine Minderung finanzieller Lasten. Weil, wie ausgeführt wurde, man in Marköbel außer durch den Weinausschank keine Einnahmen habe, suchte man darum nach, von der Ungeldzahlung für ausgeschenkten Wein[12] und von einem Dienstgeld von 60 Gulden[13] befreit zu werden. Zwar bestritt die Gemeinde nicht das herrschaftliche Recht, Dienstgelder zu erheben, doch seien die Einwohner durch Fuhrdienste für Marköbeler Bauten - damit dürfte die Stadtbefestigung gemeint gewesen sein - ebenso belastet wie durch die Unterhaltungsmaßnahmen für die Marköbeler Landwehr. Daher stelle darüberhinaus ein Dienstgeld eine unverhältnismäßige Belastung dar. Erst 30 Jahre nach dieser in untertänig-respektvoller Weise verfaßten Supplikation (Bittschrift) wandten sich die Marköbeler nachweisbar[14] mit einem neuen Anliegen an ihre Herrschaft und baten anläßlich der Verheiratung einer Marköbelerin nach auswärts, daß ihr gegen Erlegung des Abzugsgeldes[15] der Fortzug gestattet werden möge, damit ihr die Ansiedlung an ihrem neuen Wohnsitz erlaubt werde. Bereits im darauffolgenden Jahr nahmen bei einer weiteren Verheiratung nach auswärts die Marköbeler die Gelegenheit wahr, erneut um die Genehmigung des Abzugs nachzusuchen[16]. Diesmal ließen sie aber in ihre Bittschrift auch einfließen, daß sie eigentlich der Abzugsgenehmigung nicht bedürften, denn die Marköbeler seien keine hanauischen Leibeigenen und hätten deshalb auch keine Leibbede und kein Leibhuhn[17] als herrschaftliche Abgabe zu entrichten. Erstmals zeigt sich in dem Anspruch der Marköbeler, nicht leibeigen zu sein, ein wesentlicher Punkt des Konfliktes, der später vor das RKG getragen werden sollte. Nach 1596 wiederholten die Marköbeler mehrmals ihre Anliegen und stießen damit zunehmend auf Widerstand, so daß etwa um 1600[18] die Differenzen zu einem Dauerkonflikt geworden waren. 1602 schließlich kam die Gemeinde in Hanau mit der Bitte um Bestätigung der *"wolhergebracht des fleckens freyheiten unndt gerechtigkeiten"* ein, ohne allerdings darzulegen, worin diese bestünden. Mit diesem Ansinnen Marköbels scheint letztlich die Langmut Hanaus erschöpft gewesen zu sein. Möglicherweise als Sanktion gegen die zunehmend selbstbewußt auftretende Gemeinde wurde das Marköbeler Gericht nach Windecken[19] verlegt und damit ein neuer, bedeutsamer Streitpunkt im späteren RKG-Prozeß geschaffen[20].

## Marköbel wird zum Frondienst verpflichtet

Wie es aktenkundig geworden ist, verweigerte Marköbel in den Jahren 1611 und 1612[21] die Zahlung der Dienstgelder, von denen befreit zu sein die Gemeinde bereits in der Eingabe des Jahres 1565 gebeten hatte. Daraufhin drohte ihnen der Keller zu Windecken *"schärpffer mittel, da sie disfals saumhafft"* an, um die herrschaftliche Forderung durchzusetzen. Da nun die Anwendung massiver Zwangsmaßnahmen zu befürchten war, wandten sich *"gericht unndt gemein zu Markköbel"* [22] direkt an Graf Philipp Ludwig II.[23] und baten, sie in ihrer *"hergebrachten gnade, freyheit unndt gerechtigkeiten "* zu belassen. Wie Marköbel ausführte, beruhten die Freiheiten auf einem Privileg Kaiser Karls IV. für Ulrich IV. Graf von Hanau-Münzenberg aus dem Jahre 1368 [24]. Damals war es dem Grafen gestattet worden, neben anderen hanauischen Dörfern auch Marköbel zu befestigen und mit den gleichen Rechten und Freiheiten wie die Städte Hanau und Windecken auszustatten. Daß die Gemeinde entsprechend privilegiert worden sei, so die Einwohner, ergebe sich daraus, daß man den *"Flecken"* [25] *"mitt grosser beschweerung unndt uhnzehlig uffgewenten kosten unndt arbeit"* befestigt habe. Marköbel müsse *"nuhn zue diesen unseren zeiten mitt besserung unndt erhalttung"* für die Anlagen sorgen, weshalb die Privilegierung als notwendiger Ausgleich für die erhöhten Aufwendungen zu verstehen sei. Obwohl die Sonderstellung der Gemeinde auch in seiner Bedeutung als Gerichts- und Grenzort zur Grafschaft Isenburg zum Ausdruck käme, würde der Keller zu Windecken die Marköbeler *"gleich den Bücherthälern"* behandeln, weshalb Graf Philipp Ludwig geruhen möge, *"sölches umbständiglich inn gnaden zuerwegen"* und die Bittsteller sowohl in ihren Freiheiten zu belassen als auch *"unß sölcher uffsätzlichen ahnforderungen genedig zu entheben"*. Auf diese Supplik hin befaßte sich Graf Philipp Ludwig persönlich mit dem Marköbeler Anliegen[26] und gab Anweisung, zu prüfen, ob das Ersuchen der Bittsteller berechtigt sei, damit die Angelegenheit endgültig bereinigt werden könne. Der frühe Tod des Grafen, knapp einen Monat, nachdem die Bittschrift in Hanau präsentiert worden war, verhinderte die Untersuchung[27]. In den folgenden Monaten muß in Marköbel der Entschluß gereift sein, den Streit vor das RKG in Speyer zu tragen, denn auch die Übernahme der Regentschaft durch die Witwe Philipp Ludwigs, Catharina Belgica, ließ nicht erkennen, daß man den Marköbeler Bitten nachkommen wollte. Noch am 8. April 1613 war eine Weisung ergangen, die Gemeinde zur Fron anzuhalten[28], doch diese erneute hoheitliche Maßnahme war nicht mehr ausschlaggebend dafür, zu prozessieren. *"Gericht und Gemeinde"* hatten sich bereits im Frühjahr 1613 der Dienste des renommierten Prokurators (Bevollmächtigten) am RKG, Dr. Johann Pistorius, versichert[29].

## Klage vor dem Reichskammergericht

Wann Dr. Pistorius seinen ersten Schriftsatz mit dem Ziel, die Ladung der Beklagten zu erwirken[30], beim RKG eingebracht hat, ist unbekannt. Nach dem Prozeßprotokoll[31] nahm er in der Gerichtssitzung am 3. September 1613 die ersten Prozeßhandlungen in dem Citationsprozeß[32,33] *"bürgermeister und gemeindt zu Marköbell cleger contra greveliche Hanaw Muntzenbergische regirung beklagte"* vor, legte seine Vollmacht vor und reproduzierte die Citation (Ladung). Darin wurden, vom RKG am 3. Juli 1613[34] erlassen, Catharina Belgica sowie *"nn oberamptman, räthe unnd befehlchhaber gräfflich Hanau-Müntzenbergischer regierung"* vor das RKG geladen, um *"zu sehen unnd hören, clagent rath ir recht der gebüehr zu deduciren und außzufüehren, oder aber bestendige erhebliche ursachen, warumb solches nicht geschehen soll, dargegen einzuwenden, entlichen entschiedts unnd erkandtnuß darüber zugewartten".* Wie in der Ladung ausgeführt wurde, war Marköbel zwar bereit, *"irer von Gott vorgesetzten obrigkeit allen gebüerlichen gehorsam zu leisten, alle von alters herbrachte beschwerden, alß nemblich beeth unnd zinnß zu tragen,* [...] *item alles daß zu thun, was gehorsamen bürgern irem herrn zu leisten unnd zu thun obligt"*, hoffte aber auch, in den *"alten wolhergebrachten gewön* [lichen] *freyheitten unnd satzungen, in deren possession vel quasi*[35] *sie vor undencklichen jahren gewesen, verbleiben, manutenirt unnd beschützt"* zu werden. Dementgegen habe man aber die Kläger mit zahlreichen Beschwerden belegt. Man habe *ein "ungewohnlich ohnerhört unnd ohngestanden dienstgeltt"* gefordert, das Hanau *"vermeintlich etlich jahr hero erlangt"* haben wollte sowie Weinungeld erhoben. Dazu sei befohlen worden, für die Einrichtung einer Schule zu Hanau Beiträge[36] und *"etlich geltt auß dem gemeinen seckell, welches sonst die obrigkeit schuldig, dem schultheissen unnd in die lanndtkisten jährlich, alles wider alte hergebrachte gewonheit, zuerlegen".* Weiter habe die Herrschaft *"den besten wein aus der bürger keller"* genommen und nach eigenem Gutdünken bezahlt[37]. Das Erbrecht sei dadurch eingeschränkt worden, daß Testamente nur dann rechtsgültig seien, wenn in ihnen ein Legat zugunsten der Hanauer Schule enthalten ist. Auch habe die Herrschaft den Marköbelern verboten, in den gemeindlichen Gewässern zu fischen. Alle Verträge müßten nun, anstatt wie bisher vor dem Gericht zu Marköbel, zu Windecken geschlossen werden. Außer *"viel anderer newen beschwehrungen, die hie nicht alle können specificirt werden"*, hätten es sich die Beklagten einfallen lassen, die Kläger mit einem *"gahr ohnerhörtten leibgulden"* zu belegen, Dienste zu fordern und dadurch *"auß freyen unterthanen"* Leibeigene zu machen. Weil aber diese hoheitlichen Übergriffe den althergebrachten Freiheiten Marköbels widersprächen, habe man sich unter Hinweis auf die alten Privilegien geweigert, den herrschaftlichen Forderungen nachzukommen. Daraufhin seien als Sanktion insgesamt neun mittlerweile wieder auf freien Fuß gesetzte Marköbeler inhaftiert, 23 Kühe gepfändet und verkauft, über 100 Gulden Zehrungskosten für die Inhaftierten gefordert und im Nichtzahlungsfall weitere Pfändungen und andere Tätlichkeiten angedroht worden. Man habe zudem *"der gemeindte den glocken-klang wie nicht weniger daß rathhaus verbotten"*, um dadurch aufrührerische Zusammenkünfte und geheime Zirkel zu verhindern.

Angesichts der vorgefallenen und zu erwartenden weiteren Übergriffe der Beklagten während der eingetretenen Erntezeit seien für die Kläger schwere Schäden zu be-

fürchten[38], weshalb sich die Beklagten binnen 30 Tagen nach Zustellung der Ladung vor dem RKG einzulassen hatten. Am 14. Juli erschien der Kammerbote Wendel Schörch in der Ratsstube zu Hanau und stellte, wenngleich unter Protest[39], die Ladung zu.
Zur Gerichtssitzung am 3. September 1613, der einzigen in diesem Jahr, war auch der hanauische Prozeßvertreter Dr. Peter Paul Steuernagel erschienen, um sich zu legitimieren und um *"die clag"* zu *"vernehmen"*. Pistorius reichte am gleichen Tag die artikulierte[40] Klageschrift[41] ein, die im wesentlichen die Beschwerdepunkte der Ladung wiederholte. Erneut wurde bestritten, daß die Marköbeler zu Dienstgeld und Fronen verpflichtet gewesen seien. Anläßlich der Huldigungen habe die Herrschaft immer versprochen, die Freiheiten der Gemeinde zu achten. Seit Menschengedenken habe Marköbel ein eigenes, mit einem Unterschultheißen und vierzehn Schöffen besetztes Gericht mit zivil- und strafrechtlichen Kompetenzen gehabt. Vor sechs Jahren, also 1607 [42], sei es nach Windecken verlegt worden. Die 60 Gulden Dienstgeld, derentwegen man bereits 1565 vorstellig geworden war, seien lediglich eine *"freiwillige Darreichung"* gewesen, aus der sich aber keine dauernde rechtliche Verbindlichkeit ableiten lasse. Im weiteren wurden in der Klageschrift die Legatspflicht bei der Testamentserrichtung, die außergewöhnlichen Geldzahlungen[43], das Weinungeld, die Pfändungen und weitere unbestimmte Drohungen beanstandet. Dr. Steuernagel erhielt eine Kopie der Klageschrift, womit die Prozeßhandlungen für das Jahr 1613 beendet waren.

## Gewalttaten der Hanauer Herrschaft

Daß zwar in der Ladung, nicht aber in der Klageschrift Marköbels von Inhaftierungen die Rede ist, deutet darauf hin, daß sich trotz oder wegen des eingeleiteten RKG-Prozesses das Verhältnis zwischen den Streitparteien erheblich verschlechtert hatte. In Hanau war nicht unbekannt geblieben, daß sich die Marköbeler im Frühjahr darauf vorbereiteten, zu prozessieren. Um die Gemeinde von ihrem Vorhaben abzubringen, waren noch vor dem Prozeßbeginnn die zwei Marköbeler Bürgermeister inhaftiert worden. Bereits am 17. April 1613 hatte Dr. Pistorius am RKG ein Mandat [44,45] erwirkt, demzufolge unter Vermeidung einer Mandatsstrafe von zehn Mark lötigen Goldes die Inhaftierten zu entlassen waren. Diese Verhaftungen sollten jedoch nur eine Reihe weiterer Gewalttaten einleiten. Am 1. Juli 1613[46], also zwei Tage vor Erlaß der Ladung in der Hauptsache , spitzte sich die Situation zu, als der hanauische Oberamtmann vom Marköbeler Schöffenmeister Hanns Gaul das Gerichtssiegel herausverlangte und das *"archivum, darin sie ihr gerichtsbücher und allerhandt documenten haben"*, verschloß. Damit nicht genug, am 8. Juli wurden die Gerichtsmänner Cunntz Müller und Hans Elles, sowie Hans Schiff in der Herberge arrestiert und am 13. Juli der Marköbeler Kuhhirt *"sampt allem rindtviehe, über 100 fl. werth, mit gewehrter handt"* aus der Landwehr *"so sie zerhawen und verwustet"* getrieben, wodurch den *"saugend kleinen kind die milch also ihr leibsnahrung"* entzogen worden sei. Der entscheidende Schlag gegen Marköbel sollte aber noch folgen. Einen Tag nach der Zustellung der Ladung am 14. Juli in Hanau überfielen Soldaten *"in vielhundert starckh zu roß und fueß mitt buchsen und allerhandt feindlichen waffen wol armirt"* in der Nacht vom 15. auf den 16. Juli zwischen zwei und drei Uhr nachts die Gemeinde, nachdem sie durch eine List die Öffnung des Stadttores erreicht hatten. Sie läuteten die Glocke und sistierten die zum Rathaus gelaufenen Einwohner mit Waffengewalt, um unterdessen deren Häuser zu stürmen und das Mastvieh fortzutreiben. Dabei wurde *"nit wie einer obrigkeit gegen underthanen geburth, sonder wie obgesagte feindt und tyrannen verfahren"* und 14 Männer *"allein in ihren hembdtern gantz erbermlich"* nach Hanau in das Gefängnis verschleppt, *"alles zu dem endt, sie an prosecution ihres angefangenen rechtenß abzuschrecken"*. Mit diesen Machtbeweisen ließ es die hanauische Regierung aber weder auf sich beruhen, noch wartete sie den weiteren Verlauf des Prozesses ab. Zwar reagierte das RKG sehr rasch auf die Gewalttaten und erließ am 2. August ein Mandat[47]. Darin wurde die Regierung angewiesen, die Inhaftierten, von denen *"Hans Hartmann, Conradt Müller und Melchior Schmidt auff den todt kranck liegen"*, unverzüglich aus der Haft zu entlassen, doch kam die Regierung dieser rechtlichen Anordnung zuvor. Bereits am 20. Juli überfielen Truppen erneut den Ort[48], um *"den burgern die mit schwerem gelt erkauffte rüstungen, buchsen und wehr"* abzunehmen, drangen in die Häuser ein, verboten den Einwohnern, zu dreschen und zu backen und drohten damit, Soldaten einzuquartieren. Schon zwei Tage später rückte der Oberst Philipp Höltzer *"mit ettlich hundert wol außgeristen und bewehrten männern und volckh"* in Marköbel ein. Er ließ die Gemeinde durch die Glocke zusammenrufen, um *"samptlich also in sein gewalt zu bringen"*. Zahlreiche Männer zogen es deshalb vor, den Ort heimlich zu verlassen. Die Soldaten wurden den Marköbelern in die Häuser gelegt und *"die weiber"* gezwungen, in derartigem Umfang *"victualia zu schaffen"*, daß *"kein feder mehr schier zu finden"* und *"daß sich nit ein vogel in Marckobell mehr ernehren wurdt können"*. Die Häuser der Hanns Hartman, Henrich Schmidt und Hanns Gaul, die als Vertreter der Gemeinde nach Speyer gereist waren, wurden den Soldaten zur Plünderung freigegeben, die auch Teile der Befestigungsanlagen und etliche Häuser schleiften.

## Hanau erwidert die Klage

Die Übergriffe vom 16. Juli fanden in der Hauptsache erst ein halbes Jahr später ein gerichtliches Nachspiel, als das RKG am 8. Januar[49] und 12. Februar 1614[50] Mandate erließ. Dennoch dürfte das Mandat vom 2. August 1613 ebenso wie die Entschlossenheit der Marköbeler, den einmal eingeschlagenen Rechtsweg weiter zu beschreiten, bewirkt haben, daß die Regierung von ihrer Einschüchterungstaktik Abstand nahm.
Erst mehr als ein halbes Jahr nach dem ersten Gerichtstermin brachte der hanauische Vertreter Dr. Steuernagel gegen die Bevollmächtigung des Marköbeler Prozeßvertreters Dr. Pistorius vor, daß die Vollmacht, unterzeichnet von Gericht und Gemeinde

Marköbel, unwirksam sei, denn Marköbel habe kein Gericht. Ein halbes Jahr später, im Oktober 1614, produzierte Dr. Pistorius eine neue Vollmacht, die nun unbeanstandet blieb. Am 16. November 1614 ließ sich der Vertreter der Beklagten endlich in der Hauptsache ein und legte die hanauische Klageerwiderung vor. Marköbel, so wurde ausgeführt, sei *"der grafschafft Hanau Münzenberg eigentumblich mit aller obrigkeit, rechten unndt gerechtigkeiten zustendig"* [51]. Seit langer Zeit sei Hanau berechtigt, Bede, Zins, Steuer und sonstige Leistungen zu erheben sowie Frondienste zu fordern. Vor etwa fünfzig Jahren hätten aber die Grafen eine so geringe Hofhaltung geführt, daß keine Frondienste benötigt worden seien. Deshalb habe man statt dessen ein *"geringes geld"* [52] erhoben - für Marköbel sei diese Geldzahlung auf 60 Gulden festgesetzt worden. Aus der Natur dieser Forderung ergebe sich jedoch, daß statt der Zahlung jederzeit Frondienste verlangt werden dürften. 1596 seien wieder Frondienste für die Hofhaltung und für Bauleistungen, wohl für den Bau der Hanauer Neustadt, gefordert worden. Obwohl Marköbel sogar über Hilfspersonal für die Dienste hätte verfügen können, habe sich die Gemeinde geweigert. Hanau habe durch einen Vergleich mit den Ämtern Büchertal, Bornheimerberg und Dorheim die Dienstgeldleistung auf einen Gulden pro Einwohner festgesetzt. Demnach hätte Marköbel mehr als 60 Gulden zu zahlen gehabt. Dennoch sei die Zahlung verweigert und 1565 um Aufhebung der Dienstgeldpflicht gebeten worden. Später habe die Herrschaft Frondienste gefordert und die nun angebotenen Dienstgelder abgelehnt. Zur Frage der Gerichtsverlegung wurde ausgeführt, daß in der Grafschaft Hanau vier Landgerichte zu Hanau, Windekken, Rodheim und Dorheim existierten. Zuständig sei für Marköbel das Landgericht zu Windecken. Zwar habe Marköbel früher ein eigenes Gericht gehabt, das jedoch Graf Philipp Ludwig I. *"auß viel erhebenden ursachen"*, besonders aber, weil einer einzelnen Gemeinde *"die große gerichts unndt zue zeiten executions kosten zu tragen gantz beschwerlich gewesen"*, dem Windecker Gericht inkorporiert habe[53]. Man habe aber das Windecker Gericht *"negst anderen auch mit dem schultheißen unnd etlichen nachbarn zu Marcköbel als schöffen besetzt"*. Daher lebe gewissermaßen das Marköbeler im Windecker Gericht fort, weshalb die Marköbeler Schöffen *"in keiner possession eines besonderen Gerichts mehr seyen"*. Als Ausgleich dafür, daß die Einwohner nicht mehr die hohen Kosten für die Unterhaltung des Gerichts tragen müßten[54] und sie *"solche ordnung mercklich genießen"*, sei die Geldzahlung als Beitrag zur Unterhaltung des Gerichtes angemessen.

Die Abgaben und die Legatspflicht zugunsten der Hanauer Schule[55] dienten zum besten der hanauischen Untertanen, weil bisher *"manch gutes ingenium auß mangel einer wohlbestelten lanndschuele und leidlicher der knaben unterhalts verseumet"* worden sei. Auch Marköbeler Kinder hätten bisher von der Schule profitiert. Abgaben für den Kirchenbau zu verweigern, wie geschehen, stehe den Marköbelern nicht zu. Schließlich sei es altes Herkommen in der Grafschaft Hanau, daß die Schultheißen einen Teil ihrer Besoldung nicht von der Herrschaft, sondern aus den *"gemeinen seckeln"* erhielten.

## RKG-Kommissare vernehmen Zeugen über "die alten Rechte"

Hatten nun beide Parteien ihre Standpunkte dargelegt, so kam es darauf an, daß die Kläger den Beweis ihrer Rechte führten. Mangels schriftlicher Dokumente wurde eine Kommission bestellt, die ein Zeugenverhör[56] durchzuführen hatte, durch das die Behauptungen der Kläger bewiesen werden sollten.
Das Zeugenverhörsprotokoll wurde in der Sitzung vom 8. Januar 1617 in den Prozeß eingeführt, doch sollten Jahre vergehen, bis sich Dr. Steuernagel auf die dort gemachten Aussagen einließ. Verlief nun das Verfahren in der Hauptsache in geordneten, rechtlichen Bahnen, so mußte man in Marköbel erleben, daß die Gegenseite weiterhin versuchte, durch Zwang die Marköbeler zu bewegen, von ihrem Rechtsstreit abzulassen. Durch die früheren Übergriffe hatte sich die Regierung Mandate des RKGs zugezogen. Daher mußte sie nun, wollte man nicht in die angedrohten Mandatsstrafen verfallen, andere Druckmittel suchen. Bisher war im Prozeß das Märkergericht zu Marköbel noch kein Streitpunkt gewesen. Das sollte sich ändern, als es dem Märkergericht, das bisher lediglich unter dem Beisein des hanauischen Schultheiß frei über die Marköbeler Waldungen verfügen durfte, verboten wurde, über den Wald zu disponieren. Seit dem 11. Mai 1619 sollte anstelle des Gerichtes ausschließlich der Schultheiß dafür zuständig sein. Als die Marköbeler *"coram notario et testibus"* (vor Notar und Zeugen) diese neuerliche Beschwerung aktenkundig machen wollten, um rechtliche Hilfe in Anspruch nehmen zu können, wurden *"nit allein beede burgermeister, Johann Hartmann unndt Balthasar Schlorn gantz uhngestümlich zur stuben hinauß gestossen"* und nach Windecken abgeführt, *"sondern auch die gezeugen unndt die notarien"*, später auch die Marköbeler Cuntz Möller und Philipp Schneider arrestiert. Den Marköbelern wurde erneut *"der glocken klang benommen"* und der Zutritt zum Rathaus verboten, um verschwörerische Zusammenkünfte zu verhindern[57]. Die Beklagten leisteten dem daraufhin vom RKG am 16. Juli 1619[58] verkündeten Mandat zwar Folge und entließen die Inhaftierten. Sie merkten jedoch an, daß die Inhaftierungen wegen eines Verbrechens, nämlich wegen *"uhngehorsams und uffstands"* berechtigt vorgenommen worden seien.

## RKG sichert Marköbeler Prozeßvertretern "freies Geleit" zu

Unterdessen nahm der Citationsprozeß seinen ruhigen Verlauf - etwa alle halbe Jahre wurden Gerichtstermine anberaumt. Zur gleichen Zeit versuchten die Beklagten immer wieder, durch Bedrohungen, Behinderungen, Pfändungen und dergleichen die Marköbeler davon abzubringen, ihren Rechtsstreit vor dem RKG fortzusetzen. Schließlich mußte wegen der fortgesetzten Behinderungen den Klägern, insbesondere aber für die Marköbeler, die ihre Gemeinde in Speyer vertreten hatten, durch das RKG am 31. März 1620 freies Geleit zugesichert werden[59].

Zur gleichen Zeit beantragte der hanauische Vertreter im Verfahren in der Hauptsache mehrmals Fristverlängerungen, damit die Beklagten Zeit gewannen, ihre Erwiderung auf die Ergebnisse der Zeugeneinvernahme zu formulieren[60]. Während sich zu Speyer der Prozeß zunächst recht bedächtig entwickelte, rissen die hoheitlichen Übergriffe in Marköbel nicht ab. Am 23. Dezember 1620 erließ das RKG erneut ein Mandat[61], weil ungeachtet aller bisher ergangenen Mandate und des freien Geleits die Beklagten erneut die Marköbeler *"zu verfolgen, zu martern unndt zu plagen angefangen"* hatten. Der Gemeinde war in der Hoffnung, auf diese Weise den Prozeß zu beenden, verboten worden, die Honorare ihrer Rechtsvertreter zu begleichen. Gleichzeitig wurde gefordert, Bede und Schatzung zu bezahlen, doch als beide Bürgermeister nach Windekken gekommen waren, um die Leistungen zu erbringen[62], wurden sie *"bei dießer grimmigen käldt"* acht Wochen inhaftiert. Für den Fall, daß die Marköbeler Vertreter Heinrich Schmidt und Cuntz Möller weiter danach trachten sollten, nach *"Speyer lauffen, daselbsten ihre sach zu sollicitiren unndt proceß außzubringen"*, drohte ihnen die erneute Verhaftung[63].
Unterdessen nahm das Verfahren in der Hauptsache keinen entscheidenden Fortgang. Erst in der Sitzung vom 10. Dezember 1621, also nahezu fünf Jahre, nachdem das Protokoll der Zeugenvernehmung in den Prozeß eingebracht worden war, beantragte Dr. Steuernagel *"publicationem, communicationem et et habitis copiis"* des Protokolls binnen acht Monaten. Seinem Antrag wurde noch in der gleichen Sitzung stattgegeben und ihm eine Kopie ausgefolgt[64]. Mit der Sitzung vom 10. Dezember 1621 trat eine längere Pause im Prozeßverlauf ein. Der Dreißigjährige Krieg hatte Speyer erreicht[65].

## Herrschaft Hanau sieht in Marköbel ein Bauerndorf wie alle anderen hanauischen Dörfer

Bis 1651 beraumte das RKG nur einen Gerichtstermin ein, der jedoch für den weiteren Prozeßverlauf besondere Bedeutung erlangen sollte. Am 10. Dezember 1627 schließlich, auf den Tag sechs Jahre nach der letzten Prozeßhandlung, übergab Dr. Steuernagel die hanauische Exception (Einwendung)[66], mit der auf die Ergebnisse des mittlerweile zehn Jahre zurückliegenden Zeugenverhörs geantwortet wurde. Diese über siebzig Seiten starke Ausarbeitung[67] ist ein Musterbeispiel einer quellengesättigten juristischen Abhandlung. In der Frage der Verlegung des Marköbeler Gerichtes wurde zwar zugestanden, daß Marköbel seit alters her ein eigenes Zivil- und Strafgericht gehabt habe, jedoch sei Marköbel den Grafen von Hanau *"alß erb- und landherrn immediate"* unterworfen. Daraus ergebe sich, daß Hanau zu Marköbel im Besitz der uneingeschränkten Gerichtsbarkeit sei[68,69]. Hanau habe kraft seiner landes- und gerichtsherrlichen Kompetenz die Gemeinde zwar mit einem Untergericht *"begnadigt"*, doch dürfe diese Gerichtsbarkeit *"nicht privative sondern cumulative"* mit gräflicher Zustimmung ausgeübt werden. Daraus folge aber, daß die Grafen von Hanau *"ihrem ei-*

*genthümblichen dorff Marköbel eine solche unlimitirte privati jurisdiction nie geliehen oder übergeben"* hätten. Weder die Residenz Hanau noch die Städte Windecken und Steinau seien im Besitz einer derart umfassenden Gerichtsbarkeit, wie sie Marköbel beanspruche. Der Ort sei jedoch *"kein Hanawisch municipium noch lang nicht, sondern ein pur lauter bauren gemein gleich andern Hanawischen dörffern"* [70]. Das Marköbeler Gericht sei im übrigen im Rahmen der Gerichtsreform des Grafen Philipp Ludwig II. 1604 - 1605 ebenso wie zahlreiche andere dörfliche Untergerichte aufgehoben worden. Die Reform habe bezweckt, das hanauische Gerichtswesen zu verbessern und die Belastung der Untertanen durch die hohen Gerichtskosten zu vermindern[71]. Auf die Behauptung, Marköbel sei ein Dorf, das unter hanauischer Landeshoheit stehe, lassen sich alle weiteren Punkte der Exception zurückführen. *"Der reichstatt Marcköbel privilegia oder regalia"*, wie die Beklagten spöttisch formulierten, seien auch durch das Zeugenverhör nicht beweisbar gewesen. Statt dessen habe die Befragung ergeben, daß die Marköbeler *"neben andern Hanawischen underthanen deß ambts Windecken alle frohne uff die jachten, holtz-, kornfuhren, frucht abschneiden [etcetera] und in summa was andere underthanen gefrohnet, jedes mal mitverrichtet"*. Auch hätten die Fronpflichtigen jederzeit die *"frohngebür"*, nämlich Verköstigung empfangen, *"welches ihre vorfahren gewißlich nicht gethan, wann sie, gleich Hanau, Windecken [...] stadtfreiheit jemahls gehabt"*. Marköbel sei seit *"undencklichen jahren"* der Grafschaft Hanau inkorporiert. Im ganzen Ort fände sich das hanauische Wappen. Marköbel habe immer *"neben den andern dorffschaften erbhuldigung"* [72] geleistet und *"in summa alles was underthanen einer herrschafft zu leisten schuldig, jederzeit geleistet"*. Folglich seien auch, wie durch 59 Beispiele der Jahre 1552-1622 belegbar, fortziehende Marköbeler verpflichtet, sich aus der Leibeigenschaft loszukaufen und Abzugsgeld zu zahlen. Alle weiteren Zahlungen, die Legatspflicht wie auch die Erhebung des Bannweins[73] seien als Ausfluß der Landeshoheit zulässig, so daß die Beklagten auch berechtigt gewesen wären, gegen alle Fälle des Widerstands mit Pfändungen vorzugehen. Die darauf ergangenen Mandate aber habe Marköbel *"per falsa narrata"*, also durch unwahre Sachverhaltsschilderungen erschlichen. Daß man die Marköbeler entwaffnet und alle geheimen Zusammenkünfte verboten habe, sei lediglich auf die landesherrliche Pflicht zurückzuführen, einen *"gemeinen ufstand"* zu verhindern, denn die Marköbeler hätten mit Benachbarten konspiriert und sich unterstanden, sie *"zu sich zu ziehen"* [74]. Der hanauische Rechtsstandpunkt sei *"in jure et facto"* erwiesen. Daraus ergebe sich, daß die Klage Marköbels kostenpflichtig abgewiesen werden müsse.

## Marköbels neue Generation nimmt 24 Jahre später den Prozeß wieder auf

Die Exception der Beklagten wurde erst nach Jahren des Stillstandes unvermittelt in den Prozeß eingeführt. Daher ist es nicht verwunderlich, daß der Marköbeler Prozeßvertreter in der Gerichtssitzung vom 10. Dezember 1627 nicht zugegen war. Weitere 24 Jahre verstrichen ergebnislos, doch hatte man in Marköbel auch unter den Drang-

salen des Krieges nicht vergessen, daß in Speyer noch immer der Prozeß unerledigt anhängig war. 1651 schließlich lud das RKG auf Antrag einer neuen Generation Marköbeler[75] mit einer Citatio ad reassumendum (Ladung zur Wiederaufnahme des Verfahrens)[76] den nach Aussterben der Linie Hanau-Münzenberg neuen Landesherrn, Friedrich Casimir Graf von Hanau-Lichtenberg, damit das Verfahren fortgesetzt werden konnte. Am 10. September 1652 reproduzierte der neue Prozeßvertreter der Kläger, Dr. Paul Gambs, die Ladung. Daraufhin erschien am 23. September der neue hanauische Vertreter, Dr. Johann Ulrich Stieber, und bat zunächst, über den Stand des Prozesses informiert zu werden. Die lange Unterbrechung hatte bewirkt, daß die Regierung des neuen Landesherrn *"eigentlich information dieser sachen nit eingenohmen"* habe. In nur vier Sitzungen, am 23. September 1652, 28. April, 5. Juni und 6. Juni 1654 wurde der Sachstand, wie er 1627 gegeben war, rekonstruiert[77]. Einer der Streitpunkte konnte außergerichtlich durch einen Vergleich beigelegt werden. Anläßlich der Tötung des Marköbelers Peter Hermann durch Christoff L.[78] hatte sich der beklagte Graf, jedoch im schwebenden Verfahren *"keinem theil zu praejudiz"* am 11. Oktober 1652[79] bereiterklärt, den Klägern in begrenztem Umfang das Blutgericht zu belassen[80].
Nachdem beide Seiten 1655[81] und 1657[82] ihre Standpunkte erneut dargelegt hatten, hielt Dr. Gambs den Fall 1659 für entscheidungsreif und bat um das Urteil. Daraufhin kam das Verfahren erneut für 14 Jahre zum Erliegen, denn das RKG war, insbesondere nach dem Dreißigjährigen Krieg, personell nicht in der Lage[83], die Masse unerledigter Verfahren zügig aufzuarbeiten.

## Hanau ergreift erneut Zwangsmaßnahmen

Wer erwartet hätte, daß beide Seiten ruhig abwarten würden, bis das Urteil gesprochen sei, sah sich enttäuscht. 1675 begann Hanau, *"dem gantzen hey[ligen] Röm[ischen] reich zum besten"* von Marköbel Fronfuhren für die Unterhaltung der Festung Hanau zu verlangen und bei Zuwiderhandlungen Geldstrafen anzudrohen. Die Gemeinde weigerte sich, die Dienste zu erbringen[84] und erwirkte beim RKG ein Mandat[85] wegen der neuerlichen Übergriffe. Die Endphase des Streites[86] Marköbel contra Hanau begann unter den gleichen Vorzeichen wie die Anfangsphase - Marköbel sah sich wieder hanauischen Zwangsmaßnahmen ausgesetzt. Noch bevor sich die Beklagten auf das verkündete Mandat eingelassen hatten, war es zu neuen Gewalttaten gekommen. Die Marköbeler hatten sich weiterhin beharrlich geweigert, Frondienste zu leisten und waren deshalb mit 100 Reichstalern Strafe belegt worden. Damit nicht genug. Um die Zahlung der Strafe und die Leistung der Dienste zu erzwingen, war das gesamte Vieh der Gemeinde verarrestiert worden. Den Einwohnern wurde es durch Schließen der Schlagbäume unmöglich gemacht, ihrer Feldarbeit nachzugehen. Auch auf diese neuerlichen Gewalttaten reagierte das RKG am 4. August 1676 und erließ ein Mandat[87]. Solange aber die Hauptsache nicht entschieden war, vermochten es auch die RKG-Mandate nicht, die angespannte Situation zu entschärfen. Wie zu früheren Zeiten trafen sich auch jetzt die Marköbeler in geheimen Zirkeln, um über das weitere Vorgehen und die Finanzierung ihrer Rechtsverfolgung[88] zu beraten. Schließlich hatte die Gemeinde unter Ausschluß des Schultheißen die Gerichtslade und das Gerichtssiegel an sich gebracht und es abgelehnt, die Privatbriefe des Schultheißen zu befördern[89]. Hanau verhängte deshalb ein Strafgeld von 200 Reichstalern und nahm, weil Marköbel nicht zahlen wollte, die Einwohner Mathes Jacobi, Johann Ulrich Schmidt und Johann Cammer in Haft. Auch diese Übergriffe beantwortete das RKG am 6. November 1678 mit einem Mandat und mit der Zusicherung freien Geleites[90]. Doch wenige Tage später sollte sich die Lage noch einmal so zuspitzen, daß man sich an die Ereignisse des Sommers 1613 erinnert fühlt. Ungeachtet des kürzlich ergangenen Mandates waren die Gefangenen nicht auf freien Fuß gesetzt worden. Man hatte außerdem einen weiteren Marköbeler, den Schmied Philipp Dappert, inhaftiert. Wie die Beklagten ausführten[91], hatte er sich geweigert, darüber auszusagen, warum eine geforderte Besiegelung[92] in Marköbel nicht vorgenommen werden konnte und einen geforderten Eid nicht abgelegt. Zudem hatte er die anwesenden Marköbeler angestiftet, es ihm gleich zu tun. In den Abendstunden des 28. November 1678 rückten hanauische Soldaten unter der Führung des Oberschultheißen in Marköbel ein, um noch einmal Druck auf die Gemeinde auszuüben - doch hatten sich die Marköbeler Männer rechtzeitig durch Flucht in Sicherheit bringen können. Am 23. Dezember 1678[93] reagierte das RKG mit einem weiteren Mandat und leitete damit umfangreiche Aktivitäten[94] der seit der Wiederaufnahme 1675 tätigen Prozeßvertreter, Dr. Johann Paul Fuchs[95] und Dr. Johann Ulrich Zeller[96] ein. Unterdessen war in Marköbel durchgesikkert[97], daß sich der Prozeß seinem Ende nähern sollte. Endlich, nach 66 Jahren, sprach das RKG ein Urteil[98]. In der Hauptsache, dem Citationsprozeß, erging jedoch nur ein Zwischenbescheid. Den Prozeßvertretern wurde aufgegeben, bis Ostern 1679 die Beweisurkunden zur hanauischen Exception des Jahres 1627 zu *"recognosciren oder zu diffitiren"* [99], also ihre Echtheit anzuerkennen oder zu bestreiten. Daneben wurde entschieden, daß die Inhaftierten binnen drei Tage zu entlassen und wegen des ihnen von Hanau zur Last gelegten Verbrechens der Rebellion vor ein ordentliches Strafgericht zu stellen seien. Schließlich wurde dem Generalfiskal am RKG[100] aufgetragen, wegen der *"anzüglichkeiten"* in einer hanauischen Prozeßschrift[101], in der der RKG-Bote Lihr der Indiskretion beschuldigt worden war, eine Untersuchung einzuleiten[102].

## Außergerichtlicher Vergleich von 1680

Mit diesem Urteil endete der RKG-Prozeß um die Freiheiten Marköbels[103], ohne daß jedoch der Konflikt beigelegt worden wäre. Das RKG hatte lediglich einen Zwischenbescheid gefällt, so daß die Parteien nicht damit rechnen konnten, in absehbarer Zeit ein

Endurteil zu erhalten[104]. Für beide Seiten war nun die Zeit gekommen, sich außergerichtlich zu vergleichen. Obwohl Hanau weiter behauptete, Marköbel habe seine Freiheiten *"mit keinem buchstaben"* nachweisen können[105], bat die Gemeinde, die nun den Streit bedauerte, die Inhaftierten zu entlassen und eine Kommission zur Beilegung der Differenzen einzusetzen[106,107]. Daraufhin wurden die Marköbeler nach Hanau geladen, um ihre Vorschläge für die Kompromißverhandlungen einzubringen.[108]
Zwar wies die Regierung den Schultheißen zu Windecken an, dem RKG-Urteil zu entsprechen und gegen die Marköbeler ein Strafverfahren wegen Rebellion anzustrengen, doch läßt sich nicht nachweisen, ob es wirklich zu einem Prozeß kam[109].
Marköbel legte in den Verhandlungen am 4. Dezember 1679 einen Vergleichsentwurf vor[110], der von der Regierung am 8., 10. und 12. Januar 1680[111] beraten wurde. Obwohl die Regierung die Meinung vertrat, daß ein zu erwartendes RKG-Endurteil für Hanau nicht negativ, wohl aber für die hanauischen Untertanen abschreckend sein würde[112], riet sie zum Vergleich. Insbesondere akzeptierte die Regierung nicht, daß Marköbel von Fronen und Dienstgeldern völlig befreit sein wollte und handelte eine feste Geldzahlung aus. Schließlich konnten die Verhandlungen mit einem Vergleich am 12. Januar 1680[113] erfolgreich abgeschlossen werden, der in zehn Punkten die neuen Verhältnisse regelte.
Zum ERSTEN sollten das Gerichtssiegel und die Gerichtslade, versehen mit zwei Schlüsseln, der erste im Besitz des Schultheißen, der zweite in dem des ältesten Schöffen, im neu zu erbauenden Marköbeler Rathaus verwahrt werden. Alle Besiegelungen seien in Gegenwart des herrschaftlichen Schultheißen vorzunehmen.
ZWEITENS sollte Marköbel in seinen alten Freiheiten verbleiben, freien Wein- und Bierschank genießen und dafür herrschaftliche Abgaben leisten. Marköbel wurde berechtigt, Wegegelder zu erheben und mußte dafür die Wege und Brücken unterhalten.
DRITTENS verblieb den Marköbelern unter Vorsitz des Schultheißen das Märkergericht.
VIERTENS wurden die Frondienste mit Ausnahme der für alle hanauischen Untertanen verbindlichen Festungsfronen durch ein jährliches Dienstgeld von 110 Gulden abgelöst. Abgesehen vom Abzugsgeld verzichtete Hanau auf alle aus der Leibeigenschaft resultierenden Abgaben.
FÜNFTENS war Marköbel außer in Kriegszeiten vom Brieftransport befreit.
SECHSTENS wurde die Bede für Marköbel auf einheitlich 100 Gulden festgesetzt.
SIEBTENS sollte Marköbel mit außergewöhnlichen Lasten nicht mehr als andere hanauische Untertanen beschwert werden.
ACHTENS verblieb es in der Frage des Marköbeler peinlichen Gerichtes bei den alten Regelungen. Nur im Fall, daß ein Verbrechen auf Marköbeler Gebiet verübt worden sei, sollte, dem Vergleich von 1652 entsprechend, in herrschaftlichem Namen zu Marköbel Gericht gehalten werden.
NEUNTENS durften die Marköbeler ihre Wälder unter Maßgabe der herrschaftlichen Waldordnungen nur mit Zustimmung des Schultheißen nutzen.

ZEHNTENS sollten durch den Vergleich alle Streitigkeiten beigelegt und der RKG-Prozeß beendet sein.

In den folgenden Jahrzehnten bildete der Vergleich die Grundlage der Rechte Marköbels[114] und wurde nicht nur beim Regierungsantritt des Grafen Philipp Reinhard von Hanau-Lichtenberg[115] anerkannt, sondern auch anläßlich der Übernahme der Grafschaft Hanau durch Hessen-Kassel 1736[116,117] bestätigt.

## Hanauische Landeshoheit verfassungsrechtlich anerkannt

Haben nun, wie Bott[118] es formuliert, *"Halsstarrigkeit"* und *"Bauernstolz"* den Marköbelern die Freiheiten erhalten, oder muß der Ausgang des Streites neu beurteilt werden? Die Differenzen begannen Mitte des 16. Jahrhunderts, also zu einer Zeit, als die Territorialherren ihre Landeshoheit zu begründen oder zu festigen suchten. Auch die hanauischen Übergriffe Marköbel gegenüber sind in diesem Zusammenhang zu sehen, so daß der Kampf Marköbels gegen Hanau verfassungsrechtlich bedeutsam war. Das RKG hatte als *"Kontrollorgan hoheitlichen Handelns territorialer Staatsorgane"* seine Blütezeit im 16. Jahrhundert. Soweit man nach dem heutigen Forschungsstand eine solche Aussage wagen kann, war es in seinen Entscheidungen im besten Sinne konservativ und erkannte entsprechend nachgewiesene Freiheiten der Untertanen an[119]. Marköbels Entschluß, gegen Hanau zu klagen, ist somit durchaus verständlich. Der Prozeß stand jedoch unter einem schlechten Stern. Die Prozeßdauer von 66 Jahren war auch für einen RKG-Prozeß eher ungewöhnlich und ist hauptsächlich auf den Dreißigjährigen Krieg und dessen Folgen zurückzuführen. Es lag zwar weitgehend in der Hand der Parteien, ob und wann ein Prozeß fortgeführt wurde[120], und nicht selten war das Verfahren auch nur das Mittel, um außergerichtlich Wege zur Streitentscheidung zu suchen[121]. Im Prozeß Marköbel gegen Hanau ist jedoch zu vermuten, daß beide Seiten nach einer Phase der anfänglichen Verschleppung durch Hanau seit der Mitte des 17. Jahrhunderts, zumindest in den Phasen der aktiven Prozeßbetreibung, eine Entscheidung herbeiführen wollten. Letztlich kam es jedoch zu keinem Endurteil, sondern man verglich sich außergerichtlich. War es für die Beklagten zu Beginn des Verfahrens darum gegangen, ihre Landeshoheit zu Lasten ihrer Untertanen auszubauen, so hatte der Westfälische Frieden 1648 die Landeshoheit verfassungsrechtlich anerkannt und damit den wichtigsten Grund für Hanau, zu prozessieren, beseitigt. Schon der Vergleich über das Marköbeler Gericht 1652 kann mit der veränderten verfassungsrechtlichen Lage erklärt werden, denn mit der Landeshoheit war auch die hanauische Gerichtsbarkeit anerkannt worden. Daher konnte es sich die Herrschaft erlauben, in begrenztem Umfang Zugeständnisse an Marköbel zu machen. Der Vergleich des Jahre 1680 schließlich bestätigte erneut die hanauische Landeshoheit über Marköbel, so daß man der Gemeinde *"Freiheiten"*, die nie spezifiziert worden waren, zugestehen konnte. In den wichtigsten Streitpunkten, der Frage des Marköbeler Gerichtes, der Fronen und der Dienstgelder oder des freien Abzuges, hatte die Gemeinde ihre Ziele der Jahre 1565-1613 nicht erreicht. Zwar wurde den Marköbelern im Vergleich ausdrücklich bestätigt, keine hanauischen Leibeigenen zu sein, doch hatte letztlich die Gemeinde, verglichen mit ihren ursprünglichen Begehren, nur einen Phyrrussieg errungen.

## Anmerkungen

1 Vgl. dazu HELM, C./HAUSMANN, J. (Bearb.), Findbuch zu Abt. 1. Reichskammergericht, Teil 1; Nassauische Prozeßakten, Wiesbaden 1987, Bd. 1 S. VII.

2 Grundlage des Verteilungsschemas war der Wohnsitz des Bekl., wie es den Regeln über den gesetzlichen Gerichtsstand entsprach.

3 StAM, Bestand 255, wird verzeichnet.

4 Auch im Marburger Auszug des Wetzlarer Generalrepertoriums, das bei der Verteilung des RKG-Archiv erstellt wurde und die damals verteilten Prozeßakten enthält, sind die Prozesse nicht erwähnt.

5 StAM, Bestand 81 D 1 100 1/2 4.

6 Möglicherweise sind die Akten bereits nach der Vertreibung des RKGs aus Speyer 1689 abgegeben worden. Im Bestand 81 D1 finden sich weitere RKG-Prozeßakten, die, soweit bisher bekannt, alle aus der Speyrer Zeit des RKGs datieren; Wetzlarer RKG-Provenienzen konnten bisher nicht gefunden werden.

7 StAM, Bestand 81 D 1 100 1/2 4, 4 1/2.

8 StAM, Bestand 81 D 1 100 1, 1 1/2, 2, 3, 4, 5, 6, 7, 8, 8 1/2, 9, 10, 100 1/2 1, 2, 3, 5, 6.

9 Dabei muß jedoch offenbleiben, ob weitere RKG-Prozeßakten zu diesem Komplex gefunden werden. Es gibt in den Akten Hinweise darauf, daß im Zusammenhang mit dem Prozeß in der Hauptsache weitere Prozesse um Pfändungen und Inhaftierungen von Marköbel am RKG anhängig gemacht worden waren. Im folgenden wird darauf eingegangen.

10 StAM, Bestand 81 D 1 100 1.

11 1553-1580, unter Vormundschaft regierend seit 1561.

12 Außer der Bitte um Abschaffung des Weinungeldes enthielt das Gesuch der Marköbeler auch, daß die obrigkeitlich verfügte Einführung eines neuen Weinmaßes, das "junge Maß" genannt, rückgängig gemacht werden möge.

13 Die Frage des Dienstgeldes sollte einer der Hauptpunkte des Streites werden.

14 StAM, Bestand 81 D 1 100 1.

15 Vgl. dazu NEUSSER, G., Artikel: "Freizügigkeit" in: Handwörterbuch zur Deutschen Rechtsgeschichte (HRG) Bd. 1 Sp. 1262-1266.

16 StAM, Bestand 81 D 1 100 1.

17 Vgl. ERLER, A., Art.: "Leibbede, Leibzins" in: HRG Bd. 2 Sp. 1760.

18 StAM, Bestand 81 D 1 100 1; unklar ist, wann das Gericht verlegt wurde; aus verschiedenen Schriftstücken kann der Zeitraum 1603-1607 ermittelt werden.

19 Zu den Gründen der Verlegung aus Hanauer Sicht vgl. den Bericht in StA Marburg Bestand 81 D 1 100 1/2 6 fol. 11-16 aus dem Jahr 1614.

20 Dazu unten S. 125, 127, 128.

21 StAM, Bestand 81 D 1 100 1.

22 Die Titulatur läßt erkennen, daß man sich nicht mit der Verlegung des Marköbeler Gerichtes nach Windecken zufrieden gegeben hatte.

23 StAM, Bestand 81 D 1 100 1/2 5, acta extraiudicialia Tom. I fol. 2,3.

24 StAM, Urkunden O I g 1368 Februar 6.

25 Zum Begriff vgl. z.B. HABERKERN, E./WALLACH, J.F., Hilfswörterbuch für Historiker, Bd. 1 S. 202.

26 Eigenhändiger Dorsalvermerk Philipp Ludwigs mit grüner Tinte: *"diese hab[en] mich etlich mhal ahngolangt was angehet da wöllen sie exempt und singulli seyn. Ob sie befugt wes ich nicht. Where erslich [...] in archivis [...] mit fleis nachzusehen und dann einmhal fur al ein gesambt consultativum zuhalten [...], daz man einmal ein ende mache. [...].*

27 Präsentiert am 9.Juli 1612, Philipp Ludwig, starb mit noch nicht 36 Jahren am 19. August 1612.

28 StAM, Bestand 81 D 1 100 1.

29 Die Prozeßvollmacht (StAM, Bestand 81 D 1 100 1/2 4 1/2 Quadrangel (Quad.) 1 datiert vom 3. März 1613 und wurde von 76 Einwohnern Marköbels unterzeichnet.

30 Vgl. DICK, B., Die Entwicklung des Kameralprozesses nach den Ordnungen von 1495 bis 1555, Quellen und Forschungen zur höchsten Gerichtsbarkeit im Alten Reich Bd. 10 Köln/Wien 1981 S. 130.

31 StAM, Bestand 81D1 100 1/2 4 1/2.

32 Das ordentliche Verfahren in der ersten Instanz wurde Citationsprozeß genannt, vgl. dazu DICK (Anm. 30) S. 130 ff., SELLERT, W., Prozeßgrundsätze und Stilus Curiae am Reichshofrat im Vergleich mit den gesetzlichen Grundlagen des reichskammerlichen Verfahrens, Untersuchungen zur deutschen Staats- und Rechtsgeschichte, Neue Folge 18, Aalen 1973 S. 97 ff.

33 Rubrum *"citationis ad vivendum ius suum deduci"*.

34 StAM, Bestand 81 D 1 100 1/2 4 1/2 Quad. 2.

35 Üblicherweise in der kammergerichtlichen Praxis benutzter Terminus, mit dem der rezipierte römischrechtliche Begriff der "possessio" auch auf die deutschrechtlichen Begriffe für den "Besitz" erweitert wurde.

36 Der Bürgermeister hatte 4, der Bauer 2 Gulden zu entrichten.

37 Auch in dem langandauernden Streit der nassauischen Gemeinde Weilmünster gegen Albrecht Graf von Nassau-Weilburg (HStA 1/2058-2108, HELM/HAUSMANN Bd. 2 (Anm. 1) S. 472-505) war die eigenmächtige Entnahme von Wein durch den Beklagten ein wesentlicher Streitpunkt (vgl. HStA 1/2063 a-c, HELM/HAUSMANN Bd. 2 S. 475, 476.
38 *"damnum insuper irreparabile et summum periculum in mora".*
39 Der hanauische Rat Dr. Sturius nahm die Ladung für alle Beklagten an, bemängelte allerdings, daß nicht die "Bürgerschaft", sondern die "Bauerschaft" zu Marköbel klagen würde, StAM, Bestand 81 D 1 100 1/2 4 1/2 Quad. 2, Botenrelation.
40 Zum Artikelprozeß, der Form des RKG-Prozesses bis 1654 vgl. BUCHDA, G., Art.: "Artikelprozeß" in: HRG Bd. 1 Sp. 233-235, Dick (Anm. 30) S. 139 ff.
41 StAM, Bestand 81 D 1 100 1/2 4 1/2 Quad. 3, vgl. DICK (Anm. 30) S. 138.
42 Anders nach StAM, Bestand 81 D 1 100 1, dazu unten, S. 128.
43 12 Gulden für den Gemeindeschultheißen, 8 Gulden für den Landkasten, 4 Gulden für die Hanauer Schule, 2 Gulden für das Bauamt.
44 Zum Mandatsprozeß, vgl. HINZ, M., Art.: "Mandatsprozeß" in: HRG Bd. 3 Sp. 232-240, der Mandatsprozeß am RKG war ein verkürztes erstinstanzliches Verfahren, das der heutigen einstweiligen Anordnung vergleichbar ist.
45 StAM, Bestand 81 D 1 100 2, die RKG-Prozeßakte des Verfahrens unter dem Rubrum *"primi mandati c.c. de relaxandis captivis, verweigertes dienstgeld halber"* fehlt.
46 StAM, Bestand 81 D 1 100 4, Berichtsschreiben an das RKG, auf Grund des Berichtes erging am 8.Januar 1614 ein Mandat, welches die gesamten Gewalttaten des Überfalls vom 16.Juli zum Inhalt hatte, doch ist auch diese Prozeßakte nicht überliefert.
47 StAM, Bestand 81 D 1 100 3 *"secundi mandati de relaxando captivis"*, die Prozeßakte fehlt.
48 StAM, Bestand 81 D 1 100 4, Supplikation *"pro mandato de restituendo et reservando et non impediendo prosequi litem".*
49 StAM, Bestand 81 D 1 100 6, *"mandati de restituendo c.c.".*
50 StAM, Bestand 81 D 1 100 5, *"mandati de non impediendo prosequi litem s.c."*, beide Prozeßakten sind nicht überliefert.
51 StAM, Bestand 81 D 1 100 1/2 4 1/2 Quad. 4b.
52 StAM, Bestand 81 D 1 100 1/2 4 1/2 Quad. 6.
53 Vgl. dazu StAM, Bestand 81 D 1 100 1/2 6 Tomus II: Bericht über die Gründe der Verlegung des Marköbeler Gerichtes nach Windecken.
54 Dazu StAM, Bestand 81 D 1 100 1/2 4 1/2 Quad. 25: Kostenrechnung über die Hinrichtung des Hanß Seuberlin von Bergheim von 71 fl. 17 s., die das Gericht zu Marköbel zu tragen hatte. Abdruck der Rechnung vgl. S. 57 ff.
55 Vgl. StAM, Bestand 81 D 1 100 1/2 6 *"mandatum generosissimi [...] de restauranda schola Hanovica"* vom 13.Februar 1607.
56 StAM, Bestand 81 D 1 100 1/2 4 1/2 Quad. 9, = StAM, Bestand 81 D 1 100 1/2 7, weitere Abschrift StAM, Bestand 225 II 44, die Kommissare, die kurmainzischen Räte, Hofgerichtsassessoren und Advokaten Dr. Caspar Beusser, Dr. Frantz Vogt und Dr. Carl Faber befragten insgesamt 17 Zeugen im Alter von 60-80 Jahren, von denen einer in Marköbel wohnhaft war, über insgesamt 40 Punkte.
57 StAM, Bestand 81 D 1 100 1/2 1 *"tertii mandati s.c. de relaxandis captivis";* Prozeßakte ist nicht überliefert.
58 Insinuiert am 31.Juli.
59 StAM, Bestand 81 D 1 100 1/2 3, Rubrum *"salvi conductus"*, Zum Prozeßgeleit demnächst HAUSMANN, J., Die Kameralfreiheiten des Reichskammergerichtspersonals, Quellen und Forschungen zur höchsten Gerichtsbarkeit im Alten Reich Bd. 20, Köln/Wien im Erscheinen, S. 83 ff.
60 von 1619 bis 1622.
61 Aus der RKG-Prozeßakte StAM, Bestand 81 D 1 100 1/2 4 wurde die Akte des Citationsprozesses ausgesondert; vgl. auch StAM, Bestand 81 D 1 100 1/2 2. Die Akte des Mandatsprozesses besteht außer aus dem Protokoll aus vier Produkten. Obwohl lediglich an einem Termin, am 17.April 1621 verhandelt worden war, datiert der Schlußvermerk, der Visum-Vermerk vom 20.Oktober 1678; Rubrum *"mandati poenalis s.c.".*
62 Man mag sich fragen, ob diese Forderung bezwecken sollte, flüssige Geldmittel abzuschöpfen, um es der Gemeinde unmöglich zu machen, den Prozeß finanziell durchzustehen. Gleiche Motive mögen auch zugrunde gelegen haben, als das Marköbeler Märkergericht unter hanauische Kontrolle gestellt worden war.
63 Die andauernden Gewalttaten ließen letztlich auch das RKG harte Worte zum hanauischen Vorgehen und dessen Wirkungen finden: "*Wann aber dieße gewaltsame beträngnuß unndt verachtung unßers ernstlichen befelchs sich mit einigem schein rechtens nicht behaupten unnd coloriren laßen, sondern allerdings exemplo perniciosissimum unndt zue zerrüttungh alles politischen wesens unndt unaußsprechlichen unhail gereichen müste, [...]".*
64 Die hanauische Taktik, den Prozeß zu verschleppen, liegt hier auf der Hand
65 Vgl. HAUSMANN (Anm. 59) S. 90.
66 Zum Begriff der Exception DICK (Anm. 30) S. 153 ff.
67 StAM, Bestand 81 D 1 100 1/2 4 1/2 Quad. 14.
68 *"dahero [...] folgt, das merum et mixtum imperium et omnimoda iurisdictio niemandt anderß alß den herre graven zu Hanaw etc. in dem dorff Marcköbel zuständig".* Vgl. SELLERT, W., Art.: "Landeshoheit", in: HRG Bd. 2 Sp. 1388-1394, HOKE, R., Art.: "Imperium merum et mixtum" in: HRG Bd. 2 Sp. 333-335.
69 Allein für diese Behauptung werden über zwei Seiten Belege angeführt.
70 Auch sei das Marköbeler Gericht im Namen der Grafen von Hanau gehegt worden. Alle neu eingetretenen Schöffen seien von der Herrschaft bestätigt worden; vgl. dazu die Hegung des Marköbeler Gerichtes in StAM, Bestand 81 D 1 100 8
71 Zum Marköbeler Gericht gehörten 16 oder 18 Personen, so daß die Parteien derart hohe Kosten zu tragen gehabt hätten, daß *"sie ahn diesem hochlöblichen kay[serlichen] cammergericht zehen jahr lang mit geringern uncosten rechten alß zu Marcköbell ein jahr".*
72 *"Homagii praestatione immediate, significantur jurisdictionis dominium et possessio [...]".*
73 Im einzelnen auf alle Punkte der hanauischen Exception einzugehen, würde den Rahmen dieser Untersuchung sprengen.
74 In der Argumentation wird deutlich, daß die Erfahrungen des Bauernkrieges noch nicht vergessen waren.
75 Die neue Prozeßvollmacht für Dr. Paul Gambs vom 15.Juli 1651 enthält 29 Namen, die der Schreiber Albertus Brohm eingesetzt hatte, *"die weil sie alle nicht schreibens erfahren"*; vgl. StAM, Bestand 81 D 1 100 1/2 4 1/2 Quad. 28.
76 StAM, Bestand 81 D 1 100 1/2 4 1/2 Quad. 26 vom 4.Juli 1651.
77 In das Verfahren werden an diesen Terminen lediglich zwei Schriftstücke eingebracht. Das Prozeßprotokoll verzeichnet dahingegen auf nicht weniger als sieben Seiten umfangreiche mündliche Aktivitäten der Parteivertreter.
78 StAM, Bestand 81 D 1 100 1/2 4 1/2 Quad. 30.
79 StAM, Bestand 81 D 1 100 1/2 4 1/2 Quad. 31.

80 Dazu unten S. 131, 132.
81 StAM, Bestand 81 D 1 100 1/2 4 1/2 Quad. 32.
82 StAM, Bestand 81 D 1 100 1/2 4 1/2 Quad. 33.
83 Dazu HAUSMANN (Anm. 59) S. 92.
84 Ob diese Fuhrdienste für die Unterhaltung einer militärischen Einrichtung eventuell als Reichslast aufzufassen waren, von der es keine Befreiung gab, mag dahingestellt bleiben.
85 StAM, Bestand 81 D 1 100 1/2 4 1/2 Quad. 42 *"mandatum de lite pendente nihil innovando nec per decreta poenalis gravando c.c."* vom 22. Mai 1676.
86 Vgl. dazu StAM, Bestand 81 D 1 100 1/2 4 1/2 Quad. 67 die Exception Hanaus, in der in knapper Form die Zuspitzung des Konfliktes geschildert wird.
87 StAM, Bestand 81 D 1 100 1/2 4 1/2 Quad. 52: "*Ulterius mandatum de lite pendente nihil innovando, nec per decreta poenalia gravando, restituendo et cassando arrestum s.c.*".
88 Marköbel hatte zum Beispiel Eichen im Werte von 600 Gulden gefällt und an durchreisende Holländer verkauft, StAM Bestand 81 D 1 100 1/2 4 1/2 Quad. 67.
89 Die herrschaftliche Post mußten die Juden befördern.
90 StAM, Bestand 81 D 1 100 1/2 4 1/2 Quad. 64: *"Mandatum adhuc ulterius de lite pendente nihil innovando, nec per decreta poenalia gravando, relaxandis captivis, ut et restituendo s.c., cum salvo conductu poenali, et citatione ad videndum se incidisse in poenas prioribus mandatis insertas"*.
91 StAM, Bestand 81 D 1 100 1/2 4 1/2 Quad. 67.
92 Weil die Marköbeler das Gerichtssiegel an sich genommen hatten, konnte eine vom Wetterauer Grafenkolleg geforderte Bescheinigung über Einquartierungslasten in Marköbel nicht beurkundet werden.
93 StAM, Bestand 81 D 1 100 1/2 4 1/2 Quad. 67, 100 10; *"mandatum arctius de relaxandis captivis s.c. cum arctori salvo conductu"*.
94 Insgesamt wurden in den Citationsprozeß 95, nämlich in der Phase 1613-1622 13, 1657-1660 20 und 1675-1679 62 Produkte eingebracht. Das Protokoll verzeichnet für den Zeitraum nach Erlaß des letzten Mandates (17.Januar 1679-12.März 1679 entsprechend acht Verhandlungstage) 31 eingebrachte Schriftstücke.
95 Für Marköbel.
96 Für Hanau.
97 StAM, Bestand 81 D 1 100 1/2 4 1/2 Quad. 67, der Kammerbote Andreas Lihr habe nach der Insinuation des Mandates vom 6.November 1678 eigenmächtig einen Umweg über Windecken gemacht und den dort inhaftierten Marköbelern *"mit heller stimm von unten hinauff geruffen [...] es würde bald beßer werden"*.
98 Vgl. den Wortlaut des Urteils im Prozeßprotokoll. StAM, Bestand 81 D 1 100 4 1/2 unter dem Datum 14.März 1679.
99 Vgl. zur prozeßrechtlichen Bedeutung SELLERT, Stilus (Anm. 32) S. 301 ff., DICK (Anm. 30) S. 170 ff.
100 Zu dessen Aufgaben vgl. SMEND, R., Das Reichskammergericht, Geschichte und Verfassung Bd. 1, Weimar 1911, Neudruck Aalen 1965 S. 359 ff.
101 Vgl. Anm. 41.
102 Gemäß StAM, Bestand 81 D 1 100 1/2 8 1/2 Tomus IV läßt sich durch ein Schreiben vom 10./20.Mai 1679 die Tätigkeit des Generalfiskals Arbogast nachweisen, der ausführt, daß der hanauische Rat Dr. Herpffer inhaftiert worden wäre, wenn er in Speyer anwesend gewesen wäre.
103 Letzter Protokolleintrag ist der completum-Vermerk vom 22.September 1679
104 Hätten beide Prozeßvertreter die vom RKG gesetzte Frist verstreichen lassen, wären die hanauischen Beweismittel als echt angesehen worden, wodurch die hanauische Position wesentlich verbessert worden wäre.
105 StAM, Bestand 81 D 1 100 8 1/2 Tomus IV fol. 36 (Datum vom 28.April 1679).
106 StAM, Bestand 81 D 1 100 8 1/2 Tomus IV fol. 189-191 (präsentatum 29.April 1679)
107 StAM, Bestand 81 D 1 100 8 1/2 Tomus IV fol. 226; unter dem Datum vom 24.Mai äußert Dr. Fuchs, daß er der Kommission beiwohnen wolle, wenn Marköbel die Reisekosten übernehme.
108 StAM, Bestand 81 D 1 100 8 1/2 Tomus IV fol. 206 (9. Mai1679).
109 StAM, Bestand 81 D 1 100 8 1/2 Tomus IV fol. 187 (29. April 1679).
110 StAM, Bestand 81 D 1 100 10 fol. 1-6.
111 StAM, Bestand 81 D 1 100 10 fol. 12-17.
112 StAM, Bestand 81 D 1 100 10 fol. 13.
113 Vergleichstext z.B. StAM, Bestand 81 D 1 100 10, GAM (HStA) Nr. 545.
114 Dennoch lassen sich auch nach 1680 vereinzelt Konflikte nachweisen. 1699 verweigerte Marköbel, Frondienste beim Wegebau zu erbringen, StAM, Bestand 81 D 1 100 10 fol. 75-80; 1722 wollten nach Ungarn auswandernde Marköbeler kein Abzugsgeld zahlen, StAM, Bestand 81 D 1 100 10 fol. 101-107. In beiden Fällen entschied die Regierung, daß die geforderten Leistungen dem Vergleich entsprächen.
115 StAM, Bestand 81 D 1 100 10 fol. 84-89.
116 StAM, Bestand 81 D 1 100 10 fol. 112-119.
117 Nochmals wurde der Vergleich 1765 bestätigt, HStA 360/545.
118 BOTT, H., S. 48.
119 Das Urteil im Prozeß Weilmünster contra Albrecht von Nassau-Weilburg, HStA Wiesbaden 1/2063 a-c, HELM/HAUSMANN (Anm. 37) Bd. 2 S. 475, 476 hatte den Weilmünsterern in einer vergleichbaren Situation recht gegeben.
120 DIESTELKAMP, B., Das Reichskammergericht im Rechtsleben des 16. Jahrhunderts, in: Rechtsgeschichte als Kulturgeschichte, Festschrift für A. Erler, Aalen 1976 S. 476.
121 DIESTELKAMP, B., aaO..

## Der Vergleich zwischen dem Hanauer Grafen und der Gemeinde Marköbel 1680

Der fast siebzig Jahre andauernde Prozeß der Gemeinde Marköbel gegen die Hanauer Herrschaft um die alten Rechte endete am 12. Januar 1680 mit einem Vergleich. Dieser Vergleich bildete die Grundlage der Rechtsbeziehungen zwischen der Gemeinde Marköbel und der Herrschaft Hanau bis in das 19. Jahrhundert. Er wird in zahlreichen Gemeindearchivalien erwähnt. Selbst Anfang des vergangenen Jahrhunderts galt *"Marköbel... sogar der Stadt Hanau gleich privilegiert und fast besser"* (Zimmermann, S. 421) Wegen der Bedeutung des Vergleiches für die neuere Geschichte Marköbels ist der Wortlaut entsprechend der Abschrift im Gemeindearchiv (GAM (HStA) Nr. 545) in der Übertragung von Dr. Heinrich Bott (Hanauisches Magazin 1939) in heutiger Rechtschreibung wiedergegeben. Die Zwischenüberschriften sind im Original nicht enthalten. Sie dienen der besseren Übersicht.

*"Wir* FRIEDRICH CASIMIR, GRAF ZU HANAU, *Rhieneck und Zweybrücken, Herr zu Müntzenberg, Lichtenberg und Ochsenstein, Erb-Marschall und Obervogt zu Straßburg p. Urkunden und bekennen hiermit: Demnach sich bald zu Anfang dieses Seculi zugetragen, daß unsere Untertanen zu Marköbel, Windekker Amts; zu einigen mehreren Gerechtigkeiten und verschiedenen Befreiungen befugt zu sein, sich bedunken lassen, und darüber an dem hochlöbl. Kaiser* CAMMERGERICHT ZU SPEYER *gegen unsere nunmehro in Gott ruhende hochgeehrte Vorfahren an dieser Grafschaft Hanau -Münzenberg, Klage geführt, so daß diese Anno 1613 daselbst angezettelte Prozessen sich nicht allein bis in unsere Regierung extendiert, sondern auch noch kürzlich sowohl occasione solcher Prozessen als sonsten allerhand mehrere und solche Weiterungen entstanden, welche uns zu obrigkeitlichen schärpfern Einsehen hätten veranlassen können, gemeldet unsere Untertanen aber sich endlich nach genauerer der Sachen Überlegung und Betrachtung besser darunter gefunden, uns demütigst um Gnad angerufen und diese Sache, wie auch bei löbl. gedachtem Kaiserl. Cammer Gerichte zeithero bestrittene Punkten beizulegen und in der Güte erörtern zu lassen, in geziemender Submission untertänigst und inständigst angehalten, daß wir hierauf die ganze Gemeinde des Fleckens Marköbel samt und sonders nicht allein wiederum* ZU GNADEN AUF- UND ANGENOMMEN, *sondern auch, wie sie inskünftige in ein und andern gehalten werden sollen, nach denen folgenden Punkten in Beiseinn gedachter unseres Fleckens Markö-*

*bel hierzu bevollmächtigten Gerichtsleuten und des zur Güte von ihnen angenommenen Beistandes, des Hochgelahrten unseres lieben besondern Johann Gulthe J. U. Lti. und Advocaten in Frankfurt, vermittelst genugsamer und reiflicher Überlegung abgehandelt worden, darauf DIESE ZU EWIGEN ZEITEN VERBLEIBENDE VERABREDUNG getan haben.*

**1. Rathaus, Gerichtslade und Gerichtssiegel**

*Und zwar soviel erstlich die Gerichtslade anbelangt, so solle dieselbe hiernechst auf dem Rathause /: wann eines gebaut sein wird: / inmittelst aber in des alten Burgermeisters Hause verwahret, zwei Schlüssel zu derselben verfertiget, der eine dem herrschaftl. Schultheißen, der andere aber dem ältesten Schöffen zugestellet und die Sache so angeordnet werden, daß keiner ohne den andern zu dem Gerichtssiegel und was etwa sonsten vor Documenta in solcher Laden verwahrlich liegen mögen, kommen, zumalen aber weder Siegelung noch sonsten ichtwas ohne den herrschaftl. Schultheißen vorgenommen werden könne noch solle.*

**2. Wein- und Bierschank, Wegegeld**

*Vor das andere sollen die Untertanen zu Marköbel von denjenigen Freiheiten, welche ihre Voreltern vor Entstehung obberührter beschwerlichen Prozessen genossen, nicht verdrungen, und ihnen dahero einfolglich der Wein- und Bier-Schank wie nicht weniger die Erhebung des Ordinari Weggelds, jedoch mit der Condition, wie bishero als ferner gelassen werden, daß sie hingegen die herrschaftl. Ohm-Gelder und Accisen gleich anderen Untertanen davon gebührend entrichten, die Herrschaft in Vorlegung der Bannweine keine Hinderung finde, auch die Brücken, Weg und Steegen gebührend unterhalten werden.*

**3. Märkergericht**

*Desgleichen bleibt es auch Drittens darbei, daß das Märkergericht wie hiebevor wiederum vollkommen besetzt, die Erwählung der Gerichts-Leuten denen Schöffen frei gelassen, die von denen Schöffen erkieste Personen aber dem herrschaftl. Schultheißen vorgestellet, sodann in Herrschafts Namen confirmiert und darauf in Pflichten genommen werden sollen.*

### 4. Frohnde, Leibeigenschaft und Abzugsgeld

*Soviel viertens die Frohnden, sodann die Leibeigenschaft angehet, so hätten wir zwar genugsam Ursache gehabt, hierbei etwas härter zu halten; nachdem aber sich diese unsere Untertanen darinnen nicht finden können, sondern beständig davor gehalten, daß ihre Voreltern, wie von der Leibeigenschaft also auch denen würklichen Frohndiensten je und alle Wege wären befreiet gewesen, als haben wir es / :wie sie, Untertanen, denn ein solches auch mit untertänigem Dank angenommen: /in die Wege gerichtet, daß sie inskünftige jährlichen a 10. Jan. laufenden Jahres an zu rechnen, uns und unseren Nachkommen bei hiesiger unserer Grafschaft Hanau beständig 110 Gulden in die Kellerei Windecken erlegen, diese Summe der 110 fl. auch beständig und zu ewigen Tagen ohnersteigert verbleiben, sie aber hingegen von allen Frohnd-Diensten /: des Festungs-Bau und diejenige Frohnden, wobei das ganze Land concurrirt, allein ausgenommen: / gänzlich befreiet bleiben sollen, gestalten wir dann auch die Praetension wegen der Leibeigenschaft, Leib-Huhn, Besthaupts-Thätigung und dergleichen schwinden lassen, und sie davon, jedoch unter diesem Beding, ganz frei erklären, daß von ihnen gleich anderen der Leibeigenschaft nicht unterworfenen Untertanen auf den Abzugsfall der zehende Pfennig jedesmal ohne Weigerung richtig abgetragen werde.*

### 5. Brieftragen

*Nicht weniger ist diejenige Beschwerde, welche fünftens wegen des Brief-Tragens vorgekommen, dahin erörtert, daß die ordinari Herrschaftl. Briefe, wie bishero als ferner durch die daselbstige Juden fortgetragen, diejenige, welche der herrschaftl. Schultheiß vor sich in seinen particulier Angelegenheiten ablassen wolle, aus seinen eigenen Mitteln bestellt, hingegen aber die, so die Gemeinde angehen, auch durch die Gemeinde oder auf ihre Kosten fortgeschickt werden sollen, jedoch solle die Gemeinde bei Kriegszeiten oder in Fällen, das gemeine Beste der Grafschaft betreffend die Briefe fortzuschaffen, sonderlich da die Juden nicht bei Handen, keine Difficultaeten machen.*

### 6. Beeth

*Und weilen vor das Sechste die Gemeinde sehr flehentlich gebetten, daß, weilen wir zeit währender unserer Regierung einige in ihrer Terminey gelegene Güter, wie von anderen oneribus (Lasten), als auch der Beeth befreiet, sie aber, indem sie die Beeth allein zu entrichten angehalten würden, den einem andern abgenommenen Last nunmehro allein auf ihren Schultern hätten, Wir ihnen diesfalls eine Moderation in Gnaden angedeihen lassen sollten; als werden die 109 Gulden 15 Albus jährlicher ständiger Beeth auf 100 fl. wissentlich und wohlbedachtlich heruntergesetzt, so daß sie in die Kellerei Windecken künftig mehr nicht an Beeth als solche 100 fl. zu erlegen haben.*

**7. Außergewöhnliche Lasten**

*Desgleichen solle die Gemeinde auch Siebendens denen übrigen unseren Untertanen in denen extraordinari Anlagen, wie die Namen haben mögen, durchgehends gleich gehalten, und vor ihnen diesfalls keineswegs beschweret werden .*

**8. Blutgericht zu Marköbel**

*Das peinliche Gericht Achtens angehend, bleibet es in alle Wege bei der in dem ganzen Land gemachten herrschaftl. Verordnung, jedoch mögen Wir geschehen lassen, daß falls ein Deliquent in der Marköbeler Terminey auf der Tat ergriffen würde, das Blutgericht zu Marköbel, wie es sonsten zu Windecken zu geschehen pfleget, von denen ordinari Schöffen gehalten, in unserem Namen geheget, auch die Execution daselbsten an Hand genommen werde. Es solle aber diese Gemeinde hingegen verbunden sein, sowohl die Gefängnissen, als das Hochgericht und was sonsten zur Execution gehöret/: außer der zur Execution selbsten gehörigen Unkosten, als welche aus dem Landsäckel, worzu die Gemeinde 8 fl. jährlich erleget, bezahlt werden: /solchenfalls auf ihren eigenen Kosten zu- und aufrichten auch stellen zu lassen.*

**9. Waldordnung**

*Gleich wie auch vor das Neunte die übele Verfahrung in ihren, der Marköbeler, Waldungen nicht anders als höchst mißfällig vorkommen können, maßen von einigen aus der Gemeinde dieselbige nicht allein vor sich und ihre Posteritaet ruiniert, sondern uns auch dadurch die Jagden daselbsten nicht wenig verdorben worden, als solle inskünftige die Waldordnung besser nachgelebt, und außer der ordinari unschädlichen Beholzung und gewöhnlichen Baurecht, gar kein Stamm ohne Vorwissen und Consens unseres jeweiligen Schultheißen gefället werden.*

**10. Streitigkeiten beigelegt**

*Und demnach sie zehendens sowohlen diese beiderseits reifliche überlegte Punkten und darüber ergangene diese unsere gnädige Verordnung in geziemender Devotion angenommen, als auch sonsten sich, wie treuen Untertanen eignet und gebühret, bei allen und jeden Vorfällen zu verhalten vestiglich versprochen und zugesagt.*
*Als haben Wir sie ihrem inständigen flehentlichen untertänigen Bitten nach hinwiederum zu unseren Hulden und Gnaden bereits gnädig gedachter Maßen nicht allein uff- und angenommen, sondern es soll auch all dasjenige, was zeit währendem Prozeß /:welcher hiermit gleichfalls aufgehoben wird: / vorgegangen sein mag, vergessen, tot und ab sein und gegen sie ferner nicht ressentiret werden.*
*Dessen allen zu wahrer Urkund haben wir uns nicht allein eigenhändig unterschrieben und unser gräflich Secret wissentlich hiervor drucken lassen, sondern es wird auch unseren nächsten Agnaten und anstatt deren der Fürstl. Mitvormundschaft die Confirmation hierüber nicht zuwider sein.*
*Geben in unserer Residenz und Vestung Hanau, den 12. Januarii 1680."*

# Das historische Rathaus in Marköbel

*Dirk-Jürgen Schäfer*

Die heutigen Rathäuser als Sitz der Verwaltung haben nur wenig gemeinsam mit ihren mittelalterlichen Vorgängern, den *"SPILHÄUSERN"*. Sie waren Gemeindehäuser, in denen Gerichtsverhandlungen, öffentliche Versammlungen, aber auch Tanzveranstaltungen stattfanden. Hier kamen die Einwohner zusammen, um Neues zu erfahren, sich zu unterhalten oder einen Schoppen aus dem Gemeindeweinkeller - Gaststätten im heutigen Sinne gab es noch nicht - zu trinken. Das Spilhaus bildete den Mittelpunkt des dörflichen Lebens. Es war, auf unsere heutige Zeit übertragen, zugleich Rathaus und Bürgerhaus. Der Ausdruck *"SPILLEGEHN"* für die abendliche Plauderstunde "als Nachtisch zum Tagewerk"[1] war in Marköbel noch um die Jahrhundertwende üblich.

Der Brunnen vor dem Rathaus hieß auch später noch *"SPILLESBORN"*[2], als die ursprüngliche Bedeutung des Rathauses als Spilhaus in Vergessenheit geraten war.

Wir können uns das Spilhaus so vorstellen, daß das Erdgeschoß eine offene Halle bildete. Im Obergeschoß lagen wahrscheinlich ein Sitzungssaal und ein Amtsraum, in dem das Gerichtsbuch und die wenigen Gemeindeurkunden aufbewahrt wurden.

Wann die Marköbeler im Mittelalter ihr erstes Spilhaus errichteten, ist nicht überliefert. Einen ersten Hinweis finden wir in einer Vertragsänderung des Jahres 1391[3], in dem als Zeugen *"Conrad Rusche und Ebirhart bii deme spylhuse Bürger"* erwähnt werden. 1436[4] spricht das Gericht Marköbel *"undir dem spilhuse"* (also in der offenen Halle des Erdgeschosses) Recht über eine Klage des Propstes des Klosters Ilbenstadt gegen den Pächter des Baiersröderhofes. Der Begriff Rathaus anstelle des Spilhauses taucht erstmals in der Bürgermeisterrechnung 1589/90 auf.

Mit großer Wahrscheinlichkeit dürfte bereits ein Spilhaus zu der Zeit bestanden haben, als Marköbel noch einen überaus bedeutenden Markt hatte, den der Staufer-Kaiser Friedrich II im Jahre 1220 nach Gelnhausen verlegte[5]. Ein solch bedeutender Markt setzt eigentlich ein Spilhaus voraus, in dessen offener Erdgeschoßhalle und in dessen unmittelbarer Umgebung sich das Marktleben abspielte. Die Kelleraufnahme der TH Darmstadt könnte darauf schließen lassen, daß sich im Mittelalter die Hauptstraße vor dem Rathaus zu einem Marktplatz erweiterte (siehe Beitrag von Reinhard Reuter). Das Spilhaus dürfte an der gleichen hervorragenden Stelle wie das heutige historische Rathaus gestanden haben, möglicherweise sogar über dem heute noch vorhandenen Gewölbekeller, dessen Eingang früher zur Hauptstraße lag. Die Geschichte des mittelalterlichen Spilhaus/Rathaus endet in den Januartagen 1635, als im Dreißigjährigen Krieg verbündete Truppen das Dorf anstecken und auch das Rathaus niederbrennen.

Das Rathaus vor der Renovierung 1939. Oben eine Zeichnung des Kreisbaumeisters 1911, unten ein Foto aus den zwanziger Jahren. Der "Spillesborn" ist noch in Betrieb.

Südseite des Rathauses in der Bauaufnahme des Jahres 1911. Links (hell dargestellt) der Holzstall des Rathauses (heute Durchgang zwischen Rathaus und Haus Hauptstraße 22).

Die Süd- und Ostseite des Rathauses auf einem Foto der zwanziger Jahre. Die Feuerwehr-Einfahrt im Erdgeschoß (später Bürgermeisterzimmer) ist noch vorhanden.

51 Jahre nach der totalen Zerstörung des Dorfes, der Vernichtung eines recht großen Teiles der Bevölkerung und der Zeit des wirtschaftlichen Niederganges entsteht auf dem alten Gewölbekeller wieder ein neues Rathaus. Häuser können abbrennen oder baufällig werden, der dauerhaft angelegte Keller dient immer wieder als Maßstab des Neubaues. In den Rechnungen jener Jahre ist kein Hinweis auf einen Kellerbau oder -umbau zu finden.

Der Baubeginn liegt sechs Jahre nach dem Abschluß des Vergleichs mit dem Hanauer Grafen über die alten Rechte Marköbels[6]. Der erste Punkt des Vergleichs legt fest, daß die Gerichtslade in dem neuen Rathaus aufbewahrt werden soll. In der Gerichtslade befinden sich neben dem 1638 neu angefangenen Gerichtsbuch auch das dem heutigen Notariatssiegel vergleichbare Gerichtssiegel und wichtige Gemeindeurkunden.

Die Gemeinde Marköbels finanziert den Rathaus-Neubau aus Einnahmen aus dem Gemeindewald und den Gemeindeweiden, also allein aus eigenem Besitz. Ein Sondereinschlag im Wald, wie er noch in unserer Zeit zur Finanzierung kommunaler Bauten wie z.B. Schulhäuser üblich war, die ausnahmsweise Bezahlung des Klafterholzes durch die Nachbarn (Einwohner) und ein erhöhtes Pachtgeld für die Gemeindeweiden decken die Kosten des rund 700 Gulden teuren Neubaus. Die Märkermeisterrechnung des Jahres 1687[7] trägt die Aufschrift: *"Märkermeisterrechnung wegen der Waldung und der Gemeindeweiden zum Rathaus"*.

Die Ausgaben der Märkerrechnung 1687 liegen bei 621 Gulden, im Jahr zuvor, in dem bereits die ersten Ausgaben für den Rathausneubau erscheinen, bei 299 Gulden. In den zehn Jahren nach dem Rathausbau sinken die Ausgaben der Märkermeisterrechnungen auf durchschnittlich 119 Gulden, in den Jahren 1688 und 1689 sogar auf 47 bzw. 73 Gulden, ein Zeichen, daß die Gemeinde an die Grenze ihrer finanziellen Leistungsfähigkeit geht.

Die Märkermeisterrechnung 1687 liegt als Entwurf und in Reinschrift vor. Darin sind viele Einzelheiten überliefert. Die Eichenbalken z.B. werden bereits ein Jahr zuvor im Wald gefällt und bearbeitet. Das *"dannen holtz"* (Fichten/Kiefernholz) stammt aus dem Hüttengesäßer Wald - wohl, weil im Marköbeler Wald nur Eichen und Buchen vorhanden waren,- die Dachziegel aus Ravolzhausen. Der Maurer kommt aus Büdingen, die Schreiner aus Altenstadt und Rüdigheim, der Dachdecker aus Stockheim und der Spengler aus Hanau. Neben den reinen Material- und Lohnkosten tauchen immer wieder die *"Zehrungen"* auf, also Speisen und Getränke für die Handwerker und die Gerichtspersonen.

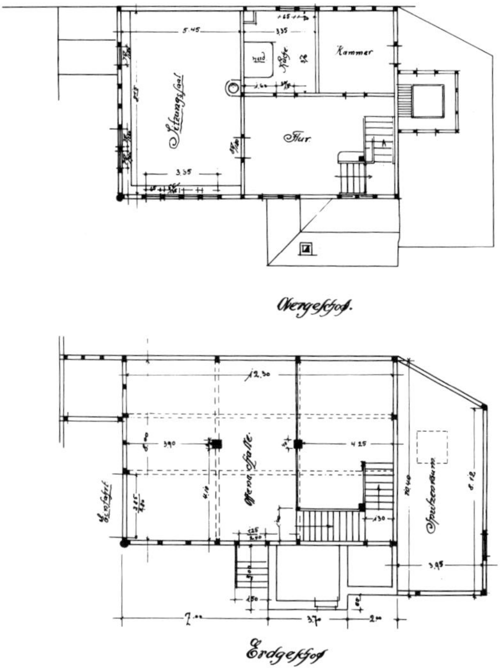


Grundrißpläne aus dem Jahre 1911. Das Erdgeschoß ist - wie nach der Renovierung 1987/88 eine offene Halle. Der Treppenaufgang befindet sich direkt hinter der Eingangstür. Der Sitzungssaal der Gemeindevertretung nimmt fast die Hälfte des Obergeschosses ein.

Wenn auch das Marköbeler *"peinliche Gericht"* (Blutgerichtsbarkeit) 1603 durch den Hanauer Grafen mit dem Windecker Gericht in Windecken zusammengelegt worden war, aber der Vergleich 1680 im Reichskammergerichtsverfahren festlegte, daß bei Bluttaten in Marköbeler Gebiet das Windecker Gericht in Marköbel richten soll, so erinnert die Inschrift über dem Rathauseingang - vielleicht stand sie schon auf dem früheren Spilhaus? - an das frühere eigenständige Gericht und mahnt die Schöffen:

*"Richter, richte recht,*
*Dan Gott ist Richter, und Du bist Knecht!*
*Wirstu richten mich,*
*So wird Gott richten dich".*

Daneben steht:
*"H. Schulth(eiß) Joh. Wolfg. Schrödel, Baum(eister) Casp. Heck, Jost Gärtner. Anno 1686".*

Die als Baumeister bezeichneten Heck und Gärtner waren die Märkermeister der Jahr 1686/87. Über dem Balken steht: *"Johann Georg Dietz, Zimmermann zu Windecken".* Der Kellerabgang liegt rechts neben dem Eingang, wo sich heute der Wappenstein befindet, und trug auf dem Schlußstein die Inschrift: *"J.W.S. Schultheiß-V.S. 1687 J.G."* (das bedeutet: Johann Wolfgang Schrödel, Schultheiß, Ulrich Schmidt, 1687, Jost

Gärtner)[8]. Bei Ulrich Schmidt dürfte es sich um den Bürgermeister des Jahres 1687 handeln. Die Bürgermeisterrechnung dieses Jahres ist nicht erhalten.
Die Nachrichten über das Rathaus fließen in den folgenden Jahrzehnten spärlicher, doch dürften bei einer Durchsicht aller Bürgermeisterrechnungen noch weitere Hinweise auf das Rathaus und seine Verwendung zu finden sein.
Im 19. Jahrhundert wird vor dem Kellerabgang zur Hauptstraße hin ein Anbau errichtet[9], in dem der *"Gendarm"* (Ortspolizist) seinen Sitz hat und in dem sich wohl auch die Arrestzelle befindet. Sie lag ursprünglich, Betzenkammer genannt, in dem Turm der Ringmauer, der vor dem Anwesen Gerlach am heutigen Übergang der Nordstraße zur Hainstraße stand[10]. In manchen Gemeindeunterlagen wird die Betzenkammer auch "Zuchthaus"[11] genannt.
Im Rathaus selbst wird jahrzehntelang die Feuerspritze untergebracht. Es ist anzunehmen, daß die bereits 1719 erwähnte *"gemeine Feuerspritze"* im Rathaus steht. Die halbrunden Balken auf der Rathaus-Südseite (ehemals Bürgermeisterzimmer) erinnern an die Feuerwehr-Einfahrt ins Rathaus-Erdgeschoß.

Die Nutzung der Rathaus-Halle für die Feuerwehr war allgemein üblich: *"Vor allem die Hallen wurden, nachdem sie ihre alte Bedeutung verloren hatten, durch Einbeziehung von Wänden zerstört, sie dienten als Gerümpelkammer, in der Regel aber werden sie als Spritzenhaus benutzt. Die Benutzung als Spritzenhaus ist so allgemein verbreitet, daß man geradezu davon spricht, daß ein Übeltäter in das Spritzenhaus gesteckt wird, während es sich dabei eigentlich um die Arrestzelle des Rathauses handelt"* [12].
In den Belegen der Bürgermeisterrechnung 1831 finden wir den Hinweis, daß der Rathauskeller *"dem Mitnachbar Phl. Henrich Fischer für Haltung der Faselochsen frei gegeben worden"* ist.
Das Beschlußprotokollbuch des Gemeinderates von 1860[13] berichtet, daß im Rathaus (wohl im Dachgeschoß) Heu gelagert wird, das öffentlich versteigert werden soll. Gut ein Jahrzehnt später entnehmen wir den Feuerschutzakten[14], daß neben den Feuerwehrspritzen *"alle möglichen Gegenstände zur Aufbewahrung"* im gleichen Raum (Erdgeschoß) liegen und daß *"sich mit wenigen Kräften ein separater Raum anbringen ließe, worin die Spritzen besser geschützt wären..."*
1909[11] erhält die Gemeinde die Baugenehmigung zur Errichtung eines Anbaues am Rathaus auf der heutigen Einfahrt zum Martin-Luther-Platz als Spritzenhaus.
Eine vollständige Rathausrenovierung erfolgt 1911. Hierüber liegt noch eine genaue Kostenkalkulation und eine Bauaufnahme[15] vor. Die Gesamtkosten belaufen sich auf 1.600 Mark, wovon die Weißbinderarbeiten 950 Mark, die Zimmererarbeiten 350 Mark und die Maurer- sowie Schreinerarbeiten je 150 Mark betragen. Das Auswechseln z.B. der Sockelschwelle zur Hauptstraße auf drei Meter Länge und in einer Stärke von 40x20 cm aus Eichenholz kostet einschließlich aller Material- und Lohnkosten 50 Mark! Heute müßte ein Zimmerer rund 1360 DM für die gleiche Leistung kalkulieren[16]. Die ursprüngliche Farbgebung der Balken und Gefache dürfte um die Jahrhundertwende

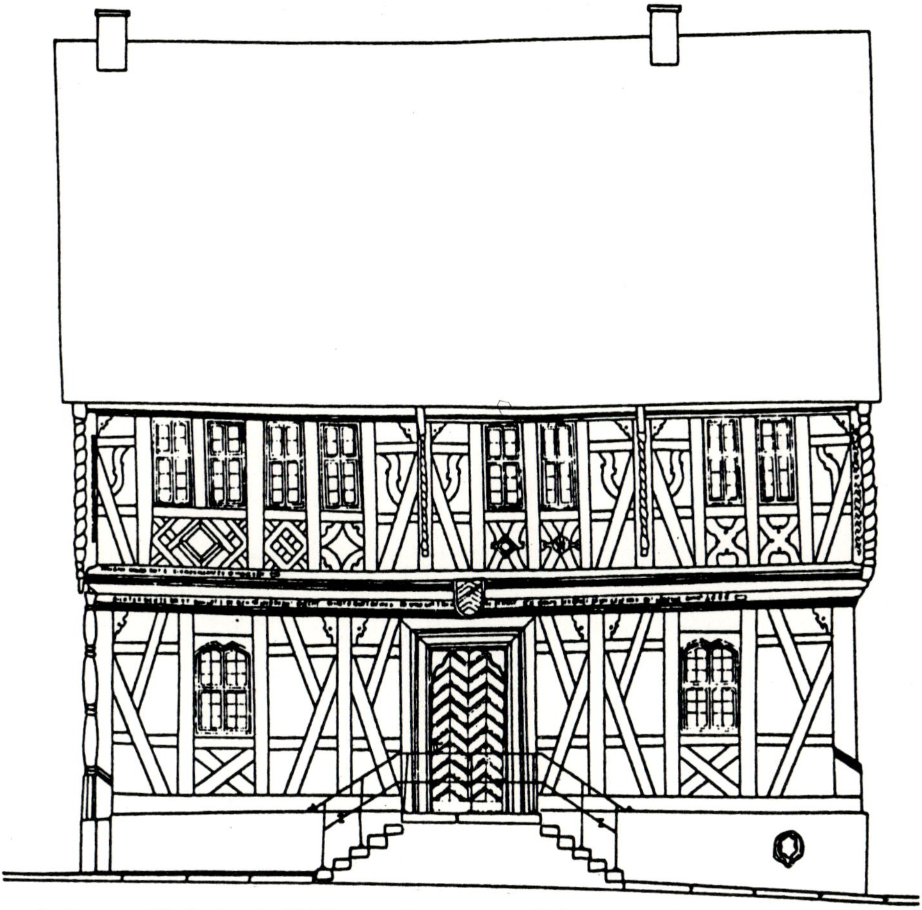

Bauaufnahme von Studenten der TH Darmstadt aus unserer Zeit.

nicht mehr bekannt gewesen sein, denn in der Ausschreibung wird die Farbgebung des Altstädter Rathauses in Hanau zugrunde gelegt:
"*Die Pfosten, Schwellen, Riegel, Fensterläden, Tore und Türen*" *sollen "rot, und die Verzierungen hellgelb, weiß orange und grün (in der Art des Altstädter Rathauses zu Hanau) mit guter Ölfarbe" gestrichen werden.*

Zur 1100-Jahr-Feier läßt die Gemeinde das Rathaus in den Jahren 1937/38 für rund 15.000 RM von Grund auf renovieren und die störenden Anbauten - Gendarmenhaus und Spritzenhaus - entfernen. Die offene Halle im Erdgeschoß erhält Zwischenwände für Büroräume der Verwaltung. Die Treppe zum Obergeschoß, die ursprünglich rechts neben der Eingangstür auf der östlichen Seite lag, wird auf die Westseite verlegt, so wie wir sie heute noch kennen. In den Monaten Oktober 1944 bis März 1945 hat der Maler Zierath, der als Soldat in Marköbel einquartiert war, die Deckenmalerei und die

Das historische Rathaus nach der Renovierung 1989. Foto: Hans Paetzold.

historisch nachempfundenen Szenen aus der Geschichte Marköbels angelegt[17]. Sie mußten bei der Freilegung des Erdgeschosses 1987/88 entfernt werden.
Zur 300jährigen Wiederkehr der Errichtung des Rathauses und zur 1150-Jahr-Feier strahlt das Marköbeler Kleinod - nach einer umfassenden Renovierung, bei der vor allem die Tragwerkskonstruktion verstärkt werden mußte, und die alte offene Erdgeschoßhalle wiederhergestellt wurde, - wieder in seinem alten Glanz.

## Anmerkungen

1 H. GÄRTNER: "Die Leuchte" in *BOTT*, Seite 116. - Gustav Lerch, Hauptstraße 36, erinnert sich daran, daß sein Vater von "Spillegehn" sprach, wenn er im Herbst abends nach getaner Feld- und Hofarbeit Nachbarn oder Freunde besuchte.
2 BR 1590, 1706 (Anlage Nr.77) und 1819.
3 CLEMM, Nr. 281. Im Urbar der Deutsch-Ordens-Kommende Sachsenhausen, der aus dem Jahr 1331 stammt, ist ebenfalls das Spilhaus erwähnt. (W. Jost: Der Deutsche Orden im Rhein-Main-Gau, Gießen 1941, Nr.1063).
4 CLEMM, Nr. 394.
5 REIMER 1, Nr. 140.
6 GAM (HStA), Nr. 545
7 GAM (HStA), Nr. 361.
8 BOTT, Seite 76.
9 Ebd.
10 GAM (HStA) Nr. 28, T 408.
11 GAM (HStA), Nr. 32, 3.März 1707.
12 K. EHEMANN: Das Bauernhaus in der Wetterau und im südwestlichen Vogelsberg, 1953, Seite 116.
13 GAM (HStA), Nr. 35, 4.Mai 1860.
14 GAM, 65/3.
15 GAM, Bauakten, Gemeindebauten (noch nicht numeriert).
16 Angaben des Zimmermannes Heinrich Dietzel, Am Storchsborn 2.
17 SCM, 1944, S. 5.

# Zur Geschichte des Marköbeler Waldes und der Jagd

*Rigobert Oberländer-Simanavicius*

Bei den - im Vergleich zum benachbarten Büdinger Forst - für den Marköbeler Wald nur unzureichend vorhandenen Quellen handelt es sich größtenteils um Akten aus dem Gemeindearchiv. Die von der Forstverwaltung aufbewahrten Aufzeichnungen wurden bei der Zerstörung Hanaus im Zweiten Weltkrieg vernichtet. Dennoch soll hier der Versuch unternommen werden, aus den vorhandenen "Schlaglichtern" die Geschichte des Waldes um Marköbel nachzuzeichnen.

Altbuchen in Abteilung 12 des Marköbeler Unterwaldes

## Bevor der Mensch kam

Seit ca. 250 Millionen Jahren (Perm-Zeit) gibt es Nadelbäume, seit 100 Millionen Jahren etwa (Kreide-Zeit) Laubbäume. Bäume, wie wir sie heute kennen, werden der Tertiär-Zeit (vor ca. 70 Millionen Jahren) zugerechnet.

Die wichtigste Zäsur in der Waldentwicklung stellen die Eiszeiten dar. Das von den Alpen und aus Nordeuropa in unser Gebiet vordringende Eis vernichtete einige Wärme liebenden Baumarten. Unsere heute noch vorhandenen Baumarten wurden nach Südfrankreich, in die Vogesen oder auf die Balkanhalbinsel zurückgedrängt.

Zwischen den Eiswüsten befand sich ein ca. 300 km breiter Streifen Felswüste und Tundra, in dem nur Pflanzen wie die Zwergbirke oder die Silberwurz existieren konnten. Wurde das Klima wieder wärmer, zum Teil wärmer als heute, so drang der Wald in den sogenannten "Zwischeneiszeiten" wieder in die eisfreien Gebiete vor. Dies geschah auch, als vor ca. zehntausend Jahren die letzte Eiszeit vorüber war. Abhängig von den dann immer noch häufig vorkommenden großen Klimaschwankungen, von der Wandergeschwindigkeit der Samen (Birke fliegt besser als Eiche) und von der Fähigkeit, den jeweiligen Standort zu besiedeln, faßten die Baumarten unterschiedlich Fuß.

Der Birken- und Kiefernzeit folgten die Haselzeit, der Haselzeit die Eichenmischwaldzeit und der Eichenmischwaldzeit die Buchenzeit, in der wir uns, streng genommen, heute noch befinden. Hätte der Mensch in den Waldbestand nicht eingegriffen, so wären heute etwa 90 Prozent unserer Region mit Wald bestockt.

## Der Wald in vor- und frühgeschichtlicher Zeit

Der Waldzustand von heute ist das Ergebnis einer langen Entwicklung, bei der sich neben Sukzessionen (Übergang einer Pflanzengesellschaft in eine andere am selben Standort) und Klimaänderungen vor allem die EINGRIFFE DES MENSCHEN ausgewirkt haben. Dies waren zunächst die verschiedenen, ungeregelten, oft aus wirtschaftlicher Not entstandenen Nutzungsarten und später die gezielte Bewirtschaftung[1].
Die ersten nennenswerten Eingriffe des Menschen in den Wald fanden wohl zu der Zeit statt, als er sich vom Jäger und Sammler zum seßhaften Bauern entwickelte (Bandkeramiker, ca. 4000 v.Chr.). Um Platz für Ackerbau und Viehzucht zu erhalten, mußte zwangsläufig der Wald weichen. Als dann ab ca. 1.800 v.Chr. die Bronze und ab ca. 800 v. Chr. das Eisen als Materialien für Werkzeug entdeckt und verwendet wurden, war das Roden von Waldstücken und das Bearbeiten von Holz noch einfacher geworden. Inwieweit sich die großen Wanderungen der Kelten ab ca. 450 v.Chr. auf den hiesigen Wald ausgewirkt haben, läßt sich nicht nachvollziehen.
Es ist jedoch sehr wahrscheinlich, daß mit Ankunft der Römer im Marköbeler Raum (spätestens ca. 80 n. Chr.) die Besiedlung der "Kornkammer Wetterau" schon verhältnismäßig dicht war. Fruchtbarer Lößboden und mildes Klima schufen günstige Bedingungen für den Ackerbau. Die zum Teil schon zurückgedrängten Wälder waren vermutlich durch den Vieheintrieb in Siedlungsnähe verlichtet.

Urkundliche Nachrichten über den Waldzustand zu dieser Zeit existieren nicht. Jedoch kann man aus pollenanalytischen Untersuchungen schließen, daß die Eiche im Gebiet der Wetterau und in den Randgebieten des Vogelsberges die vorherrschende Baumart war [2]. Die Buche muß aber ebenfalls schon eine große Rolle gespielt haben. Nadelholz dürfte zur Römerzeit im Raum Marköbel vollkommen gefehlt haben.

Das Kastell der Römer in Marköbel hat während seiner Existenz für einen hohen Holzverbrauch gesorgt. Es seien nur die durch den hohen Bevölkerungszuwachs bedingte intensive Landwirtschaft, der Brennholzbedarf für die z.T. hoch entwickelten Heizungsanlagen (Fußbodenheizung in den Badeanstalten und in manchen Wohnungsgebäuden) und die enorme Bautätigkeit aufgezählt. Dennoch ist die genaue Waldausdehnung im Marköbeler Raum bei Aufgabe des obergermanischen Limesgebietes durch die Römer (ca. 260 n. Chr.) nicht bekannt.

Aus der Zeit der Völkerwanderung und der Herrschaft der Frankenkönige sind ebenfalls keine Zeugnisse vorhanden, die auf den Waldzustand in unserer Gegend schließen lassen. Man kann jedoch davon ausgehen, daß im frühen Mittelalter eine regellose Holznutzung stattfand, und weiterhin die Schweinemast sowie die Viehweide eine große Rolle gespielt haben. Mit dem Einsetzen der fränkischen Besiedlungswelle (500-800 n.Chr.) im Verein mit einer relativ schnellen Zunahme der Bevölkerung änderte sich das Waldbild im Marköbeler Raum vermutlich von einem ehemals relativ dichten Naturwald zu einem stark gelichteten Waldtyp. Dabei wurden wohl die zur Schweinemast besonders begehrten Eichen geschont. Die stark gelichteten Flächen wurden zur Waldweide herangezogen[3].

Die Schenkungsurkunde Kaiser Ludwigs des Frommen an seinen getreuen Aeckard vom 23. April 839 ist nicht nur das erste Dokument, in dem Marköbel erwähnt wird, sondern auch der Marköbler Wald!
*"......ferner mit Weinbergen, Ländereien, Feldern, bebauten und unbebauten Orten, WÄLDERN, Wiesen, Weiden, Wasser und Wasserläufen, Ausgängen und Zugängen und allem, was darin liegt,......., daß er dieses von nun an als eigenen Besitz und Herrschaft inne habe."*

Überliefert ist auch der Name der Außensiedlung Rode (= Baiersrode) im Jahre 1139. Rode ist bei der ersten Erwähnung schon Eigentum des neugegründeten Klosters Ilbenstadt, in dessen Besitz es bis zum Jahre 1803 verblieb. Der Name Rode = Rodung weist darauf hin, daß es sich ursprünglich mindestens teilweise um Waldgebiet gehandelt haben muß, das erst durch RODUNG zu Ackerlands wurde[4]. Römische Funde deuten darauf hin, daß hier möglicherweise bereits eine villa rustica gestanden hat. Zu dieser Zeit (ca. 800-1200) wurden die Waldungen auch im übrigen Deutschland durch die planmäßige Erschließung neuer Ortschaften der geistlichen und weltlichen Herrschaften stark verringert. Im 12. und 13. Jahrhundert war durch den allgemeinen Anstieg der Bevölkerung ein Höhepunkt der Siedlungstätigkeit festzustellen. In dieser Zeit begann auch die Ostkolonisation zur Erschließung neuer Siedlungsgebiete. Der Wald wurde z.T. als Kulturhindernis betrachtet und der Kampf gegen ihn als verdienstvolles Werk angesehen. Die unklaren hoheitlichen Verhältnisse um Marköbel und seinen Wald klären sich ab dem Jahre 1304.

## Von 1300 bis zum 30jährigen Krieg

Zwischen 1304 und 1317 kam ganz Marköbel an die Herren von Hanau. In einer Urkunde von 1317 verkaufte Ullrich II. von Hanau widerkäuflich an Philipp von Falkenstein *"das Dorf Markebele mit Leuten, Gülten, Gerichten, WÄLDERN, Weiden, Wiesen, Fischereien, Wassern und Wassergängen und mit allem, was dazu gehört."* Doch ist das Dorf dann wieder im Besitz Hanaus als Teil der Grafschaft Hanau, Dorf des Amtes Windecken[5]. Die Besitzverhältnisse sind ab diesem Zeitpunkt scheinbar geklärt: Marköbel gehört zur Grafschaft Hanau.
Über die Nutzung des Waldes sind jedoch auch bis Ende des 16. Jahrhunderts für Marköbel keine Dokumente vorhanden. Man kann aber davon ausgehen, daß die Einwohner von Marköbel althergebrachte Nutzungsrechte hatten, die im Laufe der Zeit unter Kontrolle des Märkergerichts standen und zum Teil immer wieder neu festgelegt wurden.
Der gemeinwirtschaftliche Charakter des Landbesitzes aus dem Germanisch-Deutschen Recht wurde hier im Walde praktiziert. Jeder Nachbar hatte ein Recht auf Waldweide, Mast, Bau- und Brennholz. Dies wurde oft von der Herrschaft argwöhnisch verfolgt, doch in der Regel bis ins 18. Jahrhundert geduldet. Das Jagdrecht wurde bis 1845 von der Herrschaft ausgeübt.

Marköbel war auch zu Beginn des 14. Jahrhunderts Grenzland. Die Teile westlich des ehemaligen Limes gehörten mit Sicherheit zu Hanau, der heutige Unterwald sehr wahrscheinlich ebenfalls, obwohl dies nicht genau rekonstruierbar ist. Nach der groben Grenzziehung im *"Büdinger Wald Weißthum"* von 1380 für den Bannforst Büdingen würde der Unterwald zwar zum Bannforst gehören, im 17. Jahrhundert ist er aber Bestandteil der Marköbeler Waldungen. Ein Übergang vom Bannforst in Gemeindeeigentum, bzw. in das Gebiet des späteren Kurfürstentum Hessen ist nirgends belegt, weshalb der obige Schluß naheliegt.

Im Bannforst Büdinger Wald gab es bis zum Dreißigjährigen Krieg vielfältige Waldordnungen, die beispielsweise eine Regelung der Holz- und Jagdnutzung und eine erste Pflege und Verjüngung der Wälder beinhalteten. So war z.B. schon das Abhauen jungen Holzes verboten, die Holznutzung der einzelnen Sortimente reglementiert und der Einschlag nur auf von Förstern angewiesenes Holz beschränkt.
Repräsentativ für den Hanauer Bereich ist jedoch die WINDECKER WALDORDNUNG VON 1526, die sich auch in einer Abschrift in den Marköbeler Gemeindeakten befindet. Philipp, Graf zu Hanau und Herr zu Münzenberg meint darin, daß der Wald *".... zu großem Mangel und Nachteil ganz verderbt und verwüst werde, daß wir derohalben uns... erkundiget.... und darauf mit Rath, Märkermeister und Gericht zu Windecken ein Ordnung solches Gebrauchs in Bau- und Brennholz aufgerichtet und gestellet haben..."* [6]. Das Recht der Nachbarn wurde mengenmäßig eingeschränkt. Alle Betrof-

fenen sollten weniger Holz bekommen. Beispiel: *"Der Schultheiß zu Eichen so bishero fünf Wagen voll gehabt, soll führohin nicht mehr dann vier haben*[7]*.Nach dem bishero in ein jeglich Kindbett ein Wagen Vollholtz ist gegeben worden, soll hierfüro darzu nicht mehr alß ein halber Wagen voll gegeben.... werden"*[8].
Der schlechte Waldzustand zu Windecken war Anlaß für diese Einschränkungen. Für Marköbel existiert in dieser Zeit zwar noch keine Waldordnung, die Verhältnisse dürften aber ähnlich schlecht gewesen sein:

> Die Waldweide mit Großvieh, vor allem aber auch mit Ziegen und Schafen, griff um sich. Die Naturverjüngung wurde verbissen oder mitunter ganz aufgefressen.
> Der Wald wurde durch Holzübernutzung z.T. zerstört.
> Die Praxis, daß der Aufwuchs durch "in die Hege legen" geschützt wurde, unterblieb. Die Naturverjüngung wurde nicht mehr durch Hegegräben oder durch das Gebück (mehrere Meter dicke Hecken aus Dornen und Flechtwerk) eingezäunt.

Durch unregelmäßiges und frevlerisches Holzen, insbesondere durch rücksichtslose Holzentnahme der einzelnen Handwerker wie z.B. Zimmerleute entstanden große Kahlschläge. Auf diesen Flächen war meist nicht einmal ein gewisser Überhalt von alten Bäumen zur Wiederbesamung gelassen worden. Die Flächen verödeten. Vor allem die Eichen, die ja die Hauptbauholzmassen stellten, litten sehr stark unter der Übernutzung, zumal jegliche Naturverjüngung fehlte[9].
Für Waldfrevler wurden zum Teil große Strafen festgelegt. Das WEISSTHUM DER ALTENHASSLAUER MARK VON 1641 bestimmt z.B. für Waldbrandstifter:
*"..... den soll man in eine rauhe Kuh- oder Ochsenhaut thun und ihn drei Schritte vor das Feuer, wo es am heftigsten brennt, legen, bis das Feuer über ihm brennt, das soll man zum 2. und 3. Mal thun, bleibt er lebendig, so hat er gebüßet."*
Derartige Strafen sind für Marköbel nicht überliefert. Die Strafe bestand eher in - durch das Märkergericht bestimmten - Geldbeträgen (Waldrügen)oder auch in späteren Jahrhunderten in Fronarbeit für die Herrschaft. Schon damals gab es gemeindliche Feld- und Waldschützen, sowie Förster, die die Pflicht hatten, jede Übertretung aufzuzeichnen und vor Gericht vorzubringen. Bestraft wurden z.B. unberechtigtes *"Umbhauen eines Baumes"* oder das Aufarbeiten von Dornwällen im Hag (der Hege)[10]. In dieser Zeit des geschädigten Waldes brach der Dreißigjährige Krieg aus.

## Der Dreißigjährige Krieg und seine Folgen für den Wald

Der dramatische Bevölkerungsrückgang in diesem Krieg führte in weiten Teilen Hessens zu einem Vordringen des Waldes, auf jeden Fall aber zu einer Vorratsanreicherung.

Vermutlich lief die Entwicklung in Marköbel etwas anders ab. Durch enorme Belastungen des Gemeindehaushaltes für die einzelnen Heerestruppen oder sonstige Kriegslasten mußte die Gemeinde zu Geld kommen. Sie lieh sich z.B. 1629 "..... *aus besonderer not"* 1900 Reichtaler vom Kronenwirt Konrad Heyer in Alt-Hanau, stellte diesem eine Schuldverschreibung aus, in der u.a. *".... das Wäldchen Hottenberg (Hattenberg) und der Groß- und Kleinschillbrich (Schildberg) eingesetzt sind'* [10,1].
Das 1635 total zerstörte Dorf entwickelte aber schon ab 1640 durchaus waldvernichtende, aber absolut lebensnotwendige Aktivitäten. Wieder um die Geldnot zu lindern, mußte der Wald als Einnahmequelle herhalten. Viele Klafter Holz wurden eingeschlagen und in Hanau verkauft, noch mehr Holz brauchte der "Köhler", der dann Holzkohle brannte, die leichter zu verkaufen war. Aus Hanau, Ostheim und anderen Orten wurden Mastschweine gegen ein gutes Entgelt in den Wald getrieben. Auch wurde den Küfern in Frankfurt größere Mengen Eichenholz geliefert [11].

Die in vielen Teilen des Landes festzustellende Regeneration des Waldes während und nach dem Dreißigjährigen Krieg war in Marköbel vermutlich nicht gegeben. Durch den schnellen Bevölkerungszuwachs war der Zwang, Holz und somit auch zum Teil Geld aus dem Wald zu ziehen, kaum vermindert. Dies setzte sich über den Schulhausbau 1658 bis hin zum Rathausbau 1686 fort. Das Rathaus wurde einzig aus Mitteln der Mark errichtet und verschlang große Mengen von Holz!
Aus der Märkermeisterrechnung von 1686 geht jedoch hervor, daß auch Holz aus Hüttengesäß, nämlich *"...dannenholtz"* verwendet wurde. Hierbei handelte es sich um Kiefernstämme, die in den Marköbeler Waldungen demnach zu dieser Zeit nicht zu gewinnen waren.

Wichtig für die Waldentwicklung ab dieser Zeit war auch der Ausgang des Prozesses gegen die Herrschaft mit dem Vergleich von 1680. Das Märkergericht unter Vorsitz des herrschaftlichen Schultheißes verblieb den Marköbelern, aber die Herrschaft festigte und erweiterte ihren Einfluß auf die Waldbehandlung: *"da das üble Verfahren in den Wäldern höchst mißfällig vernommen worden und diese zum Schaden der Gemeinde ruiniert und auch die Jagd daselbst verdorben wird, so wird künftig die Waldordnung besser beachtet werden, auch außer dem gewöhnlichen Beholzungs- und Baurecht kein Stamm ohne Vorwissen des Schultheißen gefällt werden"* [11.1].
Es war das Bestreben der Herrschaft, auch für die eigenen Zwecke der Jagd, die Waldflächen zu erhalten und den Waldzustand zu verbessern. Dies wird auch aus einem *"hochgräflichen Dekret"* vom 5. April 1700 deutlich, in dem die Herrschaft der Gemeinde Marköbel zwar erlaubt, zur Ablösung von Schulden am Hattenberg und am großen und kleinen Schildberg 400 Klafter Brennholz zu machen und zu verkaufen, jedoch *".....von solchen Waldungen nicht das Geringste ausrotten oder im Ackerfeld anrichten, sondern in künftigen, besseren Anwuchs der jungen Ausschlägen, solches in die Hege schlagen sollen"* [11.2].

Aus dem Vergleich von 1680 wird ersichtlich, daß sich die Marköbeler an eine Waldordnung halten sollten, die aber in schriftlich fixierter Form zu dieser Zeit sehr wahrscheinlich noch gar nicht existiert hat - wie die Gemeindeakten im folgenden zeigen. Bezugnehmend auf die von der Herrschaft gewährten *"Freiheits Privilegien"* von 1680 fragt nämlich die *"hochgräfliche Regierung"* im Juni 1714 an, *".... wie die gemeindt Marköbel bishero ihre Waldtordnung gehalten?"* Am 19. Juni 1714 tritt das Gericht nebst dem Märkermeister zusammen und gibt zu Protokoll, daß die im folgenden vom Schultheiß vermutlich aus dem Gedächtnis zitierte Waldordnung *"so dies möglich"* eingehalten wurde, *"... daß kein Schaden in der Waldung geschehe".*

## Marköbeler Waldordnung von 1708

*"Seiten der Zeit um als ich der Landbereitter Sigmundt alß Schultheiß hirher komen, ist den 27. Oktober 1708 ihm Rathauß beijsein des gerichts nachfolgende Waldtordnung gemacht worden:*

*1. Den Ersten puncten betreffent, ist mit der* ORDNUNG EINES MERKERS *also fortgefahren worden, wobeij von denen beijden Bürgermeistern, alß ein Man vom gericht, und ein gemeinsman, so alß under Bürgermeister jedesmahl beij ahnrechnung eines Merkers eingebunden wirdt, fleißig mit aufsicht uf die Waldung zu haben.*

*2tens: Den 2 ten puncten belangt, haben sie noch Ihren* GEMEINEN WALDTFÖRSTER *und ist noch über daß, dem gemeinen Diener mit ahnbefohlen gleichfalls mit uf die Waldung zu sehn. Und wann er was strafbares findt, muß er solches gleichfalls anzeigen.*

*3tens: den 3 ten puncten* WEGEN DES BRENNHOLTZES *ist damahl anno 1708, den 27. Oktober die Verordnung laut gerichtsprotocoll ihm Rathauß gemacht worden, daß weillen die gemeindt biß daher ziemlich zugenommen, ahn statt daß sonst ein Nachbar von gantzem gebrauch (mit Familie) 4 und von halbem gebrauch (ohne Familie) 2 Clafter bekomen, nunmehro und so lang es die Waldung wirdt leiten und ertragen können, ein Nachbar von gantzem 2 und von halbem gebrauch 1 daß Jahr durch haben soll.*
*Mit denen wittagen (Leseholztage) seindt solche zwahren in so weit biß daher noch gehalten worden, doch so, daß keiner nichts ab, oder umhauen darf, sondern sich mit Leßholtz und außmachen der Stimpf vergnügen muß, was den Herren pfarrer ahngehet, hat derselbs biß daher als er zuvoren gehabt sein nothürftig brenholtz bekomen.*
*Die gemeindt sehe aber gar gern daß es auf ein gewiß Zahl der Clafter möge gesetzt werden. Was einen jeweiligen Schultheiß ahngeht, bekombt derselbe laut seiner von Gnädigster Herrschaft habenden Instruktion jährlich auß hießiger Mark acht Clafter.*

*Dem Jäger aber welcher zwaren nun eine Zeitlang sein nothdürftig brenholtz hir bekomen beschweret sich. Die gemeindt dagegen, in deme es sonst niemahl gewesen, sondern ein jeweiliger herrschaftlicher Jäger sein brenholtz auß der Bulau beij Hanau bekomen, gestünden sie also dem Jäger weitter nichts als daß, weillen er sich in hiesige Nachbarschaft begeben, gleich anderen Nachbarn daß Nachbarrecht.*

4tens: Den Vierten puncten WEGEN DES BAURECHTS, ist damalen ihm Rathaus beschloßen worden, daß ein Nachbar künftig, und so lang es die Waldung leiten und ertragen wirdt können, zu bauwung eines haußes Vier Eichen und dreijßig buchstäm, zu einer scheuwer dreij Eichen und zwanzig buchstäm wie das zu Hauß und Scheuwer uf jedes acht bundt Sparn sollen gegeben werden. Was ein jeder weiter braucht, muß er außerhalb der Mark kaufen, oder so es hießig mark entbehren kan, wirdts ihnen umbs geldt so wohl Eich als Buch gelaßen. Zu Stallung und außbesserung ahn Hauß und Scheuwer muß ein jeder was er nötig vors geldt zahlen, so ein Merker einnimbt und der gemeindt nebst denen Bürgermeisters in Ihrer gemeinen Rechnung verrechnen muß.

*5tens: WEGEN DES HEEGWALDTS ist derselbe also biß daher gehögt und daß darauf gehalten worden und wan dan und wan wittage oder sonst holtz darin gemacht worden, geschiehet zu gewissen Zeiten, und mit Vorwißen des Herrschaftlichen Schulheißen und hiesigen Jägers, ohne daß es der Wildtbahn schade.*

*6tens:* WEGEN DES VIEHTRITTS *ist es also noch biß daher gehalten worden daß zwaren daß Kühvieh in dem waldt in denen gründen Ihren weijdgang hat, was aber die Köpf oder berg ahnbelangt werden solche noch alle Jahr durch Schultheiß und die Mark zur Högung des gemeinen besten wie es sich schicken will abgehenkt. Dem Schaafvieh wirdt aber gar nicht gestattet in die waldung zu komen. Weniger auch derfen die Schweine nicht in waldt außer beij Mastzeiten.*

*7tens:* WEGEN DER MASTUNG *ist damahls ihm Rathaus beschloßen worden, daß was den Herrn pfarrer ahngeht, wollen sie es beij voller Mastzeit gleich dem Schultheißen, welchem es laut seiner Instruction von gnäd. Herrschaft also vermacht worden, jedem beij den 8 Stücken lassen. Was aber der H. pfarrer ein mehrers protendirt, und wan es Ihm von rechts wegen gehört müßten sie es wie es gnäd. verordnet geschehen lassen. Wann aber die Mast nur uf die Hälft oder ein Virtel erkannt würde müßte auch darnach eingeschlagen werden.*

*Wie es dan also auch mit denen Nachbarn soll gehalten werden, daß beij voller Mast ein Nachbar von gantzem gebrauch Zwei, von halbem gebrauch aber Eine soll gebrandt werden.... und was die waldung über das weitter ertragen können, wird denen Nachbarn zuvor um billig bezahlung zu betreiben erlaubt, und was nicht von hißiger gemeindt kan betrüben, werden von anderen orten Schwein ahngenommen. Und daß*

*geldt so darauß erlöst wirdt, verrechnet der Merker nebst dem Bürgermeister in seiner Markrechung.*
*8tens:* DIE HEGE RINGS UM DER WALDUNG *ahn den Crentzen werden ebenfalls gehegt, und wan was beholtzung uf denen Heegsteullen, wirdt solches ordentlich der gemeindt durch Loß aufgeteilt. Auch wo hin und her in denen Högen was abgängig, wirdt solches von der gemeindt mit Jungem geheck außgebeßert, wie dan die gemeindt dies 1714 Jahr diesen Frühling im oberwaldt ahn den Ysenburischen Crentzen über etlig daußent junge Heinbuchen gesetzt."*

| | |
|---|---|
| Sigmundt | Schultheiß |
| Carlan Schmidt | Bürgermeister |
| und andere[12] | |

Diese Waldordnung hatte mit der fast 200 Jahre älteren Windecker Waldordnung die genaue Festlegung der Holznutzungsrechte der Nachbarn gemein. Der große Unterschied bestand jedoch in den Einschränkungen bei dem Vieheintrieb, bei der Mastung und insbesondere bei dem Betretungsrecht einzelner Waldteile.

Die SCHWEINEMAST spielte, wie hier schon mehrmals erwähnt, eine große Rolle. Gegen Ende September trafen sich Schultheiß, Bürgermeister und Märkermeister zu einem Waldbegang, um die Qualität der Mast einzuschätzen. Je nachdem, ob es sich um eine Voll-, Halb- oder Viertelmast handelte, wurde die Anzahl der Schweine festgelegt, die ein Berechtigter in den Wald eintreiben lassen durfte. In einem guten Jahr (Vollmast) waren das bei einfachen Nachbarn zwei Schweine. Hatte der Nachbar wichtige Funktionen im Dorf zu erfüllen (Gerichtsmitglied, Schulwehr, Landscheider, Märkermeister) kamen noch einige Schweine hinzu. Dies steigerte sich bis zum Pfarrer und Schultheiß, die jeweils bis zu zehn Schweinen in den Wald treiben durften. Bei geringerer Mast wurden diese Zahlen entsprechend reduziert.

Im Jahre 1714 sind so bei Halbmast 152 Schweine in den Wald getrieben worden. Die Schweine wurden mit einem Brandzeichen versehen und von einem Schweinehirten getrieben und beaufsichtigt. Gegen entsprechendes Entgelt und mit Zustimmung des Schultheiß wurden von den Nachbarn - oder, falls diese kein Interesse hatten, von einem Fremden - zusätzliche Schweine in den Wald gelassen. In der Akte "Marköbeler Brennzettel der Mastschwein" wurde hierüber detailliert buchgeführt [13].
Aus forstlicher Sicht war diese Waldnutzung die unproblematischste, da sie zum einen zur Erhaltung alter und großer Buchen und Eichen führte, zum anderen aber durch die intensive Wühlarbeit der Schweine die Wuchsbedingungen für die jeweiligen Samen verbesserte. Bei einer Vollmast wurden bei weitem nicht alle Bucheckern oder Eicheln

gefressen. Die im Wald verbleibenden Samen bekamen Anschluß an den Mineralboden und hatten somit viel bessere Keimbedingungen!

### Waldfreveltaten und ihre Bestrafung

Die anderen Ortes (beispielsweise Büdinger Wald) schon viel früher erwähnte Eingrenzung des "Heegwaldes", mit meist undurchdringlichen, lebenden Hecken zur Schonung des Aufwuchses, wurde lt. der Waldordnung von 1708 also auch im Marköbeler Wald praktiziert.

Papier ist jedoch geduldig, Vorschriften waren auch damals dazu da, umgangen zu werden. Wie die vom Waldförster aufgestellte Rügeliste von 1710 zeigt, wurde - insbesondere im Heegwald - sehr oft verbotenerweise Holz geschlagen. Auch der Sohn des Bürgermeisters ("Carlan Schmidt sein Sohn Johannes") wurde erwischt [14].

Die Waldförster waren Gemeindeangestellte und trugen damals schon "grüne Kittel". Sie hatten allerdings nur polizeiliche Funktion und sollten fleißig auf die Waldung achtgeben, um Waldfrevler zu erwischen und anzuzeigen. Demzufolge waren sie bei der Bevölkerung nicht sehr beliebt.

Das alte Sprichwort: *"Die Axt ist ein Rufer"* wurde zu dieser Zeit geprägt. Der Förster sollte diesem Ruf möglichst schnell folgen, um den Frevler auf frischer Tat ertappen zu können, *"......denn im Laden wird auf den Förster gewartet, im Fahren dagegen ihm geflohen"* [15]. Die immer mehr um sich greifenden Waldfreveltaten wie überhaupt alles, was mit dem Wald zu tun hatte, wurden beim zweimal jährlich stattfindenden Märkergericht behandelt. Dieses Gericht setzte sich zusammen aus dem herrschaftlichen Schultheiß, den zwei Bürgermeistern, dem Märkermeister und einigen Beisitzern. Das Marköbeler Gerichtsbuch gibt Zeugnis über deren Arbeit. Es weist z.B. aus, daß man 1717 den Bock zum Gärtner bzw. den Johann Peter Schmidt zum Märkermeister gemacht hatte, wie nachfolgendes zeigt.

Die Position des Märkermeisters war sehr wichtig, da er in der Regel das Holz anwies und verkaufte. In jedem Fall mußte er aber ordentlich über alle im Wald stattfindenden Geschäfte Buch führen. Johann Peter Schmidt verkaufte also den Butterstädter Hofleuten 30 Klafter Holz (ca. 100 cbm) und führte nur einen geringen Teil der Einnahmen an die Gemeinde ab. Er verkaufte auch einen Wagen Zaungerten für 4 Gulden 10 Alb und steckte davon 2 Gulden 20 Alb in die eigene Tasche. Da er offenbar noch mehr unsaubere Geschäfte vorgenommen hatte, wurde er aus dem Amt entlassen [16].

Die vom Märkergericht ausgesprochenen Rügen konnten offensichtlich jedoch dem Waldfrevel keinen Einhalt gebieten, so daß die Herrschaft zu Hanau sich veranlaßt sah, im Jahre 1715 einen "Cammer-Director" zu den Märkergerichten nach Windecken und Marköbel zu entsenden, der zusätzlich zu der Markbuße noch herrschaftliche Strafen aussprechen sollte. In einem Vortrag vor dem Gericht hob der "Cammer-Direktor" von dem Felde hervor, daß die Herrschaft *"......nichts anderes suchet, als nur Kraft ihrer landesherrschaftlichen Obermacht und Herrlichkeit in denen Waldungen denen vielen Freveln und Mißbräuchen zu steuern, in dem übrigen aber jedes ohrts gemeine und Insonderheit auch die gemeindt Marköbel bei ihrer bisherigen Markergerichts- und Markordnung, auch in denen Waldungen hergebrachten recht und gerechtigkeit, in Sonderheit die Beholzung, Waidgang und Mastung ruhiglich zu lassen und dabei gnädigst zu schützen.....jedoch daß sie die gemeindt sich nach denen noch zu machen stehenden Waldordnungen jederzeit als gehorsame Untertanen richten und achten mögen"*[17].

Diese noch zu erstellende Waldordnung wurde schließlich im Jahre 1736 als HANAU-MÜNZENBERGISCHE FORSTORDNUNG erlassen. Sie verstärkte nochmals den Einfluß der Herrschaft auf den Markwald und kann als der eigentliche Beginn der modernen Forstverwaltung und Forstwirtschaft in unserem Raum bezeichnet werden. Bevor jedoch dieser wichtige forstliche Schritt behandelt werden soll, ist es jetzt an der Zeit, näher auf die jagdlichen Verhältnisse der vergangenen Jahrhunderte in Marköbel einzugehen.

Johannes Deiker: Keiler, von Saurüden gestellt. Foto: Städtische Sammlungen Wetzlar.

## Einiges über die Jagd

Mit Übergang des Dorfes in den Besitz Hanau wurde die Jagd vermutlich seit Beginn des 14. Jahrhunderts im Marköbeler Wald von der Herrschaft zu Hanau ausgeübt.

Bevor es Schußwaffen gab, wurde das Wild mit Pfeil und Bogen oder mit der wirksameren Armbrust meist vom Pferde aus zur Strecke gebracht. An jagdbaren Tieren muß es Rotwild, Schwarzwild, Rehwild, Hase, Kaninchen, Rebhuhn und Enten gegeben haben.
Der bis ins 17.Jahrhundert noch vorhandene Wolf mußte nach altem germanischen Recht (siehe Sachsenspiegel) von jedermann bekämpft werden. Dies geschah vor allen Dingen mit Fallen (Wolfsangeln).
Für das Jahr 1707 ist in den Gemeindeakten eine herrschaftliche Jagd im Marköbeler Wald festgehalten. Sie muß etwa folgendermaßen vonstatten gegangen sein:

Zunächst erfährt der Schultheiß aus einem Schreiben vom 8. Mai 1707, daß die Herrschaft am folgenden Dienstag in Marköbel jagen will und vorher im Dorf zu frühstücken gedenkt. Der herrschaftliche Jägermeister soll befehlen, daß an diesem Dienstag kein Mensch und Vieh in den Wald geht [18]. Am Tag darauf folgt noch ein Schreiben an den Schultheiß Sigmundt mit genaueren Instruktionen - das Frühstück betreffend: Es werden 12 Adlige angekündigt (Herrschaft mit Brüdern) die um 8.00 Uhr im Rathaus frühstücken wollten. Es sollte eine ovale Tafel mit 12 Stühlen bereitgestellt werden, Hafer und Heu für die Pferde und das Rathaus sollte *"... sauber gekehret und ausgestaubt werden"* [19].
Am Jagdtag mußten 66 Männer aus dem Dorf als Treiber teilnehmen. Die Gestellung von 3 Zeugwagen und 2 Stangenwagen aus dem Ort wurde jedoch von der Herrschaft bezahlt. 4 Gulden für einen Zeug- und 3 Gulden für einen Stangenwagen. Auf diesem Wagen wurden die jagdlichen Hilfsmittel (Jagdzeug), das erlegte Wild und auch ein Teil der Treiber transportiert [20]. Die jagdlichen Hilfsmittel bestanden beispielsweise aus Netzen, Tuchlappen (= Jagdlappen), sog. Garnen, Saufedern (= lange kräftige Spieße), Pfähle zur Verankerung, Pickel u.a.
Draußen im Wald wurde meist schon einige Zeit vor der eigentlichen Jagd eine Absperrung mit Hilfe der Pfähle; Garne und Lappen gebaut, die wohl die Form eines großen Sackes mit offenem Ende hatten. Die Treiber mußten nun das Wild in diesen "großen Sack" hineintreiben, wo die herrschaftlichen Jäger versuchten, auf das aufgeregt hin und herspringende Wild zu schießen. Der Anblick der an den Garnen aufgespannten Tücher hielt das Wild in der Regel davon ab, durch diese Absperrung zu schlüpfen, aber manchmal hatte es Glück und ging eben doch "durch die Lappen" (daher das Sprichwort).
Die Dorfbevölkerung wurde, wie schon erwähnt, zu den Treiberdiensten unentgeltlich herangezogen. Die Treiber in Marköbel nahmen also nicht freiwillig an der Jagd teil, was auch für den Rest der Grafschaft galt. Entsprechend gering war das Engagement. Daß es zu undiszipliniertem Verhalten gekommen sein muß, ist leicht verständlich.
Es gab zu diesen Jagden die HANAU-MÜNZENBERGISCHE JAGDORDNUNG VON 1614, die zwar in erster Linie für den Bereich des Biebertales aufgestellt wurde, ähnlich aber sicherlich auch für den Marköbeler Bereich gegolten hat.

Einige Punkte waren:

- pünktliches Erscheinen zum Treiben,
- genaue Bekanntgabe der Jagdzeiten,
- "volgig und gehorsam" den Anweisungen folgen,
- *"darneben von den Jägerknechten oder Förstern mit keinem fluchen, boldern oder schlägen, sondern guten Worten angewiesen werden"*,
- nicht vor dem endgültigen Abschluß der Jagd verschwinden,
- Teilnahme-Mindestalter bei Hochwildbretjagden: 18 Jahre,
- sorgfältiges Auslöschen der Feuer nach der Jagd,
- bei jeder Jagd soll ein *"geleiterter Wagen"* für den Transport des erlegten Wildes zur Verfügung stehen,
- *"wann Einer an seinem Ohrt, da er hingestellet, unfleißig oder schlaffendt gefunden würde,...." wird er bestraft,*
- *"in den Treiben sollen sie nicht mit großem geschrey verfahren, sondern nahe zusammen auf eine richtige Reye nebeneinander gehen, auch nicht mit axten, beylen oder stecken, wie bisweilen geschehen, nach dem Wildpret oder Rehern schlagen oder werfen...."* und
- Dorfhunde sollten während der Jagd angeleint zu Hause bleiben, etc.[21].

Was nun genau bei der großen Jagd von 1707 erlegt wurde, ist nicht überliefert.
Daß der jagdliche Erfolg nicht immer großartig war, ist für eine Jagd 1711 im Windekker Wald überliefert [22]. Trotz hohem Aufwand wurden nur ein Rehbock und drei Füchse erlegt. Möglicherweise enttäuscht von diesem Ergebnis, ist die herrschaftliche Jagdgesellschaft dann in die Nähe von Rüdigheim zum Kaninchengarten geritten und hat dort noch zehn Kaninchen und einen Hasen geschossen. Dieser Kaninchengarten wurde zwei Jahre vorher auf Befehl der gnädigsten Herrschaft *"...zu dero Belustigung"* auf dem Trösterskopf angelegt. Die Anlage wurde mit Eichenpalisaden eingefriedet, die von verschiedenen Gemeinden geliefert werden mußten (beispielsweise Kilianstädten 400 Stck., Marköbel 200 Stck.). Aus dieser Einzäunung konnten die eingesetzten Kaninchen nur schlecht entfliehen [23].
Falls die Jagdbeute einmal besser war - oder auch zu besonderen Anlässen - konnten die Marköbeler von der Herrschaft Wildbret kaufen. Dies geschah beispielsweise im Jahr 1733, in dem 1.069 1/2 Pfund Wildbret von 14 Stücken Rotwild an über hundert Marköbeler verkauft wurde. Wo dieses Rotwild erlegt worden war, ist nicht bekannt, möglicherweise aber ganz in der Nähe Marköbels [24].
Nicht unerwähnt bleiben soll die wichtige Rolle, die die Hunde bei der Jagd spielten. Auch damals wurden für verschiedene Jagdarten verschiedene Hundearten verwendet. So mußten z.B. die Hirzbacher und einige Marköbeler ihre STARKEN RÜDEN 1706 und 1707 zur Schweinehatz nach Steinau a.d. Straße bringen[25]. Auch gab es SPÜRHUNDE, die Laut gebend und mit tiefer Nase auf der Fährte des Haarwildes jagten, oder sog. VOGELHUNDE, die mit erhobener Nase nach Flugwild suchten [26].

Die meisten zur Jagd verwendeten Hunde wurden von der Herrschaft selbst in sogen. "Hundehäusern" gehalten. Teilweise mußte aber auch - wie oben erwähnt, die Bevölkerung gute Hunde abrichten und zur Verfügung stellen.

## Probleme mit der Wilderei

Ein großes Problem müssen in der ganzen Grafschaft wildernde Hunde gewesen sein! Jeder der ab September 1746 in Marköbel einen Hund halten wollte, mußte diesen bei dem fürstlichen Jagdforstamt anmelden. Desweiteren wurde zur Auflage gemacht, dem Hund einen "Prügel" anzubinden, damit er, falls er einmal davon gelaufen war, bei der Wilderei behindert wurde. Falls ein Hund alleine im Wald ohne "Prügel" angetroffen wurde, durfte er von dem Forst- und Jagdpersonal erschossen werden [27].
Selbstverständlich waren die Hunde nicht die einzigen, die wilderten. Hiervon zeugt ein Dokument aus den Gemeindeakten vom 21. Febr. 1709 [28]: *"demnach die....gnädige Herrschaft mit sonderbarer Verwunderung wahrgenommen, daß das kleine Waidwerk (Jagd auf Hase, Enten, Feldhühner) allzu sehr in Abgang geraten will und dahero auf die Gedanken gefallen, daß sowohl von denen Beamten, Schultheißen und Zehntgräflichen als auch von denen Jägern und Förstern selbsten nicht genügsam darauf Achtung gegeben wird".*
Es wurde der Oberforst- und Jägermeister Philipp Ludwig Wilhelm von Bechtholzheim zum Amt Windecken geschickt, wo er die Schultheiße, Zehntgrafen und Beamten folgendermaßen instruierte:

> wenn ein Schuß fiele, sollten der Schultheiß mit bewehrter Mannschaft in den Wald eilen, um die Wilddiebe zu verhaften,
> die Flurschützen sollten mit Spießen bewaffnet die Wilderer stellen,
> die Dorfhunde mußten an die Kette gelegt werden, was sehr streng überprüft werden sollte,
> die Schäfer sollten ihre Hunde bei den Herden lassen und
> die Förster und Jagdknechte sollten von den Schultheißen gut "kontrolliert" werden.

Ein Mittel der Motivation für die Anzeigenden bzw. Verhaftenden sollte deren "Provision" am Strafgeld sein. Beispielsweise war die Strafe für das Wildern von Hasen 10 Gulden, "der Denunziant" sollte hiervon 2 Gulden bekommen. Offen bleibt unterdessen, ob diese Maßnahmen gewirkt haben. Tragische Wilderergeschichten, wie aus dem Büdinger Raum oder aus dem Spessart überliefert, sind für die Marköbeler Gegend nicht aufzufinden.
Daß auch in neuerer Zeit (während und nach den zwei Weltkriegen) gewildert wurde und wird, ist nachweisbar. Der Hauptgrund hierfür war - neben dem Jagdfieber - die

mangelhafte Versorgung der Bevölkerung mit Nahrungsmitteln. Je schlechter die Zeiten, desto intensiver wurde gewildert.
Doch nun wieder zur Situation des Marköbeler Gemeindewaldes.

## Die Forst- und Holzordnung der Grafschaft Hanau-Münzenberg von 1736

Im Jahre 1736 war der letzte Herrscher des Geschlechts derer von Hanau-Münzenberg - Rineck-Lichtenberg, Graf Johann Reinhard, in Buchsweiler im Elsaß gestorben. Aufgrund eines schon 1643 geschlossenen Erbvertrages ging die Grafschaft an den Landgrafen von Hessel-Kassel über. Man kann sich vorstellen, daß die letzten Jahre des Grafen Johann-Reinhard, der fern von Hanau wohnte, nicht mehr von einer straffen Landesverwaltung geprägt waren.
Das galt auch für das Forstwesen. Die Förster, damals kaum als solche ausgebildet, waren mehr schlechte als rechte Waldpolizisten. Meist entstammten sie dem Soldatenstand. Sie unterstanden den Amtmännern wie z.B. in Windecken und somit der allgemeinen Verwaltung.
Das ERSTE HANAUISCHE WALDBEREITUNGSPROTOKOLL vom 11. April 1736 wurde von dem hanauischen Jägermeister von Rothberg und dem Forstschreiber Kunzenbach aufgestellt [29]. In diesem Protokoll heißt es über Marköbel: *"Dieser Flecken hat zwej Waldungen, den Ober- und Unterwald, wovon ersterer 592 3/4 und letzterer 1.317 3/4 Morgen und in Summen 1.910 1/2 Morgen halten und mit Holtz, Mast und Huth dem Flecken zustehen, die Jagd aber darinnen in der ganzen Terminay gnädigster Herrschaft allein."*

Noch im gleichen Jahr entstand, durch Wilhelm VIII. - dem späteren Landgraf zu Kassel - unterzeichnet, die für die damalige Zeit vorbildliche FORST- UND HOLZORDNUNG DER GRAFSCHAFT HANAU-MÜNZENBERG. Sie war ein allgemeines Landesgesetz, welches die Bewirtschaftung und Benutzung aller in der Grafschaft vorhandenen Waldungen in ihrem ganzen Umfang - besonders unter Berücksichtigung der Holznot - regelte.

Es heißt in der Präambel: "*.... und wir gar wohl wissen, daß das Forstwesen und desselben gute Administration zur mercklichem Vortheil und Aufnehmen eines Landes ein vieles mit beytragen kan; so haben uns auch bey neulich angetrettener unserer Regierung dessent wegen mit Fleiß erkundigt; da wir aber wahrgenommen, daß damit nicht dergestalt, wie billig gesollt, an den meisten Orthen umgegangen, und dabey berichtet worden, wie das Forst-Weßen bishero eigentlich unter keiner Administration und Aufsicht derer Forstbediensteten gestanden, dahero es dann geschehen, daß selbiges nicht Forst-mäßig traktieret, in Anweisen des Holtzes weder Zeit noch Ordnung gehalten, viel weniger die Waldung ordentlich abgetrieben und die Schläge wieder in tüchtige Hege gelegt worden. Wodurch aber, und wann damit ferner solcher Gestalt kontinu-*

*ieret, endlich der völlige Ruin derer Waldungen zu Unserm und der Untertanen größtem Schaden und Nachteil sonder Zweifel erfolgen würde."*

Diese Forst- und Holzordnung behandelt sehr detailliert auf 42 Seiten folgende 6 Kapitel:
*Das 1. Kapitul: Wie die Holz-Schreib-Anweiß- und Fällung, nicht weniger die Besichtig- und Abzähl- auch Abführung des selben geschehen soll. Desgleichen wie solches zu verlassen, und das Forst-Ambt sich bey Diktierung der Forst-Bußen und sonst zu verhalten haben.*
*Das 2. Kapitul: Wie die Waldungen zu traktieren, wieder in Anwachs zu bringen und in guten Stand zu setzen* (genaue Waldbauanweisungen, insbesondere für die Buchenwirtschaft).
*Das 3. Kapitul: Von Erspahrung des Holtzes*
*Das 4. Kapitul: Von Conservation der Forste, wie auch der Forsteylichen Ober-Herrlich- und Gerechtigkeiten* (Verteilung der Grenzen, Beilegung von Grenzstreitigkeiten).
*Das 5. Kapitul: Von der Maste.*
*Das 6. Kapitul: Von denen Gemeinden und Mark-Waldungen.* (Feststellung des schlechten Zustandes der Markwaldungen. Diese fallen nunmehr unter die Administration der Herrschaft).

## Die Folgen der Forstordnung von 1736

Diese Ordnung traf Festlegungen und setzte Maßstäbe, die auch heute noch gelten können. Es wurde für den hiesigen Raum erstmals eine flächendeckende Forstverwaltungsorganisation geschaffen. Unter dem Oberforst- und Jagdamt in Hanau wurden die Oberförstereien Bieber, Steinau und Rodenbach eingerichtet. Marköbel gehörte zur Oberförsterei Rodenbach.
Die forsttechnische Leitung und die Durchführung des forsttechnischen Betriebes oblag den landesherrlichen Forstbediensteten, dem reitenden Förster und seinem Forstschutzdiener. Sie versuchten, streng darauf zu achten, daß die herrschaftliche Forstordnung eingehalten wurde.
Die erhöhte Einflußnahme der Herrschaft auf den Markwald ging nicht ganz ohne Konflikte vonstatten. So versuchte 1738 der Märkermeister von Marköbel die Holzausgabe an die Nachbarn ohne Wissen des herrschaftlichen Schultheißes zu erhöhen. Es wurde ihm daraufhin unter Androhung hoher Strafen verboten, irgend etwas ohne Wissen des Schultheißes im Wald zu tun [30].
Im Jahre 1754 wurde es den Marköbelern zur Durchsetzung der Vorschriften der Forstordnung von 1736, aber auch zur Durchsetzung von jagdlichen Interessen der Herrschaft, verboten, in den Verjüngungsflächen Erd- und Himbeeren zu pflücken: *".... als wird dem herrschaftlichen Schultheiß Meisner zu Marköbel hierdurch befohlen,....*

*öffentlich bekannt zu machen, daß ein jeder sich des lauffens in den jungen Schlägen und gehängen um Blöckung derer Erd- oder Himbeeren enthalten oder derjenige so betreffen würde mit einem Gulden herrschaftlicher Straf belegt werden sollte. Der (herrschaftliche) Förster Hoffmann hat sodann auf die Übertrettere fleißig acht zu haben und die selben auf den Betrettungsfall zur Buße zu notieren"* [31]. Später wurde auch das Maiblumenpflücken in den Hegwaldflächen verboten: *"....so daß an der Wildbahne und sonstigen kein Schaden geschehe"* [32].
1776 gab es 398 ha Wald. Eine Aufstellung aus dem Jahre 1776 weist eine Fläche von etwas über 1953 Morgen, verteilt auf 6 Waldkomplexe, für den Gemeindewald auf. Dies waren der Oberwald (592 Morgen), der Unterwald (1.239 Morgen), der Hartenberg (30 Morgen), der große Schildberg (65 Morgen), der kleine Schildberg (13 Morgen) und der Eicher Loh (12 Morgen). Die Waldfläche war demnach etwas größer als 40 Jahre zuvor. Der Morgen war ursprünglich ein Arbeitsmaß und so viel wie an einem Tage umgepflügt werden konnte[33]. So unterschiedlich schnell, wie in Deutschland gepflügt wurde, so unterschiedlich groß war auch dieses Flächenmaß.
In der Grafschaft Hanau galt etwa folgendes:

Ein Morgen = vier Viertel,
ein Morgen = 160 qu Ruten,
eine qu Rute = 12, 74133 qm.

Ein Morgen entsprach also etwa 2.038,6 qm. Somit war der Marköbeler Wald etwa 398 ha groß (heute ca. 369 ha).

Als letztes Dokument aus dieser Zeit soll ein Schreiben des Amtes Windecken an den Schultheiß zu Marköbel vom 8. Febr. 1770 genannt werden. Das forstliche Jagd- und Forstamt wollte den Forstläufer Johannes Hofmann seines Amtes entheben, da dieser seinen Dienst nur schlecht versehen hatte. Der Schultheiß Knittel und der Märkermeister sollten sich nach einem neuen Forstläufer umsehen, der wie folgt qualifiziert sein mußte: *"... und zwar eines solchen Mannes, der noch robuster Natur,dem Trunk nicht ergeben und in solcher häuslichen Verfassung ist, daß er ...... Dienst so Tag als Nacht abwarthen kann."* Diese Anforderungen gelten auch heute noch!

## Die Zeit nach 1780

In der zweiten Hälfte des 18. und zu Beginn des 19. Jahrhunderts wurden vermutlich die Bemühungen, eine geordnete Waldbewirtschaftung zu betreiben, von den enormen Kriegslasten stark behindert, die die Gemeinde Marköbel im Rahmen der zahlreich stattfindenden kriegerischen Auseinandersetzungen zu tragen hatte. Zwar wurde der Gemeindewald 1780/81 vom Landvermesser Zind aus Hanau vermessen und eine vollständige Karte angefertigt [34], dies rettete das größte vorhandene Kapital der Gemeinde (den Wald) jedoch nicht vor Ausplünderung. Zusätzlich zu berücksichtigen ist, daß die allgemeine Liberalismusbewegung (seit der Französischen Revolution 1789) den Trend zur geordneten Forstwirtschaft unterbrach. So belegen die Bürgermeisterrechnungen von 1813 einen verstärkten Holzverkauf. Mit diesem Erlös versuchte die Gemeinde, die durch die Napoleonischen Kriege entstandenen Schulden zu bezahlen. Der hohe Einschlag wiederholte sich in den Folgejahren. Auch die Holzfrevler waren wieder verstärkt im Wald zugange, was auch durch die erhöhte Anzahl der Strafmandate belegt wird. Diese "Täter" kamen nicht nur aus der eigenen Gemeinde, sondern auch von auswärts. Im Jahre 1825 stellten z.B. der Obermärker und der Forstläufer eine Gruppe von acht Hüttengesäßern, die gerade beim Holzstehlen waren. Die zwei Marköbeler wurden jedoch zurückgetrieben und die Hüttengesäßer zogen mit dem gestohlenen Holz ab[35].

Die Schweinemast und die Waldweide spielten weiterhin noch eine große Rolle und behinderten zusammen mit dem immer größer werdenden Wildbestand das Nachwachsen der jungen Bäume. Mit Einführung des Kartoffelanbaues durch den Landgrafen von Hessen (etwa um 1780) und dem dadurch eingeleiteten Übergang zur Stallfütterung begann die vielerorts unselige Nutzung von Waldstreu[36]. Diese Nutzung ist in der Regel deshalb so schädlich, weil hierbei durch das jahrzehntelange Abfahren der Waldstreu dem Boden die notwendigen Nährstoffe entzogen werden können. Im Spessart führte dies beispielsweise zu großflächigen Standortverschlechterungen. In Marköbel wurde zwar ebenfalls viel Streu genutzt, da hier die Standorte aber von Natur aus durch die hohe Lößlehmauflage viel nähstoffreicher sind, lassen sich heute keine negativen Auswirkungen dieser Nutzungsart auf das Baumwachstum mehr nachweisen. Der immer höher werdende Nutz- und Brennholzbedarf gefährdete die Holzversorgung.

Alle diese Umstände führten zu einem verhältnismäßig schlechten Waldzustand. Die in Marköbel damals vorkommenden Laubholzbestände müssen verlichtet (große Lücken) und von schlechtem Wuchs gewesen sein. Aus einem Artikel in der "Zeitschrift für die Provinz Hanau" von 1839 zur Statistik der Land- und Forstwirtschaft in der Provinz Hanau geht hervor, daß im gesamten Hanauer Raum die Wälder mit Blößen durchsetzt waren.

Das Ziel der Landbewirtschaftung müsse sein, so der Verfasser des Artikels, die Täler und Auen von den Wäldern zu befreien und nur auf den Bergrücken den Wald zu erhalten bzw. dort neu zu pflanzen. Die einen viel höheren Ertrag pro Flächeneinheit erwirtschaftende Landwirtschaft sollte eindeutig den Vorrang erlangen. Der Gedanke des optimalen REINERTRAGES aus dem Boden, der die damalige und teilweise auch die heutige Zeit kennzeichnete, wird hier sehr deutlich. Die Bodenreinertragslehre führte u.a. in anderen Gegenden zu großen Nadelholzreinbeständen, da diese den besten Geldertrag aus dem Wald versprachen. Außerdem waren die großen Blößen der damaligen Zeit oft gar nicht anders wieder in Bestockung zu bringen.

Dies gilt aber offensichtlich nicht für den Marköbeler Wald. Hier kam es glücklicherweise um das Jahr 1820 zu mehreren Buchenmasten (wie in ganz Südhessen). Möglicherweise durch Saat, mit Sicherheit aber durch natürliche Verjüngung wurden in dieser Zeit großflächig Buchenbestände begründet. In der Abt.22 A des Oberwaldes (Begründungsjahr 1820) und in der Abt. 10 im Unterwald am Steinkopf (Begründungsjahr 1813) sind noch heute majestätische Buchen und Eichen aus dieser Zeit zu sehen.

## Gemeinde scheut die Kosten der ersten Forsteinrichtung

Bei der in anderen Waldregionen Deutschlands schon um das Jahr 1800 praktizierten Forsteinrichtung wurden die Waldbestände von Fachleuten vermessen und die Nutzung sowie die Verjüngung für einen begrenzten Zeitraum in der Zukunft festgelegt. Oberstes Ziel dieser Arbeiten war damals schon eine Sicherung der "Nachhaltigkeit", d.h., es sollte nicht mehr Holz eingeschlagen werden als nachwachsen konnte.
Für Marköbel, Ostheim, Windecken, Eichen, Erbstadt und Bergen Enkheim wurde von der Forstinspektion Hanau mit einer Verfügung vom 15. April 1852 die Durchführung dieser Arbeiten verkündet [37].
Entscheidender Punkt war, daß die Gemeinden die Kosten für die "Vermessungs- und Betriebseinrichtung" von 2,5 bis 3 Silbergroschen pro ha selbst tragen sollten. Im Anbetracht der schlechten finanziellen Lage der Gemeinde Marköbel (Schulden durch Kriegslasten, Kosten für Auswanderer, Mißernten) schreibt der Bürgermeister Stroh in seinem Antwortbrief vom 16. Mai 1852 an die Revierförsterei Naumburg:
*"Die hiesigen Gemeindewaldungen sind 1780 und 1781 durch den Herrn Landvermesser Zind in Hanau vermessen, eine vollständige Karte darüber der Gemeinde gegeben und hat der Bürgermeisterssohn in Verwahrung. Durch Betrieb und Einrichtung von geometerischerseits wäre der Gemeinde nur unnötige Kosten verursachen, in dem in den hiesigen Gemeindewaldungen nicht mehr und nicht weniger Holz abgegeben wird, als was dieselbe forstmäßig ertragen könne, womit auch die Ortsbürger zufrieden sein. Es ist daher eine Betriebseinrichtung für die Gemeinde nicht zweckmäßig und wird auch nicht gewünscht. In dem die Gemeinde ohne dies genug zu bezahlen habe, welches beinahe nicht mehr aufzubringen sei".*
Die Revierförsterei Naumburg berichtet am 11. Juni 1852 über die Forstinspektion an das Landratsamt und bestätigt, daß die Gemeinde hohe finanzielle Kosten zu tragen habe. Es folgt dann nochmals am 24. Juni 1852 ein Bericht des Bürgermeisters an das Landratsamt direkt, in dem der Bürgermeister wiederholt die schlechte Lage der Gemeinde und deren Negativeinstellung zur Forsteinrichtung darlegt.
Am 30. Juni 1852 schreibt die Forstinspektion an das Landratsamt wie folgt: *"Wenn, wie der Amtsvorstand bekannte, über Marköbeler Gemeindewaldung eine Karte vorliegen, welche in 1780 angefertigt worden, so könne, da von jener Zeit aus der Waldbestand sehr wesentlich verändert habe, davon nur der Gebrauch zu machen werden,*

*das solche nach dem damaligen Waldbestand berichtigt würde, was häufig nicht viel weniger Zeit und also auch Kosten erfordert, als wann solche von neuem vermessen werde. Die Kosten, wie man solche als für die Vermessung und Betriebseinrichtung erforderlich bezeichnet habe, gründeten sich auf Erfahrungssätze so wie weiter darauf, daß die gedachten Geschäfte in mehreren Waldungen gleichmäßig vorgenommen würden könnten. Für die Marköbeler Gemeindeverwaltung sei die Betriebsregulierung unentbehrlich, um solche danach bewirtschaften zu können. Sie wäre aber auch von Vortheil, daß die Gemeinde die Kräfte ihres Waldes dadurch kennenlerne".* Die Forstinspektion bittet das Landratsamt dann gefällig darum, die entsprechende Verfügung zu erlassen.

Der Bürgermeister Stroh gibt sich aber dadurch nicht geschlagen und entgegnet in seinem abermaligen Bericht vom 17. Juli 1852 an das Landratsamt: Man kenne die Kräfte des hiesigen Waldes, man habe immer nur mit Einverständnis der hohen Behörde Holz geschlagen, über den Waldzustand habe die Forstinspektion bei Visitation stets ihre Zufriedenheit ausgesprochen und außerdem.... *"finden durch Hauungen stets Veränderungen statt und sollte da ja jedesmal eine neue Karte angefertigt werden, so müßte das ja oft geschehen".*
Dies alles nutzte zuerst einmal nichts, da mit Verfügung des Landratsamtes vom 5. Aug. 1852 die Betriebseinrichtung verordnet wurde.
Nachdem der Bürgermeister gegen diese Verordnung mit Schreiben vom 11. August 1852 Widerspruch einlegt, in dem er an das Landratsamt ausführt, daß keine Kosten entstehen sollen.... *"die sie vor Gott und ihrem Gewissen nicht verantworten können"* verfügt dieses Amt mit Schreiben vom 27. Aug. 1852 nochmals die Durchführung der Forsteinrichtungsarbeiten.
Am 6. Sep. 1852 erscheint der Bügermeister Stroh auf dem Landratsamt in Hanau und gibt zu Protokoll: *".... das die Gemeinde keine Kosten dazugebe, sie müßte darauf verklagt und ausgepfändet werden*[38].

Es sind kein Forsteinrichtungsunterlagen aus den Jahren 1852 bis 1855 in den Gemeindeakten zu finden, und es wurde auch nach den Bürgermeisterrechnungen aus dieser Zeit keine Geld für derartige Arbeiten gezahlt. Der Schluß liegt nahe, daß der Bürgermeister Stroh mit seiner Hartnäckigkeit die Behörde umgestimmt hatte. Ohne begrenzende Vorgaben durch ein Forsteinrichtungswerk waren auch in den Jahren 1856 bis 1863 enorme Holzverkäufe aus den Gemeindewaldungen zur Begleichung der Schulden möglich (Erlös im Jahre 1863: über 10.000 Gulden).
Jedoch in den Jahren 1879 bis 1883 wurde eine Forsteinrichtung im Gemeindewald durchgeführt, die folgende Ergebnisse aufwies: Größe der Waldungen: 370, 118 ha, wovon tatsächlich 356, 5 ha mit Bäumen bestockt waren (Holzbodenfläche). Hiervon waren 285, 1 ha Buchen-, 48, 4 ha Eichen- und 13 ha Kiefernbestände. Die erlaubte Gesamthiebsmasse war 2.2.17 fm pro Jahr (1.417 fm Hochwaldnutzung, 700 fm Rei-

serholz und 110 fm Stockholz). Die Holzbodenfläche des Waldes in der Gemarkung Marköbel beträgt heute - nach gut hundert Jahren - 361,6 ha! In diesen Jahrhunderten hat sie sich also, trotz Autobahnaufhieb relativ wenig verändert[39].
Im Zeitraum zwischen 1776 und 1880 wurden jedoch ca. 30 ha gerodet. Dies waren:

1816 das Eichenloher Wäldchen,
1851 der Hartenberg,
1854 der Fuchsgrund, der allerdings wieder nach und nach bepflanzt wurde,
1855 der Schildberg und
1880 der Teil des Oberwaldes, der heute von den Abt. 17 im Westen und 22 im Norden begrenzt wird.

Die gerodeten Flächen wurden ausschließlich für die Landwirtschaft genutzt.

Wie im Forstbereich durch die Forsteinrichtung, so fand auch im 19. Jahrhundert eine gravierende Änderung der jagdlichen Verhältnisse statt.
Nachdem es zwischen 1830 und 1847 zu immer größeren Klagen über Wildschäden gekommen war, wurden alle Hess. Forstbeamten am 29. Juni 1847 durch ein Gesetz angewiesen, den Wildstand in allen Wäldern und Feldern zu überwachen [40].
Nach der Revolution im März 1848 wurde das bislang ausschließlich der Herrschaft und dem Staat zustehende Jagdrecht (Jagdregal) auf die Grundstückseigentümer übertragen. Die Jagd wurde demnach im Jahr 1848 auch in Marköbel von der Gemeinde verpachtet, nachdem die Verpflichtung eingegangen worden war, eine gesetzlich festgelegte Ablösesumme an den Staat zu entrichten. Es wurden zwei Bezirke gebildet, von denen einer den Unterwald und der andere den Oberwald mit beinhaltete (wie auch heute noch). Die Jagd um den Baiersröderhof wurde ausgenommen.
Für einen Zeitraum von 4 Jahren wurde das Gebiet an die Meistbietenden verpachtet: Die ersten Marköbeler Jagdpächter waren Johannes Knittel für den Bezirk Unterwald und Johannes Gärtner für den Bezirk Oberwald [41]. Die Verpachtung der Jagden an Bürgerliche bewirkte vermutlich eine tiefgreifende Reduzierung des Schalenwildbestandes und wirkte sich in der Aufbauphase sehr segensreich für den Wald aus.

## Die Waldentwicklung im Zwanzigsten Jahrhundert

Das der Forsteinrichtung von 1880 nachfolgende Betriebswerk wurde im Juni 1905 aufgestellt. Die Gesamthiebmasse betrug hier 2.691 fm (hiervon nur 1.366 fm Bauholz und Brennholz), somit 400 fm mehr als 20 Jahre vorher. Es fand zu Beginn des 20. Jahrhunderts allgemein eine Verschiebung vom überwiegenden Brennholz- zum Nutzholzbetrieb statt.
Der Zusammenschluß von 15 Waldbesitzern (Gemeinden und Private) im Jahre 1910 zur besseren Vermarktung des Rundholzes ist auch für Marköbel ein Indiz hierfür. Zusammengeschlossen waren damals unter anderem Langen, Bischofsheim, Fechen-

Auflaufende Buchen-Naturverjüngung in Abteilung 13 des Marköbeler Unterwaldes.

heim, Dörnigheim, Großauheim, Groß-Kotzenburg, Langendiebach, Langenselbold, Mittelbuchen, Wachenbuchen und Marköbel.
Die Zeit um die Jahrhundertwende war für den Marköbeler Wald wieder etwas ruhiger.

Dies änderte sich aber mit dem Ersten Weltkrieg und setzte sich bis nach dem Zweiten Weltkrieg fort. Dieser Zeitabschnitt war geprägt von der wirtschaftlichen Not der Kriegs- und Nachkriegszeiten. Beim Holzeinschlag lag die gehauene Holzmasse über den von der Forsteinrichtung um die Jahrhundertwende festgelegten Mengen, wobei die Hiebe von Losholz für die Bevölkerung wieder eine größere Rolle spielten. Für die Waldentwicklung waren diese Jahre insgesamt gesehen nicht sehr fördernd.
Wegen des Zwanges höherer Einschläge und der forstpolitisch unruhigen Zeiten gingen gute waldbauliche Traditionen verloren. Forstliches Personal war sehr oft nicht vorhanden. Durch die Autarkiebestrebungen mußte oft eingeschlagen werden, was für die Volkswirtschaft benötigt wurde, nicht aber das, was zur Pflege des Waldes notwendig gewesen wäre[42].

Die Zeit unmittelbar nach dem Zweiten Weltkrieg war gekennzeichnet durch Brennholzhiebe und entsprechende Versteigerungen. Um die Käufer zu motivieren, war auch der eine oder andere kleine Umtrunk gang und gäbe.
1952 wurden die Schweine noch zur Mast in den Wald (Abt. 11 Unterwald) getrieben (die letzte Streunutzung fand zwischen den Weltkriegen statt).

Seit dem Kriegsende gab es immer wieder Ärger wegen der Forderungen des amerikanischen Militärs auf Nutzung von Waldflächen. 1952 wendeten sich die Gemeindevertretung und die Bevölkerung mit heftigem Protest gegen die beabsichtigte Beschlagnahme des gemeindeeigenen Waldbesitzes im Oberwald [43]. Dieses Vorhaben konnte verhindert werden, nicht aber die Tatsache, daß der Unterwald bei Manövern von amerikanischen Truppen genutzt wird. 1982 wendete sich die Gemeinde gegen ein geplantes ca. 20 Hektar großes Munitionsdepot im Wald zwischen Hammersbach und Limeshain und 1988 gegen geplante Raketenstellungen im bekannt gewordenen Umfang von 60 Hektar am Hellrain. Das Gelände am Hellrain soll bereits 1981 als Hubschrauberlandeplatz im Gespräch gewesen sein[44].
Die ergiebigen Buchenmasten 1947, 1957 und 1959 erleichterten den Forstbeamten den Wiederaufbau nach dem Zweiten Weltkrieg. Große Flächen des Marköbeler Waldes konnten mit Hilfe dieses "Naturereignisses" wieder mit Buche bestockt werden. Hierbei halfen, wie in anderen Regionen auch, eine Vielzahl von Waldarbeitern und Waldarbeiterinnen (32 Arbeiter direkt nach dem Krieg). Den Pflanzfrauen wurde auf der Rückseite unseres heutigen 50 Pf-Stückes ein kleines Denkmal gesetzt.
Die kontinuierliche Bewirtschaftung des Gemeindewaldes erfolgte auch nach dem Zweiten Weltkrieg vom Hess. Forstamt Hanau (später Hess. Forstamt Nidderau in Hanau) aus. Der direkte Ansprechpartner und Verantwortliche vor Ort für den Wald war und ist der Revierförster (bis 1975 Gemeinde-, seit dieser Zeit staatlicher Beamter).
Der letzte gravierende Eingriff in den Marköbeler (und Langenbergheimer) Wald war der Autobahnbau zu Beginn der 70er Jahre. Die Waldverluste aus den Abteilungen 13 (Marköbel) und 115 (Langenbergheim) wurden durch Neuzugänge am Schildberg (Abt. 113), am Hartenberg (Abt. 27) und im See (Abt. 4 B) flächenmäßig ausgeglichen.

## Der Gemeindewald Hammersbach im Jahre 1989

Seit der Gebietsreform in der 70er Jahren und der Zusammenlegung von Marköbel und Langen-Bergheim zu der Gemeinde Hammersbach wird der Wald der beiden Ortsteile gemeinsam bewirtschaftet.
Die Gesamtfläche des Hammersbacher Waldes beträgt 525,3 ha, wovon 368,8 ha auf Marköbel und 156,5 ha auf Langen-Bergheim entfallen.
Der Gemeindewald liegt im Wuchsbezirk "Wetterau und angrenzendes Hügelland", die Höhenlage beträgt 135m bis 220 m ü. NN. Das Ausgangsmaterial zur Bodenbildung (Grundgestein) ist überwiegend Basalt, kleinflächig ist auch das sogen. Rotliegende anzutreffen. Entscheidend jedoch für den sehr guten Nährstoffhaushalt und die gute Wasserversorgung ist eine im ganzen Gemeindewald vorkommende dicke Lößlehmauflage. Die Standorte sind deshalb überwiegend als sehr geeignet für die Laubholzwirtschaft anzusehen.
Die Baumartenverteilung ist wie folgt:

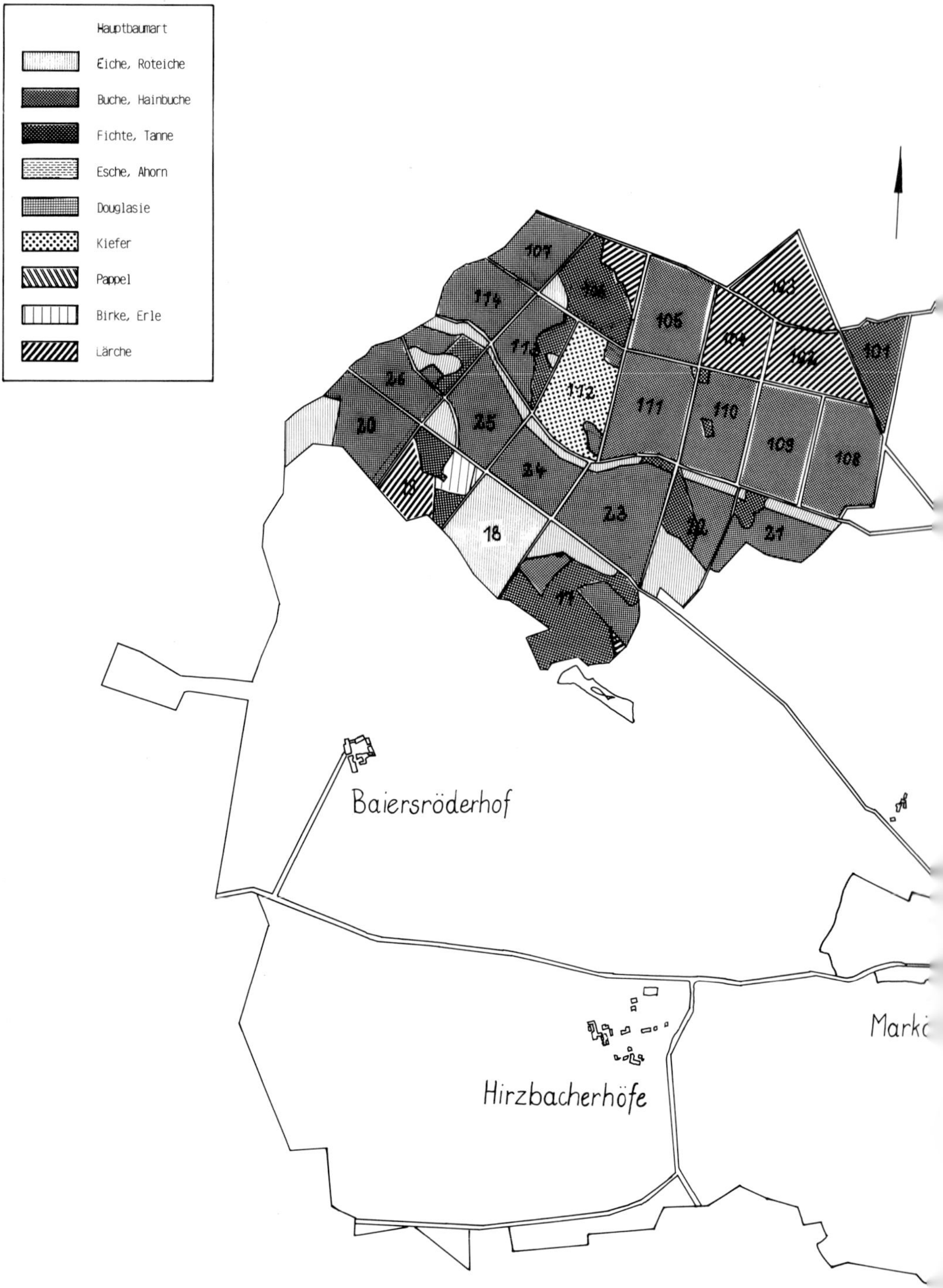
Hauptbaumart
Eiche, Roteiche
Buche, Hainbuche
Fichte, Tanne
Esche, Ahorn
Douglasie
Kiefer
Pappel
Birke, Erle
Lärche
107
114
105
101
111
110
109
108
18
23
24
25
20
21
Baiersröderhof
Hirzbacherhöfe

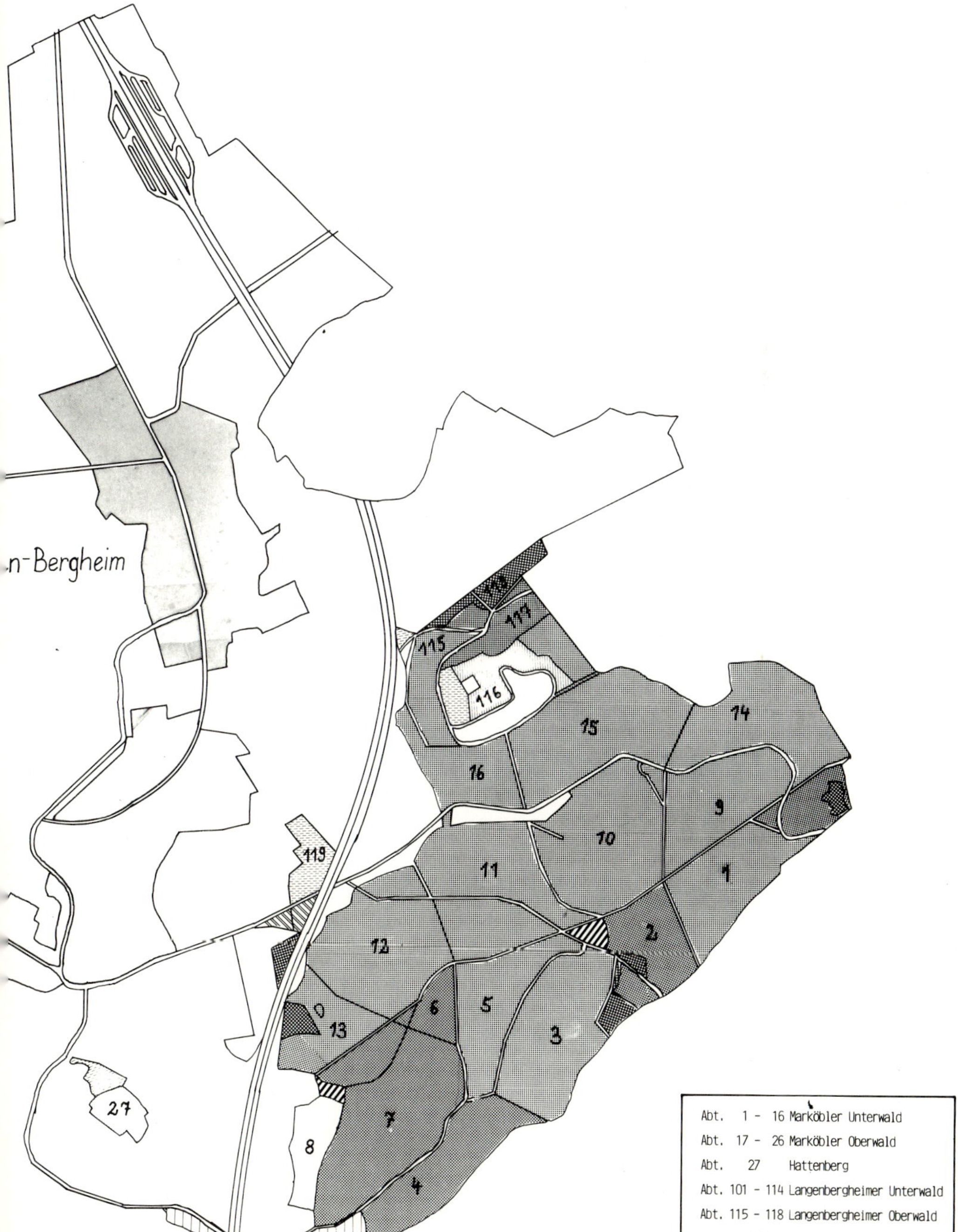

-n-Bergheim
118
117
115
116
15
14
16
9
10
119
11
1
2
12
6
5
13
3
27
7
8
4
Abt. 1 - 16 Marköbler Unterwald
Abt. 17 - 26 Marköbler Oberwald
Abt. 27 Hattenberg
Abt. 101 - 114 Langenbergheimer Unterwald
Abt. 115 - 118 Langenbergheimer Oberwald
119 Schildberg

| | | |
|---|---|---|
| Eiche | 09 | Prozent, |
| Buche | 75 | Prozent, |
| Fichte | 08 | Prozent und |
| Kiefer | 08 | Prozent. |

Es handelt sich somit um ein typisches, von der Buche beherrschtes Laubholzrevier.
Der Marköbeler Wald hat mehrere sehr unterschiedliche Funktionen: Er liefert Holz als Rohstoff für die Volkswirtschaft, z.T.auch noch Brennholz für die Ortsbürger und sichert der Gemeinde noch bescheidene Einkünfte. Viel wichtiger jedoch: Er stellt Lebensraum für zahlreiche Pflanzen und Tiere dar. Er bietet als Erholungsraum der Bevölkerung Entspannung und das Naturerlebnis. Er ist wichtige Sauerstoffquelle, hat lebenswichtige Einflüsse auf Klima und Wasserhaushalt, sichert den Boden gegen Abtragung, dämpft Lärm und filtert - allerdings zu seinem eigenen Nachteil - Immissionen aus.
Die Leistungen des Waldes sind in der heutigen industrialisierten Gesellschaft noch höher als in den vergangenen Jahrhunderten einzuschätzen. Doch es droht ihm erneut eine sehr große Gefahr durch den Menschen.

## Waldschäden in Marköbel/Hammersbach

Zunächst ist festzustellen, daß die Waldschadenserhebung 1988 für das Land Hessen zu folgenden Ergebnissen führte:

| **Baumart** (jeweils über 60 Jahre alt) | **Schadstufen** **0** | **1** | **2 +** |
|---|---|---|---|
| Fichte | 31% | 43% | 26% |
| Kiefer | 24% | 54% | 22% |
| Buche | 20% | 54% | 26% |
| Eiche | 15% | 47% | 38% |

(Schadstufe 0 = keine Schäden, Schadstufe 1 = leichte Schäden und Schadstufe 2+ = mittlere und schwere Schäden).

In der öffentlichen Diskussion wird häufig übersehen, daß es sich bei diesen Zahlen um eine reine Erfassung des Ist-Zustandes handelt. Über die Ursachen ist hier noch keine Aussage getroffen! Die Tatsache, daß die hessischen Wälder in diesem Ausmaß geschädigt sind, läßt sich jedoch nicht leugnen.
Den Eindruck, den die örtlichen tätigen Forstleute aufgrund intensiver Beobachtungen vom Zustand des Hammersbacher Waldes haben, ist folgender:
Buche über 60 Jahre: Zustand ist etwas besser als Landesergebnis.

Eiche über 60 Jahre: Zustand entspricht in etwa dem Landesergebnis.
Für die Baumarten Fichte und Kiefer werden wegen ihrer geringen Verbreitung im Gemeindewald Hammersbach keine Aussagen getroffen; zumal es sich hierbei meist um junge bis sehr junge Bestände handelt, die bekanntermaßen weniger geschädigt sind als die älteren.
Die folgenden auf Hammersbach bezogenen Aussagen sind sicherlich nicht übertrieben:

> Jeder 2. Baum im Gemeindewald Hammersbach ist geschädigt (50 Prozent) und bei den Laubbäumen über 60 Jahre sind 3/4 geschädigt, wobei 1/4 der über 60jährigen Laubbäume im Gemeindewald Hammersbach sogar sichtbar geschädigt sind, d.h. Schadstufe 2 und stärker aufweisen.

Der Zustand des Gemeindewaldes Hammersbach ist demnach ebenso kritisch wie der Zustand der meisten anderen hessischen Waldungen.
Der schädigende Einfluß von Luftschadstoffen auf den Hammersbacher Wald läßt sich naturgemäß nicht mengenmäßig feststellen, ist aber hier im Ballungsraum entsprechend den Ergebnissen der Messungen der acht Depositions-Meßstationen in Hessen der Hauptschadfaktor.
Es ist zu berücksichtigen, daß die vorliegenden Meßergebnisse für Hessen die langjährigen Befunde aus dem Solling bestätigen (Ullrich), nach dem die Waldökosysteme weit stärker durch Luftschadstoffe belastet sind als die Freilandflächen. Aufgrund der großen Kronenoberfläche der Wälder werden zusätzlich hohe Schadstoffmengen abgefangen und zur Deposition gebracht. Dabei spielt neben den Auswirkungen von Tau, Rauhreif und Nebel insbesondere das Ausfiltern von Stäuben, Aerosolen und Gasen eine große Rolle.

Beispiel: Sulfat-Deposition Mai 85 bis April 86 Meßstation Mörfelden

| | |
|---|---|
| Wald | 114 kg/ha, |
| Freiland | 32 kg/ha. |

Der Wald schädigt sich demnach durch sein hervorragendes Filtervermögen selbst.
Der negative Einfluß anderer Schadfaktoren wie Abhaltung von Manövern, forstliche Schädlinge etc. ist gegenüber dem Einfluß der Immissionsschäden weitgehend vernachlässigbar.

Forstliche Maßnahmen gegen die Einwirkung von Immission auf Bestand und Boden bewirken nichts... Entscheidendes. Die einzige Möglichkeit zur wirksamen Bekämpfung der Waldschäden ist ein konsequente Luftreinhaltepolitik wie z.B.:

Filteranlagen für Kraftwerke,

Einschränkung der Kraftfahrzeug-Emission durch Katalysator,
Geschwindigkeitsbeschränkung, Verringerung des Individualverkehrs/Förderung der Nahverkehrssysteme,
verbesserte Flugzeugtechnologie in bezug auf die Abgaswerte,
Energiesparmaßnahmen usw. ... usw...

Alle Handlungsweisen, die zu einer Verringerung des "Dreckausstoßes" führen, sind zu begrüßen. Neue Flächeninanspruchnahme und Änderungen der Wasserverhältnisse (neue Grundwasserbrunnen etc.) sind für den Hammersbacher Wald grundsätzlich abzulehnen.

Selbstverständlich bemühen sich die Forstpraktiker, alle ihnen zur Verfügung stehenden Mittel für die Erhaltung und Genesung des Hammersbacher Waldes auszuschöpfen. Ohne die oben genannten primären Maßnahmen sind jedoch die im folgenden aufgezählten forstlichen Konsequenzen sinnlos.

Forstliche Maßnahmen:

Verwendung standortgerechter Baumarten,
Bestandsstabilisierung/Erhaltung der Vitalität durch Pflege/Baumartenmischung,
intensive Kleinflächenwirtschaft zur Erhaltung eines günstigen Boden- und Bestandsklimas,
verstärkte Randgestaltung und -unterhaltung,
z.T. Liegenlassen des Laubholz-Schlagabraums zur Verbesserung des Nähstoffhaushaltes.

Diese Maßnahmen können im einzelnen sehr kostenaufwendig sein.

Die forstliche Düngung, die in letzter Zeit immer mehr propagiert wird, ist für den Hammersbacher Wald grundsätzlich abzulehnen, da dessen Nährstoff- und Wasserversorgung optimal ist. Die z.Zt. vorliegenden wissenschaftlichen Untersuchungen konstatieren eine positive Wirkung der Meliorationsdüngung nur auf extremen und mittleren Standorten, wie sie im Hammersbacher Wald nicht vorkommen.

Diese Ausführungen wird der eine oder andere Hammersbacher Bürger sicherlich als übertrieben ansehen. Er sollte sich aber im Sommer oder Herbst der Mühe eines Waldbeganges unter der fachkundigen Führung von Forstleuten unterziehen. Dabei wird er sich eines Besseren über den aktuellen Zustand "seines Waldes" belehren lassen müssen.

## Anmerkungen:

1. Christoph BINNEWIES: Die Waldentwicklung im Forstamt Biebergemünd; aus der Festschrift 250 Jahre Forstamt Biebergemünd 1986, S. 22.
2. Walter NIESS: Die Forst- und Jagdgeschichte der Grafschaft Ysenburg und Büdingen vom ausgehenden Mittelalter bis zur Neuzeit. Mitteilungen des Forstgeschlichtlichen Instituts der Universität Freiburg i.Brsg. 1974, S. 29.

3. Ebd., S. 30
4. BOTT, S. 18
5. Ebd. S. 20
6. GAM 88/1, (Windecker Waldordnung 1526, Präambel).
7. Ebd., Punkt 5.
8. Ebd., Punkt 11.
9. NIESS, S. 41.
10. BOTT, S. 29.
10.1. Ebd., S. 52.
11. Ebd., S. 63.
11.1. Ebd., S. 46 ff.
11.2. GAM 88/2, (Schreiben vom 5. April 1700).
12. Ebd., (Waldtordnung Helium Marköbel den 17. Juni 1714).
13. GAM 88/4, (Mastung der Schweine).
14. GAM 88/3, (Marköbeler Waldrügeregister 1710).
15. ZIMMERMANN, S. 347.
16. GAM (HStA), Nr. 32, (1717 Bott E.)
17. GAM 88/2, (Actum zu Marköbel den 10. Juli 1715).
18. GAM (HStA), Nr.640, S. 8.
19. Ebd.
20. Ebd.
21. ZIMMERMANN, S. 355 ff.
22. s. Anm. 18.
23. s. Anm. 11.2, (Schreiben vom 24. Feb. 1708).
24. GAM (HStA), Nr. 641, S. 1-3.
25. s. Anm. 18, S. 1 und 14.
26. NIESS, S. 131.
27. s. Anm. 18, S. 27 f.
28. Ebd. S. 34.
29. Helmut PUCHERT: Forstmänner und Forstreviere; aus der Festschrift 250 Jahre Forstamt Biebergemünd 1986, S. 8 f.
30. s. Anm. 11.2, (Schreiben vom 29. Juni 1738).
31. Ebd. (Schreiben vom 17. Juni 1754 und Schreiben vom 31. Juli 1754).
32. Ebd. (Schreiben vom 1. Mai 1773).
33. ZIMMERMANN, S. 324.
34. GAM 88/6, (Schreiben vom 16. Mai 1852 und Bürgermeisterrechnung von 1780.)
35. GAM (HStA) Nr. 249
36. BINNEWIES, S. 25.
37. s. Anm. 34, (Verfügung vom 15. April 1852).
38. Ebd. (Vermerk vom 25. Sept. 1852 auf der Verfügung vom 27. August 1852).
39. GAM 88/7 (Schreiben vom 28. Sept. 1883).
40. NIESS, S. 271.
41. s. Anm. 24, S. 3, 11.
42. BINNEWIES, S. 29.
43. GAM 88/57.
44. E. SCHMIDT-EENBOOM, Gutachten über die militärische Belastung des Main-Kinzig-Kreises, 1988, S. 41.

Das Obertor nach einer Skizze von Johann Caspar Stawitz aus dem 19. Jahrhundert. Vergleiche dazu auch die Zeichnungen Ruhl und von Reutern an anderer Stelle dieses Buches. Foto: Historisches Museum Hanau.

# Geschichte der Kirchengemeinde Marköbel seit 1525

*Ernst Siegmund-Schultze*

Die Kirchengeschichte Marköbels seit dem 16. Jahrhundert ist eingebettet in die allgemeine Kirchengeschichte, folgt ihr jedoch zum Teil mit Verzögerung. Zum anderen ist sie geprägt von der im Laufe der Jahrhunderte wechselnden Finanzierung und von den beteiligten Personen: Gemeindeglieder, Kirchenvorstand und Pfarrer. Unter den Pfarrern gab es solche, die zwar nur kurz hier lebten, über die jedoch mehr zu berichten ist als über solche, die lange Zeit hier tätig waren oder die in zwei Generationen die Pfarrei Marköbel betreuten.

Während in anderen deutschen Landen die Einführung einer protestantischen Kirchenordnung 1525 weitgehend abgeschlossen war oder die bisherige Ordnung beibehalten wurde, war die Religionsfrage in der Grafschaft - aber nicht nur dort - noch ganz in der Entwicklung.

Im Jahr 1550 existiert in der Grafschaft Hanau keine Gottesdienstordnung, es gab nur handgeschriebene Blätter der einzelnen Pfarrer[1]. Für das Jahr 1562 wird von einer völligen Unordnung im Kirchenwesen berichtet, es gäbe sowohl die Hanauer als auch die Mecklenburger oder die "papistische" Kirchenordnung und auch als Bekenntnisgrundlage der Pfarrer werden fünf Möglichkeiten genannt [2]. 1571 tagt in Windecken eine Synode, damals eine Zusammenkunft der 37 Pfarrer der Grafschaft, und stellt fest, daß es bisher keine einheitlichen Gottesdienstabläufe gäbe[3]. 1582 setzt sich als Bekenntnisgrundlage langsam das Augsburger Bekenntnis in der abgeänderten Fassung durch[4], doch noch 1593 wird über als katholisch empfundene Bräuche diskutiert.

In Marköbel war von 1527 bis 1530 ein Philipp Krebs[5] als Pfarrverweser, als tatsächlich Dienst tuender Pfarrer[6] tätig. Er war evangelisch gesinnt, doch blieb die Ordnung der Gottesdienste ganz die bisherige, zumal seine Nachfolger ganz im ungeänderten Kirchenwesen verharrten[7]. Der Marköbler Pfarrer Johannes Löher (1541-1560) erklärt sich ausdrücklich für das sogenannte Interim[8]. Dies war ein von Reformkatholiken betriebenes Reichsgesetz, mit dem die Religionsfrage 1548 gelöst werden sollte. Es sah katholische Zeremonien vor, überging die Streitpunkte Ablaß und Fegefeuer und gestand den Protestanten Laienkelch und Priesterehe zu. Doch die Katholiken lehnten es ab und betrachteten es als Ausnahmegesetz für die Protestanten, deren radikale Gruppen es ebenfalls ablehnten. Im Hanauer Raum unterschrieben es die Verwalter der Klöster zu Naumburg und Roßdorf und weitere acht Pfarrer. Man kann daraus schließen, daß Pfarrer Löher mit der Zustimmung zum Interim Mißstände beseitigen und doch an der Einheit der Kirche festhalten wollte[9]. Doch die Dinge blieben im Fluß, daher erfolgte auch ein rascher Pfarrerwechsel. Nur für Monate war im Jahre 1561 ein Johannes Marmelius hier, Johannes Glast kam für fünf Jahre und stand der evangeli-

schen Lehre wieder näher. Er war nach der Auskunft der Kirchenvisitation (Überprüfung) *"ein recht gelehrter Mann"* [10].
Es folgte Johannes Bender, der als einziger neben dem Superintendenten (Vorgesetzter) einen Magistertitel hatte[11], also eine Zusatzprüfung an der Universität gemacht hatte. Er war mit einer Marköblerin verheiratet. Er starb wahrscheinlich jung, sein Tod ist nur in der Weinmeister Rechnung 1581 vermerkt, was auch für seinen Nachfolger bis zum Jahr 1585 gilt.
Nach drei Jahren kam David Pistorius, der 1596 *"vermutlich wegen Einführung des reformierten Bekenntnisses durch den Grafen Philipp Ludwig II. aus dem Hanauer Dienst entlassen"* [12] wurde und in Gräflich Ysenburgische Dienste trat.
Bevor wir uns den weiteren Pfarrern zuwenden, muß an dieser Stelle die Bezahlung der Marköbeler Pfarrer besprochen werden.

## Pfarrer-Besoldung

Nirgends blieb die von Prof. Dr. Schwind in seinem Beitrag über das Mittelalter bereits beschriebene Besoldungsordnung im Landkreis Hanau so lange erhalten wie in Marköbel. Eine in der mittelalterlichen Kirche eingerissene Unsitte blieb in Marköbel mindestens fünfzig, wahrscheinlich achtzig Jahre nach dem Beginn der Reformation in Wittenberg bestehen, ja, erlebte in ihrem letzten Vertreter einen absurden Höhepunkt. Wie Schwind zeigte, vergaben die Patronatsherren die Pfründe zu Marköbel und anderswo an verdiente Geistliche, die einen Stellvertreter für einen Hungerlohn mit den eigentlichen Aufgaben betrauten, der eigentliche Amtsinhaber, der kaum in Marköbel wohnte, diente jedoch dem Lehnsherren als Ratgeber oder in anderen Funktionen. Doch diese Vergabe von Pfarrstellen verkam offensichtlich. In der Zeit von 1527 - 1530 war Anton von Lauter, Sohn des Amtmanns Johann von Lauter in Büdingen, der Bezieher des ganzen Einkommens, von dem er etwas abgab. Über die Zwischenzeit wissen wir nichts, doch seit 1564 war der Inhaber der Pfründe und Bezieher des Einkommens *"Philipp Fickeisen, Sohn des Zöllners und Schultheißen Hermann Fickeisen in Kesselstadt, der noch als Schüler mit der Pfarrstelle belehnt wurde, wogegen sein Vater sich verpflichtete, ihn studieren zu lassen. Seine geistigen Fähigkeiten waren aber so gering, daß er nie zu einem Amt verwandt zu sein scheint... Fickeisen starb erst 1622"* [13]. So wissen wir nicht, wann dieser sonst aller Orten damals überholte Zustand in Marköbel beendet wurde. Sicher ist dadurch auch der häufige Pfarrerwechsel am Ort bedingt. Denn jeder Ort bezahlte seinen Pfarrer bzw. den Pfarrstelleninhaber allein, sein Einkommen war also in jeder Gemeinde verschieden.

Es setzte sich aus mehreren Teilen zusammen:

a) Geldeinkünfte aus verliehenem Kapital,
b) Geldeinkünfte für bestimmte Verrichtungen, z.B. Beerdigungen, Taufen, Trauungen

an Werktagen, dieser Teil des Einkommens war jedoch gering,
c) Naturalienzins für Pfarreiäcker,
d) Naturalienverpflichtung von anderen Äckern (Zehnter) und Wald sowie
e) Pachtzins für Pfarreiäcker und eigene Bewirtschaftung der Pfarreiäcker.

Noch 1835 wird die Besoldung des Marköbler Pfarrers nach diesem Schema aufgeführt:

a) an Geld 42 1/8 rthl (Reichsthaler),
b) an Gebühren 21 1/24 rthl,
c) Naturallieferung Frucht 15 11/12 rthl,
d) Zehnter 523 rthl,
e) Land zur eigenen Bewirtschaftung oder Verpachtung im Wert von 139 1/6 rthl und
f) schließlich kleine Gebühren 2 5/24 rthl[14] zusammen 855 1/6 rthl.

Da diese zusammenfassenden Aufstellungen erst aus diesem Jahr vorliegen, können sie nur mit Vorsicht auf die Reformationszeit übertragen werden. Doch steht Marköbel 1835 in der Besoldung weit über allen Orten des Kreises Hanau, nur Windecken erreicht noch 90 Prozent von Marköbel für zwei Stellen zusammen, alle anderen Pfarrstellen haben 50 Prozent und weniger an Einkommen als der damalige Marköbler Pfarrer[15].
Es war der seit 1596 hier tätige Johannes Heupel, der in die ganze Besoldung Ordnung brachte, jedenfalls schildert es sein Sohn Johann Wilhelm so in seinen *"Memorabilien Marköbiliensis"* aus den Jahren 1656-60[16]. Er erhielt als erster ortsansässiger Pfarrer die vollen Einkünfte der Pfarrei, konnte also den erst 1622 verstorbenen Philipp Fickeisen ausschließen. Doch die vollen Einkünfte hat er bald wieder geteilt, denn sein Sohn berichtet von der Bezahlung von vier verschiedenen Lehrern bis 1624. Um 1600 muß ein Lehrer angestellt worden sein, dazu gehört auch der Bau einer Schule im Jahr 1603/04[17].

## Lehrerbesoldung, Kirchbau- und Almosenkasse

Für das Jahr 1563 bezeugt Brammerell in der ganzen Grafschaft Hanau einen schlechten Zustand der Ausbildung der Jugend. *"Auf den Dorfschaften mußten die Prediger das Beste bei der Jugend thun. Es hatte zwar hier und da einer von dem Glöckner ein wenig Hilfe, es fanden sich aber auch Glöckner, welche weder lesen noch schreiben konnten"* [18]. Das Gehalt der Lehrer setzte sich dann später aus den Zahlungen für die Glöckner, deren Arbeiten sie auch übernahmen oder organisierten, und aus Zahlungen der Kirche für Verrichtungen in der Kirche und aus Einkünften der Schulstelle selbst zusammen. Die Einkünfte der Schulstelle setzten sich ebenso zusammen wie die des Pfarrers, das heißt, ebenso Geld und Naturalleistungen und Eigenbewirtschaftung. Die

Einnahme dieser Einkünfte war bei Pfarrern und Lehrern nicht immer ganz einfach, denn sie setzten sich ja aus zahlreichen Einzelposten zusammen. In sorgfältig geführten Listen, sogenannten Pfarrei- oder Schulcompetenzen, wurden diese Einnahmen verrechnet.

Die Pfarreicompetenz von 1740 nennt 578 Einzelposten, darunter viele Hellerbeträge, auf, die alle zum Pfarreinkommen gehörten. Sie mußten durch den Pfarrer selbst eingezogen werden[19].
Dabei traten größere und kleinere Differenzen auf, so zum Beispiel ein Streit mit den Pächtern des ehemaligen Antonitergutes zu Hirzbach, mit welchem Maß die 3 Achtel Malter Korn zu messen seien, mit dem größeren Hanauer oder dem kleineren Frankfurter Maß. Dieser Streit zog sich über Jahre hinweg und wurde zugunsten des Hanauer Maßes entschieden [20].
Eine völlig andere Kasse war die Kirchbaukasse, die vor allem aus den Zinsen von Stiftungen gespeist wurde. Sie wurde von einem Kirchbaumeister geführt, der handwerklich nichts zu tun hatte, sondern nur diese und weitere Kassen führte und die Kirchengemeinde auch vor der unteren Gerichtsbarkeit allein vertrat, was später einmal das Amtsgericht Windecken bestreiten wollte. Der Kirchbaumeister war ein Marköbeler, der dieses Amt oft durch Jahrzehnte hindurch bekleidete. In schlechten Zeiten mußte er zusehen, wie notwendige Reparaturen bewerkstelligt werden konnten, in guten Zeiten mußte er mit größeren Geldbeträgen arbeiten und zum Beispiel Gelder an auswärtige Personen ausleihen und deren Bonität erkunden. Wie bereits von Schwind erwähnt, wurden die Schuldurkunden in einem Kasten verwahrt, für den es bei korrekter Handhabe zwei verschiedene Schlüssel gab, so daß nur zwei Personen zusammen den Kasten öffnen konnten. Neben den Bauausgaben hatte er auch für die laufenden Ausgaben der Kirchengemeinde aufzukommen, die jedoch bis zum Ende des 19. Jahrhunderts sehr bescheiden waren, da in der Kirche weder Heizung noch Beleuchtung war, und es keine anderen Gebäude außer der Kirche zu betreuen gab.
Neben der Kirchbaukasse gab es noch die Almosenkasse, die ebenfalls aus Zinsen und aus Sammlungen gespeist wurde.

Die Kirchengemeinden waren bis zum Ende des 19. Jahrhunderts finanziell völlig auf sich gestellt, sie hatten kaum etwas nach auswärts zu zahlen und erhielten noch weniger von außerhalb.

Nach dieser Übersicht über die Finanzierung wenden wir uns wieder Einzelabschnitten der Kirchengeschichte zu, um später die Verwaltungsorgane und die Beziehungen zur bürgerlichen Gemeinde und zur Schule zu behandeln, aber auch die Frage der Zugehörigkeit zu einer evangelischen Glaubensrichtung wird beantwortet.

## Pfarrer Hopf flieht mit allen alten Kirchenunterlagen

Zunächst zurück in das 17. Jahrhundert, in die Zeit des Dreißigjährigen Krieges. In den 28 Jahren seines Aufenthaltes in Marköbel hat Pfarrer Heupel hier Wurzeln geschlagen, nicht zuletzt durch seine Kinder, von denen die dritte Tochter einen Theodosius Judiköfer aus Schaffhausen heiratete, den sie wohl als Schulmeister von Marköbel kennenlernte, später wurde Judiköfer Pfarrer in der Schweiz. Sein Sohn Johann Peter wurde von 1630-33 Schulmeister in Marköbel, bei seinem Abgang übergab er am 13. Oktober die von ihm verwahrten Kirchensachen an den Kirchbaumeister Hans Schmidt: Danach hatte der Lehrer auch die Abendmahlsgeräte und Taufgeräte aus Zinn und Messing, allerdings fehlt bei dem Kelch die Materialangabe, in Verwahrung, ebenso wie ein Buch für die Sicherheiten des Kapitals und die Schlüssel für drei Kirchtüren, wobei ausdrücklich gesagt wird: *"1 großer schlüssel zur kleinen Kirchtür"*[21].
Dem Pfarrer Heupel Vater folgte Konrad Hopf, der alle Unterlagen der Marköbeler Kirche mit nach Heidelberg nahm, als er 1634 vor den heranrückenden Armeen flüchtete. Eine Tochter von ihm heiratete übrigens einen Meerbott in Frankfurt.
Der Pfarrstelleninhaber von 1635-1640 wird kaum in Marköbel gewesen sein, ebenso wenig wie der Lehrer Peter Bender. 1640 übernimmt bis 1642 der Pfarrer von Rüdigheim die Verwaltung und zählt 37 Personen in 19 Familien einschließlich der Kinder auf, die ihm zuhören können. Der Sohn Johann Wilhelm Heupel ordnet zunächst einmal die Finanzunterlagen. Da er zuvor dienstlos in Hanau war, wird er auch unter traurigen Umständen nach Marköbel gegangen sein, aber sein Vater hatte hier offenbar ein Anwesen gekauft [22]. Auch über sein Eintreten für die Neueinrichtung der Schule wurde berichtet. Bis er 1662 starb, erlebte er die erste Wiederaufbauphase nach dem Krieg und versuchte, mit den Zurückgekehrten und Neu-Zugezogenen eine Gemeinde zu bauen. Bei den Trauungen überwiegen diejenigen, die einen auswärtigen Partner haben, auch nach dem Krieg sind Pommern, Franzosen, Kölner und Sachsen vertreten. Noch 1649 hält er die Trauungen in Hanau oder im Pfarrhaus ab, die erste Trauung ist die des Corporals Michel Ludwig, bei dessen Hochzeit es zum tödlichen Streit kommt. Der Dienstknecht Christoph Lüder aus Sachsen ersticht in einer Schlägerei den "Nachbarn" (Ortsbürger) Peter Hermann. Siehe dazu auch den Beitrag über das Reichskammergerichtsverfahren.

Auch für Hainchen war Pfarrer Heupel noch 1660 zuständig. Als am 1. Oktober 1662 Wilhelm Jung die Pfarrei übernahm, zählt sie schon 41 Familien mit 176 Personen[23]. Dies zeigt eine durchschnittliche Personenzahl von 4,24 pro Familie, also wesentlich gesünder als im Jahre 1640 mit dem Durchschnitt 1,94.
Wilhelm Jung blieb nicht nur 34 Jahre hier, sein Sohn Johann Michael Jung folgte ihm für weitere 30 Jahre. Von den elf Kindern des Wilhelm Jung heirateten fünf (zwei Töchter) nach Marköbel, darunter der spätere Pfarrer Johann Michael Jung die Eva Elisabeth Degen. Noch 1754 wird eine Enkelin, die in Rodheim vor der Höhe wohnt, in

Marköbel getraut, ein Zeichen, daß die Familie hier weiterhin vertreten war. Auch in der Ahnenreihe mancher Familie erscheint sie.

## Presbyterium wachte über den Lebenswandel

Die Geschicke der Kirchengemeinde wurden und werden vom Kirchenvorstand geleitet, der früher Presbyterium, zu deutsch Ältestenrat, hieß. Die Zusammensetzung ergab sich durch Zuwahl, nachdem ein Mitglied durch Tod, ganz selten durch Krankheit oder Gebrechlichkeit ausgeschieden war. Die verbliebenen Presbyter wählten dann aus den Gemeindegliedern ein neues Mitglied. Bis 1887 waren es vier Älteste, der Pfarrer als Vorsitzender und der Schultheiß, später der Bürgermeister. Doch war dessen Stellung im Presbyterium unklar, da anläßlich einer Nachwahl 1793 der Pfarrer die Stimmberechtigung des Schultheißen bestritt. Falls er nicht selbst Kirchenältester war, war der Kirchbaumeister anwesend, mindestens dann, wenn es um Geldfragen ging. Nach 1887 wurden von den Gemeindegliedern, die sich in eine Wählerliste eingetragen hatten, die Mitglieder des großen Presbyteriums oder Gemeindeverordnete gewählt, die ihrerseits den Ältestenrat jeweils ergänzten. Bevor wir die Aufgaben des Presbyteriums beschreiben, ist es notwendig, etwas zu der evangelischen Glaubensrichtung im Hanauer Land zu sagen. Lange Zeit gab es keine Festlegung durch den Landesherrn, wie es sonst zur damaligen Zeit durch katholische oder protestantische Fürsten geschah. Wir hörten, daß es in Marköbel Pfarrer ganz verschiedener Richtungen gab. 1593 ordnete Graf Philipp Ludwig das Kirchenwesen nach pfälzisch-reformierter Weise. Dies war von dem Reformator Johannes Calvin beeinflußt, aber auch von vermittelnden Theologen wie Martin Bucer aus Straßburg. Hinzu kamen reformiert-niederländische Einflüsse nach der Heirat mit Katharina Belgica und der Gründung der Hanauer Neustadt durch niederländisch-wallonische Glaubensflüchtlinge. Auf der wichtigsten Synode der reformierten Kirche in Dordrecht 1618/19 war Hanau durch den Windecker Pfarrer vertreten.

Es ist hier nicht der Ort, die feinen theologischen Unterschiede zwischen den Richtungen zu erörtern, die vor allem in einer verschiedenen Wiedergabe der Abendmahlsworte, in der Beschreibung von Gottes Allgegenwärtigkeit und in der Festlegung von Gottes Entschluß zum Heil lagen. Für unseren Zweck wichtig sind die praktischen Auswirkungen: Die reformierten Gottesdienste waren schlichter, die Predigt spielte eine noch größere Rolle als in den lutherischen. Doch war und ist es in den einzelnen Regionen sehr unterschiedlich, was als reformiert oder lutherisch angesehen wird. So ist in Marköbel später durchaus von einer Orgel die Rede, es fehlten jedoch ursprünglich die Altarkerzen, und einen Taufstein gibt es bis heute nicht.

Die jetzige Kirche ist eine typisch reformierte Predigtkirche: Die Kanzel befindet sich im Mittelpunkt, der bewegliche Altartisch ist von der Gemeinde auf drei Seiten umgeben, an ihm handelt der Pfarrer als Beauftragter der Gemeinde.

Zu dieser reformierten Ausprägung gehörte auch die Einflußnahme der Presbyter auf die christliche Lebensführung der Gemeinde.
1642 tritt Friedrich Kasimir von Hanau-Lichtenberg das Erbe an, ein betont lutherischer Fürst. Ohne auf die Schwierigkeiten in der Stadt Hanau selbst einzugehen, siedeln sich im Umfeld des Grafenhauses lutherische Personen in Hanau, später auch in der Umgebung an. Hinzu kommen solche, die aus anderen deutschen Landen durch den Dreißigjährigen Krieg hierher verschlagen wurden. Schließlich fühlten sich Menschen einfach durch die Art des lutherischen Gottesdienstes angezogen, vielleicht sogar solche, die am liebsten katholisch geblieben wären. Vielleicht beeindruckte auch der einfachere lutherische Katechismus manche Eltern.
1683 wurde in Rüdigheim eine lutherische Pfarrei - neben der reformierten - gegründet, die auch einige Marköbler bis zum Jahre 1818 mitbetreute, jedoch sollen sich auch im Windecker lutherischen Kirchenbuch Eintragungen von Marköblern finden[24].
Gemäß seinen Grundanschauungen beschäftigte sich das Presbyterium mit folgenden Themen:

a) dem sittlichen und sittsamen Benehmen der Gemeinde,
b) der Verwaltung der Kirchbau- und der Almosenkasse und des Inventars,
c) der Förderung und der Aufsicht für die Schule und
d) in Zusammenarbeit mit sogenannten Visitatoren (aufsichtführende Besucher aus der Verwaltung in Hanau) mit der kritischen Begleitung der Pfarrer.

Hinsichtlich des sittlichen und sittsamen Lebenswandels der Einwohner entwickelte sich das Presbyterium zu einer Art Orts- oder Schiedsgericht. Beleidigungen wurden beigelegt, aber auch damit gedroht, daß das ordentliche Gericht tätig würde, falls die Vorgeladenen nicht einlenkten. Verhandelt wurden auch Vaterschaftssachen bis hin zum Vorwurf der Vergewaltigung. So zum Beispiel am 18. Nov. 1761, als Anna Catharina Bremer angab, im Juni auf der Bleiche im Hain von Johan Caspar Geißler geschwängert worden zu sein, der das jedoch abstritt. Auch die Auflösung eines Verlöbnisses durch die Braut 1841 gehört hierher. Eine besondere Bedeutung hatte das Ehrenamt des Kirchenrügers. Jedes Jahr wurden zwei oder sogar drei neu bestellt, in späteren Jahren waren es ausdrücklich diejenigen Männer, die im letzten Jahr geheiratet hatten. Sie hatten für Ordnung innerhalb der Kirche und auf den Straßen während der Gottesdienste zu sorgen. Diese Idealvorstellung, daß alle entweder am Gottesdienst teilnahmen oder krank im Bett lägen, wurde immer wieder durchbrochen. Die Kirchenrüger haben jedoch offensichtlich mit Diplomatie sehr viel erreicht, denn meistens haben sie nichts zu berichten, bis dann plötzlich vom unwürdigen Gedränge oder vom Tabakkauen in der Kirche die Rede ist. Auf den Straßen treffen sie manchmal einen Juden, der sogar ein Stück Vieh zum Verkauf brachte, doch der Käufer wird kaum genannt. Die Behandlungen dieser Übertretungen des Feiertagsgebotes wurden regelmäßig eingestellt, weil man für die Juden nicht zuständig war. Besonders in den

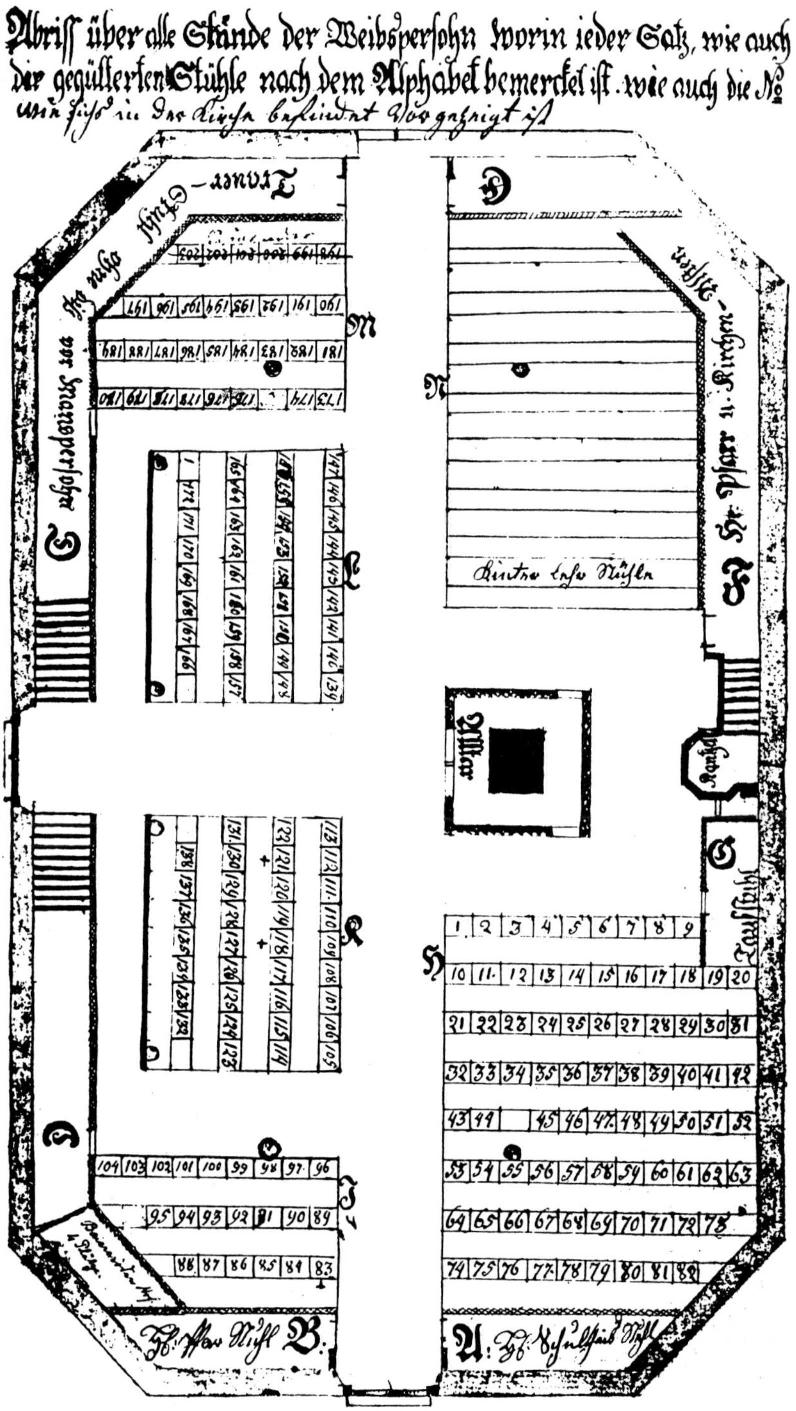


Die Bestuhlung für die "Weibspersohn" Ende des 18. Jahrhunderts in der Marköbeler Kirche

Jahren 1793-1797 ist ständig von Drängelei und Platzmangel in den "Soldatenständen" der Kirche die Rede, in dieser Zeit sind auch bei den Taufeintragungen viele der Väter Soldaten. Die Kirche war bis zum Ende des 19. Jahrhunderts stets überfüllt. Auf den Emporen standen die Männer, unten standen die Mädchen und Frauen, nur 203 konnten sich einen Stuhl "erkaufen". So war die Vermietung freigewordener Stühle jahrzehntelang nicht nur einzige Einnahmequelle des Kirchbaues, sondern auch heiß umkämpft, wer als nächstes auf der Warteliste stände.
Die Prüfung der Kirchenkasse war meist Routine, sie wurde tatsächlich abgehört, das heißt, die wenigen Posten wurden vorgelesen und für richtig befunden.

### Für die Ortsarmen Sammelbüchsen in den neun Wirtsstuben

Die Unterstützung der Armen in der Gemeinde wurde auf verschiedene Weise aufgebracht. Zunächst waren es Sammelkästen in der Kirche, gelegentlich auch Zahlungen der freiwilligen Gerichtsbarkeit, später dann in erheblichem Umfange die Zinsen der Siegmund'- und Benderschen Stiftungen. Siegmund war der den Bau der Kirche beaufsichtigende gräfliche Beamte, wer der Stifter Bender war, konnte ich nicht feststellen. Aber auch andere Spender traten plötzlich auf: 1784 verteilt Geheimrat Günderode in Marköbel 200 Gulden an Hausarme, deren Liste vom Presbyterium zusammengestellt wurde. Später versuchte man, Büchsen für die Armen in den Wirtshäusern und beim Schultheiß aufzustellen, allerdings war dies kein großer Erfolg, auch dann nicht, als man im Jahr 1830 alle neun Wirtsstuben damit bestückt hatte. Es waren dies: Stern, Weißer Löwe, Schwan, Weißes Roß, Sonne, Roter Löwe, Krone, Hirsch und Heinrich Schlott's Gasthaus.
Doch der Verteilung dieser Gelder stand eine große Not gegenüber, und mehrmals wurde der Kirchbaumeister ermahnt, nicht eigenmächtig vor der Sitzung schon Geld auszuzahlen.

Die sorgfältige Verwaltung führte gelegentlich zu Differenzen mit der Gemeinde, ob sie zum Beispiel einen Zuschuß zur Orgelreparatur gäbe oder über die Verpflichtung zur Unterhaltung des Turmes, die 1844 von der Kirchengemeinde zurückgewiesen wurde.

### 1764 wird neues Schulhaus bezogen

War schon Pfarrer Hempel für die Beschaffung eines Schulhauses und die Besetzung der Lehrerstelle eingetreten, so hatte sich das Presbyterium weiterhin damit zu befassen, daß die Ältesten abwechselnd an jedem Tag die Schule besuchten, in diesem Fall, um die älteren Lehrer zu unterstützen. 1764 wird ein neues Schulhaus bezogen.

1766 wird der Schulmeister durch den Visitator, also die Aufsicht aus Hanau, aufgefordert, die Kinder an deutliche Aussprache zu gewöhnen und auch das Rechnen fleißig zu üben. 1778 wird wieder die gleiche Forderung erhoben, wobei die Schule vor allem im Winter stattfand, im Sommer dagegen nur eingeschränkt, zum Teil an den Sonn- und Feiertagen. Aber selbst an diesen Tagen ließ der Besuch noch zu wünschen übrig, stellt der Visitator 1781 fest. 1792 fordert man eine Erweiterung der Schule, doch der Schultheiß lehnt ab. 1822 wird dann die Besoldung der 2. Lehrstelle mit 204 Gulden Jahresgehalt organisiert. 1823 wurde der neue Totenhof eingeweiht, sodaß nach einigen Jahrzehnten die Schule auf dem Kirchhof gebaut werden konnte.

1824 wird große Klage über die Schulversäumnisse geführt und Strafen gegen die Eltern verhängt: *"Die Vernünftigen werden die Notwendigkeit wohl einsehen, die Lästerreden der Unvernünftigen aber werden wir theils verachten und uns darüber hinwegsetzen."*
Natürlich war ein goßer Teil des Unterrichts durch die evangelische Religion bestimmt. Diejenigen, die die Schulen gegründet hatten, nämlich die Pfarrer und Fürsten der Reformationszeit, hielten dies für wichtig und offenbar jahrhundertelang auch die Eltern. Sie lebten innerlich auch von dem, was sie auswendig gelernt hatten, und wenn ein Konfirmand, der die Mutter verloren hatte, die Frage: *"Was ist dein einziger Trost im Leben und Sterben?"* sinnvoll beantworten konnte, daß er *"mit Leib und Seele, im Leben und im Sterben... meines treuen Heilandes Jesu Christi Eigentum"* sei, war dies für sein Leben wichtig. Aber es wurden ja auch Schreiben und Rechnen gelehrt.
Gegenüber der Zeit, als es in Marköbel keine Schule gab, war die evangelische Schule ein sehr großer Fortschritt. Sie wurde von den Personen beaufsichtigt, die als einzige außer dem Lehrer noch eine Universitätsausbildung hatten und in jedem Dorf wohnten. Sie wurden dabei unterstützt von Personen, die im Dorf Ansehen genossen und auch die Belange der Schule gegenüber den Eltern und umgekehrt vertreten konnten. Daß diese Schulordnung im 20. Jahrhundert längst an ihre Grenzen gekommen war, ist ebenso gewiß.
Bevor wir die letzte Aufgabe des Presbyteriums, die kritische Begleitung des Pfarrers, schildern, zunächst noch Hinweise auf einige Pfarrer in der Gemeinde:
1727 kam für 30 Jahre Pfarrer Uffelmann, in dessen Amtszeit der Bau der neuen Kirche fällt. Er war zu Beginn für fünf Jahre Gehilfe des Johann Michael Jung. Denn dies war die neue Schwierigkeit der Besoldung: Lehrer und Pfarrer blieben im Amt, bis sie starben, denn eine Pension gab es nicht. So wurden oft junge Kollegen als Gehilfen beigegeben, bei den Pfarrern hatte der Amtsinhaber selbst für die Bezahlung aufzukommen. Nach Wilhelm Reinhard Uffelmann kam Johannes Schmidt für 22 Jahre, bis er mit 72 Jahren 1780 starb. Danach kam Johann Ludwig Wagner, mit 25 Jahren ein recht junger Mann, obwohl er schon seit dem 21. Lebensjahr Pfarrer war. Er war der einzige, der nur eine Ausbildung an der Hohen Landesschule Hanau erhalten hatte, alle anderen hatten auch auswärtige Hochschulen besucht. Doch im Alter von

Das Obertor 1826 in einer Zeichnung von Gerhard von Reutern. Deutlich ist der alte Kirchenturm an der Ostseite zu erkennen. Foto: Gesamthochschul-Bibliothek Kassel, Handschriftenabteilung, 8$^{0}$ Ms. Hass. 68.

33 Jahren ertrank er am 1. Oktober 1789 im Krebsbach auf dem Heimweg von Rüdigheim, nachdem er dort seinen Schwager, den ebenfalls jungen Pfarrer von Rüdigheim, besucht hatte. Nähere Einzelheiten fehlen.

## "Hanauer Union"

Für lange Jahre kommt Johann Melchior Bode nach Marköbel 1790-1848, die letzten vier Jahre allerdings mit dem Gehilfen Karl Martin Schlemmer, bevor er 82jährig starb. So lange er konnte, versuchte er, alles sehr genau zu regeln. Die Anweisung für die Einweihung des neuen "Totenhofes" geben davon Kenntnis. So wollte er ein Rednerpult neben der Kirchentür in Richtung seines Hauses aufstellen lassen, wobei zu bedenken ist, daß der Kirchturm noch im Osten stand und im Westen auch eine Tür war, doch wo war sein Haus? In seiner Amtszeit geschieht manches, was der Marköbler Pfarrer nicht beeinflußte. Da zieht 1817 ein "inspirierter" Krämer namens Vaupel zu, er und seine Töchter sammeln eine kleine Gemeinde. Recht spät, wenn man bedenkt, daß die sich auf den heiligen Geist berufenden Inspirierten schon seit 1735 auf der Ronneburg zu Gange waren. Im Jahre 1818 beschließt man in Hanau, die lutherischen und reformierten Gemeinden zu einer Union zusammenzuschließen. Man hat diesen Beschluß in Marköbel ohne Jubel und ohne Bedauern aufgenommen: Der Platz in der Kirche wurde noch enger, es mußten Kerzen für den Altar angeschafft werden, und nach kurzer Übergangszeit hat man den bisherigen lutherischen Schulmeister Wennel weiterbeschäftigt. 1841 wird Bode Metropolitan, er steht ungefähr acht Pfarrern der sogenannten Klasse Windecken vor. Nach ihm kommt Philipp Faber 55jährig nach Marköbel und bleibt 20 Jahre bis 1879. Auch er ist Metropolitan, doch seine Amtsnachfolge in Marköbel übernehmen dieses Zusatzamt nicht. Doch in Fabers Amtszeit fällt eine Entscheidung, die seinen Nachfolgern Freude und Ärger bereitet: das Pfarrhaus, jetzt Martin-Luther-Platz 3, wird gekauft. Unter seinem Nachfolger Kausel (1871-1892) kommt es dann zum Streit, wer die Reparaturen zu zahlen hat. Die Kirchenkasse hatte das Haus gekauft und war nun leer, für die Reparaturen sollten im Umlageverfahren die Gemeindeglieder aufkommen, während die Marköbler unter ihrem Bürgermeister gern gesehen hätten, daß die Rechtsnachfolger der Hanauer Grafen, die vor 1635 ein Pfarrhaus gestellt hatten, die Kosten übernahmen. Dagegen sprach der Erwerb durch die Kirchenkasse. Es wäre dem Pfarrer gewiß recht gewesen, mit einer anonymen Behörde zu verhandeln als jede Reparatur vom Presbyterium zu erbitten. Kaum ist die Sache ausgestanden, schlug der Blitz 1883 in den Turm ein, und es gelang der Marköbler Feuerwehr, den Brand vor dem Kirchendach zum Stehen zu bringen, obwohl alle Glocken herunterfielen. Die Hanauer Wehr wurde durch Boten alarmiert, jedoch von einem zweiten Boten beim Kinzigheimer Hof angehalten.

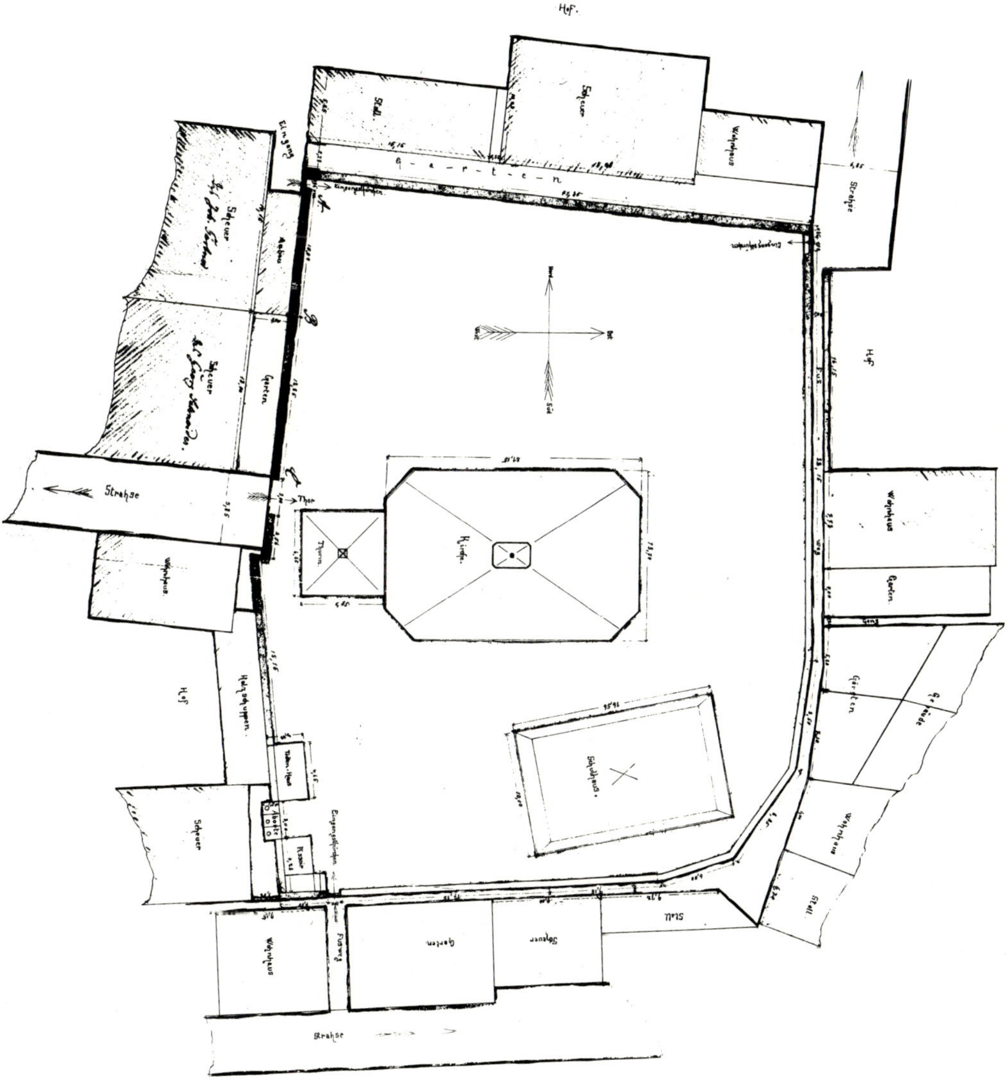

Die Kirche und ihre Nachbargebäude um die Jahrhundertwende. Nördlich angrenzend die Gebäude des "Junkernhofes", im Süden die Schule.

## In der Pfarrerbesoldung werden 1899 Naturalabgaben durch Steuern ersetzt

1885 stellt er den ersten Kirchendiener an, dem 1889 Konrad Schmidt folgt, dessen Familie heute noch dieses Amt versieht. 1888 verkauft die Kirchengemeinde der Gemeinde Marköbel den seit 65 Jahren nicht mehr benutzten Totenhof um die Kirche für den Bau einer Schule, ein Wechsel, der erst nach 1953 wieder rückgängig gemacht wurde. Für den Kaufpreis wird die Orgel gekauft, und im gleichen Jahr werden die Kastanien auf dem Kirchhof gepflanzt. Nicht entschließen konnte sich Pfarrer Kausel für einen Ofen und für eine Beleuchtung der Kirche. Beides blieb seinem Nachfolger Friedrich Wilhelm Reich vorbehalten, der dann 1901 nach Hochstadt ging. Damit aber war eine Zeit zu Ende gegangen: 1899 wurde die Pfarrbesoldung vereinheitlicht, jeder Pfarrer erhielt das gleiche Gehalt ohne Rücksicht auf den Ort.
Pfarrer Reich wurde damals aufgefordert, alle seine bisherigen Einkünfte anzugeben, doch die Aufsichtsbehörde witterte Schlimmes: Habe er nicht vergessen, einen Hammel anzugeben, den er erhielte? Er konnte berichten, daß er zwar in den letzten Jahren von den gerade Konfirmierten einen mit bunten Bändern geschmückten Hammel erhalten habe, der Hammel aber nicht Teil der Pfarreibesoldung, sondern freies Geschenk gewesen sei.
Die Naturalabgaben wurden durch 12,5 Prozent Steuern ersetzt, mit denen auch die Kirchenkasse arbeitete. 1890 gehörte die Kirchenkasse zu den ärmsten im Hanauer Raum. Die Stühle wurden nicht mehr verkauft, denn durch den Wandel der Einstellung

Die alte Pfarrscheune (rechts neben dem Rathaus) wurde nach dem Zweiten Weltkrieg in das erste Martin-Luther-Haus umgebaut.

Die Frauenhilfe Marköbel mit Pfarrer Heck etwa 1928. Untere Reihe (v.l.) Pfarrer Heck, Elis.Stein, Kathr. Möller, Frau Heck, Henr. Hofmann. Mittlere Reihe: Marie Rau, Mina Heinrich, Emma Schmidt, Kath. Hermann, Kath. Euler, Liese Volz, Gustl Brandt. Oberste Reihe: Toni Bär, Frau Lerch, Antonie Schneider und Mariechen Koch.

blieb mancher weg, jedenfalls herrschte kein Gedränge mehr. 1898 werden zehn Prozent der direkten Staatssteuer als Kirchensteuer erhoben, nur die unterste Steuerstufe wird davon befreit.

Sein Nachfolger Karl Stein geht neue Wege: er gründet einen Jungfrauenverein sowie den Kirchenchor, und er beginnt mit dem Kindergottesdienst. Doch 1911 verläßt er Marköbel und geht nach Hünfeld.

1911 kommt Pfarrer Johannes Heck. Während seines Umzuges, so berichtet er, wird er in Altenhaßlau von einem starken Erdbeben überrascht, das sich auch im Hanauer Raum auswirkte. Sein jüngster Sohn Ernst verwaltet später noch einmal die Pfarrstelle. Karl Zörb ist zwar offiziell zwölf Jahre hier Pfarrer, doch die Hälfte der Zeit war er Soldat. Doch schaffte er es, nach dem Krieg die Pfarrhausscheune zum ersten Lutherhaus umzubauen. Ihm folgten Pfarrer Wilhelm Handwerk von 1950 bis 1967 und Pfarrer Günter Fölsing von 1967 bis 1976, in dessen Amtszeit eine neues Pfarrhaus und ein neues Lutherhaus gebaut wurden.

Die Beschreibung der Zeit nach 1900 fiel zunehmend kürzer aus, denn nicht nur fehlt es an Raum und Zeit, sondern auch am nötigen Abstand. Vieles wissen die Marköbeler noch von der jüngsten Kirchengeschichte, wir leben noch mit dem, was in diesen Jahren geschah.

Zum Schluß seien einige Sätze angeführt, die am 22. Mai 1782 der Visitator Consistorialrat Geckert dem Pfarrer Wagner ins Protokoll schrieb: *"Bei den predigten selbsten rathe ich dem Herrn Pfarrer, sich mehr an die Erklärung des Textes und Anführung biblischer Beweisstellen zu halten, damit die Gemeinde solche nachschlagen und hernach darüber catechisiert (unterrichtet) werden kann. Übrigens wünsche ich von Hertzen, daß Gott mit seiner Gnade über dieser schönen zahlreichen Gemeinde walten, und daß Gott dem Herrn Pfarrer sein Geist mittheilen wolle, um sein Amt mit reichem Segen zu verrichten."*

## Anmerkungen

1) Friedrich BRAMMERELL, Geschichte von der Kirchenreformation in der Grafschaft Hanau-Münzenberg, Hanau 1781, S. 33.
2) Ebd., S. 48 f.
3) Ebd., Anhang S. 44, lit Q.
4) Confessio Augustana variata. Brammerll behauptet, ihr habe auch Calvin zugestimmt (S. 76).
5) Max ASCHKEWITZ (Hrsg.), Pfarrergeschichte des Sprengels Hanau bis 1968 nach Lorenz KOHLENBUSCH, Kurhessisch-Waldeckisches Pfarrerbuch, Veröffentlichung der Historischen Kommission für Hessen 33, Marburg 1984, S. 236.
6) siehe Beitrag von Prof. Dr. Fred *SCHWIND* über das Mittelalter in diesem Buch.
7) s. Anm. 5.
8) F. Lau Interium in R 663 III, 791.
9) Interessant ist die Beobachtung, daß die Befürworter des Interims sich später der reformierten Lehre zuwandten, die Befürworter des sog. Leipziger Interims später des Kryptocalvinismus beschuldigt wurden.
10) BRAMMERELL S. 51.
11) Ebd. S. 58, Nr. 21.
12) ASCHKEWITZ S. 189.
13) Ebd. S. 236 f.
14) Wilhelm BACH, Kirchenstatistik der evangelischen Kirche im Kurfürtsentum Hessen, Cassel 1835, S. 895.
15) Ebd. S. 882 ff.
16) GAM (HStA) Nr. 647
17) siehe Anm. 6).
18) BRAMMERELL S. 53.
19) KAM, Renovirte Pfarrcompetenz von 1740.
20) KAM, Hirzbacher Kornbesoldungsschmälerung seit 1832 betr.
21) KAM, Verzeichnis deren sachen.
22) siehe Beitrag Ernst *SIEGMUND-SCHULTZE* über den Dreißigjährigen Krieg.
23) KAM, Catalogus Auditorum, Kirchenbuch S. 11 ff.
24) Carl HENSS, Die Hanauer Union, Festschrift, Hanau 1918, S. 66f.

# Aus der Geschichte des Kirchenbaus in Marköbel

Das heutige Marköbeler Kirchengebäude geht auf das Jahr 1741 zurück. Vorgängerbauten reichen weit hinein in das Mittelalter. Die urkundliche Erwähnung des "Ruralkapitels zu Kebel" 1291 sowie die Einigung der Herren von Falkenstein und Hanau 1298 über die Besetzung der Pfarrstellen (Patronatsrecht) setzen ein Kirchengebäude voraus. In der Folgezeit werden die Namen von Pfarrern und Vermächtnissen für die Kirche erwähnt. Der Standort der Kirche über dem römischen Kastellbad läßt auf ein sehr hohes Alter der Marköbeler Kirche schließen. Einzelheiten dazu sind in den Beiträgen von Peter Jüngling und Prof. Dr. Fred Schwind enthalten.

Die Marköbeler Kirche in den zwanziger Jahren.

Der Vorgängerbau des heutigen Kirchengebäudes hat die vollständige Vernichtung des Dorfes im Dreißigjährigen Krieg überlebt, wie aus dem Beitrag von Ernst Siegmund-Schultze hervorgeht. In welchem Zustand wissen wir allerdings nicht. Sicherlich war für die nach dem dreißigjährigen Krieg den Wiederaufbau anpackenden, von Leid und Entbehrungen geschundenen Menschen das Kirchengebäude ihres Ortes nur ein Punkt in der Aufgabenliste, doch entschlossen und geschlossen bewiesen die Bürger die Fähigkeit den 'Kirchbau' und den 'Kircherhalt' im Laufe der Geschichte zufriedenstellend zu meistern. Infolgedessen stand von Generation zu Generation stets für die gesamte Gemeinde ein Versammlungsraum zur Verfügung, dessen baulicher Zustand freilich in manchen Zeiten nicht zufriedenstellend war.

Aus dem Jahr 1713 liegen einige Rechnungspositionen für Arbeiten am Kirchengebäude vor, daneben sind "allgemeine Rechnungen" über die fortwährende Unterhaltung des Kirchbaus in Marköbel von 1700 bis 1739 *"in den richtigen stand"* gebracht worden.

## "Bettelbriefe" für den Kirchenneubau

Mit kleinen Erhaltungsreparaturen konnte aber offensichtlich die alte Kirche nicht gerettet werden. Die Gemeinde entschloß sich schließlich zum Neubau. In einem Schreiben aus 1742 an den Landesherrn wird von Pfarrer Uffelmann und Vertretern der Gemeinde Marköbel um die Gewährung einer "Bei-Steuer" für den Marköbeler Kirchenbau gebeten aus "Collekten" der "französischen und niederländischen Gemeinden zu Hanau", die *"ebenermaßen unsre Glaubensgenossen sind"*.

In einer Art von Rundschreiben (die undeutliche Jahreszahl lautet auf 1741 oder 1791) *"an alle Evangel. ref. Pfarrer der ref. Kirchen in dieser Grafschaft Hanau Münzenberg"* wird erklärt, daß *"es die ... Notdurft erfordert hat, daß die Evangel. ref. Kirche zu Marköbel abgebrochen und hier wiederum von Grund auf neu aufgebaut werden muß"* und die Gemeinde sei aus ihren *"bereits entblösten Mitteln alleine und ohne Beihilfe in der Höhe nicht vermögentlich ..."*, also mögen *"Pfarrer und Vorsteher dieser Kirche und dieser Grafschaft"* dafür sorgen, die *"Collekte ... ohne Erinnerung ... zur allhierigen Consistoriums-Registratur hingelangen zu lassen"*. Es ist nicht ausgeschlossen, daß der Kirchenneubau zur Zeit der 'Bettelbriefe' inzwischen bereits zumindest in seiner Grundgestalt errichtet war und es anschließend darum ging, noch nicht bezahlte Handwerkerrechnungen zu begleichen oder weitere Aufbau-, Ausbau- und Erhaltungsarbeiten zum Abschluß zu bringen.

Bis zu welchem Umfang das alte Kirchengebäude tatsächlich 'abgebrochen' worden ist, könnte möglicherweise zum Teil im Wege des Rückschlusses über einzelne Abrechnungspositionen des vollzogenen Aufbaus erarbeitet werden. So könnte man in etwa zu einem Eindruck vom Bild der 'alten Kirche' gelangen. Doch es sind der Anhaltspunkte für so eine Rekonstruktionsarbeit insgesamt nur wenige. Aus einem Kostenvoranschlag für Kirchenfenster geht beispielsweise hervor, daß *"die alten und sehr schlechten und nichtswürdigen Fenster"* 1741 noch vorhanden gewesen sein müssen, da der Glaser seine Bereitschaft zu deren Annahme *"an Zahlung"* erklärte, wegen seiner *"besonderen Zuneigung zum neuen reformierten Gotteshaus"* und für den Fall, daß er den Neuauftrag erhalten werde. Nach einem anderen Kostenvoranschlag aus 1742 für einen *"ringsumb Tritt von gutem Stein zu machen, worauf der Altar gesetzt wird"* waren dann offenbar keine Materialien vom alten Kirchengebäude her mehr vorhanden oder verwendbar.

## 1741: Die alte Kirche weicht dem Neubau

Der Beginn der Abbrucharbeiten und die abschließende Beendigung des Aufbaus konnten zeitlich nicht genau ausgemacht werden. Belegt ist über die Abschlußaufstellung aus 1743 und den *"Abschluß über die geführte Baurechnung der Marköbeler*

Kircheninneres 1950. Deutlich ist der alte Ofen zu sehen. Das Hochzeitsfoto stellte Kurt Rau zur Verfügung.

*neuen Kirche"* aus 1745 jedenfalls der Beginn der Aufbauzeit der 'neuen Kirche' im Jahre 1741.

Der Aufbau der neuen Kirche erfolgte auf den Grundmauern des alten Gebäudes unter *"Beibehaltung des sehr alten Thurmes an der Ostseite"*. Der Turm der alten Kirche stand noch bis 1868. Wegen Baufälligkeit mußte er dann niedergelegt werden. Auf Zeichnungen aus dem frühen 19. Jahrhundert ist dieser alte Turm noch zu erkennen. Er erhebt sich nur wenig über das Kirchenschiff. Am Westgiebel des leicht abgewalmten Satteldaches prangt eine große Uhr. Die schlichten Fensteröffnungen zeigen romanische Bögen (siehe Abbildung im Beitrag Kirchengeschichte).

Obwohl die durchgesehenen Unterlagen keine umfassende Beschreibung der Architektur des Marköbeler Kirchengebäudes vor 1740/41 ausgewiesen haben, bedarf es - die Entwicklungsgeschichte der Baustile berücksichtigend und vom wahrscheinlich sehr alten Bestand der alten Kirche ausgehend - sicherlich keines überwältigenden Scharfsinnes, sich die 'alte Kirche' in ihrer Grundkonzeption als romanische Kirche vorzustellen, und es ist naheliegend anzunehmen, daß sie eine romanische Kirche bis zu ihrem Abbruch geblieben ist, obgleich auch andere Baustilrichtungen davor im hiesigen geographischen Bereich nicht unbekannt geblieben sind. Naheliegend ist gleichfalls, das heute noch an der Ostseite sichtbare bogenteilähnliche Mauerwerk als vermauerten Chorbogen des 1868 abgebrochenen Ostturmes zu interpretieren.

Die neue Kirche von 1741 ist als Saalbau angelegt, im Innern durch dreiseitige, zweigeschossige Emporen querorientiert. Damit verwirklicht sie grundsätzlich die durch die Reformation entwickelten Vorstellungen des protestantischen Kirchengebäudes als eines würdigen Versammlungsraumes der Gemeinde zur Feier des sonntäglichen Gottesdienste, dessen liturgische Gestaltung Predigt, Abendmahl und Chorgesang bestimmten - daher im Mittelpunkt der Altar mit der dahinter an der Südseite verankerten Kanzel, um die die Sitzreihen gruppiert sind.

Für eine im Geist der Reformation um Altar und Kanzel geschlossen versammelte Gemeinde war eine Absonderung des Klerus von der Gottesdienstgemeinde nicht mehr vorstellbar, so daß die nachreformatorische Kirchenarchitektur bewußt auch beim Innenausbau auf ein Bild einigender Versammlung achtete.
Mit dem regelmäßigen Einbau der Emporen wollte der protestantische Kirchenbau von vorneherein die Versammlung der gesamten Gemeinde in der Kirche ermöglichen, wobei hier eine eigene Orgelempore zusätzlich Platz für den mitwirkenden Chor vorsieht. Die Architektur bietet viel Raum und Platz und erfüllt damit den Gedanken, daß in der Kirche die gesamte Gemeinde versammelt untergebracht werden kann.

## Sorgen mit dem neuen Turm

1868 wurde der neue Turm auf der Westseite errichtet, offensichtlich mit dem Ehrgeiz, die Kirchtürme in den anderen Gemeinden des Hanauer Landes an Höhe zu übertreffen. Bereits 1883 brannte der neuerrichtete Turm in seinem oberen Teil infolge eines Blitzschlages aus, wurde aber noch im selben Jahr wieder aufgebaut. Über das Schadensereignis und dessen Ausmaß hat der damalige Gemeindepfarrer Kausel dem Königlichen Consistorium berichtet: *"Hoher Behörde mache ich hierdurch gehorsamst die berichtliche Anzeige, daß gestern den 30.ten Mai nachmittags 3 Uhr, der Blitz in die Spitze unseres Kirchturmes einschlug und zündete. Das Feuer verzehrte nicht nur das Dach sondern bis zur unteren Etage das ganze Holz - und das Innere des Turmes bis auf einige verkohlte Reste. Der Glockenstuhl brach zusammen, die 3 Glocken fielen herab und die kleinste derselben ist zusammengeschmolzen. Ob die größere, die noch unverletzt zu sein scheine, doch nicht noch Schaden genommen habe, konnte bis jetzt noch nicht ermittelt werden. Die Uhr ist zertrümmert. Durch die Anstrengungen der Löschmannschaften ist es mit Gottes Hilfe gelungen, dies Feuer von der Kirche selbst abzuhalten, doch ist es dabei nicht ohne erhebliche Beschädigungen des Daches und der Decke derselben abgegangen. Gegen Mitternacht war jeder weiteren Gefahr Einhalt getan."*
Die bautechnisch zunächst notwendigen Wiederherstellungsarbeiten am Kirchturm mit Glockenstuhl sind in der politischen Gemeinde noch im Haushaltsjahr 1883 zur Abrechnung gelangt (einschließlich zweier Quittungen über "Trinkgeld" für Handwerker in Höhe von 25 und 35 Mark), im Frühjahr 1884 folgten dann die drei Glocken und die "Thurmuhr" aus Strassburg.
Zur Vergabe der Malerarbeiten hatte sich im Mai 1884 der Kirchenvorstand offenbar über verschiedene Angebote beraten, wie im "Presbyter-Protokoll"-Buch überliefert ist.

Preisbewußt vergaben die Kirchenältesten *"als einem von den 3 Unterstfordernden.. die Ausführung der Arbeiten dem W. Ruth von Langendiebach um die Summe von 1000 M. ..., und auch von demselben am Schluß der Sitzung kundgegeben, daß er J. Gebhardt von Windecken als Kompagnon angenommen habe, womit man einverstanden war."*
Die durchgesehenen Belege lassen die Schlußfolgerung zu, daß der 1868 errichtete Turm sein äußeres Aussehen seit dem Abschluß der Wiederherstellungsarbeiten nach dem Brand bis heute - auch nach einigen Erhaltungsreparaturen - beibehalten hat. Der unterste Teil besteht aus verfugtem Bruchstein, der mittlere Teil aus dunkelroten Backsteinen und der oberste, dritte Teil aus rotgelben Verblend-Backsteinen. Danach folgt der Turmspitzenaufbau aus Backsteingiebeln mit spitzen Satteldächern, die in das Turmdach einschneiden.

## Erhaltungsarbeiten nach dem Zweiten Weltkrieg

Die durchgesehenen Belege der Jahre nach dem Brandereignis bis hinein in unsere Zeit betreffen hauptsächlich den "Kirchenerhalt". Dabei scheint aber bei *"baulichen Maßnahmen zur Instandhaltung"* die Beurteilung des Dringlichkeitsgrades bisweilen nicht einfach gewesen zu sein. So beurteilt das Staatshochbauamt Hanau am 10. Dezember 1946 in einer Stellungnahme *"Dach- und Glockenstuhl in der Tat in einem schlechten Zustand befindlich"*, weil Instandhaltung daran *"offenbar jahrelang gar nicht durchgeführt"* wurde und *"der Fußboden in Höhe des Glockenstuhles so verfault ist, ... daß ein Betreten lebensgefährlich"* sei, wobei auch *"der gefährliche Hausbock-Käfer*

Innenansicht der Kirche aus den Zwanziger Jahren: Altar mit Kanzel. Das Foto stellte Heinz-Dieter Becker zur Verfügung.

*energisch zu bekämpfen ist"*, da der Käfer *"im Holzwerk des Gebäudes durch Zerfressen erhebliche Schäden angerichtet hat"*.

Erst nach über einem Jahr, am 17. Januar 1948 wird diese Stellungnahme vom Landeskonservator von Hessen bestätigt: *"Die Instandsetzung wird auch von mir für dringend notwendig gehalten und soll meinerseits gefördert werden"*. 1954 wurden die notwendigen Instandhaltungsmaßnahmen durchgeführt. Die einzelnen Instandsetzungsarbeiten erforderten nicht selten erhebliche Finanzmittel, sowohl von der politischen Gemeinde als auch von der Kirchengemeinde, die sich ihrerseits vom Landeskirchenamt jeweils Beihilfen erbat.

## Die umfassende Restaurierung von 1976/78

Um eine Vorstellung von den Kosten für kirchenbauliche Instandhaltungsarbeiten zu ermögliche, seien ein paar Vorgänge aus den umfassenden Renovierungsarbeiten von 1976-78 herausgegriffen:

- die *"absolut dringende Kirchendachreparatur"* mit über 10.000 DM,
- die *"Instandsetzung des Mauerwerks der Kirche"* zum Betrage von 39.869,-- DM,
- *"Holzbockbekämpfung"* mit fast 3.000 DM,
- *"Baumaßnahme Orgel"* mit über 40.000 DM,
- eine weitere *"Hausbockbekämpfung des Dachstuhls mit Imprägnierung gegen Hausbock, Anobien und Pilz"* mit über 10.000 DM und
- Fliesenlegerarbeiten zur Erneuerung des Fußbodens über 24.000 DM.

Die Dringlichkeit der Maßnahmen war 1976 unschwer nachzuweisen. Am 19. Mai schrieb Pfarrer Heck dem Landeskirchenamt: *"Das Kirchengebäude, Turm und Schiff, in Marköbel befinden sich in einem desolaten Zustand. Die am Turm vorgesehenen dringend notwendigen Instandsetzungsarbeiten werden nicht begonnen, weil innerhalb der Gemeindeverwaltung heftige Differenzen bestehen. Hier geht es jetzt aber vor allem um das Kirchenschiff. Das Kirchendach, letztmals wohl 1950 repariert, hat derartige Löcher, daß auf dem Kirchenboden Wannen zum Auffangen des Regenwassers aufgestellt sind. Diese Schäden sollen nunmehr behoben werden"*. Allerdings hatte Pfarrer Heck dem Landeskirchenamt auch eine wesentliche Bedingung des Kirchenvorstandes mitzuteilen: *"Voraussetzung dazu (zur Behebung der Schäden) ist freilich die Bereitstellung der erforderlichen Mittel durch die Landeskirche"*. Tatsächlich hat die Aktenauswertung eine stets unbürokratische Unterstützung des Landeskirchenamtes bei der Bereitstellung der erforderlichen Finanzmittel ergeben.
Im Zuge der Arbeiten genehmigte das Landeskirchenamt schließlich weitere Renovierungs- und Erneuerungsmaßnahmen wie:

- die Verbesserung der vorhandenen Warmluftheizung,
- neue Außentüren am Seiteneingang und Turm,
- den Neuanstrich des Altartisches,
- neue Kirchenbänke im Schiff und auf den Emporen (wobei das zur Weiterverwendung verbliebene Gestühl vor dem Neuanstrich "restlos abgelaugt" werden mußte. Der mit der Durchführung der Arbeiten beauftragte Architekt Werner Bange hatte eigens Schablonen im Maßstab 1:1 für eine Musterbank mit Wangen und für die Sichtblenden vor den altarnächsten Bänken im Kirchenschiff gezeichnet),
- neue Gitter in den Fensterlaibungen,
- die Erneuerung der Elektroinstallation sowie
- die vollständige Erneuerung des Deckenputzes.

Noch im Mai 1977 war seitens des Landeskirchenamtes die Meinung vertreten worden, den *"größten Teil der Verschläge* (Ställchen) *im Kirchenschiff"* zu belassen, *"um das optische Gleichgewicht des Raumes zu erhalten - aber auch - um der gesetzlichen Auflage des Denkmalpflegeamtes* (Landeskonservator) *gerecht zu werden".* Die Verschläge (Ställchen) konnten jedoch nicht mehr beibehalten werden, da *"nach einer Untersuchung durch Schreinermeister Götz aus Marköbel"* und *"einer Überprüfung durch das Landeskirchenamt"* die *"Unterteile* (geschlossene Wandteile) *der Einbauten in einem nicht mehr verwendungsfähigen Zustand"* sich befanden, so daß nach Entscheidung durch den Landeskonservator nur die Restteile der *"Ställchen"*, wie heute vorhanden, wieder eingebaut werden konnten.
Bei den 1978 abgeschlossenen Arbeiten hatte es sich demzufolge nicht nur um die unmittelbar notwendigsten Arbeiten zur Erhaltung der Kirche gehandelt, vielmehr war in einem Bittbrief im Januar 1978 *"an alle evangelischen und katholischen Christen in Marköbel"* vom Kirchenvorstand in Marköbel die Formulierung gewählt worden: *"Helfen Sie durch eine Spende mit, daß unsere Kirche würdig hergerichtet werden kann".*
In diesem Rundschreiben wurde erklärt, daß außer dem Anstrich von Decke und Wänden *"im Jahre 1922 die Inflation weitere Arbeiten verhindert"* gehabt habe, der Krieg habe dann *"Pläne zur Umgestaltung der Kirche vereitelt...", "die 1954 durchgeführten Arbeiten waren insofern unvollständig geblieben, als die alten Bänke und die alte Decke geblieben waren".* Nunmehr sei der Kirchenvorstand der Meinung, *"dem Übel soll abgeholfen werden, daß man in den unbequemen Bänken von 1741 sitzen muß bzw. an der Decke die Balken zählen kann".* - Um diesem "Übel" abzuhelfen, bat der Kirchenvorstand um *"eine namhafte Spende".* Nachdem das Renovierungsvorhaben über die Genehmigung der Weißbinderarbeiten zum Betrag von rund 100.000 DM fortgeschritten war, genehmigte das Landeskirchenamt im März 1978 *"die Anschaffung von Lampen lt. Schätzung Architekt Bange 10.000,-- DM".*
Architekt Bange legte eine Zeichnung zur Anfertigung von Deckenlampen mit einer zwölfarmigen Krone vor. Der Vorschlag ist rasch zur Ausführung gekommen, und so leuchten heute von der Kirchendecke herab keine Beleuchtungskörper aus einer Se-

rienanfertigung, sondern eigens für die Marköbeler Kirche entworfene und angefertigte Lampen mit zwölfarmiger Krone.

### Posaunenengel wieder am alten Platz

Gleichsam wie Symbole für die endlich umfassend vollendete Renovierung der Kirche "blickten" zum ersten Gottesdienst am 24. September 1978 auch die *"zwei aus Holz gestochenen Engel"* wieder auf die Gemeinde. Die beiden Holzengel waren nämlich zu einem nicht mehr erinnerlichen Zeitpunkt und mit einer inzwischen in Vergessenheit geratenen Begründung dem Hanauer Geschichtsverein übergeben worden und in einer Abstellkammer des Schlosses Philippsruhe 'archiviert' worden. Zufällig hatte Architekt Werner Bange kurz vor dem Marköbeler "Einweihungsgottesdienst" von der Existenz und dem Aufbewahrungsort der beiden Holzengel Kenntnis erhalten. Entschlußfreudig befreite Architekt Bange die beiden 'Posaunenengel' aus der Verborgenheit archivähnlicher Aufbewahrung. Noch in den Abendstunden des 23. September 1978 badete und duschte er in der häuslichen Badewanne die beiden Holzfiguren, bis sie wieder als Engelsfiguren zu erkennen waren. Mit der gebotenen Vorsicht transportierte er sie nach Marköbel in die Kirche, wo die beiden Engel seitdem von der Orgelempore auf die versammelte Gemeinde herabblicken können. Das Alter der Engelsfiguren ist nicht bekannt. Offensichtlich zierten sie bereits die alte Orgel.

### Die Orgel

Zum 100-jährigen Jubiläum der 'neuen' Orgel erfahren wir aus dem Marköbeler Kirchblatt vom Juli/August 1988 weitere Einzelheiten: *"Im August 1888 baute die Firma Ratzmann hier eine neue Orgel. Der Kaufpreis betrug 4.400,-- Mark einschließlich 100 Mark für die alte Orgel. Beim Einbau der großen Orgel mußte die Empore verstärkt werden. Ein Maler Ruth aus Langendiebach hat damals die 'zwei aus Holz gestochenen Engel' auf der Orgel neu bemalt. Die Orgel wurde 1978 renoviert. Jede Orgel setzt sich aus vielen einzelnen Pfeifen zusammen. In Marköbel sind es 810, die alle nur je einen Ton spielen. Die Art des Tones richtet sich nach der Bauart. Eine lange Pfeife erzeugt einen tiefen Ton, eine kurze Pfeife einen hohen. Durch die Kunst des Orgelbauens und des Organisten können mehrere Töne gleichzeitig erklingen, in Marköbel bis zu 13 verschiedenartige Töne beim Anschlagen einer einzigen Taste. Da der Organist mit den Händen mehrere Tasten gleichzeitig anschlagen, aber auch noch mit den Füßen zwei verschiedene, für die Füsse besonders große Tasten bedienen kann, ergibt sich auf Wunsch eine gewaltige Klangfülle".*

1984 wurden die Restaurierungsarbeiten der siebziger Jahre vorläufig komplettiert. Das Dach des Turmes wurde ausgebessert und der Wetterhahn auf der Turmspitze neu vergoldet.

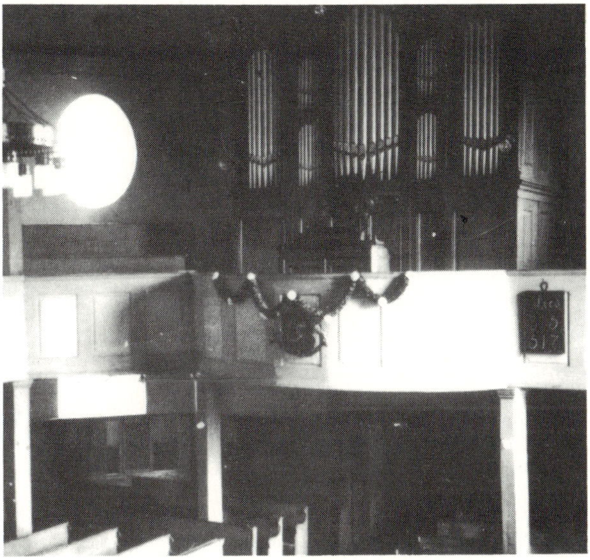

Die Orgel mit Empore in den Zwanziger Jahren. Das Foto stellte Heinz-Dieter Becker zur Verfügung.

## Glocken für Krieg und Frieden

Zum Schluß soll - auch wenn dies nicht unmittelbar den architektonischen Kirchenbau betrifft - noch an die Wiederbeschaffungsaktionen der jeweils während der beiden Weltkriege eingeschmolzenen Kirchenglocken erinnert werden.

Nach dem Ersten Weltkrieg war es der Gemeinde gelungen, für die während des Krieges eingeschmolzenen Glocken bis zum November 1920 zwei neue Glocken (Tonlagen 'A' und 'H') anzuschaffen, für die die Glockengießerei *"außer für mehrstündiges Probeläuten über 20 Jahre für Güte und Haltbarkeit garantierte"*. Wenn auch 'Güte' und 'Haltbarkeit' sämtlichen Erwartungen entsprochen haben dürften - eine Inanspruchnahme der Garantiezusage ist uns aus jener Zeit jedenfalls nicht überliefert -, konnten die Glocken ein weiteres Mal nicht vor dem Schicksal der Einschmelzung bewahrt werden, und die Gemeinde sah sich in der nicht mehr zu übersehenden Katastrophe des Zweiten Weltkrieges gezwungen, das Unabwendbare stillschweigend zur Kenntnis zu nehmen, wie in einer Meldung (08.05.1942) des Bürgermeisters an den "Sicherheitsdienst-SS" zu lesen ist: *"Die Abnahme der 2 Kirchenglocken wurde von der Bürgerschaft als selbstverständlich hingenommen. Abfällige Äußerungen sind mir nicht bekannt geworden"*.
Als nach der Beendigung des Zweiten Weltkrieges die Lebensverhältnisse einigermaßen geordnet gestaltet werden konnten, bemühte sich der Bürgermeister auf Anregung des Kirchenvorstandes hin um Angebote für wieder einmal neu zu beschaffende Glocken. Dabei erreichte den Bürgermeister von einem Gießereivertreter unter

anderen eine Postkarte mit einem keine Mißverständnisse zulassenden Kurzangebot (30.11.1953): *"Sehr geehrter Herr Bürgermeister, bitte umgehend um Nachricht, ob Sie abschließen wollen, wenn ja, läuten Ostern die Glocken bei Ihnen".* Nun, beim Bürgermeister haben zu Ostern 1954 noch keine neuen Glocken geläutet. Dafür wurde aber nach einer Bürgerversammlung im März *"die Lieferung der Kirchenglocken ... laut einstimmigen Beschluss des Gemeindevorstandes, des Finanzausschusses und der Glocken-Kommission in der Sitzung vom 14.05.1954 der Firma Gebrüder Bachert übertragen"* und sollte *"zum diesjährigen Erntedankfest erfolgen"* - von der Gießerei Gebrüder Bachert waren schon vormals die wiederbeschafften Glocken im Oktober/November 1920 geliefert worden.
Nach geringer zeitlicher Verschiebung konnte die Gießerei zu dem auf den 08. Oktober 1954 terminierten Glockenguß einladen. Mit einem Festgottesdienst wurden die neuen Glocken am 31. Oktober 1954 eingeweiht. Sie tragen die vom Gemeindevorstand gewählten Inschriften:

Glocke - Fis "Verleih' uns Frieden gnädiglich - Herrgott, zu unseren Zeiten!"
Glocke A *"Auf, dass sie Alle eins sein!".* -
Die dritte Glocke (sogen. "Kleine Glocke") war über den Zweiten Weltkrieg ohne Einschmelzung erhalten geblieben, mit der Inschrift: *"Friede sei mit Euch - dem Andenken unserer Kriegstoten 1914 - 1918". "1917 im Weltkrieg zerflossen - 1920 im Frieden neu gegossen".*

Bei diesem Beitrag handelt es sich um eine auszugsweise Zusammenstellung aus dem Aufsatz "Zur Geschichte der Marköbeler Kirche" von Paul Trackis, für die Gemeinde Hammersbach mit Erlaubnis des Autors entnommen und zusammengestellt zum Abdruck in der vorliegenden Chronikausgabe. Für nicht unmittelbar mit Satz und Sinn des Aufsatzes übereinstimmende Ausführungen in der Zusammenstellung zeichnet der hiesige 'Verein für Kultur und Heimatgeschichte e.V.' verantwortlich.

## Quellen- und Literaturhinweise

GAM, 17/2 (1881-1884, 47/1-20
KAM, zeitlich geordnet, gleichfalls "Presbyterial-Protokoll" 1841-1889.
W. BACH, "Kirchenstatistik der evangel. Kirche im Kurfürstentum Hessen", Cassel 1835, S. 894f.
C. ARND, "Geschichte der Provinz Hanau und der unteren Maingegend", Hanau 1858, S. 102f., 113, 241, 297, 432.
C.W.H. HOCHHUTH, "Statistik der evangel. Kirche im Regierungsbezirk Cassel", Kassel 1872, S. XIVf., 823f.
R. WILLE, "Hanau im dreissigjährigen Kriege", Hanau 1886, S. 23, 654ff.
Vereinigung Berliner Architekten, "Der Kirchenbau des Protestantismus von der Reformation bis zur Gegenwart", Berlin 1893, S. 84f., 533ff.
Hermann BERNBECK, "Das Kirchenpatronat in Hessen", Darmstadt 1927, S. 241ff.
BOTT, S. 19 f., 54, 67f., 77.
Hanauer Anzeiger vom 03.08.1957, "Eine alte Siedlung im Hanauer Land".
BACKES/FELDTKELLER, "Kunsthistorischer Wanderführer - Hessen", 1964, S. 147.
Isenburger Urkunden, S. 66, 120f., 299, 301, 304, 777.
G. DEHIO, "Handbuch der Deutschen Kunstdenkmäler - Hessen", Berlin 1982, S. 612.
KOHLENBUSCH/ASCHKEWITZ, "Pfarrgeschichte des Sprengels Hanau ('Hanauer Union') bis 1968", S. 235f.
P. BARTHE, "Theorie des evangelischen Kirchengebäudes", Stuttgart 1906, S. 127ff.
W. DIEHL, "Reformationsbuch der evangel. Pfarreien des Großherzogtums Hessen", Friedberg 1917, S. 162, 544f.

# Nur die "Wingerde" erinnert an den Weinanbau

*Dirk-Jürgen Schäfer*

An den Jahrhunderte langen Weinanbau in Marköbel, der wahrscheinlich noch auf römische Zeit zurückgeht, erinnert neben den von Hecken überwucherten Terrassenstufen und der Straße "Unter den Weingärten" nur noch die im Ort übliche Bezeichnung "Wingerde" (Weinberg), daß auf dem Südhang des heute auf amtlichen Karten genannten "Mühlberg" früher Wein angebaut wurde. Erneut ein Beweis, wie beharrend die mündliche Überlieferung ist, denn selbst in der heutigen Hammersbacher Flurkarte findet sich noch nicht einmal mehr in den Flurnamen ein Hinweis auf den Marköbeler Weinanbau, obwohl er erst um die Jahrhundertwende gänzlich zum Erliegen gekommen ist. In der Marköbeler Schulchronik[1] in der jährlich auch über die Lage der Landwirtschaft berichtet wird, finden wir 1890 noch den Hinweis "Trauben unvollständig reif" und 1896 "Trauben sehr sauer".
Die "Herbheit" des früheren Marköbeler Weines wird manchmal von älteren Einwohnern drastisch als "Drei-Männer-Wein" umschrieben: Ein Mann muß trinken, ein zweiter Mann ihn dabei festhalten und ein dritter Mann den Wein einflößen.

### Ein Morgen Weingarten "zum Seelgedächtnis"

Den Weinanbau dürften die Römer in die Wetterau gebracht haben, worauf manch ein ausgegrabener Weinkeller in römischen Gutshöfen hindeutet[2]. Im Hanauer Land wird der Weinanbau erstmals im 9. Jahrhundert urkundlich erwähnt[3]. Den ersten Hinweis auf den Weinanbau in Marköbel finden wir 1345 in einer Urkunde[4], in der Wigand Fende von Assenheim den Deutschherren von Sachsenhausen ein Korngült von zwei Huben verkauft. Unter den darin erwähnten zahlreichen Flurnamen ist je ein halber Morgen "uff dem winberg" und "vor dem wingarten" genannt. Zwei Jahre später vermacht Gerlach von Bellersheim, Pastor der Pfarrei Marköbel, zwei Morgen Weingarten als Stiftung zu Gunsten des jeweiligen Pfarrverwesers von Marköbel.
1348 finden wir in einer Urkunde des Ritters Werner von Köbel[5], seiner Schwester Gele und deren Mann Wolf von Hattstein den Hinwis "zwene morgin wingarten an dem Bergheimer phade". Im Jahr darauf, am 4. April 1349, vermacht der Schreiber Markele von Frankfurt[6], ehemaliger Glöckner zu Marköbel, dem Marienaltar zu Marköbel einen Morgen Weingarten "zu seinem seelgedächtnisse".

Für die Jahre 1505 bis 1629[7] liegen im Staatsarchiv Marburg und im Gemeindearchiv Marköbel, allerdings nicht für alle Jahre vollständig, die Weinmeisterrechnungen vor. Ein Teil der Überschüsse geht jährlich an die Bürgermeister und wird in der Bürgermeisterrechnung (Gemeindehaushalt) verbucht, ein anderer Teil wird als Einnahme in das

folgende Rechnungsjahr der Weinmeister gestellt. Da die Überschüsse immer geringer werden, stellt die Gemeinde den eigenen Weinausschank ein und verpachtet das Schankrecht an die Gemeinde-Wirtschaft.
Für die Zeit unserer Weinmeister-Rechnungen notiert der Wetterauer Dichter Erasmus Alberus 1552 in seiner "Kurzen Beschreibung der Wetterau": *"Viel guts Weins wächst im hanauischen Lande"*.

## Die Rechnung der Weinmeister Schmitten und Gurtler anno 1591/92

Den Inhalt der Weinmeisterrechnungen vor rund vierhundert Jahren zeigt beispielhaft die Rechnung der Weinmeister Hen Schmitten und Mathiß Gurtlers aus dem Jahre 1591/92[8]. Das Haushaltsjahr beginnt an Michaelis (29. September) und endet Michaelis des folgenden Jahres. Gerechnet wird in Gulden (fl = florin), Schilling (ß) und Pfennig (d = denar). Ein Gulden entspricht 24 Schilling, ein Schilling 9 Pfennige.

Die Einnahmen betragen 465 fl/19ß/3d. Davon entfallen 326 fl/21 ß/6 1/2 d auf den Verkauf des Schankweines an den Gemeindewirt Philips Schaffern. Die vorjährigen Weinmeister lieferten als Überschuß 100 fl ab. Als Receß werden 38 fl/3 ß/5 1/2d verzeichnet und aus dem Verkauf der Weinhefe 18 ß.
Die Ausgabenpositionen sind unterteilt in Weineinkauf, andere Ausgaben, Ausgaben für Bürgermeister, Weinmeister und Baumeister, ständige Ausgaben und Unkosten.
Für den Weineinkauf geben die Weinmeister vor rund vierhundert Jahren 209 fl / 14 ß/ 1/2 d aus. Sie machen damit gegenüber dem Verkaufspreis einen Gewinn von gut 100 fl.
Unter der Rubrik "andere Ausgaben" ist das Ungeld (Ohmgeld) für die "gn. Herrschaft" in Hanau - 3 fl je Fuder Wein - mit 21 fl/19 ß/1 d sowie der Schanklohn des Gemeindewirts Schaffern - 2 fl/6 ß je Fuder - mit insgesamt 16 fl/8 ß/2 1/2 d enthalten. Für die Bürgermeisterrechnung werden 21 fl, für die Baumeister 26 fl/20 ß und für die Weinmeister des Folgejahres 95 fl/4 ß/2 1/2 d gezahlt. Unter den ständigen Ausgaben finden wir als Lohn für die Weinmeister 2 fl, für das Schreiben der Rechnungskopie 1fl, für die jährliche Fässereichung 18 ß und 12 ß *"beden Weinmeistern ist man ihnen für Schuch jährlich zu geben schuldig"*. Die "Unkosten" beeinhalten die nicht jährlich wiederkehrenden Kosten. Darunter finden wir 7 fl für zwei neue Seile für den Gemeindekeller (um die Fässer herabzulassen) 2 fl/6 ß *"als die Trüb abgelassen und der Wein geteilt"*, 2 fl *"als der gemein wein eingeschrottet"*, 1 1/2 fl für die Abnahme der Rechnung, 1 fl/18 ß für die Abrechnung von Schultheiß und Weinmeister mit dem Gemeindewirt, 1 fl 10 ß für den Bender (Küfer) im Keller, 16 ß Unkosten, als die Weinmeister durch die Gemeinde angenommen werden, 3 ß für Papier (Rechnungskopie und Handregister) sowie 2 ß "für Weinspann".

Die Gesamtausgaben belaufen sich auf 413 fl/28 ß/6 d. Der Überschuß der beiden Weinmeister beträgt 52 fl/ 5 1/2d, der in der folgenden Weinmeisterrechnung als Einnahme gebucht wird.

An Gemeindewein werden 7 Fuder, 5 Ohm, 6 1/2 Viertel und 1/2 Maß ausgeschenkt. Rechnet man das Fuder zu 900 l, die Ohm zu 150 l, das Viertel zu 7,5 l und das Maß zu 1,6 l, liegt der Gemeindeausschank 1591/92 bei 7.100 l.

Der Gemeindewirt verkauft 7 Fuder, 1 1/2 Ohm, 1 1/2 Viertel und 1 Maß. Die Feuerwehrläufer erhalten 1 Ohm und 5 Viertel, weil sie *"zum offtermahl zum feuwer gelaufen"*, 1 Ohm Schrottwein wird ausgegeben, *"als der gemein wein eingeschrottet und in den keller gelegt"* worden ist, 19 Viertel und 3 Maß *"als dem wein aus dem gemein keller beigelegt, ist man von jedem faß 1/2 Viertel Schrottwein schuldig"*, 4 Viertel Wein sind ausgelaufen, 3 Viertel Wein erhalten die Landscheider für eine (Grenz-)Steinsetzung, 2 Viertel und 3 Maß erhält die Kirche für Abendmahlswein und 1 1/2 erhalten die *"armen Leute"* aus dem Gemeindeweinkeller.
Aus anderen Rechnungen[9] erfahren wir, daß aus den Weinkellern der Gemeinde für alle möglichen Gelegenheiten Wein ausgeschenkt wird. 1588 erhalten *"arme Leute"* ein Viertel, *"kranke Leute"* und *"arme aussätzige Leute"* je ein Maß Wein. Wir erfahren die Namen der Wirte (Philip Schaffern, Heinrich Schmidt, Peter Gehrt, Nicl. Hochstein, Jörg Appel, Stephan Jacob und Hans Diegel) und der Juden (Mayer Jüdt, Meyer der Judt, Löw Judd und Abraham Jud). Wein erhalten die Landscheider, als sie den Gemeindewald gegen das Feld ausgesteint haben (1596/97), als sie gegen das Butterstädter und Ostheimer Feld die Steine aufgeräumt, besichtigt und gesetzt sowie den Hain ausgemessen haben.

## 1593 wird erstmals auch Bier erwähnt

1593/94 wird erstmals in den Weinmeisterrechnungen auch Bier erwähnt, das wohl in Hanau gekauft wird, wie der Rechnung 1601/1602 zu entnehmen ist. Im gleichen Jahr tragen die Weinmeister ein, daß sie Bier *"der Gemeinde gegeben, als es angefangen sauer zu werden, als die Köbelbach* (Krebsbach) *und der Mühlgraben* (nicht mehr vorhanden, etwa Verlauf der Hainstraße über Ausstellungsraum Schnitzer zur Untermühle) *gefegt"*. Ob das Bier wirklich sauer wurde oder ob diese Begründung lediglich der Irreführung der "Gräflich Hanauischen Räte" diente, um den Marköbeler Einwohnern für ihre unentgeltliche Gemeindearbeit einen kleinen Ausgleich zu geben, können wir heute nur vermuten.
Die Kirche erhält nicht nur Wein für das Abendmahl von der Gemeinde, sondern auch dann, wenn eine Kirchenvisitation stattfindet oder der Konvent am Ort tagt.

## Wein an "Gnädigen Herrn samt dem Frauenzimmer"

Dem Hanauer Grafen - in der Weinmeisterrechnung als "Gnädiger Herr" bezeichnet - wird Wein gereicht, als er *"samt dem Frauenzimmer mit 3 Kutschen hier durchgereist von Dillenburg aus nach Hanau"* (1599/1600) und als er *"hier übernachtet, den Hirsch zu schießen"* (1596/97).

Wein erhalten auch die *"wehrhaften Männer"* bei ihren Aufgeboten oder bei Schützenfesten. Eine stehende Wehr gab es vor dem Dreißigjährigen Krieg nicht, die Verteidigung oblag den wehrfähigen jungen Männern, auch "junge Mannschaft" genannt. In einer Aufstellung der "wehrhaften Männer der Grafschaft Hanau" aus dem Jahre 1587 werden für Marköbel 42 Schützen mit Sturmhauben, 23 Schützen mit ganzer Rüstung und 34 Schützen mit Federspießen genannt. Insgesamt also 99 "wehrhafte junge Männer". 1599/1600 müssen sie mit ihrer Rüstung nach Windecken *"als der Kurfürst aus der Pfalz durchreist"*. Im Jahr darauf gehen sie nach Windecken, *"die Faßnacht, die Rüstunge zu besehen"*. 1604/05 erhalten die Büchsenschützen Gemeindewein, *"als sie zu Windecken auf Musterung mitsamt den HellePartieren aus dem Keller"* gewesen. 1605/06 bekommen die Büchsenschützen Wein für ihre Teilnahme am Schützenfest in Vilbel, ein Jahr darauf für ihre Teilnahme in Dörnigheim. Für ihre Musterung in Windecken im gleichen Jahr erhält jeder Nachbar 1/2 Maß, insgesamt verteilt die Gemeinde aus dem Weinkeller dazu 12 Vtl 3 1/2 Maß. Danach haben rund hundert Nachbarn an der Musterung teilgenommen.

1607/08 werden zwei Fenster in den Gemeindekeller (den heutigen Rathauskeller) gebrochen, die Fenstersteine kommen aus Büdingen. In der Weinmeisterrechnung sind alle Einzelheiten wie Stemmen der Fensteröffnung, Vermauern, Einbau der Quadersteine, Klammern, Schellen, "gebackene" Steine, Fuhrlohn und Wegegeld enthalten.

## Von jeder Maß ein Pfennig an die "HoLa"

Auf Grund der Stiftungsurkunde der Hohen Landesschule mußte ab 1607 von jedem Maß ein Pfennig an die Schulkasse abgeführt werden. Nach Bott[10] hat dieser Schulpfennig, um den sich die Maß verteuerte, viel Unwillen erregt und war auch Gegenstand der Klage vor dem Reichskammergericht.

1607/08 werden *"8 Tage lang etliche Graben auf der Gemeinde und dem Eschgraben ausgestochen und in meines gn. Herrn Landwehr die Gräben aufgeworfen"*. 1613/14 berichtet die Weinmeisterrechnung von der Einquartierung von Soldaten für zwei Tage und zwei Nächte.

Im gleichen Jahr wird das Rathaus als "Spilhaus" noch einmal erwähnt. Gut zwei Gulden vermerkt die Weinmeisterrechnung 1613/14 an Ausgaben für die *"Herrn Räte....., welche von Rüdigheim aus uf der Glaßhütten (?) spaciren gewesen".*

## Der Weintrunk gehörte zum Kaufabschluß

Im Mittelalter war der Wein auch bei uns das tägliche Getränk, das Bier hatte nur eine untergeordnete Bedeutung. Der "Weintrunk" gehörte zu allen Rechtsgeschäften, sei es beim Kaufabschluß, sei es bei der Vergabe von Aufträgen der Gemeinde ("Dingwein") und bei der Abnahme ("Schlußwein"), sei es bei der zweimonatigen Abrechnung beim Gemeindewirt, bei Eintragungen in das Gerichtsbuch oder bei "Abhörung der Rechnung" (Rechnungsprüfung).

Für 1629 liegt uns die letzte Weinmeisterrechung vor. Aus dem Jahr 1630 ist uns ein "Verzeichnis der Nachbarn zu Hirzbach und Marköbel und was ein jeder vor wingarten hat"[11] überliefert. Für Marköbel werden 102, für Hirzbach sechs und für den Baiersröder Hof zwei Weingartenbesitzer genannt. Das Eigentum an den Weingärten ist breit gestreut und liegt im Durchschnitt bei knapp einem Morgen. Die namentliche Überlieferung kurz vor der Katastrophe des Dorfes im 30jährigen Krieg dürfte für die Familiengeschichte recht interessant sein, sprengt aber hier den Rahmen der Berichterstattung. 1632 finden wir in der Bürgermeisterrechnung[12] den Hinweis, daß *"der Gemeindewirt Baldaß Schmid 40 Gulden an Pacht gegeben hat".* Drei Jahre später hat der Dreißigjährige Krieg die Wetterau erreicht. Marköbel brennt fast vollständig ab, ein Großteil der Einwohner kommt um oder flieht. Feld, Flur und Weinberge liegen für lange Zeit brach.
Mitte des 17. Jahrhunderts - etwa aus der Zeit nach Beendigung des Dreißigjährigen Krieges - liegt uns mit Merians "Topographia Hassiae" eine Beschreibung vor. Über die Grafschaft schreibt er wohl in Erinnerung an frühere "Friedenszeiten": *"Dieser Teil der Wetterau ist sehr reich an Wein, Früchten und Wildprett".* Aus der näheren Umgebung wird nur Windecken erwähnt, dessen Weinberge darnieder lägen. So dürfte es auch in Marköbel ausgesehen haben. Doch die Bewohner kommen zurück, das Dorf entsteht wieder neu und damit auch die Bewirtschaftung der Äcker, Wiesen und Weinberge als Lebensgrundlage der Bewohner.
1716[13] lesen wir über die Bestellung der Wingertsschützen *"ob sich zwar nur wenig Trauben in den Weingärten zeigen"* sollen doch drei Wingertsschützen angenommen worden. Wenn die Trauben anfangen, weich zu werden, werden die Weinberge geschlossen, doch wird den Besitzern *"unter der Glocke"* erlaubt, den Weinberg zu besuchen.
Bereits 1747 lobt der "Wetterauische Geographus" das Hanauer Land als ausgesprochen fruchtbar, *"indem darinnen nicht allein ein vortrefflicher Weinwuchs und Kornbau, sondern auch die edelsten Baum- und Gartenfrüchte im Überfluß angetroffen werden".*

## 1754 noch 47 Morgen Weinanbaufläche

Eine Statistik der Einwohner und Orte in der Grafschaft Hanau im Jahr 1754[14] gibt uns auch einen genauen Überblick über den Weinanbau. Im Altkreis Hanau werden 1.958 Morgen Weinanbau vorwiegend in Bergen-Enkheim, Hochstadt, Bischofsheim und Windecken überliefert. Marköbel liegt mit 47 Morgen Weinanbaufläche an letzter Stelle.

Zur Gemarkung Marköbel gehören nach dieser Statistik 6.417 Morgen Land. Davon entfallen 3. 729 Morgen (58,1 Prozent) auf Ackerland, 1.910 Morgen auf Wald (29,8 Prozent), 430 Morgen auf Wiesen (6,7 Prozent), 171 Morgen auf Triescher/Eller (Landwehr?) (2,5 Prozent), 130 Morgen auf Gartenland (2,1 Prozent) und nur 47 Morgen auf Weinanbaufläche (0,7 Prozent).
Der Vollständigkeit halber sind hier auch noch aus der Statistik die Zahl der Einwohner und der Häuser wiedergegeben: 1754 leben in Marköbel und Hirzbach 639 Einwohner in 144 Familien, davon 33 jüdische Familien. 129 Wohn- und Gemeindehäuser, 9 herrschaftliche und adelige Häuser, 3 Mühlen sowie eine Kirche sind für den Baubestand des Dorfes ausgewiesen.

Wiederum gut hundert Jahre später erfahren wir aus Landaus Beschreibung des Kurfürstentums Hessen (1842): *"An den Höhen und in den Fluren von Bergen, Bischofsheim, Seckbach, Hanau, Langenselbold, Erbstadt, Kilianstädten,* MARKÖBEL, *Nauheim* usw. *grünen, und zwar zum Teil seit den ältesten Zeiten, Rebenanlagen, welche einen guten, durch sein Feuer sich auszeichnenden Wein liefern".*

## Mehltau und Reblaus vernichten den Weinanbau

Den "feurigen Wein", den Landau beschreibt, gibt es wohl nur in den ausgesprochen sonnigen Jahren. In der "Zeitschrift für die Provinz Hanau"[15] finden wir 1830 ein realistischeres Bild über den Weinanbau in der Provinz Hanau: *"Während der Ertrag der Wiesenflächen nur eine geringe menschliche Nachhilfe verlangt und beinahe ganz als ein Product der Vegetationskraft angesehen werden kann, erscheint der Ertrag der Weinberge zum größten Theile als Product der menschlichen Arbeit; - unverdrossen und im Schweiße seines Angesichtes muß der Winzer sein Grundstück bauen und pflegen; selbst wenn er für den nächsten Herbst keine Erndte erwarten kann, und tritt dieses auch einmal reichlich ein, so vergütet sie nicht viel mehr, als die bis dahin verrichtete Arbeit.*
*Deßhalb sind es in Kriegszeiten, wo es der Landwirthschaft an Händen fehlt, zuerst die Weinberge, denen sie entzogen werden; so fand sich am Ende des dreißigjährigen und des Revolutionskrieges eine Menge von früheren Weinbergen verödet. Erst*

*nachdem alle Wunden des letzteren wieder geheilt und alle in der Bevölkerung entstandenen Lücken ausgefüllt waren, wurden jene wüsten Strecken wieder mit Reben bepflanzt; ja die Segnungen des Friedens begünstigten diesen Culturzweig dermaßen, daß auch viele Strecken angepflanzt wurden, wo bis daher nie Wein angebaut worden ist".*
Für das Jahr 1830 werden für die Gemarkung Marköbel 45 Morgen Neuanpflanzung erwähnt, um die sich Bürgermeister Stroh besonders verdient gemacht habe[16].

Doch bereits 1858 ergeht eine Polizeiverordnung "zum Schutze der in den Gemarkungen Bergen, Hochstadt und Marköbel liegenden Weinberge". Darin heißt es: *"Sämtliche in dem Bezirk der Weinberge liegenden Grundstücke, welche früher mit Weinreben bepflanzt waren oder zur Zeit noch zum Weinanbau benutzt werden, dürfen in anderer Weise nicht, namentlich nicht zum Ziehen von Gemüsen und Feldfrüchten verwendet, auch mit Bäumen nicht bepflanzt werden"* [17].

Aber auch diese Polizeiverordnung rettet nicht den Weinanbau in Marköbel und in den anderen Hanauischen Orten. Um 1850 breitet sich sehr rasch in allen Weinanbaugebieten der Mehltau aus, eine Pilzkrankheit, die aus Amerika eingeschleppt und über England und Frankreich nach Deutschland kommt. *"Blätter und Triebe sehen wie von Mehl oder Asche überstäubt aus,.... kräuseln sich und fallen schließlich ab. Die befallenen Beeren platzen auf, so daß die Kerne sichtbar werden, weil das Innere hervorquillt. Auf diese Weise wird der Weinstock schwer geschädigt und die Ernte vernichtet"*[18].

Aus den Gemeindeprotokollen[19] des letzten Jahrhunderts erfahren wir, daß zur Zeit der Traubenernte immer noch eigens ein Wingertschütz eingestellt war. 1859 beschließt die Gemeindevertretung[20], *daß "die Weinberge, soweit sie zum Weinbau brauchbar sind, wieder neu angelegt werden"* sollen und wählt eine Kommission, die die entsprechenden Weinberge festlegen soll.
1860[21] finden wir in den Protokollen der Gemeindevertretung den Hinweis, daß *"die Traube Dienstag, den 6. November gelesen werden soll"* und 1867[21], daß *"in die Weinberge zu gehen von 6-8 Uhr morgens erlaubt ist"*. Wer zu einer anderen Zeit im Weinberg angetroffen wird, muß 10 Sgr Strafe zahlen.

Um 1880 tritt dann noch die Reblaus auf, die ebenfalls von Amerika eingeschleppt worden ist, und die die Wurzeln der Weinstöcke befällt[23]. Trotz gezielter Schädlingsbekämpfung bringt sie das Ende des Weinanbaues.
1882 wird das 1708 erbaute Wingert- oder Weinberghaus öffentlich zum Abbruch verkauft einschließlich des dazu gehörenden Landes von 1 ar 80 qm. Die letzten Mitteilungen über den Weinanbau in Marköbel stammen aus den Jahren 1890 und 1896 der Marköbeler Schulchronik.

Vielleicht kam manchem Weinbergbesitzer die Ausbreitung der Reb-Krankheiten gelegen, um seinen Grund und Boden wirtschaftlicher auszunutzen. Für 1835 liegen Grundstückswerte (Verkaufspreise) der landwirtschaftlich genutzten Fläche in der westlichen Provinz Hanau vor[24]. Danach ergeben sich folgende Durchschnittspreise: Obstbaumfelder 395 1/4 Gulden, Wiesenflächen 266 3/4 Gulden, Weinberge 257 Gulden und Ackerland 189 1/15 Gulden. In Marköbel werden diese Durchschnittspreise beträchtlich überboten. Für Baumfelder werden 800 Gulden je Morgen gezahlt, ein Spitzenpreis in der gesamten westlichen Provinz Hanau. Wiesen erreichen 480 Gulden und Ackerflächen 350 Gulden. Verkaufswerte für Weinanbauflächen in Marköbel fehlen. Die Umwandlung der Weinbergsflächen in Obstbaumfelder dürfte für die Bauern naheliegend gewesen sein, denn die Bauern waren schon immer gezwungen, den höchsten Ertrag aus ihren Flächen zu erwirtschaften.

## Anmerkungen

1) SCM.
2) Georg Wolff: "Mitteilungen über römische Funde in Heddernheim" IV, 1907 (Praunheim, Dortelweil, Kaichen).
3) Zimmermann, S. 12 (817 in Bergen, 819 in Hochstadt, 882 in Bischofsheim).
4) Reimer 2, Nr. 674.
5) Reimer 2, Nr.754.
6) Reimer 2, Nr. 771.
7) GAM (HStA) Nr. 466-657 und StAM, Hanauer Repertorien, 81 Regierung, Verzeichnis E, Nr.40 c.
8) GAM (HStA), Nr. 482.
9) siehe Fußnote 7. Jeweiliges Jahr ist im Text angegeben.
10) Bott, S. 23.
11) GAM (HStA) Nr. 335.
12) GAM (HStA) Nr. 86.
13) GAM (HStA) Nr. 32.
14) Zimmermann, S. 687.
15) Karl Arndt, Zeitschrift für die Provinz Hanau, 1.Band, Hanau 1839, S. 95 f.
16) Ebd., S. 96.
17) zit. nach Baum: "Polizeiliche Anordnungen", 1881.
18) W. Henschke/L.Emmel, Tausend Jahre Weinbau am Berger Hang, Bergen-Enkheim 1975, S. 84.
19) GAM, Bürgermeisterrechnungen 1846 und 1868.
20) GAM (HStA), Nr. 35, 31.1.1859.
21) vgl. Anm. 17, 29.10.1860.
22) BR 1882, Nr. 45
23) Siehe Anm. 18, S. 51.
24) Siehe Anm. 15, S. 156 f.

# Aus Gerichtsbüchern und Gemeinderechnungen des 17. und 18. Jahrhunderts

*Heinrich Bott*

*überarbeitet und ergänzt von Dirk-Jürgen Schäfer*

Drei Jahre nach der völligen Zerstörung des Dorfes im Dreißigjährigen Krieg legt Schultheiß Philipp Merckens 1638 ein neues Gerichtsbuch an. Es ist, wie auch die Nachfolgebände bis 1932, erhalten geblieben und gibt eine Fülle von Einblicken in das dörfliche Leben. Eine vollständige Auswertung steht noch aus. Wir müssen uns daher auf einige Streiflichter beschränken.
Im Gerichtsbuch finden wir zunächst vorwiegend Beurkundungen über Verkäufe von Häusern oder Landbesitz und Schuldverschreibungen. Erst gegen das Ende überwiegen die Protokolle der Sitzungen des Märkergerichts, bei dem nicht nur die Wald- und Feldrügen behandelt wurden, sondern vor allem auch die Neubesetzung der Gemeindeämter stattfand. Von 1683 ab ist es uns möglich, lückenlos die "GERICHTSLEUTE" oder Schöffen zusammenzustellen und ihre einzelnen Ämter anzugeben. Die Zahl der Schöffen betrug 1638 sieben, seit 1646 neun und seit 1680 zwölf. Die Wahlen fanden in den ersten Januartagen statt, eine Regelung, die bis 1932 beibehalten wurde. Als Vertreter der Selbstverwaltung der Gemeinde standen dem herrschaftlichen Schultheiß zwei Bürgermeister gegenüber. Sie wurden jährlich gewählt. Ihre Hauptaufgabe war die Verwaltung des Gemeindevermögens und die Führung der Gemeinderechnung. Im 17. Jahrhundert wurden die Bürgermeister nach Ablauf ihrer einjährigen Amtszeit FLEISCHSCHÄTZER, d.h. sie hatten das zu schlachtende Vieh zu untersuchen und den Preis des Fleisches festzusetzen. Danach wurde der Schöffe gewöhnlich (Ober-) MÄRKER. Gelegentlich wurde aus besonderen Gründen einmal auch ein Schöffe, der "an der Reihe" war, bei den Wahlen übergangen. Die KIRCHENBAUMEISTER (Rechner) wurden gewöhnlich für zwei Jahre gewählt.

Von GEMEINDE-DIENERN gab es noch den Feld- und Flurschützen, den Waldförster und den Gerichtsdiener, außerdem die Viehhirten (Schweine- und Kuhhirt).
Beim Märkergericht im Januar wurde das "gemeine Backhaus" am Untertor verpachtet; der GEMEINDEBÄCKER hatte der Gemeinde jährlich 6 fl. zu geben, und an den ordentlichen Gerichtstagen für das Gericht Brezeln zu liefern (seit 1774 statt dessen 1 fl. zu zahlen), daneben - als Frühaufsteher - das UNTERTOR auf- und zuzuschließen, es sollte ihm aber aus der Gemeinde dafür noch ein Klafter büchen Holz gegeben werden. 1726 wurde auch am Obertor ein Backhaus errichtet, doch wurde dieses schon im März 1746 an den Bäcker Hermann Christoph Bär verkauft, der mit 38 1/2 Gulden das höchste Gebot abgegeben hatte. Als Grund für den Verkauf wird angegeben, daß die Gemeinde durch die Anno 1741 ganz neu aufgebaute Kirche, die

*"Gießung zweier neuen Glocken auch sonsten andere Geldauflagen mit vielen Schulden überfallen"* worden sei.
der GEMEINDE-WIRTSCHAFT zu; es war nicht mehr wie vor dem Kriege ein der Gemeinde gehörendes Gebäude (die Beratungen über einen Neubau der Wirtschaft führten nicht zum Ziel), sondern nur noch ein besonderes Vorrecht gegenüber den anderen Wirten und "Bierzapfern". Nur noch beim Gemeindewirt durften nach Einbruch der Dunkelheit, *"wenn man die Lichter ansteckt"*, die Gäste noch sitzen bleiben, die anderen Wirte sollten ihre Gäste dann zu diesem weisen. Die Angebote waren sehr verschieden; 1712 ersteigert Johannes Hermann auf 3 Jahre die Wirtschaft für 20 fl. und das Wegegeld für 15 fl., er zahlt also für beides nur 35 fl. Im Jahr 1724 zahlt er 46 fl., und 1727 muß er schon auf 46 fl. für die Wirtschaft und 25 fl. für das Weggeld, zusammen 71 fl. hinaufgehen; 1738 wird er von Wilhelm Stapfer mit 84 fl. überboten, und 1737 steigert Joh. Caspar Koch den Pachtbetrag sogar bis 101 Gulden im Höchstgebot. Der Gemeindewirt hatte natürlich oft über den Wettbewerb der anderen Bier- und Branntweinzäpfer zu klagen, die trotz aller Verbote doch die Gäste bis in die Nacht hinein "setzten".

## Wegegeld-Freiheit für Gericht Eckartshausen und Rückingen

Mit der Wirtschaft war außerdem die Erhebung des WEGEGELDES von den durchfahrenden Fuhrwerken verbunden. Von der Zahlung des Wegegeldes waren die Bewohner des Gerichtes Eckartshausen (Langen-Bergheim, Eckartshausen und Himbach) sowie die Rückinger befreit. Im Gerichtsbuch findet sich 1680 der Vergleich zwischen Marköbel und Rückingen, gegenseitig kein Wegegeld zu erheben, *"wie vor alters Herkommen gewesen"*. 1697 wurde der Vertrag über die Wegegeld-Freiheit der Bewohner des Gerichtes Eckartshausen im Marköbeler Gerichtsbuch erneuert, weil in den Gemeinden *"die alten Leut und Nachbarschafft gestorben und nunmehro wieder junge Nachbarschaft in den Flecken und Dorfschaften wohnen und Strittigkeiten vorkommen"*. Für Marköbel unterzeichnete Schultheiß Johann Ulrich Schmidt und für (Langen-)Bergheim Henrich Mohn, Peter Keyser, Johann Euler, Henrich Euler und Wendel Schwab. Als Ausgleich für die freie Durchfahrt durch Marköbel mußten die Bewohner des Eckartshäuser Gerichts Steine und Sand für den Straßenbau in Marköbel fahren. Bereits im 15. Jahrhundert hatte es zwischen den Grafen von Hanau und Isenburg-Büdingen Streit um das freie Durchzugsrecht in Marköbel gegeben, der 1442/43 beigelegt worden war.

Fortsetzung Seite 218

**Altes Brauchtum aus Marköbel:**

## Marköbeler holen in der Rüdigheimer Kommende ihr Pfingstrecht

*"Wenn einmal in alten Zeiten entstandene Gebräuche durch eine Reihe von undenklichen Jahren ein vermeintliches Recht bekommen haben, und besonders, wenn Vorteile oder gewisse Feierlichkeiten damit verknüpft gehen, wird es schwer halten, in die Abschaffung derselben zu willigen, noch mehr aber, solche von selbst eingehen zu lassen"*, heißt es 1778 im Hanauischen Magazin (Band I, S. 428 ff.). Und der Verfasser fährt fort: *"Vorzüglich hält der Landmann sehr auf das, was bei seinen Vorfahren Sitte und Gewohnheit war, und er verabscheut nichts mehr, als alle Neuerungen, welche er als eben so viele Entweihungen der Asche seiner Voreltern ansieht. Wir wollen inzwischen das Andenken dieser nicht entehren, sondern vielmehr ihre Nachkommen, die jetzt lebende Welt immer noch das tun lassen, was ihre Väter taten."*

Wenn auch *"die jetzt lebende Welt"* (1778) dieses Brauchtum schon lange nicht mehr kennt, so hat uns der Verfasser vor 211 Jahren das Wissen um das alte Brauchtum erhalten:

Am ersten Pfingsttag vor Sonnenaufgang kommt von Marköbel *"eine willkürliche Anzahl junger Leute zu Pferde nach Rüdigheim in die Commenderie* (Kommende, Eigentum des Johanniterordens, heute Staatsdomäne), *um 10 Kreuzer Wolfsgeld einzufordern"*. Sollten die Marköbeler einmal nicht vor Sonnenaufgang eintreffen, würde das Recht erlöschen. Die jungen Leute aus Marköbel *"müssen vor dem Tor absteigen, zu Fuß hineingehen, an das Fenster klopfen und sagen: Hier sind die Pfingstknechte und holen ihr Pfingsrecht! Wenn darauf gefragt wird: wofür? erfolgt die Antwort: wegen des Wolfs"*.

Die Marköbeler waren nicht die einzigen, die ihr Wolfsgeld holen konnten. Aber sie waren die einzigen, die bereits am ersten Pfingsttag reiten konnten, alle anderen durften erst am zweiten Pfingsttag ihr Wolfsgeld holen: Die jungen Burschen von Ravolzhausen ritten nachmittags nach dem Gottesdienst auf Pferden, die an Mähnen und Schweifen mit bunten Bändern geschmückt waren, ebenfalls zur Kommende nach Rüdigheim und von dort nach Ober-Issigheim, um jeweils 10 Kreuzer einzufordern. Am gleichen Tage kommen im gleichen Aufzug junge Burschen, *"als schöne und junge Pferde im Dorf zu haben sind", von Rüdigheim nach Ravolzhausen, Langendiebach, Ober-Issigheim, Hirzbach und Marköbel, "woselbst sie bei jedem Pferchbeständer, oder bei dem Pächter, wenn die Pferde Herrschaftlich sind, 10 Kreuzer Wolfsgeld erheben"*.

Bereits 1778 ist das Wissen um den Grund und das Alter des Brauchtums nicht mehr bekannt. Der Verfasser vermutet, daß das Brauchtum in die Zeit zurückreicht, in der es auch in unserer Gegend noch viele Wölfe gab, die große Verwüstungen unter den Schafherden anrichteten. Um die Wölfe zu verjagen und endlich auch auszurotten, so vermutet der Autor, seien die erwähnten Dörfer darin übereingekommen, ein gemeinsames Alarmsystem zu entwickeln. Sobald sich ein Wolf in einer der Gemeinden sehen lasse, sollten die jungen Burschen auf den schnellsten Pferden die anderen Gemeinden warnen. Daraufhin habe ein Teil der Einwohner die Herden bewacht, ein anderer Teil sei ausgezogen, die Wölfe zu suchen und zu töten. Den jungen Leuten sei *"zur Belohnung und zur Aufmunterung"* von jedem Pferchbeständer eine Auszeichnung von 10 Kreuzern bewilligt worden, die dann jeweils an Pfingsten abgeholt wurden.

## Kugelhoppen-Backen am Himmelfahrtstag

Ein weiteres altes Herkommen in Marköbel, so heißt es im Hanauischen Magazin 1778, ist das Kugelhoppen-Backen am Himmelfahrtstag. Der Gemeindebäcker mußte die Kugelhoppen, auch Pallisaden genannt, backen, *"weil jeder, welcher sonst das ganze Jahr hindurch keine kauft, es wider Pflicht und Gewissen halten würde, an gedachtem Tage sich nicht damit zu versehen".*
Aber damit nicht genug. Der Verfasser 1778 schreibt: *"Dieses Pallisaden und Kugelhoppenfest wird dadurch noch feierlicher, daß des Nachmittags nach beendetem Gottesdienst die Jugend beiderlei Geschlechts aus Marköbel und den umliegenden Dörfern sich auf einer gewissen Weide versammelt, wo sie sich im Ringen und Laufen übt, und dabei Wetten anstellt, die aber in Pallisaden und Kugelhoppen bezahlt werden müssen".*
Diese Gewohnheit sei vor zwei Jahren abgeschafft worden, die Pallisaden würden jetzt durch eine Lotterie (Auslosung) ausgespielt, schreibt der Verfasser 1778.
Das Brauchtum des Kugelhoppen-Backens an Himmelfahrt hat sich in Marköbel bis zum heutigen Tage erhalten.

Zu den Bildern auf Seite 217:
Die alten Kugelhoppen (Guggelhupf)-Formen (Bild oben): Aus glasiertem Ton (links und oben Mitte), aus Kupfer (unten Mitte) und aus Gußeisen (rechts).
Die heutigen Formen bestehen aus Blech (Bild unten). Die "Kuuloppe", wie sie hier heißen, in der Backform (Mitte) und mit Puderzucker zum Verkauf angeboten (links und rechts der Form). Fotos: Jürgen Horn.

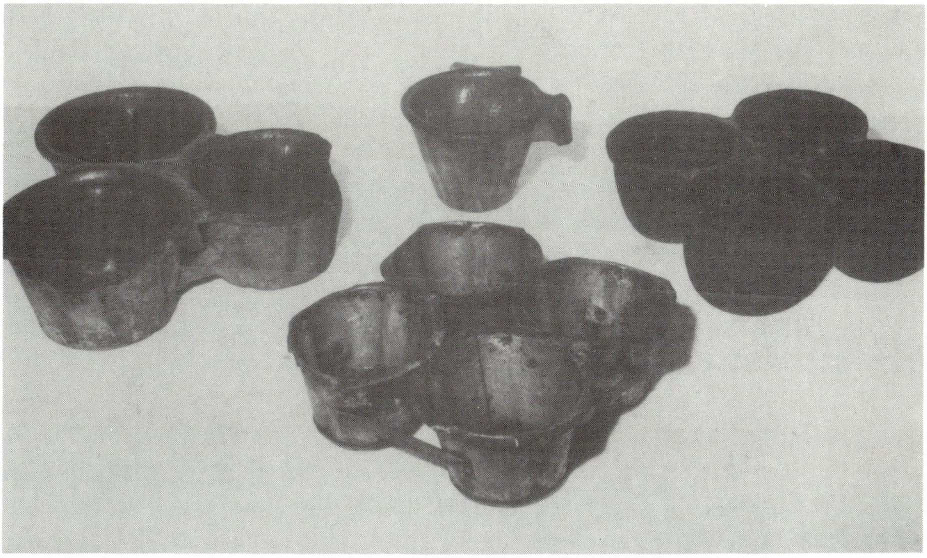

## Strohgedeckte Häuser und hölzerne Schornsteine

Die mittelalterlichen Häuser waren mit Stroh bedeckt. Schornsteine waren zunächst unbekannt. Der Rauch zog meist durch offene Fenster oder ein Loch im Giebel ab. Später war ein hölzerner Schornstein weit verbreitet. Wegen der Feuergefahr und weil die Gemeinde kostenlos das Bauholz zu stellen hatte, fanden zumindest jährlich Besichtigungen der Feuerstätten, der Dächer und der Balken, vor allem der leicht verfaulenden Schwellen durch Mitglieder des Gerichtes statt. In den Gerichtsprotokollen finden wir z.B. folgende Rügen: schadhafter Schornstein, hölzerner Schornstein, schadhafte Dörre, gefährliches Strohdach bei dem Backofen und Tabak gleich über dem Feuerherd (1707).1734 vermerkten die Gerichtsleute, daß sie beim Schuhmacher Johann Henrich Ohl im Schornstein drei Löcher gefunden hätten, worüber Bretter gelegen und Tabak zum Trocknen aufgehängt gewesen sei!

Die Hanauer Herrschaft drängte immer wieder darauf, die Strohdächer durch Ziegeldächer zu ersetzen. So ließ die Gemeinde Marköbel 1706 eine eigene Ziegelhütte gegenüber der Wolfsmühle an der Hüttengesäßer Straße errichten. Nach einem Jahr in eigener Regie, verpachtete die Gemeinde die Ziegelhütte, weil die Bewohner sich über die zahlreichen Materialfuhren beschwerten. Erster Ziegler war Johann Henrich Henckel, der der Gemeinde 55 Gulden an Pacht und der Herrschaft in Hanau 1.000 Ziegeln liefern mußte. Später lesen wir von den Zieglern Simon Bernges von Kilsenhain/Amt Mühlstein und seinem Vetter Johann Dietrich Gilbert (1715) und Andreas Maurer aus Hayngen (Hainchen).

Die Ziegelei bestand bis Anfang unseres Jahrhunderts. Daraus entstand die Gaststätte Hermann (Hüttengesäßer Straße 2). Erst 1921 wurde das alte Ziegeleigebäude zu einem Wirtschaftslokal mit Festsaal umgebaut. Fünf Jahre später erfolgte durch die Herausnahme einer Fachwerkwand die Erweiterung der Gaststätte. 1931 wurde ein Filmvorführraum hinzugebaut. Die Gaststätte Hermann bestand bis in die sechziger Jahre dieses Jahrhunderts. Von 1970 bis 1975 pachtete der TV Vorwärts das Kolleg und den Saal von der Familie Hermann und richtete eine Vereinsgaststätte und eine Turnhalle ein. Die Gebäude wurden schließlich vom Landesstraßenbauamt aufgekauft und wegen der geplanten Südumgehung Marköbels abgebrochen.

## Feuer-Ordnung

Von 1713 bis zur Gründung der Freiwilligen Feuerwehr Marköbel 1923 finden wir im Gerichtsbuch regelmäßig die "Feuer-Ordnung", das heißt die Einteilung der Einwohner in verschiedene Feuer-Rotten: *"Wurde der Flecken in 4 Teile geteilt und darüber Rottmeister gesetzt, welche die Leute bei Feuersgefahr, so doch Gott verhüten wolle, zu commandieren hätten..."* Die ersten Rottmeister waren: Johann Martin Wörsching, Johann Steffan Kuhneß, Mattheus Schmidt und Conrad Kuhneß. Zur Feuerbekämpfung dienten von Hand zu Hand gereichte Ledereimer, die jeder Ortsbürger zu stellen hatte. 1718 wurde die erste Feuerspritze beschafft. 1731 kaufte die Gemeinde in Hanau beim Spritzenmeister Haigen eine neue große Schlauchspritze. Bei der dadurch bedingten Neueinteilung der "Feuerrotten" wurde erstmals auch eine "Judenrotte" aufgestellt. Die Spritzen dürften damals bereits im Rathaus gestanden haben (siehe Beitrag über das Historische Rathaus).

## Die Marköbeler Schultheißen

Über die Schultheißen selbst sind wir für die Zeit vor dem 30jährigen Kriege nur mangelhaft unterrichtet.
Erwähnt werden als Schultheiße von Marköbel: 1345 Johannes Rusche, 1356 Dytmar Gelen Sohn, 1369 Heinrich vom Heyne, 1402 Concze Schuwecht, 1495 Helfrich Schone, 1507 Hartmannshenn, und 1514 Heylman Schmid.

Der wappengeschmückte Grabstein des Schultheißen Heinrich Schenck von Schweinsberg aus dem Jahre 1563 ist heute noch auf der Südseite der Kirche zu sehen.

An der Kirche steht noch der schöne Grabstein des Schultheißen HEINRICH SCHENCK VON SCHWEINSBERG aus dem Jahre 1563. Wir haben dann 1590 nochmals einen JOHANN SCHENCK (von Schweinsberg?) und vor 1613 seinen Sohn MELCHIOR SCHENCK, Landknecht zu Windecken. Dazwischen finden wir "das gelehrte Männchen" PETER WEHNER, der den Marköbelern über ihre Freiheiten die Augen öffnete. In den Jahren 1612/1614 wird STEPHAN JACOBI genannt, 1623 PETER ECKERT, 1627/28 PHILIPP LUDWIG HÖLZER, 1628/29 JOHANN GEORG WÜRTTEMBERGER und 1631/32 CASPAR ROLMAN, dessen schönes Siegel unter vielen Schuldverschreibungen dieser Notjahre noch erhalten ist. In der "Sündflut" 1634/35 starb der Schultheiß PHILIPP RODSCHID.
Nach dem Absterben des ganzen Gerichts in den Jahren 1634/36 wurde 1638 der neue Schultheiß PHILIPP MERCKENS (Merck?) "von Leun" eingesetzt und das neue Gerichtsbuch angelegt. Merckens starb schon am 13. April 1639; sein Nachfolger wurde der Landbereiter (etwa soviel wie Landjäger) des Amts Windecken, CASPAR GERHARD, der bis Februar 1677 als Schultheiß vorkommt; er starb erst im Februar 1684. Von März 1677 bis zu seinem Tode im Juli 1682 war JOHANN VOHLMANN Schultheiß und daneben Landbereiter des Amts Windecken; es wirkt sich darin anscheinend noch die alte Überlieferung aus, daß der Schultheiß von Marköbel zu den "Reisigen" der Grafschaft Hanau gehörte.
Ihm folgte in beiden Ämtern JOHANN WOLFGANG SCHRÖDEL, unter dem das Rathaus erbaut wurde. Sein Vater war Hofschneider der Fürstin zu Hanau, seine Frau eine Tochter des französischen Gardekapitäns Jacob Masin, einer seiner Söhne, Philipp David Schrödel, wurde später Professor der Theologie an der Hohen Landesschule zu Hanau. Schultheiß Schrödel starb Anfang Februar 1692.
Als erster aus Marköbel selbst kommender Schultheiß folgt dann der Gerichtsmann JOHANN ULRICH SCHMIDT, der allerdings nicht zu einer der alten Marköbeler Familien Schmidt gehörte, sondern erst 1666 aus dem mainzischen Rockenberg nach Marköbel geheiratet hatte; 1672 war er vom katholischen zum reformierten Glauben übergetreten; wir haben ihn bei den Baumeistern des Rathauses schon kennen gelernt.
Nach Schmidt kommen bei dessen Tod (Dezember 1709) der bisherige Landbereiter des Amts Windecken JOHANN HERMANN SIGMUND, ein Enkel des Pfarrers Heupel, der 1690 als Verwalter des Gerichts Eckartshausen in isenburgischen Diensten gestanden hatte. Sigmund wohnte später in Hirzbach, er wollte dort 1722 auf seinem Hof eine Wirtschaft aufmachen, wogegen sich aber die Marköbeler sehr scharf aussprachen. Bereits am 17. Februar 1719 hatte ihn als Schultheiß der Marköbeler Nachbar JOHANN MARTIN WÖRSCHING abgelöst.
Die weiteren Schultheißen waren JOH. HEINRICH MEISSNER, der bereits am 28. Oktober 1742 dem alten Schultheißen beigegeben worden war; 1764 wurde er *"nach gerechtem Urteil abgesetzt"*. Dann JOHANN GEORG KNITTEL (bis 1783) und dessen Sohn JOHANN PETER KNITTEL, und schließlich der tapfere Schultheiß JOHANNES MÖRSCHEL von Eichen 1791 bis 1798, von dem wir noch hören werden. Im Jahre

1799 übernahm dann JOHANN FRIEDRICH STROH das Schultheißenamt. Er starb am 15. Juli 1813; ihm folgte sein Brudersohn Joh. Martin Stoh, dem noch Sohn, Enkel und Urenkel als Ortsoberhäupter nachfolgten (siehe dazu den Beitrag von Wilhelm Dietzel über die Bürgermeister-Dynastie Stroh).

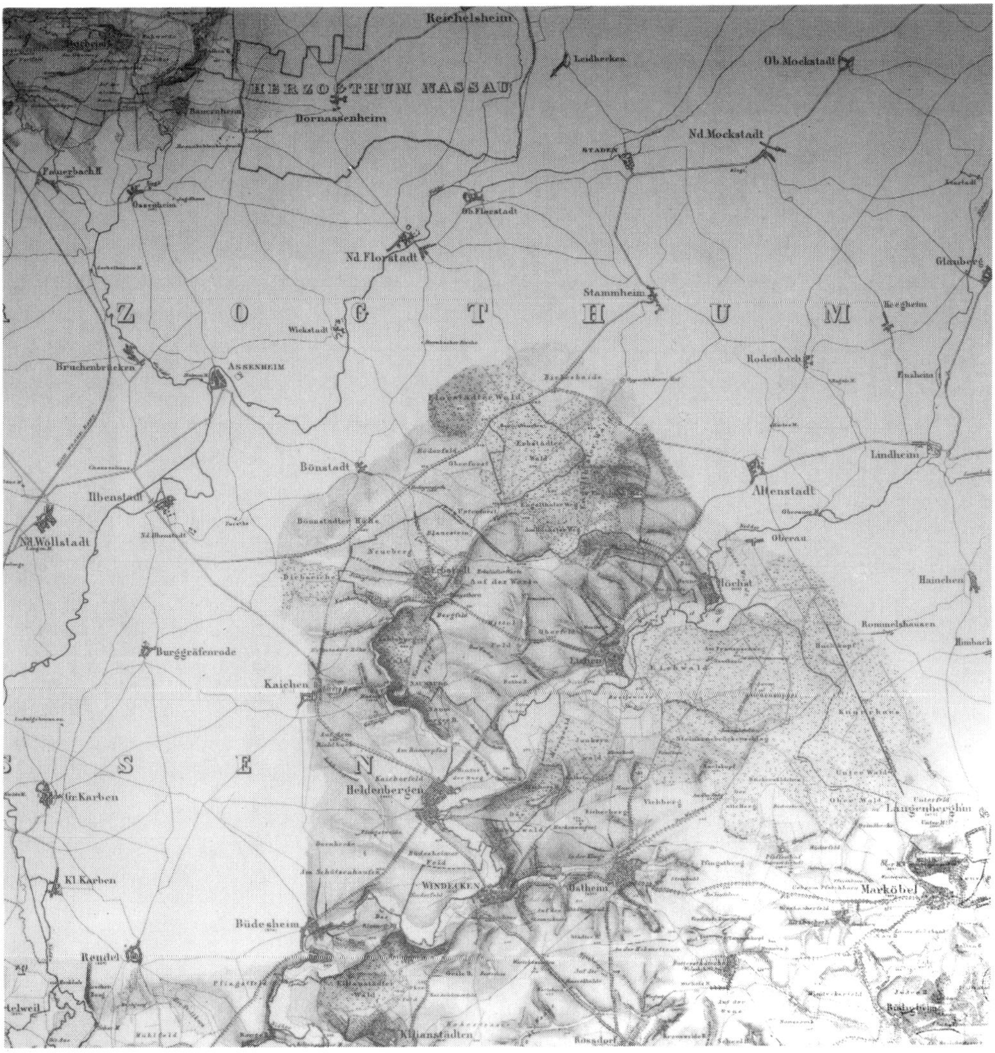


Kartenausschnitt von 1856. Kurfürstentum Hessen, Blatt Nr. 30, Nauheim.

Oft ist von den Landscheidern die Rede, einer Genossenschaft von 7 Geschworenen aus den Gerichtsleuten, die alle Grenzfragen zu regeln hatten; sie wurden besonders darauf verpflichtet, die Geschehnisse ihres Amtes bis ins Grab zu wahren und niemandem zu verraten, welche "Jungen" oder Geheimzeichen sie unter die Grenzsteine zu legen pflegten.

Viele Schuldverschreibungen und Verpfändungen sind in das Gerichtsbuch eingetragen, bis man ein eigenes "Hypothekenbuch" einführte; wir finden in ihnen wohl fast alle vorkommenden Flurnamen, darunter auch die meisten aus dem Mittelalter. Die Ver-

Kartenausschnitt von 1858. Niveaukarte Nummer 99 des Kurfürstentums Hessen.

pachtung der einzelnen Gemeindeweiden zeigt uns den Gemeindebesitz an Wiesen und Weiden.

An Wald besaß die Gemeinde den Unterwald mit 1.239 Morgen, den Oberwald mit 593, den großen und den kleinen Schildberg mit zusammen 79, den Hartenberg (Hottenberg) mit 30, das Eichen-Löh-Wäldchen mit 12 und die Landwehr mit 25 Morgen, zusammen 1.978 Morgen. Nach einer Aufstellung von 1.765 gab es 1.953 Morgen Wald, 43 Morgen Weinberge, 127 Morgen Garten, 392 Morgen Wiesen, 3.239 Morgen Ackerland, und 25 Morgen Trieschen und Hutweiden. Von dem Ackerland gehörten einzelnen Nachbarn 2.261 Morgen, das andere waren geistliche oder weltliche Freigüter.

## Der Junkernhof

Neben den geistlichen Gütern bestand der ehemalige herrschaftliche Hof mit 254 Morgen, der 1643 von den Grafen Friedrich Casimir an den Hessen-Kasselischen Hofmeister Jacob von Hoff verliehen worden war und seitdem das von Hoffische Lehengut hieß (später der "Junkernhof"); dazu gehörten auch die Obermühle und die Untermühle.

Die Geschichte des "Junkernhofes" muß noch aufgearbeitet werden. Vielleicht handelt es sich um Reste des alten Reichsgutbesitzes (siehe Beitrag über das Mittelalter), das über die Münzenbergische Erbschaft an die Hanauer Grafen kam und von ihnen als Lehen weitergegeben wurde.
Der Junkernhof kam wahrscheinlich im Wege der Erbfolge an Mitglieder der Familien von Finkenstein, von Wangenheim, von Schwarzell, von Boyneburgk und von Ende. Letzte Besitzer waren laut Erbteilungsvertrag von 1877 Obersleutnant Friedrich Ludwig von Ende in Carlsburg, Hauptmann Otto Heinrich von Ende in Zara, Auguste Maria Follenius, geb. Freiin von Ende in Düdelsheim und Pauline Eleonore Hirsch, geb. Freiin von Ende, in Darmstadt. Nach der Überschreibung auf die Erben 1880 begannen diese sofort mit dem Verkauf der schon seit Jahren nicht mehr als Einheit bewirtschafteten, sondern einzeln verpachteten Grundstücke. Das Gut wurde nach und nach aufgelöst. In der Flurbereinigung um die Jahrhundertwende verschwand es vollständig. Aus dem Erbteilungsvertrag geht hervor, daß der Junkernhof als Rechte den Zehnten, das Braumonopol, Jagd- und Holzberechtigung besaß. Die Hofreite des Junkernhofes ging 1894 in den Besitz von Bürgermeister Wilhelm Johannes Stroh über. In einer Bestandsaufnahme 1922 heißt es, daß das alte Wohnhaus bereits vor 1750 abgebrochen worden sei und als Wohnhaus das ehemalige Schäferhaus diene. Daneben standen noch drei Scheunen und zwei Stallgebäude. Erst vor rund 15 Jahren verschwanden diese letzten Reste des alten Junkernhofes. Heute befindet sich auf dem Gelände der Neubau der Familie Karl-Heinz Dietzel.

Das 1695 abgeschlossene Ackerbuch des Junkernhofes ist heute nicht mehr vorhanden. Aus dem Gemeindearchiv geht hervor, daß ein Nachfahre der früheren Besitzer, der Dr.jur. Ludwig Baron von Ende in Düdelsheim am 15. Dezember 1923 der Gemeinde den Ankauf des Ackerbuches für 200 Goldmark *"aus Notlage"* anbot, *"in die ich durch eine fast halbjährige Stellungslosigkeit geraten bin"*. Bereits vier Tage später bat er, den Verkauf zu beschleunigen, daß *"er noch vor Weihnachten das Geld erhalte"*. Der Gemeindevorstand lehnte den Kauf ab. Verständlich. Denn in diesem Inflationsjahr waren 200 Goldmark eine unerschwingliche Summe.
Die Gemeinde Marköbel und die Pächter des Junkernhofes lagen immer wieder im Streit. Die Auseinandersetzungen zwischen der Gemeinde Marköbel und den Pächtern des "Junkernhofes" über hergekommene Rechte ziehen sich wie ein roter Faden durch die Geschichte. 1695 wurde zum Beispiel der Gerichtsschöffe Johannes Kahmer, der zugleich Verwalter des "Junkernhofes" war, aufgefordert, sein Schöffenamt abzugeben, weil er *"nicht könnte bei dem Gericht stehen, weilen immer Strittigkeiten vorgingen mit dem von Hoff und der Gemeinde"*.
m 2. Januar 1716 heißt es im Gerichtsbuch: *"nachdem die Gemeinde wegen der Wiese, der See genannt, von langen Zeiten mit Herrn von Hoff* (Besitzer des Junkernhofes) *in Prozess gestanden, eine Zeitlang aber wegen der schweren Kriege und großen Gelder den Prozeß nicht wohl fortführen können, jetzt aber, Gott sei Dank, der liebe Friede im Reich insoweit wiederergestellt ist, als hat man bei der Justiz zu Hanau den Prozeß wieder anhängig gemacht und dem H. Duscheer in Hanau als Advocat, die Sache zu betreiben, eine Vollmacht gegeben."* -

Die Auseinandersetzungen zwischen der Gemeinde und den Besitzern des Junkernhofes reichen bis in die zwanziger Jahre dieses Jahrhunderts, als die Erbin des Stroh-Besitzes, Marie Pfeiffer, einen Prozeß gegen die Gemeinde um erhöhte Losholzlieferung anstrengte und sich dabei auf die alten Rechte des früheren Junkernhofes berief. Das Oberlandesgericht Kassel gab Marie Pfeifer 1925 Recht.

## Enterbung wegen angeblicher Hexerei

Welche menschlichen Erfahrungen müssen wohl dazu geführt haben, daß eine Mutter zum Gericht geht, um dort die Enterbung ihrer Tochter im Testament beglaubigen zu lassen. 1724 finden wir im Gerichtsbuch das Testament der Anna Barbara Eckhart. Sie stammte aus Rüdigheim und heiratete, *"als sie zu Jahren gekommen"*, den Maurermeister Anton Eckhart aus Marköbel. Von den drei Söhnen und vier Töchtern waren nur noch zwei Töchter am Leben: Anne Elisabeth war ledig, hatte aber ein uneheliches Kind, Anna Catharina hatte den Beisassen Wendel Schönberger geheiratet. Mit knapp 70 Jahren wurde Anna Barbara Eckhart krank und stellte ihr Testament auf. Zunächst vermachte sie der Hohen Landesschule und der reformierten Kirche zehn bzw. acht Albus. Ihre jüngste Tochter, Anna Catharina Schönberger sollte nur fünf Gulden

haben, weil sie *"mich als ihre Mutter nicht ehret, sondern viel böse, gottlose und unnütze Lästerworte auch Lügen gegen mich ausgehen, als 1) ich hätte sie wollen hexen lernen, 2) ihrem kleinen Kind einstmals einen Brei gekocht und demselben das Maul zugetan und 3) zwei schönen jungen Katzen "vergeben", daß sie in einer Nacht verstorben seien."* Dem Kind der enterbten Tochter, *"meinem Gödchen"*, sollte immerhin der Hausrat zukommen, während alles andere der älteren, ledigen Tochter zufiel.
Über Hexenprozesse ist in dem reichhaltigen Archivmaterial Marköbels nichts zu finden, während aus der näheren Umgebung regelrechte Verfolgungsexzesse überliefert sind. In Langen-Bergheim wurden 1662 die Witwen des Dietrich Nohl und Reitz Euler als letzte "Hexen" getötet, 1682 fanden in Windecken und 1698 in Bruchköbel die letzten nachweisbaren "Hexenverbrennungen" statt.

## Sturm hebt ganze Hausdächer ab

Einmal ist im Gerichtsbuch auch ein Naturereignis eingetragen:*"28. Febr. 1734 uff Sonntag Morgen früh in der Nacht erhub sich ein entsetzlich starker Wind, und währete den ganzen Sonntag über, welcher an den Häusern und Scheuern einen grausamen Schaden an den Dächern getan hatte, so daß die First-Ziegel aus dem Speiß ausgerissen, wie auch ganze Stücker Dächer abgehoben; über dies in unserem Ober- und Unterwald über 600 Eich- und Buchbäume aus der Erde geworfen. Gott der Herr behüte uns hinkünftig vor dergleichen Sturmwinden."*
Andere besondere Naturereignisse, wie zum Beispiel das furchtbare Hochwasser 1682, die eiskalten Winter 1827 bis 1831 (1828/29 herrschen 83 Tage strenge Kälte, was seit 1763 nicht mehr vorgekommen ist) und 1845/46, werden nicht erwähnt.

## Freitag ist "Gebtag" für Bettler

Wir lesen davon, daß sich viele fremde Leute in das Dorf einschleichen und dort ohne Erlaubnis zu wohnen suchen, daß auf herrschaftlichen Spezialbefehl alle Reisenden an den Toren von einigen Gerichtspersonen examiniert werden sollen (Sept. 1709), daß die Bettelleutplage immer größer wird, und sie nicht nur am Freitag, dem "Gebtag", sondern alle Tage in großen Haufen in den Ort kommen, daß sie auch am Sonntag häufig so herum laufen, *"daß der Hausmann fast zu Mittag nicht ohne Unruhe essen kann"*; es sollen deshalb Sonntags beide Tore von den Wachen zugehalten werden (März 1717).
Bei der Kirchweih im Jahre 1716 wollte der Bierzäpfer Peter Wittmann Spielleute halten, was sonst nur dem Gemeinde-Wirt und den jungen Burschen erlaubt war; das Gericht wurde zusammenberufen, um festzustellen, was "Herkommens" sei. Es wurden Beispiele angeführt, wo auch früher schon ein Bierzäpfer zu Kirbezeiten Spiel-

leut in seinem Haus gehabt habe; für diesmal wird es ihm nur erlaubt, weil er die Musikanten schon bestellt hatte (1767 wird dem Wirt Philipp Degen wegen dreier Trauerfälle erlaubt, die "Kirb" auf dem Rathaus zu halten, was man nun den "Kirb-Burschen auch nicht mehr abschlagen konnte).

## Gerichtssitzungen und Wahlen

Aus dem Jahre 1704 wissen wir, daß das Gericht monatlich donnerstags *"nach dem monatlichen Bettag"* zusammenkam. Die Gebühr für "Obligantiones", "Siegelung" und "Wehrschaften" lag bei einem Gulden pro hundert Gulden Wert, 15 Albus von fünfzig Gulden Wert und zehn Albus von 25 Gulden Wert. Die Mindestgebühr lag bei einem "Ortsgulden" oder sieben Albus/vier Denar. Bei einem außerordentlichen Gerichtstermin kam eine Gebühr von einem Viertel Wein hinzu. Die Gerichtssitzungen begannen um 8 Uhr.

Die Gerichtsleute wurden nicht von der Gemeinde gewählt, sondern von den Gerichtsleuten zugewählt. Nach dem Tod des Gerichtsmannes Johann Wilhelm Jung zum Beispiel wählte das Gericht 1713 unter fünf Vorschlägen mit Mehrheit Caspar Heyer zum Nachfolger. Nach Ablegung des *"Gerichts-Formular-Aydts"* und *"Handtgelöbnuß"* wurde er *"in Pflichten"* genommen.

Welche Ansprüche an die Gerichtsleute gestellt wurden, geht aus der Wahl von Peter Schmidt 1710 hervor: *"daß derselbe, ob er zwar noch etwas jung, doch im Schreiben, Rechnen und Lesen ziemlich erfahren, auch sich bisher, soviel man weiß, in seinem Leben und Wandel und Christentum so aufgeführt, daß man keineswegs einige Klage in der Nachbarschaft gehört".*

Fortsetzung Seite 229

## Die Hegung des Gerichtes in Marköbel

Im Marköbeler Gemeindearchiv befindet sich eine Akte mit der Aufschrift "Form der Gerichtshegung zu Marköbel" (GAM, (HStA) Nr. 586), die aus der Zeit nach 1736 stammt, aber auf ältere Überlieferungen zurückgeht. Heinrich Bott hat im Hanauischen Magazin 1939 eine Übertragung veröffentlicht, die nachstehend mit den Erläuterungen Botts wiedergegeben ist:

In dem unerschöpflichen Gemeindearchiv zu Marköbel befindet sich auch eine Akte mit der Aufschrift "Form der Gerichtshegung zu Marköbel." Die Niederschrift der Formeln, die bei der feierlichen Hegung des (Märker-)Gerichts angewendet wurden, kann erst nach 1736 erfolgt sein, wie die Nennung des Landgrafen Wilhelm von Hessen als Landesherrn zeigt. Sicherlich aber ist im übrigen der Wortlaut der Formeln sehr viel älter; er wurde damals schon nicht mehr völlig verstanden. Dies zeigen die Schreibungen Conterband und Centnerband für dieselbe Sache, denn es kann beidesmal nur der "Bann der Cent", der Bann des größeren Gerichtsbezirks, gemeint sein. Die Ausdrücke "mit der Einigung" und "mit der Chur" sind nicht völlig klar; "Einigung" oder Einung bedeutet Satzung, Abmachung und auch Gesetz; Chur kommt auch als "milde Haft, Gericht" vor ("jemanden in die Kur nehmen" - Grimmsches Wörterbuch). Marköbel hatte ursprünglich auch ein eigenes Blutgericht, das ihm 1603 genommen worden war.

Die Hegung des Gerichts erfolgte mit folgenden Reden:
Der herrschaftliche Schultheiß fragt den Gerichtsdiener:

> Ich frage Euch N.N. habt Ihr dem Durchläuchtigsten Unserem gnädigsten Fürsten und Herren das heutige Märkergericht geläutet, als wie alters Herkommen?

Der Gerichtsdiener antwortet: Ja!

Schultheiß:

> Ich frage Euch (Verbessert aus: Ihn, Herrn) N.N. als Schöffe, ist es die rechte Tageszeit, daß man dem Durchläuchtigsten unserem Fürsten und Herrn das Märkergericht hegen soll?

Schöffe antwortet: Ja!

Schultheiß:

Ich frage Ihn Herrn N.N. als Gerichts-Schöff, wie soll man dem Durchläuchtigsten unserem gnädigsten Fürsten und Herrn das Märkergericht hegen?

Antwort dessen:

Der Herr Schultheiß soll dem Durchläuchtigsten Fürsten, unserem gnädigsten Fürsten und Herrn, und dem Märker das heutige Märkergericht hegen: mit der Einigung, mit der Chur, mit dem Conterband, mit des Märkers Band und mit unserem gnädigsten Fürsten und Herren Band.

Hierauf geschiehet vom Schultheiß die Hegung:

So hege ich dem Durchläuchtigsten unserem gnädigsten Fürsten und Herrn, Herrn Wilhelm, Landgraf zu Hessen, Fürst zu Hirßfeld, Graf zu Catzen-Ellenbogen, Dietz, Ziegenhayn, Nida, Schaumburg und Hanau etc. das heutige Märkergericht,
mit der Einigung,
mit der Chur,
und mit dem Centner Band,
und nehme des Märkers Band,
und unseres gnädigsten Fürsten und Herren Band,
und verbiete alles, was unserem Durchläuchtigsten Fürsten und Herren und dem Märker mag Schaden bringen, es sei gleich in Wälder oder Feldern,
verbiete auch, daß keiner dem Gemeinden Knecht in sein Wort oder Rede falle ohne Erlaubnuß,
verbiete auch den Schöffen seinen Stuhl nicht zu räumen, es geschehe denn mit Erlaubnuß,

Frag an den ältesten Schöff:

Und frage Euch, N.N., ob ich dem Durchläuchtigsten unserem gnädigsten Fürsten und Herrn das heutige Märkergericht gehegt, wie es Recht und alters Herkommen?

Antwort:

Es ist recht und wohl gehegt.

Diesem nach muß dem Schultheißen alles, was rugbar, vorgebracht werden.

## Rüdigheimer Pfarrer im Grenzgraben ertrunken

Unter dem 5. März berichtet das Gerichtsbuch, daß der Rüdigheimer Pfarrer Wagner im Grenzgraben ertrunken ist. An diesem Tag erschienen einige Rüdigheimer Einwohner beim Marköbeler Schultheißen Wörsching und teilten mit, daß ihr Pfarrer am Tag zuvor nach Marköbel gegangen und über Nacht nicht nach Hause gekommen sei. Die Gemeinde habe ihn gesucht und ihn beim Rüdigheimer Steg in der Commende-Wiese auf Marköbeler Gebiet *"nahe an dem gräntz graben und zwar todt und gantz naß liegend"* gefunden. Er sei also *"mutmaßlich in dem gräntz graben ertrunken"*. Wer ihn aus dem Graben genommen habe, sei nicht bekannt. Die Rüdigheimer baten darum, ihren *"gedachten H. Pfarrer abfolgen (zu) lassen"*, also abholen zu dürfen. Der Schultheiß, Bürgermeister und die Gerichtsleute aus Marköbel gingen zum Grenzgraben *"auf den augenschein"*. Sie finden die Darstellung bestätigt. Schultheiß Wörsching berichtet sofort *"nach Windecken aufs Amt"*. Die Rüdigheimer durften *"ohne weitere praejudiz"* ihren toten Pfarrer mitnehmen. Das Marköbeler Gericht verzichtete offenbar auf eine eigene Untersuchung, weil die Todesursache eindeutig schien. Doch einige Jahre später, so heißt es im Rüdigheimer Kirchenbuch, stellte sich heraus, daß Pfarrer Wagner einem Raubmord zum Opfer gefallen war. 63 Jahre später ertrinkt etwa an der gleichen Stelle der Marköbeler Pfarrer Wagner nach einem Besuch bei seinem Schwager in Rüdigheim (siehe Beitrag über Kirchengeschichte).

## Neue Kriegsnöte im 17. Jahrhundert

Wer nur aus Geschichtsbüchern und Schlachtenatlanten die Geschichte unserer Heimat erforschen wollte, der könnte meinen, daß die Wetterau und damit auch Marköbel nach dem 30jährigen Krieg sich fast 100 Jahre des tiefsten Friedens habe erfreuen können. Zwar gab es Ende des 17. Jahrhunderts und auch im 18. Jahrhundert viele europäische Kriege, und gewöhnlich lag ihr Schauplatz irgendwo auch in dem wehrlosen und zerrissenen Deutschland, aber bis zur Schlacht bei Dettingen im Jahre 1743 hat es doch in unserer engeren Heimat keine Schlachten und Kämpfe gegeben.

Wir haben uns daran gewöhnt, all diese Erbfolge- und anderen Kriege als Kabinettskriege zu bezeichnen, die von den Fürsten mit kleinen stehenden Heeren um ein Stück Land oder eine Krone geführt wurden, das Volk aber nicht viel angingen. Eine Durchsicht der Gemeinderechnungen aber belehrt uns eines anderen!
Zwar kam es in der genannten Zeit nicht mehr zu einer Zerstörung oder wilden Ausplünderung des Dorfes, wohl aber wurden in jedem Krieg, der im Reich geführt wurde, die wirtschaftlichen Kräfte des Landes durch neue Steuern der Herrschaft, durch Contributionen, Durchzüge, Einquartierungen, Naturallieferungen, Frohndienste usw. aufs äußerste ausgepreßt.

Die TÜRKENKRIEGE machten sich durch eine verstärkte Erhebung von Reichssteuern, den sog. Römergeldern, bemerkbar. Aber jeder Krieg im Westen machte die Wetterau zur Etappe. Vor allem die Kriege Ludwigs XIV. um die Vorherrschaft in Europa 1667-1697 wirkten sich in unserer Heimat aus. Die zweite Phase dieses Krieges, der sog. HOLLÄNDISCHE KRIEG 1672 - 1678, führte fast in jedem Winter große Teile der deutschen Reichsarmee nach der Wetterau ins Winterquartier. Meist waren es lüneburgische, münsterische und sächsische Truppen, die in unserer Gegend lagen.
Wieder finden wir in den Rechnungen große Summen unter der Überschrift "Kriegskosten", wieder sind es fast dieselben Zahlen wie im 30jährigen Krieg, wenn eine Truppe durchzog; Servisgelder, Fouragegelder, Contributionen, Verpflegungsgelder für die Herren Offiziere z.B. für *"Fleisch, Wein, Butter und Käse dem Herrn Leutnant Schirman von den Lüneburgischen"*. Der *"Herr Cornet"* erpreßt auch wieder beim Abmarsch ein "Recompens" (Entschädigung) von 18 fl.- So wundert es uns nicht, daß z.B. im Jahre 1677 die Ausgaben für Kriegsgelder und Zehrungen wieder auf 1108 Gulden anstiegen.

## Johannes Hermann von Franzosen gefangen und ausgezogen

Nach zehn Friedensjahren, in denen man das Rathaus baute, machten sich schon im Jahre 1688 die Wirkungen des PFÄLZISCHEN KRIEGES (1688-1697) bemerkbar: 471 fl. sind an Contribution und Verpflegungsgeldern nach Hanau zu liefern, 226 nach Windecken an *"ausgeschriebener französischer Brandschatzung"* und nochmals 69 fl. an außerordentlichen Anlagsgeldern. Die Verwüstung der Pfalz macht sich in zahlreichen Flüchtlingen bemerkbar, die nicht nur die Festung Hanau, sondern auch das Hanauer Land aufsuchten.
So enthalten z.B. die Marköbeler Konfirmanden-Listen eine Anzahl solcher Flüchtlinge. Eintragungen im Kirchenbuch zeigen, daß die Soldaten vielfach auch ihre Familie bei sich hatten: Am 1. Januar 1678 wurde Elias Hagg von Spangenburg, ein Münsterischer Soldat, samt seinem Kind auf dem Kirchhof zu Hirzbach begraben, am 19. August das Söhnlein Henrich des Soldaten Henrich Beckershausen von Magdeburg. Ein lüneburgischer Soldat ließ auch Nachkommenschaft in Marköbel zurück.
Noch größere Unruhe brachte der SPANISCHE ERBFOLGEKRIEG (1701-1714). Fuhrleute aus der Gemeinde mußten mit den Armeen im Jahre 1703 bis an den Speyerbach ziehen. Die Märkerrechnung 1702 berichtet: *"Daß Hans Hermann aus der Gemeinde gut getan worden wegen seines Sohnes Johannes, als derselbe auf 3 1/2 Jahre in Hochgräflich Hanauische Garnison eingezogen worden, auch bei der Speyerbach von denen Franzosen gefangen und ausgezogen worden: derwegen nacket und bloß anheimgekommen; dazumal an barem Geld mitgegeben und wieder aufs neu kleiden müssen, ist zusammengerechnet 14 fl."* - Aus den Bürgermeisterrechnungen wollen wir willkürlich die für das Jahr 1706 herausgreifen:

Contribution, Extraordinarien und Römergeld machen 1018 Gulden; besondere Kriegskosten für verschiedene einquartierte Truppen (darunter eine Kompanie Sachsen-Gothaische und eine Kompanie Neuburgische Dragoner) betragen 54 fl. 7 alb., dabei waren aber eigentlichen Einquartierungslasten von den einzelnen Nachbarn zu tragen; die Gemeindeausgaben entstanden etwa so: *"als obermeldte Kompanie von hier abmarschiert, ist den Herrn Ober-Offiziers in Windecken für einen Trunk Wein und ein klein Frühstück dem Wirt gezahlt worden 2 fl."* Die Zahlung für den Landsäckel wurde um 4 fl. 20 alb. verkürzt, *"wegen Johannes Ludwigen Sohn, so im Feld unter der Kompanie lange Zeit krank gewesen ist".*

Im Jahr 1714 müssen die Nachbarn das ihnen zustehende Leseholz wieder mit 1 fl. je Klafter bezahlen, *"da die Gemeinde wegen des Hannoverschen Campements (Lagers) und anderen vielen Durch-Marchen gar hart mitgenommen"*, doch sollen die Nachbarn das Recht haben, 1/2 Klafter weiter zu verkaufen, *"um das Geld besser herauszubringen".*

Der POLNISCHE ERBFOLGEKRIEG (1733-1735) brachte mit den Feldzügen des Prinzen Eugen am Oberrhein ebenfalls Truppendurchzüge und Einquartierungen.

Dann aber kam im ÖSTERREICHISCHEN ERBFOLGEKRIEG (1740-1748) der Krieg wieder einmal unmittelbar in unsere Nachbarschaft mit der Schlacht bei Dettingen im Jahre 1743. Auch nach der Vertreibung der Franzosen aus dem Maingebiet und dem Durchmarsch der "Kurhannoverschen Truppen" endete die Unruhe nicht, wie uns die ausführlichen Aufzeichnungen des Pfarrers Uffelmann für das Jahr 1745 zeigen, die von Pfarrer Heck 1931 im "Hanauischen Magazin" veröffentlicht wurden:

## Pfarrer Uffelmanns Kriegsaufzeichnungen 1745

*"Den 7. april 1745 hatte das Presbyterium sollen gehalten werden, weil aber der Schultheiß und verschiedene andre membra derer gegenwärtigen Kriegsläufte halber auf Windecken beschieden waren, so unterblieb diese Session.*

*Den 5. May hatte der Ordnung gemäß das Presbyterium sollen gehalten werden, weil aber der Schultheiß mit 16 Mann und pferden, welche aus dem französischen Magazin zu Offenbach fourage nach Limburg überbringen mußten, abwesend wahr, so mußte jenes unterbleiben.*

*Nachfolgende umbstände seynd die ursach worumb das Presbyterium seine ordentliche Session nicht gehalten hat.*

Den 28. Juny kam die ordre, daß die ganze gemeind freye und unfreye mit ihrem geschirr und Zugvieh sich ohnfehlbar bey d Königl. Ungarischen armée in Gelnhausen einfinden solle. Diese Vorspann ging auch in der Nacht ab. Bei frühem Tag rückte Ein Königl. Ungarischer Obrist lieutenant Comte de Sabieore mit seiner frey Comagnie und Einem detachement Hussoren von Bellesroy und Corali hier ein. Die Hussoren stelleten ihre Feldwachen auß an denen so genanndten creuzern und an der Laimen Kaute, die Infanterie besetzte die Thore, und die hießige Nachbarn mußten die wache auf dem Kirch und anderen Thürmen halten.

*Den 4. July kam die ordre, daß die Königl. Ungarische Hohe generalitè vom Rechten flügel hier einrücken würde, worauf obiges Commando von hier ab und auf Windecken marschierte. Die Herrn generals, welche hier Quartier machten, wahren S durchlaucht Prinz von Birkenfeld logirte auf dem Rathauß, H general von Bärenklau bey dem Förster Block, H general Hellfereich bei Mr Jung, H general Cerbelloni bey Mr Stapfer, H general Roth bey Mr Koch. H general Palfü war bei mir dem pfarrer angewießen, blieb aber auß und im Hauptquartier.*

*Den 6. July nachmittags umb 4 Uhr kamen Seine Königl. Hoheit d H Herzog von Lothringen im Hauptquartier zu Langenselbold an.*

*Den 7. nachmittags rückte die ganze armée auß und gegen 6 Uhr ritten Ihro Hoheit vor d Fronte derer beyden Flügeln, welche von d Rüdigheimer stein Kaute und weinbergen in recta linea biß gegen Gelnhausen en ordre des Bataille stunden, in begleitung der Hohen generalité vorbey. Die artillerie und pontons bei welchen die Croaten die Wache hielten, stunden hinter dem hintertreffen am rüdigheimer Wald.*

*Den 8. brach die armée auf und ging in 4 Colonnen auf die gegenden Frankfurts, Mainz und durch die Bergstraße gegen Weinheim, auf welche Bewegung Prinz Conty mit der französischen armée von Aschaffenburg, Offenbach, durch das Darmstädtische über den Rhein zog. Der rechte flügel welchen Prinz von Birkenfeld und Bärenklau führten, marschierte durch Marköbel auf Eichen und Windecken, allwo das Hauptquartier war, die Carossen, pontons und übrige unglaubliche Bagage ging von d rüdigheimer stein Kaute über die Haube den Eschberg hinauf nach Ostheim und Windekken. Kaum war dieser Train vorbey, so rückte das Lazareth mit etlichen 50 Kranken ein.*

*Den 9. folgte ein Commando von 80 Hossaren, die ebenfalls hier Halt machten, nach einigen Tagen aber wieder abgingen.*

*Dem guthen Hanauischen Landt stund ein großes Unglück bevor, der österreichische Soldat freute sich ongescheut in seim Lager "wie Ihm in demselben die Hand aufgethan sey", der Barmherzige Gott aber wendete dieses unglück. Dann etliche Tage Vor dem aufbruch dieser armée kamen von Wien die geschärften ordres, daß d Offizier bey Verlust seiner Charge, und d gemeine Soldat bei strafe des Strangs das Hanauische Land tractiren solle, als ob es der Königin Ihr eigen Landt sey. Vermuthlich seynd diese ordres auf intercession Ihro Hoheit der frau Erb Prinzessin bey dero Königl. Herrn Vatter in Hannover hergekommen. d schade war also erträglich. Gott gebe daß die dabey ausgestandene unruhe dem ganzen landt eine dauerhafte ruhe bringe."*

So weit die Aufzeichnungen Pfarrer Uffelmanns. Den Niederschlag der darin erwähnten Ereignisse, schreibt Pfarrer Heck weiter, für den Geldsäckel der Gemeinde finden wir in der Bürgermeister-Rechnung von 1745 unter der Bezeichnung "Durch Marsch und andere Kriegs Kosten" mit 18 verschiedenen Posten im Gesamtbetrag von 442 fl

27 alb 4 d, wozu noch an anderer Stelle 4 fl 28 alb 4 d kommen. Die Gesamtkosten betrugen also fast 450 Gulden, den 5. Teil der 2250 Gulden hohen Gesamt-Ausgaben. Die Hälfte entfiel auf die französische Armee, die andere Hälfte auf die Östereicher. Einige Posten seien angeführt. *An 2 Husaren einen Schinken, dar Vor Jakob Jost 1 Gulden 12 alb. Einem Fänderich damit Er das Lazarett sonst wohin Verlege 10 Gulden 3 alb. Einem Fähnrich zur Discretion 8 Gulden 15 alb. Der Salve guarde 8 Gulden 17 alb.* (Französisch Sauvegarde, Schutz-Schirmwache.)
Ein Unglück kommt selten allein. Wir finden in derselben Rechnung: dem Scharfrichter zu Hanau Vor Begrabung 58 Stück crepirten Viehs 43 Gulden 15 alb.
Nennen wir noch an Ausgaben "Römergeldt 810, Contribution 165 Gulden", so sehen wir, unsere Vorfahren hatten Schweres zu leiden.
Die Untertanen mußten ohne Bezahlung Vorspann leisten, nur wenn sie dabei Unglück hatten, sprang die Gemeinde ein, wie bei Joh. Henrich Schmidt. Dessen Pferd war beim Vorspann für Hannoversche Truppen im Geschirr bei Dörnigheim von dem daneben eingespannten Pferd geschlagen worden, so daß ein Bein "entzwei" war. Schmidt erhielt deshalb aus der Gemeinde 7 fl. 15 alb. zugesteuert. Wenn wir also aus den Rechnungen die Aufwendungen für Kriegskosten lesen, dürfen wir nicht vergessen, daß das nur die baren Ausgaben der Gemeinde waren, daneben aber jeder einzelne noch große Lasten zu tragen hatte.

## Der Siebenjährige Krieg 1756 -1763

Aus dem SIEBENJÄHRIGEN KRIEG wollen wir nur ein Jahr herausgreifen, das Jahr der SCHLACHT BEI BERGEN (1759). - Hessen-Hanau war mit Friedrich dem Großen verbündet; infolgedessen geriet das weit in "das Reich" (das ja gegen Friedrich stand) vorgeschobene Hanauer Land von Anfang an in schwerste Bedrängnis.
Schon im August 1756 rückten die Franzosen als Vebündete der Habsburger in Hanau ein und preßten Stadt und Land bis aufs letzte aus; erst im Dezember 1762, als die Feindseligkeiten eingestellt waren, zogen die letzten Franzosen ab. Einmal in diesen langen Jahren schien die Stunde der Befreiung zu schlagen, als im April des Jahres 1759 Herzog Ferdinand von Braunschweig mit hessischen, preußischen, hannoverschen und braunschweigischen Truppen überraschend gegen Frankfurt vorstieß, um die Franzosen aus der Krönungsstadt des Reichs und aus dem Maingebiet hinauszuwerfen. - Nach vorbereitenden Kampfhandlungen in Thüringen war die Armee am 10. April aus der Gegend von Fulda aufgebrochen; sie marschierte in 3 Kolonnen und benutzte dabei die alten Verkehrswege: die rechte Kolonne die "Nidderstraße", die mittlere die Hohe Straße, die linke die Kinzigstraße. Das Hauptquartier kam am 10. April nach Freiensteinau, am 11. nach Büdingen und den 12. nach Windecken. Die Truppen lagerten in der Nacht vom 12. auf den 13. April im Raum zwischen Heldenbergen, Windecken, Roßdorf und Altenstadt, Hainchen, Eckartshausen, Langenberg-

heim. Marköbel lag also mitten in diesem Gebiet und war selbstverständlich dicht belegt. Bekanntlich konnte Herzog Ferdinand von Braunschweig die Franzosen nicht aus ihren festen Stellungen bei der Berger Warte hinauswerfen; er zog infolgedessen, da sein Plan gescheitert war, alsbald wieder nach Norden ab; nur den 14. April blieben die Truppen noch in ihren Quartieren in Windecken, am 15. und 16. wurden sie etwas zurückgezogen, wobei die Nachhut nach Marköbel zu liegen kam; am 17. erfolgte der Abmarsch über Grünberg, Alsfeld nach Ziegenhain und Kassel. Hinterher zogen französische Freikorps und Aufklärungsabteilungen.
Alle diese Bewegungen lassen sich auch aus den Marköbeler Rechnungen erkennen.
Viel mehr als die Durchmärsche aber drückten die Gemeinde die ständigen Lieferungen an die Franzosen und ihre Magazine: Der Anteil der Gemeinde Marköbel an den der Grafschaft Hanau auferlegten außerordentlichen französischen "Impposituren" betrug im Jahre 1759 1.502 Gulden; dazu kamen 102 Achtel Korn, 162 Achtel Hafer, 544 Zentner Heu und 16 Zentner Stroh für die französischen Magazine in Hanau.
Oft kehrten einzelne Franzosen oder kleinere Abteilungen bei dem "gemeinen Wirt" Joh. Philipp Degen ein, der darüber der Gemeinde in recht eigenwilliger Rechtschreibung seine Rechnungen ausstellte.
Alles in allem belaufen sich die Kriegskosten der Gemeinde Marköbel in diesem einen Jahr auf 2.076 Gulden an Geld (ohne die Naturallieferungen!). Um den Geldwert richtig würdigen zu können sei zum Schluß noch mitgeteilt, daß im gleichen Jahr die Gemeinde bei dem Stadthirten Melchior Hellwig zu Büdingen einen neuen Farren oder Fasel-Ochsen für 24 fl. 7 alb. 4d. erwarb.
Angesichts dieser ungeheuren Lasten und der Bedrückung durch eine fremde Besatzungsarmee können wir es verstehen, daß man den endlich erfolgten Friedensschluß zu Hubertusburg im ganzen Hanauer Land Anfang März 1763 mit großen Dankfeiern beging.

## "Bataillon Hanau" im amerikanischen Unabhängigkeitskrieg

Schon seit 1736 gehörte das Hanauer Land nach dem Aussterben des Hanauer Grafenhauses zur Landgrafenschaft Hessen-Kassel. Die Grafschaft Hanau wurde vollständig getrennt von dem übrigen Hessen verwaltet, so daß sich dieser Besitzwechsel im Land kaum auswirkte. Jeder neue Landgraf und Herr bestätigte auch den Marköbelern ihre Rechte, die sie durch den Vergleich von 1680 wiedergewonnen hatten.
Daß die Zugehörigkeit Hanaus zu Hessen im Siebenjährigen Kriege zur Besetzung des Landes durch die Franzosen geführt hatte, haben wir bereits erwähnt. Am 12. Oktober 1764 übernahm Erbprinz Wilhelm, der älteste Sohn des Landgrafen Friedrich, als Graf von Hanau die Regierung des Hanauer Landes, das ihm mancherlei Verbesserungen verdankt.

Marköbel in einer Landkarte aus dem Jahr 1728. Foto: Museum Hanau.

Ein Kupferstich aus dem 18. Jahrhundert. Foto: Museum Hanau.

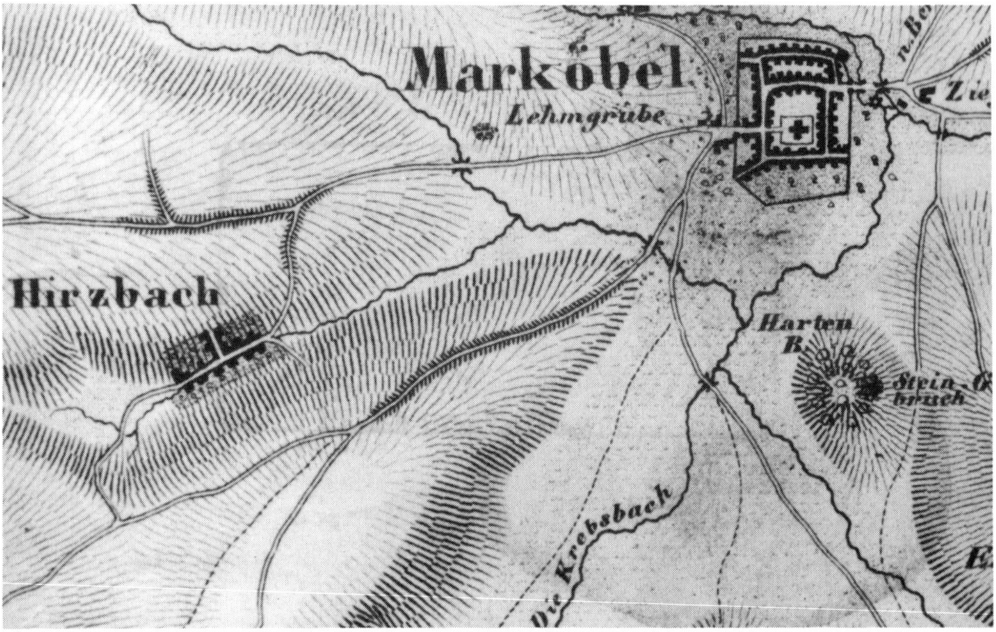


Ausschnitt aus dem Plan der Umgebung von Hanau 1837. Foto: Museum Hanau.

Ausschnitt aus der Karte für die Herbstübungen des XVIII. Armeekorps 1913, an denen auch Kaiser Wilhelm II. teilnahm. Foto: Museum Hanau.

Im Zeitalter Friedrichs des Großen, dessen Bewunderer und Verbündete die hessischen Fürsten stets gewesen waren, hatte Wilhelm schon bald auch in Hanau eine kleine Truppe - das Bataillon Hanau - aus Landeskindern aufgestellt; die Hanauer Untertanen waren von dieser neuen Pflicht allerdings recht wenig erbaut.
Es war damals allgemein üblich, daß die Fürsten ihre Heere, die besonders in den kleinen Ländern nur mit großen Lasten erhalten werden konnten, als Einnahmequelle betrachteten. Als deshalb England nach dem Abfall seiner amerikanischen Kolonien sich nach Hilfskräften auf dem Festland umsah, mit denen es seine rebellischen Untertanen zur Unterwerfung bringen könne, machte auch Wilhelm von Hessen-Hanau seinem Vetter Georg III. von England das Angebot, seine Truppen in englische Dienste treten zu lassen. Am 4. Februar 1776 wurde mit England ein Subsidienvertrag abgeschlossen, und bereits am 14. März 1776 das Regiment Hanau in Stärke von 700 Mann auf dem Main nach Nordamerika eingeschifft. Auch aus Marköbel befanden sich bei diesem ersten Transport mindestens 14 junge Männer; das zeigt eine "*Aufstellung der Untertanen, welche Kinder in Amerika haben*". Auf Anordnung des Erbprinzen waren nämlich diese Untertanen von allen Abgaben befreit, so daß also die hohen Subsidienbeträge, die er erhielt, auch dem Lande etwas zu Gute kamen.
Die Liste enthält folgende Namen (der Eltern): Hermann Bär, Johannes Bärs Witwe, Philipp Bender, Johannes Bingel, Michael Bischoff, Henrich Lochmann, Caspar Möller, Henrich Christoph Möller, Henrich Möller, Bäcker, Henrich Möller, Schreiner, Caspar Schmidt, Wilhelm Strohs Wwe., Friedrich Wygand.
Es gingen von Hanau später noch zwei größere Abteilungen nach Amerika hinüber, so daß sich die Gesamtzahl der Hanauer Landeskinder, die für England nach Amerika verhandelt waren, auf etwa 2400 belief. Wieviele Marköbeler insgesamt dabei waren,steht nicht fest. Von den 2400 kehrten rund 900 nicht in die Heimat zurück, doch blieben viele wohl auch freiwillig drüben in der neuen Welt.
Die Heimat verfolgte den amerikanischen Feldzug mit der größten Anteilnahme; am 9. August 1776 traf die erste Post aus Amerika ein, und die Angehörigen der Soldaten kamen in Scharen in die Stadt, um von dem Schicksal der Truppen zu hören. Die Regierung gab deshalb zur Beruhigung der Untertanen am 10. August einen kurzen Bericht heraus, von dem sich eine Abschrift in den Marköbeler Akten befindet.
Die zuversichtlichen Erwartungen der Regierung, die ein Ende des Krieges für den Sommer des Jahres voraussagte, erfüllten sich nicht. Die "Aufständischen" erwiesen sich als zähe Gegner, zumal ihre Ausbildung durch deutsche Lehrmeister - wie zum Beispiel den preußischen Offizier Friedrich von Steuben - erheblich besser geworden war als am Anfang, wo die glänzend gedrillten deutschen Truppen nur mit Verachtung auf diese "Landstreicher" herabgesehen hatten. Erst im Spätherbst 1783 kehrten die Hanauer nach zum Teil 7 1/2jähriger Abwesenheit wieder aus Amerika zurück.

## Französische Revolutionstruppen in Hessen

Im Jahre 1789 brach in Frankreich die Revolution aus, in deren Verlauf die alte Staatenwelt Europas zusammenbrechen sollte. -
Als im Spätsommer 1792 die hessischen Truppen aus Hanau ausrückten, um mit den Preußen und Österreichern den französischen König in seine Rechte wieder einzusetzen, da ahnte niemand, wie traurig dies Unternehmen ausgehen sollte. Nach der Kanonade von Valmy in den Argonnen am 20. September 1792 begann die verbündete Armee ihren Rückmarsch, bei dem die Zucht der Truppen sich völlig auflöste, als die Kunde eintraf, daß der französische General Custine im Bistum Speyer eingefallen war und bereits Mainz bedrohte. Nur das kleine hessische Korps, dem jetzt die Erfahrungen des amerikanischen Feldzugs zugute kamen, hielt auch beim Rückzug gut zusammen und bekam deshalb den Auftrag, Koblenz und den Ehrenbreitstein zu decken, während die Preußen erst hinter der Lahn sich sammelten.
Am 21. Oktober zog Custine ohne Widerstand in die starke Festung Mainz ein, und bereits am nächsten Tage besetzte sein Unterfeldherr Neuwinger, ein ehemaliger Unteroffizier, die Krönungsstadt des Reichs, Frankfurt am Main.
Die schnellen Erfolge der französischen Revolutionstruppen lassen sich nur dadurch erklären, daß ein großer Teil der deutschen Bevölkerung die Ideale der Revolution - Freiheit, Gleichheit, Brüderlichkeit - positiv aufnahm. Der Vorstoß Custines kam am Main zum Halten. Bei dem Überfall auf die Salzwerke in dem zur Hanauer Grafschaft gehörenden Bad Nauheim am 2. Oktober 1792 ergaben sich die 120 Verteidiger erst nach erbittertem Widerstand einer mehr als zehnfachen Übermacht. Weitere militärische Erfolge konnte Custine in Hessen nicht verzeichnen.

## Der tapfere Schultheiß Mörschel

In den Tagen des Überfalls auf Bad Nauheim streiften französische Soldaten auch durch die Wetterau. Sie leerten in Bergen und Windecken die Amtskassen und erschienen - wohl in den ersten Novembertagen - auch vor Marköbel.
Schultheiß zu Marköbel war damals Johannes Mörschel; er war am 1. Oktober 1747 zu Eichen geboren, hatte den amerikanischen Feldzug mit Auszeichnung mitgemacht und war seit 1791 Schultheiß zu Marköbel und Leutnant im 3. Bataillon des Landregiments Hanau, das aus dem alten Landesausschuß gebildet war und das Land verteidigen sollte. In Marköbel hatte er am 29. Dezember 1791 Anna Elisabeth Schneider geheiratet.
Dieser Johannes Mörschel zeigte sich nun als alter Soldat und unerschrockener Held. Auf die Kunde von dem Heranrücken der Franzosen ließ er die Tore schließen und die Mauern durch seinen Landesausschuß besetzen. Und als die Feinde vor dem Obertor erschienen, trat er "in seinem Ehrenkleide" auf den Wehrgang über der Tordurchfahrt

Die Abwehr französischer Revolutionssoldaten vor den Toren Marköbels wurde anläßlich der 1100-Jahr-Feier 1939 in einem Schauspiel dargestellt. Hier ein Szenenausschnitt mit Schultheiß Mörschel.

und rief den Franzosen, die Öffnung forderten, zu: *"Da ihr Mainz so wohlfeilen Kaufes gewonnen habt, so versuchet's doch einmal, was euch die Eroberung Marköbels kosten wird!"*
Die Franzosen aber zogen, als sie die Verteidigungsmaßnahmn sahen, ab, ohne einen Angriff zu versuchen.
Die deutschen Zeitungen brachten voll Bewunderung Berichte über diese Heldentaten der Hessen.
(Die Quelle dieser Darstellung Botts in der Chronik von 1939 konnte bisher nicht ausfindig gemacht worden. Die Nachforschung nach weiteren Einzelheiten inbesondere im Gemeindearchiv und in Zeitungen aus jener Zeit waren, auch über deutsche Zeitungsarchive, erfolglos. In der Hanauer Zeitung ist zwar der Kampf an den Nauheimer Salinen erwähnt, nicht jedoch der gescheiterte Überfall auf Marköbel. 1858 schreibt Arndt in seiner "Geschichte der Provinz Hanau" wohl aufgrund mündlicher Überlieferung: *"Unterdessen war auch ein französisches Streifkorps bis vor die Ringmauern des Dorfes Marköbel vorgedrungen; allein dessen Vorstand hatte den Muth, ihm den Einzug zu verweigern").*
Während die hessischen Truppen später in Flandern kämpften, blieb die Verteidigung der Heimat dem neu aufgestellten Landesausschuß überlassen, bei dem auch Schultheiß und Leutnant Mörschel Dienst tat. Wir hören nur zufällig einmal, daß er am 24. September 1793 mit 70 Mann auf Befehl des Amts Windecken einen Streifzug in die

Wetterau tun mußte, wobei jeder Mann für Bier und Branntwein von der Gemeinde 4 Kreuzer erhielt; am 27. September folgte ein Streifzug mit 40 Mann *"nach der Grenze".* Der Säbel mit dem hessischen Löwen, den der Schultheiß dabei führte, ist noch heute im Besitz seiner Nachkommen. Die Gemeinde aber verlieh ihm im Jahre 1797 das Recht, als erster außerhalb der Ringmauer eine Hofreite zu errichten (Hauptstraße Nr. 39).

Johannes Mörschel errichtete ein Gasthaus (später "Zum Goldenen Hirsch"). 1802 führte die Gemeinde einen Prozeß gegen Mörschel wegen des Ganges zwischen seiner Hofreite und der Ringmauer. Johannes Mörschel starb am 29. März 1819. Er hatte 1815 bereits einen rechtsseitigen Schlaganfall erlitten, der ihn lähmte. Ein zweiter - linksseitiger - Schlaganfall führte zum Tode.

Schultheiß Johannes Mörschel erhielt 1797 als erster Einwohner die Genehmigung, außerhalb der Ringmauer eine Hofreite zu errichten (später im Besitz von Rau). Hier eine Abbildung auf einer Feld-Postkarte aus dem Jahre 1916. Die Karte ist im Besitz von Else Gimbel.

## Aus der Franzosenzeit

Die Kriegsjahre trafen im übrigen Marköbel wie das ganze Hanauer Land wieder genau so wie die früheren Kriege. Truppendurchzüge, Einquartierungen, Vorspanndienste, Fouragelieferung und Contributionen brachten wieder ungeheure Belastungen für die Menschen mit sich. Bei den Kämpfen um Mainz war die Wetterau wieder Etap-

pengebiet. Von Novemver 1793 bis Ende 1795 waren in der Grafschaft Hanau im ganzen 479.000 Mann und 235.000 Pferde einquartiert gewesen. Zwar war Hessen im August 1795 dem Frieden zu Basel beigetreten und damit aus dem Kriege ausgeschieden, aber beide Seiten achteten die Neutralität nur sehr wenig, so daß die Unruhe bis zum Jahre 1801 ständig anhielt.
Inzwischen hatte sich Napoleon zum Kaiser der Franzosen gemacht und schickte sich an, Europa zu erobern. Der Feldzug von 1805 gegen Österreich-Ungarn ging ohne unmittelbare Bedrohung ab, obwohl die Franzosen sich in der Maingegend sammelten. Hessen war bemüht - wie Preußen - seine Neutralität zu wahren; es glaubte auch noch, als das Reich zusammengebrochen war, seine Unabhängigkeit ohne Kampf behaupten zu können. Der Kurfürst lehnte es ab, dem Rheinbund beizutreten, und schloß sich an Preußen an. Als aber Napoleon im Herbst 1806 gegen Preußen, der letzten Großmacht in Deutschland, vorging, fand der Kurfürst nicht den Mut, sich mit seinen Truppen offen auf die Seite dieses Staates zu stellen: er wollte nicht glauben, daß Napoleon auch seinen Untergang beschlossen hatte, daß mit dem Schicksal Preußens auch das Schicksal Kurhessens besiegelt sein sollte!
Noch nach der Schlacht bei Jena (14. Oktober 1806) hoffte man in Kassel, der siegreiche Kaiser werde die Neutralitätspfähle achten, die man überall an den Grenzen hatte aufstellen lassen, - auch in Marköbel hatte Schlosser Henrich Schnitzer 6 Blechschilder an der Grenze und an den Toren anschlagen müssen. Man hatte die Truppen, die vor kurzem mobilisiert worden waren, in ihre Heimat beurlaubt - es war zu spät: Am 1. November 1806 rückten sie auch in Hanau ein. Der Kurfürst floh: *"Das Haus Hessen-Kassel hatte aufgehört zu regieren."*

## "Mairie Marköbel"

Auch in Marköbel machte sich der Umschwung alsbald bemerkbar: Am 10. Nov. mußten die beurlaubten Soldaten der Regimenter Kurprinz und von Schallern ihre Montierung und ihre Waffen auf dem Rathaus abliefern; sie taten es, wie wir aus anderen Orten hörten, nur mit Murren und Unwillen. Am 20. Dezember mußte die Gemeinde zum ersten Mal 10 Wagen stellen, um französische Bagage zu fahren. Von Berlin aus hatte Napoleon befohlen, die Festungswerke Hanaus zu demolieren, auch aus Marköbel wurden die Untertanen vom 23. bis 26. Dezember dazu befohlen; die Gemeinde hatte 6 neue Kastenschiebkarren und einige Pickel stellen müssen. Wie überall im Land wurden auch zu Marköbel die kurhessischen Wappen übertüncht und dafür der kaiserliche Adler angebracht.
Der Marköbeler Schultheiß hieß nun "Maire", die Schöffen "Municipialräte" und die Gemeindeverwaltung "Mairie Marköbel". Ein Stempel aus dem Jahre 1811 mit Aufschrift "Mairie Marköbel" ist im Gemeindearchiv noch vorhanden. In der Folge machte Marköbel die Schicksale des übrigen Hanauer Landes mit. Zwar hatte die Hohe Straße durch den Ausbau der Kinzigstraße ihre Bedeutung verloren, aber es gab doch ungeheure

Lasten für die französische Armee zu tragen. Das Amt Windecken hatte vom 25. Oktober 1806 bis zum 30. April 1808 24.000 Mann Einquartierung, die einen Geldaufwand von 48.000 Francs bedeuteten, außerdem hatte es 14.330 Fuhren geleistet mit einem Aufwand von 41.160 Francs.

Mit dem übrigen "Fürstentum Hanau", das bis 1810 einen Teil des Französischen Kaiserreichs bildete, hatte auch Marköbel Mannschaften für die spanischen Feldzüge des Kaisers zu stellen, mit dem übrigen Gebiet wurde es 1810 dem Großherzogtum Frankfurt einverleibt. Die Jahre 1809 bis 1811 hatten neue Einquartierungslasten gebracht, der Beginn des Jahres 1812 mit dem Durchzug der "Großen Armee" nach Rußland steigerte die Lasten ins Unerträgliche. Und doch sollte es im nächsten Jahre (1813) noch schlimmer kommen. Diesmal war die Wetterau das Etappengebiet der Franzosen, die in Mitteldeutschland gegen die Befreier Deutschlands kämpften.

Auf 12.360 Gulden war die Schuldenlast des Dorfes damals angestiegen, deren Zinsen jährlich 618 fl. erforderten. 4.064 fl. hatte die Großherzoglische Regierung in

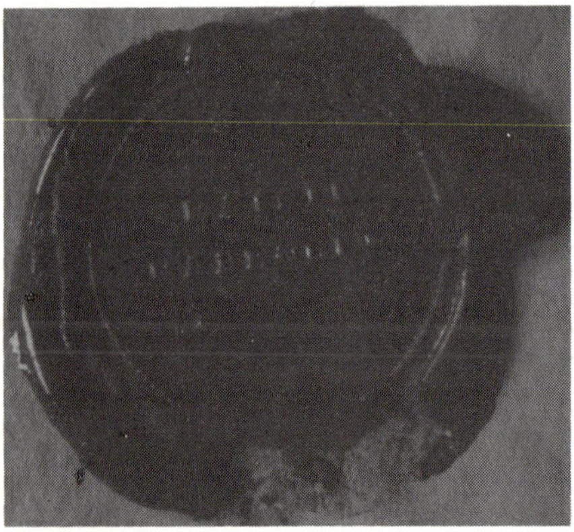

Stempel der "Mairie" Marköbel aus dem Jahre 1811.

Frankfurt als Steuersatz für 1813 den Marköbelern auferlegt, ohne die übrigen Gemeindeabgaben und Lieferungen. Die Einquartierungslasten Marköbels im Jahre 1813 zeigt folgende Aufstellung:

Es wurden einquartiert im Ort: am 10. März 1813 214 Mann vom französischen 158. Inf.-Regiment, im April an 8 Tagen insgesamt 1.731 Mann in Abteilungen von 85 bis 345 Mann; im Mai ebenso 885, im Juni 2.335 und im Juli 2.253 Mann. In bunter Folge wechseln Kaisergarde, Husaren, Artillerie, Chasseurs, Reitende Jäger und Infanterie miteinander ab. Im August sind es wieder 1.342 Mann, im September an 4 Tagen noch 810 Mann und schließlich nochmals am 2. Oktober 450 und am 1. Oktober 400 Mann französische Infanterie (insgesamt hatten vom März bis Oktober 10.206 Franzosen im Ort gelegen). Dann kommt eine Lücke, und erst am 3. November erscheint wieder eine Einquartierung: 600 Mann österreichische Kavallerie, der am 6. November 3.035 (!) Mann Infanterie folgen. Am 7. November sind es 800 Mann vom Regiment des Prinzen von Hessen-Homburg, am 11. Nov. 300 Artilleristen und schließlich am 27. Dezember 1813 80 Russen.

## Die Freiheitskriege

Wir haben in der obigen Aufstellung schon den Umschwung der Lage im November 1813 kennengelernt. Am 30. und 31. Oktober hatte Napoleon in der Schlacht bei Hanau den Weg nach Frankreich geöffnet, am 3. November tauchen in Marköbel die ersten österreichischen Truppen als Einquartierung auf; davor aber waren schon Kosaken dagewesen, die sich "durch Gewalt" in den einzelnen Schmieden neue Hufeisen hatten anfertigen lassen. Auch die Österreicher - Lichtensteinsche Husaren - hatten am 3. November dem Schultheißen Stroh 41 Pfund Eisen zu Hufeisen mit Gewalt abgenommen. Auch sonst macht sich der Umschwung bemerkbar: Der Ortsmaire wird wieder zum herrschaftlichen Schultheißen, die Wappen werden abgenommen und die hessischen angebracht usw.

Am 7. November hatte der Gemeindediener mit 91 Mann nach Hanau gemußt, um die Toten zu begraben - und dann kam die furchtbarste Folge der Schlacht bei Hanau auch nach Marköbel: der Typhus oder das Lazarettfieber (Nervenfieber); von November 1813 bis Mai 1814 starben in Marköbel 36 Personen an dieser Krankheit und *"wurden in der Stille beerdigt"*.

Auch 1814 schlagen sich die Einquartierungen in den Gemeinderechnungen nieder: Am 3. April 226 Mann und 134 Pferde Preußischer Husaren, am 7. April 207 Mann und 190 Pferde Russischer Soldaten, am 21. Mai 264 Mann und 218 Pferde russischer Kürassiere, am 8. Juni 600 Mann russische Infanterie und am 16. Juni 665 Mann russische Infanterie.

Die Freiheitskriege 1813/14 hatten zwar Deutschland die politische Unabhängigkeit von Frankreich wiedergegeben, aber im Inneren wurden die alten Zustände wieder aufgerichtet. Die Zeit der Restauration begann.

Das Obertor 1826 in einer Zeichnung von Rühl. Nach Zimmermann.

# Das erste Verzeichnis der Häuser und ihrer Besitzer 1811

*Dirk-Jürgen Schäfer*

Aus napoleonischer Zeit stammt das erste Häuserverzeichnis der Gemeinde Marköbel (GAM (HStA) Nr. 50), das von dem *"Maire"* (Bürgermeister) Stroh, den *"Municipalräthen"* (Gemeindevertretern) Johann Georg Lehr, Johann Heinrich Kittel, Johannes Schneider, Daniel Kullmann, Jakob Stein, Heinrich Schneider, Johann Philipp Häußer, Friedrich Orth, Jakob Koch und Philipp Schneider sowie dem "Gemeindebürgermeister" Martin Stroh aufgestellt und beglaubigt wird. Es trägt die Bezeichnung "Marköbeler Special Feuer- Assekuranz Kataster" und ist mit dem während der napoleonischen Besetzung 1806-1813 verwendeten Gemeindesiegel "Mairie Marköbel" versehen.

Das Kataster hat folgendes Schema: Nummer des Hauses (fortlaufende Numerierung von 1 - 134 für Marköbel, 1 - 9 für Hirzbach und ohne Numerierung für den Baiersröderhof), Name des Besitzers, Datum der Einschreibung (fehlt in den meisten Fällen; wahrscheinlich nur Verkäufe ab 1787 eingetragen), Art der Gebäude und Steueransatz (fehlt in den meisten Fällen). Wegen der Übersichtlichkeit sind daher in der nachstehenden Aufstellung die wenigen Angaben über Datum der Einschreibung und Steueransatz weggelassen.
Die Zuordnung zur heutigen Straßenbezeichnung und Hausnummer läßt sich bisher für viele Anwesen nicht eindeutig feststellen. Erst die späteren Verzeichnisse - Nummernbuch von 1846 (GAM (HStA), Nr. 26 - 29) und Gebäudesteuerrolle von 1880 (GAM (HStA), Nr. 48) - geben anhand der Parzellenangaben im alten Ortsbereich genaue Hinweise. Da die Ortslage von der Flurbereinigung um die Jahrhundertwende ausgenommen war, haben sich für diesen Bereich die Bezeichnungen aus dem vergangenen Jahrhundert erhalten.

| **Nummer** | **Besitzer** | **Art der Gebäude** |
|---|---|---|
| 1. | Gemeindebesitz | Rathaus von 2 Etagen und ein Nebenbau. |
| 2. | Johann Daniel Gaul | Ein Hauß von 2 Etagen. |
| 3. | Carl Hedderich Modo Heinrich Hedderich und Friedrich Goldacker. | Ein Hauß von 2 Etagen. |
| 4. | Evang. Ref. Schulmeister Joh. Peter Bröll | Ein Hauß von 2 Etagen, Eine Scheuer, Ein Kuhstall. |
| 5. | Georg Lehr | Ein Hauß von 2 Etagen, Eine Scheuer, Ein Pferdestall, Ein Kuhstall. |

| | | |
|---|---|---|
| 6. | Philipp Koch | Ein Hauß von 2 Etagen,<br>Eine Scheuer, Ein Kuhstall,<br>Ein Holzschuppen. |
| 7. | Jost Kraußen Witwe | Ein Hauß von 2 Etagen,<br>Eine Scheuer, Ein Kuhstall,<br>Eine Waschküche. |
| 8. | Herz Maier | Ein Hauß von 2 Etagen, |
| 9. | Philipp Möller | Ein Hauß von 2 Etagen,<br>Eine Scheuer, Ein Pferdestall. |
| 10. | Christian Feuer und<br>Wilhelm Brettmanns Witwe | Ein Hauß von 2 Etagen,<br>Ein Kuhstall, Ein Holz Schoppen. |
| 11. | Heinrich Lochmanns<br>Witwe | Ein Hauß von 2 Etagen,<br>Eine Scheuer, Ein Kuhstall. |
| 12. | Philipp Brettnann | Ein Hauß von 2 Etagen.<br>Eine Scheuer, Ein Kuhstall. |
| 13. | Johannes Gärtner Sen. | Ein Hauß von 2 Etagen, Eine Scheuer,<br>Ein Pferdestall, Ein Kuhstall. |
| 14. | Philipp Schneider | Ein Hauß von 2 Etagen, Eine Scheuer,<br>Ein Pferdestall, Ein Kuhstall. |
| 15 | Georg Fischer | Ein Hauß von 2 Etagen,<br>Eine Scheuer, Ein Kuhstall. |
| 16. | Seeligmann Süßkinds Witwe | Ein Hauß von 1 Etage. |
| 17. | Johannes Bingel Junior | Ein Hauß von 2 Etagen.<br>Eine Scheuer |
| 18. | David Herrmann | Ein Hauß von 2 Etagen,<br>Eine Scheuer. |
| 19. | Heinrich Schmidt | Ein Hauß von 2 Etagen |
| 20. | Heinrich Gerlach | Ein Hauß von 2 Etagen,<br>Eine Scheuer, Ein Kuhstall. |
| 21. | Moses Maier | Ein Hauß von 2 Etagen, Ein Kuhstall,<br>Ein Holz Schoppen. |
| 22. | Johannes Lotze Witwe | Ein Hauß von 2 Etagen,<br>Ein Holz Schoppen. |
| 23. | Johannes Fix | Ein Haus von 2 Etagen |
| 24. | Philipp Wallmes Witwe | Ein Haus von Etagen<br>Ein Kuhstall. |
| 25. | Wilhelm Lorey und<br>Christian Brettmann | Ein Hauß von 2<br>Etagen, Eine Scheuer. |
| 26. | Stephan Häußer | Ein Hauß von 2 Etagen,<br>Eine Scheuer, Ein Kuhstall. |
| 27. | Heinrich Ditzel | Ein Hauß von 2 Etagen,<br>Eine Scheuer, Ein Kuhstall - Einen ditto |
| 28. | Michael Bischoffs Witwe | Ein Hauß von 2 Etagen. |
| 30. | Johannes Dege | Ein Hauß von 2 Etagen,<br>Eine Scheuer, Ein Kuhstall. |
| 31. | Georg Horn | Ein Hauß von 2 Etagen,<br>Eine Scheuer. |
| 32. | Peter Dietrich | Ein Hauß von 2 Etagen, Eine Scheuer,<br>Ein Kuhstall. |
| 33. | Gemeinde | Das gemeine Hirtenhauß von 2 Etagen<br>am Unterthor, Ein Kuhstall. |

| | | |
|---|---|---|
| 34. | Die Gemeine Ziegelhütte | Ein Hauß von 2 Etagen,<br>Ein Nebengebäude, Ein Brennofen,<br>Ein Kuhstall. |
| 35. | Johannes Reuters Witwe | Ein Hauß von 2 Etagen,<br>Eine Scheuer, Ein Pferdestall, Ein Kuhstall,<br>Ein Brandwein-Brennhauß. |
| 36. | Johannes Reuters Witwe | Ein Hauß von 2 Etagen, Eine Scheuer,<br>Ein Kuhstall, Ein Brandweinbrennhauß. |
| 37. | Gemeine Badhauß | Ein Hauß von 2 Etagen,<br>Ein Kuhstall, Einen ditto. |
| 38. | Franz Philipp Möller | Ein Hauß von 2 Etagen, Eine Scheuer,<br>Ein Pferdestall, Ein Kuhstall. |
| 39. | Johannes Bingel Jun. | Ein Hauß von 2 Etagen<br>Ein Kuhstall. |
| 40. | Johannes Gärtners med. | Ein Hauß von 2 Etagen, Eine Scheuer,<br>Ein Kuhstall, Einen ditto. |
| 41. | Heinrich Dietrich | Ein Hauß von 2 Etagen,<br>Ein Kuhstall. |
| 42. | Martin Schneider Sen. | Ein Hauß von 2 Etagen,<br>Eine Scheuer, Ein Kuhstall |
| 43. | Philipp Kasper Wirth | Ein Hauß von 2 Etagen,<br>Eine Scheuer, Eine Pferdestall,<br>Ein Kuhstall |
| 44. | Michael Hed | Ein Hauß von 2 Etagen,<br>Eine Scheuer, Ein Pferdestall,<br>Ein Kuhstall. |
| 45. | Friedrich Goldacker | Ein Hauß von 2 Etagen,<br>Eine Scheuer, Ein Pferdestall,<br>Ein Kuhstall. |
| 46. | Johannes Schmidt | Ein Hauß von 2 Etagen,<br>Eine Scheuer, Ein Pferdestall. |
| 47 | Ev. Luth. Schulmeister<br>Michael Wennel | Ein Hauß von 2 Etagen,<br>Ein Kuhstall, Ein Holzschoppen,<br>Einen ditto. |
| 48. | Kasper Geißel | Ein Hauß von 2 Etagen. |
| 49. | Wilhelm Stroh | Ein Hauß von 2 Etagen,<br>Eine Scheuer, Ein Pferdestall,<br>Ein Kuhstall. |
| 50. | Johann Jost Neidhard | Ein Hauß von 2 Etagen,<br>Eine Scheuer, Ein Pferdestall. |
| 51. | Johannes Lerch | Ein Hauß von 2 Etagen,<br>Eine Scheuer, Ein Pferdestall,<br>Ein Kuhstall. |
| 52. | Stephan Häußer | Ein Hauß von 2 Etagen,<br>Eine Scheuer, Ein Kuhstall. |
| 53. | von Hoff'sche Herrn Erben | Ein Hauß von 2 Etagen. |
| 54. | Herrmann Christoph Möller | Ein Hauß von 2 Etagen, Eine Scheuer. |
| 55. | Johann Martin Schneider Jun. | Ein Hauß von 2 Etagen,<br>Eine Scheuer, Ein Pferdestall,<br>Einen ditto, Ein Kuhstall,<br>Ein Brauhauß. |

| | | |
|---|---|---|
| 56. | Herr Pfarrer Bode | Ein Hauß von 2 Etagen,<br>Eine Scheuer, Ein Pferd und Kuhstall<br>unter einem Dach, Ein Kuhstall,<br>Ein Holzschoppen. |
| 57. | Georg Dietrich Dege | Ein Hauß von 2 Etagen,<br>Eine Scheuer, Ein Kuhstall. |
| 58. | Peter Heil | Ein Hauß von 2 Etagen,<br>Eine Scheuer, Ein Kuhstall,<br>Ein Holzschoppen. |
| 59. | Dietrich Lenz | Ein Hauß von 2 Etagen,<br>Eine Scheuer, Ein Kuhstall. |
| 60. | Kiefe Haium | Ein Hauß von 2 Etagen,<br>Ein Kuhstall, Ein Holzschoppen. |
| 61. | Johannes Gleißen, Wtte, Modo<br>Johannes Koch der Sattler | Ein Hauß von 2 Etagen nebst<br>Scheuer und Kuhstall unter<br>einem Dach. |
| 62. | Johannes Bingel Sen.<br>und Peter Hermann | Ein Hauß von 2 Etagen,<br>Eine Scheuer, Ein Pferdestall,<br>Ein Kuhstall. |
| 63. | Friedrich Stroh | Ein Hauß von 2 Etagen,<br>Eine Scheuer, Ein Pferdestall,<br>Ein Kuhstall. |
| 64. | Christian Bär | Ein Hauß von 2 Etagen,<br>Eine Scheuer, Ein Kuhstall. |
| 65. | Johann Martin Schneider<br>Sen. | Ein Hauß von 2 Etagen,<br>Eine Scheuer, Ein Pferdestall,<br>Ein Kuhstall, Ein Holzschoppen. |
| 66. | Heinrich Kristoph Möller | Ein Hauß von 2 Etagen,<br>Eine Scheuer, Ein Kuhstall,<br>Einen ditto. |
| 67. | Heinrich Kristoph Möller | Ein Hauß von 2 Etagen, |
| 68. | Jacob Jost | Ein Hauß von 2 Etagen,<br>Eine Scheuer, Ein Kuhstall. |
| 69. | Friedrich Euler | Ein Hauß von 2 Etagen,<br>Eine Scheuer, Ein Kuhstall. |
| 70. | Jacob Koch | Ein Hauß von 2 Etagen,<br>Eine Scheuer, Ein Kuhstall,<br>Einen ditto. |
| 71. | Philipp Casper Möller | Ein Hauß von 2 Etagen,<br>Eine Scheuer. |
| 72. | Kristian Schneider | Ein Hauß von 2 Etagen,<br>Eine Scheuer. |
| 73. | von Hoff'sche Herren Erben | Ein Hauß von 2 Etagen,<br>Eine große Scheuer,<br>Zwei neue Scheuern unter einem Dach,<br>der große Pferdestall, der Holzschoppen mit<br>dem Kelterhäußchen unter einem Dach,<br>die Schweineställe. |
| 74. | Johann Kasper Emmel | Ein Hauß von 2 Etagen,<br>Eine Scheuer, Ein Kuhstall. |

| | | |
|---|---|---|
| 75. | Herrn Pfarrer Schmidts Witwe | Ein Hauß von 2 Etagen,<br>Eine Scheuer, Ein Kuhstall,<br>Ein Holzschoppen. |
| 76. | Schultheiß Knittels Erben | Ein Hauß von 2 Etagen,<br>Eine Scheuer, Ein Pferdestall,<br>Ein Kuhstall, Ein Holzschoppen,<br>einen ditto. |
| 77. | Johannes Kittel Sen. | Ein Hauß von 2 Etagen,<br>Eine Scheuer, Ein Kuhstall,<br>einen ditto. |
| 78. | Johann Jost Hedderich | Ein Hauß von 2 Etagen, Eine halbe<br>Scheuer, Ein Kuhstall. |
| 79. | Reinhard Wald | Ein Hauß von 2 Etagen, Eine halbe<br>Scheuer, Ein Kuhstall. |
| 80. | Johann Philipp Dege | Ein Hauß von 2 Etagen,<br>Eine Scheuer, Ein Pferdestall,<br>Ein Kuhstall, Ein Holzschoppen,<br>Ein Brauhaus. |
| 81. | Die Gemeinde | Ein Wohnhauß über dem Oberthor ist<br>abgebrochen. |
| 82. | von Hoff'sche Herren Erben | Die Obermühle ein Hauß von 2 Etagen<br>samt Mahlwerk, Eine Scheuer,<br>Ein Kuhstall. |
| 83. | Die Gemeinde | Das Hirtenhauß von 2 Etagen,<br>Ein Kuhstall. |
| 84. | Heinrich Wennel | Ein Hauß von 2 Etagen, |
| 85. | Johannes Kittel Junior | Ein Hauß von 2 Etagen,<br>Eine Scheuer, Ein Pferdestall,<br>Ein Holzschoppen. |
| 86. | Wilhelm Herrmann | Ein Hauß von 2 Etagen,<br>Eine Scheuer, Ein Pferdestall,<br>Ein Kuhstall. |
| 87 | Wilhelm Herrmann | Ein Hauß von 2 Etagen. |
| 88. | Johannes Rau | Ein Hauß von 2 Etagen,<br>Eine Scheuer, Ein Pferdestall,<br>Ein Kuhstall, Ein Holzschoppen. |
| 89. | Herrmann Kristoph Bär | Ein Hauß von 2 Etagen,<br>Eine Scheuer, Ein Kuhstall. |
| 90. | Löw Jonas | Ein Hauß von 2 Etagen,<br>Ein Holzschoppen. |
| 91. | Philipp Gärtner | Ein Hauß von 1 Etage. |
| 92. | Philipp Gärtner | Ein Hauß von 2 Etagen,<br>Ein Kuhstall. |
| 93. | Johann Daniel Kullmann | Ein Hauß von 2 Etagen,<br>Eine Scheuer, Ein Kuhstall,<br>Ein Holzschoppen. |
| 94. | Johann Peter<br>Hedderichs Witwe | Ein Wohnhauß von 1 Etage. |
| 95. | Peter und Conrad Kropp | Ein Hauß von 2 Etagen,<br>Ein Stall. |

| | | |
|---|---|---|
| 96. | Leonhard Orths Witwe | Ein Hauß von 2 Etagen,<br>Eine Scheuer, Ein Kuhstall. |
| 97. | Johan Henrich Goldacker | Ein Hauß von 2 Etagen,<br>Ein Kuhstall. |
| 98. | Peter Ludwig Reuter | Ein Hauß von 2 Etagen,<br>Eine Scheuer. |
| 99. | Jacob Friedrich Möller<br>Modo Henrich Wennel | Ein Hauß von 2 Etagen. |
| 100 | Joh. Henrich Hübners Witwe | Ein Hauß von 2 Etagen,<br>Ein Kuhstall. |
| 101. | Joh. Philipp Dietrich Sen. | Ein Hauß von 2 Etagen,<br>Eine halbe Scheuer, Ein Kuhstall. |
| 102. | Christian Moßbach | Ein Hauß von 2 Etagen, Eine halbe<br>Scheuer, Ein Kuhstall. |
| 103. | Friedrich Martin Moßbach | Ein Hauß von 2 Etagen,<br>Eine Scheuer, Ein Kuhstall. |
| 104. | Friedrich Schmidt | Ein Hauß von 2 Etagen,<br>Eine Scheuer. |
| 105. | Paul Barthel | Ein Hauß von 2 Etagen,<br>Ein Kuhstall, Eine Schmiede. |
| 106. | Anthel Löw | Ein Hauß von 2 Etagen. |
| 107. | Kasper Gärtner | Ein Hauß von 2 Etagen,<br>Eine Scheuer, Ein Kuhstall. |
| 108. | Joh. Henrich Heußer | Ein Hauß von 2 Etagen,<br>Eine Scheuer, Ein Pferdestall. |
| 109. | Georg Gärtner Sen. | Ein Hauß von 2 Etagen. |
| 110. | Joh. Philipp Kahmer | Ein Hauß von 2 Etagen,<br>Eine Scheuer, Ein Kuhstall. |
| 111. | Wilhelm Schmidt | Ein Hauß von 2 Etagen,<br>Eine Scheuer, Ein Stall. |
| 112. | Johannes Reuters Witwe | Ein Hauß von 2 Etagen,<br>Ein Kuhstall. |
| 113. | Johannes Koch | Ein Hauß von 2 Etagen,<br>Eine Scheuer, Ein Pferdestall. |
| 114. | Henrich Heußer | Ein Hauß von 2 Etagen,<br>Eine Scheuer, Ein Holzschoppen. |
| 115. | Die Gemeinde | Das Evang. Reformirte Schulhauß<br>von 2 Etagen, Eine Scheuer. |
| 116. | Mendel Jonas | Ein Hauß von 2 Etagen, Eine Scheuer,<br>Ein Kuhstall, Eine Waschküche. |
| 117. | Jesell Jonas | Ein Hauß von 2 Etagen,<br>Eine Scheuer, Ein Kuhstall |
| 118. | Johannes Gärtner Junior | Ein Hauß von 2 Etagen. |
| 119. | Kilian Gärtner | Ein Hauß von 2 Etagen,<br>Eine Scheuer, Ein Kuhstall. |
| 120. | Stephan Heußer | Ein Hauß von 2 Etagen, Eine Scheuer,<br>Eine Kuhstall. |
| 121. | Kasper Ludwig | Ein Hauß von 2 Etagen, Eine Scheuer,<br>Ein Kuhstall. |
| 122. | Kasper Strempel | Ein Hauß von 2 Etagen,<br>Eine Scheuer, Ein Kuhstall. |

| | | |
|---|---|---|
| 123. | Georg Gärtners med. | Ein Hauß von 2 Etagen. |
| 124. | Joh. Henrich Gärtner | Ein Hauß von 2 Etagen. |
| 125. | Johannes Kahmer | Ein Hauß von 2 Etagen,<br>Eine Scheuer. |
| 126. | Johann Jakob Wennels<br>Witwe | Ein Hauß von 2 Etagen,<br>Eine Scheuer. |
| 127. | Kristoph Martini | Ein Hauß von 2 Etagen,<br>Ein Kuhstall. |
| 128. | Johannes Hedderich | Ein Hauß von 2 Etagen,<br>Ein Kuhstall. |
| 129. | Johann Jacob Hed | Ein Hauß von 2 Etagen,<br>Eine Scheuer, Ein Pferdestall. |
| 130. | Johann Georg Wennel | Ein Hauß von 2 Etagen. |
| 131. | Johann Peter Hofmann<br>Modo Philipp Borbach | Ein Hauß von 2 Etagen,<br>Ein Küh und zwei Schweineställe<br>unter einem Dach. |
| 132. | Johannes Mörschel | Ein Hauß von 2 Etagen,<br>Eine Scheuer. |
| 133. | Henrich Benders Witwe | Ein Wohnhauß von 2 Etagen. |
| 134. | Jacob Schmidt | Ein Hauß von 2 Etagen,<br>Eine Scheuer, Ein Stallgebäude. |

## Hirzbacher Höfe

| | | |
|---|---|---|
| 1. | Abtey Ilbenstadt<br>Modo Gnädigste Herrschaft | Ein Hauß von 2 Etagen,<br>Eine Scheuer, Ein Kuhstall. |
| 2. | Abtey Ilbenstadt<br>Modo Gnädigste Herrschaft | Ein Hauß von 2 Etagen,<br>Eine Scheuer, Ein Pferdestall,<br>Ein Kuhstall, Ein Badhauß. |
| 3. | Antonitter zu Höchst bei Mainz | Ein Hauß von 2 Etagen,<br>Eine Scheuer, Ein Pferdestall,<br>Ein Kuhstall, Ein Badhauß. |
| 4. | Die Gemeinde | Das Hirtenhauß von 1 Etage. |
| 5. | Antonitter zu Höchst bei Mainz | Ein Hauß von 2 Etagen,<br>Eine Scheuer, Ein Pferdestall,<br>Ein Kuhstall, Ein Badhauß. |
| 6. | Johannes Knittels Witwe | Ein Hauß von 2 Etagen,<br>Eine Scheuer, Ein Pferdestall,<br>Ein Kuhstall. |
| 7. | Heinrich Krauch | Ein Hauß von 2 Etagen,<br>Eine Scheuer, Ein Pferd Küh und<br>Schweinestall unter einem Dach. |
| 8. | Antonitter zu Höchst bei Mainz | Ein Hauß von 2 Etagen,<br>Eine Scheuer, Ein Pferdestall,<br>Ein Kuhstall. |

| | | |
|---|---|---|
| 9. | Comenthurei Rüdigheim | Ein Hauß von 2 Etagen,<br>Eine Scheuer, Eine ditto, Ein Kuhstall,<br>Ein Nebengebäude. |

## Baiersröder Hof

| | | |
|---|---|---|
| 1. | Gnädigste Herrschaft | Ein großes Wohnhaus,<br>Eine Scheuer,<br>Eine ditto,<br>Ein Remisenbau,<br>Ein Schafstall,<br>Ein Schweinestall,<br>Ein ditto,<br>Ein Pferd Küh und Ochsenstall,<br>Brandweinbrennerey und Badhauß<br>unter einem Dach. |

(Anm.: ditto = gleichfalls, also gleiches Gebäude, Modo = jetzt)

# Zur Geschichte der jüdischen Gemeinde

*Rudolf W. Sirsch*

Als am 10. November 1938 die jüdische Synagoge in Marköbel vernichtet wird, endet die mehr als vier Jahrhunderte andauernde Einwohnerschaft der Juden in Marköbel. Wie und warum die ersten Juden in Marköbel ansässig wurden, wissen wir nicht. Wie und warum sie aus Marköbel vertrieben wurden, das wissen wir sicher. Für die vier Jahrhunderte der Geschichte jüdischer Mitbürger in Marköbel gibt es Belege, Archivalien, Register etc., die einen ungefähren Einblick in das Leben der Marköbeler Juden gestatten.

Die Spurensuche ist mühsam, die Ergebnisse sind manchmal dürftig und bedürfen der Ergänzung durch allgemeine Beschreibungen der rechtlichen und sozialen Situation der Juden in Deutschland. Einen Beitrag zur Geschichte der Juden zu leisten, bedeutet immer auch ein Stück Wiedergutmachung, bedeutet den Versuch, vor dem Vergessen zu retten, was vergessen oder verdrängt werden soll.

## Erste Spuren

Aus dem Jahre 1505 datieren die ersten Spuren jüdischen Lebens in Marköbel. Nach einer noch nicht veröffentlichten Judaica von Frau Dr. Löwenstein (StAM) sind bereits 1505 drei jüdische Familien erwähnt. Doch erst 1588 weiß man Näheres. Die Belege entstammen einer Liste[1], auf der die Schulden von Einwohnern aus dem Hanauischen verzeichnet sind, deren Gläubiger die Juden waren. Erwähnt werden dort die Juden Maier und Löw aus Marköbel, die zu ihren Schuldnern 54 Familien aus Marköbel zählen, und darüber hinaus weitere 78 Schuldner in der näheren Umgebung, vor allem in Rüdigheim und Oberissigheim. In Marköbel und Hirzbach sind von hundert Familien 53 Familien mit zusammen 637 Gulden Judenschuldner. Selbst Pfarrer David Pistorius zu Marköbel schuldet dem Juden Maier acht Gulden für Waren.

Zu welchen sozialen Problemen und Spannungen das führen mußte, geht aus den Schilderungen hervor, die Zimmermann in seiner Hanauer Geschichte gibt. So errechnet er einen Zinsfuß für die Hanauer Gegend von dreißig bis fünfzig Prozent [2]. Dieser Zinssatz war im 14. und 15. Jahrhundert unter Berücksichtigung des hohen Risikos nicht ungewöhnlich. Zwar wurden diese Zinssätze im Laufe der Zeit beträchtlich verringert, sie rutschten zeitweise unter zehn Prozent, aber der Eindruck, daß die Juden ihren Mitbürgern *"das Blut aus dem Leib"* und *"das Mark aus den Beinen"* [3] sauge, blieb. So berichten Schultheißen und Schöffen des Stadt- und Landgerichts Hanau und Windecken in einem Schriftstück folgendermaßen:

*"Sie warten, bis der arme Mann in der größten Not ist, dann erbieten sie sich erst, nachdem zuvor ein Geschenk an Frucht, Butter, Eier, Käse und dergleichen gemacht wurden, ihm Geld zu leihen, von dem aber sofort das Interesse abgezogen wird, was einige arglistigerweise am Ende des Jahres nochmals fordern. Das Ende des Jahres aber warten sie noch gar nicht einmal ab, sondern kommen dem Bauern schon bei der Ernte ins Haus gelaufen, um von Frucht und Wein einen Teil zu erhalten. Wenn ein armer Mann ein Rind schlachten will, so weichen die Juden nicht, bis der Metzger geschlachtet, damit sie aufs wenigst die Haut davon bekommen, ja sie kaufen den Handwerksleuten zum Nachteil, die Haut der noch lebenden Rinder schon wochenlang vor dem Schlachten und zwar um den halben Preis, wenn der arme Mann ein Schuldner ist. Sie lassen sich auch mit dem zugelassenen Gesuch, d.h. den Prozenten, nicht begnügen, sondern bringen es zuwege, daß sie oft mehr als doppelten Wucher haben...."* [4]. Diese jüdischen Geldgeschäfte sind nur Folgen der rechtlichen und sozialen Stellung der Juden im Mittelalter.

## Zur rechtlichen und sozialen Stellung der Juden

Papst Innozenz III. formulierte zu Anfang des 13. Jahrhunderts einen Gedanken Augustins um, der von der Knechtschaft der Juden sprach, die er begründet sah in der Schuld am Tode Jesu. Innozenz gibt diesem Gedanken nun einen juristischen Sinn, indem er daraus das Recht und die Pflicht der Fürsten ableitet, über die Juden zu verfügen. Friedrich II. wendet diesen Gedanken ins Politische, indem er die Juden zum direkten Eigentum des Königs erklärt. Daraus wurde 1234 die sogenannte Kammerknechtschaft, die dem Regierenden eine fast vollständige Verfügungsgewalt über die Juden und ihr Eigentum garantiert, gleichzeitig aber auch für den Schutz der Juden sorgen soll, was wiederum dazu führte, daß diese ständig zu hohen Steuern herangezogen wurden. Ihr Eigentum konnte ohne weiteres beschlagnahmt, die Rechte über sie konnten abgetreten, verliehen oder verschenkt werden.

So wurden z.B. auch die Grafen von Hanau wiederholt mit den in ihrem Gebiet lebenden Juden belehnt. Diese bleiben bis ins 18. Jahrhundert hinein Leibeigene der Herrschaft Hanau.

Weitere kirchliche Gesetze veränderten die soziale Situation für die Juden gravierend. So wurde es ihnen untersagt, Christen zu beschäftigen oder einen christlichen Beruf auszuüben, und das Laterankonzil von 1215 verbot ausdrücklich, Juden öffentliche Ämter anzuvertrauen. Außerdem wurde ihnen auferlegt, sich in der Kleidung von den Christen zu unterscheiden (Konstitution 68) - ein Gebot, auf das auch im Hanauischen wiederholt hingewiesen wurde: jeweils 1549, 1564, 1603 und 1616 wurde die Anordnung erneuert, daß die Juden gelbe Ringe *"und Zeichen auf den Achseln"* zu tragen hätten - und ihnen wird verboten, in der Karwoche und am Passionssonntag in die Öffentlichkeit auszugehen.

Mit dem Aufstieg der Stadt und dem Erstarken der Kaufmannsgilden und Zünfte wurden die Juden aus Landwirtschaft, Handwerk und Handel ausgeschlossen. Als einzige Einnahmequelle verblieb ihnen das sogenannte kleine Darlehensgeschäft, Wucher genannt, und der Nothandel. So finden wir auch die Juden im Hanauischen als "Wucherer", Vieh- und Hausierhändler, da ihnen alle Geschäfte erlaubt waren, *"die ihnen nicht im Heiligen Reich verboten sind"*. Zwar wurden die Juden in der Grafschaft Hanau noch etwa 1349 als Bürger bezeichnet, also 150 Jahre länger, als dies die vom Konzil verabschiedeten Gesetze verlangten. Diese Einstellung änderte sich aber schlagartig, als unter dem Grafen Ulrich III eine Judenverfolgung in Gang gesetzt wurde, zu deren Begründung man die vermeintliche Schuld der Juden an der vorausgegangenen Pest heranzog.

Zu weiteren einschneidenden Maßnahmen kam es 1591, als nach den eingangs erwähnten Klagen wegen der hohen Schuldforderungen der Juden - ganze Dörfer waren mitunter den Juden Geld schuldig, vom Viehhirten bis hinauf zum Pfarrer, so schuldete z.B. der Marköbeler Pfarrer David Pistorius dem Juden Maier 8 Gulden für Waren - ihre endgültige Ausweisung aus der Grafschaft Hanau-Münzenberg angeordnet wurde. Als Grund für die Vertreibung der Juden wurde angeführt, *"die Juden wären Feinde des Creutzes Christi, Spötter, ja Lästerer unsers Heylandes und seiner Bekenner; überdem ein Pest des Landes, welche durch ihr Schinden und Schaben Bürger und Bauern biß auf das Blut außsaugten"*. Dieser Befehl scheint jedoch nur unzureichend ausgeführt worden zu sein, da schon am 4. März 1592 neun oder zehn Juden aus Marköbel, Hochstadt und Windecken baten, bleiben zu dürfen, *"es käme ja vom Landvolk nicht die geringste Klage mehr über sie, zudem sie es auch bei einem geringen Gesuch bewenden ließen und die Christen einen größeren nehmen"* [5].

Im 15. Jahrhundert wurde die Ansässigkeit der Juden in der Grafschaft Hanau von zeitlich beschränkten Schutz- und Schirmbriefen abhängig gemacht, was zu der Bezeichnung "Schutzjude" führte. So mußte bei Aufnahme in den Hanauer Schutz ein Jude neben Einzugs- oder Aufnahmegeld aber auch bei Heirat und Begräbnis je 20 Reichstaler für sich und seinen Ehepartner entrichten. Er hat ein Mindestvermögen von 200 Reichstaler nachzuweisen, sowie ein Leumundszeugnis und einen Abschiedsbrief seiner früheren Herrschaft vorzulegen und sein Vermögen zu beeiden. Der Besitz eines Schutzbriefes verschaffte seinem Inhaber das Recht an dem jeweils geltenden allgemeinen Judenregal. Für die in Hessen ansässigen Juden bestand üblicherweise eine Dreijahres(schutz)frist, die nach Rücksprache mit dem Schutzherrn neu ausgehandelt und verlängert werden konnte. Für diese Schutzzusage mußten die Juden eine ihrem Vermögen gemäße Steuer bezahlen, wozu noch zahlreiche andere Steuern oder Abgaben traten, man hat deren ca. 60 verschiedene in Deutschland gezählt.

Im Jahre 1603 verabschiedete Graf Philipp Ludwig II ein weitaus günstigeres Judenregal, da er annahm, daß weniger eingeschränkte Rechte für die Juden seinem Land und seiner Haushaltskasse nützlich seien. Natürlich waren diese Maßnahmen nicht unumstritten, und so beschwert sich z.B. die Marköbeler Gemeinde schon 1612, *"daß die Herrschaft die Juden begünstige, daß diese infolgedessen sich in aller unser Recht und Gerechtigkeit, so wir an Wäldern, Weiden und anderswo haben, einzudringen, Holz zu hauen, Vieh zu halten, sich unterstehn, welches eine unleidliche Beschwernuß"* [6]. Dieses wirtschaftlich begründete Wohlwollen der Herrschaft setzten seine Nachfolger bis 1736 fort.

## Die jüdische Gemeinde in Marköbel

Wir haben bereits von den 1588 in Marköbel erwähnten Juden Maier und Löw gehört. In der Bürgermeisterrechnung 1604 begegnet uns Aberle Jud, der den Gemeindeochsen kauft. 1620 erhält Aberle der Jüd einen Gulden Feldrüge, weil er vierzig Stück Vieh im Korn gehütet hat. Im gleichen Jahr zahlt Jacob Jud Geld an die Gemeinde für das Hüten von drei Kälbern "uf der gemein". 1647 bis 1649 taucht in den Märkermeisterrechnungen ein Juden Assel auf. Auch im Presbyterialprotokoll der Kirchengemeinde finden wir vereinzelt Hinweise auf Juden wegen Störung der Sonntagsruhe. 1665 wird Beschwerde geführt, daß sich die "*Juden Kinder Sonntag zwischen der Predigt auf der Gassen finden lassen"*. Jud Jessels Sohn Seligman wird 1677 gerügt, weil er *"Sonntag vor der Frühpredigt und dem zweiten Geläut ein Rind in Marköbel eingeführt" hat.*

Zunächst jedoch einige statistische Angaben, die aus unterschiedlichen Quellen[7] stammen. Danach ergibt sich in etwa folgende Bevölkerungsstatistik:

| Jahr | Familien | Personen |
|---|---|---|
| 1505 | 3 | |
| 1588 | 2 | ? |
| 1632 | 4 | ? |
| 1688 | 2 | ? |
| 1725 | 4 | ? |
| 1736 | ? | 7 |
| 1738 | ? | 8 |
| 1754 | ? | 33 |

| | | |
|---|---|---|
| 1782 | 10 | ? |
| 1806 | 14 | ? |
| 1822 | 18 | 78 |
| 1835 | ? | 79 |
| 1855 | ? | 62 |
| 1885 | 20 (?) | 78 |
| 1905 | ? | 56 |
| 1925 | ? | 63 |
| 1933 | 15 | 54 |

Ein Vergleich der jüdischen Bevölkerung mit der Gesamteinwohnerzahl ergibt für die Jahre 1835 und 1930 folgendes Bild: 1835 betrug die Gesamteinwohnerzahl 1169, wovon 79 jüdische Einwohner waren (6,7%); 1930 hatte Marköbel 1400 Bürger, davon waren 62 Juden (4,4%).
Wenn auch der prozentuale Anteil so hoch nicht war, gab es doch hin und wieder Proteste der Marköbeler Gemeinde, gegen weitere "Schutzjuden". In den Jahren 1737 bis 1799 stellten den Antrag bzw. wurden unter herrschaftlichen Schutz gestellt:

| | |
|---|---|
| 1737 | Jude Küfe von Münchholzhausen |
| 1767 | Löw Mayer aus Marköbel |
| 1770 | Amschel Löw aus Marköbel |
| 1772 | Mendle Jonas aus Marköbel |
| 1776 | Herz Meyer aus Marköbel |
| | Löw Süßkind (war 1764 des Landes verwiesen worden) |
| 1777 | Raphael Jonas aus Marköbel |
| 1783 | Jude Moses von Ober-Mockstadt |
| 1792 | Mathias Jonas aus Marköbel |
| 1795 | Süßman Samuel Katz |
| 1799 | Löb Anschel |

1792 wurde die Gemeinde Marköbel wegen der Aufnahme von "Schutzjuden" bei der Regierung in Hanau vorstellig. 1795 bis 1798 führt sie eine förmliche Beschwerde *"gegen die Aufnahme der Juden in den landesherrlichen Schutz"* mit der Begründung, es gebe in Marköbel genug Juden und diese sollten sich erst einmal in den Nachbardörfern ansiedeln.

## Beruf und Handel Marköbeler Juden

Mit der Verordnung vom 30. Dezember 1823 werden die Juden erneut auf den Handel beschränkt, da ihnen Grundbesitz und folglich Ackerbau ebenso verboten war wie das Halten offener Läden. Darüber hinaus war ihnen der Zugang zu den Handwerksberu-

fen weiterhin verschlossen, weil gemäß § 150 der Zunftordnung vom 5. März 1816 das Bürgerrecht für den Erwerb des Meisterbriefes Voraussetzung war.
Die generellen Rechte und Pflichten der gewerbetreibenden Juden wurden in der Gewerbeordnung von 1823 wie folgt geregelt: *"Juden, die nicht Staatsbürger, aber mit einem Nothhandelsschein versehen waren, durften einen über die allgemeinen Vorschriften hinausgehenden Hausierhandel treiben, indem sie ihre Ware durch Herumziehen in Städten und Dörfern und nicht nur auf Märkten feilbieten und verkaufen konnten"*[8].

Auch als das "Gesetz zur gleichförmigen Ordnung der besonderen Verhältnisse der Israeliten"[9] 1833 die bürgerliche Gleichberechtigung brachte, waren jedoch die Juden, *"welche den Nothandel als Haupt-Erwerb betreiben, so lange, bis sie durch ein Zeugnis... dargethan haben, daß sie seit Jahresfrist ein anderes bürgerliches Geschäft oder Gewerbe mit Ausschliesung des Nothhandels getrieben haben"*, weiterhin ausgeschlossen. Zum *Nothandel* wurde gerechnet: *"die Viehmäkelerei, wohin auch diejenige Gattung von geringem Viehhandel gehört, wenn Jemand im Einzelnen an einem Orte ein Stück Vieh aufkauft, um es gleich wieder an einen anderen zu verkaufen; der Leihhandel, wenn Jemand sich mit Ausleihung des Geldes im Kleinen auf Faustpfänder oder Handschriften allein oder neben anderen Zweigen des Nothandels beschäftigt; der Trödel- und Hausirhandel"*.

Für die Marköbeler Juden sind Archivalien überliefert, die die Bescheinigung wegen Nichtbetriebs des Nothandels von Ephraim Lichtenstein und Samuel Ney betreffen.

Am 17. März 1837 übergab der bisherige Viehhändler Ephraim Lichtenstein in Hanau seine abgelaufenen (Nothandel)Scheine und bat um Erneuerung jener Scheine für die Schlachterei. Dabei machte er geltend, daß er den Viehhandel schon längere Zeit nicht mehr betreibe und er sich vom Schlachten ernähre. Des weiteren gab er an, daß er ein schuldenfreies Haus im Wert von 200 Dukaten besitze, außerdem nochmals 200 Dukaten in Geld und Wertpapieren und daß er sich hierdurch zur Aufnahme in die Ortsbürgerschaft eigne. Das Amt zu Hanau beschied ihm, man wolle seine Angaben bei Bürgermeister Stroh in Marköbel überprüfen, denn es sei unmöglich, daß er sich vom Schlachten allein ernähren könne. Stroh erklärte, daß Lichtenstein außer der Metzgerei tatsächlich kein anderes Gewerbe betreibe. Er schlachte in Marköbel, Bruchköbel und Oberissigheim und verkaufe dann sein Fleisch. Auch sei die Metzgerei in Marköbel nicht zünftig, und er könne sich daher zum Betreiben der Metzgerei niederlassen. Daraufhin erteilt das Kreisamt in Hanau die Erlaubnis, den bisher getriebenen Nothandel drei Jahre lang fortzusetzen.

Ähnlich erging es Samuel Ney, der am 18. Februar 1840 um eine solche Bescheinigung bat.

Daß es bei den Handelsgeschäften auch zwischen Juden zu Differenzen kam, belegt der Fall der Marköbeler Schutzjuden David Samuel und Samuel Amschel, die um Schutz nach § 36 der Judenkapitulation nachsuchten, nachdem Selbolder Juden 1771 des öfteren durch Marköbel gezogen waren und ihre Tuchwaren unter dem Preis der einheimischen jüdischen Tuchhändler verkauft hatten. Man bat das Amt in Hanau, das Hausierengehen von Selbolder Juden in Marköbel zu verbieten, da sie *"Bankrotteure"* seien und den Marköbeler Juden durch Preisunterbietung ihr Geschäft verdürben. Das Amt entschied zugunsten der Marköbeler Juden und drohte den Selbolder Juden an, daß ihre Ware beschlagnahmt und dem hochfürstlichen Fiscus zugeeignet werde, falls sie noch einmal in Marköbel Geschäfte machen sollten.

## Ortsbürger und Gemeindeleben

In der 1754 für Hessen-Kassel verabschiedeten Kontraktenordnung wurde es Juden u.a. verboten, unbewegliche Güter, wie Häuser und Äcker zu kaufen. Dieses Verbot wurde in der Praxis jedoch häufig durch landesherrlichen Dispens aufgehoben, wie z.B. im Fall der Marköbeler Schutzjuden, die zwischen 1781 und 1817 um die Erlaubnis zum Ankauf eines Hauses oder Ackers in der Gemeinde Marköbel nachsuchten, woraufhin man Amschel Löw, Raphael Jonas, Samuel Raphael, Löb Löbenstein und Mendel Jonas den Kauf eines Hauses oder Ackers gestattete. Doch bereits vor 1754 scheinen Juden in Marköbel Häuser besessen zu haben, denn es wird berichtet, daß bei der Feuerschau 1734 die Schornsteine der Häuser von Amschel Jesel und Amschel Löw als gefährlich gerügt worden seien.

Damit war ein weiterer Fortschritt auf dem Wege zur annähernden Gleichbehandlung der Juden erreicht, wenngleich das Spannungsverhältnis zwischen Juden und Christen damit noch längst nicht beseitigt war.

Dies wird auch veranschaulicht durch die harten Bedingungen des herrschaftlichen "Schutzes", den zu erfüllen auch den Marköbeler Juden nicht immer leicht fiel. So bat am 5. November 1764 der Schutzjude Seligman Süßkund die Landesherrschaft gnädigst um Erlaß eines rückständigen und um Befreiung von zukünftigem Schutzgeld. Seine Bitte wurde nicht erfüllt, und er mußte auch für die Zukunft einen halben Gulden entrichten. Um rückständiges Schutzgeld geht es auch am 20. Februar 1781 in einer Mitteilung an die Marköbeler Juden, daß sie bis zum nächsten Mittwoch die Schutzgelder vom 4. Quartal abgewichenen Jahres zu bezahlen hätten, ansonsten würden sie am Donnerstag ohne weitere Zuschrift ausgemeldet. Bei Nichtbezahlen der Schutzgelder bedeutet das, daß sie Abzugsgeld zu entrichten hätten (ein Zehntel aller Werte), um den "Abschiedsbrief" (zum Verlassen der Gemarkung) zu erhalten.

Als ein wesentliches Datum im Hinblick auf die Emanzipation der Juden kann der Beschluß der französischen Nationalversammlung von 1791 angesehen werden, in dem den Juden das Bürgerrecht eingeräumt wurde, wenn sie den Bürgereid leisteten. Mit Napoleon zog diese bürgerliche Gleichberechtigung 1806 ein, aber es dauerte nur sieben Jahre, dann wurden mit Napoleons Vernichtung die alten Verhältnisse wieder hergestellt.

Eine weitere Angleichung hierfür war eine Verordnung vom 26. September 1811, nach welcher die Juden, bei denen bisher die Söhne lediglich ihren eigenen Vornamen dem Namen des Vaters anfügten, feste Familiennamen anzunehmen hatten. Das Marköbeler Protokollbuch[10] von 1811, das bereits 1732 eine 5. Rotte als *"Judenrott"* erwähnt, führt die Juden der Feuerwehr-Rotte mit ihren bisherigen Namen und ihren neuen Familiennamen auf:

*10te Rott. Rott Meister ist Seligman Anschel*

| | | | |
|---|---|---|---|
| 1. | Hertz Mayer | modo | Marköbeler |
| 2. | Süßmann Katz | " | Süßmann Katz |
| 3. | Moses Mayer | " | Moses Katz |
| 4. | Raphael Löb | " | Raphael Löbenstein |
| 5. | Matthias Löb | " | Matthias Löbenstein |
| 6. | Schmuhl Raphael | " | Schmuhl Raphael Neu (?) |
| 7. | Löb Amschel | " | Löb Amschel Lichtenstein |
| 8. | Süßmann Amschel | " | Süßmann Amschel Lichtenstein |
| 9. | Jonas Jesell | " | Jonas Jesell Königsberg |
| 10. | Jesel Löb | " | Jessel Maier |
| 11. | Mendle Jonas | " | Mendle Jonas Reiß |
| 12. | Jesell Jonas | " | Jessell Jonas Königsberg |

Im gleichen Jahr werden im Hauskataster acht Juden als Hausbesitzer genannt. Es sind dies: Herz Maier, Seeligmann Süßkind Witwe, Moses Maier, Kiefe Haium, Löw Jonas, Anthel Löw, Mendel Jonas und Jesell Jonas[11].

Die Kurhessische Verfassung von 1831 brachte den Juden die politische Gleichberechtigung, die gesetzliche Gleichberechtigung folgte 1833. Die Kurhessische Gemeindeordnung von 1834 ermöglichte es auch den Juden, Ortsbürger zu werden, sofern sie ein eigenes Wohnhaus besitzen oder ein Gewerbe betreiben ( § 27).

Als erstes beantragen Seligman und Wolf Lichtenstein Nachbarholz. Der Gemeindevorstand lehnt dies ab. Im Schreiben des Gemeindevorstandes[12] vom 4. Dezember 1834 heißt es:

*"Seligmann und Wolf Lichtenstein können keine Ansprüche auf hiesiges Nachbarholz machen in dem sie der Ortsvorstand mit der ganzen Gemeinde nicht als Nachbarn zu Gemeinde Nutznießung annehmen, daß sie das Bürgerrecht vom Staat erhalten haben, darauf können besagten Lichtenstein keine Ansprüche auf hiesiges Holz machen, denn Marköbel ist dermaßen mit Israeliten besetzt, daß kein Ort in hiesiger Provinz mehr dergleichen haben wird und wenn dieselbe alle noch Holz bekommen, so werden die Marköbeler Einwohner nicht länger mehr bestehen als dann werden die Juden sich mit ihnen gleichstellen und wann die Gemeinde daher gezwungen werde, den Juden Holz zu geben, so wäre es gut, wenn die Juden unter die Gemeinden in den Ortschaften des Kreises Hanau verteilt werden würden, damit wir einen Teil unserer Israeliten los werden..."*

Die durch Gesetz festgelegte Gleichstellung der Juden führte wie in anderen Orten auch in Marköbel zu größeren Spannungen zwischen den Gemeindebürgern und den Juden, als diese ihr Ortsbürgerrecht verwirklichen wollten[13]: Als Seligman Lichtenstein am 25. November 1835 mit der ihm zugeteilten Holzhauerrotte in den Wald gehen wollte, um sein ihm durch die Kurhessische Gemeindeordnung zustehendes Nachbarholz zu machen, kommt es zum Auflauf. Seligman Lichtenstein sieht sich genötigt, *"unter dem Gespött und dem Ruf der Menge wieder nach Hause"* zu gehen. In der folgenden Nacht werden ihm drei Fenster eingeschlagen. Seligman Lichtenstein erstattet beim Kurfürstlichen Justizamt Windecken Anzeige. Vier Nächte später schlagen Unbekannte bei ihm wieder drei Fenster und einen Teil des Schlagladens ein. Er kann die Spur der Täter bis zur Ringmauer verfolgen, dann verlaufen sie sich, so schreibt Bürgermeister Stroh an das Windecker Justizamt.

Bei der Vernehmung durch das Justizamt gibt Lichtenstein als Grund für die Vorfälle an, *"daß der christliche Teil der Einwohner samt dem Ortsvorstande, weil er auch das verweigerte Nachbarholz gedungen und Strafbefehl Kurfürstlichen Kreisamtes ausgewirkt habe, aufsässig sei."* Die amtlichen Untersuchungen hätten *"bis jetzt keine Verdachtsgründe gegen bestimmte Personen ergeben"*. Am späten Abend des 3. Dezember werden bei Isaak Löbenstein die Fenster seiner Wohnstube eingeschlagen. Er springt im Nachthemd durch eines der eingeschlagenen Fenster und erkennt zwei der Täter. *"Einer der Täter, Wilhelm Stroh, habe ihn zu Boden geschlagen. Er habe sich jedoch aufgerafft und die Kerle bis an das Ende der Straße verfolgt, wo sie ihm aus den Augen gekommen seien."*
Drei Nächte später werden bei seinem Bruder Jonas Löbenstein Fenster "zum Pfarrgarten hin" eingeschlagen. Am 9. Dezember wird Isaak Löbenstein durch das Justizamt Windecken zur Vernehmung in die Wohnung von Bürgermeister Stroh bestellt. Löbenstein verweigert jede Aussage, *"weil er in der Stube seines Feindes sei"*. Auch auf dem Rathaus macht er keine Aussage. Er will im Justizamt vernommen werden. *"...und nur mit Mühe gelang es mir, von ihm zu erfahren, daß er am 3.d.M. beim Bür-*

*germeister gewesen und um seine Aufnahme als Ortsbürger nachgesucht habe, aber mit seinem Gesuche unter allerlei Bemerkungen zurückgewiesen worden sei".*
Die gerichtliche Untersuchung verläuft im Sande. Im Falle Seligman Lichtenstein können die Täter nicht ermittelt werden, *"vielmehr soll Seligman Lichtenstein unter den Juden viele Widersacher haben".* Bei den von Isaak Löbenstein erkannten Tätern handele es sich um einen *"sehr nahen Verwandten des Bürgermeisters und einen Sohn eines sehr rechtbaren Gemeinderatsmitgliedes."* Schuld sei nicht feststellbar. Jonas Löbenstein sei *"der abgefeimteste Bursche der ganzen Gemeinde".* Er habe sich den Schaden möglicherweise selbst zugeführt. Das Gericht erteilt auch dem Gemeindevorstand einen Freibrief. Er habe *"sich ordentlich verhalten. Er hat sogar in der fraglichen Zeit die Nachtwachen verdoppelt".*

**Jüdischer Schuldschein**

Vor kurzer Zeit wurde im Haus Hauptstraße 24 in der Fensterbank ein mit hebräischen Schriftzeichen beschriebener Zettel gefunden. Es handelt sich hierbei um einen Schuldschein, der mit hebräischen Buchstaben in deutscher Sprache geschrieben ist. Das Blatt ist am linken Rand abgerissen:

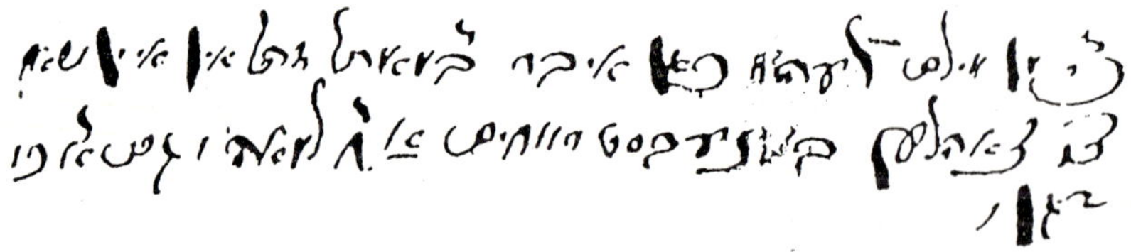

| | |
|---|---|
| 1. Zeile: | (x) von Wilem Lehr hier über 2 hundert L (?) soll in ein Jahr (?) |
| 2. Zeile: | zu zahlen 2 nebst Zinsen 8 zu hundert auch 1 (x) |
| 3. Zeile | Getreide, |

Anhand der Kirchenbücher läßt sich der Zettel ins 19. Jahrhundert datieren. Daraus geht hervor, daß jener Wilhelm Lehr 8 Prozent Zinsen und einen Sack (?) Getreide zu zahlen hatte.

Dennoch bedurfte es eines jahrelangen Tauziehens zwischen den Juden und der Gemeinde unter Einschaltung des Kreisamtes, bis auch die jüdischen Bewohner von ihrem Ortsrecht Gebrauch machen konnten. Widerwillig - und erst vom Kreisamt gezwungen - stellte ihnen die Gemeinde sowohl Nachbarholz als auch Wiesengrundstükke zur Verfügung, allerdings nicht ohne den Hinweis, *"daß Ältere in ihren seitherigen Nießbräuchen nicht eingeschränkt werden können"* [14].

Rekonstruktion der Synagoge mit Badhaus (links) und Zisterne. Die Zeichnung stellte Ingeborg Hulverscheidt nach Aussagen älterer Mitbürger her. Die Synagoge trug früher die Hausnummer Nordstraße 13. Das Fachwerkhaus rechts (Nordstraße 14) gehörte Abraham Löbenstein und wurde 1941 von der Gemeinde erworben. Wegen Baufälligkeit wurde es nach dem Krieg abgebrochen.

## Das religiöse Leben der Marköbeler Juden

Die wachsende Größe und Bedeutung der jüdischen Gemeinde in Marköbel zeigt sich vor allem darin, daß sie eine Synagoge gründete, ein Badehaus baute und einen eigenen jüdischen Friedhof anlegte.

## Synagoge

Die Synagoge (vom griech. syn-ago = sich vereinigen, zusammenkommen) ist ursprünglich der Versammlungsort der Gemeinde zur Verkündigung der jüdischen Lehre und zum Gebet, wozu mindestens zehn männliche Personen anwesend sein müssen. Darüber hinaus verkörpert die Synagoge das soziale Zentrum der jüdischen Gemeinde in der Diaspora.

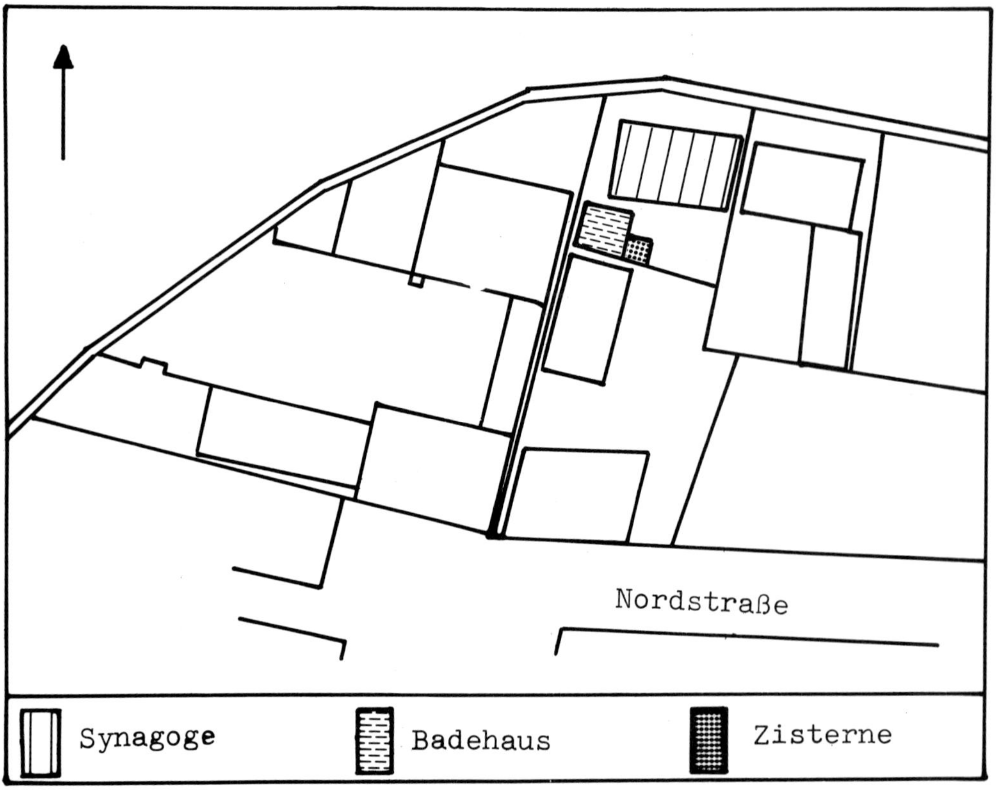


Lageplan der Synagoge und des Judenbades nach einem Bauantrag aus dem Jahre 1902. Nachzeichnung von Ursula Dietzel.

Am 21. April 1819 reichte Jonas Löbenstein als Abgeordneter der hiesigen Judenschaft, die 14 Familien umfaßte, ein Gesuch an das kurfürstliche Kreisamt zum Bau einer Synagoge in Marköbel ein. Zur Begründung heißt es, *"daß bisher gottesdienstliche Versammlungen in einem kleinen bescheidenen Stübchen* (stattfinden), *in welchem nicht alle Platz finden und einige außen vor der Tür stehen bleiben."*[15]. Diese Gottesdienste wurden im Haus des Metzgers Löwenstein abgehalten, der ein eingeräumtes Zimmer, Privatsynagoge genannt, unentgeltlich zur Verfügung stellte.

Das Streben der Marköbeler jüdischen Gemeinde nach einem würdevollen Versammlungs- und Gottesdienstort, das mit dem schon erwähnten Gesuch von 1819 begonnen hatte, findet erst fünf Jahre später, am 26. November 1824 einen vorläufigen Abschluß, durch einen Kaufvertrag zwischen Peter Maurer aus Rüdigheim und der Judengemeinde über ein Gebäude in der Hintergasse, das aber schon ein halbes Jahr später offensichtlich gegen ein anderes Gebäude eingetauscht wurde. Aus den Archivalien geht nicht hervor, warum der Haustausch stattfand. Vielleicht stand ein Fachwerkhaus zur Verfügung, das sich für Ausbau und Einrichtung eines Betsaales als günstiger erwies und das nicht soviel kostete. Die jüdische Gemeinde sammelte für die Synagoge etwa 1000 Gulden und bat die Gemeinde Marköbel, kostenlos Bauholz zur Verfügung zu stellen, was jedoch abgelehnt wurde, weil die Juden keine Ortsbürger waren.

Die Synagoge wird in einem Schreiben des Marköbeler Gemeindevorstandes aus der Zeit nach dem 2. Weltkrieg als *"ein altes Fachwerkgebäude in einer Größe von etwa 9 x 6 m* (beschrieben). *In ihr konnten schätzungsweise 50 Personen Platz finden. Die Inneneinrichtung bestand aus einem Altar und etwa 16 Holzbänken"*[16]. Im Allgemeinen gehörten zur Mindesteinrichtung einer Synagoge das Vorbeterpult, die heilige Lade, der Tisch für die Thoravorlesung, eine Anlage für das ewige Licht, Thorarollen, Menora, Leuchter, Wasserbehälter und Becken zum Händewaschen vor dem Gebet sowie Sitzgelegenheiten. 1917 wurde eine neue Thorarolle angeschafft[17]. Das Äußere der Synagoge unterschied sich nicht wesentlich von der sie umgebenden Architektur. So finden sich in Hessen vielfach Fachwerksynagogen, die sich nur durch größere Fenster von den übrigen Häusern des Ortes abhoben.
Zu diesem Typus gehörte auch die Marköbeler Synagoge, die kaum 100 Jahre nach ihrer Gründung in der Nacht zum 11. November 1938 völlig zerstört wurde.

## Friedhof

Für die in der Untergrafschaft Hanau liegenden jüdischen Gemeinden war es bis ins 16. Jahrhundert üblich, ihre Toten in Frankfurt zu beerdigen. Nachdem bis 1497 die Juden aus Windecken ihre Toten unter großen Kosten und hohen Zeitaufwand in

Frankfurt beerdigten, wurde im gleichen Jahr in Windecken ein jüdischer Zentralfriedhof für die Herrschaft Hanau geplant, auf dem bis 1824 die Marköbeler Juden ihre Toten begruben, wofür sie außer den Bestattungskosten, jährlich 9 Gulden zur Friedhofserneuerung und -instandhaltung entrichten mußten.

Am 15. März 1824 erschienen dann die Judenvorsteher Raphael Löwenstein und Süßmann Katz aus Marköbel auf dem kurfürstlichen Kreisamt zu Hanau und gaben an: *"Die Judenschaft zu Marköbel habe bisher ihre Toten auf dem Totenhof der Windecker Judenschaft begraben müssen. Daß dies nicht nur höchst beschwerlich, sondern auch kostspielig war, und da nach der damals bestehenden Verordnung jeder Tote drei Tage liegen bleiben mußte, ehe er begraben werden durfte. So wolle im Sommer bei warmen Tagen niemand sich dazu verstehen, die Leiche anderthalb Stunden Wegs nach Windecken zu fahren, des Gestanks und der zu befürchtenden Krankheiten halber. Die Judenschaft habe sich daher entschlossen, einen eigenen Totenhof anzulegen... und bittet um Genehmigung"*[18]. Das Kreisamt stimmte dem Antrag unter der Voraussetzung zu, "*daß solch Platz schicklich und polizeilich genehmigt*" sein müsse. Ganz anders die jüdische Gemeinde zu Windecken, die darauf hinweist, *"daß seit undenklichen Zeiten... die Judenschaft Marköbel mit der Judengemeinde Windecken*

Der jüdische Friedhof an der Lindenstraße.

*einen gemeinsamen Totenhof betreibe. Man habe zwar nichts gegen einen Friedhof in Marköbel, aber die ausfallenden Gelder des Grundbetrages müssen weiter bezahlt werden*[19]. Mit dieser Argumentation kamen die Windecker Juden vor dem Kreisamt nicht durch, und der jüdischen Gemeinde zu Marköbel wurde ihr Recht eingeräumt, einen eigenen Totenhof anzulegen.

Zu diesem Zweck kaufte am 9. März 1824 die Marköbeler Judenschaft von Andreas Kircher und dessen Ehefrau 44 Ruten Weingarten mit den daraufstehenden Bäumen[20]. Der ursprünglich hier vorgesehene Friedhof ist aus heute nicht mehr bekannten Gründen nicht belegt worden. Für den Friedhof wurde ein anderes Grundstück benutzt, wie aus dem folgenden Hinweis hervorgeht: *"...nachdem die israelitische wohltätige Stiftsgesellschaft zu Marköbel von dem hiesigen Schutzjuden Seligmann Löbenstein einen Garten im großen Burgfeld gelegen 11 Ruthen haltend neben der Gemeinde und Johannes Gärtner für die Summe von 10 florin, schreibe 10 Gulden gegen gleichbare Bezahlung käuflich an sich gebracht hat"* [21], möchte sie dieses Grundstück für die Zukunft als Friedhof verwenden. Zur Aufrechterhaltung dieses Friedhofes sah sich die Stiftsgesellschaft genötigt, die entstehenden Kosten auf die Marköbeler Juden umzulegen.

Etwa fünfzig Jahre später, am 2. April 1885, beantragte der Gemeindeälteste Joseph Katz beim königlichen Kreisamt die Erlaubnis zur Vergrößerung des Totenhofs, da er nun ganz belegt sei. Gleichzeitig fragte er bei der Gemeinde Marköbel[22] an, ob sie einen Beitrag aus der Gemeindekasse leisten könne, da vor 15 Jahren die Evangelische Kirchengemeinde ihren christlichen Totenhof vergrößert hatte und die Kosten von der Gemeinde bestritten worden waren.

Der Bürgermeister erwiderte in einem Schreiben, daß es bei einem belegten Friedhof möglich sei, wieder dort zu bestatten, wo die ersten Toten beerdigt worden seien. Daher wurde der Provinzial-Rabbiner Dr. Koreff angeschrieben, ob es nach mosaischem Gesetz zulässig sei, daß der Totenhof umgegraben werde. Seine Antwort lautete, daß *"nach jüdischem Ritualgesetz ein Todtenhof nie umgegraben werden"* [23] dürfe. Als Beweise wurden die alten Totenhöfe in Worms, Frankfurt, Wien und Prag aufgeführt. Aus diesem Grund ist anzunehmen, daß der jüdischen Gemeinde in Marköbel die Erlaubnis erteilt wurde, ihren Friedhof zu vergrößern.

Nach jüdischem Glauben sollen die Friedhöfe, die auf hebräisch Beth Olam (Stätte zur Ewigkeit) heißen, den Toten die ewige Ruhe gewähren. Die Achtung der Toten gehört zu den wichtigsten Geboten im jüdischen Glauben, und die Gräber dürfen daher nur einmal benutzt werden. Die Landesfürsten garantierten den Juden per Dekret das "ewige Ruherecht".

Annähernd zehn Jahre später (1894) kommt es wegen des jüdischen Friedhofs erneut zu einem Schriftwechsel zwischen der jüdischen Gemeinde und dem Kreisamt. Karl Löbenstein beschwert sich darüber, daß neben dem jüdischen Begräbnisplatz ein Turnplatz errichtet worden sei und bittet das Kreisamt, diesen Turnplatz zu beseitigen.

Seiner Bitte wurde nicht stattgegeben, denn, so das Kreisamt wörtlich: *"daß zu einer Entfernung der Anlage ein Anlaß nicht vorhanden sei, daß jedoch Vorsorge getroffen würde, damit etwaige Andachtsübungen auf dem Begräbnisplatze durch den Turnverein keine Störungen erleiden"*[24].
Bis 1937, als die letzte Beerdigung dort stattfand, blieb dann der jüdische Friedhof relativ unbehelligt die Begräbnisstätte der Marköbeler Juden. Nach der "Reichskristallnacht" wurde überall die polizeiliche Schließung der Judenfriedhöfe angeordnet. Und 1942 erging darüber hinaus ein Erlaß des Regierungspräsidenten an die Landräte und Oberbürgermeister seines Bezirks zur Entwidmung der jüdischen Friedhöfe und ihrer *"Rückführung in den Wirtschaftsbetrieb."*
Dieses Schicksal ist dem Marköbeler Friedhof erspart geblieben. Im Jahre 1944 bot das Finanzamt Hanau *"der Gemeindeverwaltung den Kauf des Grundstücks einschließlich der darauf befindlichen Grabsteine"* [25] zum Kauf an. Am 9. März 1944 unterbreitete die Gemeinde dem Finanzamt eine Kaufangebot in Höhe von -,50 Reichsmark pro Quadratmeter (= 231,50 RM), das angenommen wurde.
Nur durch den Ankauf des Friedhofes durch die Gemeinde wurde er nicht - wie so viele andere jüdische Friedhöfe in Deutschland - im "Dritten Reich" vernichtet.
Heute ist der jüdische Friedhof mit seinen noch erhaltenen 49 Grabsteinen die einzig sichtbare Erinnerung an die lange Geschichte der jüdischen Gemeinde in Marköbel.

## Judenschule

Zur Judenschule und ihren Religionslehrern besitzen wir nur spärliche Informationen. Die Archivalien "Receptionen - Schutzgeld" berichten, daß 1782 der Judenschulmeister Mayer Löw aus Marköbel um Schutz nach Ostheim nachsuchte. Zwischen 1782 und 1924 sind an Religionslehrern bekannt: Mayer Löw 1782, Eisenkosten (Eisenmacher) 1842, Felsenstein 1846, Salomon Neumark 1847 und 1853 sowie Schindling 1879. Für 1913 und 1924 sind die Lehrer Gans aus Langendiebach und Markus aus Assenheim erwähnt.

Des weiteren sind uns Archivalien zu § 12 der Verordnung vom 30. Dezember 1823 überliefert, in denen den jüdischen Glaubensgenossen vorgeschrieben wird, ihre Kinder in die öffentlichen Schulen ihres Wohnortes zu schicken. Den Pfarrern als örtlicher Schulaufsichtsbehörde, oblag es, die Anordnungen zu überwachen. Jüdische Gemeinden mit einem Religionslehrer wurden von dieser Verordnung nicht befreit.
Der Gemeindeälteste Süßmann Katz bat 1828 beim kurfürstlichen Kreisamt darum, daß Baruch Samuel aus Berbach im Großherzogtum Sachsen-Meiningen den Religionsunterricht der israelitischen Kinder noch sechs Monate ohne vorgeschriebene Prüfung fortsetzen dürfe. Der Wunsch wurde unter der Voraussetzung erfüllt, daß nach Ablauf der Frist der Religionslehrer sich einer Prüfung zu unterziehen habe. Am 3.

März 1829 wurde Baruch Samuel vom Provinzrabbiner in Marburg *"in der Mosaischen Religion, hebräischer Sprache, Geschichte der Bibel, im Erklären der heiligen Schrift und übrigen Israelitischen Religionsbüchern geprüft"* und er bestand *"in allen diesen Fächern (mit) sehr gut"* [26].

Am 28. Dezember 1829 nahm Pfarrer Bode aus Marköbel zu der bereits oben erwähnten Verordnung Stellung. Zunächst verwies er auf Baruch Samuel, der den Religionsunterricht für die israelitischen Kinder erteilte und stellte fest, daß die jüdischen Eltern ihre schulpflichtigen Kinder nicht in die christliche Schule schickten, da sie von Baruch Samuel unterrichtet würden.

Pfarrer Bode zählte sodann in seinem Schreiben die Mängel der Ausbildung des Baruch Samuel auf, z.B. die Tatsache, daß dieser in deutscher Sprache und Naturlehre noch nicht überprüft worden sei. Außerdem sei ihm keine Methode vorgeschrieben, und er sei als Lehrer von der Willkür der jüdischen Eltern abhängig, da er wegen der geringen Bezahlung darauf angewiesen sei, sich bei den jüdischen Familien durchzuessen. Das Haupthindernis für die Unterrichtung der jüdischen Kinder sieht Pfarrer Bode allerdings darin, daß keine organisierte, öffentliche jüdische Schule vorhanden und der Lehrer nur unzulänglich ausgebildet sei. Ferner bemängelte er die unzureichende Bezahlung des Lehrers und das Fehlen jeglicher Lehrbücher und Lehrmittel. Pfarrer Bode fragte daher an, was zu unternehmen sei. Auch wenn die Antwort auf diese Anfrage heute nicht mehr vorhanden ist, muß doch davon ausgegangen werden, daß die sieben schulpflichtigen Kinder in die christliche Schule gehen mußten.
Zeugnisse aus anderen Dörfern und Gemeinden belegen die strenge Anwendung der Anordnung von 1823. Daß allerdings der jüdische Unterricht dennoch fortgeführt wurde, läßt sich aus dem Hinweis erschließen, daß 1873 eine neue Judenschule in Marköbel errichtet wurde.

Über die Finanzierung des neuen Schulhauses gibt es Beschwerden beim Kreisamt, weil die reichen Marköbeler Juden zu wenig für den Schulhausbau zahlen würden. Die Beschwerde richtete sich vor allem gegen Samuel Katz, Isaac Löbenstein II und Jonas Lichtenstein. Salomon Katz sei einer der höchstbesteuerten der isralitischen Gemeinde und besitze durch Mitgift und Erbschaft allein 10.000 Gulden. Isaac Löbenstein II habe mit seinem Sohn zusammen ein Geschäft als Metzger und Handelsmann. Er besitze Grundvermögen und habe *"eines der schönsten Häuser dahier"*. Jonas Lichtenstein sei der erste Metzger am Ort und Besitzer eines Hauses, einer Hofreite und sechs Acker Land. *"Die reichen Juden wollen nicht auf dem platten Lande wohnen"*, schreiben die Beschwerdeführer abschließend, *"und ziehen in die Städte und so ist es auch hier. Unsere drei höchstbesteuerte sind im Begriff, in aller Kürze nach Hanau zu ziehen, welche ein Drittel der Steuerrolle beizutragen haben"* [27].

## Judenbad

Am 10. März 1829 erscheint Jonas Löbenstein vor dem Kreisamt in Hanau und teilt mit, daß *"durch freiwillige Beiträge des Judenverbandes in Marköbel....ein Fonds zur Einrichtung eines warmen Bades gebildet worden, der jetzt mehr als 100 fl (Gulden) betrage und sich in den Händen des Ältesten der israelitischen Gemeinde zu Marköbel befinde"* [28]. Dieses Geld sollte zum Ausbau der Synagoge verwendet werden. Dagegen haben jedoch *"einige Judenweiber"* protestiert und darauf gedrungen, *"daß die Einrichtung zu einem Bad so bald als möglich hingestellt werde"* [29].
Die Proteste der Frauen werden verständlich, wenn man bedenkt, daß es nach mosaischem Glauben den jüdischen Frauen vorgeschrieben war, ein Tauchbad in "lebendigem" Wasser (Fluß-, Quell- oder fließenden Grundwasser) zu nehmen, jeweils nach der Menstruation, Bräute vor der Hochzeit, Mütter nach einer Entbindung. Dieses Bad, Mikwe genannt, mußte mindestens 800 Liter "lebendiges" Wasser enthalten. Einem solchen rituellen Bad ging in der Wohnung eine sorgfältige Reinigung im warmen Wasser voraus.
In den Archivalien wird ferner berichtet, daß die jüdische Gemeinde sehr arm sei und die dafür notwendigen Geldmittel nicht ausreichten. Daher wurde eine Hypothek von 200 Gulden auf Synagoge und Frauenbad mit dem Hanauer Kaufmann Wunderlich vereinbart.
Der Gemeindeälteste Süßmann Katz berichtete 1832, daß die Gesamtkosten für das Judenbad 277,98 fl (Gulden) betragen. Davon wurden bereits 129,41 Gulden bezahlt, so daß noch 147,57 Gulden zu bezahlen waren.
1902 legte die jüdische Gemeinde neben dem Badhaus eine Zisterne an, deren Wasser über ein 2,85 m langes Rohr in die Wanne floß. Die noch vorhandenen Bauzeichnungen[30] geben die Lage der Synagoge, des Badhauses und der Zisterne wieder.

## Das Ende der jüdischen Gemeinde

In den hundert Jahren nach Erlaß des Emanzipationsedikts haben sich die Juden in das staatsbürgerliche Gefüge Deutschlands integriert. Sie verloren das Bewußtsein, eine eigene Nation zu sein. Ihr Judentum war rein religiös. Sie fühlten und handelten als Deutsche, prägten wesentlich die deutsche Wirtschaftsgeschichte ebenso wie die deutsche Kultur. Sie identifizierten sich mit der deutschen Nation, für die sie in den Krieg gingen und dort starben. Wie z.B. der Marköbeler Jude Salomon Strauß, der für seine Tapferkeit im deutsch/französischen Krieg 1870/71 geehrt wurde und dem zusammen mit seinen christlichen Kriegskameraden auf einer Gedenktafel in der Marköbeler Kirche gedacht wird. Juden kämpften im Ersten Weltkrieg und erhielten hohe Auszeichnungen oder ließen wie 12.000 ihrer Glaubensgenossen ihr Leben für ihr Vaterland.

In welcher Weise Juden auch in Marköbel am gemeinsamen Leben beteiligt waren, geht z.B. aus einer Eintragung 1932 im Protokollbuch des Marköbeler Turnvereins hervor, in der der Erste Vorsitzende den jüdischen Vorturner Manfred Fuld als ein *"Vorbild für die junge Generation"* beschrieben und mit allen Ehren nach Butzbach verabschiedet hat. Christliche Kinder haben am Sabbat vor der Synagoge oder vor den Häusern der jüdischen Bewohner gewartet, um das Feuer/Licht anzuzünden, wofür sie als Dank ein Bonbon erhielten.
Doch all diese Geschehnisse können nicht darüber hinwegtäuschen, daß zwischen Christen und Juden in den Landgemeinden aber auch in den Städten ein latentes Spannungsverhältnis zwischen Geborgenheit und Gefährdung bestand, weil die Juden als Händler und "Wucherer" von einem Großteil der Bevölkerung auch weiterhin als ein Fremdkörper angesehen wurden. So wurde z. B. in Marköbel 1891 die Raiffeisenbank gegründet, um vor allem die Kleinbauern *"vor den Händen des Wucherers zu bewahren"* [31]. Kurz vor Beginn des "Dritten Reiches" wurden *"in Marköbel täglich Pfandversteigerungen bekanntgemacht. Die Bauern waren meistens bei Juden verschuldet"* [32]. Wie schnell die Nachbarschaft sich in Feindschaft umwandeln konnte, zeigt das Beispiel eines Marköbelers, der sich im Laufe der Jahre so manche Mark verdiente, weil er an Feiertagen in der Synagoge die Lichter an- und ausmachte, und der bei der Synagogenzerstörung zu denen gehört haben soll, die Hand an das jüdische Gebäude legten[33].

## Judenboykott und Reichskristallnacht

Mit der Machtergreifung der Nationalsozialisten kam der im 19. Jahrhundert einsetzende Assimilationsprozeß der Juden zum Stillstand, das jüdische Leben selbst wurde nahezu ausgelöscht. Zu der Zeit gab es in Marköbel *"14 Judenfamilien, die alle mit Vieh oder Landprodukten handelten, so war es ganz natürlich, daß gerade bei ihnen die Bauern Schulden hatten. Da kamen die Nazis mit den Parolen, wie: Die Juden sind unser Unglück! Die Juden sind an allem schuld! Von den Bauern wurden die Parolen begierig aufgenommen. Endlich gab es ein personifiziertes Feindbild. Endlich wußten sie, wer an ihrer Misere schuld war"*[34]*. Aber nicht nur die Bauern jubelten 1933, sondern große Teile der Bevölkerung, wie die Feier zum "Tag der Nationalen Erhebung" 1933 zeigt* [35].

Zu den ersten Maßnahmen der staatlichen Diskriminierungspolitik gehörte der Boykott jüdischer Geschäfte, und es kam zu ersten Ausschreitungen. Leo Baeck, Vorsitzender der Juden in Deutschland, erklärte nach dem Judenboykott vom 1. April 1933: *"Die tausendjährige Geschichte des deutschen Judentums ist zu Ende".* Wie recht er mit seiner Aussage haben sollte, zeigten die folgenden Jahre.

Wie überall im Deutschen Reich wurden die jüdischen Geschäfte nach 1933 auch in Marköbel boykottiert. Der ehemalige jüdische Mitbewohner Sally Fuld schreibt nach dem Krieg in seiner Wiedergutmachungsangelegenheit, wie sich die Boykottmaßnahmen in Marköbel auswirkten: *"Nach 1933 ging das Geschäft sehr zurück, da die von Adolf Hitler ergriffenen Maßnahmen gegen die Juden sich besonders heftig in Marköbel auswirkten. Die Kunden hatten Angst, von Juden zu kaufen und mein (en) Laden zu betreten. Mein Verdienst ging immer mehr zurück, und das Geschäft kam am Pogromtag im November 1938 ganz zum Erliegen"*[36]. Ähnliches berichten auch andere jüdische Mitbürger in Wiedergutmachungsverfahren nach dem Krieg, denn sie mußten ihre Häuser und ihr sonstiges Hab und Gut zum Teil weit unter dem damals üblichen Kaufpreis verkaufen. 1933 lebten in Marköbel 14 Familien, die zum Teil schon seit Generationen hier ansässig waren: die Familien Appel, Fuld, Katz, fünfmal Lichtenstein, dreimal Löbenstein, Reichenberg, Stern und Strauss.

Gut hundert Jahre, nachdem die Juden Ortsbürgerrechte in Marköbel erhalten hatten, wurden sie wieder aus diesen Rechten vertrieben. Anfang 1936 heißt es im Protokollbuch des Gemeinderates, die meisten Gemeindestücke, die Juden im Besitz haben, müßten von diesen an andere Pächter abgegeben werden. Die Abgabe sei durchweg zu einem bedeutend größeren Pachtsatz erfolgt, als ihn die Gemeinde selbst erhebe[37]. Aufgrund eines Erlasses des Reichsinnenministers und einer Verfügung des Regierungspräsidenten werden die Juden nun auch vom Bürgerstück (Land) und Holznutzen ausgeschlossen.

Die jüdischen Bürger Marköbels spürten die drohenden Gefahren wohl schon bald nach 1933 und zogen ihre Konsequenzen. Semy Katz verzog 1934 als erster aus Marköbel nach Frankfurt. Ihm folgten 1935 Alice und Berthold Lichtenstein nach Palästina. Berthold Lichtenstein beschreibt später in einem Brief[38] seine Flucht. Dort heißt es u.a.: *"Am 19. Juli 1935 bin ich auf dem Weg nach Bruchköbel um noch einen verbliebenen Kunden zu besuchen. Plötzlich kamen zwei Nazis und forderten mich auf, den Ort zu verlassen. Als ich den Ortsausgang passieren wollte, standen überall Nazis herum, so daß ich in ein Haus flüchtete. Zum Glück war ein Maisfeld in der Nähe und ich versteckte mich dort. Mit Einbruch der Dunkelheit ging ich ins Nachbardorf Langendiebach und übernachtete dort bei einer bekannten jüdischen Familie. Am nächsten Morgen fuhr ich nach Frankfurt und dort erreichte mich ein Telefongespräch, daß ich am darauffolgenden Morgen in Hanau bei der SS-Kommandantur zu erscheinen habe. Ein SS-Offizier, der mir bekannt war, sagte u.a., daß man mich nach Buchenwald verschicken will. Ich meinerseits erklärte ihm, daß ich Deutschland verlassen werde und so gab er mir noch eine Bedenkzeit von sechs Wochen. Ohne meine Mutter noch einmal zu sehen, verließ ich Deutschland über Italien und bestieg dort ein Schiff nach Palästina".*

1936/37 zogen Mitglieder der Familien Lichtenstein und Stern nach Südamerika, New York und Braunschweig. In den Jahren 1938/39 gingen Marköbeler Juden im wesentlichen in die anonyme Großstadt Frankfurt. Viele der Marköbeler Juden, die in Frankfurt die Anonymität suchten, kamen von dort in Konzentrationslager (siehe den nachfolgenden Beitrag von D.J. Schäfer). Trauriger Höhepunkt der Verfolgung war auch in Marköbel die "Reichskristallnacht", von den Opfern als "Reichspogromnacht" bezeichnet.

## Die Reichskristallnacht in Marköbel

Vom 9. bis zum 11. November 1938 werden in Deutschland 267 Synagogen und Gemeindehäuser demoliert oder verbrannt, 7.500 jüdische Geschäfte zerstört, 91 Juden getötet und rund 26.000 Juden ins Konzentrationslager verschleppt.
Unmittelbarer Anlaß für diesen Pogrom war der Mord an dem dritten Sekretär der deutschen Botschaft in Paris, Ernst vom Rath, durch den Juden Herschel Grünspan. Für die Geschehnisse der Reichskristallnacht in Marköbel liegen Zeugenaussagen aus einer staatsanwaltschaftlichen Ermittlung im Jahre 1947 vor. In einer anonymen Anzeige waren damals der ehemalige Bürgermeister Heinrich Dietzel und vier weitere Bürger *"judenfeindlicher Ausschreitungen"* bezichtigt worden. Die Staatsanwaltschaft Hanau verhörte zahlreiche Marköbeler Bürger, stellte das Verfahren aber mangels Beweises, oder wie es in der Akte heißt, wegen *"unzureichender Nachweisbarkeit einer Schuld"* ein. Der juristische Versuch, die Ereignisse dieser Nacht im einzelnen aufzuklären, scheiterte. Überraschend viele der Zeugen gaben zu Protokoll, daß sie keine Aussagen über die eigentlichen Vorgänge machen könnten, weil sie an diesem Abend erst spät (häufig wird als Uhrzeit der Heimkehr 23 Uhr angegeben) von "Frankfurt", von der "auswärtigen Hausschlachtung", von der "Singstunde" oder aber vom "Vater" nach Hause gekommen seien. Nach dem Untersuchungsergebnis war eine große Menschenmenge versammelt, die Zeuge des Geschehens war, doch noch heute breitet sich eine Mauer des Schweigens aus, wenn das Gespräch auf die Zerstörung der Synagoge kommt. Wir geben daher für den Verlauf der Reichskristallnacht in Marköbel das Ermittlungsergebnis der Staatsanwaltschaft Hanau in seiner juristisch-nüchternen Schreibweise wieder.
Am Nachmittag des 10. November 1938 findet in Hanau eine kommunalpolitische Tagung statt, an der auch Bürgermeister Dietzel und die Marköbeler Gemeindevertreter teilnehmen. Nach der Tagung lädt Landrat Löser alle Teilnehmer zu einer Festveranstaltung ein. Die Bürgermeister der Gemeinden, in denen Juden wohnen, werden von Landrat Löser in ein Nebenzimmer gebeten. Dort teilt er mit, daß mit Ausschreitungen gegen die Juden und ihre Synagogen zu rechnen sei. Die Hanauer Synagoge brannte bereits. Landrat Löser empfiehlt den Bürgermeistern, sich sofort in ihre Heimatgemeinden zurückzubegeben. Er wies die Bürgermeister, laut Aussage von Dietzel, ausdrücklich an, unter allen Umständen Ausschreitungen gegen Juden und ihre Anwesen zu verhindern.

Nachstehend das Ermittlungsergebnis der Staatsanwaltschaft Hanau (Schlußbericht des Kriminalkommissariats Hanau vom 26. Oktober 1947. Namensangaben wurden vom Hauptstaatsarchiv Wiesbaden zum Teil vollständig geschwärzt. Sie erscheinen im nachstehenden Text in Klammern[39]):

*"Die Ermittlungen in der Landfriedensbruchsache - Marköbel - gegen () und Andere haben folgendes ergeben:*

*In der Gemeinde Marköbel Krs. Hanau/M. war eine jüdische Gemeinde von ca. 40 bis 50 Personen, die eine eigene Synagoge hatten. Diese Synagoge wurde im November 1938, zur Zeit der allgemeinen Judenpogrome, zerstört.*

*Das Datum der Synagogenzerstörung dürfte nach den Angaben des damaligen Marköbeler Bürgermeisters u. Ortsgruppenleiters Ditzel, des ehem. Reg. Obinspt. (S), Landratsamt Hanau, sowie noch anderer Beschuldigten und Zeugen, mit dem 10. Nov. 1938 als erwiesen anzusehen sein, da alle als Hilfsmittel der Zeiterrechnung, die damalige Tagung mit dem Referat über Kommunalpolitik eines Dr. Göb, Frankfurt/M., in dem früheren Sprengerhaus in Hanau, in Erinnerung haben.*

*Im Verlaufe der Ermittlungen konnte festgestellt werden, was auch zutreffen dürfte, dass die Haupttäter, die den Abbruch der Synagoge vorbereitet und ausgeführt haben, nicht unter der Einwohnerschaft Marköbels zu suchen sind.*

*Es wurde allgemein die Feststellung getroffen, dass an diesem Tage etliche Kraftfahrzeuge in Marköbel anwesend waren und von deren Besatzungen, die teils in Zivil und teils in SA- oder SS-Uniform und mit Waffen versehen gewesen sein sollen, die Zerstörung resp. der Abbruch der Synagoge veranlasst und vorgenommen worden ist. Diese Mutmassung geht aus allen Beschuldigten- u. Zeugenaussagen hervor und wird durch die Ermittlungen gefestigt, da von dem gleichen Täterkreis die Zerstörung der Synagoge und jüdischen Anwesen in Himbach, Krs. Büdingen gleichfalls vorgenommen worden sein dürfte. In Himbach wurde die Synagoge und eine Scheune von den Tätern niedergebrannt.*

*Die Täter waren in Himbach gleichfalls mit Kraftfahrzeugen anwesend und hatten die pol. Kennzeichen der Fahrzeuge unkenntlich gemacht, was auch für Marköbel zutrifft.*

*In Himbach war der damalige SA-Standartenführer (S) in den Nachmittagsstunden erschienen und hatte dem dort. ehem. SA.Führer (K) den Befehl erteilt, dass die Synagoge verschwinden müsste. Ferner war z.Zt. der Brandstiftung der ehem. Kreisleiter des Kreises Büdingen, Görner, an der Synagoge anwesend.*

*(S) und Görner dürften bezüglich der Täterschaft zutreffende Angaben machen können.*

*Im Verlaufe der Ermittlungen konnte jedoch der Aufenthaltsort der beiden Genannten nicht ermittelt werden.*

*Auf Grund von Zeugenaussagen soll Görner Selbstmord begangen haben.*

*Die Landfriedensbruchsache - Himbach - ist bereits vor dem Landgericht in Giessen verhandelt worden.*

*Die Täter dürften dann von Himbach nach Marköbel gefahren sein, das nicht allzuweit entfernt ist, und haben dort gleichfalls den Abbruch der Synagoge vorgenommen.*
*Es dürfte somit feststehen, dass eine Identität zwischen den Tätern von Himbach und vermutl. noch anderer Ortschaften und Marköbel besteht.*
*Während der Ermittlungen konnte ein gewisser () aus Wolf bei Büdingen festgestellt werden, der an dem fraglichen Tag, 10.11.38, mit einem Lkw., mit dem Eigentümer und Fahrer (N), (G) und noch ca. 6 bis 10 anderen Personen in Zivil in Himbach bezw. anschliessend in Marköbel bei der Synagoge war.*
*Von () wird entschieden abgelehnt, dass der sich an den Synagogenzerstörungen beteiligt hätte. Desgleichen gibt er an, nicht gewusst zu haben, ob (N) oder (G), die beide der NSDAP. angehörten, irgend einen Befehl hatten, sich an einem bestimmten Treffpunkt mit noch anderen Pg's zwecks der Judenpogrome einzufinden.*
*Nach Angaben des () ist (N) und (G) seit dem Kriege vermisst und die Angehörigen haben keinerlei Nachrichten von ihnen.*
*Die anderen mitgefahrenen Personen will () heute nach fast 9 Jahren nicht mehr in Erinnerung bezw. benennen können.*
*() will in Himbach bezw. Marköbel jedesmal nur aus Neugierde gewesen sein, sich dort unter die anwesenden Menschen gemischt und nach kurzen Aufenthalten mit anderen Wageninsassen wieder nach Wolf gefahren sein.*
*Es dürfte jedoch anzunehmen sein, dass (N) bezw. (G) doch irgend einen Auftrag zwecks der Pogrome hatten, was beweisen dürfte, dass sie nach Angaben des () ca. 6 bis 10 weitere Personen auf dem Lkw. hatten und zumal () von (N) auf seiner Heimfahrt ersucht wurde mit ihm und den anderen Personen zu fahren.*
*Die von () angegebene Zeit mit ca. 20 Uhr ihrer Weiterfahrt nach Marköbel trifft auch mit dem Zeitpunkt der Synagogenzerstörung in Marköbel überein.*
*Von einer Zuführung des () wurde Abstand genommen, da er schwer zuckerkrank ist, sich bei der pol. Vernehmung mehrmals übergeben musste und einen festen Wohnsitz hat. Ein Fluchtverdacht war nicht gegeben.*

*Von dem damaligen Bürgermeister u. Ortsgruppenleiter Ditzel, wird angeführt, dass bei der kommunalpolitischen Tagung am 10.11.38 in Hanau, nach Tagungsschluss die Bürgermeister nochmals zu einer kurzen Besprechung mit dem damaligen Landrat Löser bestellt waren, wo ihnen von Löser empfohlen worden sei, ihre Gemeinden sofort aufzusuchen und zu verhindern, dass Ausschreitungen gegen die Juden und jüdischen Anwesen vorgenommen würden.*
*Ein Erlass bezüglich des Verbotes von Pogromen hat nach Aussagen des ehem. Re.Oberinsp. (S) vorgelegen. Ditzel will nach dieser Besprechung sofort nach Marköbel mit dem Fahrrad gefahren sein, wo er gegen 19.30 Uhr eingetroffen wäre, und sei dort auf dem Rathaus mit dem ehem. Gend.Beamten Hofmann zusammengetroffen, der ihm sodann von der Lage Bericht erstattet habe, dass Fremde anwesend wären, die Ausschreitungen gegen die Juden und jüdische Anwesen vornehmen würden.*

*Hofmann will von den Tätern bedroht bezw. mit einem Knüppel geschlagen worden sein, als er versuchte die Nummernschilder der Kraftfahrzeuge abzulesen.*
*Da Ditzel und Hofmann sich von der Lage überzeugt haben wollten, dass sie alleine nichts gegen die Täter hätten ausrichten können, zumal diese nach Angaben Ditzels ihn in Gegenwart von Hofmann durch 3 Mann aufgefordert hätten, an der Synagoge einen Brand anzulegen. Ditzel will sich gegen ein solches Vorhaben verwahrt und die Täter auf die Auswirkungen einer Brandstiftung aufmerksam gemacht haben. Ferner hätten ihm die 3 Personen noch Vorhaltungen gemacht, dass sie wüssten, dass in Marköbel nichts gegen die Juden geschehe.*
*Nachdem diese 3 der Täter sich wieder entfernt hatten, hat nach Angaben des Hofmann und Ditzel, Letzterer das Landratsamt in Hanau angerufen und den dort diensttuenden Obinsp. (S) von der in Marköbel bestehenden Lage verständigt und gebeten pol. Verstärkung zu schicken, die jedoch abgelehnt worden wäre.*
*Von diesem Telefonanruf kann sich heute (S) nicht mehr auf Einzelheiten entsinnen, jedoch besteht nach seinen Angaben die Möglichkeit, dass ein derartiges Gespräch zwischen Ditzel und ihm an dem fraglichen Tage stattgefunden hatte.*

*Ditzel will nach seinen sowie Hofmanns Angaben alles versucht haben, um die Ausschreitungen zu verhindern bezw. zu unterbinden, und lehnt ganz entschieden eine Beteiligung an der Aktion bezw. deren Anführer gewesen zu sein, ab.*

*Nachdem die 3 der Täter ihre erste Vorsprache bei Ditzel gehalten hätten, seien sie nach einiger Zeit abermals erschienen und hätten Ditzel davon in Kenntnis gesetzt, dass von einer Brandstiftung abgesehen würde, jedoch seien ihre Leute bereits dabei, die Synagoge abzureissen. Hofmann will bei dieser zweiten Unterredung gleichfalls anwesend gewesen sein und sich nach derem Entfernen auf einen Streifengang begeben haben, um nachzusehen, ob bei den anderen jüdischen Anwesen noch alles in Ordnung wäre.*
*Ditzel will sich dann zu der Synagoge begeben haben und bei seinem Vorbeikommen an der Toilettenanlage will er den im Abort eingesperrten und rufenden Abraham Löbenstein bemerkt haben, den er dann sofort befreit und unter seinen persönlichen Schutz gestellt und nach seiner Wohnung gebracht haben will.*
*Im Verlaufe der Ermittlungen ergab sich, dass Löwenstein tatsächlich nach Angaben des (), dessen Ehefrau () und () gemeinschaftlich von Ditzel und () aus der Abortanlage befreit worden ist.*
*Die auf Grund der anonymen Anzeige angeschuldigten () lehnen eine Beteiligung an dem Abbruch der Synagoge noch sonstigen Ausschreitungen entschieden ab.*
*() will sich nur auf Grund der Alarmierung der Feuerwehr als Feuerwehrmann bei dem Abbruch eines gefährlichen zum Einsturz drohenden Teiles der Synagoge beteiligt haben, wozu er sich als Feuerwehrmann verpflichtet gefühlt habe um einen weiteren Schaden zu vermeiden.*

*Die weiteren Ermittlungen haben keine weiteren Belastungspunkte für () erbracht. () und () lehnen eine Beteiligung an dem Abbruch gänzlich ab und es konnte auch nicht ermittelt werden, ob sie an demselben beteiligt waren.*

*() will sich nur bei dem Abreissen einer noch stehenden gefahrdrohenden Wand der Synagoge auf Aufforderung von Ditzel und ehem. Gend. Beamten Hofmann beteiligt haben. () gibt zu, dass er sich von der abgebrochenen Synagoge, wie ein großer Teil der Einwohnerschaft, Holz mit nach Hause genommen hatte, womit er jedoch nach seinen Angaben keine Bereicherung begehen wollte.*

*Die Anschuldigung des (), dass Ditzel und () ihn zum Abreissen der Wand aufgefordert hätte, wird von Ditzel und () entschieden abgelehnt. Ferner wird von Ditzel in Abrede gestellt, dass sie bei dem Umreissen der Wand selbst mit Hand angelegt hätten.*

*Der von () angeschuldigte (), der bei dem Abbruch der Synagoge zugegen gewesen sein soll und die Äusserung gemacht haben soll "steckt sie doch an" weist diese Anschuldigung gleichfalls entschieden zurück. () war in Marköbel Gemeindevertreter und hatte an der bewussten Tagung in Hanau teilgenommen. Der von ihm benannte Herr (K) stellte () einen guten Leumund aus und konnte nichts Belastendes gegen ihn aussagen.*

*Es konnte ferner noch ermittelt werden, dass () sich als Feuerwehrmann bei dem Umreissen einer noch stehenden und gefahrdrohenden Wand beteiligt hatte, da er es nach seinen Angaben als seine Pflicht erachtet habe, diesen lebensgefährlichen Teil des Gebäudes zu beseitigen.*

*Der () hatte an dem Abend des Synagogenabruches, da durch diesen die Lichtleitung zerstört worden war, nach seinen Angaben auf Bitten der Bevölkerung die Lichtleitung wieder repariert und gibt zu, einige Tage später gleichfalls zusammen mit () sich Holz von der abgerissenen Synagoge geholt zu haben, das dann bei () geschnitten worden ist.*

*Es dürfte als klar erwiesen gelten, dass ausser () u.A.m. noch ein weit grösserer Teil der Einwohnerschaft von Marköbel sich Holz von der zerstörten Synagoge geholt hat, die jedoch heute nach fast 9 Jahren nicht mehr zu ermitteln waren.*

*Bezüglich der anonymen Anzeige über den Verbleib der Badewanne konnte ermittelt werden, dass nach Angaben des (), dieser in seinem Garten die Badewanne der Synagoge und 2 Fensterläden gefunden haben will, die er dann in sein Hühnerhaus zur Aufbewahrung gestellt haben will. () bestreitet, dass er sich widerrechtlich in den Besitz der Badewanne und Fensterläden bringen wollte. Die Wanne und Läden sind heute noch im Besitz des ().*

*Der in diesen anonymen Anzeigen beschuldigte () bestreitet, dass er sich die Badewanne habe aneignen wollen. () hatte jedoch bei seinem Aufenthalt an der Synagoge, bei dem Abbruch derselben, die Badewanne nach seinen Angaben an einen Holzschuppen in Sicherheit gestellt, um sie angeblich vor der Zerstörung zu schützen. Er weist ferner die Anschuldigung zurück, dass er sich von der () eine Schaufel geliehen hätte, um mit dieser bei der Zerstörung der Synagoge mitzuwirken.*
*Es wird bemerkt, dass bei den umfangreichen Ermittlungen nach fast 9 Jahren, von allen vernommenen Beschuldigten und Zeugen immer wieder zum Ausdruck gebracht wurde, dass es an dem Tage der Synagogenzerstörung äusserst dunkel gewesen wäre, was ein Erkennen der Täter unmöglich gemacht hätte. Ferner wollen alle Vernommenen sich heute nicht mehr auf den Vorgang mit Einzelheiten entsinnen können.*
*Alle Beschuldigten lehnen es ab, dass ihnen von seiten der Partei bezw. ihrer Gliederungen, damals Befehle betr. der Pogrome erteilt worden wären.*
*Bei der Synagoge hatte es sich um ein älteres Fachwerkgebäude gehandelt, das mit einer grösseren Holzkonstruktion versehen war, sodass nach dem Abbruch eine grössere Menge Holz vorhanden war, das von den Besch. bezw. anderen nicht ermittelten Personen abgetragen worden ist.*
*Ein Lichtbild bezw. genaue Skizze der Synagoge kann der Anl. nicht beigefügt werden, da derartige nicht zur Verfügung stehen.*

*Abschliessend wird nochmals erwähnt, dass die, für den Landfriedensbruch verantwortlichen Haupttäter bezw. Rädelsführer aus dem Kreis Büdingen nach Marköbel gekommen waren und dort den Abbruch der Synagoge vorgenommen haben, die jedoch nicht ermittelt werden konnten.*
*Es dürfte ferner feststehen, dass der Lkw. aus Wolf, mit dem Fahrer (N) mit den Tätern in Verbindung zu bringen ist, der den nach seinen Angaben ahnungslosen () mitgenommen hatte. (N) ist jedoch seit dem Kriege vermisst.*
*Mit dem Landfriedensbruch in Himbach dürfte Tateinheit bestehen. Jedoch konnten nach hies. Informationen auch für Himbach die Täter nicht ermittelt werden, da diese gleichfalls mit Kraftfahrzeugen von auswärts gekommen waren."*

Doch nicht nur die Synagoge wurde vernichtet, sondern auch die Einrichtungen jüdischer Mitbürger. Aus einer polizeilichen Aussage aus der Nachkriegszeit geht hervor, wie die SA im Haus der Familie Lichtenstein in der Rüdigheimer Straße gewütet hat:
*"...Ich wurde auf große Geräusche und Lärm auf der Straße aufmerksam. Nach Öffnung meines Fensters wurde mir von der Straße zugerufen, "Fenster zu, sonst fliegen die Scheiben ein". Bei der kurzen Öffnung wurde ich gewahr, daß eine Aktion gegen die Familie Lichtenstein im Gange ist. Durchgeführt wurde dieselbe, soweit ich es in der Eile überblicken konnte, von SA-Leuten, auch waren Nichtuniformierte zugegen. Ob aus Neugierde oder Nichtbeteiligte, kann ich nicht sagen. Kurz nach*

*Schließung des Fensters hörte ich wiederholt Hilferufe der Familie Lichtenstein. Die Aktion dauerte, soweit ich mich noch erinnern kann, ungefähr eine Stunde und zwar von 22.30 - 23.30 Uhr. Wegen der vorherrschenden Dunkelheit war ich nicht in der Lage, Personen zu erkennen. Auch konnte ich die beteiligten Personen nicht an der Stimme erkennen. Bei Anbruch des folgenden Tages sah ich, daß Türen und Fenster gewaltsam geöffnet waren."*

Mit der Vernichtung der Synagoge endet die jüdische Gemeinde von Marköbel. Geblieben sind die Grabsteine als stumme Zeugen der Vergangenheit, die eine lange Geschichte in Marköbel widerspiegeln.

## Anmerkungen

1. ZIMMERMANN, S. 502
2. Ebd., S. 491, 488
3. Ebd., S. 499
4. Ebd.
5. J.A. BERNHARD, Chronik, Partis I Liber 3, Text S. 112-147. Copyright Hanauer Geschichtsverein, S. 122
6. BOTT, S. 46
7. BOTT (E), ZIMMERMANN S. 466, 468, 502, Jüdisches Museum, Arnsberg-Akte Nr. 85. Gemeindejahrbücher 1913, 1924/25, 1932/33, S. 99, 69, 189. Frohnd-Tabellen 1736, 1738
8. C. HENTSCH, Gewerbeordnung und Emanzipation der Juden im Kurfürstentum Hessen, Kommission für die Geschichte der Juden in Hessen, Wiesbaden 1979, S. 49
9. GAM (HStA) Nr. 686, 1833, S. 144 f.
10. GAM (HStA) Nr. 32, S. 649
11. GAM (HStA) Nr. 50
12. STAM, Bestand 180, Nr. 2110
13. Darstellung der Ereignisse nach StAM, Bestand 180, Nr. 1742
14. StAM, Bestand 180, Nr. 2110
15. StAM, Bestand 180, Nr. 757
16. GAM 3/85. Die Juden-Akten im GAM hat Dirk J. Schäfer ausgewertet und mir Kopien zur Verfügung gestellt. Er hat auch Kopien der staatsanwaltschaftlichen Ermittlungsakte über die Zerstörung der Synagoge aus dem HStA in Auszügen besorgt und mir seinen Beitrag über die Juden im "Dritten Reich" zur Auswertung zur Verfügung gestellt.
17. StAM, Bestand 180, Nr. 6025
18. StAM, Bestand 180, Nr. 1854
19. Ebd.
20. Ebd.
21. Ebd.
22. GAM 20/2
23. Ebd.
24. Ebd.
25. Ebd.
26. StAM, Bestand 180, Nr. 5137
27. StAM, Bestand 180, Nr. 6025
28. StAM, Bestand 180, nr. 736
29. Ebd.
30. GAM, Bauakten, noch nicht nummeriert
31. SCM, 1891
32. 80 Jahre SPD in Hammersbach 1986, S. 20
33. GAM 4/6
34. s. Anm. 32
35. Ebd., S. 17
36. GAM 4/6
37. GAM (HStA) Nr. 43, S. 53 f.
38. Fotokopie im GAM, noch nicht nummeriert
39. HStA, Abt. 471, Nr. 12.

Die Hauptstraße aus Richtung Ostheim in den zwanziger Jahren. Die Fotos stellten Heinz-Dieter Becker und Karl Dietzel zur Verfügung.

# Das Schicksal der Marköbeler Juden im Dritten Reich

*Dirk-Jürgen Schäfer*

Am 1. Januar 1933 waren in Marköbel 54 Einwohner jüdischen Glaubens polizeilich gemeldet. Davon verstarben drei Juden in Marköbel und wurden hier beerdigt, der letzte war Louis Lichtenstein, der am 27. Februar 1937 verstarb. Zwanzig Juden wanderten nach den USA, Südamerika und Palästina (heute Israel) aus. 31 Juden verzogen von Marköbel nach Frankfurt, Friedberg und Braunschweig. Von der fortgezogenen Juden starben 21 in den Konzentrationslagern Theresienstadt, Majdanek/Lublin, Buchenwald bzw. im Ghetto Warschau oder auf der Deportation nach Minsk. Das Schicksal von zehn ehemaligen jüdischen Einwohnern konnte bisher nicht geklärt werden.
Von 1937 an mußte der Bürgermeister auf Grund einer vertraulichen Verfügung des Regierungspräsidenten vierteljährlich die "Wanderbewegung der jüdischen Bevölkerung" an den Landrat melden. Von dort gingen sie auf dem Behördenweg nach Berlin... Die letzte Meldung aus Marköbel erfolgte am 6. April 1939. Zu diesem Zeitpunkt waren alle Juden ausgewandert oder von Marköbel verzogen.

Die nachfolgenden Angaben beruhen auf Unterlagen des Gemeindearchivs (Fach 4, Nr. 6, Fach 23, Nr. 4a, 14, 36, 37), auf Schriftwechsel mit den Stadtverwaltungen Braunschweig und Friedberg sowie auf dem von A. Diamant herausgegebenen "Frankfurter Deportationsbuch" (Frankfurt 1984). Die Angaben sind wie folgt systematisiert: In alphabetischer Aufzählung werden die Familien mit ihrer Wohnung aufgeführt. Für die einzelnen Familienmitglieder gilt folgende Reihenfolge:

Vorname, Geburtstag, Geburtsort,
Beruf,
Zeitpunkt des Wegzuges von Marköbel und Zielort,
Verbleib und
sonstige Angaben.

**Appel, Nordstraße 14**

*Gottfried*, 8. Mai 1900 in Hochstadt,
Viehhändler,
13. März 1939 nach Frankfurt, Roßdorferstraße.
Am 11. November 1941 zur Deportation nach Minsk verschleppt und verschollen.

Nach der Reichskristallnacht "Schutzhäftling" im KZ Buchenwald. Wird im Februar 1939 wegen Auswanderung entlassen. Am 1. Juli 1939 sendet Bürgermeister Dietzel die Steuerkarte 1939 für Gottfried A. an die Ziegelei Strauch in Ffm-Praunheim.

*Melitta*, geb. Löbenstein, 18. Februar 1898 in Marköbel,
Hausfrau,
13. März 1939 nach Frankfurt, Roßdorderstraße.
Am 11. November 1941 zur Deportation nach Minsk verschleppt und verschollen.

*Max Erwin*, 11. Januar 1927 in Marköbel,
Schüler,
7. Dezember 1938 nach Frankfurt, Großer Wallgraben.
Auswanderung nach Palästina.
Wohnt 1950 in Kiduzak Schluchot Pardes Channa, Israel.

**Fuld, Hauptstraße 14**

*Max*, 26. Juni 1875 in Hainchen,
Manufakturwarengeschäft zusammen mit Sohn Sally,
18. November 1938 nach Frankfurt, Gwinnerstr. 32,
† 21. Juni 1944 im KZ Theresienstadt.

*Bertha*, geb. Löbenstein, 27. November 1876 in Marköbel,
Hausfrau,
18. November 1938 nach Frankfurt, Gwinnerstr. 32.
† 1. Januar 1944 im KZ Theresienstadt.

*Sally*, 5. September 1902 in Marköbel,
Kaufmann, Manufakturwarengeschäft zusammen mit Vater Max.
September 1939 Auswanderung nach USA.
Nach der Reichskristallnacht "Schutzhäftling" im KZ Buchenwald. Entlassung Ende Dezember 1938.
Frühjahr bis September 1939 Zwangsarbeit bei der Straßenbaufirma Kaiser.

*Rosel*, geb. Gernsheimer, 5. Oktober 1903 in Rückingen,
Hausfrau,
28. September 1938 nach Frankfurt, Schwanenstraße 22.
September 1939 Auswanderung nach USA.

*Lore*, 7. Juli 1930 in Marköbel,
Schülerin,
28. Dezember 1938 nach Frankfurt, Schwanenstraße 22.
September 1939 Auswanderung nach USA.
Wohnt 1959 in New York, verheiratete Adler.

**Katz, Hauptstr. 27**

*Julius*, 9. November 1883 in Marköbel,
Händler,
20. September 1938 nach Frankfurt, Hebelstraße 13.
Schicksal nicht bekannt.

*Nanny*, geb?, 9. November 1883 in Marköbel,
Hausfrau,
20. September 1938 nach Frankfurt, Hebelstraße 13.
Schicksal nicht bekannt.

*Hugo*, 23. Juli 1914 in Marköbel,
Kaufmann,
20. September 1938 nach Frankfurt, Hebelstr. 13.
Auswanderung nach Kanada.
Nach dem Krieg mehrfach Besuch in Marköbel.

**Katz, Hauptstraße 16**

*Seligmann*, 16. September 1873 in ?.
Keine weiteren Angaben.

*Gerty*, geb. Weichsel, 31. Dezember 1880 in ?,
Hausfrau,
Wegzug nicht bekannt.
Verschollen auf dem Transport nach Minsk.

*Semy (Samy)*, 26. August 1908 in Marköbel,
Kaufmann,
31. Mai 1934 nach Frankfurt.
Verschollen auf dem Transport nach Minsk.

**Lichtenstein, Hauptstraße 58**

*Louis*, 22. Juli 1877 in Marköbel,
Händler,
† 27. Februar 1937 in Marköbel.

*Betty*, geb. Strauß, 31. Juli 1879 in Nieder-Wöllstadt,
Hausfrau,
24. November 1938 nach Frankfurt, Baumweg 55.
Auswanderung nach Südamerika.

*Gerda*, 15. August 1908 in Marköbel,
ohne Beruf.
Heiratet am 26. Oktober 1932 Karl Simon aus Wehen/Taunus und meldet sich 1933 polizeilich nach Wehen ab.
Mit ihrem Mann umgekommen. Näheres nicht bekannt.

*Manfred*, 14. Februar 1916 in Marköbel,
Beruf unbekannt,
1936 nach Südamerika.
Lebt 1948 mit Mutter in Rio de Janeiro.

**Lichtenstein, Rüdigheimer Str. 2**

*Julius*, 8. Juni 1893 in Marköbel,
Viehhändler,
25. Mai 1934 nach Frankfurt, Synagogenstraße 1.
† 26. September 1942 im KZ Majdanek/Lublin.

*Johanna*, geb. Herz, 23. November 1892 in ?,
Hausfrau.
1934 im Krankenhaus verstorben.

*Edith*, 23. September 1920 in Marköbel,
Angestellte,
23. April 1934 nach Frankfurt, Röhnstraße 29.
Auswanderung nach USA.
1960 in USA wohnhaft, verheiratete Freese.

*Herbert*, 14. Juni 1926 in Marköbel,
Schüler,
25. Mai 1934 nach Frankfurt, Synagogenstr. 1.
Laut Frankfurter Deportationsliste verschollen, Deportationsziel unbekannt. Laut Schreiben eines Rechtsanwaltes 1965 soll H. am 26. September 1942 im KZ Majdanek/Lublin verstorben sein.

**Lichtenstein, Rüdigheimer Str. 2**

*Seligmann* (Siegfried), 23. September 1876 in Marköbel,
Metzger,
30. März 1939 nach Frankfurt, Kronprinzenstraße.
Auswanderung nach USA.

*Bertha*, geb. Schöneberg, 26. November 1873 in Weißkirchen,
Hausfrau,
30. März 1939 nach Frankfurt, Kronprinzenstraße.
Auswanderung nach USA.

*Paula*, 26. Juni 1913 in Marköbel,
Hausangestellte,
27. November 1934 nach Frankfurt.
Auswanderung nach USA.
Lebt 1960 in New York, verheiratete Liebmann.

**Lichtenstein, Rüdigheimer Straße 3**

*Eduard*, 18. Oktober 1869 in Marköbel,
Kaufmann,
8. November 1939 nach Frankfurt, Palmstraße 7.
† 11. Januar 1944 im KZ Theresienstadt.

*Lina*, geb. Zimmermann, 4. Dezember 1870 in Ober Seemen,
Hausfrau,
8. November 1939 nach Frankfurt, Palmstraße 7.
† 17. Dezember 1942 im KZ Theresienstadt.

Das ehemals Lichtenstein'sche Haus, Rüdigheimer Straße 3, in den zwanziger Jahren.

*Rosa*, 31. März 1899 in Marköbel,
Beruf unbekannt,
8. November 1939 nach Frankfurt, Palmstraße 7,
† 12. März 1943 im KZ Theresienstadt.

*Isaac (Otto)*, 15. Juni 1900 in Marköbel,
Kaufmann,
25. November 1933 nach Palästina.

*Nathan (Hermann)*, 21. Juni 1902 in Marköbel,
Angestellter,
14. Dezember 1937 nach USA (New York).

*Siegmund*, 19. September 1905 in Marköbel,
Kaufmann,
übernimmt 1931 in Ostheim den väterlichen Betrieb.
Auswanderung nach USA.
Besuch in Marköbel zusammen mit Bruder Berthold 1988. Lebt heute in Israel.

*Alice*, 19. September 1905 in Marköbel,
Schneiderin,
16. Dezember 1935 nach Palästina.
Lebt 1962 in Hadera/Israel, verheiratete Fröhlich.

*Berthold*, 17. August 1907 in Marköbel
Sattler
25. September 1935 nach Hadera, Palästina.
Besuch in Marköbel zusammen mit Bruder Siegmund 1988. In einem Brief hat Berthold L. seine Flucht 1935 beschrieben (Kopie in GAM).

*Betty*, 10. August 1908 in Marköbel,
Beruf unbekannt,
8. November 1939 nach Frankfurt, Palmstraße 7.
Schicksal nicht bekannt.

*Adolf*, 26. Januar 1910 in Marköbel,
Angestellter,
8. November 1937 nach USA, New York.

*Leo*, 17. September 1915 in Marköbel,
Bäcker,
Häufiger Umzug nach Friedberg, Düsseldorf und wieder Friedberg. Letzter Eintrag 26. März 1935 nach Gehringshof.
Schicksal nicht bekannt.

**Lichtenstein, Hauptstraße 30**

*Bettchen*, 2. Januar 1853 in Marköbel,
Hausfrau,
30. März 1939 nach Frankfurt, Friedberger Landstraße.
Schicksal nicht bekannt.

**Löbenstein, Ringstraße 19**

*Abraham*, 18. Januar 1871 in Marköbel,
Händler,
30. März 1939 nach Frankfurt, Baumweg.
† 23. März 1944 im KZ Theresienstadt.

*Rosa*, geb. Halberstadt, 19. Juli 1869 in ?,
Hausfrau,
† 9. Juni 1936 in Marköbel.

**Löbenstein, Nordstraße 14**

*Abraham*, 25. Oktober 1870 in Marköbel,
Händler,
1939 nach Frankfurt, 1940 in Ffm, Roßdorferstraße 23.
Schicksal nicht bekannt.

*Klara*, 17. Januar 1915 in Marköbel,
Angestellte,
30. April 1934 nach Frankfurt, Bockenheimer Landstraße 99.
Acht Jahre in China, 1947 in USA (San Francisco). Verheiratete Herpe.

**Löbenstein, Hauptstraße 30**

*Sophie*, 16. August 1853 in Marköbel,
Hausfrau,
14. Februar 1939 nach Frankfurt, Albusstraße 26.
Schicksal nicht bekannt.

*Helene*, geb. Reinherdt, 25. Oktober 1883 in Wachenbuchen,
Händlerin,
14. Februar 1939 nach Frankfurt, Albusstraße 26.
Verschollen auf Transport nach Minsk (ohne Jahresangabe).

*Fanny*, 26. Februar 1922 in Marköbel,
ohne Beruf,
1. Oktober 1938 nach Frankfurt/Scheffelstr. 33.
Verschollen auf Transport nach Minsk (ohne Jahresangabe)

**Reichenberg, Hauptstraße 15**

*Max*, 6. Oktober 1880 in Marköbel,
Bäcker und Händler,
1. Februar 1938 nach Frankfurt, Windeckstraße 58,
† 5. November 1943 im KZ Theresienstadt.

*Elise*, geb. Hecht, 16. Juli 1879 in Mottches (Mottgers ?),
Hausfrau,
1. Februar 1938 nach Frankfurt, Windeckstraße 58.
Verschollen im KZ Auschwitz.

*Else*, 28. Februar 1917 in Marköbel,
Angestellte,
15. Dezember 1936 nach Frankfurt, Zeil 92.
Schicksal nicht bekannt.

**Stern, Hauptstraße 31**

*Leopold*, 4. Januar 1862 in Stammheim (Friedberg?),
Rentner,
27. Juli 1937 nach Braunschweig, Steinstraße 4 zur Tochter Paula.
10. November 1938 verhaftet und im KZ Buchenwald. 31. März 1942 Deportation nach Warschau. Gestorben im Ghetto Warschau oder in einem KZ.
*Johanna*, geb. Löbenstein, 17. September 1860 in Marköbel,
Hausfrau,
1937 verstorben.

*Hedwig*, 26. Juli 1897 in Marköbel,
Angestellte,
27. Juli 1937 mit Vater nach Braunschweig, Steinstraße 4.
Schicksal wie Leopold Stern.

**Strauß, Hauptstr. 12**

*Leopold*, 10. November 1873 in Marköbel,
Vieh-Händler,
1938 nach Friedberg zur Tochter Blanka, keine Abmeldung.
27. September 1942 in Friedberg abgemeldet nach "unbekannt". 1945 für tot erklärt.

*Ida*, 13. Juli 1902 in Marköbel,
Angestellte,
Häufiger Umzug (Baden-Baden, Niedermittlau, mehrfach Frankfurt),
Zuzug 4. Januar 1938 nach Marköbel, Wegzug nicht gemeldet.
Schicksal nicht bekannt.

*Julius*, 30. Dezember 1903 in Marköbel,
Händler.
14. Dezember 1936 mit Ehefrau Hildegard (aus Büdingen) nach USA (New York).

*Max*, 22. Februar 1906 in Marköbel,
Händler.
20. April 1938 mit Ehefrau Blanka (aus Oberelsbach) nach USA (New York).

*Blanka*, 17. September 1908 in Marköbel,
Hausangestellte.
Heiratet 1934 Alfred Rosenfeld aus Friedberg und verzieht am 6. Oktober 1938 nach Friedberg, Judengasse 28.
27. September 1942 zusammen mit Ehemann in Friedberg abgemeldet nach "unbekannt". 1945 für tot erklärt.

# Auswanderung im 18. und 19. Jahrhundert

*Wilhelm Dietzel*

Die Geschichte der Auswanderung aus Marköbel ist - wie überhaupt die kurhessische Auswanderer-Geschichte - erst in jüngster Zeit genauer erschlossen worden. Die Chronik aus dem Jahr 1939 widmet den Auswanderern nur wenige Zeilen. Dabei ist es schon bemerkenswert, daß vor allem im 19. Jahrhundert doch recht viele Bewohner Marköbels ihrem Dorf den Rücken gekehrt haben, um irgendwo in der Welt ihr Glück zu suchen.
Was mag sie bewogen haben, ihre Heimat zu verlassen, lange, strapaziöse und nicht selten auch gefährliche Reisen auf sich zu nehmen, um einen Neubeginn in einer ungewissen Zukunft zu versuchen?
Leider gibt es kaum unmittelbare örtliche Quellen, die uns die Motive der Auswanderer direkt verraten könnten. Außer den Aufzeichnungen in den Akten der Bürgermeister, der Kreisverwaltung und den Kirchenbüchern liegen nur wenige ausführlichere Textquellen vor: ein Briefwechsel des Bürgermeisters Johann Martin Stroh mit verschiedenen Auswandereragenturen aus den Jahren 1846/47, zwei Briefe einer Auswanderergruppe an den Bürgermeister und an den Pfarrer Bode aus dem Mai 1847 und die Briefe des Auswanderers Heinrich Möller aus der Zeit von 1865 bis 1901, die - ein Glücksfall - in der Familie bis zum heutigen Tag aufbewahrt wurden. Heinrich Möllers Briefe wurden mittlerweile wissenschaftlich ausgewertet und 1988 veröffentlicht (Helbich). Aber auch diese Briefe liefern keine unmittelbare Erklärung für die Entscheidung zur Auswanderung. Dennoch sind wir heute nicht mehr nur auf bloße Spekulationen angewiesen. Vor dem Hintergrund der neueren wissenschaftlichen Literatur erschließt sich uns auch aus Bürgermeisteraufzeichnungen, örtlichen Haushaltsrechnungen und kirchlichem Familienbuch ein sinnvolles und verstehbares Gesamtbild.

## Nach Ungarn und Rußland im 18. Jahrhundert

Die ersten Auswanderer verließen Marköbel bereits im frühen 18. Jahrhundert, als das Dorf sich noch im Wiederaufbau nach dem 30jährigen Krieg befand, und der Zustrom neuer Bürger noch immer nicht abgeebbt war.
Im April 1722 wird im Marköbeler Gerichtsbuch vermerkt, daß der Gerichtsmann und Hufschmied Johann Henrich Kahmer *"nach Ungarn gezogen"* ist. Noch vor 1726 folgte ihm Johannes Zoll mit Frau und Kind.
Mit dem gleichen Ziel verließen im späten Frühjahr 1741 Johann Jakob Decker, Johannes Fix (versehen mit einer Barschaft von 51 Gulden), die Witwe des Andreas Fix mit zwei Kindern, Stephan Kasiner, Johann Georg (Stephan?) Kahmer (Kohmer) mit seiner Frau, fünf Kindern und 256 Gulden sowie Konrad Woerner mit Frau und Kind das Dorf. Kahmer kehrte fünf Jahre später wieder zurück. Warum, wissen wir nicht.

Sofern er schlechte Nachrichten mitbrachte, erreichten sie fünf weitere Marköbeler Familien nicht mehr, denn sie waren zwischenzeitlich (1744) ebenfalls mit dem Ziel Ungarn ausgewandert: Johann Georg Bender mit Frau und vier Kindern, Johann Peter Hedderich mit Frau, Johann Wendelin Heyer mit Frau und drei Kindern, Johann Philipp Leis mit Frau und fünf Kindern und Thomas Schmitt mit Frau und zwei Kindern.
Ob sie tatsächlich nach Ungarn gingen, muß bezweifelt werden, denn dort waren eigentlich nur katholische Zuwanderer erwünscht. Das Ziel der reformierten Hanauer sei wohl, so wird daher vermutet, ein anderes gewesen: Gyönk *"in der nordwestlichen Ecke der schwäbischen Türkei"* (Hack; bisher konnte nicht festgestellt werden, um welchen heutigen Ort es sich handelt).
Im 18. Jahrhundert hören wir nur noch einmal von Marköbeler Auswanderern im Jahr 1766. Offensichtlich bewährte sich die auswanderungsfeindliche Politik der kurhessischen Landesherrschaft, die mit allen rechtlichen und polizeilichen Mitteln versuchte, die Untertanen innerhalb der Grenzen zu halten. Daß die Ungarnauswanderer 1741 und 1744 überhaupt abziehen durften, ist wohl noch am ehesten dadurch zu erklären, daß Hanau erst 1736 an Hessen-Kassel gefallen war und noch eine gewisse Eigenständigkeit genoß.
Seit 1763 ließ die russische Zarin Katharina II. in allen europäischen Staaten ihr zweites Einwanderungsmanifest verbreiten, mit dem sie versuchte, im Westen Siedler für unerschlossene oder gefährdete Gebiete ihres Herrschaftsbereiches zu gewinnen. Katharina versprach freie Religionsausübung, Steuerbefreiung für Bauern auf 10 bis 30 Jahre, zinslose Darlehen, auf ewige Zeit Befreiung vom Militärdienst und jeder Familie die unentgeltliche Zuweisung von Land zur Bebauung.
Kurhessen reagierte mit einer landesherrlichen Verordnung vom 24. September 1765, die allen Werbern Haft unter verschärften Bedingungen androhte. Trotzdem dürfte Marköbel für russische Abwerbungsversuche noch erreichbar gewesen sein, denn russische Werber hielten sich ganz in der Nähe in der freien Reichstadt Friedberg und im ysenburgischen Büdingen auf.
Tatsächlich verließen 1766 fünf Marköbeler mit ihren Familien das Dorf mit dem Ziel Rußland. Neben Johannes Horch, über den wir sonst nichts wissen, handelt es sich um den 27jährigen Strumpfweber Johann Wilhelm Brettmann mit seiner Frau Katharina und einer gleichnamigen Tochter von einem Jahr, um den 29jährigen Leineweber Johann Heinrich Dietrich mit seiner Frau Eva und einem zweijährigen Sohn sowie um den 27jährigen Strumpfweber Johann Wilhelm Heyer, begleitet von seiner Frau Anna Katharina, ihrer einjährigen Tochter Anne Margaretha, dem vierjährigen Sohn Johann Kaspar und einem 17jährigen Strumpfweber namens Heyer, der wohl zur Verwandtschaft gehörte. Ebenfalls dabei war der Ackermann und Leineweber Stoffel Claudi(i), von dem wir nicht wissen, ob er Familie hatte.
Obwohl zwei der Familien ein kleines Vermögen mitnehmen konnten, darf vermutet werden, daß wirtschaftliche Not ihr Auswanderungsmotiv gewesen sein könnte. Die Belastungen durch den siebenjährigen Krieg (1756-1763) bedrückten ganz Kurhessen,

und Marköbel bildete dabei sicher keine Ausnahme. Möglich aber auch, daß gerade unter den Strumpf- und Leinewebern die Versprechungen der Zarin besondere Erwartungen geweckt hatten. Denn immerhin lag der Anteil ihrer Familien an der Marköbeler Bevölkerung bei etwa 20 Prozent. Vielleicht waren das schon zu viele, um auf absehbare Zeit eine Familie hinreichend ernähren zu können. Für die ohnehin wandererfahrenen, mobilen Handwerksgesellen mag da der Entschluß zur Auswanderung näher gelegen haben als für manchen anderen.
Von weiteren Auswanderungen aus dem 18. Jahrhundert ist nichts bekannt. Die Zuwanderung überwiegt die "Verluste" bei weitem.

## Sozialer Wandel, Not und Armut beflügeln die Auswanderer

1754 hat Marköbel 639 Einwohner (das sind etwa 150 mehr als vor der Zerstörung des Dorfes im 30jährigen Krieg). Bis 1820 ist die Bevölkerung um fast das Doppelte auf 1071 Einwohner gestiegen. Das Dorf 'platzt aus allen Nähten', so daß die Bebauung auch außerhalb der Ringmauer ermöglicht werden muß.
Außer dem starken Bevölkerungszuwachs (der den Entwicklungen des 'schnellebigen' 20. Jahrhunderts in nichts nachsteht) bringt das 18. Jahrhundert einschneidende Veränderungen in der Berufsstruktur des Dorfes. Neben die traditionelle Landwirtschaft treten handwerkliche Berufe, die einer wachsenden Zahl von Familien das Einkommen sichern sollen. Besonders häufig sind Strumpf- und Leineweber (1759 bereits 26 Familien). Es finden sich aber auch weniger gebräuchliche Berufe in Marköbel, so z.B. 1759 ein Buchbinder (welche Bücher mag er wohl gebunden haben?). 1825 verdienen 109 Familien ihren Lebensunterhalt in den unterschiedlichsten handwerklichen Berufen, viele davon wohl nur noch schlecht und recht.
1831 wird die Kurhessische Verfassung verkündet. Sie gestattet ausdrücklich die Auswanderung, und zwar mit beliebigem Ziel. Mit den zuvor wiederholt ausgesprochenen Auswanderungsverboten, deren Durchbrechung nur in Ausnahmefällen gestattet wurde, konnte zwar die Auswanderung aus den hessischen Regionen nicht völlig verhindert werden - wie wir auch in Marköbel sehen konnten -, aber sie wurde doch gebremst. Nun, nach 1831, entstand in Hessen eine regelrechte Auswanderungswelle, die die Behörden vor allerlei Probleme stellte. Es galt zum Beispiel zu verhindern, daß sich Wehrpflichtige absetzten, daß sich Schuldner ihren Gläubigern entzogen, oder daß Angehörige als Versorgungsfälle zurückblieben, die dann den öffentlichen Kassen zur Last fielen. Umgekehrt mußten solche Bürger organisatorisch und materiell unterstützt werden, die - nicht selten lese- und schreibunkundig - Verhandlungen mit Schifffahrtsagenturen nicht hätten führen können oder denen es am nötigen Kapital zur Ausreise fehlte. In den Auswandererakten der Bürgermeister Johann Martin Stroh (1813-1853) und Johannes Martin Stroh jun. (1853-1877) spiegelt sich die ganze Fülle dieser Probleme. Die Auswanderungswilligen sprechen beim Bürgermeister vor und bitten um ihre *"Entlassung aus dem kurhessischen Staatsverband"*. Der Ortsvorstand prüft den

Fall, rechnet akribisch Haus-, Grundbesitz und anderes Vermögen gegen noch zu zahlende Schulden und rückständige Steuern auf und erteilt schließlich eine Bescheinigung, die beim Kreisamt vorgelegt werden muß:

*"..... von hier beabsichtigt mit seiner Frau und Kindern nach Nordamerika auszuwandern. Gegen diese Auswanderung steht von seiten des Ortsvorstandes nichts entgegen, derselbe steht in gutem Ruf, besitzt dahier (in der Regel) kein Vermögen und hat keine rückständige Steuer mehr zu bezahlen. Solches wird bescheinigt."*

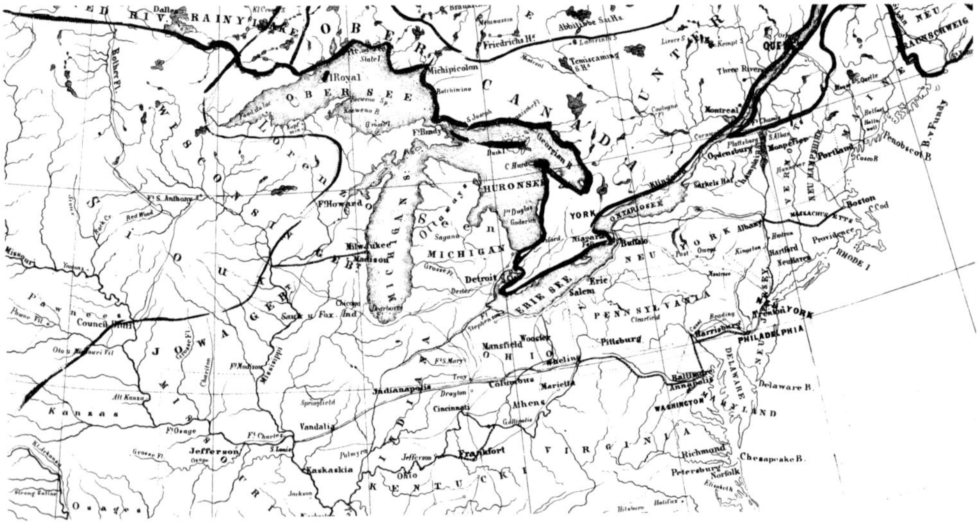


Die "Neue Welt" für den überwiegenden Teil der Marköbeler Auswanderer: Die Vereinigten Staaten. Hier eine Landkarte, wie sie von Auswandereragenturen in der Mitte des vergangenen Jahrhunderts abgegeben wurde. Orginal im Gemeindearchiv, Fach 23, Nr. 3.

In einigen Fällen wird die Vermögensaufrechnung durch Bemerkungen wie "... ist notorisch arm", *"... und soll aus der hiesigen Gemeinde die Transport Kosten bestritten werden"* ersetzt. Die Bürgermeisterrechnungen aus den Auswanderungsjahren zeigen, daß tatsächlich erhebliche Summen aufgebracht wurden, um den reisewilligen Armen die Gelegenheit zum Verlassen des Dorfes zu geben. 1847 wurden aus der Gemeindekasse 4572 Gulden und 56 Kreuzer an Fuhrlohn und Überfahrtsgeld aufgewendet, 1852 noch einmal 4826 Gulden. Daneben fielen noch etliche hundert Gulden für Handgelder und Ausstattung an. *"Ein Rock, ein par Hose, ein West, ein par neue Schuh, ein par Kamasche, ein par Strimpf, ein Krage"* kosten am Ende auch 11 Gulden und 44 Kreuzer. Allein die Tatsache, daß der Ortsvorstand nicht zögerte, der Gemeindekasse solche enormen Belastungen aufzubürden, deutet darauf hin, daß in der ersten Hälfte des 19. Jahrhunderts Not, Hunger und Armut bei etlichen Marköbeler Familien eingezogen waren und daß eine Lösung des Problems nicht absehbar schien.

Erweitert man den Blick auf Kurhessen, dann wird klar, daß die Marköbeler Zustände nur der örtliche Ausdruck einer allgemeinen wirtschaftlichen und sozialen Misere waren, die der nach der Niederlage Napoleons wieder zurückgekehrte Kurfürst zu verantworten hatte.
Mit der Wiedereinführung des Zunft- und Konzessionszwangs und vor allem mit einer abenteuerlichen, gegen Preußen gerichteten Zollpolitik blockierte der absolutistisch regierende Kurfürst die wirtschaftliche Entwicklung seines Landes.
Insbesondere die Provinz Hanau - gänzlich umgeben von Ausland - hatte unter den Handelsbeschränkungen zu leiden. Die exponierte Grenzlage Marköbels zeigt sich überdeutlich daran, daß der Umzug nach Langen-Bergheim, etwa wegen einer Hochzeit, die gleichen Formalitäten voraussetzte wie die Auswanderung nach Übersee. Die kurhessische Staatsbürgerschaft mußte abgegeben werden.

Verschärft wurde die Situation durch ein erhebliches Bevölkerungswachstum, mit dem die Nahrungsmittelproduktion nicht mithalten konnte, denn auch die Modernisierung der Landwirtschaft ließ auf sich warten. Man pflegte im allgemeinen noch die Dreifelderwirtschaft - und dies auf einem weitgehend zersplitterten Besitz mit zerstreut liegenden kleinsten Parzellen. Für das benachbarte Langenselbold ist dieser Zustand 1863 statistisch belegt. Die durchschnittliche Größe der Parzellen betrug dort 0,19 Kasseler Acker (knapp 5 Ar). Allein 5,6 Prozent des Landes gingen für Grenzfurchen verloren (Eihachiri Sahai, Der kurhessische Bauer und die Grundlastablösung, Metzingen 1967, S. 14). In Marköbel dürfte es nicht viel anders ausgesehen haben.

Gerade in der Provinz Hanau war die Zersplitterung des bäuerlichen Besitzes besonders ausgeprägt. Etwa ein Drittel der Flächen war mit winzigen "Bauergütern" unter 3 Hektar belegt, die allenfalls für den bäuerlichen Nebenerwerb tauglich waren. Auf der anderen Seite hatten 12 Prozent der Landbesitzer etwa die Hälfte aller landwirtschaftlich genutzten Flächen in ihrem Besitz. (Sahai, S. 3 f. Die Zahlenangaben gelten für 1878). Nur ihre Güter hatten eine Mindestgröße von fünf Hektar und garantierten eine gesicherte Existenz. Gänzlich konjunkturabhängig war ohnehin die Lage der Landlosen und Tagelöhner.
Jede Mißernte war in dieser Situation für beträchtliche Teile der kurhessischen Bevölkerung eine lebensbedrohliche Katastrophe. Vor allem eine neuartige Kartoffelfäule, die seit 1845 grassierte, verschärfte den Hunger der Armen. In guten Jahren war auch auf einem kleinen Grundstück mit Kartoffelanbau die Ernährung einer Familie noch ziemlich sicherzustellen. Fehlten aber die Kartoffeln, so fehlte das Grundnahrungsmittel. Beim gleichzeitigen rapiden Anstieg der Getreidepreise (so insbesondere nach der "Jahrhundertmißernte" 1816 und 1845/46) blieben für die Armen nur Hunger, hoffnungslose Verschuldung oder die notdürftige Versorgung aus öffentlichen Mitteln.
Politische Unruhen blieben in der derart zugespitzten Situation nicht aus, und es verwundert nicht, daß gerade in der Provinz Hanau bei den revolutionären Unruhen von 1830 und 1848 der geballte Zorn des Volkes sich gewalttätig Luft machte.

Der Auswanderer Heinrich Möller (Henry Miller), geb. 1846 (Nr. 86 der alphabetischen Namensliste). Er wanderte 1865 aus, war zweimal verheiratet und hatte neun Kinder. Er lebte bis mindestens 1910 mit seiner Frau in Meyersdale City, Pennsylvania (MC 1910)

Daß die Marköbeler Ortsoberen in dieser wirtschaftlich wie politisch äußerst gespannten Lage bereit waren, erhebliche Mittel aufzubringen, um armen Ortsbewohnern die Auswanderung zu ermöglichen, erstaunt nicht. Sie versuchten auf diese Weise - wohl nach der Devise "lieber ein Ende mit Schrecken als ein Schrecken ohne Ende" - ein unlösbares soziales und politisches Problem wenigstens teilweise zu 'exportieren'.
Tatsächlich zeigt ein Blick in die Bürgermeisterrechnungen, daß die Armenpflege insbesondere in Notjahren die Gemeindefinanzen unglaublich erschütterte. 1847 ist, nach zwei Mißernten, ein ausgesprochenes Krisenjahr. Etwa ein Drittel der Bevölkerung muß mit Nahrungsmitteln und Saatgut versorgt werden. Bei einem Gesamtvolumen der Gemeindeeinnahmen von rund 22.000 Gulden müssen 14.150 Gulden aus Krediten finanziert werden. Die Ausgaben für die Armenpflege belaufen sich auf 8977 Gulden, von denen etwa die Hälfte für die Auswanderer aufgewendet werden. Der Rest dient der Unterstützung der zurückbleibenden Armen. Die Rückstände an nichtgezahlten Pachten, Steuern usw. belaufen sich im gleichen Jahr auf etwa 1400 Gulden.
Die Motive der Auswanderer liegen also auf der Hand. Es gibt nur einige wenige, die (angeblich, wie Bürgermeister Stroh vermerkt) noch über Vermögen verfügen. Für die große Mehrheit ist der Entschluß, der Heimat den Rücken zu kehren, eine strapaziöse und keineswegs ungefährliche Reise auf sich zu nehmen und in einer unbekannten "Neuen Welt" einen neuen Anfang zu wagen, aus der Not geboren.

## Der schwierige Weg nach Amerika

Ihren Anfang nimmt die Marköbeler Auswanderungsbewegung des 19. Jahrhunderts, in deren Verlauf (mindestens) 270 Einwohner das Dorf verlassen, im Jahr 1831, dem Jahr, in dem die Auswanderung offiziell gestattet wird. Ziel zunächst einzelner, 1838 aber schon von sieben Familien ist Nordamerika. Untypisch ist Philipp Mosbach, der mit seiner siebenköpfigen Familie nach Polen zieht (1838). Erst am Ende des Jahrhunderts werden wieder andere Reiseziele attraktiv (Einer geht nach Südafrika, eine Familie nach Chile). Alle anderen Auswanderer gehen nach Nordamerika.

Die erste größere Gruppe verabschiedet sich 1847 von Marköbel, um geleitet von einem Stockheimer Fuhrmann zunächst die Reise nach Bremen auf dem Landweg anzutreten. Von dort soll es nach Baltimore oder New York weitergehen. Vermittler der Reise ist ein Agent des Bremer Schiffsexpedienten Carl Traub, ein gewisser Hecht in Friedberg, mit dem der alte Bürgermeister Stroh eine rege Korrespondenz vor allem über die finanzielle Abwicklung des Vorhabens führt. Es waren allerdings auch andere Komplikationen nicht ganz ausgeschlossen, denn die Regierung der Vereinigten Staaten hatte mittlerweile, nachdem in immer größerer Zahl völlig überfüllte Schiffe in ihren Häfen anlandeten, ein Gesetz beschlossen, das die Zahl der Passagiere je nach Schiffsgröße erheblich beschränkte. Einem Rundschreiben der Bremer Agentur Wichelshausen & Co. konnte der Bürgermeister entnehmen, daß es rein unmöglich sei, *"sämmtliche engagirte Passagiere zu früher bestimmten Zeiten nach Häfen der Vereinigten Staaten zu expediren."* Ob die 46 Marköbeler Männer, Frauen und Kinder, die sich Mitte Mai 1847 auf den Weg machten, ihren Zielhafen erreichten, oder ob sie möglicherweise in Kanada ausgeladen wurden, ist ungewiß. Sicher ist nur, daß ihnen schon auf dem halben Landweg das Zehrgeld ausging, denn in einem Schreiben vom 24. Mai wenden sie sich mit einem dringenden Hilferuf an den Bürgermeister: *"Das Elend und der Hunger und die Theuerung sind so groß, daß wir zum größten Theil schon ganz entblößt an Gelde sind und unsere braven Fuhrleute sich unserer angenommen haben..."*. Um die Dringlichkeit ihres Anliegens zu unterstreichen, 'drohen' die Auswanderer damit, sie würden sich am Ende *"dem Erschräcklichen Schicksale ausgesetzt sehen auf Kosten der Gemeinde wieder zurück zu kommen"*. Gleichzeitig erhält auch der Marköbeler Pfarrer einen Brief mit der Bitte, beim Kreisamt um Unterstützung zu werben, *"weil wir wennig Hoffnung haben, daß wir gerade zu auf unser Schreiben an den Ortsvorstand in Marköbel Hilfe bekommen"*. Ihre Einschätzung trügt nicht. Stroh, vom Kreisamt um einen Bericht gebeten, charakterisiert die Auswanderer als *"bei nahe alle von der Beschafenheit die kein Geld in den Säcken leiten könnte"*. Zum Beweis dieser Einschätzung führt er an, daß sie in dem *"benachbarten Orte Langen Bergheim"* im Wirtshaus gewaltig gezecht hätten. Sie hätten im übrigen so

viele Lebensmittel mitgenommen, daß sie bis Bremen reichen müßten. Folgerichtig lehnen die Gemeindebehörden es ab, weitere Gelder zu bewilligen.
Die abweisende Haltung des Bürgermeisters erklärt sich vermutlich auch aus seinen Erfahrungen, die er gerade erst ein Jahr zuvor anläßlich der versuchten "Fortbringung" eines offenbar besonders illustren Marköbelers machen mußte. Der damals 35jährige Bäcker Adam Wennel sollte im Herbst 1846 durch den Verein zur Beförderung deutscher Auswanderer in Mainz via Rotterdam und England nach New York befördert werden. Seine Frau Dorothea und Tochter Katharina blieben zurück. Wennel war völlig mittellos, konnte nicht einmal seine Schuhe besohlen lassen. Auf Kosten der Gemeinde wurde er neu eingekleidet, erhielt ein Handgeld und wurde in Marsch gesetzt.
Tatsächlich erreichte er in wenigen Tagen Rotterdam und hätte am 2. Dezember das Schiff nach England betreten können. Das aber tat er nicht. Dr. Strecker, ein führender Mitarbeiter der Mainzer Agentur, teilte am 15. Dezember dem Bürgermeister die Gründe mit. *"Das Schiff hatte Wennel nicht erreicht, weil ihn der Wirth des Lokals "Stadt Antwerpen" wegen einer Zeche von 3-4 Gulden (in einer Nacht!) hatte arrestieren lassen."* Da Wennel auch das Geld fehlte, um in Rotterdam auf das nächste Schiff nach London warten zu können, fuhr er wieder nach Hause zurück - selbstverständlich wieder auf Kosten der Gemeinde.

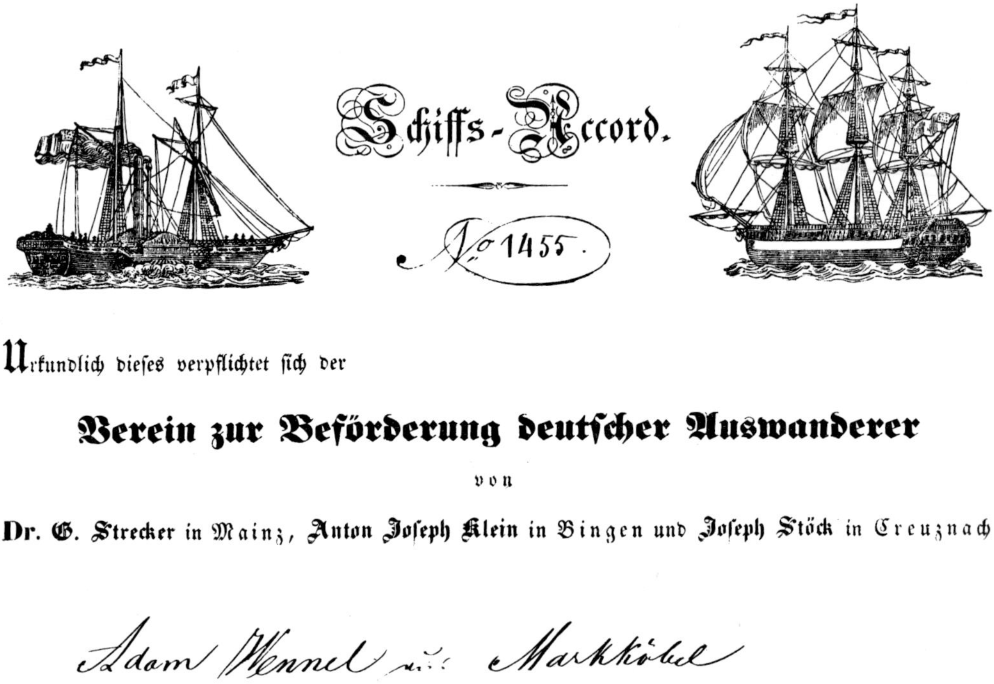
Schiffs-Accord.

No 1455.

Urkundlich dieses verpflichtet sich der

Verein zur Beförderung deutscher Auswanderer

von

Dr. G. Strecker in Mainz, Anton Joseph Klein in Bingen und Joseph Stöck in Creuznach

Adam Wennel zu Markköbel

Ausschnitt aus dem Vertrag für die Überfahrt des Adam Wennel nach New York. Er kam aber nur in das Lokal "Stadt Antwerpen" in Rotterdam....

Den 46 Auswanderern des Jahres 1847 folgten von 1851 bis 1854 mindestens 80 Personen. In den Folgejahren sind es meist weniger, manchmal nur einzelne, die Marköbel verlassen - soweit man der Aktenlage trauen kann, denn für immerhin 70 Auswanderer läßt sich das Datum ihrer Abreise nicht bestimmen, weil entsprechende Angaben fehlen. Unter den Auswanderern des 19. Jahrhunderts, die nach Nordamerika gingen, waren ca. 90 Männer, 60 Frauen und über 100 Kinder unter 14 Jahren. Etwa 50 Frauen und Männer meist jüngeren Alters gingen alleine. Man kann allerdings vermuten, daß einige davon mit oder zu Verwandten und Bekannten ausreisten.
Soweit Berufsangaben vorliegen, belegen sie im wesentlichen die Misere des Handwerks, insbesondere der Strumpf- und Leineweberei, die auch in der Hanauer Gegend unter den Druck billiger maschinell hergestellter Konkurrenzprodukte geriet. Wir finden folgerichtig unter den Auswanderen (sofern die Unterlagen Berufsangaben enthalten) neun Strumpfweber, fünf Leineweber, je drei Schuhmacher und Zimmerleute, je zwei Schneider, Maurer und Ackermänner sowie jeweils einen Dreher, Schreiner, Wagner, Waldschütz. Dazu als Ausnahmeerscheinung auch einen 'Seifenfabrikanten'. Die Marköbeler Auswanderer repräsentierten damit die "zweite Generation" hanauischer bzw. kurhessicher Auswanderer, die sich vor allem aus der sozial deklassierten Unterschicht zusammensetzt. Ihr vorangegangen war in einer ersten Phase die Auswanderung meist gutsituierter Emigranten, deren Motive ganz andere gewesen sein dürften. Einige der Marköbeler Auswanderer waren wohl auch echte 'underdogs', die nicht nur unter ihrer materiellen Not zu leiden hatten. Wir finden sie in den Akten etwa als uneheliche Kinder unehelicher Kinder. Ihre Auswanderung war vermutlich auch mit der Hoffnung auf gesellschaftliche Anerkennung verbunden, ohne den Makel einer ortsbekannten Außenseiterbiografie.

# Alphabetische Namensliste Auswanderer mit ergänzenden Angaben

*Ursula und Wilhelm Dietzel*

**Die Angaben sind wie folgt systematisiert:**

1. Zeile: Name
2. Zeile: Geburtsdatum
3. Zeile: Beruf
4. Zeile: Auswanderungsziel u. -datum
5. Zeile: Personenzahl insgesamt
6. Zeile: besondere Angaben
7. Zeile: Quellen

Für etliche Personen enthalten die angelegten Karteikarten weitere Informationen, z.B. Geburtsnamen und -daten der Ehefrauen, Namen u. Geburtsdaten der Kinder, Einzelheiten über Vermögensverhältnisse. Diese weiteren Informationen können über das Gemeindearchiv in Erfahrung gebracht werden.

Die verwendeten Quellen (7. Zeile) wurden abgekürzt:
BR = Bürgermeisterrechnungen u. BR-Anlagen der Auswanderungsjahre, manchmal auch der Vorjahre
Bott = Chronik von 1939
GAM = Auswandererakten der Bürgermeister Stroh, im Fach 23/3
GAM(HStA), Nr. 35 = Protokolle des Gemeinderates
Hack = Johannes Hack, Die in den Akten des Hanauer Geheimen Rates eingetragenen Auswanderer der Landgrafschaft Hessen Hanau von 1741-1766, in Hanauisches Magazin, Nr. 3/4, 1937, S. 21-24
Helbich = W. Helbich u.a. (Hrsg.), Briefe aus Amerika - Deutsche Auswanderer schreiben aus der Neuen Welt 1830-1930, München 1988
HesAus = Computerindex nach Familiennamen von I. Auerbach und O. Fröhlich, Auswanderer aus Hessen-Kassel. hrsg. vom Hess. Staatsarchiv Marburg 1987 (Bd.1) und 1988 (Bd. 2).
KAM = Familienbuch der ev. Kirche
StAM = Bestand 82b, Nr. 71, Akten der Provinz Hanau, Entlassungen aus dem Untertanenverband
StAM (180) = Bestand 180 Hanau, Ein- und Auswanderer (1849...1919)

1) ALTVATER, Georg Peter
13.12.1815 (aus Bruchköbel)
Maurer
Nordamerika 1855
6 (mit Frau u. 4 Kindern)
Gemeinde zahlt
BR, KAM, GAM

2) BÄR, Henrietta
25.3.1830 (unehel.?)
...
Nordamerika 1854
1
Gemeinde zahlt
BR, KAM

3) BÄR, Johannes
14.11.1836
...
Nordamerika 1853 (illegal?)
1
Vater beschafft nachträglich d. Entlassung aus dem kurhess. Staatsverband
GAM, KAM

4) BÄR, Maria Katharina
27.10.1828
...
Nordamerika 1854
1
Schwester von 3)
GAM, KAM

5) BÄR, Wilhemina
27.4.1798 (geb. Kullmann)
...
Nordamerika 1859
4 (mit 3 Kindern)
Witwe, Mutter von 3) und 4)
GAM, StAM (180)

6) BENDER, Johann Georg
...
...
Ungarn 1744
6 (mit Frau u. 4 Kindern)
Hack; HesAus

7) BINGEL, Johann Georg
24.3.1800
Strumpfweber
Nordamerika 1852
6 (mit Frau u. 4 Kindern)
...
BR; StAM (180)

8) BRETTMANN, Joh. Wilhelm (od. Heinrich)
1739
Strumpfweber
Rußland 1766
3 (mit Frau u. Kind)
besitzt 110 Gulden
Hack; HesAus

9) BURBACH, Friedrich sen.
4.3.1794
Strumpfweber
Nordamerika 1854
3 (mit Frau u. Sohn, letzterer möglicherw. illegal?)
vgl. 10
GAM, KAM

10) BURBACH, Friedrich jun.
24.12.1822
Strumpfweber
Nordamerika 1854
6 (mit Frau u. 4 Kindern)
gleichzeitig mit Eltern 9)
GAM, KAM

11) CLAUDI (CLAUDII), Stoffel
...
Leineweber/ Ackermann
Rußland 1766
1 ?
...
HesAus

12) DECKER, Georg (Johann Jakob?)
...
...
Ungarn 1741
1 ?
Bei Hack als DREXLER geführt
Hack, HesAus

13) DIETRICH, Heinrich Johann
...
...
Nordamerika? 1851
?
...
StAM (180)

14) DIETRICH, Joh. Heinrich
1737
Leineweber
Rußland 1766
3 (mit Frau u. Kind)
mit 98 Gulden
Hack, HesAus

15) DIETRICH, Wilhelm Friedrich
2.1.1845
...
Nordamerika 1867
1
Leineweber-Sohn
GAM, KAM

16) FAUST, Konrad
26.9.1818
Strumpfweber
Nordamerika nach 1857 (illegal?)
5 (Frau u. 4 Kinder)
keine Genehmigung nachweisbar
KAM

17) FIX, Andreas (Ausw. fraglich!)
...
...
Ungarn 1741
3 (Witwe u. 2 Kinder)
im Mai wandert seine Witwe aus!
Hack; HesAus für Witwe

18) FIX, Johannes
...
...
Ungarn 1741
1 ?
mit 51 Gulden; vermutl. zus. mit 17)
HesAus

19) FIX, Heinrich Peter
21.1.1836
...
Nordamerika 1854
1
Strumpfweber-Sohn
GAM

20) FIX, Jakob
9.3. 1819
Leinewebermeister
Nordamerika 1847
2 (mit Frau)
Gemeinde zahlt; Sohn von 22)
BR, GAM

21) FIX, Jakob Wilhelm
22.10.1838
...
Nordamerika ? 1867
...
StAM (180)

22) FIX, Michel (Joh. Michael)
26.10.1796
Leineweber
Nordamerika 1847
4 (6) mit Frau u. 2 Söhnen, u.U. auch Tochter
mit unehelichem Sohn
letztere, Maria Katharina, heiratet lt. ev.FB
nach Niederissigheim, daher Ausw. fraglich;
vgl. auch 20)
BR; GAM, KAM

23) FIX, Wilhelm Friedrich
26.12.1840
...
Nordamerika 1858
1
Strumpfweber-Sohn
GAM, KAM

24) FORELL, Anna Margaretha
23.12.1832
...
Nordamerika 1854 (?)
1
Vater war Maurer
GAM, KAM

25) FORELL, Johannes
12.11.1797
Maurer
Nordamerika 1853
3 (mit 2 Kindern)
Gemeinde zahlt; Vater von 26) u. 27)
BR

26) FORELL, Johannes
22.4.1822
Weißbinder
Nordamerika 1851 od.1853
3 (mit Frau u. Tochter)
Sohn von 25)
KAM, StAM (180)

27) FORELL, Marie Katharine
1.3.1826
...
Nordamerika 1853 ?)
3 (mit 2 vermutl. unehel. Kinder
wahrscheinllich zus. mit 25)
KAM

28) GÄRTNER, Johann Georg
...
...
Nordamerika (?) 1861
1
...
StAM (180)

29) GAST, Johann Peter
...
...
Nordamerika (?) 1851
1
...
StAM (180)

30) GAST, Maria Theresia
7.5.1833
...
Nordamerika 1855
1
...
GAM, GAM (HStA), KAM

31) GAUL, Peter Ludwig
19.11.1806
...
Nordamerika 1854
4 (mit Frau u. 2 Kindern)
Gemeinde zahlt
GAM, KAM

32) GEIßEL, Peter
... 1846
...
Nordamerika o.D.
1
vermutl. illegal, da keine offiziellen Quellen
KAM

33) GLEIß, Joh. Martin
18.7.1813
Schuhmachermeister
Nordamerika 1847
4 (mit Frau u. 2 Kindern)
"notorisch arm", Gemeinde zahlt
BR; GAM, KAM

34) GOLDACKER, Katharina Maria
25.10.1816
...
Nordamerika 1855
Frau von 1) seit 2.7.1843
GAM, KAM

35) GOLDACKER, Peter
26.1.1845
...
Nordamerika 1865
1
Neffe von 34)
GAM, KAM, StAM (180)

36) GRIMM, Friedrich
...
...
Nordamerika (?) 1866
1
ein Sohn des Lehrers Joh. Konrad Grimm?
GAM

37) GÜNTER, Michael Ludwig
...
...
Nordamerika 1854
1 ?
...
GAM

38) HAYER, Anna Margarete (für HAYER auch HEYER und HEIER!)
22.5.1841
...
Nordamerika o.D.
1 ?
...
KAM

39) HEIER, Anna Maria
26.5.1845 ?
...
? 1871
1
Schwester von 42)
GAM, KAM

40) HEYER, Johann Wendelin
...
...
Ungarn 1744
5 (mit Frau u. 3 Kindern)
100 Gulden Vermögen
Hack, HesAus

41) HEYER, Johann Wilhelm
1739
Strumpfweber
Rußland 1766
5 (mit Frau, 2 Kindern u. Joh. Wilhelm H., 17 Jahre alt, Strumpfweber - ein Bruder ?)
...
Hack, HesAus

42) HEIER, Katharina Maria
22.2.1849 (vermutl.)
...
Nordamerika? 1871
2 (mit Tochter)
Schwester von 39)
GAM, KAM

43) HEIER, Philipp Peter
4.1.1835 (vermutl.)
...
Nordamerika 1854
1
...
GAM, KAM

44) HECK, Joh. Jakob
10.6.1819
Waldschütz
Nordamerika 1867
6 (mit Frau, 3 Kindern u. 1 Enkelkind)
Cousin von 45); Gemeinde zahlt
GAM, GAM (HStA), KAM

45) HECK, Philipp Heinrich
3.5.1834
...
Nordamerika ? 1867
5 (mit Frau u. 3 Kindern)
Cousin von 44)
GAM, KAM

46) HEDDERICH, Joh. Peter
...
...
Ungarn 1744
2 (mit Frau)
...
Hack; HesAus

47) HERMANN, Joh. Christian
5.10.1801
Wagner
Nordamerika 1852
9 (mit Frau u. 7 Kindern)
weitere 9 Kinder bereits verstorben! Bruder von 48)
BR, KAM

48) HERMANN, Joh. Peter
16.11.1813
...
Nordamerika 1839
1
Bruder von 47)
KAM

49) HOFMANN, Adam
14.7.1806
Zimmermann
Nordamerika 1847
5 (mit 4 Kindern)
Gemeinde hilft
GAM, KAM

50) HOFMANN, (Anna) Barbara
...
...
Nordamerika 1833
1
...
StAM (180)

51) HOFMANN, Johann Conrad
...
...
Nordamerika 1851 (od. 1865 ders.?)
1 ?
...
StAM (180)

52) HOFMANN, Joh. Wilhelm
14.1.1812
Strumpfweber
Nordamerika 1847
4 (mit 3 Kindern)
Witwer seit 1843; Gemeinde unterstützt Reise
BR, GAM, KAM

53) HORCH, Johannes
...
...
Rußland 1766
1 ?
...
HesAus, GAM, 23/2

54) KOHMER (wohl KAHMER), Johann Georg
(= Joh. Stephan ?)
...
...
Ungarn 1741
7 (mit Frau u. 5 Kindern)
reist mit 256 Gulden; vgl. 56)
HesAus

55) KAHMER, Joh. Henrich
...
Hufschmied
Ungarn vor 1722
?
Gerichtsmann
Bott (nach Gerichtsbuch v. 1638 ff.)

56) KAHMER, Joh. Stephan
...
...
Ungarn 1741
?
1746 wieder zurück; = 54)?
Bott; Hack

57) KAHMER, Johann Wilhelm
11.5.1795
Ackermann
Nordamerika 1847
2 (mit Frau)
1085 Gulden Vermögen; die Kinder wandern nach ihrer Heirat später ebenfalls aus; vgl. 58) u. 67)
GAM, KAM

58) KAHMER, Johann Wilhelm
13.9.1827
...
Nordamerika? 1853
3 (mit Frau u. Tochter)
vgl. 57)
KAM, StAM/180)

59) KASINER (KASSINER), Stefan
...
...
Ungarn 1741
?
...
Hack; HesAus

60) KATZ, Löb
...
...
Nordamerika 1852
?
...
StAM (180)

61) KITTEL, Joh. Michael
23.1.1805
...
Nordamerika vor 1846
?
im Nummerbuch als Hausbesitzer gestrichen mit Ausw.-Hinweis, ebenfalls der Bruder Joh. Heinrich, der aber lt. KAM 1837 verstorben ist; Ausw. weiterer Geschwister denkbar (Lücken im KAM)
GAM/HStA), Nr. 26-29, KAM

62) KITTEL, Heinrich Michael
...
...
Nordamerika? 1851
?
...
StAM (180)

63) KERN, Johann Kaspar
8.3.1811
...
Nordamerika nach 1849
5 (Frau u. 3 Kinder)
...
KAM

64) KOCH, Andreas
24.4.1806
...
Nordamerika vor 1849?
1 ?
Bruder von 65) u. der Ehefrau von 57)
KAM

65) KOCH, Johann Wilhelm
17.1.1797
Dreher
Nordamerika 1838
5 (mit Frau u. 3 Kindern)
2.500 Gulden Vermögen!
KAM, StAM

66) KÖBEL, Heinrich
11.10.1843
...
Nordamerika o.D.
1
vermutl. zus. mit Vetter u. Base, vgl. 93) u. 94);
gest. 28.7.1909 in Cleveland, USA
KAM

67) KRAUCH, Wilhelm
26.5.1823
...
Nordamerika 1853 od. wenig später
2 (mit Frau)
Frau ist Tochter von 57)
KAM

68) KRAUS, Caspar
...
...
Nordamerika 1851
?
...
StAM (180)

69) KRAUS, Henrich
...
...
Nordamerika 1852
3 od. 5 (sicher mit Familie)
im ev. FB nicht feststellbar, um welche Person es sich handelt; bei versch. Kraus-Familien Verbleib unklar u. damit Ausw. denkbar; Gemeinde zahlt Reise
BR, KAM

70) KRAUß, Johann Henrich
...
...
Nordamerika 1851
1 ?
...
StAM (180)

71) KROPP, Friedrich Wilhelm
24.3.1840
...
Nordamerika 1871 od. 1879
3 (mit Frau u. Tochter)
Frau ist Nichte von 33)
GAM, KAM, StAM (180)

72) LEIS, Joh. Philipp
...
...
Ungarn 1744
7 (mit Frau u. 5 Kindern)
...
Hack; HesAus

73) LICHTENSTEIN, Benjamin
...
...
USA 1895
1 ?
...
StAM (180)

74) LICHTENSTEIN, Joseph
...
...
Nordamerika ? 1852
1 ?
...
StAM (180)

75) LICHTENSTEIN, Löb
...
...
Nordamerika (?) 1852
1 (?)
...
StAM (180)

76) LICHTENSTEIN, Moritz
...
...
USA 1895
1 (?)
...
StAM (180)

77) LICHTENSTEIN, Seligmann
7.2.1839
...
Nordamerika 1859
1 ?
...
GAM (HStA) (jüdisches Geburtsregister Marköbel 1825-1874, lfd. Nr. 579), StAM (180)

78) LICHTENSTEIN, ...
ev. Anselm, geb. 19.10.1853
...
? 1870
1 ?
...
GAM, (HStA) (jüd. Geburtsregister, s. Nr. 77)

79) LÖBENSTEIN, Kreddche (Cressie ?)
5.5.1828
...
Nordamerika 1854
1
...
GAM, HStA (jüd. Geburtsregister, s. Nr.77)

80) LÖWENSTEIN, Jakob
...
...
Nordamerika ? 1853
1 ?
...
StAM (180)

81) LOREY, Heinrich Peter
12.4.1839
...
Nordamerika o.D.
1 ?
...
KAM

82) LOREY, Johann Wilhelm
10.10.1804
Strumpfweber
Nordamerika 1852
4 (mit Frau u. 2 Kindern)
Gemeinde zahlt, L. überläßt Grundstücke
BR, KAM

83) LOTTICH, Georg
...
...
Nordamerika 1851 ?
1
geht vermutl. mit seinem Sohn, vgl. 84)
KAM

84) LOTTICH, Johannes
30.9.1820
Strumpfweber
Nordamerika 1851
4 (mit Frau u. 2 Töchtern)
vermutl. in Begleitung von 83)
KAM, StAM (180)

85) LOTZ, Johannes
19.4.1816
Strumpfweber
Nordamerika 1851
6 (mit Frau u. 4 Kindern)
...
KAM, StAM (180)

86) MÖLLER, Heinrich
25.9.1846
Schuhmacher
Nordamerika 1865
1
möglicherweise wg. Wehrdienst zunächst illegal; Entlassung aus dem Untertanenverband wird vom Vater nachträglich erledigt; von M. liegt Briefwechsel mit der Familie bis 1901 vor
GAM, Helbich, KAM

87) MÖLLER, (Elisabeth) Magdalene
16.4.1824
...
Nordamerika 1852 ?
1
im ev. FB nur Verweis auf Verbleib in Eckartshausen, daher Ausw. fraglich
BR, KAM

88) MOSBACH, Philipp
29.6.1788
...
Polen 1838
7 (mit Frau u. 5 Kindern)
...
Bott, KAM

89) ORTH, Johann Heinrich
10.1.1801
Zimmermeister
Nordamerika 1838
4 (mit Frau u. 2 Kindern)
1500 fl Vermögen! Onkel von 90) u. 91)
KAM, StAM

90) ORTH, Johann Leonhard
16.3.1819
Strumpfweber
Nordamerika 1838
(geht mit Onkel 89) u. Schwester 91)
1
KAM, StAM

91) ORTH, Margarete
20.4.1822
...
Nordamerika 1838
1
geht mit Onkel 89) u. Bruder 90)
KAM, StAM

92) REICHENBERG, Löb
...
...
... 1866
1 ?
...
GAM

93) REUTER, Anna Elisabeth
27.11.1857
...
Nordamerika ? o.D.
1
geht mit Vetter 66) und Bruder 94)
KAM

94) REUTER, Johann Peter Jakob
17.4.1873
...
Nordamerika ? o.D:
1
geht mit Schwester 93) und Vetter 66)
KAM

95) RINGLER, Wilhelm
28.9.1849
...
Chile (nach 1896)
13 (mit Frau u. 11 Kindern)
Sohn des Lehrers W. Ringler aus Schlüchtern
KAM

96) RUDEL, Johann Georg
29.9.1806
Leinwebermeister
Nordamerika 1847
4 (mit Frau u. 2 Kindern)
"notorisch arm", Gemeinde zahlt "Transportkosten"
BR, GAM, KAM

97) RUDEL, Konrad
21.11.1797
Maurermeister
Nordamerika 1847
3 od. 4 (für 1 Sohn aus erster Ehe Ausw. ungewiß)
Gemeinde unterstützt
BR, GAM, KAM

98) SCHÄFER, Friedrich
...
Schuhmacher (aus Hainchen)
Nordamerika 1854
2 (mit Frau)
Tochter Dorothea (gest. 1850) war 1. Frau des 111), der im gleichen Jahr ausgewandert ist; vermutl. zusammen
GAM, KAM

99) SCHÄFER, Johannes
...
...
Nordamerika 1855
1
Gemeinde zahlt; "steht aber in schlechtem Ruf"
GAM, GAM (HStA)

100) SCHMIDT, Jakob Philipp
4.10.1796
Leinewebermeister
Nordamerika 1847
4 (mit Frau u. 2 Kindern)
hat noch Schulden; Gemeinde zahlt
BR, GAM, KAM

101) SCHMIDT, Johann Konrad
16.5.1811
Schneidermeister
Nordamerika 1851
8 (Frau u. 6 Kinder)
Gemeinde zahlt
GAM, KAM, StAM (180)

102) SCHMITT, Thomas
...
...
Ungarn 1744
4 (mit Frau u. 2 Kindern)
...
Hack; HesAus

103) SCHNEIDER, Johannes
...
...
Nordamerika ? 1851
1 ?
...
StAM (180)

104) SCHNEIDER, Johannes
6.12.1849
...
Nordamerika nach 1886 (Tod seiner Frau)
1
...
KAM

105) SCHNITZER, Margaretha
15.12.1833
...
Nordamerika 1854
1
...
GAM, KAM

106) SCHWARZHAUPT, Marie Wilhelmine
27.12.1818
...
Nordamerika 1847
2 (mit unehel. Sohn)
Gemeinde gibt Zuschuß
GAM, KAM

107) STROH, Friedrich
19.2.1856
...
Südafrika o.D.
1
Enkel des Bgm. Joh. Martin Stroh
KAM

108) STROH, Friedrich Wilhelm
22.9.1853
Nordamerika 1879
1
Bruder von 112), Neffe von 110
GAM, KAM, StAM (180)

109) STROH, Georg Peter
...
...
Nordamerika 1851
1 ?
...
StAM (180)

110) STROH, Johann Friedrich
19.9.1801
...
Nordamerika 1851
8 (mit Frau u. 6 Kindern)
Schwager von 20)
KAM, StAM, (180)

111) STROH, Johann Heinrich
23.8.1815
Ackermann, Leineweber
Nordamerika 1854
4 (mit Frau u. 2 Kindern)
vermutl. zus. mit 98), Schwiegereltern aus 1. Ehe
GAM, KAM

112) STROH, Wilhelmine
16.3.1851
...
Nordamerika 1879 ?
1
Schwester von 108); Base von 110); vermutl. zus. mit Bruder ausgew.
KAM

113) VAUPEL, Georg Christian
27.1.1811
Seifenfabrikant
Nordamerika 1854
5 (mit Frau u. 3 Kindern)
Separatisten-Familie; "angeblich" 1500 fl Vermögen; Bruder von 114)
GAM, KAM

114) VAUPEL, Peter
30.11.1815
Schreinermeister
Nordamerika 1847
5 (mit Frau u. 3 Kindern)
hat Schulden, Gemeinde zahlt; Bruder von 113)
BR, GAM, KAM

115) WALLNER, Johann Peter
7.3.1822
...
Nordamerika 1847 ?
1
unehel. Kind, Mutter 1837 gest.; geht vermutlich 1847 mit dem Onkel 116)
KAM

116) WALLNER, Johannes
17.8.1803
Schneidermeister
Nordamerika 1847
6 (mit Frau u. 4 Kindern)
Gemeindezuschuß
BR, GAM, KAM

117) WALLNER, Jakob
...
...
Nordamerika 1838
1 ?
...
StAM

118) WALLNER, Peter Heinrich
...
...
Nordamerika 1851
1 ?
...
StAM

119) WENNEL, Adam
13.10.1811
Bäcker
Nordamerika 1846 (1. Anlauf) u. 1847
1
Ehemann von 120)
GAM, KAM

120) WENNEL, Dorothea
... (aus Kalbach)
...
Nordamerika 1854
2 (mit Tochter)
Ehefrau u. "nachgelassene Witwe" von 119);
ist Adam W. auf der Reise od. in Amerika
gest. ?
GAM, KAM

121) WENNEL, Johann Peter
...
...
Nordamerika 1838
1 ?
...
StAM

122) WIESER, Anton
5.3.1820
Zimmermann
Nordamerika 1851
4 (mit Frau u. 2 Kindern)
Bruder von 123) u. 124)
GAM, StAM (180)

123) WIESER, Friedrich
30.12.1821
...
Nordamerika 1851 ?
1 ?
Bruder von 122) u. 124)
GAM, KAM

124) WIESER, Johann Peter
25.2.1813
...
Nordamerika 1851 ?
1
Witwer; Bruder von 122) u. 123)
BR, GAM, KAM

125) WIRTH, Johann Friedrich
20.5.1831
...
Nordamerika 1858
1
Gemeinde zahlt
GAM, GAM (HStA), KAM

126) WIRTH, Philipp
...
...
Nordamerika 1865
1 ?
...
StAM (180)

127) WOERNER, Konrad
...
...
Ungarn 1741
3 (mit Frau u. Kind)
...
HesAus

128) ZOLL, Johannes
...
...
Ungarn vor 1726
3 (mit Frau u. Kind)
...
Bott

# 120 Jahre "Bürgermeister-Dynastie" Stroh 1799 - 1919

*Wilhelm Dietzel*

Am 14. Juni 1913 feierte man in Marköbel ein Ereignis, das auch über die Dorfgrenzen hinaus einige Beachtung fand: die "Bürgermeister-Dynastie" Stroh erinnerte an den Tag, als hundert Jahre zuvor Johann Martin Stroh das Amt des Schultheißen übernahm, um es dann in der Familie "weiterzuvererben".
Mit Vereinsumzügen, Gesangsvorträgen, Lobreden und nicht zuletzt einem Festessen im "Weißen Roß" beging die Gemeinde den Jubiläumstag.
Tatsächlich ist auch aus heutiger Sicht soviel Kontinuität im Bürgermeisteramt - auch wenn man ländlich-dörfliches Beharrungsvermögen einkalkuliert - durchaus bemerkenswert. Im folgenden soll daher ein Blick auf die Galerie der Stroh-Bürgermeister geworfen werden, um ihre erstaunliche Entwicklung zu verfolgen und um dabei auch einiges über die Marköbeler Verhältnisse im 19. Jahrhundert zu erfahren.
Als man im Juni 1913 feierte, wurden nur die exakt 100 Jahre berücksichtigt, in denen das Amt jeweils vom Vater auf den Sohn weitergegeben worden war. Zuvor hatte allerdings schon ein Onkel des erwähnten Johann Martin Stroh, namens Johann Friedrich Stroh das Schultheißamt seit dem 21. Januar 1799 inne. Man könnte den gefeierten hundert Jahren also weitere 14 hinzufügen.

Das "Bürgermeisterhaus" im festlichen Schmuck anläßlich der 100-Jahr-Feier im Juni 1913.

Da der letzte der Strohs seine Dienstgeschäfte bis Oktober 1919 versah, können noch einmal sechs Jahre veranschlagt werden. Insgesamt wurde also für 120 Jahre das Marköbeler Ortsoberhaupt von der Familie Stroh gestellt, und das unter sehr verschiedenartigen äußeren Rahmenbedingungen.
Der Name Stroh war schon vor dem 30-jährigen Krieg in Marköbel verbreitet. Die Bürgermeister-Familie kann aber nicht so weit zurückverfolgt werden. Sie hat ihren Ursprung vielmehr in Neuzuzügen aus Hainchen nach 1650. Offensichtlich faßten diese in ihrer neuen Umgebung schon sehr schnell Tritt und rechneten bald zu den Honoratioren des Dorfes.

Johann Justus, der erste in Marköbel geborene aus dieser Stroh-Linie, heiratete eine Tochter des Pfarrers Jung und wurde Kirchenältester. Sein Sohn Johann Wilhelm war Landscheider, Kirchenältester und Gerichtsschöffe. Als er im Dezember 1771 starb, waren seine Söhne Johann Friedrich und Johann Wilhelm (eben 25 und 23 Jahre alt) gezwungen, sich auf eigene Füße zu stellen. Von Johann Wilhelm ist ein "Hauß- und Hand-Buch" erhalten[1], das er im Januar 1772 begonnen hat. Hier finden sich sehr umfangreiche geschäftliche Aufzeichnungen von Johann Wilhelm aus der Zeit von 1772 bis 1800, aber auch einige Eintragungen seines älteren Bruders und späteren Schultheißen Johann Friedrich. Johann Wilhelm, so zeigt sich hier, war wohl nur mit bescheidenem Landbesitz ausgestattet, dafür aber umso emsiger damit beschäftigt, durch Dienstleistungen für andere seinen Lebensunterhalt zu bestreiten. Vor allem leistete er Fuhrdienste. Mit Wagen und Karren transportierte er Holz, Mist, Korn, Rüben, Kartoffeln, Heu und andere Artikel. Sein Aktionsradius ging dabei häufig über die Marköbeler Gemarkung hinaus. Er fuhr nach Hanau, holte Heu aus Lindheim und Höchst und Holz aus dem Tannenwald bei Diebach am Haag. Die Verdienste waren freilich recht kärglich. Der Transport von 2 Karren Holz aus Diebach erbrachte 1794 1 Gulden 8 Albus, was dem Gegenwert von knapp 4 Pfund Butter entsprach. Neben seinen Fuhrdiensten pflügte, säte, erntete er für andere, verkaufte aber auch Gerste, Stroh, Salz, Latwerge und anderes. Kein Kreuzer ging von den Einkünften verloren, obwohl nicht selten Monate verstrichen, ehe er für seine Leistungen abrechnen konnte. Dem "Hauß-Buch" aber entging nichts. Auf 144 Seiten sind alle Abrechnungen mit 40 "Geschäftspartnern" peinlich genau festgehalten, gelegentlich durchmischt mit Rezepturen für Heilmittel oder "schwartze Dinte". Zu den Kunden zählten vor allem Handwerker, deren Dienstleistungen einfach gegengerechnet wurden, der Bäcker oder der Kaufmann, bei denen empfangene Waren bis zum Jahresabschluß erst einmal angeschrieben wurden. In der Regel handelte es sich um risikoarme Geschäftsbeziehungen mit Partnern, die wohl ihr Auskommen hatten und zahlungsfähig waren. Die Namen weniger bemittelter Marköbeler (wir kennen sie aus den Auswanderungslisten) tauchen kaum auf.

So gelang es Johann Wilhelm Stroh, mit fleißiger Arbeit und geschäftlichem Geschick, seine wirtschaftliche Situation allmählich zu stabilisieren. Im September 1788 wurde er Besitzer des Hauses seiner Schwiegereltern, nachdem er seinen Schwager ausbezahlt

hatte. Das ging freilich nicht ohne Schulden ab, an denen er noch geraume Zeit abzuzahlen hatte.
Eine sicherlich nicht unwichtige Voraussetzung für den Erfolg der Familie dürfte ein gewisses Bildungsbewußtsein gewesen sein. Es war Ende des 18. Jahrhunderts in Marköbel noch keineswegs für jeden eine Selbstverständlichkeit, sich Schreib-, Lese- und Rechenkenntnisse anzueignen. Noch 60 Jahre später werden mancherlei Dokumente mit den drei Kreuzen der Analphabeten unterzeichnet. Die beiden Strohs werden dagegen wohl öfter ihre "schwartze Dinte" angerührt haben, um ihre ausgiebigen Aufzeichnungen zu führen.
Von Johann Wilhelms Bruder, Johann Friedrich, sind leider private Aufzeichnungen kaum erhalten, so daß wir nicht nachvollziehen können, welcher Tätigkeit er nachging. Wir wissen auch nicht, wieviel Land er besaß. Lediglich aus 1772 findet sich im "Hauß-Buch" eine Notiz über die Übernahme des *"gantzen Guth von deren Dietzischen Kindern"* im Wert von 48 Gulden (was also nicht sehr viel gewesen sein kann). Im Januar 1799 jedenfalls, das ist sicher, wurde Johann Friedrich als erster aus der Familie Stroh Schultheiß von Marköbel und hatte wohl eine doppelte Bürde zu tragen. Zum einen war er der unmittelbare Nachfolger des Schultheißen Johannes Mörschel, der als Soldat im Krieg gegen die amerikanischen Unabhängigkeitskämpfer Meriten erworben hatte und später als "unerschrockener Held" (so jedenfalls die mündliche Überlieferung) in Marköbel gegen die Franzosen auftrat. Die Erwartungen an seinen Nachfolger waren daher wahrscheinlich recht hoch. Zum anderen waren aber auch die poli-

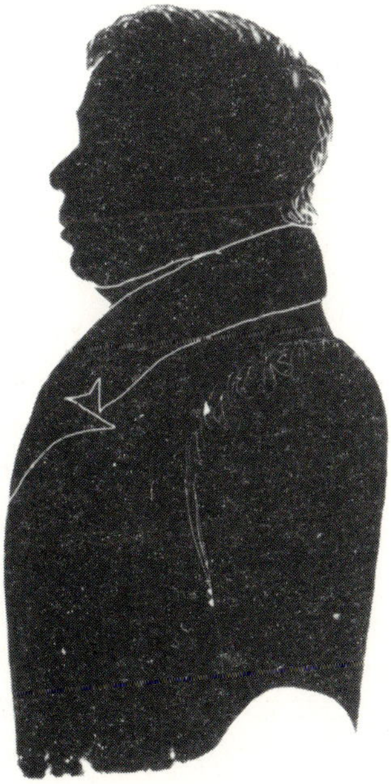

Johann Martin Stroh - Maire, Schultheiß und Bürgermeister Marköbels von 1813 - 1853.

tischen Umstände der Zeit überaus unruhig. Nach langen Vorgeplänkeln rückten am 3. November 1806 die französischen Truppen in Hanau ein. Marköbel wurde als Teil des Fürstentums Hanau dem französischen Kaiserreich einverleibt und gehörte ab 1810 dann zum Großherzogtum Frankfurt. Für Stroh bedeutete das, daß er "Ortsmaire" in französischen Diensten wurde und daß er die Geschicke der Gemeinde in Zeiten zu lenken hatte, die für Marköbel unglaubliche Belastungen brachten: Einquartierungen, Steuern und Schuldendienstlasten zur Finanzierung des napoleonischen Militärs.
In der Jahresmitte 1813, einem Jahr extremster Anforderungen erkrankte Friedrich Stroh und starb wenige Monate später. Am 14. Juni des Jahres - noch zu Lebzeiten Friedrichs - wurde Johann Martin, der zweite Sohn seines Bruders, im Alter von 36 Jahren sein Nachfolger als Ortsmaire. Im ersten Halbjahr seiner Amtszeit hatte der junge Maire die Einquartierung von insgesamt 7.590 französischen und anschließend 4.815 österreichischen, hessischen und russischen Soldaten zu bewerkstelligen (bei damals etwa 1.000 Einwohnern)[2].

Nach der Schlacht bei Hanau und dem Rückzug der französischen Truppen wurde Johann Martin herrschaftlicher Schultheiß. Der Wechsel hinterließ keine nachweislichen Spuren, die auf Übergangsprobleme schließen lassen könnten. Noch einmal änderte sich der Titel des Amtsinhabers im Jahr 1834. Fortan hieß der frühere Schultheiß Bürgermeister. (Schon früher hatte es den Titel eines Bürgermeisters gegeben, er war aber dem Gemeinderechner vorbehalten.)

Johann Martin Stroh brachte es auf eine Amtszeit von 40 Jahren, in der er es auch über Marköbel hinaus zu Ansehen brachte. 1830 wurde er Deputierter der Bauern des Main-Bezirks im verfassungsgebenden kurhessischen Landtag. Stroh gehörte damit dem doch recht kleinen Kreis von 30 Männern an (acht davon Bauernvertreter), die in mehrwöchigen Beratungen die erste kurhessische Verfassung zustande brachten. Gewählt hatten ihn die Ortsvorsteher des Main-Wahlbezirks. Zumindest in diesen Kreisen konnte Johann Martin Stroh kein Unbekannter gewesen sein. Sicherlich hat er als Abgeordneter der in Aufruhr befindlichen Hanauer Gegend die liberalen Tendenzen der Verfassung kräftig unterstützt, als Bauer zweifellos vor allem die geforderte (und durchgesetzte) Ablösbarkeit der Leibeigenschaft und der Frondienste. Aber auch die - aus heutiger Sicht - erheblichen Einschränkungen der neuen Verfassung dürfte Stroh - seinem Selbstverständnis nach ja ein Angehöriger der dörflichen 'Oberschicht' - ohne Probleme mitgetragen haben: *"Die Abgeordneten sollten [zukünftig] in indirekter Wahl von Wahlmännern gewählt werden. Als Wahlmänner kamen nur höchstbesteuerte Grundbesitzer, Stadträte und Bürgerausschußmitglieder in Frage. Die Wahlmänner konnten wiederum nur von den Einwohnern mit Bürgerrecht gewählt werden, alle Beisassen, dazu alle 'zur Klasse der Gesellen und Tagelöhner' gehörenden, sowie alle, die in Kost und Lohn eines anderen standen, waren von dem aktiven und passiven Wahlrecht ausgeschlossen. Dadurch wurde dem allergrößten Teil der Hanauer Bevölkerung die Teilnahme am politischen Geschehen verweigert"* [3]. Was hier für die Stadt

Hanau festgestellt wird, galt ähnlich natürlich auch für das ländlich strukturierte Umland.

## Steit um das "Besoldungsholz"

Man sollte meinen, daß ein Mann, der wie Bürgermeister Stroh Bekanntheit weit über die Grenzen seines Dorfes hinaus erlangt hatte, auch zu Hause unangefochten seine politische Rolle ausfüllen konnte. Das wird wohl auch insgesamt so gewesen sein. Dennoch war die Beziehung zwischen Bürgermeister und Gemeinde nicht völlig konfliktfrei. Die mit dem Amt verbundenen Privilegien kollidierten zumindest in einem überlieferten Fall mit den allgemeinen Interessen der Marköbeler Ortsbürger.
Nicht zufällig entstand die Auseinandersetzung an einer besonders delikaten Frage, nämlich der Holznutzung (vgl. Beiträge Forst u. Juden).
Am 9. März 1840 - da saß Johann Martin Stroh schon ein Vierteljahrhundert unangefochten auf seinem Bürgermeisterstuhl - wandten sich Friedrich Meerbott, Peter Dietzel und Heinrich Heußer, alles Mitglieder des neugewählten Gemeindeausschusses an das kurfürstliche Kreisamt in Hanau, denn *"der Bürgermeister Stroh lasse eben sein in 9 1/2 Klaftern bestehendes Besoldungsholz machen, die Gemeinde wünsche indessen, daß der Ortsvorstand fernerhin nicht soviel Besoldungsholz mehr beziehe, weil es ihr Wald nicht mehr ertrage, weshalb sie in ihrem und vieler anderer Ortsbürger Namen bitten sollten, dem Bürgermeister vorerst zu untersagen, das gedachte Holz machen zu lassen, und zwar umso mehr, da er als Ortsvorstand überhaupt nur 8 Klaftern zu beziehen habe, die übrigen 1 1/2 Klaftern aber als Steuererheber beziehe, welche die Gemeinde nach § 43 und 44 der Verfassungsurkunde fernerhin zu verabfolgen nicht verpflichtet sei."*
Das Amt entschied allerdings wenig später aufgrund der Rechtslage für den Bürgermeister und gegen den Gemeindewald. Stroh und seine Nachfolger haben die entsprechenden Dokumente in ihren Privatakten säuberlich aufbewahrt - was die Bedeutung des Holzbezuges und des Konfliktes darüber bestens illustriert. Tatsächlich ging es ja auch nicht um die üblichen Losholzmengen, wie sie auch andere Ortsbürger bezogen. Mit 9 1/2 Klafter erhielt der Bürgermeister und Steuererheber etwa das vierfache dessen, was anderen zukam. Er wird gewiß nicht alles selbst verbrannt haben und konnte daher durch Holzverkäufe vermutlich seine Bareinkünfte erhöhen.

## Wirtschaftlicher Aufstieg

Hier bietet sich die Gelegenheit, die wirtschaftliche Lage des Bürgermeisterhauses noch einmal zu beleuchten.
Gemessen an den bescheidenen Anfängen am Ende des 18. Jahrhunderts waren in dieser Beziehung mittlerweile erhebliche Veränderungen zu verzeichnen. 1806 erwarb Johann Martin Stroh auf dem Tauschweg das Haus Nr. 65 (heute Kirchstraße 1) mit

den dazugehörenden Wirtschaftsgebäuden, Hof- und Gartenfläche[4]. Bis heute ist das Anwesen im Besitz der Nachfahren geblieben. Wir wissen über den Erwerb nichts Näheres. Gewiß ist nur, daß Stroh damit einen der stattlichsten Marköbeler Höfe in seinen Besitz bringen konnte. 1828 wurde an der Stelle eines älteren Vorgängerbaus das heutige Wohnhaus errichtet, angelegt als zweigeschossiger symmetrischer Fachwerkbau mit Zugang in der Mitte der nördlichen Traufseite. Ein Jahr später wurde an der Ostseite des Hofvierecks eine große Scheuer errichtet, deren Erhalt 1988 durch aufwendige Restaurierungsarbeiten noch einmal gesichert werden konnte. 1853 wurde das Wohnhaus durch einen Fachwerkanbau nach Westen zur Kirche hin erweitert. Im gleichen Jahr wurde von den Kreisbehörden eine Scheune als Überbau eines alten Kellergewölbes im ehemaligen Pfarrgarten (heute Hauptstraße 28) genehmigt. Stroh hatte also auch außerhalb seiner Hofreite bereits Gelände in der Ortslage hinzugekauft. Die Bürgermeistereinkünfte und die Erträge aus dem für damalige Verhältnisse recht großen Landwirtschaftsbetrieb sorgten offensichtlich für ein gut gefülltes Portemonnaie. Immerhin konnte Stroh auch schon stattliche Summen an die Gemeinde verleihen, wie die Bürgermeisterrechnungen zeigen, 1847 zum Beispiel 1400 Gulden. Als Johann Martin Stroh 1853 verstarb, teilte er unter seinen Kindern einen Landbesitz von etwa 20 Hektar auf - entsprechend einem Verkaufswert von mindestens 30.000 Gulden (die Hofreite nicht mitgerechnet). Stroh starb als einer der größten, wenn nicht der größte Grundbesitzer seiner Zeit in Marköbel. Größeren Besitz hatten sicher nur die Kirchengüter in Hirzbach und der Baiersröderhof.

## Johann Martin jun. tritt sein Erbe an

Johann Martin Strohs zweiter Sohn, der die gleichen Vornamen trug, war auf die Nachfolge gewiß gut vorbereitet.
Er kaufte selbst schon in jungen Jahren kleinere Acker- und Wiesenstücke aus Nachlässen oder von Auswanderern, wurde 1838 Leutnant der Marköbeler Bürgergarde, reiste in Gemeindeangelegenheiten gelegentlich nach Frankfurt und wurde 1850 von seinen Eltern als Erbe des Hofes eingesetzt. Es gelang ihm dann auch in jeder Beziehung, in die Fußstapfen seines Vaters zu treten. *"Hatte schon der Vater eine umfassende Kenntnis in allen Lebenslagen bewiesen, so konnte dies von dem Sohne noch viel mehr gesagt werden"*, heißt es 1913 in einem Zeitungsbericht - mit Recht wohl, denn auch Johann Martin Stroh jun. gelang es, den wirtschaftlichen und sozialen Status seiner Familie weiter zu festigen. Auch er kaufte weiter Land und war Herr einer florierenden Landwirtschaft, deren Überschüsse sogar ausreichten, *"zur menschlichen Nahrung untaugliche Kartoffeln"* zu Schnaps zu verarbeiten. Dazu gab es im Hof eigens ein Kelter- und Brennhaus. Im Herbst 1854 wurden so immerhin 80 Malter Kartoffeln zu Branntwein verarbeitet.

## Kampfabstimmung in der Ständekammer

Auch Johann Martin jun. beließ es nicht dabei, als Bürgermeister seine kleine Landgemeinde zu verwalten. Wie schon seinen Vater, so zog es auch ihn zu höheren politischen Weihen. 1858/59 und 1861/62 war er als Vertreter des Kreises Hanau Mitglied der zweiten Kammer des kurhessischen Landtages. 1861/62 machte er landesweit von sich reden, als er mit nur einem Mitstreiter (dem Bürgermeister Nuhn aus Niederaula) gegen den gesamten Rest der Kammer eine herausragend regierungstreue Position einnahm. Im anhaltenden Verfassungsstreit zwischen dem reaktionären Kurfürsten und den mehrheitlich liberalen Landständen gingen 1861/62 die Abgeordneten gegen die nach ihrer Auffassung unrechtmäßige Verfassung vom Mai 1860 vor, indem sie sich selbst für "inkompetent" erklärten. Sie versammelten sich zwar im Kasseler Ständehaus, wählten auch Präsidenten und Vizepräsidenten - alles aber unter dem Vorbehalt, daß ihrer Wahl eine unrechtmäßige Verfassung zugrundeliege und daß sie zur Ausübung ihrer Abgeordnetentätigkeit eigentlich nicht befugt seien. Die Verfassung sollte so bekämpft und die Wiedereinsetzung der Verfassung von 1831 erreicht werden.

Stroh konnte sich dem nicht anschließen. Wie aus einem Brief an die Familie zu entnehmen ist, besuchte er am Tag vor der Präsidentenwahl den Landtags-Kommissar (den Vertreter der Regierungsseite) in dessen Wohnung, um sich Rückendeckung zu verschaffen. Dort wurde er bestärkt, er solle nur treu zur Verfassung von 1860 stehen, er habe *"hier in Cassel nichts unangenehmes zu befürchten"*. Trotz aller *"Schwermuth"* entdeckte er doch noch einige *"recht denkende Männer"*, bei denen es zu Ermunterung auch einmal ein Flasche *"Schambanger"* zu trinken gab. Auch der Minister des Inneren riet Stroh in einem persönlichen Gespräch zu, in der Verfassungsfrage nicht zu wanken, *"ich würde sehen daß ich doch am ende Ehre davon tragen würde"* [4]. So schaffte er es tatsächlich, der fast geschlossenen Übermacht der 2. Kammer zu trotzen und seinen eigenen Standpunkt zu wahren. Die Hanauer Zeitung vom 11. Januar 1862 berichtet von der Debatte und zitiert ausführlich auch Strohs Stellungnahme: *"Meine Herren! Wir sind hierher berufen worden, um als Landstände thätig zu seyn, wir sind aber nicht berufen worden, um zu erklären, daß wir hier nichts zu suchen haben. Meinem schlichten Verstande nach ist es unmöglich, daß eine Versammlung zu weiter nichts da seyn soll, als sich incompetent zu erklären. Als Mitglied dieser hohen Versammlung muß ich mich deßhalb gegen eine solche Erklärung verwahren; ich muß das auch Namens meiner Wähler und Namens des gesammten Landvolks unseres Vaterlandes. Ich weiß, was das Landvolk will, und meine Collegen auf dieser Seite wissen es auch, daß sich der Bauer nicht viel um die Verfassung von 1831 bekümmert. Der Bauer versteht von Verfassungen wenig oder gar nichts, weil ihm sein Landbau genug zu schaffen macht. ... Daß die Verfassung von 1860 nicht rechtmäßig wäre, hat uns noch Niemand bewiesen. ... Durch das ganze Land geht der Ruf nach Frieden, und Frieden macht man durch beiderseitiges Nachgeben. Die Re-*

*gierung hat sich dazu bereit erklärt... Ich kann es deshalb nicht verantworten, daß dieser Friede verschmäht wird und muß mich gegen eine jede Handlungsweise der Versammlung erklären, durch die dem Lande dieser langersehnte Friede vorenthalten wird."*

Widerspruch erntete Stroh vor allem wegen seiner Äußerungen über das unverständige Landvolk, und schließlich mußte er sich noch sagen lassen, er beschädige das Ansehen seines Vaters, der ja schließlich bei der Erarbeitung der Verfassung von 1831 mitgewirkt habe. Am Abstimmungsverhalten der Abgeordneten war ohnehin nichts mehr zu ändern. Stroh und Nuhn standen allein.

Bürgermeister Johann Martin Stroh jun. mit seiner Frau Philippine, geb. Lerch, und seinem Enkel Wilhelm etwa 1860.

Im Oktober 1863 kandidierte Stroh noch einmal für die Ständekammer. *"Wähler aus dem Bücherthal"* lobten ihn in einem Flugblatt als einen Mann, *"der früher unter allen Abgeordneten allein ein Verständnis dafür hatte, was dem Landvolke Noth thut. Er hatte den Muth, offen seine Überzeugung in der Ständekammer auszusprechen. Er ist ein braver, muthiger, selbstständiger, verständiger und in seinen Verhältnissen unabhängiger Mann, der offen ausspricht, wofür er als Landstand wirken will,..."* [5]. Das Lob bewirkte bei den Wählern offenbar nicht genug. Johann Martin Stroh wurde nicht wiedergewählt. Bei aller Standhaftigkeit war er rückblickend betrachtet mit seiner kurhessischen Staatstreue in einer hoffnungslosen Minderheitenposition. Die Gegensätze zwischen der liberalen Opposition, die von Preußen kräftigst unterstützt wurde, und dem

Kurfürsten, der sich nach Österreich orientierte, waren nicht mehr zu überbrücken. Nur drei Jahre später existierte Kurhessen bereits nicht mehr. *"Als sich der Fürst selbst noch am Vorabend des offenen Kampfes zwischen Preußen und Österreich um die Vorherrschaft in Deutschland nicht für Preußen entschied, lehnten die kurhessischen Stände die vom Bundestag am 14. Juni 1866 beschlossene Mobilmachung ab und forderten am gleichen Tage (mit 35 gegen 14 Stimmen) den Anschluß an Preußen. Da sich der Kurfürst jedoch an den österreichisch bestimmten Bundestagsbeschluß gebunden erklärte, die von Preußen geforderte Neutralitätserklärung nicht abgab und am 16. Juni mobilisierte, ließ die preußische Heeresleitung Kassel am 19. Juni besetzen und den Kurfürsten am 23. Juni 1866 als Gefangenen nach Stettin abführen. Das ihm politisch seit langem entfremdete Land trauerte ihm nicht nach."* [7]

Der einundzwanzigjährige Wilhelm Johannes Stroh in Soldatenuniform.

## Der Nachfolger wird vorbereitet

Auf dem Höhepunkt seiner politischen Karriere bemühte sich Johann Martin Stroh jun. bereits um die Einbindung seines - einzigen - Sohnes Wilhelm Johannes in die Geschäfte.
Anfang 1858 wurde versucht, die Freistellung des jungen Mannes vom Militärdienst zu erwirken. Ein ärztliches Gutachten liegt vor, das ihm periodisch eintretende Lungenblutungen bescheinigt, sowie bei äußerlich völlig normalem Körperbau *"eine solche Reizbarkeit des Gefäß- und Venensystems, wie so ungewöhnliche Muskelschwäche..., daß Stroh schon deshalb ... für Körperanstrengende Verrichtungen nicht befähigt erscheint"*[8]. Ob und wie lange Wilhelm Johannes Stroh Soldat wurde, ist unbekannt. Erhalten ist allerdings eine kolorierte Zeichnung, die ihn in Uniform zeigt und mit der Jahreszahl 1858 datiert ist. Im April 1858 wurde er, gerade einundzwanzigjährig, als Ortsbürger angenommen und im Juni des Jahres heiratete er seine Kusine Anna Marie Stein (aus der Gastwirtsfamilie), deren Mutter eine Schwester von Johann Martin Stroh jun. war. Diese Heirat mußte behördlich genehmigt werden, und sie kann zumindest als ein Ausdruck dafür gewertet werden, daß es bei der Wahl der Ehepartner im Dorf des 19. Jahrhunderts gewisse "Standes"-Schranken gab. Vielleicht ist sie sogar Ergebnis einer vorausschauenden "Heiratspolitik", mit der der Realerbteilung etwas entgegengesetzt werden konnte.
Schon im April 1859 erhielt der junge Wilhelm Johannes von seinem Vater eine Vollmacht zur freien Verwaltung des gesamten väterlichen Vermögens. War das Familienoberhaupt länger außer Haus beschäftigt (etwa zum Kasseler Landtag), führte Wilhelm Johannes den Hof alleine. Er wurde also sehr früh in die Verantwortung eingebunden und gewiß auch genauestens in die penible Verwaltung der Geschäfte eingeführt, zu denen neben der Landwirtschaft auch die Vergabe von Kleinkrediten an Marköbeler Einwohner gehörte. Da der Bürgermeister seine Amtsgeschäfte weitgehend zu Hause erledigte, hatte sein Sohn von Anfang an auch Einblick in das tägliche Verwaltungshandeln. Es ist daher kaum verwunderlich, daß er - so vorbereitet - am 20. Juni 1877 nach dem Tod seines Vaters zu dessen Nachfolger gewählt wurde. Von seiner Tätigkeit malt der Hanauer Anzeiger im Juni 1913 ein ausgesprochen leuchtendes Bild: *"Seine unermüdliche Schaffenskraft war bewundernswert, sie brachte es dazu, daß seine aufblühende Gemeinde in dem Kranze der Orte des Kreises eine beachtenswerte Rolle spielte. 1886 wurde er Mitglied des Kreistages, des Kreisausschusses und des Kommunallandtages, später erhielt er eine ehrenvolle Berufung in den Landesausschuß. Überall schätzte man seinen lauteren, geraden Sinn, seine schlichte Einfachheit, seine Selbstlosigkeit und seine geschäftliche Tüchtigkeit"* [9].
Die mündliche Überlieferung gibt dieser positiven Darstellung nicht unrecht. Wilhelm Johannes Stroh wurde wohl nicht nur von den Honoratioren des Dorfes anerkannt und geschätzt, sondern auch von den weniger bemittelten Einwohnern. Sie hatten zwar von dem konservativen Interessenvertreter der Landwirtschaft politisch nichts zu

hoffen, schätzten aber den Arbeitsplatz auf seinem Hof, weil Stroh als großzügig galt. Ein Bild, das gewiß typisch ist für die Zeit: der wohlhabende "Patron", der seinen Landarbeitern, Knechten und Mägden auch einmal mehr als das Übliche zukommen läßt, der auch den Ortsarmen in Not sich verpflichtet fühlt - aber an der ganzen Ordnung des "oben" und "unten" ungebrochen festhält.

## Wilhelm Johannes Stroh wird Reichstagsabgeordneter

Für diese Ordnung trat Stroh auch politisch ein. 1893 kandidierte er für die konservative Partei als Reichstagsabgeordneter im Wahlkreis Hanau-Gelnhausen-Orb. Auch die Nationalliberalen unterstützten seine Kandidatur. Mitbewerber um das Reichstagsmandat waren Gustav Hoch (Sozialdemokraten), Joh. Heinrich Nickel (Freisinnige), Peter Stein (Antisemiten) und Hitze (Centrum). Den Wahlkampf bestritt im wesentlichen die Parteiorganisation und der konservative Landrat von Oertzen. Stroh erbat sich dringend, ihn von *"Agitationsreisen zu verschonen, ich habe nun einmal nicht das Talent, um öffentlich auftreten zu können, und nebenbei würde es meiner Gesundheit schaden, ich bin keiner von denen, die kalt und warm vertragen können und mußte auf Anrathung der Ärzte von jeher vorsichtig leben."* Die Wahlschlacht konnte er in zahlreichen Flugblättern und den täglichen Zeitungen verfolgen. Insbesondere der "Main= u. Kinzig=Bote" lancierte die Positionen der Konservativen und gebärdete sich - mehr als die Partei selbst - radikal antisemitisch. Dafür handelte er sich von der Freisinnigen Volkspartei den Vorwurf ein, er werde *"berathen und verbreitet von Beamten in hoher staatlicher und geistlicher Stellung.. in ihm findet die Unduldsamkeit religiösen und politischen Kastengeistes ein wüstes Bett. Er hat zur Vergiftung der politischen Moral das Möglichste geleistet."* [10]. Stroh sah sich bald dem Vorwurf ausgesetzt, auch er sei ein strammer Antisemit, was aber in aufwendigen Anzeigen der Konservativen und der Nationalliberalen heftig bestritten wurde. Sein tatsächlicher Standpunkt in dieser Frage ist nicht mehr rekonstruierbar.

Die Wahl ergab zunächst eine relative Mehrheit für den Sozialdemokraten Hoch. In der Stichwahl konnte sich Stroh knapp mit 396 Stimmen Mehrheit durchsetzen. Die Freude bei den Siegern war groß, und die Redakteure des Main= u. Kinzig=Boten ergriffen die Gelegenheit, ihren extremistischen Zorn noch einmal richtig auszutoben: *"Es ist die Antwort der Wähler auf jene anmaßende Zumuthung der Sozialdemokraten, bei der Wahl für einen Herrn einzutreten, dessen Geburtsland Polen und dessen Ahnensitz an einem der beiden Ufer des Jordan nicht unschwer zu entdecken ist. Die Wahl des Herrn Stroh bedeutet ein wildes Aufbäumen des beleidigten germanischen Volksgeistes gegen den verderblichen Judengeist, der auch unsere Dörfer und Städte längs des Maines und der Kinzig in eiserne Fesseln zu schlagen gewillt ist."* [11]

Getrübt wurde die Freude allerdings durch den Versuch der Sozialdemokraten, die Wahl anzufechten. In ihrem Einspruch vom 7. Juli 1893 warfen sie den Konservativen vor, mit einem gefälschten Centrums-Flugblatt katholische Wähler für Stroh gewonnen

Bürgermeister Wilhelm Johannes Stroh um 1900.

zu haben. Die Wahlprüfungskommission des Reichstages veranlaßte daraufhin im Februar 1895, den Beschluß über die Gültigkeit der Wahl auszusetzen und genauere Untersuchungen anzustellen. Ein weiteres Jahr verging, bis dann doch die Gültigkeit der Wahl festgestellt wurde, weil die betreffende Flugschrift aus der Feder einer Minderheit des Centrums geflossen und daher nicht von den Konservativen zu verantworten sei.
Über Strohs Tätigkeit im Reichstag wissen wir wenig. Heute würde man ihn vermutlich unter die "Hinterbänkler" einreihen. Die Hanauer Freisinnigen hat er immerhin schon dadurch verärgert, daß er nicht - wie von ihnen prognostiziert - der bloße Handlanger anderer Interessen wurde, sondern tatsächlich aktiv bäuerliche Interessen vertrat. Im Nachlaß finden sich politische Aufzeichnungen nicht. Erhalten geblieben sind nur Erinnerungen an große Bankette und herausragende Ereignisse, wie etwa die Einweihung des Nord-Ostsee-Kanals, bei der auch der Abgeordnete Stroh aus Marköbel zugegen war.
Am 6. September 1897 verlieh der Kaiser anläßlich eines Besuches in der Provinz Hessen-Nassau dem Bürgermeister den "Kronen-Orden 4. Klasse". Mit dieser Würdigung überschritt Stroh den Zenit seiner politischen Karriere, denn die Rückkehr in den Reichstag war ihm nach Ablauf der Wahlperiode nicht mehr möglich. Er verzichtete auf eine weitere Kandidatur. Die Gründe dafür sind nicht bekannt, aber man wird anneh-

men können, daß der Gesundheitszustand des mittlerweile Sechzigjährigen solche Belastungen nicht mehr zuließ.

### Der letzte Stroh tritt an

Am 7. Februar 1905 starb Wilhelm Johannes Stroh. Er hinterließ ein wohlgeordnetes Erbe, privat wie auch im Amt. Den Besitz der Familie hatte er vergrößern können, dies vor allem durch den Ankauf des "Junkernhofes", den er 1881 für rund 23.000 Mark von den Erben des Freiherrn von Ende hatte erwerben können.
Was das Bürgermeisteramt betraf, so hatte er seinen Sohn Wilhelm früh herangeführt. Wilhelm war seit den achtziger Jahren immer Mitglied der Gemeindegremien, im ständigen Ausschuß, als Gemeindevertreter oder Beigeordneter.
Er hatte zudem das Gymnasium in Hanau besucht und gehörte damit zweifellos zu einer verschwindend kleinen Minderheit von Marköblern, die die Vorzüge einer höheren Bildung hatten genießen können. (Ob auch seine Vorfahren im Amt Hanauer Schulen besucht haben, konnte bisher nicht festgestellt werden.)
Nach dem Tod seines Vaters 1905 übernahm Wilhelm Stroh das Bürgermeisteramt. Seine Amtszeit endete offiziell mit dem 1. Oktober 1919. In das Gerichtsbuch der Gemeinde schrieb er an diesem Tag: *"Hiermit schließt die Generation Stroh, nachdem 106 Jahre die Bürgermeistergeschäfte in deren Händen lagen. Möge es der Gemeinde immer gut gehen, dies ist mein Wunsch. Das walte Gott."* Schon seit der Novemberrevolution 1918 dürfte Stroh aber wohl nur noch verwaltet und kaum noch "regiert"

Bürgermeister Wilhelm Stroh, der letzte der "Dynastie" mit seiner Ehefrau Katharine, geb. Möller, und ihrer ersten Tochter Anna († 1891) etwa 1890.

haben. Denn bis dahin hatten sich die Verhältnisse gründlich verändert. Nicht nur daß sich mit der Öffnung der Ringmauer und der großen Flurbereinigung von 1905 das äußere Bild des Dorfes sichtbar wandelte, auch die gesellschaftliche und politische Entwicklung ging rapide voran - schneller und in einer anderen Richtung, als es dem konservativen Bürgermeister recht sein konnte.

## "Dörfliche Idylle" und soziale Gegensätze

In der Ortschronik von 1939 findet sich ein Beitrag des Lehrers Ludwig Pfeiffer, Wilhelm Strohs Schwiegersohn, über "Marköbel von 1900-1933.[12]. Am Beginn dieses Textes lesen wir einen geradezu wehmütigen Rückblick auf die dörfliche "Idylle", wie ihn auch Stroh selbst hätte schreiben können.

*"Wer um das Jahr 1900 den Flecken Marköbel aufsuchen wollte, der mußte es sich schon die Mühe kosten lassen, "eine gute Stunde" seines Lebens daranzuhängen; denn eine gute Stunde brauchte man vom Bahnhof Ostheim nach Marköbel, um dieses schöne und damals reiche Dorf zu finden. Noch abgeschlossen von dem Verkehr lag es im stillen bäuerlichen Frieden abseits der großen Landstraße. Die ehemals "Hohe Straße" hatte schon lange ihre Bedeutung verloren. Tagtäglich kam und fuhr die Fahrpost von Hanau nach Marköbel und gab bei dem Posthalter die Pakete und Briefe ab. Die Bauernbevölkerung hatte keine großen Bedürfnisse. Selten nur fuhr ein Einwohner mit der Postkutsche. Die meisten Leute liefen entweder nach Ostheim an den Bahnhof oder direkt nach Hanau, um dort ihre Einkäufe zu tätigen. Jeder Marköbeler war ja Selbstversorger. Marköbel zählte 1905 215 Häuser und 68 Haushaltungen, 1233 Einwohner, 70 Juden, Baiersröderhof 4 Häuser, 5 Haushaltungen, 77 Einwohner, zusammen: 219 Häuser, 273 Haushaltungen, 1310 Einwohner, 70 Juden. Außer einigen Handwerkern (Schreiner, Wagner, Schmied, Schlosser, Dreher, Schuhmacher, Metzger, Maurer, Zimmerleute, Schneider), gab es fast nur Bauern. 1905 fand die Zusammenlegung der Grundstücke in der Gemarkung Marköbel statt. Dies bedeutete für die Bauernbevölkerung ein wesentlicher Vorteil. 1897 hatten einige Bauern eine Molkerei errichtet die ihre Erzeugnisse verwerten sollte. Kartoffel, Getreide, Eier, Schlachtvieh wurde meistens von Juden aufgekauft und in die Stadt geliefert. Ein Teil der Landbevölkerung waren als Knechte und Mägde bei den Bauern vermietet oder gingen auf Tagelohn. Eine Anzahl Männer, um 1907 waren es 70 Personen, gingen damals schon in die Städte Hanau, Frankfurt und Offenbach auf Arbeit. So hatte der größte Teil der Bevölkerung sein erträgliches Einkommen.*
*Ein Anzahl neue Häuser, die um diese Zeit gebaut wurden, bewiesen, daß es den Einwohnern gut ging und die fleißige Bevölkerung stets vorwärts strebte. Die Spareinlagen bei dem Marköbeler Spar- und Darlehnskassenverein und auf den Hanauer Kassen, die Rücklagen der Gemeinde zeigten den Wohlstand des Dorfes an. Gemeindesteuern wurden vor dem Weltkrieg überhaupt nicht erhoben. Das Holzeinschlags-*

*geld und die Pachtgelder aus Gemeindestücken deckten so ziemlich alle Unkosten der Gemeinde. Dazu bekam jeder Bürger sein Losholz und sein Gemeindestück."*

Stolz zitiert der Autor dann ein Schreiben des Bürgermeisters vom 28.8.1907 an den Landrat, in dem die guten Vermögensverhältnisse der Gemeinde dargestellt sind. Darin heißt es unter anderem auch:
*"Man muß mithin die Vermögensverhältnise der Gemeinde an sich als gut bezeichnen. Was nun die einzelnen Eingesessenen anbelangt, so sind dieselben, wie nachstehend angegeben, zur Steuer eingeschätzt:*

| | | | | | |
|---|---|---|---|---|---|
| *1* | *Censit* | *mit einer* | *Einkommensteuer* | | *von 212 Mark* |
| *1* | *"* | *"* | *"* | *"* | *von 132 Mark* |
| *1* | *"* | *"* | *"* | *"* | *von 92 Mark* |
| *2* | *"* | *"* | *"* | *"* | *von 70 Mark* |
| *1* | *"* | *"* | *"* | *"* | *von 60 Mark* |
| *4* | *"* | *"* | *"* | *"* | *von 44 Mark* |

*5 mit 36 Mark, 6 mit 31 Mark, 2 mit 26 Mark, 5 mit 21 Mark, 4 mit 16 Mark, 4 mit 12 Mark, 10 mit 9 Mark, 10 mit 6 Mark, 69 zur fingierten Einkommensteuer mit 4 Mark, 179 zur fingierten Einkommensteuer mit 2,40 Mark, 161 zur fingierten Einkommensteuer mit 1,20 Mark und weniger."*

In diesen Zahlen spiegeln sich die enormen sozialen Gegensätze zwischen den wenigen begüterten Einwohnern und einer großen Zahl von Dorfbewohnern, die sich auch bei größter Anstrengung nur ein dürftiges Minimaleinkommen erarbeiten konnte. Die Sprengkraft, die solchen Gegensätzen innewohnt, wurde von den Bessergestellten nicht erkannt oder doch zumindest für unmaßgeblich gehalten. Schließlich war man bisher immer zurecht gekommen, und politisch waren die Begüterten durch das Dreiklassenwahlrecht ja auch recht gut abgesichert. Das Wahlrecht verhinderte im Kaiserreich erfolgreich, daß auch nur ein Sozialdemokrat in die Marköbeler Gemeindevertretung gelangte. Geradezu verwundert stellte Lehrer Pfeiffer daher fest: *"Der dörfliche Frieden wurde erst durch den auftretenden Marxismus zerstört, der schon um 1900 auch in Marköbel Boden gefaßt hatte durch die auswärts arbeitenden Einwohner."* Das klingt so, als sei allein durch äußere Einflüsse ein Konflikt ins Dorf getragen worden, für den es im Ort keine Voraussetzungen gab. Tatsächlich aber trugen die im Zuge der Industrialisierung verschärften sozialen Gegensätze auch in Marköbel den Kern der Veränderung in sich.

## Eine ungewohnte Herausforderung: die Arbeiterbewegung

Der letzte der Strohbürgermeister hatte es mit einem Phänomen zu tun, das seine Vorgänger - zumindest auf lokaler Ebene - kaum noch berührt hatte. Sein Vater Wilhelm Johannes Stroh hatte bei den Reichstagswahlen 1893 gerade eben 12 sozialdemokratische (Gegen-)Stimmen hinnehmen müssen. Aber schon wenig später veränderte die Arbeiterbewegung die politische Szenerie des Dorfes. Der 1986 entstandenen Chronik "80 Jahre SPD in Hammersbach"[13] können wir eine Reihe interessanter Informationen dazu entnehmen:

*"Auch in Marköbel entstanden bereits vor dem SPD-Wahlverein eine Gewerkschaftsstelle (1902), ein Arbeiter-Gesangverein (1904) und wenige Jahre nach der SPD-Gründung ein Arbeiter-Radfahrerverband (1912)...*

*Ob und inwieweit die Gründung des Turnvereins "Vorwärts" am 27. Januar 1894 auf Initiative aus der Arbeiterbewegung entstanden ist, läßt sich heute nicht mehr eindeutig feststellen. Der Name des Vereins, die Verfügung des Landrates zur Überwachung durch den Bezirksgendarmen und die zahlreichen Gründungsmitglieder aus den Reihen der später gegründeten Gewerkschaft und SPD sprechen dafür. Peter Kailing, der spätere erste Kassierer des sozialdemokratischen Wahlvereins, war nach der Gründung erster Vorsitzender ("Erster Sprecher") des TV "Vorwärts"...*

*Die erste gewerkschaftliche Organsation in Marköbel war eine "Zahlstelle" des Zentralverbandes der Zimmerleute Deutschlands, der am 21. September 1902 gegründet wurde,.*

*Bei der Anmeldung verfügt der Landrat, daß die Gründung dem Bezirksgendarmen Bullerdieck zu melden ist...*

*Am 1. Mai 1904 gründeten 21 Marköbeler den Gesangverein "Sängergruß", der sich als Arbeitergesangsverein verstand und selbstverständlich seine Gesangsstunden in der sozialdemokratischen "Volksstimme" ankündigte...*

*Über die wirtschaftliche Lage der Arbeiter im Stadt- und Landkreis Hanau um die Jahrhundertwende gibt eine detaillierte Aufstellung des Gewerkschaftskartells Hanau 1901 Auskunft, in der ausdrücklich auch die Zimmerleute aus Marköbel erwähnt werden.*

*Für jeden Berufsstand in Hanau Stadt und Land werden die Löhne, die Arbeitszeit, die Wohnverhältnisse und die Notwendigkeit des Mitverdienstes durch die Ehefrau aufgelistet. Danach lag die durchschnittliche wöchentliche Arbeitszeit bei 59, 2 Stunden - die längste bei hundert und die kürzeste bei 45 Stunden. Die gesetzlich zugelassene Höchstarbeitszeit lag bei täglich 12 Stunden. Der Wochenverdienst der Arbeiter betrug im Durchschnitt 20,25 Mark, der höchste lag bei 38,50 Mark und der niedrigste bei 8 Mark.*

*Die Zimmerleute arbeiteten im Schnitt 60 Stunden pro Woche für ein Entgelt von 20,67 Mark. Bei den Maurern lag die durchschnittliche Wochenarbeitszeit bei 62,1 Stunden und einem Wochenlohn von 22,5 Mark...*

*Vor diesem politischen, wirtschaftlichen und sozialen Hintergrund entstand 1906 in Marköbel der SPD-Wahlverein.*

*In der fast ausschließlich bäuerlich strukturierten Gemeinde Marköbel dürften die 28 Gründer der SPD wahrscheinlich den überwiegenden Teil der Arbeiterschaft gestellt haben.*

Bürgermeister Stroh unternahm alles, was in seinen Möglichkeiten stand, um die Aktivitäten der Gewerkschafter und Sozialdemokraten einzuschränken. So gab er etwa 1906 das Gründungsstatut des SPD-Wahlvereins an den Landrat und verband damit die Frage, *"ob nicht das Lokal angegeben werden müsse, in dem die in der Satzung vorgesehene jährlich Generalversammlung abgehalten werden können. Stroh: "Von den hiesigen Wirten werden dieselben ein solches nicht erhalten".*
*Der Landrat teilte mit, daß dies nicht erforderlich sei, aber "der Gendarmeriestation in Bruchköbel ist von der Gründung des Vereins Kenntnis zu geben".*
*Mit dem Hinweis auf ein fehlendes Tagungslokal versuchte der Bürgermeister wohl, die Arbeit des Wahlvereins zu blockieren. Viele sozialdemokratischen Ortsverbände hatten damals damit zu kämpfen, daß ihnen geeignete Räumlichkeiten für ihre öffentlichen Veranstaltungen vorenthalten wurden. So mußten auch die Marköbeler Sozialdemokraten gelegentlich auf ungewöhnliche Tagungsorte ausweichen...*
*Am 11. August 1909 meldete Bürgermeister Stroh dem Landrat ("teile gehorsamst mit"), "daß auf nächsten Sonntag, den 15. August nachmittags 3 Uhr eine öffentliche sozialdemokratische Versammlung auf dem Acker des Zimmermanns Friedrich Kailing hinter dessen Hofraide gelegen angemeldet worden ist. Eine auf Sonntag,den 1. August bestimmte Versammlung hatte ich auf Grund des § 7 des Vereinsgesetzes wegen Gefahr für die öffentliche Sicherheit nicht genehmigt."*
*Der Landrat teilt "mit dem Anheimgeben übersandt (mit), nach § 7 des Reichsvereinsgesetzes die schriftliche Genehmigung zur Abhaltung der Versammlung zu erteilen, falls keine Gefahr für die öffentliche Sicherheit zu befürchten ist, die durch besondere Umstände dargetan ist". Der Landrat beauftragt aber gleichzeitig den Gendarmerie-Wachtmeister Bretthauer in Hüttengesäß mit der Überwachung der Versammlung.*
*In der mündlichen Überlieferung wird diese Versammlung immer wieder erwähnt. Danach hatten der Gendarmerie-Wachtmeister Bretthauer den Eingang von der Hauptstraße her und die Gemeinde-Feldhüter den Zugang vom heutigen Burgweg aus überwacht. Trotzdem kamen die SPD-Mitglieder durch die Gartentür. Die Versammlung fand statt."*

## Weltkrieg und Revolution

Der 1. Weltkrieg tat schließlich ein übriges zur Zerrüttung der gesellschaftlichen und politischen Verhältnisse auch in Marköbel. Allein 53 Tote und Vermißte hatte die kleine Gemeinde zu beklagen. Aus dem Chronik-Beitrag Ludwig Pfeiffers erfahren wir weitere Einzelheiten:

*"Es waren gewiß diese Kriegsjahre die schwersten Jahre des Lebens für manche Familien. Greise, Frauen und Kinder mußten die allerschwersten Landarbeiten verrichten. Dazu kam die Zwangswirtschaft, die oft bitter hart in die Bestände eingriff und die besten Kühe, Rinder und Schweine aus den Betrieben herausholte oder den schwerarbeitenden Bewohnern die Kartoffel- und Getreidebestände so stark lichtete, daß dem Selbsterzeuger nicht einmal die für die Schwerarbeit notwendige Nahrung verblieb.*
*Im Sommer 1915 wurde ein Kriegsgefangenenlager in der Rausch'schen Wirtschaft errichtet. Die Gefangenen arbeiteten für Kost und geringen Lohn bei den einzelnen Bauernfamilien...*
*Die Gemeinde suchte den Schmerz der vom Kriege getroffenen Familien zu lindern, wo es nur ging. Gleich zu Anfang des Krieges wurden 2000 Mark für Unterstützung der Kriegerfamilien, für die Krieger im Feld 550 Mark bewilligt. An Kriegsanleihen wurden insgesamt durch die Gemeinde 139.000,-Mark gezeichnet. Freiwillige Spenden, sogenannte Liebesgaben=Pakete durch die Einwohner an die Krieger im Feld waren besonders zu Anfang des Krieges so zahlreich, daß man geradezu von einem Wetteifer sprechen konnte. Zahlenmäßig erfassen lassen sich diese Mengen nicht. Die Lehrer sammelten mit den Schulkindern Bucheckern zu Öl, Eicheln, Laubheu für das Vieh, Mehlbeeren (Weißdornfrüchte) für Kaffee=Ersatz und Brennesseln als Ersatzfaserpflanze für Kleidung...*
*Fast jeder Einwohner, der ein Sparguthaben hatte, zeichnete Kriegsanleihe, Wertgegenstände, ganz besonders Gold, wurden dem Vaterland gespendet. Eiserne Ketten und Ringe, auf denen stand "Gold gab ich für Eisen" nahm man dafür in Empfang. In den letzten Kriegsjahren ließ wegen persönlichem Mangel der Spendeeifer nach...*
*Der dauernde Mangel an Kleidung, die lästige Bezugsschein= und Markenwirtschaft für Lebensmittel und sonstige Bedürfnisse fürs Leben hatte die Leute zermürbt. Jeder ersehnte den Frieden."*

So verwundert es nicht, daß auch in Marköbel Revolution und Waffenstillstand von vielen begrüßt wurden, daß ein Arbeiter- und Bauernrat konstituiert und eine Einwohnerwehr gebildet wurde. Für Bürgermeister Stroh bedeutete das, daß er abtreten mußte.
So endet mit Wilhelm Stroh eine Bürgermeister-Dynastie, die über hundert Jahre unangefochten die Geschicke Marköbels maßgeblich prägen konnte. Sie endet an der Schwelle zu einer neuen, republikanischen Zeit.
Ohnehin wäre den Strohs eine Fortsetzung der Bürgermeistertradition auch aus anderen Gründen wohl kaum beschieden gewesen. Wilhelm Stroh hatte nur eine Tochter als potentielle Nachfolgerin - und für Bürgermeisterinnen war die Zeit gewiß noch nicht reif.

## Anmerkungen

1 Im Nachlaß der Familie Stroh, z.Zt. im Besitz von Annemarie Dietzel, Kirchstraße 1, Hammersbach-Marköbel
2 BOTT, S. 95; dort auch weitere Ausführungen über die Umstände der 1. Hälfte des 19. Jahrhunderts, die in ihren wertenden Urteilen aber mit Vorsicht zu genießen sind.
3 Anton MERK, Die Verfassung, in: Kulturamt der Stadt Hanau (Hrsg.), Hanau im Vormärz und in der Revolution 1848/49, Hanau 1980, S. 27; in diesem Bändchen finden sich weitere interessante Beiträge zur unruhigen Vorgeschichte der Verfassung im Hanauer Raum. Wichtig auch: A. TRAPP, Hanau im Vormärz und in der Revolution 1848-1849, Hanauer Geschichtsblätter, Bd. 26, 1976.
4 Diese Angabe ist dem Hanauer Anzeiger vom 13.6.1913 zu entnehmen. Andere Quellen konnten bisher nicht gefunden werden.
5 Brief von Johann Martin Stroh jun. an seine Familie vom 5.1.1862; im Nachlaß (vgl. Anm. 1).
6 Flugblatt zur Wahl der Ständekammer vom Oktober 1863; im Nachlaß (vgl. Anm. 1).
7 Karl E. DEMANDT, Geschichte des Landes Hessen, Kassel 1980, S. 560
8 ärztl. Gutachten vom 12.1.1858; im Nachlaß (vgl. Anm. 1).
9 Hanauer Anzeiger vom 13.6.1913
10 Hanauer Zeitung vom 19.6.1893
11 Main= u. Kinzig=Bote vom 28.6.1893.
12 BOTT, S. 101-111.
13 80 Jahre SPD in Hammersbach, hrsg. vom Vorstand des SPD-Ortsvereins Hammersbach im September 1986.

Blick über den Friedhof zum Oberturm und zu den Fachwerkhäusern an der Hauptstraße im Oktober 1915.

Die Hauptstraße in den zwanziger Jahren. Die Fotos stellte Karl Dietzel zur Verfügung.

# Zur baulichen Entwicklung Marköbels

*Karl Jung*

Das Leben, so auch das Bauwesen, spielte sich innerhalb der Ringmauer ab. Zu der Ringmauer gehörten zwei Pforten oder Tore: das Unter- oder Gelnhäuser Tor sowie das Ober- oder Rödertor genannt. Auch wurde in der Mauer die "Betzenkammer" oder das Zuchthaus mit angebaut.
Während das Untertor noch heute in ähnlicher Form erhalten ist und vom Obertor der Turm noch steht, wurde die Betzenkammer im Rahmen der Flurbereinigung 1906 abgebrochen. Sie stand in der Nordostecke der Mauer, heute Nordstraße/Übergang zur Hainstraße.
Marköbel wurde im Dreißigjährigen Krieg 1635 bis auf die Kirche, eine Mühle und drei Wohnhäuser zerstört. In mühevoller Arbeit begannen schon während des Krieges die von Seuchen und Hunger gezeichneten Überlebenden auf den Kellermauern, die in der Regel erhalten waren, ihre Häuser notdürftig wieder aufzubauen. Nach und nach entstanden die Gemeinde-Backhäuser und eine Schule. 1685 wurde ein neues Hirtenhaus am Obertor gebaut, was einherging mit dem Torhaus des Obertores. 1686 folgte dann der Wiederaufbau des Rathauses auf den nichtzerstörten Kellermauern. Im Jahre 1705 erbaute die Gemeinde auf Drängen der Hanauer Herrschaft die Gemeindeziegelhütte, da die Häuser im ganzen Herrschaftsbereich Zug um Zug mit Ziegeldächern ausgestattet werden sollten, um die Brandgefahr der Stroh- und Lehmdächer zu vermindern.

### Anspruch auf Bauholz

Das Baurecht und der Anspruch auf Bauholz war in der Bügermeisterrechung von 1710 wie folgt geregelt: *"bekommt, so lange es der Wald ertragen will, noch zur Zeit ein Nachbar (Ortsbürger) zum Baurecht zu einem Haus 4 Stämm Eichen, zu einer Scheune 3 Stämm Eichen, zu einem Haus 40 Stämm Buchen, zu einer Scheune 30 Stämm Buchen. Die Sparren und was einjeder sonst noch über das nötig, muß er mit Geld zahlen."*
1729 ist in der Bürgermeisterrechnung belegt, daß eine neue Steinerne Brücke, Gelnhäuser Brücke genannt, gebaut wird. 1715 wird der Brunnen am "Zuchthaus" (Betzenkammer) und eine Waschbank aus Sandstein an der Wäschbach neu errichtet. 1726 wird ein neues Backhaus für nötig erachtet. 1776 wird die Wäschbach und die Steinerne Brücke ganz neu aufgebaut. Die Wäschbach befand sich südöstlich des Untertores im Mühlgraben. Im Jahre 1754 ist aus der Statistik zu lesen, daß Marköbel mit Hirzbach 129 Wohn- und Gemeindehäuser, neun Herrschafts- und Adeligenhäuser und drei Mühlen aufzuweisen hat. Nach vorausgegangenen Reformen 1831 und 1834 wurde es Marköbel möglich, sich auszudehnen und außerhalb der Mauer zu bauen.

Die Tränke vor dem Zweiten Weltkrieg. Im Krieg diente sie als Feuerlöschteich. Die Tränke lag im Verlauf des Mühlgrabens der Untermühle und wurde in den fünfziger Jahren zugeschüttet. Heute steht dort der Ausstellungsraum von H. Schnitzer (Langenbergheimer Straße). Das Bild stellte Wilhelm Möller zur Verfügung.

Am Haus Hauptstraße 45 ist über dem Türeingang zu lesen: *"Erbaut von Joh. Heinrich Kullmann und dessen Ehefrau Anna Elisabetha im Jahre Christi 1835 deren zwei Zimmermeister war Heinrich und Peter Dietzel"*.

In der Hauptstraße 47 ist am Hauseingang zu lesen, daß 1872 von Joh. Goy und dessen Frau Elisabetha geb. Fischer ein neuer Bauernhof errichtet wurde.

1876 findet sich in der alten Bauakte, daß Phil. Krauch einen Antrag zum Bau eines Hauses, einer Halle und einer Scheune stellt.

Während das 1835 errichtete Anwesen Hauptstraße 45 noch in Fachwerkbauweise errichtet wurde, sind die Höfe Hauptstraße 47 (1872) in Bruchstein mit Sandsteinfries und Hauptstraße 53 (1876) in Feldbrandsteinen gemauert.

1826 wird auf dem Kirchhof ein neues Schulhaus aus getrockneten Lehmsteinen errichtet, Tür- und Fensteröffnungen sind von Sandstein umrandet.

Die schon im Jahre 1820 erstellte neue Friedhofsmauer am Obertor, bestehend aus Marköbeler Bruchsteinen und Sandsteinabdeckplatten aus Meerholz, wurde 1843 erweitert. Die Gemeinde läßt 1836 das alte Hirtenhaus am Untertor abreißen und errichtet ein neues Haus (heute Hauptstraße 1). Auch das alte Hirtenhaus von 1685 am Obertor wird 1838 an der Stelle, an der vorher der Zugang zum Wehrgang und Obertor lag, neu gebaut. Anfang der sechziger Jahre dieses Jahrhunderts wurde es abgebrochen.

## Ziegelbau löst um die Jahrhundertwende Fachwerkbau ab

Ab 1870 setzte eine stärkere Bautätigkeit ein, welche um 1900 in vielen Neubauten (zunächst Wohnhaus, dann Scheune und Stallungen, später Aufstocken des Wohnhauses) ihren Niederschlag fand. Durch die Entwicklung im Straßenbau, Bahnbau und die wachsende Bedeutung der Fabriken und Eisenhütten, durch neue Baustoffe (Zement) und größere Ziegeleien findet in Marköbel der jahrhundertalte Holzskelettbau immer weniger Beachtung. An Stelle des Fachwerks tritt der Ziegelbau (Feldbrand) und Bruchsteinbau.
Im alten Ortskern hat der Rauchfang-Schornstein ausgedient, es werden überall neue Schornsteine vom Keller aus gebaut. Denn der 1878 fertiggestellte Bahnhof in Ostheim

Die Untermühle (heute Langenbergheimer Straße 7) vor dem Zweiten Weltkrieg. Der Mühlgraben ist noch vorhanden. Das Bild stellte Wilhelm Möller zur Verfügung.

ermöglicht es, vom Ruhr- und Saarbergbau Steinkohle billiger anzuliefern. In Marköbel wird nun mehr und mehr Steinkohle als Brennstoff verwendet. Hüttenwerke produzieren immer mehr Stahlträger, so daß auch immer mehr Stallungen mit gewölbten Backstein-Trägerdecken an Stelle der alten morschen Holzdecken treten. Viele Werkstätten und Futterküchen werden neu gebaut. Auch werden jetzt öfter neue Jauchegruben errichtet mit der Auflage, daß sie wasserdicht sein müssen. Ob sie bei dem aggressiven Marköbeler Sand, der in der Regel verwendet wurde, auch immer dicht geworden sind, bleibt dahingestellt. Der Bau von Brunnen innerhalb der Anwesen nimmt immer mehr zu. Namen wie Bär, Forell sowie Ludwig treten als Maurermeister auf den Plan.

### Bau der Molkerei Ende des 19. Jahrhunderts

Eine für Marköbel und seine Einwohner fortschrittliche Errungenschaft Ende des 19. Jahrhunderts war der Bau der Molkerei. Dies alles in der heutigen Langenbergheimer Straße, damals schlicht als der "Weg nach Langenbergheim" bezeichnet. 1893 wurde ein Bauantrag zum Bau eines Maschinenraumes für einen 4-PS-Petroleummotor für den Mühlenbetrieb der Untermühle gestellt. Neue Energie ist damit auch in Marköbel festzustellen.
Im alten Ortskern ist auch allerlei bauliche Veränderung anzutreffen. Zwei Fälle seien herausgegriffen: 1877 wird von Peter Heinrich Gärtner der Bau einer neuen Scheune, neuer Stallungen, einer neuen Durchfahrt mit Überbau und Umbau eines Wohnhauses beantragt. Wie aus den Plänen hervorgeht, entstehen Scheune und Stallungen auf einem Grundstück, das von Gärtner dazuerworben ist. Auf dem neu erworbenen Grundstück stand zuvor ein Wohnhaus, Stallungen und eine Scheune. Der Keller des alten Wohnhauses ist heute noch unter der Scheune erhalten, es ist das Anwesen Hauptstraße 3. In der Hauptstraße 5 baut Johann Ludwig Rau 1908/1909 eine Scheune, baut das Wohnhaus an und um, das Wohnhaus erhält zur Hauptstraße hin zwei Ladenfenster. Die Straßenansicht der Hauptstraße ist heute noch die gleiche. Der Laden wird heute noch von Frau Fricke, einer Nachfahrin des J.L. Rau, betrieben.
Die Straßenansicht in der Kirchstraße hat sich 1909 völlig verändert, da das Anwesen vorher aus zwei Grundstücken bestand.

### Erste Häuser in der Römerstraße

In den Jahren 1870-1910 werden neue Häuser in dem östlichen Teil der Ringstraße, der früher außerhalb der Ringmauer lag, errichtet. Die ersten Häuser in der Römerstraße werden von 1900-1931 gebaut. Eine große Veränderung für Marköbel tritt ein durch die Flurbereinigung um die Jahrhundertwende. Der Krebsbach wird zum Teil zwischen Obermühle und Weidenborn umgelegt, neue Wehren für die Mühlen werden errichtet. Der ehemals zur Untermühle gehörende Wehrgraben wird stillgelegt und der als neuer Graben bezeichnete Teil gilt als Wehr für den Mühlbach zur Untermühle.

Die alte Schmiede Volz vor dem Zweiten Weltkrieg (heute Hauptstraße 7). Foto: Kreisbildstelle.

Vier Brücken werden neu erbaut, drei davon über den Krebsbach (Hainstraße, Zur Dammbrücke, An der Schafwiese) und eine über den Klöppelsbach vor der Einmündung in den Krebsbach an der Schafwiese. Mit dem Abbruch der Betzenkammer und einem Teil der Ringmauer wurde der Weg frei für neue Straßen. Dazu wurde die Dammstraße neu gebaut.

## Elektrisches Licht und Wasserleitung

1921 erhielt Marköbel das ersehnte elektrische Licht und 1928 wurde von Roßdorf her die Wasserleitung nach Marköbel verlegt. Die zum Teil jahrhunderte alten Brunnen mit ihren Rollengestellen und den mit herrschaftlichen Hanauer Wappen versehenen Stürzen hatten ausgedient.
Im Zweiten Weltkrieg wurden, außer für dringende Reparaturarbeiten, Baumaterialien nicht bereitgestellt, auch keine Arbeitskräfte. Dem Bauantrag zu dringenden Reparaturen und dem damit verbundenen Antrag auf Zuteilung für Baumaterial mußte eine Mit-

teilung beigefügt werden, daß die Arbeiten mit Invaliden ausgeführt wurden, d.h., daß keine Arbeitskräfte aus der Kriegswirtschaft benötigt wurden.

## Mit Evakuierten und Flüchtlingen überschwemmt

Nach dem Zweiten Weltkrieg wurde unser Dorf mit Überlebenden des großen Bombenangriffs auf Hanau und später mit Menschen, die aufgrund der Kriegsereignisse ihre Heimat verlassen mußten, nahezu überschwemmt. Alle erdenklichen Ecken, alle nie als Wohnraum genutzten Kammern, mußten notdürftig hergerichtet werden, um die vielen Menschen darin unterzubringen. Im Junkernhof z.B. wurde mit Lehm in einem alten Schuppen eine Wohnung errichtet. In der Hauptstraße 41 wurde das Dachgeschoß ausgebaut. 1947 hat die Gemeinde nach alter Bauweise mit einheimischen Materialien ein Wohnhaus in der Büdinger Straße mit freiwilligen Bauarbeitern aus Marköbel errichtet, in das vier Familien einziehen konnten. Ab 1949 begann dann wieder der Aufschwung im Bauwesen. Nach 17 Jahren Stillstand wurde in der Römerstraße wieder weitergebaut mit tatkräftiger Unterstützung der Gemeindevertretung. Der herrschenden Wohnungsnot mußte entgegengewirkt werden.
1953 wurde dann die dringend benötigte Schule erbaut, da die alten Schulgebäude den neuen Bedürfnissen nicht mehr gerecht wurden.

## Landwirtschaftliche Betriebe werden aufgegeben

Durch die Entwicklung nach dem Zweiten Weltkrieg, die sich vor allem auch sehr stark in der Landwirtschaft bemerkbar machte, und einen großen Teil unserer Bevölkerung zwang, ihre landwirtschaftlichen Betriebe aufzugeben, setzt im alten Ortskern ein Abbruch jetzt überfälliger Scheunen und Stallungen ein.
Die alten Rohstoffe Holz, Stroh und Lehm zum Häuserbau verloren völlig ihre Bedeutung. Neue Baustoffe, zum Teil über Hunderte von Kilometern hierher gebracht, neue Bautechniken und neue Maschinen bewirkten, daß neue Wohnhäuser schneller gebaut werden konnten. Anstelle der früheren Stallungen treten Garagen. Der Ort weitet sich nach Ost und West beträchtlich aus.
Es sei noch erwähnt, daß in den 50-er Jahren dieses Jahrhunderts der ganze Ort kanalisiert wurde. Die alten Abwasserrinnen mit ihrer stinkenden, als Brutstätten insbesondere für Stechmücken geeigneten Brühe gehörten nun der Vergangenheit an.

# "Landwehr" und "Hain" werden urbar gemacht

*Dirk-Jürgen Schäfer*

Die aus dem Mittelalter stammende Grenzbefestigung, die "Landwehr" oder auch "Heeg" genannt, wird ab 1831 urbar gemacht [1]. Sie bestand im Mittelalter aus einer vollkommen undurchdringlichen Hecke aus Bäumen und stacheligen Sträuchern, deren Äste immer wieder gebogen und in den Boden gesteckt ("gebückt", daher auch der Ausdruck "Gebück") wurden und neue Wurzeln schlugen, so daß aus den aufgeplatzten Rinden neues Geäst trieb. Es dürfte wohl mehrere Generationen gedauert haben, bis dieser lebende Grenzwall zu einer undurchdringlichen Hecke heranwuchs. Letzte Reste dieser Hecke sind noch am alten Sportplatz auf dem Weinberg vorhanden.
Die "Landwehr" zog entlang der Grenze Marköbel-Langenbergheim (Grenze Hanau-Isenburg) und als "Heeg" vom Mühlgraben bis zum Schildberg entlang der Grenze nach Rüdigheim[2]. Die Landwehr konnte bis zu 22 Metern breit werden[3] und einen vorgelagerten Graben aufweisen.
1615 berichtet Bürgermeister Schlarr, daß Marköbel *"ein Gehege (Landwehr) um sich herum (habe), die man an einem ganzen Tag nit umbgehen könnte, welchen (die Einwohner) uff ihren selbst allein Kosten erhalten müßten"* [4].
Die Fläche der Landwehr umfasste gut 36 Morgen Land[5]. Noch im Grundstücksverzeichnis von 1846[6] ist allgemein der Ausdruck "Landwehr" oder "Heeg" zur genaueren Bezeichnung von Grundstücken üblich. Ein Teil der Landwehr auf dem Weinberg wird als "wüstes Land" bezeichnet.

## Breiter Graben vor der Ringmauer

Neben der Landwehr als Grenzbefestigung gab es im Mittelalter zum Schutz des Dorfes vor der Ringmauer noch den "Hain". Er bestand, wie Georg Wolff 1892 bei der Suche nach dem römischen Kastell auf dem noch nicht belegten nördlichen Teil des Friedhofes feststellte, aus einem 14 Meter breiten und drei Meter tiefen Graben[7]. Möglicherweise war diesem Graben noch ein "Gebück" vorgelagert. Vor dem Obertor, auf der gegenüberliegenden Seite des Grabens (heute etwa Bushaltestelle), stieß Wolff auf mittelalterliche Fundamente eines Tores. Der damals 84-jährige Ortsbürger Müller konnte sich daran erinnern, daß in seiner Jugend hier noch ein Tor gestanden hat[8]. Über den Graben dürfte eine im Notfall leicht zu vernichtende Holzbrücke geführt haben. Der Grundrißplan für ein Bauvorhaben 1855 deutet darauf hin, daß dem Untertor gleichfalls ein Tor vorgelagert war[9].
Die Fläche des Hains betrug gut 9 Morgen[10]. Rechnet man die Fläche der "Landwehr" (36 Morgen) hinzu, so ergeben sich 45 Morgen Land, die im Mittelalter für die Sicherheit und die Verteidigung Marköbels verwendet wurden. Bei der Urbarmachung dieser

Flächen zwischen 1798 und 1831 wurde etwa je die Hälfte dem Wald und dem Ackerland zugeschlagen[11].
Als erster erhielt Schultheiß Johannes Mörschel die Erlaubnis, außerhalb der Ringmauer auf dem "Hain" zu bauen (heute Hauptstraße 41) [12]. 1797 stellen 46 Marköbeler Einwohner den Antrag [13], den gesamten Hain urbar zu machen. Noch im gleichen Jahr besichtigt ein Vertreter der Regierung Hanau das Gelände. Das Protokoll der Besichtigung ist erhalten geblieben [14]. Danach führt um die Stadtmauer herum ein *"mit lauter Dornen und Sträuchern bewachsener Graben".* Nur vor dem Obertor habe Schultheiß Mörschel ein Stück von rund 2 1/4 Morgen urbar gemacht und ein Haus darauf gebaut. Die Gemeinde habe für den Verkauf des Geländes rund 400 Gulden eingenommen. Bei einer weiteren Urbarmachung des Hains könne die Gemeinde weitere Einnahmen erzielen. Der "unnütze" Graben sei mit Ausnahme eines halben Morgens Grasland *"grösten theils mit lauter Dornen und kurzen Himbeer-Sträucher bewachsen und der ganzen Gemeinde in dieser Qualitaet ohne allen nutzen".* Sie könnte die Fläche *"nach vorheriger Ausrottung der Sträucher entweder zu Pflanzen-Länder oder Bleich-Plätzen (machen), an welchen beyden Stücken diese Gemeinde ohnehin Mangel hat".* Gegen die Urbarmachung des Hains gibt es in der Gemeinde Widerstand, der sich im Protokoll des Hanauer Regierungsvertreters wie folgt wiederspiegelt:*"... wenn das Vorurtheil einiger einfältigen Leute, diesen von alten Zeiten hergebrachten Stadt graben nicht umzuschaffen und verliehren zu wollen, mit Vernunft besiegt oder ihnen mit einer öffentlichen Ausbietung dieses Hayn Grabens durch den Sinn gefahren wärde"* [15]. Der Regierungsvertreter bezeichnet also die Einwohner, die am Althergebrachten festhalten wollen, als "einfältige Leute"!
Der Hain wird 1798 urbar gemacht, der Graben zugeschüttet und an die Einwohner vergeben. Ab 1820 entsteht vor dem Obertor ein neuer Friedhof, der später zu seiner heutigen Größe erweitert wird. Vor beiden Toren beginnt eine neue Bebauung, da innerhalb der Ringmauer kein Bauplatz mehr vorhanden ist. Ein richtiger "Bauboom" [16] setzt aber erst in der zweiten Hälfte des 19. Jahrhunderts ein. Die Zahl der Häuser in Marköbel steigt von 100 im Jahre 1821 auf 107 im Jahre 1866 (Anschluß an Preußen) und auf 174 im Jahre 1911 [17]. Allein in den Jahren 1866 bis 1911 werden 67 Häuser neu gebaut.

## Sechsköpfige Familie mit "zwey Stübchen und ein Vorrathskämmerchen"

Aus den Jahren 1811/12 sind die Baugesuche von Konrad Kropp[18] und Georg Dietzel[19] an die Hanauer Regierung zum Bauen außerhalb der Ringmauer erhalten geblieben. Kropp will vor dem Obertor, Dietzel vor dem Untertor bauen. Der ausführliche Bauantrag des Zimmermanns Georg Dietzel ist hier als sozialgeschichtliches Dokument wiedergegeben. Er schreibt: *"Meine ganze Hofraithe hat nur zehn Ruthen Flächengehalt, so daß ich meinen Karn (Karren) und dergleichen, in selbiger nicht unterzubringen vermag, sondern vor der Thür stehen laßen muß, überhaupt in meiner Oe-*

*konomie (Handwerk) dadurch äuserst behindert bin, in dem Haus selbzten habe ich nur zwey Stübchen und ein Vorrathskämmerchen, so daß ich mit meinen vier Kindern mich nur zur höchsten Nothdurft behelfen, meinen Gesellen aber, deren ich oft sechs habe, schlechterdings in meinem Haus keine Schlafstätte geben kann. Längst schon trachtete ich ein anderes Haus zu erwerben, allein im hiesigen bevölkerten Ort konnte ich noch keine Gelegenheit hierzu finden, auch ist im Ort kein Bauplatz zu bekommen, so daß mir nichts übrig bleibt, als ein neues Haus vor das Ort, und zwar vor das Unterthor zu bauen. Ich glaube, daß dieser Platz um so schicklicher seyn wird, als vor diesem Thor schon zwey Mühlen und eine Ziegelhütte stehen..".*
Die Baugenehmigung für den Neubau vor dem Untertor (heute Langenbergheimer Straße 4) wird 1813 erteilt.

## Anmerkungen

1. BR 1831, Nr. 26, 27.
2. BR 1817.
3. ZIMMERMANN, S. 540.
4. BOTT, S. 37.
5. GAM 35, 16, 16a.
6. GAM (HStA) Nr. 26-29.
7. FABRICIUS, HETTNER, SARWEY, Der Obergermanisch-rätische Limes, Abt. B, Nr. 21, S. 11.
8. Ebd.
9. GAM, Bauakte, noch unnummeriert. Situationsplan aus dem Bauprojekt Scheune mit Schweinestall des Heinrich Bär 1855 (Scheune Bäcker Bär).
10. s. Anmerkung 5.
11. ARND, Provinz Hanau, 1858, S. 18.
12. BOTT, S. 93.
13. StAM, 81. Regierung Hanau E 40a Marköbel Nr. 36. Eine Abschrift stellte Bernd VIELSMEIER zur Verfügung.
14. Ebd.
15. Ebd.
16. KARL JUNG hat die im Gemeindearchiv unsortiert vorhandenen Bauakten karteimäßig aufgenommen. Dabei stellte sich heraus, daß große Lücken vorhanden sind. Die Absicht, einen Plan mit der katastermäßigen Entwicklung der Bebauung Marköbels außerhalb der Ringmauer vorzulegen, konnte daher noch nicht verwirklicht werden.
17. WAGNER, Die Gerichte, Staats- und Kommunal-Verwaltungs-Behörden in Hanau Stadt und Land, Hanau 1911, S. 20f.
18. s. Anm. 13, Nr. 62.
19. s. Anm. 13, Nr. 65.

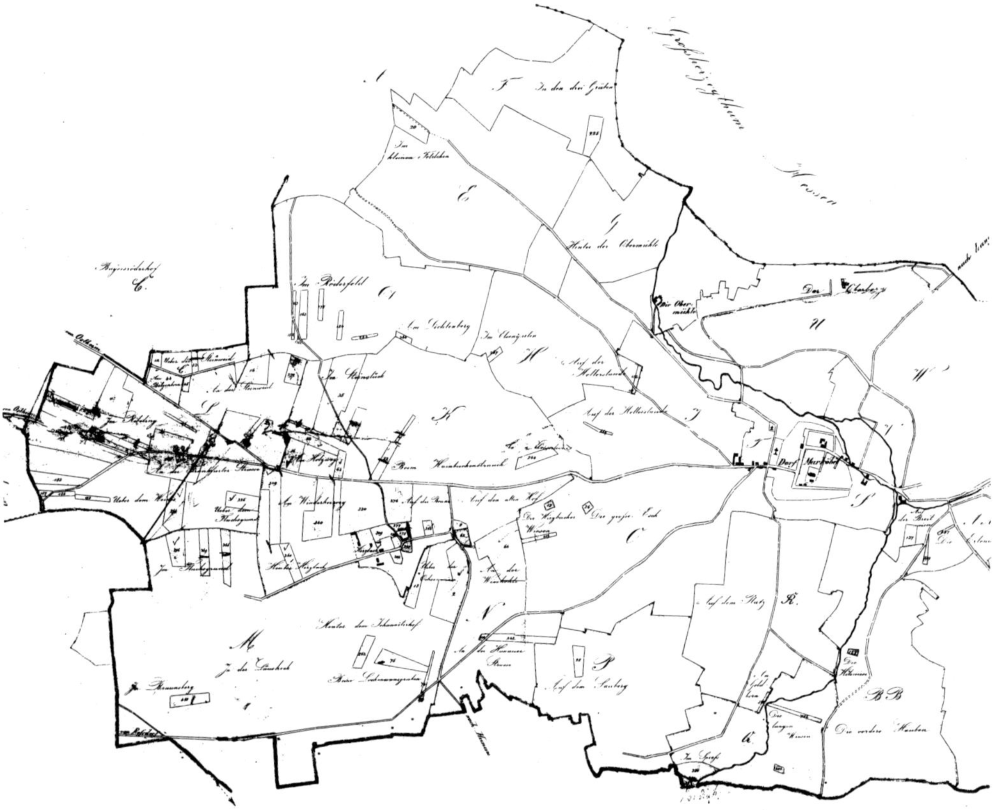

Karte der Gemarkung Marköbel aus dem Jahr 1877.

# Flurbereinigung und Dorferweiterung 1897 - 1908

*Dirk-Jürgen Schäfer*

Die mittelalterliche Flureinteilung und das durch die Ringmauer geprägte mittelalterliche Dorfbild Marköbels gehen erst vor rund achtzig Jahren mit der "Gemarkungszusammenlegung" (Flurbereinigung) und dem ersten "Fluchtlinienplan" (Straßenausbau- und Dorferweiterungsplan) verloren. Die Ringmauer ist um die Jahrhundertwende noch vollständig erhalten, wenn auch die Gemeinde den "Umgang", den durchgehenden Weg entlang der Ringmauer innerhalb des Dorfes, 1851 in Parzellen verkauft hatte. Doch die Gemeinde verpflichtete die Käufer zur Erhaltung der Mauer. Noch 1895[1] weigert sich die Gemeinde, dem Pfarrer Reich die Genehmigung zum Bau einer Tür durch die Ringmauer vom Pfarrgarten zum Friedhof zu genehmigen. Erst drei Jahre später[2] stimmt die Gemeinde diesem Vorhaben zu mit der Maßgabe, daß "der Ausgang nur auf den Todtenhof, aber nicht über denselben hinaus benutzt werden darf". Die einzigen Zugänge zum Dorf führen durch das Untertor und am Oberturm vorbei. Das Obertor selbst dürfte in der Mitte des vergangenen Jahrhunderts niedergelegt worden sein. Seit 1838[3] erscheinen in den Bürgermeisterrechnungen keine Besoldungen mehr für das Auf- und Zuschließen des Ober- und Untertores.
Die heutigen Straßenführungen durch die ehemalige Ringmauer werden erst kurz nach der Jahrhundertwende angelegt. In der Marköbeler Schulchronik[4] des Jahres 1905 heißt es: *"Durch die Zusammenlegung ist ein Stück von dem "alten" Marköbel dem Untergange geweiht, in dem die Ringmauer an angrenzenden Besitzern überwiesen worden ist, welche dieselbe wohl größtenteils niederlegen werden. Doch erhält der Ort vier weitere Ausgänge* (neben Ober- und Untertor), *einen an der sog. "Judenecke"* (heute Rüdigheimer Straße), *einen am Ostende der Unterstraße* (heute Ringstraße/An der Schafswiese) *und je einen am westlichen* (heute Nordstraße/Bärgäßchen) *und östlichen* (heute Nordstraße/Hainstraße) *Ende der Hinterstraße".*
Der Niederlegung der Ringmauer geht die Flurbereinigung voraus. Die Grundstücksflächen waren teilweise so klein, daß eine wirtschaftliche Bearbeitung kaum noch möglich war.
Im Herbst 1896[5] besucht der Leiter der "Königlichen Spezialkommission in Hanau" (Flurbereinigungs-Kommission), Regierungs-Assessor Dr. Wenke, Bürgermeister Stroh, um ihm die Vorzüge der Flurbereinigung in Marköbel vor Augen zu führen. Der Zeitpunkt sei günstig, denn die Kommission könnte nach Fertigstellung ihrer Arbeit in Langenselbold im Herbst 1897 in Marköbel beginnen. Sollte Stroh durch seine Reichstagstätigkeit verhindert sein, könnte doch sein Sohn *"die Angelegenheit in die Hand nehmen und fördern".*
Die Marköbeler Bauern können sich trotz der unwirtschaftlichen Grundstücksgrößen mit der Flurbereinigung nicht anfreunden. Sie befürchten vor allem die hohen Kosten und, daß der als Pachtland genutzte Streubesitz der Staatsdomäne Baiersröderhof in

einer Größe von 11,39 ha Land bei einer Flurbereinigung geschlossen der Staatsdomäne zugeschlagen werde und nicht mehr als Pachtland zur Verfügung stehe. Auch als die Domänenverwaltung am 1. Dezember 1896 mitteilt, daß dieser Streubesitz nach einer Zusammenlegung bei den Marköbeler Landwirten verbleiben werde, bleiben die kleineren Bauern Gegner der Flurbereinigung. Im Protokollbuch des Kirchenvorstandes heißt es dazu am 22. April 1897, *"daß die geringen Leute derartig mit Kosten belastet würden, daß sie Gegner der Zusammenlegung seien und es dem Pfarrer höchst übelnehmen würden, wenn er einen Antrag auf Einführung der Zusammenlegung stellt"*. Wer den Antrag auf Flurbereinigung stellt, ist nicht überliefert. In den Akten ist von *"mehreren Grundbesitzern"* die Rede, also wohl von den wohlhabenderen Landwirten, die ein Interesse an der wirtschaftlichen Nutzung des Bodens hatten und auch die Kosten leicht(er) zahlen konnten. Die Flurbereinigung dauert zehn Jahre und hat - laut Schulchronik - *"unter den hiesigen Einwohnern zum Teil große Unzufriedenheit"* vervorgerufen.
Die Gemarkung Marköbel umfaßt zu dieser Zeit 1182,8444 ha Fläche. Von der Flurbereinigung ausgenommen sind die Dorflage, die eingezäunten Gärten und der Wald mit einer Fläche von 369,8836 ha. In die Flurbereinigung eingezogen werden 7,5108 ha aus der Gemeinde und dem Gutsbezirk Rüdigheim sowie 0,1112 ha aus der Gemeinde Butterstadt. Die Gesamtkosten belaufen sich laut Endabrechnung aus dem Jahr 1909 auf 13.923 Mark. Die Hauptlast tragen die Marköbeler Bauern mit 12.680,29 Mark. Die Domänenverwaltung (Königlich Preußischer Staat) braucht ihren Beitrag von 1.021,43 Mark und die Evangelische Kirche (einschließlich Schulbesitz) ihren Beitrag von 221,28 Mark nicht zu zahlen.
Mit der Flurbereinigung wird auch die alte "Hutegerechtigkeit" abgelöst. Nach altem Herkommen wurde *"die Gemarkung Marköbel mit Ausschluß der Dorflage, der Waldungen, der eingefriedeten Gärten und einzelner hutefreier Parzellen seitens der huteberechtigten Eingesessenen von Marköbel mit Hirzbach mit Rindvieh, Schweinen und Gänsen gemeinschaftlich behütet. Dem Hirzbacher Hof stand ein Beitriebsrecht zu. Die Schafhute stand mit einer Schafherde von 240 Stück dem Königlichen Domänenfiskus als dem Besitzer des Domänenvorwerks Hirzbacher Hof ("Vorwerk" zum Baiersröderhof) und mit einer Schafherde von 200 Stück dem von Ende'schen Gut in Marköbel* (Junkernhof) *zu."*

In der Flurbereinigungsfläche, die 820,5828 ha umfaßt, werden alle Äcker, Wiesen und Obstbaumstücke auf ihren Reinertragswert hin eingeschätzt und nach dem Verhältnis der eingebrachten Flächen neu verteilt. Die Schätzer, damals noch "Boniteure" genannt, stammen aus den entfernten Borken und Fulda, wohl, um persönliche Rücksichtnahme möglichst auszuschließen.

Im August 1898 findet eine Gemarkungsbegehung statt, in der die "Classifikationstarife" (Ertragsschätzung) aufgestellt werden. Für Ackerland sind es elf und für Wiesen-

Flurkarte aus dem Jahr 1872 mit der Ortslage Marköbel. Deutlich sind im Nordwesten und Süden die kleinen Grundstücksflächen zu erkennen. StA Marburg, P II, Nr. 1204/18 und 19.

land neun Klassen. Da die Schätzung der Bodenqualität auch heute noch Gültigkeit hat, ist sie nachstehend wiedergegeben (Einteilung: Nummer der Klasse, Bodenqualität, Reinertragswert in Mark):

**Ackerland**

1. KLASSE: Tiefgründiger Lehmboden mit etwas Sand gemischt, gleicher durchlassender Untergrund, Ackerkrume 60-80 cm tief
80 M
2. KLASSE: wie zu 1. in den Bodenverhältnissen, Ackerkrume 50-60 cm tief
72 M
3. KLASSE: Boden wie zu 1. und 2., nur weniger milder, Ackerkrume 40-50 tief
64 M
4. KLASSE: Boden wie in 1.-3. nur leichter und weniger tiefgründig, auch schwerer Lehmboden mit etwas Ton im Untergrund, Ackerkrume 35-40 cm tief
54 M
5. KLASSE: schwerer Lehmboden mit Ton im Untergrund, auch leichterer Lehmboden, Ackerkrume 25-30 cm tief
44 M
6. KLASSE: milder Tonboden mit Ton im Untergrund oder leichter Lehm, sog. Hungerlehm. Ackerkrume 20-25 cm tief
33 M
7. KLASSE: Tonboden mit strengerem Ton im Untergrund, auch noch leichterer Lehmboden wie in 6. Klasse, Ackerkrume etwa 20 cm tief
22 M
8. KLASSE: strenger Tonboden, auch kommen Stellen vor, wo sich Steine finden, Akkerkrume bis zu 15 cm tief
12 M
9. KLASSE: wie bei 8., Ackerkrume 10-12 cm tief
6 M
10. KLASSE: Steine im Untergrund, Ackerkrume ganz flach bis 5 cm, Rain, Wege, Gräben
2 M
11. KLASSE: hierher gehören nur Rain, Wege, Gräben und Waldbeschattungswiesen
0.50 M.

**Wiesenland**

Die Wiesen sind zu einem Teil Feldwiesen, ein kleinerer Teil liegt im Walde. Die Wiesen haben ähnliche Untergrundverhältnisse wie das Ackerland, die besseren Wiesen 1.-3. sind etwas feucht, aber nicht naß, haben durchlassenden Untergrund und

liefern einen hohen Ertrag insbesondere auch, wenn nicht übermäßig nasse Witterung eintritt, bei der Grummeternte. Wiesen 4. und 5. sind teilweise trocken, teilweise naß, hier ist aber der Untergrund noch durchlässig. Wiese 6. ist entweder ganz trocken oder bei undurchlässigem Untergrund naß mit schlechten Gräsern. Wiesen 7. und 8. sind Sumpfwiesen mit völlig undurchlässigem tonigem Untergrund, hierher gehören die Gräben. Eine 9. Klasse wird bei der "speziellen "Bonitierung" als notwendig erachtet. Eine genaue Beschreibung und der Reinertragswert fehlen.
Der Reinertragswert liegt bei Wiesen:

| | |
|---|---|
| 1. Klasse: 100 M | 5. Klasse: 50 M |
| 2. Klasse: 88 M | 6. Klasse: 33 M |
| 3. Klasse: 76 M | 7. Klasse: 16 M |
| 4. Klasse: 64 M | 8. Klasse: 6 M |

Das Verfahren zieht sich jahrelang hin. So müssen z.B. im November und Dezember 1900 alle Grundbesitzer anhand eines Grundbuchauszuges ihren Besitz nachweisen und auch Auskünfte über die Erbfolge geben.

1903 beginnt die Schätzung der Obstbäume. Wenn die Aufstellung im Gemeindearchiv vollständig ist, dann gibt es kurz nach der Jahrhundertwende 9.132 Obstbäume, vorwiegend Äpfel-, Birnen-, Kirschen- und Zwetschenbäume, vereinzelt auch Nußbäume. In der Reinertragsaufstellung erhalten Spitzenwerte einige Apfelbäume An dem Storchshalten, Auf dem Mühlberg und Auf der großen Burg mit 35 bis 40 Mark, einige Birnbäume im Hain, Am Weidenborn, In den Eschgärten und Auf der großen Burg mit 40 bis 45 Mark, ein Nußbaum Auf dem Mühlberg mit 10 Mark und ein Kirschbaum Auf dem Steinberg mit 8 Mark. Die Durchschnittsertragswerte liegen etwa bei 10-18 Mark für Apfelbäume, 20-28 Mark bei Birnbäumen, 3-5 Mark bei Kirschbäumen, 1-4 Mark bei Zwetschenbäumen und 1-3 Mark bei Nußbäumen.

Auch die Verhandlungen über die neuen Feldwege und Straßen ziehen sich über Jahre hin. So wird 1901 die Anbindung Hirzbachs an die Landstraße Marköbel-Rüdigheim festgelegt, bei deren Ausbau dann Steine der Hirzbacher Kapelle als Untergrundmaterial Verwendung finden[6]. Eine direkte Landstraße von Hirzbach nach Butterstadt ist in der Diskussion, wird aber als *"nicht von öffentlichem Interesse"* abgelehnt. Aus dem gleichen Grunde wird eine direkte Straßenverbindung von Marköbel nach Rüdigheim durch die Flur "Im Sauloch" nicht verwirklicht.

Die "langen Wiesen" nach Rüdigheim sind Gegenstand längerer Verhandlungen. Bürgermeister Stroh weist daraufhin, daß *"in den tief gelegenen Wiesen der Grasbestand in trockenen Jahren besonders gut ist und nur bei nassen Jahren und bei einer im Sommer etwa vorkommenden Überschwemmung durch Austritt des Krebsbaches aus ihren Ufern Schaden leiden, da es an der nötigen Vorflut fehlt und das Wasser nicht schnell genug abfließen kann".* Die Domänenverwaltung in Kassel lehnt aber den zur Entwässerung nötigen Verkauf *"der der Domäne Rüdigheim zustehenden Wasserkraft für die Mühle"* ab. Die Kammer empfiehlt die Vertiefung des unter dem Mühlgraben fließenden Grenzgrabens und des Krebsbaches unterhalb des Wehres, um dadurch eine Entwässerung der Marköbeler Wiesen zu erreichen.

Selbst die Düngung der Äcker spielt eine Rolle. So muß der Domänenpächter Schwarz 1904/05 seine Äcker in der Nähe von Hirzbach mit Stallmist anstatt mit Kunstdünger düngen. Im Zuge der Flurbereinigung geht auch die "WOLFSMÜHLE" des Georg Peter Euler (Hüttengesäßer Straße) verloren. Der Mühlgraben findet als Seitengraben des Hüttengesäßer Weges Verwendung. Der Krebsbach und der Mühlgraben der Untermühle, der etwa im Verlauf der heutigen Hainstraße zur Untermühle (Langenbergheimer Straße) und von da zum Krebsbach floß, - im Bereich des heutigen Ausstellungsraumes Schnitzer lag die Viehtränke - werden teilweise begradigt und verbreitert.

Als *"Gemeinschaftliche Anlagen"* zur unentgeltlichen Mitbenutzung aller Einwohner bleiben erhalten:

Steinbruch "Auf dem Steinberg" (11.084 qm),
Lehmgruben "Über den Storchshalten" (9.817 qm und "Am Büdinger Weg" (3.426 qm), sie durften nur für den Eigengebrauch verwendet werden,
Zimmererplatz "Der Hain" (1.036 qm)
Bleichplätze "Am Weidenborn" (4.753 qm) und "Das große Esch" (11.245 qm)
Holzplatz "Die Elsenbornweide" (4.560 qm) und
Gänseweide "Bei der Gelnhäuser Brücke" (5.376 qm).

Im Zuge der Flurbereinigung werden auch die Feldwege neu trassiert. Die Gemeinde nimmt dies zum Anlaß, die dem Dorf näher gelegenen neuen Feldwege zugleich auch als "Erschließungsstraßen" für die bauliche Erweiterung außerhalb der Ringmauer zu nutzen[7]. Durch die geplante Eisenbahnverbindung Hanau-Marköbel-Büdingen erwartet Marköbel eine stärkere Neubautätigkeit (1906 beschließt die Gemeindevertretung die kostenlose Abgabe des für den Eisenbahnbau erforderlichen Geländes. Der Bahnhof sollte an der Hüttengesäßer Straße liegen. Die Pläne werden nicht verwirklicht.) Die bauliche Entwicklung im 19. Jahrhundert hatte sich im wesentlichen auf das Gelände vor dem Ober- und Untertor sowie entlang der Landstraße nach Ostheim (heute Hauptstraße) und die Lindenstraße erstreckt.

Der Steuerinspektor Thon vom Königlichen Katasteramt in Hanau legt 1906 einen Fluchlinenplan für die Ortserweiterung[8] vor. Danach sind zwölf Feldwege als Straßen

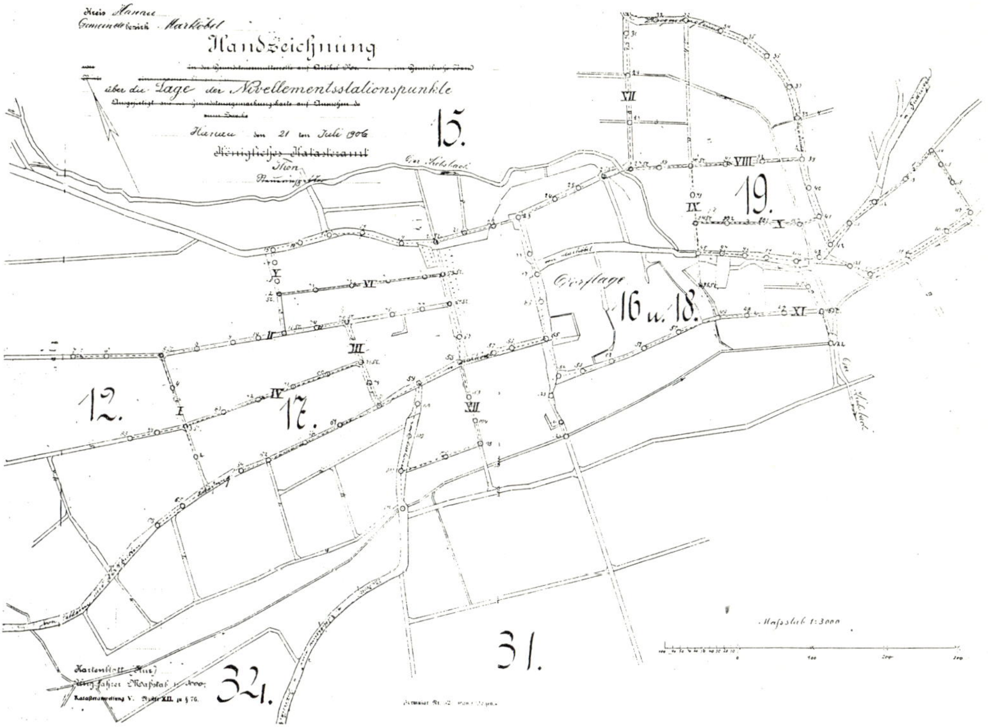


Vermessungskarte aus dem Jahre 1906. Mit römischen Ziffern sind die für die Bebauung vorgeschlagenen Feldwege gekennzeichnet. GAM 60/2.

für die Bebauung vorgesehen. Die Feldwege sind von I bis XII numeriert. Nachstehend die heutige Bezeichnung:

| | |
|---|---|
| I | Urnenstraße |
| II | Römerstraße |
| III | Burgstraße |
| IV | Feldstraße |
| V | Feldweg von der Römerstraße zum Obermühlweg |
| VI | Feldweg entlang des Friedhofes zu V. |
| VII | Zur Dammbrücke |
| VIII | Hainstraßen-Verlängerung zur Langenbergheimer Straße (Zimmerei Dietzel) |
| IX | Hainstraße bis Langenbergheimer Straße (Tankstelle Schnitzer) |
| X | Hainstraße zur Langenbergheimer Straße (Post) |
| XI | An der Schafswiese/Ringstraße |
| XII | Rausche-Hain-Weg. |

"Mit Rücksicht auf den nicht sehr erheblichen Verkehr ist die Breite der neuen Straßen meistenteils auf 9 m festgesetzt worden, hiervon entfallen auf die beiderseitigen Fußsteige je 1,50 m, für die Fahrbahn verbleiben 6 m." (Steuerinspektor Thon). Nur für den Feldweg II wurden von der Lindenstraße bis zur Urnenstraße wegen des stärkeren Verkehrs 11 m Breite angenommen, während die Nebenwege X und der Bereich XI (An der Schafswiese von der Einmündung Langenbergheimer Straße bis zum rechtwinkligen Knick nach Westen) nur 7,50 m breit werden sollen. Für die bebauungsfähige Strecke der Langenbergheimer Straße ist eine Breite von 11 m vorgesehen. *"Sämtliche Wege sind hochwasserfrei, habend genügend Gefälle, auch ist überall genügende Entwässerung nach den Bächen vorhanden"* (Thon).
Die Gemeindevertretung beschließt am 9. April 1906 den Ortserweiterungsplan, nachdem der Entwurf einen Monat vorher für die Einwohner öffentlich ausgelegen hat.
Der erste Ortserweiterungsplan Marköbels hat die bauliche Entwicklung bis in die Gegenwart vorgezeichnet. Einige Feldwege wurden zwar erst nach dem Zweiten Weltkrieg erschlossen, einige dienen bis heute nur dem landwirtschaftlichen Verkehr. Doch auch hier liegen jetzt (Fortschreibung Flächennutzungsplan der Gemeinde Hammersbach 1989) Bebauungswünsche vor.

## Anmerkungen

1) GAM (HStA) Nr. 36, 22.Juli 1895.
2) GAM (HStA) Nr. 36, 12.Dezember 1898.
3) GAM Anlage Bürgermeisterrechnung 1838.
4) Schulchronik im Besitz der Grundschule Hammersbach.
5) Für die nachfolgende Darstellung GAM (HStA) Nr. 638 und GAM 86/10.
6) F. Wolff, Die Kapelle bei den Hirzbacher Höfen, in Monatshefte für Kunst und Wissenschaft, 1915, S. 170 ff.
7) Im Zusammenhang mit den Baugesuchen Dietzel und Lorey bittet der Landrat 1906, "wiederholt" um Aufstellung eines Bebauungsplanes und eines Ortsstatutes (GAM 61/3).
8) GAM 60/2.

# Beiträge zur Schulgeschichte in neuerer Zeit

*Martin Glade*

## Lehrerbesoldung im 19. Jahrhundert

Die Lehrerschaft wurde im 19. Jahrhundert vom Schulträger besoldet. Schulträger waren die Gemeinden. Um das Jahr 1800 war die wirtschaftliche Situation der Lehrerschaft mehr als schlecht - besonders aber in Marköbel. Die Lehrer mußten sich mit Hilfe der vorgesetzten Schulbehörden im wahrsten Sinne des Wortes jede Gehaltserhöhung erstreiten. Um einigermaßen leben zu können, mußten sie sich auch in Marköbel um vielerlei Nebenverdienste bemühen.
*"Die Besoldungen waren damals sehr gering und der Schulbesuch unregelmäßig und mangelhaft"*, heißt es in der Schulchronik. *"Durch die Besoldung war Lehrer Kranig genöthigt neben seinem Schulamt auch noch die Leinweberei zu treiben. Im Jahr 1804 kam Lehrer Dettler nach Marköbel. Dieser trieb ebenfalls neben seinem Schulamt Leinweberei."*

Das alte Schulgebäude auf dem Kirchhof. Es wurde 1826 aus getrockneten Lehmsteinen errichtet und erst nach dem Zweiten Weltkrieg abgebrochen. Foto: Kreisbildstelle.

1829 erhielt Lehrer Breidenbach als Jahresgehalt ganze 200 Taler. Er verstarb im Jahre 1844 an der Zehrung (Schwindsucht). Auch einige seiner Nachfolger starben an der gleichen Krankheit.

In der Mitte des 19. Jahrhunderts wanderten viele Marköbler Familien nach Amerika aus. Dadurch sank die Schülerzahl so, daß die Regierung es für unnötig hielt, eine dritte Lehrerstelle zu errichten. Die Gemeinde sparte dadurch 100 Taler im Jahr, einen Betrag, den sie dringend für die Armenpflege benötigte. Zum sozialen Hintergrund dieser Zeit siehe auch den Beitrag von W. Dietzel über die Auswanderer.

*"Herr Landrath Cornelius bemühte sich hierauf nach Marköbel, um den Ortsvorstand zu veranlassen, einem jeden Lehrer 20 Thaler Zulage zu gestatten, jedoch ließ sich der Ortsvorstand gewohnter Weise dazu nicht bestimmen"* (Schulchronik).

Erst im Jahre 1873 wurden durch allerhöchste Verordnung alle Schulstellen verbessert und das Jahresgehalt auf 330 Taler festgesetzt.

Im gleichen Jahre noch regelte am 15. September ein königlicher Regierungserlaß die Lehrerbesoldung neu: Ein Lehrer im 1. bis zum 15. Dienstjahr erhielt 840 Mark, ein Lehrer vom 16. bis zum 25. Dienstjahr 900 Mark, und ein Lehrer mit über 25 Dienstjahren erhielt 990 Mark im Jahr. Außerdem bezog jeder Stelleninhaber 90 Mark für Feuerung.

Nach dem Schullastengesetz vom 14. Juni 1888 erhielten sämtliche Gemeinden einen jährlichen Staatszuschuß zur Besoldung der Lehrer unter gleichzeitigem Wegfall des früher erhobenen Schulgeldes.

In der Schulchronik heißt es dazu: *"Die hiesige wohlhabende Gemeinde bezieht hiernach einen jährlichen Staatszuschuß von 500 + 300 = 800 Mark ohne an Schulgeld einen Ausfall zu erleiden und ohne daß Schullasten im Sinne des Gesetzes vorhanden waren. Dessen ungeachtet hat der Gemeindevorstand entgegen den Erwartungen des Herrn Ministers keine Veranlassung genommen, für den bedrängten Lehrer etwas zu thun."* Zur gleichen Zeit wurde das Gehalt des Bürgermeisters auf 900 Mark erhöht.

Erst im Jahre 1891 wurde die Besoldung der ersten Lehrerstelle in Marköbel auf 865,26 Mark jährlich festgesetzt. (Nach der Gemeinderechnung erhält Lehrer Ringler bereits 1888 ein Gehalt von 985,71 Mark, also mehr als der Bürgermeister und der 2. Lehrer Gärtner, der 663,81 Mark bezieht. Zwischen der Gemeinderechnung und der Schulchronik ist hier ein Widerspruch, der sich derzeit nicht klären läßt.)

Lassen wir die Schulchronik wieder sprechen: *"Da inzwischen von Regierung und Volksvertretung die Besoldung der Lehrer als unzureichend und die Notlage derselben anerkannt war, so ersuchte Herr Landrath von Oertzen eine Gehaltsaufbesserung der Lehrerstellen seines Kreises herbeizuführen. Ein von dem warmherzigen Lehrerfreunde vorgelegter, den Wünschen der Lehrer entsprechender Entwurf fand unter verschiedenen Abänderungen die Zustimmung des Kreisausschusses, in welchem der Bürgermeister Stroh von hier der ablehnenden Minorität sich zugesellt hatte. Die Neuordnung trat durch Regierungsverfügung vom 7. November 1892 mit dem 1. April 1893 in Kraft. Nach ihr wurde das Grundgehalt sämtlicher Stellen des Kreises auf 1000 Mark festge-*

*setzt. Die zu gewährenden Alterszulagen stiegen vom fünften Dienstjahre an von fünf zu fünf Jahren um 100 bis zu 500 Mark. Daneben freie Dienstwohnung im Werte von 150 Mark. Die Königliche Regierung hat gleichzeitig erklärt, daß Mittel zur Vergütung des Kirchendienstes an Lehrer nicht vorhanden seien, die betreffenden Lehrer vielmehr den Mehrertrag der niedrig veranschlagten Schulländerein, wo solche vorhanden seien, als Äquivalent für ihre kirchlichen Dienstleistungen betrachten sollten. Dasselbe beträge hiernach beispielsweise für die 2. hiesige Schulstelle, die mit der Hälfte des Organistendienstes belastet ist: Mark 0 (Null). Cirka 12 Gemeinden des Kreises, darunter auch Marköbel, hatten sich der geplanten Gehaltsaufbesserung bis zum äußersten, jedoch erfolglos, widersetzt. Ihr durchschlagendstes Argument lautete: "Mer gewwe nix!"*

Im Schuljahr 1895/96 besuchten 210 Kinder die Schule. Sie wurden allein von den beiden Lehrern Heinrich Gärtner und Georg Volland betreut. Volland war völlig überbelastet, ein Herzleiden machte sich bemerkbar. Ein dritter Lehrer sollte her. Die Regierung in Kassel sagte zu. Die Gemeindevertretung lehnte am 27. Juli 1885 ab, weil weder ein Schullokal noch eine Lehrerwohnung und in anderen Gemeinden des Kreises, wie z.B. in Ostheim, ein ähnliches Verhältnis in der Schülerzahl bestehe. Erst knapp ein Jahr später stimmte die Gemeindevertretung zu, einem Lehrergehilfen anzustellen, der sich im Unterricht in den beiden Schulsälen mit den beiden Lehrern abwechseln sollte.

Mit dem 1. April 1897 trat ein neues Lehrerbesoldungsgesetz in Kraft, nach dem den Lehrern ein den örtlichen Verhältnissen entsprechendes Einkommen gewährt werden sollte. Auf Grund desselben wurden für den Kreis Hanau drei Gehaltsstufen gebildet:

| | 1. Stufe | 2. Stufe | 3. Stufe |
|---|---|---|---|
| Grundgehalt: | 1200 Mark | 1150 Mark | 1150 Mark |
| Dienstalterszulage: | 150 Mark | 140 Mark | 130 Mark |

Die Gemeinde Marköbel reihte seine Lehrer am 13. Januar 1898 entsprechend "dem von Kgl. Regierung zu Kassel festgesetzten Grundgehalt von 1150 Mark mit einem Alterszulagebetrag von 130 Mark" - also in der dritten Stufe - ein. Lehrer Gärtner schrieb darüber in der Chronik:

*"Da die Teuerungsverhältnisse des Kreises jedoch fast überall gleich, für die entlegeneren Orte in mancher Beziehung sogar ungünstigere sind, so haben die meisten Gemeinden mit fast alleiniger Ausnahme der finanziell schwer belasteten ihre Lehrergehälter freiwillig auf die erste Stufe erhöht. Daß die Vertretung der außerordentlich gut situierten Gemeinde Marköbel die Erhöhung der Lehrergehälter abgelehnt hat, kann bei dem geringen Verständnisse, mit welchem dieselbe von jeher den idealen Interessen, besonders aber Schulfragen der Gemeinde gegenüber gestanden hat, nicht verwundern."*

Daß die Schulchronik nur die Meinung der Lehrer widerspiegelt, zeigt sich daran, daß die von der Gemeindevertretung acht Monate später beschlossene und rückwirkend geltende Höhergruppierung der Lehrer in Stufe 1 (1200 Mark Grundgehalt und 150 Mark Zulage) nicht erwähnt wird. Ab 1907 gewährt die Gemeinde Marköbel allen Lehrern zu ihrer Alterszulage eine Teuerungszulage von 120 Mark.

## Schulordnung und Lehrerdienstanweisung 1853

Für das Jahr 1853 liegt eine Schulordung für die Volksschulen der Provinz Hanau einschließlich einer Dienstanweisung für die Lehrer vor, deren Inhalt uns heute schmunzeln läßt, aber auch nachdenklich macht.
Absoluten Vorrang unter den Fächern, die in der Volksschule gelehrt wurden, hatte der Religionsunterricht.
Hatte eine Schule drei Klassen, das heißt:

| | |
|---|---|
| Elementarklasse | Kinder vom 6. - 8. Lebensjahr |
| Mittelklasse | Kinder vom 8. - 11. Lebensjahr, und |
| Oberklasse | Kinder vom 11. - 14. Lebensjahr, |

so standen auf dem Plan der Oberklasse mindestens 28 Unterrichtsstunden - höchstens jedoch 30. Sie verteilten sich wie folgt:

| | | |
|---|---|---|
| 1. Religion: | a) Katechismus, | |
| | b) biblische und Religionsgeschichte, | |
| | c) Bibellesen: | acht Stunden. |
| 2. Sprachunterricht: | a) Lesen | fünf Stunden, |
| | b) Sprachlehre, Rechtschreiben und schriftlicher Gedankenausdruck | drei Stunden, |
| | c) Schönschreiben | drei Stunden. |
| 3. Rechnen | | sechs Stunden. |
| 4. Weltkunde | | zwei Stunden. |
| 5. Singen | | drei Stunden. |

Insgesamt also dreißig Stunden. Zum Fach Singen sei noch bemerkt, daß es fast völlig in den Dienst des Religionsunterrichts gestellt wurde. Heißt es doch u.a. in der Schulordnung § 9:

*"Der Zweck des Gesangsunterrichts in der Volksschule ist, die Schüler mit dem Schatz gediegener mit Bezugnahme auf die verschiedenen Lebenslagen ausgewählten Lieder auszustatten und sie durch Übung des Gehörs und der Stimme, sowie durch sichere Einprägung des Textes und der Melodie zu befähigen, zu jeder Zeit freien Gebrauch davon zu machen. Vorzugsweise aber soll er die Schüler zur lebendigen Theilnahme am öffentlichen Gottesdienst befähigen. Die Volksschule hat darum vor Allem das Kirchenlied zu pflegen. Jedoch sollen die Kinder zur Ausbildung des nationalen Charakters und zur Veredlung ihres jugendlichen Sinnes auch eine Anzahl weltlicher, ächt*

*volksthümlicher Lieder lernen... Auch soll hier in der Schule dergestalt der Kirche dienen, daß das am nächsten Sonntag in der Kirche zu singende Lied vorher in der Schule gelesen, besprochen und singend eingeübt wird..."*

In den Erläuterungen zum Sprachunterricht heißt es in der Schulordnung unter anderem: *"Der Unterricht im Lesen soll den Schüler dahin bringen, daß er lautrein, fließend, verständlich und möglichst ausdrucksvoll sowohl die deutsche als auch die lateinische Schrift zu lesen im Stande ist.*

*Das Lesen soll so bald als möglich in den Dienst der übrigen Unterrichtsgegenstände, insbesondere aber des Religionsunterrichts treten und in den oberen Klassen nur noch in so weit als besonderer Unterrichtsgegenstand betrieben werden, als es die Erzielung der nothwendigen Lesefertigkeit erheischt. Zum Lesen in der Schule dienen: die Wandfibel, die Handfibel, das Schullesebuch, die Bibel, das Gesangbuch, beide letztere jedoch erst dann, wenn es sich vorzugsweise um Aneignung des Inhalts handelt, letzteres außerdem zur Übung im betonten Lesen oder Schönlesen."*

So stand also rund die Hälfte aller Unterrichtsstunden im Dienste der Kirche und der Religion.

Auszüge aus den Anweisungen für den Rechtschreib-, Schönschreib- und Weltkundeunterricht sollen natürlich nicht fehlen:

*"Die Rechtschreibung ist vorzugsweise zu erzielen durch fleißiges Abschreiben, Dictirübungen und Buchstabiren im Kopf... Durch den Unterricht im Schönschreiben sollen die Schüler die Fertigkeit erlangen, eine leichte, gefällige und fließende Hand zu schreiben. Dieses Ziel aber ist nicht in bloßen Schreibstunden zu erreichen. Es muß vielmehr zugleich mit Strenge darauf gehalten werden, daß Alles, was geschrieben wird, auch schön und ordentlich geschrieben werde und in allen Schreibheften pünktliche Ordnung und Reinlichkeit herrsche...*

*Durch den Unterricht in der Weltkunde sollen die Kinder das Wissenswerte aus der Geschichte, Erdbeschreibung, Natur- und Gewerbkunde erlernen... Bei Auswahl des Stoffs ist vorzugsweise das herauszugreifen, wovon am ersten ein bildender Einfluß auf Geist, Gemüth und Charakter der Kinder erwartet werden kann. Die Kinder sollen nicht bloß Namen von Ländern, Städten, Flüssen, Gebirgen, Produkten, Personen usw. erlernen. Sie sollen von besprochenen Gegenständen ein Bild in sich aufnehmen, Lebensbilder sollen ihnen vorgeführt werden. Wenig, aber das Wenige anschaulich, gründlich und lebendig! Diesen Grundsatz hat der Lehrer festzuhalten, um nicht durch bloßes Namenwesen einer seichten Vielwisserei, die nur aufbläht, Vorschub zu leisten. Die gänzliche Verbindung dieses Unterrichts mit dem Bibellesen und der biblischen Religionsgeschichte, wenn sie auch einzelnen, besonders begabten und gewandten Lehrern nachgesehen werden kann, ist im Allgemeinen unstatthaft... Bei der Aufnahme des Unterrichts der Weltkunde in den speziellen Lehrplan ist übrigens... zur Richtschnur zu nehmen, wonach derselbe unter besonderen Verhältnissen ganz ausfallen kann."*

Über die Zahl der vom Lehrer wöchentlich zu erteilenden Stunden heißt es, daß er (im Jahre 1853) 28 - 30 zu halten habe. Im Jahre 1989 sind es immer noch 28!
Die Dienstanweisung für den Lehrer aus der Schulordnung von 1853 wäre es Wert, ungekürzt wiedergegeben zu werden. Dafür reicht aber der Platz in der Chronik nicht. Interessierte können den vollständigen Text vom Verfasser erhalten. Hier einige Auszüge:

*"Jeder angestellte Lehrer soll Seiner Königlichen Hoheit dem Kurfürsten treu und gehorsam sein und Allerhöchst dessen und des Staates Wohlfahrt nach besten Kräften fördern helfen... Der Lehrer der Volksschule soll vor Allem die Seiner Unterweisung anvertrauten Kinder... zu lebendigen Gliedern ihrer Kirche erziehen, sowie zu tüchtigen Gliedern der bürgerlichen Gesellschaft heranbilden... ist er namentlich verpflichtet, durch Lesen guter Schriften, neben der heiligen Schrift insbesondere solcher, die ihn im rechten Verständniß derselben fördern, und durch rege Theilnahme an den amtlichen Conferenzen mit Fleiß und Eifer an seiner eigenen Vervollkommnung und berufsmäßigen Fortbildung zu arbeiten. Bei dem Unterricht ist ihm jede Abweichung von der Lehre der Kirche auf's strengste untersagt und die Pflege eines kirchlichen Sinnes und Wandels in der ihm anvertrauten Jugend als seine wichtigste Obliegenheit befohlen...*
*Mit dem Lehramt unverträgliche Nebengeschäfte sind zu unterlassen, zulässige aber nicht in solcher Ausdehnung zu betreiben, daß das Amt darunter leidet. Die Theilnahme an Vergnügungen, die mit der rechten Ausübung des Berufes unvereinbar sind, wie Kartenspiel und Jagd, ist nicht gestattet. Eben so unzulässig ist es, sich in Streitsachen und Gemeindeangelegenheiten zu mischen, die Wirthshäuser zu besuchen, mit Leuten, die nicht wohlgesittet sind und nicht in gutem Gerücht stehen, einen vertrauten Umgang zu pflegen, in der Schule, oder sonst, in einem unpassenden Anzug zu erscheinen, wie überhaupt Alles zu meiden ist, wodurch der Achtung vor Amt und Person Eintrag geschehen würde...*
*Der Lehrer soll die vorkommenden Vergehen der Kinder mit schonender Sanftmuth und väterlichem Ernste rügen, und nachdrücklichere Bestrafung, namentlich körperliche Züchtigung, wo solche erforderlich ist, zwar mit gebührenem Ernste, jedoch in einer die Gesundheit des Kindes nicht gefährdenden Weise vollziehen und jeder gereizten Uebereilung und leidenschaftlichen Härte, wie jeder parteiischen Behandlung der Straffälligen sich mit aller Vorsicht enthalten... Auch soll er seinen erziehenden Einfluß auf das gesammte Verhalten der Schuljugend in Haus, Schule und Kirche, wie an öffentlichen Orten, erstrecken. In besonders schwierigen Disciplinarfällen hat er bei dem Pfarrer Rath und Hülfe zu suchen...*
*Die zum erfolgreichen Unterrichten unerläßliche gründliche Vorbereitung wird er nie versäumen, die Schule jederzeit fleißig und unausgesetzt halten, die bestimmten Lehrstunden zu rechter Zeit anfangen, nicht vor der Zeit schließen und nicht ohne Noth unterbrechen. Ohne Genehmigung des Pfarrers, wenn dieser am Orte ist, und außerdem, ohne nachher dem Pfarrer den Grund anzuzeigen, darf die Schule nicht ausgesetzt*

*werden. Einen dreitägigen Urlaub ertheilt der Pfarrer. Zu einem Urlaub auf längere Zeit ist die Genehmigung des Schulinspektors einzuholen...*
*Vor dem Beginn eines jeden Semesters ist in einer von dem Pfarrer anzuberaumenden Conferenz der Lektionsplan, in welchem jeder einzelne während des neuen Schulsemesters zu unterrichtende Lehrstoff genau abgegrenzt sein muß, dem Pfarrer zur Prüfung und Genehmigung vorzulegen. Etwaige Zweifel und Widersprüche des Lehrers wird derselbe dem Schulinspektor vorlegen, welcher die nöthige Verständigung einleiten, oder, wenn eine Vereinigung nicht zu erzielen ist, darüber an die Regierung berichten wird. Der festgestellte Lectionsplan ist im Schulzimmer niederzulegen...*
*Ueber sämmtliche Schüler hat der Lehrer eine genaue Liste zu führen und darin deren Betragen, Fleiß, Schulbesuch und Fortschritte gewissenhaft zu bemerken. Diese Liste ist dem Pfarrer, so oft er die Schule besucht, oder es sonst verlangt, und bei den öffentlichen Schulprüfungen ihm und dem Schulinspector vorzulegen...*
*Insbesondere wird es, um den verderblichen Schulversäumnissen durch schnelle Vollziehung und Eintreibung der Schulversäumnißstrafen möglichst entgegenzuwirken, einem jeden Lehrer zur Pflicht gemacht, die Absentenliste genau zu führen und die Schulversäumnisse nach Maßgabe der deshalb bestehenden Vorschriften pünktlich einzugeben...*
*Im Schullokal hat der Lehrer die nöthige Ordnung zu wahren, den verschiedenen Geschlechtern in jeder Abteilung besondere Sitze anzuweisen, das Zimmer nebst Tischen, Bänken, Pulten und andern Schulgerätschaften stets rein zu erhalten, vor Beschädigung zu bewahren und auf eine ihrer Bestimmung zuwider laufende Weise weder selbst zu benutzen, noch benutzen zu lassen. Insbesondere hat er Personen und Sachen, welche nicht in das Lehrzimmer gehören, daraus entfernt zu halten, in demselben aber während des Unterrichts für eine angemessene Wärme zu sorgen. Sollte dasselbe nicht alljährlich zur rechten zeit geweißt werden, der Schulapparat mangelhaft geworden sein oder Schüler an Lehrmitteln Mangel leiden, so hat er dem Pfarrer davon die nöthige Anzeige zu machen, damit dieser das Erforderliche veranlasse und besorge."*
Die beiden letzten Kapitel der Schulordnung regeln schließlich die Schulaufsicht. Der Pfarrer als Schulvorstand des Kirchspiels hatte nicht nur die Einrichtung des Unterrichts und das Unterrichtsgeschehen zu überwachen, sondern auch die Diensttätigkeit, den Lebenswandel und das Betragen der Lehrer. Sollten sie hier Mängel bemerken, hatten sie die Lehrer auf *"angemessene"* Weise zu ermahnen und zu warnen und wo es fruchtlos bleiben sollte, dem Schulinspektor davon Anzeige zu machen. Pfarrer und Lehrer aber wurden wiederum von den Metropoliten, den Landräten und den Schulinspektoren beaufsichtigt. Die Schulinspektoren hatten darüber zu wachen, daß Pfarrer und Lehrer die ihnen erteilten Anweisungen befolgten. Außerdem hatten sie die halbjährlichen oder jährlichen Schullehrerkonferenzen zu besuchen. Die Metropolitane führten die jährlichen Visitationen des Unterrichts mit Landrat oder Schulinspektor und Pfarrer gemeinsam aus.

## Störungen des Schulbetriebes und Unterrichtsausfall zwischen 1887 und 1905

Unterrichtsausfälle gab es in dieser Zeit aus vielerlei Gründen recht häufig. Da waren vor allem die regelmäßig wiederkehrenden Feiertage an denen der Unterricht nach einer "patriotischen Feier" ausfiel: 18. Januar: Tag der Reichsgründung (zur Erinnerung an den 18. Januar 1871, als in Versailles der preußische König Wilhelm I zum Deutschen Kaiser ausgerufen wurde) und 1. September: Sedantag (zur Erinnerung an die Schlacht bei Sedan 1870, in deren Folge die französische Armee kapitulierte und Kaiser Napoleon III in deutsche Gefangenschaft geriet).
Aber auch außerordentliche Anlässe zu solchen Gedenkfeiern mit anschließendem Unterrichtsausfall gab es:
Im Dreikaiserjahr 1888 waren es der 16. März nach dem Tode Kaiser Wilhelms I und der 15. Juni nach dem Tode Kaiser Friedrichs III.
Der 90. Geburtstag des Generalfeldmarschalls Helmuth von Moltke am 25. Oktober 1890 war wiederum ein Anlaß, die Schuljugend nach einer vaterländischen Feierstunde vom Unterricht zu befreien und nach Hause zu schicken. Dann waren es die Geburtstage der Dichterfürsten Goethe und Schiller oder der Königin Luise von Preußen.
Man wußte in dieser Zeit also sehr wohl, wie man die Liebe zum Herrscherhaus bei den Schulpflichtigen pflegen konnte. Lehrer beeinflußten in ihren patriotischen Feierstunden die Schüler.
Sie selbst aber mußten natürlich noch etwas mehr für Volk und Vaterland tun. Das Stichwort lautete: Wehrübungen.
Da kann man über das Schuljahr 1888/89 in der Schulchronik nachlesen: *"...Das Sommerhalbjahr hatte für den Schulunterricht der Ober- und Mittelklasse mancherlei Störungen im Gefolge. Lehrer Gärtner hatte sich nach Ablauf der Heuferien vom 3. bis zum 15. Juni einer 12-tägigen Landwehrübung zu unterziehen und später auf Veranlassung der Königlichen Regierung zu Kassel an dem vom 27. August bis 28. September zu Usingen stattfindenden Weiterbildungskurs sich zu beteiligen. Der Unterricht war daher in den genannten Klassen während des Sommersemesters ein sehr lückenhafter."*
Die Zahl der Schüler betrug in diesem Jahr 180, die Zahl der Lehrer drei. Man kann sich heute kaum noch vorstellen, wie der Unterricht aussah, der in den Klassenräumen stattfand, die knapp 52 qm groß waren, für 78 Kinder Sitzplätze hatten, und wenn dann auch noch ein Lehrer fehlte.
Über die nächste Wehrübung berichtet die Chronik im Schuljahr 1897/98: *"Am 15. September wurde Lehrer Simon zu einer 10-wöchentlichen militärischen Übung nach Mainz einberufen."* Schon zwei Jahre später erwischte es gleich zwei Kollegen: Am 27. September 1899 wurden die beiden Herren Lehrer Simon und Andrè zu einer sechswöchentlichen Militärdienstübung nach Mainz einberufen. Mit der Vertretung der beiden Herren in der Zeit nach den Herbstferien, vom 9. Oktober bis zum 9. Novem-

ber, beauftragte die Königliche Regierung den Schulamtsbewerber Wilhelm Kircher aus Bruchköbel. Letzterer erhielt ein Gehalt von 50 Mark, welches die Gemeinde zu zahlen hatte und außerdem freie Wohnung und Feuerung. Bleiben für 224 Schüler in drei Klassen zwei Lehrer!
Ein Jahr später: Infolge eines rheumatischen Nervenleidens sah sich der Inhaber der 1. Schulstelle im September gezwungen zur Kur nach Bad Nauheim zu gehen. Die Vertretung übernahmen der Königliche Landschulinspektor und die beiden anderen Lehrer. Letztere hatten auch nach den Herbstferien auf Anordnung des Herrn Kreisschulinspektors in Rüdigheim Dienst zu tun, da Herr Lehrer Seitz dortselbst zu einer sechswöchentlichen Militärdienstübung eingezogen worden war. Im Schuljahr 1901/02 hieß es wieder: Vom 11. Juli ab war Herr Simon zu einer vierwöchentlichen Reserveübung nach Butzbach einberufen, und wurde die Mittelklasse während dieser Zeit von den beiden anderen hiesigen Lehrern mitversehen.
In der Erntezeit nahmen es Eltern, Lehrer und Staat mit dem Schulbesuch der Kinder auch nicht sehr genau. Erntemaschinen, wie man sie heute hat, gab es noch nicht. Die landwirtschaftlichen Betriebe waren auf die Hilfe eines jeden - auch jeden Kindes - angewiesen, wenn man die Kartoffeln einigermaßen trocken einbringen wollte. Die Herbstferien wurden den Witterungsbedingungen angepaßt. man sprach ja auch gar nicht von den Herbst- sondern vielmehr von den "Kartoffelferien".
Ja, und reichten die durch Erlaß eingereichten Ferientage nicht aus, so genügte ein kleines Gespräch mit dem 1. Lehrer, und die Kinder wurden vom Unterricht befreit. Die vorgesetzte Schulbehörde aber mußte oft genug warnend auf Schulgemeinde und Lehrerschaft einwirken, die Freistellung der Schuljugend zur Kartoffelernte nicht zu übertreiben.
Ein besonders trauriges Kapitel in dieser Zeit aber ist der Unterrichtsausfall durch Erkrankung von Lehrern und durch epidemisch auftretende Krankheiten wie Masern, Influenza, Diphtherie und Röteln.
Zu kleine Klassenräume und mangelhafte sanitäre Einrichtungen auf dem Schulgelände haben sicher dazu beigetragen, diese Krankheiten zu verbreiten. Lassen wir wieder die Chronik sprechen: *"Der häufige Themperatur- und Witterungswechsel von Oktober bis Weihnachten (1896) hatte unter der Schuljugend, wenn auch nur vorübergehend, mannigfache Störungen des körperlichen Wohlbefindens derselben (Husten, Katarrh etc.) zur Folge, daher der Schulbesuch während dieser Zeit sehr mangelhaft war."* Im Nachsommer und Herbst 1892 brachen unter den Kindern die Masern aus. Die Krankheit nahm einen epidemischen Charakter an, verlief jedoch gutartig. Der Schulbesuch war indessen während dieser Zeit wieder mangelhaft. Auch im Schuljahr 1894/95 war der Schulbesuch der Kinder während des Wintersemesters sehr mangelhaft. Schuld daran war eine in Marköbel und in den Nachbargemeinden stark auftretende Influenza. Im Schuljahr 1895/96 hieß es wieder: *"Die Gesundheitsverhältnisse der Schüler waren im Laufe des Sommers günstig. Im Winter traten Diphterie und Röteln in milder Form auf, was den Schulbesuch sehr beeinträchtigte. Der 2. Lehrer mußte den Unterricht*

*wegen der in seiner Familie herrschenden Röteln vom 25. Januar bis zum 1. Februar schließen.*" Im Schuljahr 1901/02 aber wurde es besonders schlimm: Etwa Mitte Oktober brach unter den hiesigen Kindern eine Masernepedemie aus, die einen solchen Umfang annahm, daß bereits am 6. November der Unterricht in sämtlichen Klassen auf unbestimmte Zeit geschlossen werden mußte. Wenn auch die Krankheit anfangs einen gutartigen Verlauf nahm, gesellte sich doch später hier und da Lungenentzündung und Verschleimung hinzu, denen 12 Kinder zum Opfer fielen, darunter zwei Schüler. Am 7. Dezember konnte der Unterricht in der Oberklasse wieder aufgenommen werden, in den beiden anderen Klassen dagegen erst nach Neujahr.
Im Schuljahr 1904/05 trat Mitte März unter den Schülern der Oberklasse die Influenza mit solcher Heftigkeit auf, daß an einen regelmäßigen Unterricht nicht zu denken war. In der Woche vom 13. bis 18. fehlten durchschnittlich täglich 50 Kinder. Im gleichen Schuljahr war der Inhaber der 1. Schulstelle von Mitte Juni bis Anfang September beurlaubt, da er wiederum zu einer Kur nach Bad Nauheim ging. Die Vertretung übernahmen die zurückbleibenden Kollegen. Als Vergütung wurde ihnen von der Gemeinde für jede Überstunde der Betrag von 0,50 Mark gezahlt.

## Schulbau auf der "Burg"

Im Schuljahr 1896/97 betrug die Schülerzahl 223. Deshalb wurde in der Gemeinde eine dritte Lehrerstelle eingerichtet. Für den Unterricht standen nur zwei Schulräume zur Verfügung. Außerdem waren diese Räume viel zu klein. Dies wurde am 3. Juni 1896 bei einer Inspizierung durch den Königlichen Landrat Freiherren v. Schenck und dem Königlichen Kreisschulinspektor, Metropolitan Limbert, festgestellt und anerkannt.
Eine vom Ortsvorstand durch Hinzuziehung des Hausganges geplante Vergrößerung des einen Schulsaales wurde auf Grund einer Besichtigung am 6. Juli 1896 durch den Königlichen Kreisbauinspektor zu Hanau als untunlich erklärt und abgelehnt.
Bei Schulbeginn des Schuljahres 1897/98 betrug die Schülerzahl 214. Wegen Überfüllung der Klassen und Mangel an Sitzplätzen mußten Ober- und Mittelklasse im Schreiben und Rechnen geteilt werden. Damit war eine Kürzung des Unterrichts in diesen Fächern für die einzelnen Schüler verbunden.
Die Entscheidung über den geeigneten Standort einer neuen Schule zog sich zwei Jahre hin. Die Gemeindevertretung hatte am 7. Oktober 1896 beschlossen, die südliche Seite des Junkernhofes für 12.000 Mark von Wilhelm Stroh zu kaufen. Einmal sei damit eine enge räumliche Verbindung zur vorhandenen Schule an der Kirche vorhanden, zum anderen könnte die Kirchstraße bis zur Hauptstraße durchgehend ausgebaut werden. Die Gemeindevertretung mußte sich innerhalb der nächsten Wochen erneut mit dem Thema befassen, da weitere Bauplätze zum Schulhausbau angeboten wurden: Gartengelände von der Witwe Stein und von Friedrich Rausch, Wiesengelände von Ludwig Gärtner östlich des Dorfes, verschiedene, namentlich nicht erwähnte Grundstücke westlich des Dorfes und zwei Hofraiden innerhalb des Dorfes von

Das alte Schulgebäude auf der Burg. Die Einweihung der Schule fand 1899 statt. Foto: Schulchronik

Wilhelm Ringler und Johann Möller IV. Die Gemeindevertretung blieb bei ihrem ursprünglichen Beschluß, doch die "Königliche Regierung in Cassel" verwarf nach einer Besichtigung Anfang 1898 diesen Standort und schlug einen *"allen Anforderungen genügenden, gesund und schön gelegenen Platz"* auf der Burg vor. An dieser Stelle entstand dann die neue Schule (heute Hauptstraße 72).
Im August des Jahres 1898 wurde der Bau des Schulhauses auf der "Burg" in Angriff genommen. Beim Ausgraben der Fundamente wurde eine Anzahl vollständig erhaltener, aus dem römischen Gräberfeld stammenden, Steinkrüge aufgefunden.
Schon im Spätherbst stand der Rohbau des neuen Hauses. Fertiggestellt wurde es im Laufe des Sommers 1899. Die drei Lehrer Volland, Simon und Andrè waren trotzdem beim Einzug ins neue Haus nicht ganz glücklich. In der Schulchronik schrieb Volland enttäuscht:
*"... Dem Äußeren nach gehört dasselbe wohl mit zu den schönsten Schulhäusern des Kreises, in Anbetracht des hohen Baukapitals - 3300 Mk - hätte man aber wohl auch eine praktischere innere Einrichtung erwarten können..."*
Eine nähere Begründung liegt nicht vor. Die Bauleitung lag in den Händen des Königlichen Kreisbauinspektors Becker zu Hanau. Die Ausführung der Bauarbeiten wurden zum größten Teil hiesigen Handwerkern übertragen und zwar den Maurermeistern F.W. Forell und J. Hofmann, dem Zimmermeister J. Dietzel und dem Spenglermeister W. Schnitzer. Die Schreinerarbeiten wurden von einer Firma aus Fechenheim ausgeführt.
Die Feier der Einweihung des neuen Schulhauses fand Sonntag, den 19. November 1899, statt und gestaltete sich zu einem Freudenfest für die gesamte Gemeinde.

## Schule im Ersten Weltkrieg

Im Ersten Weltkrieg 1914 - 1918 wurde der Schulbetrieb durch mannigfaltige Ereignisse gestört und behindert. Am 1. August 1914 erfolgte die Mobilmachung des deutschen Heeres. Auf Anordnung des Generalkommandos des 18. Armeekorps zu Frankfurt am Main wurden die Sommerferien verlängert, um mit Hilfe der älteren Schüler die Ernteeinbringung zu sichern. Erst am 19. August nahmen die Schulen im Kreis Hanau den Lehrbetrieb wieder auf.

Da die beiden Lehrer der Nachbargemeinde Rüdigheim zum Wehrdienst eingezogen worden waren, mußte Lehrer Pfeiffer bis zu den Herbstferien dort den Schulbetrieb aufrecht erhalten.

Die beiden verbleibenden Lehrer Zeis und Volland übernahmen die Vertretung für Lehrer Pfeiffer. Sie unterrichteten wöchentlich je 32 Stunden. Am 4. Dezember mußte sich dann auch Lehrer Pfeiffer als Landsturmmann zum Heeresdienst stellen. Wieder übernahmen die zurückgebliebenen Lehrer Zeis und Volland die Vertretung für den Kollegen Pfeiffer, doch übernahm Pfarrer Heck bis zum Ende des Krieges den Katechismusunterricht in den Oberklassen und zwar im Winterhalbjahr jeweils in Verbindung mit dem Konfirmandenunterricht.

In der Klasse I wurden wöchentlich 22 Stunden Unterricht erteilt, in der Klasse II 20, in der Klasse III 14 und in der Klasse IV noch 12 Stunden. Eine ganz erhebliche Reduzierung des Wochenstundensolls.

Das Schuhljahr 1915/16 begann mit einer Scharlachepedemie. Auch Fälle von Diphterie und Krupp kamen vor. Die Krankheiten verbreiteten sich so sehr, daß nach Pfingsten der Unterricht auf Anordnung des stellvertretenden Kreisarztes Dr. Seligmann in sämtlichen Klassen eingestellt werden mußte. Erst nach den Ernteferien (Sommerferien) konnte man am 10. August den Schulbetrieb wieder aufnehmen. Den Landwirten Marköbels kamen diese langen Zwangsferien sehr zustatten, denn überall in der Landwirtschaft mangelte es an Arbeitskräften. Die Männer standen an der Front. Die älteren Schüler übernahmen ihre Stellen und halfen beim Einbringen der Ernte.

In diesem Schuljahr traf es den Hauptlehrer Volland schwer: Sein Sohn fiel am 12. Juni bei den Kämpfen in Galizien. Ihm war es nach diesem Schicksalsschlag nicht mehr möglich, seinen Unterricht wieder voll aufzunehmen, deshalb wurde die hiesige vierklassige Schule wieder in eine dreiklassige umgewandelt. In der Oberklasse wurden wöchtenlich 24, in der Mittelklasse 20 und in der Unterklasse noch 12 Stunden Unterricht erteilt.

Der jüngste Sohn des Lehrers Zeis fiel am 4. Juli 1916 bei den Kämpfen an der Somme (Frankreich). Daraufhin stellte sich bei ihm ein Herzleiden ein. Nach den Sommerferien mußte er sich beurlauben lassen. Er konnte den Unterricht erst nach den Herbstferien wieder aufnehmen. Im Winter des Schuhljahres 1916/17 kam es erstmalig auch zu Kürzungen des Unterrichtsbetriebes, weil Heizmaterial für die Schule fehlte.

Das Schuljahr 1917/18 begann am 19. April. Die Gesamtzahl der Schulkinder betrug 218. Dazu kamen noch 52 Kriegs-Gastschüler aus Werne bei Bochum in Westfalen.

Lehrer Volland schrieb dazu in der Schulchronik: *"Infolge des Krieges und der Aushungerungspolitik der Engländer machten sich nämlich besonders in den Großstädten und den Industriegebieten bezüglich der Volksernährung Schwierigkeiten geltend. Es wurde deshalb angeregt, für die Sommermonate bzw. die Dauer des Krieges die*

*Schuljugend aus jenen Bezirken möglichst auf dem Lande unterzubringen. Wie überall, so waren auch hier viele Familien bereit, solche Kinder aufzunehmen, und so konnten in Marköbel 45, in Hirzbach vier und auf dem Baiersröder-Hofe drei Kinder in Pflege gegeben werden".*

In diesem Schuljahr beschloß der Schulvorstand, in den Oberklassen den Unterricht morgens um 7 Uhr zu beginnen. Dadurch hatten die Kinder fast jeden Nachmittag frei und konnten den Eltern bei den landwirtschaftlichen Arbeiten behilflich sein. Der Arbeitskräftemangel in der Landwirtschaft war nach der Darstellung in der Schulchronik im vorangegangenen Jahr so groß geworden, daß ein Teil der Ernte nicht eingebracht werden konnte. Ebenso konnte ein Teil der Äcker im Herbst nicht wieder bestellt werden. Während der Heuernte fiel der Unterricht morgens ab 9 Uhr aus, in der Grummeternte völlig.

Die Gastschulkinder erholten sich bei ihren Pflegeeltern, in der frischen Landluft und bei verhältnismäßig guter Kost, sehr gut. Bis zu den Herbstferien kehrten sie fast alle in ihre Heimat zurück. Ein Knabe und zwei Mädchen blieben noch den ganzen Winter und kehrten erst im Frühjahr 1918 nach Hause zurück. (Eine Gastschülerin aus Herne heiratete später einen Marköbler und noch heute besucht ein ehemaliger Gastschüler regelmäßig Marköbel.)

Im Winter 1917/18 fehlte es wiederum an Heizmaterial für die Schule, deshalb fand der Unterricht der drei unteren Klassen in einem Schulsaal statt: Klasse II von 8.30 Uhr - 12.20 Uhr, Klasse IV von 12.00 Uhr - 13.30 Uhr und Klasse III von 13.30 Uhr - 16.15 Uhr. Im Schuljahr 1918/19 kamen zu den hiesigen 207 Schülern wieder 13 Kriegs-Gastschüler. Die Not im Lande wurde größer und größer. Es fehlte an allem. Deshalb wurden die Kinder während des Unterrichts zu Sammelaktionen eingeteilt.

Vom Juni bis Anfang September brachten die Kinder an 27 Tagen Laubheu aus dem Wald für das Heer ein. Danach sammelte man Brennesseln für die Herstellung von Kleiderstoffen. Nach den Herbstferien sammelte man Eicheln und Bucheckern, von denen es 1918 sehr viele gab.

In der Schulchronik heißt es dazu: *"Im Interesse der Volksernährung und der Versorgung mit Öl mußte dieser Reichtum der Wälder erfaßt werden. Bei günstigem Wetter zogen die Schüler unter Aufsicht der Lehrer täglich hinaus, um mit vollem Eifer die wertvollen Früchte zu sammeln. Von eingesammelten Bucheckern konnte die Hälfte zur eigenen Ölgewinnung behalten werden, die andere Hälfte war abzuliefern gegen eine Vergütung von 1,65 Mark für das Kilo. Das Gesamtergebnis der Sammeltätigkeit der Schüler betrug:*

| | |
|---|---|
| *Laubheu* | *98,70 Zentner,* |
| *Brennesseln* | *3,02 Zentner,* |
| *Bucheckern* | *36,40 Zentner und* |
| *Eicheln* | *5,39 Zentner.* |

*Der Erlös für Laubheu betrug nach Abzug der Unkosten 1698,41 Mark, für Bucheckern 1452 Mark und für Brennesseln 60,40 Mark."* Für Eicheln fehlt eine Angabe. *"Der Betrag wurde an die Kinder im Verhältnis ihres bei der Sammlung bewiesenen Fleißes ausgezahlt."*
Darüber hinaus rief man zur Altmaterialsammlung auf. Die Rüstungsindustrie verlangte Rohstoffe. Im Laufe des Frühjahres und des Sommers wurden von Marköbels Schulkindern gesammelt:
320 kg Altpapier, 415 Flaschen, 31 kg Lumpen, 260 kg Metalle, 1,5 kg Celluloid, 250 g Frauenhaar, 625 g Gummi, 150 g Korken, 650 g Staniol, 450 kg Lederabfälle und 70 Filzhüte.
Im Oktober 1918 kam es erneut zu Störungen des Unterrichtsbetriebes: Lehrer Pfeiffer erkrankte an Grippe und fiel vom 24. Oktober bis 9. November aus. Seine Schüler mußten von den beiden anderen Kollegen mit unterrichtet werden. Die Grippe verbreitete sich so sehr, daß die Schule auf Anordnung des Landratsamtes vom 15. bis 29. November ganz geschlossen wurde.
Im Dezember 1918 war Marköbel Durchmarschgebiet für die aus dem Felde heimkehrenden Truppenteile. Vom 3. bis zum 23. Dezember hatte der Ort Einquartierung. Die Schulsäle wurden benötigt. Also fiel der Unterricht wieder aus.

## Aus der Zeit zwischen den beiden Weltkriegen

Die ersten Elternbeiratswahlen fanden in Marköbel am 11. April 1921 statt. Von 234 Eltern machten 145 von ihrem Wahlrecht Gebrauch. Man hatte für die Wahlen zwei Listen aufgestellt: eine bürgerliche und eine sozialdemokratische. Auf die bürgerliche Liste kamen 70 und auf die sozialdemokratische 75 Stimmen. Gewählt wurden von der ersten Liste der Landwirt Friedrich Wilhelm Schneider und der Werner Heinrich Stroh, von der zweiten Liste der Weißbinder Heinrich Gärtner und Jakob Goldacker, sowie der Zimmermann Georg Blum. In der ersten Sitzung, am 17. April, wurde Heinrich Stroh zum Vorsitzenden und Heinrich Gärtner zum Schriftführer gewählt.
Im Schuljahr 1921/22 gab es wieder eine Grippeepedemie im Dorf. Gleich am ersten Schultag nach den Weihnachtsferien, am 4. Januar 1922, fehlten 59 Kinder und am zweiten 67 Kinder. Die Schule wurde für zehn Tage geschlossen. An den Folgen der Grippe starben in den ersten elf Tagen des neuen Jahres sechs Personen.
In der Schulchronik wird erwähnt, daß im Schuljahr 1923/24 im Rathaussaal unterrichtet wurde, weil ein Schulraum fehlte. Wegen der anhaltenden strengen Kälte konnte er jedoch nach den Weihnachtsferien als Klassenzimmer nicht benutzt werden. Der Raum wurde durch einen Ofen nicht warm genug.
Im Schuljahr 1925/26 beteiligten sich die Schule erstmals auf dem Sportplatz in Hanau-Wilhelmsbad an einem Kreisschulturnfest. Nach dem Ersten Weltkrieg durfte der Turnunterricht in keiner Schule fehlen. Anfangs gab es Sport allerdings nur für die

Lehrer Pfeiffer beim Erdkundeunterricht mit dem 6. Schuljahr 1925/26. Das Foto stellte Annemarie Dietzel zur Verfügung.

Jungen. Leider gab es für das Fach zu wenig ausgebildete Lehrer. Um ihre Zahl zu erhöhen, wurden Weiterbildungskurse eingerichtet. Lehrer Kreß nahm regelmäßig an ihnen teil. Es fehlte natürlich auch an geeigneten Sportplätzen und Turnhallen. Ab Schuljahr 1929/30 wurde auch das Mädchenturnen eingeführt. Mädchenturnen durfte jedoch nur von einer Lehrerin erteilt werden. In der Schulchronik schreibt Herr Pfeiffer: *"...Doch macht sich jetzt der Mangel einer Lehrerin bemerkbar."*
Bei den alljährlich stattfindenden Kreisschulturnfesten in Wilhelmsbad, wurde 1930 der Schüler Karl Schnitzer (Sohn des Karl Schnitzer, Römerstraße) in der Knabenklasse B (5. und 6. Schuljahr) mit 70 Punkten im Dreikampf Kreissieger und erhiehlt eine Ehrenurkunde des Reichspräsidenten. Sie wurde ihm vor den versammelten Schülerinnen und Schülern auf dem Festplatz durch Landrat Kaiser ausgehändigt.
Am 31. März 1930 fand in der Schule die erste gemeinsame Entlassungsfeier des Kollegiums und der vier oberen Schuljahre für die zur Entlassung kommenden Schüler statt. Auch die Eltern der Entlaßschüler waren eingeladen. Doch niemand machte von der Einladung Gebrauch. Lehrer Pfeiffer schreibt dazu in der Schulchronik: *"Es ist dieses ein Zeichen dafür, wie wenig gerade das gegenwärtige Geschlecht der Eltern noch mit der Schule verbunden ist. Hoffentlich schaffen die neueren Bestrebungen in dieser Beziehung bald einen Wandel."*

Das Kreisschulturnfest 1931 fiel wegen der großen Not im Lande aus. An seine Stelle trat ein Bezirksturnfest, das bei schönstem Wetter auf dem Weinberg abgehalten wurde. Teilnehmer kamen aus Hüttengesäß, Altwiedermus, Rüdigheim und Marköbel.
Die wirtschaftliche Situation wurde Anfang der dreißiger Jahre katastrophal. Durch die Notverordnungen wurden die Gehälter der Beamtenschaft radikal gekürzt, Lehrerstellen wurden abgebaut. Im Rahmen dieser Maßnahmen wurde in Marköbel am 1. Oktober 1931 die vierte Lehrerstelle gestrichen.
In der Gemeindekasse herrschte Ebbe. Deshalb war es der Kommune im Schuljahr 1932/33 nicht möglich, den Schülern Lehrmittelfreiheit zu gewähren. Die Gemeinde war auch finanziell nicht in der Lage, die Klassenräume, die in einem sehr schlechten Zustand waren, weißen zu lassen.
Nachdem die Nationalsozialisten am 30. Januar 1933 die Macht in Deutschland übernommen hatten, wurden auch die Schulen mehr und mehr politisiert. An Hand einiger Beispiele soll dies belegt werden. Am 21. März 1933 fand die Eröffnung des Reichstages statt. Die Schüler elebten die Feier in der Schule am Lautsprecher. Auch Angehörige der Kinder und andere Ortseinwohner kamen in die Schule und hörten zu. Abends fand bei einem fürchterlichen Schneesturm eine Fackelzug statt. Auch die Schulkinder mit ihren Lehrern beteiligten sich. Am "Feiertag der nationalen Arbeit" - dem 1. Mai 1933 - fiel der Unterricht aus. Die Schule beteiligte sich geschlossen. Der Festakt fand in Marköbel auf dem Schulhof statt. Hauptlehrer Pfeiffer hielt die Ansprache. Anschließend hörte man Aufrufe des Reichspräsidenten Hindenburg und Dr. Göbbels, die im Rundfunk übertragen wurden. Zu diesem Zweck hatte man extra Lautsprecher aufgestellt. Am 17. Mai 1933 besuchten die Klassen I und II in Langendiebach den Film "Blutendes Deutschland". Am 24. Juni 1933 feierte man in ganz Deutschland zum ersten Mal das "Fest der Jugend". Die Schüler des Bezirks Marköbel - Hüttengesäß - Rüdigheim - Neuwiedermus trafen sich deshalb zu den Reichsjugendwettkämpfen auf dem hiesigen Sportplatz.
Anfang Juli 1933 mußten sämtliche Lehrer den Nachweis erbringen, daß sie arischer Abstammung sind.
Zur Reichstagswahl am 12. November 1933, in der nur die Einheitsliste der NSDAP kandidierte und mit der zugleich eine Zustimmung zum Austritt aus dem Völkerbund verbunden war, heißt es in der Schulchronik: *"Am 10. November 1933 hörte die Schule im Rundfunk die Rede Adolf Hitlers zur Wahl am 12. November 1933. Am 12. November zogen Klasse I und II unter Führung des Schulleiters geschlossen durch das Dorf und forderten durch Sprechchöre und Gesang die Wahlberechtigten auf, sich an der Wahl zu beteiligen und Adolf Hitler zu wählen, damit in Deutschland wieder andere Verhältnisse sich entwickeln können. Das Ergebnis der Wahl war ein noch nie dagewesener Erfolg. Auch die Schuljugend hatte mitgeholfen."*
Am 18. August 1934 wurde das "Jungvolk", die "Hitlerjugend" (HJ), die "Jungmädel" und den "Bund Deutscher Mädel" (BDM), sowie der Staatsjugendtag eingeführt. Danach war der Samstag regelmäßig schulfrei. Die Angehörigen dieser Jugendorgani-

sationen sollten sich im nationalsozialistischen Sinne üben. Das hieß: exerzieren, spielen, wandern. Mittwochnachmittags oder -abends fanden Heimabende statt. Die Schulräume wurden ihnen dafür zur Verfügung gestellt.

## Schule im Zweiten Weltkrieg

Wenige Tage vor Beginn des Zweiten Weltkrieges wurde am 26. August 1939 Lehrer Neidhardt zur Wehrmacht einberufen. Der Unterricht mußte in allen Klassen stark gekürzt werden. Der Krieg begann am 1. September 1939. Vom 1. bis 15. September 1939 entfiel der Unterricht völlig. Schon im ersten Kriegswinter herrschte in der Schule Mangel an Heizmaterial, weshalb die Schule vom 27. Januar 1940 bis zum 1. Mai 1940 geschlossen wurde. Am 7. und 8. Mai 1940 gingen die Klassen II bis IV in der Zeit von 8 - 11 Uhr hinaus, um Maikäfer zu sammeln, da sie in diesem Jahr zur Plage wurden. Am 31. Mai, 14. Juni, 21. Juni, 5. Juli, 6. Juli sowie 5. September 1940 wurden alle Schüler zum Kartoffelkäfersammeln eingesetzt. Der Unterricht fiel an diesen Tagen von 10 bis 13 Uhr aus. In den folgenden Kriegsjahren verbreiteten sich diese Schädlinge lawinenartig aus und richteten auf den Feldern großen Schaden an. Immer wieder wurde die Schuljugend deshalb zum Sammeln der Käfer herangezogen, damit die Ernteverluste nicht zu groß wurden. Mit geringem Erfolg versuchten die Lehrer ab Sommer 1940 auch, Seidenraupen zu züchten.
Am 27. August 1940 gab es in Marköbel den ersten Fliegeralarm. Dadurch begann der Unterricht morgens erst später. Nach den Osterferien 1941 begann man - wie auch schon im Ersten Weltkrieg - Heilkräuter und Altmaterial zu sammeln. Nach einem Fliegeralarm wurde am 6. Mai 1941 durch die Schulkinder in der gesamten Gemarkung eine Suchaktion nach Brandplättchen gestartet. Brandplättchen - gefüllt mit Phospor - wurden in nassem Zustand von feindlichen Flugzeugen abgeworfen. Trochneten sie, entzündeten sie sich von allein. Sie wurden abgeworfen, um die Heu- oder Getreideernte zu vernichten. Am 25. August 1942 mußten die Schüler durch Feindflieger abgeworfene Flugblätter sammeln. Im September 1942 wurden die oberen Klassen während der Unterrichtszeit zum Flachsrupfen eingesetzt.
Eine Büchersammlung für die Wehrmacht wurde im Oktober von der Schule durchgeführt. 80 Bücher und 50 Lesehefte wurden von den Einwohnern gespendet. Im Spätherbst 1942 wurden von Frauen und Schülern im Walde Bucheckern zur Ölgewinnung gesammelt. Im Schuljahr 1943/44 fiel der Unterricht immer häufiger durch Fliegeralarm aus. Die feindlichen Bomber kamen nun auch tagsüber. Im Oktober 1943 kamen die ersten fliegergeschädigten Kinder aus Frankfurt/Main ins Dorf. Im Januar 1944 folgten einige Familien. Am 14. Oktober 1943 fand über Marköbel ein Luftkampf statt. Drei amerikanische Bomber wurden abgeschossen. Acht tote feindliche Flieger wurden in einem Massengrab auf dem Friedhof beerdigt.

Im Schuljahr 1944/45 gab es im Handel keine Schulbücher mehr zu kaufen. Die Schule schaffte die Bücher an und lieh sie an die Kinder aus. Vom 12. bis 21. Dezember 1944 wurden die Klassen III und IV geschlossen. In den Klassensälen wurden Evakuierte aus Hanau untergebracht. Die Weihnachtsferien dauerten vom 21. Dezember bis 24. Januar 1945. Am 25. Januar wurde der Unterricht wieder in einem Klassenraum aufgenommen. Er wurde täglich von 8.30 Uhr bis 16.00 Uhr genutzt.
Nach dem sinnlosen Bombenangriff auf Hanau am 19. März 1945, der fast die ganze Stadt zerstörte, suchten viele ausgebomte Hanauer Unterkunft bei Verwandten und Bekannten in Marköbel. Alle Schulräume wurden belegt. Jeglicher Unterricht entfiel. Die Entlassung der Schüler des Schuljahres 1944/45 fand in der Privatwohnung des Hauptlehrers Pfeiffer statt.
Am 29. März, morgens um 8.00 Uhr, rückten die ersten Amerikaner in Marköbel ein.

## Schulraumnot und Schulbauten nach dem 2. Weltkrieg

Nach Beendigung des Zweiten Weltkrieges wurden Schulraumnot und Lehrermangel in der Gemeinde durch den Zuzug von Evakuierten und Flüchtlingen katastrophal. Auf Anordnung der Alliierten Militärbehörde wurde am 25. September 1945 nach einer fast halbjährigen Unterbrechung der Schulunterricht wieder aufgenommen. Es stand anfangs nur ein Klassenraum für 272 Schüler (Stand Mai 1946) zur Verfügung. Drei Lehrer, Herr Stahl, Frl. Bergmann und Herr Hartwig, erteilten den Unterricht. Am 5. August 1946 ließ sich Hartwig wegen Unterernährung und nervösen Störungen beurlauben und wurde am 1. Februar 1947 pensioniert.
Als das neue Schuljahr am 17. Oktober 1946 begann, war die Schülerzahl auf 316 angewachsen. Hartwig hatte seinen Dienst noch nicht wieder aufnehmen können. Das bedeutete: Zwei Lehrer für 316 Schüler, da ein Vertreter für den erkrankten und später pensionierten Lehrer nicht gestellt werden konnte. Der Unterricht konnte deshalb nur sehr stark gekürzt erteilt werden. Im Laufe des Schuljahres (April und Mai) kamen zwei neue Lehrerinnen - Frau Koßmann und Frau Schneider - an die Schule. Damit waren die vier Planstellen, die an der Schule eingerichtet waren, besetzt. Frau Koßmann blieb jedoch nur wenige Wochen.
Zu Beginn des Schuljahres 1947/48 - am 14. Oktober 1947 - besuchten 319 Kinder die Volksschule in Marköbel. Sie wurden von vier Lehrkräften in nun wieder drei Klassenräumen unterrichtet: Die Jahrgänge 7 (Knaben), 8 und 9 = 70 Schüler wurden von Herrn Stahl unterrichtet, die Jahrgänge 5, 6 und 7 (Mädchen) = 100 (!) Schüler von Frl. Schneider, die Jahrgänge 3 und 4 = 72 Schüler von Frl. Fischer und die Jahrgänge 1 und 2 = 77 Schüler von Frl. Bergmann. Frl. Fischer wurde bereits am 12. Februar 1948 nach Wiesbaden versetzt. Es verbleiben drei Lehrer für 319 Schüler! Ab 11. Juni 1948 kam dann Theodor Marx dazu.

Grundsteinlegung (Bild oben) und Einweihung (Bild unten) der neuen Schule an der Urnenstraße. Fotos: Schularchiv.

Das Lehrerkollegium 1953: Von links: Theo Marx, Frl. Wylenzek, Ludwig Pfeiffer und Wilhelm Sauer. Das Foto stellte Annemarie Dietzel zur Verfügung.

Verzweifelt wurde in dieser Zeit von der Gemeinde ein 4. Schulraum gesucht. Da dieser vierte Raum auch im Schuljahr 1949/50 noch immer fehlte, mußte der Nachmittagsunterricht bis 17 Uhr ausgedehnt werden. In einer Bürgerversammlung wurde aus der Bürgerschaft angefragt, ob nicht einer der beiden Säle der evangelischen Kirche (Luthersaal neben dem Rathaus) oder der kirchlichen Gemeinschaft (Hauptstraße) zur Verfügung gestellt werden könnte, bis die Gemeinde einen neuen Schulsaal erstellt hat. Bürgermeister Bär wurde beauftragt, sich mit Pfarrer Zörb in Verbindung zu setzen. Die Anfrage wurde von Pfarrer Zörb und der Kirchenverwaltung in Kassel aus "grundsätzlichen Erwägungen" abschlägig beschieden. Rektor Wilhelm Sauer, der am 1. November 1948 die Leitung der Schule übernommen hatte, schrieb dazu in der Schulchronik: *"... Soviel mir bekannt ist, wird dabei bemerkt, daß Wirtshaus - Säle zur Verfügung ständen. Die Benutzung eines solchen Saales für unsere Kinder zu Unterrichtszwecken wird aber von der Schulleitung und der Gemeindevertretung entschieden abgelehnt. ..."* Die Suche nach einem geeigneten Raum wurde trotz der drückenden Wohnungsnot fortgeführt. Und schließlich gelangten die Bemühungen doch noch zu einem Erfolg: Im Hause des Landwirts Reichert (Hauptstraße) gab es einen Raum von etwa 40 Quadratmetern. In ihm war eine siebenköpfige Flüchtlingsfamilie untergebracht. Dieser Familie wurde eine andere Wohnung zugewiesen. Der nunmehr leere

Deutschunterricht in der ersten Klasse an der Tafel Anfang der fünfziger Jahre. Rechts im Bild die "Rechenmaschine" (Bild oben). Die Klasse schaut aufmerksam zu (Bild unten). Die Fotos stellte Annemarie Dietzel zur Verfügung.

Die "moderne" Lehrküche in der Volksschule Mitte der fünfziger Jahre. Das Foto stellte Annemarie Dietzel zur Verfügung.

Raum aber wurde zum Klassenraum umgestaltet. Am 27. Juni 1949 wurde der Saal vom 1. und 2. Schuljahr in Anwesenheit von Schulrat Simdorn, Bürgermeister Bär und dem Lehrerkollegium, Wilhelm Theodor Sauer, Theodor Marx, Frl. Schneider und Frl. Bergmann, bezogen. Die Einrichtung dieses Saales bedeutete für die Gemeinde eine Ausgabe von rund 2000 DM. Die monatliche Miete lag bei 35 DM. War der Raum auch nur ein Notbehelf, so brachte er für Schüler und Lehrer doch einen großen Vorteil: Der Nachmittagsunterricht fiel weg.

Am 23. August 1949 - also knapp zwei Monate später - wurde eine 5. Lehrerstelle eingerichtet. Dadurch sanken zwar die Schülerzahlen in den einzelnen Klassen, aber leider mußte der Nachmittagsunterricht wieder aufgenommen werden, weil eben nur vier Klassenräume vorhanden waren. Dieser Zustand dauerte bis zum Schuljahr 1952/53. Durch sinkende Schülerzahlen - am 1. April 1952 waren es noch 194 - ging die 5. Lehrerstelle ein. Es mußten wieder vier Klassen gebildet werden. Dadurch fiel nun aber endgültig der nachmittägliche Schichtunterricht weg.

Im September 1952 kamen der Landrat, der Kreiselternbeirat und der Schulrat zur Besichtigung der Schulräume. Alle waren entsetzt über die vorgefundenen Verhältnisse:

Alle Räume der verschiedenen Schulen wurden mit Kohleöfen beheizt. Die sanitären Einrichtungen waren ohne Wasserspülung. Die Schüler saßen an uralten Schulbänken mit Klappsitzen.

Einige Wochen später beschloß die Gemeindevertretung einstimmig die Erstellung eines Schulneubaues. Mit der Leitung der Vorbereitungen wurde Architekt Hofmann vom Landratsamt beauftragt. Hofmann ist ein geborener Marköbeler. Am 5. Mai 1953 fand der erste Spatenstich zum Schulhausneubau in der Urnenstraße statt. Vom Wetter begünstigt, gingen die Arbeiten am Bau so rasch voran, daß er im Spätherbst bezogen werden konnte.

Rektor Sauer schrieb in der Schulchronik: *"... Mit der Einweihung der neuen Schule am 29. November 1953 beginnt für Lehrer und Schüler ein neues Leben. Nur derjenige kann das begreifen, der diesen Übergang von den alten Lehmhöhlen in die neuen Räume mitgemacht hat..."*

Nach dem Zusammenschluß der beiden Gemeinden Marköbel und Langenbergheim zu Hammersbach am 1. Januar 1971 wurde bald für beide Gemeinden gemeinsam auf dem Hügel zwischen beiden Ortsteilen eine neue Grundschule errichtet.

Die neue Grundschule der Gemeinde Hammersbach im Ortsmittelpunkt. Foto: Grundschule Hammersbach.

"Am Kreuz" (Einmündung der Rüdigheimer Straße und der Straße am Kirchplatz in die Hauptstraße) vor dem Zweiten Weltkrieg. Das Foto stellte Karl Dietzel zur Verfügung.

# Siedlungsgeschichte und Kellerforschung

*Reinhard Reuter*

Bei einer Fahrt durch Hessen beobachtet man von Ort zu Ort einen ständigen Wechsel im Charakter der historischen Ortskerne. Neben den vertrauten Merkmalen und den in einer begrenzten Region einheitlichen Erscheinungen gibt es immer auch Individuelles, Überraschendes. Der historische Ortskern von Marköbel fällt durch seine ausgeprägte Individualität in Bezug auf Straßenführung, städtebauliche Akzente und Hausformen besonders auf. Woran liegt das?
Die Unterschiedlichkeit der Dörfer und Kleinstädte beruht auf einer ganzen Reihe von Faktoren. Im Fall von Marköbel sind offensichtlich im geschichtlichen Ablauf stärkere Impulse auf die Siedlungsentwicklung ausgeübt worden als bei den umliegenden Ortschaften. In verschiedenen, im Abstand von mehreren hundert Jahren aufeinander folgenden Entwicklungsschüben muß sich dann diese individuelle Gestalt ergeben haben. Gefragt sind Belege, die über Umfang und Richtung der einzelnen Stufen der Entwicklung Auskunft geben.
Während wir über den Bau und die Veränderung von Kirchen und Klöstern, Herrenhäusern und Schlössern, aber auch bei gemeindeeigenen Bauten in den einzelnen Ortschaften durch schriftliche Urkunden gut unterrichtet werden [1], ist man bei der Ermittlung der Siedlungsgeschichte und der Baugeschichte der Höfe und Häuser weitgehend auf die Bauten selbst angewiesen, auf das, was sie über ihre Entstehung und Veränderung selbst aussagen.

Für die Siedlungsgeschichte von Marköbel klafft vor allem eine Lücke in der Zeitspanne zwischen der ersten urkundlichen Erwähnung und dem Bau der Stadtmauer im 14. Jahrhundert. Aber auch die Zeit bis zum 30-jährigen Krieg ist bisher in konkreten Bauten wenig faßbar. Die Untersuchung der Bausubstanz muß sich also vor allem mit den untersten Zeitschichten beschäftigen. Das ist der Grund für den Versuch, durch die Aufnahme und Analyse der Keller als eventuelle Reste vergangener Siedlungsstrukturen einen kleinen Beitrag zur Erforschung der Siedlungsgeschichte von Marköbel zu leisten[2].

## Landschaft - Ortsbild - Hausformen

Marköbel liegt auf einem flachen Geländesporn zwischen zwei Bachläufen auf einer Höhe von 125 - 130 m über NN vor dem Südhang des Mühlberges (Weinberges). Der Bergrücken schwenkt nach Süden herum bis zum Hattenberg und bildet einen geschützten Winkel, der nach Südwesten offen ist [3] (Abb. 1). Diese ungewöhnliche landschaftliche Situation zeigt an, daß der Siedlungsplatz von Marköbel mit besonderem Bedacht ausgewählt worden ist.

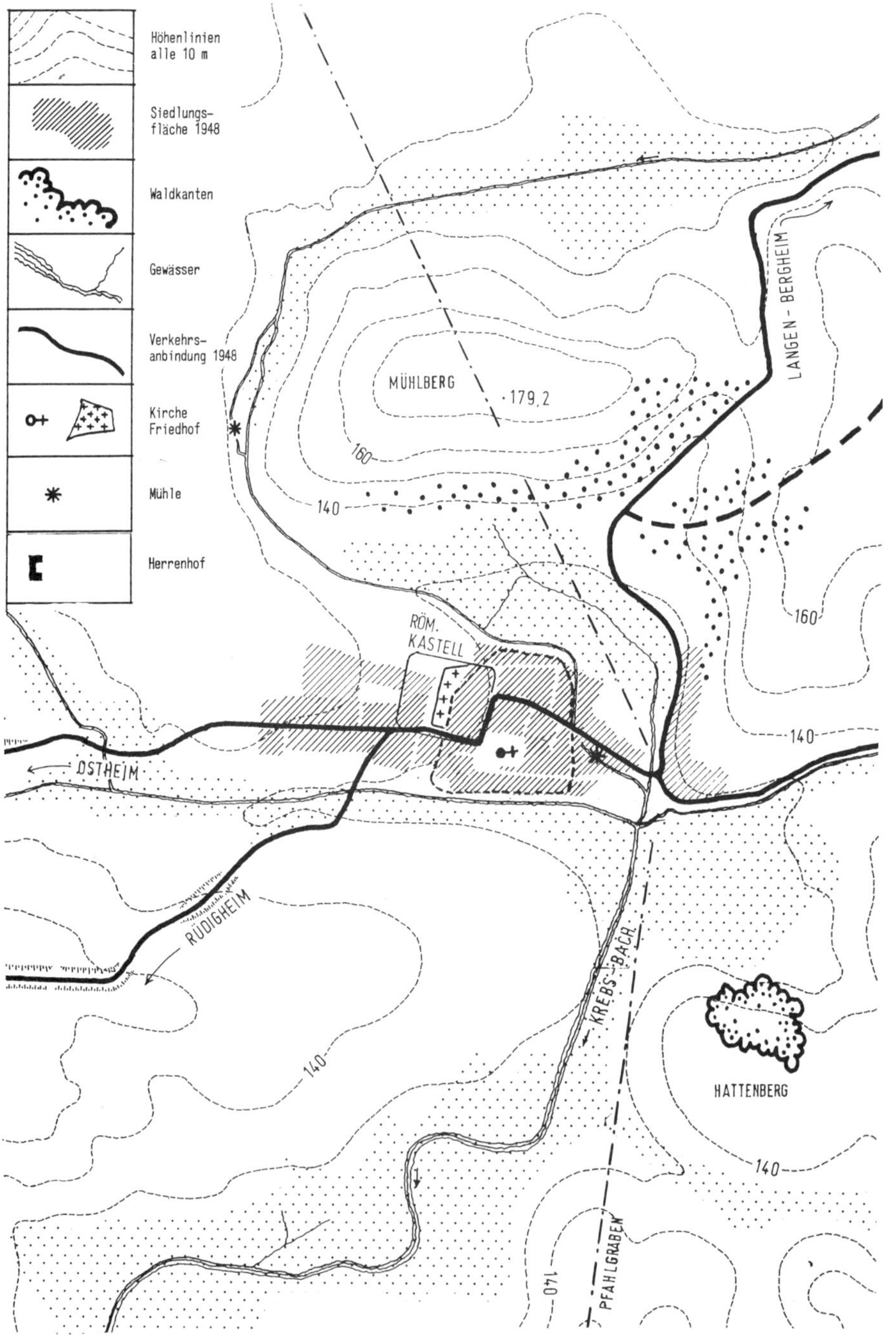


Abb. 1: Umgebung von Marköbel nach der topographischen Karte 1948. Zeichnung: Christoph Beck nach der Topographischen Karte 1:25000 des Hess. Landesvermessungsamtes Wiesbaden, Blatt 5719, Ausgabe 1948 (und 1979).

Der historische Ortskern von Marköbel innerhalb der Stadtmauer weist eine geschlossene Siedlungsform mit klar begrenztem Straßenraum auf. Das Prinzip der Straßenführung basiert auf einer Hauptdurchgangsstraße in West-Ost-Richtung, der Hauptstraße, mit einem Ober- und einem Untertor. Dazu kommt je eine Nebenstraße nördlich und südlich in Parallelführung zur Hauptstraße. Die ungewöhnliche Führung der Hauptstraße in zweimal abgewinkelter Form ist eindeutig eine Folge des Römer-Kastells und der Anordnung seiner Süd- und Ostmauer [4]. Zunächst nicht erklärbar dagegen ist, daß die Straßenführung der Hauptstraße von Osten her nicht gradlinig sondern leicht geschwungen verläuft und von der Wegefühung in römischer Zeit offensichtlich abweicht. [5]

Die Bebauung des Ortskerns ist gekennzeichnet von einer großen Anzahl zweigeschossiger Fachwerkbauten. Während die Höfe der meisten Orte der südöstlichen Wetterau mit dem Wohnhausgiebel an der Straße stehen im Wechsel mit den zugehörigen Hofeinfahrten mit Holztor zwischen Sandsteinpfosten, sind die Häuser in Marköbel in der Mehrzahl mit der Traufseite an die Straßenflucht gebaut, und zwar bei rund zwei Drittel aller Anwesen. Es entstehen besonders in der Hauptstraße, der Rüdigheimer Straße und im Beginn der Nordstraße vollkommen geschlossene Straßenwände mit städtischem Charakter. Es handelt sich aber durchaus um Bauernhöfe (Abb. 2), hauptsächlich "Parallelhöfe"; die Stall-Scheune steht auf der Rückseite des Hofes parallel zum Wohnhaus an der Straße. Oft ist eine der Hofseiten durch ein langgestrecktes Nebengebäude zum Dreiseithof geschlossen (Abb. 3).

Die Nebenstraße zeigen ein aufgelockertes Bild mit einem Wechsel zwischen Giebel und Hofeinfahrt und geschlossenen Fronten[6]. Hier überwiegt die giebelständige Bauweise, allerdings mit 58 Prozent nur knapp (Abb. 4). Die Höfe sind Winkelhöfe; die Scheune steht winklig zum Wohnhaus, wieder als rückwärtige Begrenzung des Hofes (Abb. 3). In diesen Straßenabschnitten sind eine Reihe kleiner Anwesen zu finden, auch solche ohne Wirtschaftsgebäude für die Landwirtschaft (Abb. 5).

Die historische Form der Bauernhäuser in Mittel- und Südhessen ist das zweigeschossige, quergeteilte Fachwerkhaus mit dem Eingang auf der Traufseite. Die quer zur Firstrichtung gehenden Bundwände teilen das Haus in Zonen ein. Die kleinste Hauseinheit ist zweizonig. Am Vordergiebel liegt die Wohnzone mit der Stube. Bei genügender Hausbreite ist neben der Stube noch eine Kammer in der Wohnzone angeordnet. Als 2. Zone folgt der Ern, das ist die Eingangszone mit der Küche dahinter (Abb. 6). In weiten Teilen Süd- und Osthessens war das Haus ursprünglich dreizonig[7].

Zonenteilung und Organisation des Grundrisses ist bei giebelständigen und traufständigen Bauten im Prinzip gleich. Die aneinandergebauten traufständigen Häuser haben allerdings als 3. Zone die Durchfahrt durch das Haus in den dahinterliegenden Hof anstelle der Stallzone oder weitere Wohnräume beim giebelständigen Haus. Diese Durchfahrtshäuser sind nicht sehr alt. Sie gehören zu dem großen Anteil der Häuser von Marköbel, die um 1800 errichtet wurden, meist als Ersatz für ältere Bauten. Das älteste Durchfahrtshaus ist wohl das Haus Hauptstraße 22 von 1772 (Abb. 2).

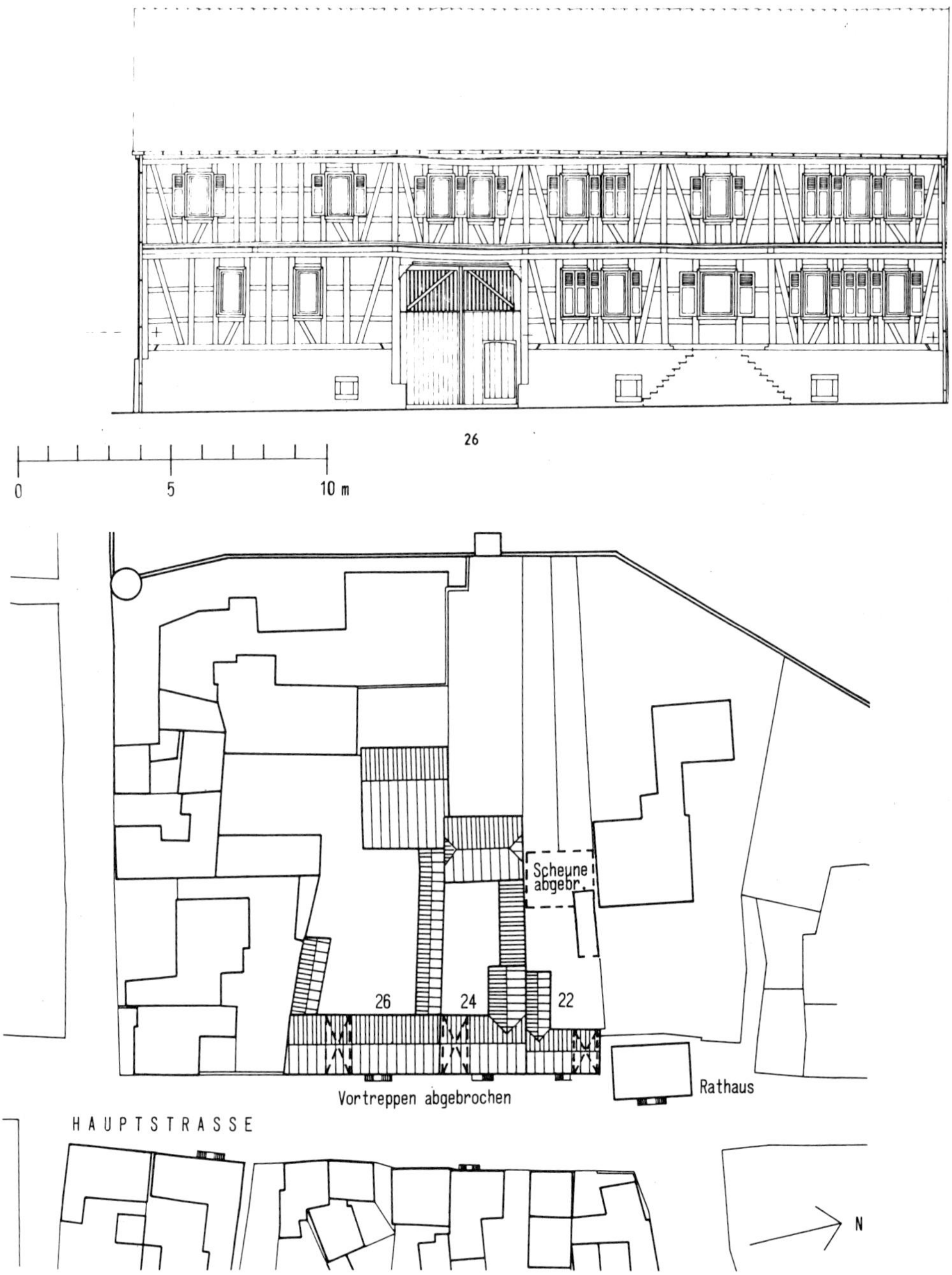


Abb. 2: Traufständige Durchfahrtshäuser, Hauptstraße 22 -26: Eine Besonderheit Marköbels. Zeichnung: Markus Profittlich nach fotogrammetrischen Aufnahmen.

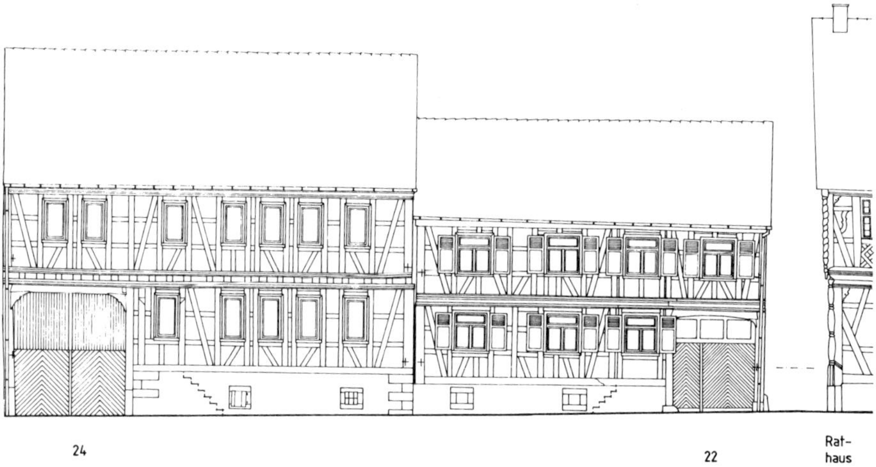


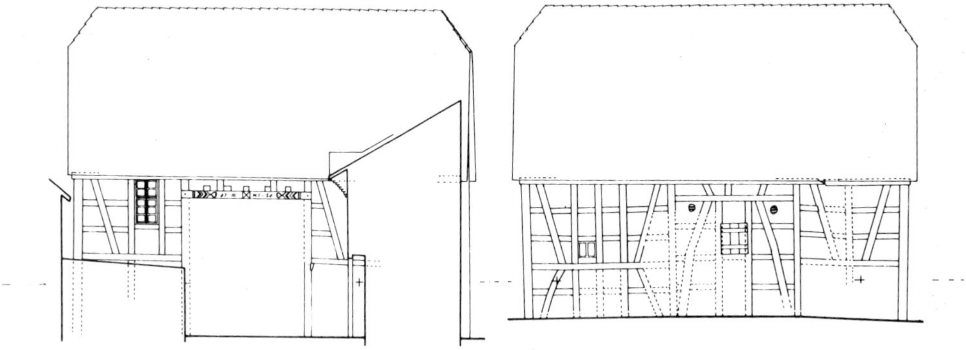

Vorder- und Rückansicht der Scheune Hauptstraße 24

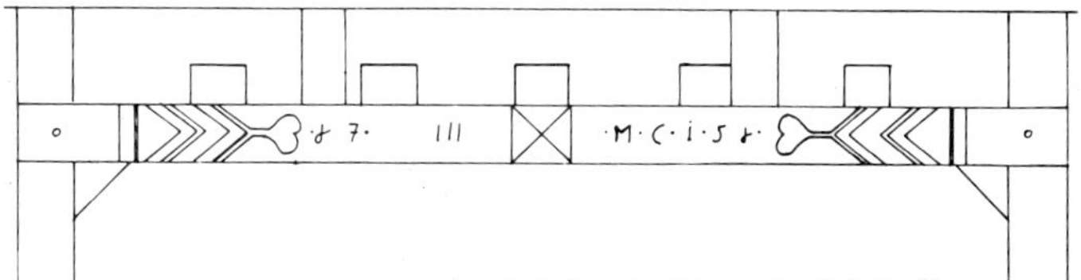

Torbalken der Scheune Hauptstraße 24

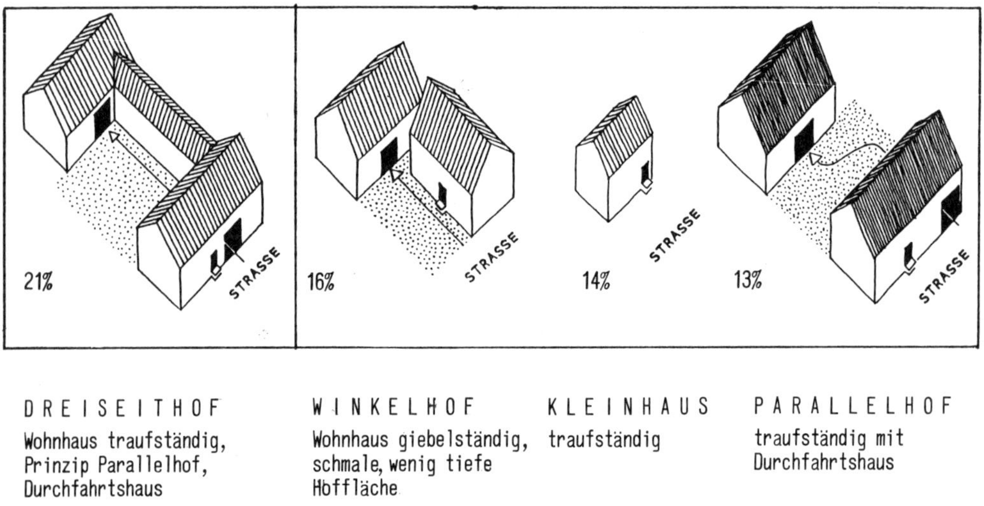


Abb. 3 Hofformen in Marköbel. Zeichnung: Christoph Beck nach Erhebungen der Arbeitsgruppe (s. Anm. 6).

Fachwerkhäuser aus der Zeit vor dem 30-jährigen Krieg sind in Marköbel nicht erhalten. Das Rathaus mit seinem markanten Fachwerk ist laut Inschrift 1686 erbaut und damit eines der ältesten Fachwerkbauten in Marköbel. Es steht auf dem Keller eines Vorgängerbaues[9]. Bei fünf weiteren Häusern kann die Erbauungszeit an Hand der Formen des freiliegenden Fachwerks ebenfalls auf das Ende des 17. Jahrhunderts oder um 1700 eingeschätzt werden. Es sind dies die Häuser: Hauptstraße 33, Am Kirchplatz 1, Nordstraße 4 und 34 und Am Untertor 1. Sie sind in der Mehrzahl 2-zonig und traufständig und haben alle eine Hofeinfahrt neben dem Haus, sind also keine Durchfahrtshäuser.

## Kellerforschung

Die historischen Bauernhäuser in weiten Teilen von Mittel- und Südhessen haben einen Keller unter der 1. Hauszone. Er befindet sich im Bereich des Bruchsteinsockelmauerwerks. Die Kellerdecke ist eine Balkendecke. Die lichte Höhe - oft weniger als 1,50 m - tendiert zur Kriechkellerhöhe. Der Keller ist damit offensichtlich ein Nebenprodukt der Absicht, die Stube mit einem Holzboden zu versehen im Gegensatz zum ursprünglichen Lehmestrich oder Naturstein-Plattenboden im Ern und in der Küche[10]. Die Balkenlage des Holzbodens bedurfte der Unterlüftung. Bei älteren Häusern mit einer Kammer neben der Stube in der 1. Hauszone ist daher nicht einmal die ganze 1. Zone unterkellert, sondern nur die Stube selbst. Erst später - mit Sicherheit nach Ein-

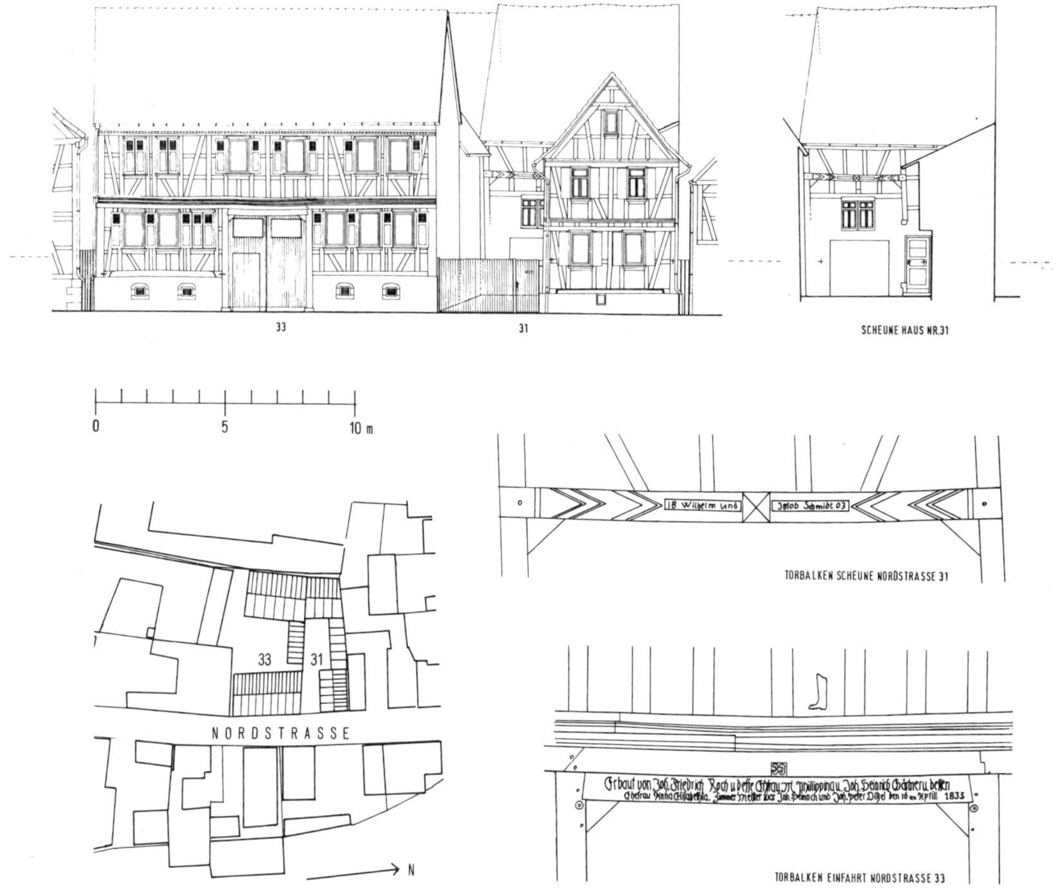


Abb. 4: Die Häuser Nordstraße 31 und 33. Markus Profittlich nach fotogrammetrischen Aufnahmen.

führung des Kartoffelanbaues - wurde der Hohlraum als Lager für Kartoffeln und andere Güter benutzt, für die eine gewisse Feuchtigkeit erwünscht ist.
m giebelständigen Haus. Diese Durchfahrtshäuser sind nicht sehr alt. Sie gehören zu dem großen Anteil der Häuser von Marköbel, die um 1800 errichtet wurden, meist als Ersatz für ältere Bauten. Das älteste Durchfahrtshaus ist wohl das Haus Hauptstraße 22 von 1772 (Abb. 2).
Wie oben schon ausgeführt wurde, sind in Marköbel keine Fachwerkbauten aus der Zeit vor dem 30-jährigen Krieg erhalten. Aber eine ganze Reihe von Kellern zeigen deutlich, daß sie zu einem Vorgängerbau gehört haben. Sie widersprechen in einem oder mehreren Punkten einer gleichzeitigen Errichtung mit dem heutigen Oberbau. Hier ist für die Forschung die Möglichkeit gegeben, über die siedlungsgeschichtliche Entwicklung vor dem 30-jährigen Krieg Konkretes zu erfahren. Dazu ist es notwendig,

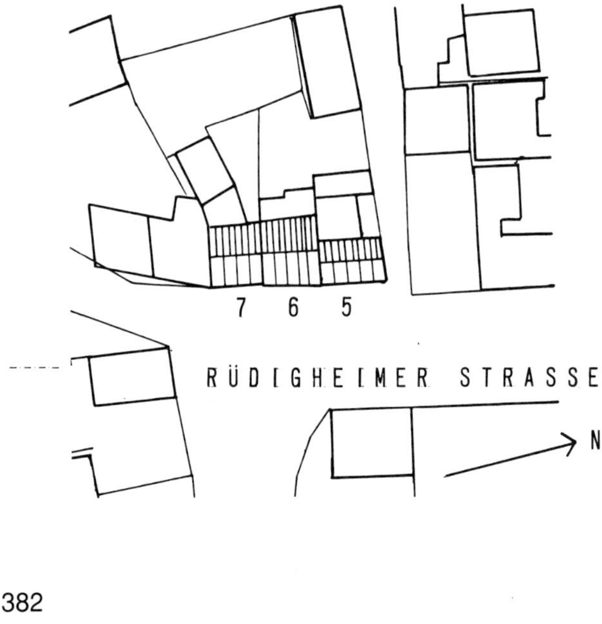


Abb. 5: Straßenaufriß Rüdigheimer Straße 5 - 7. Zeichnung: Markus Profittlich nach fotogrammetrischen Aufnahmen.

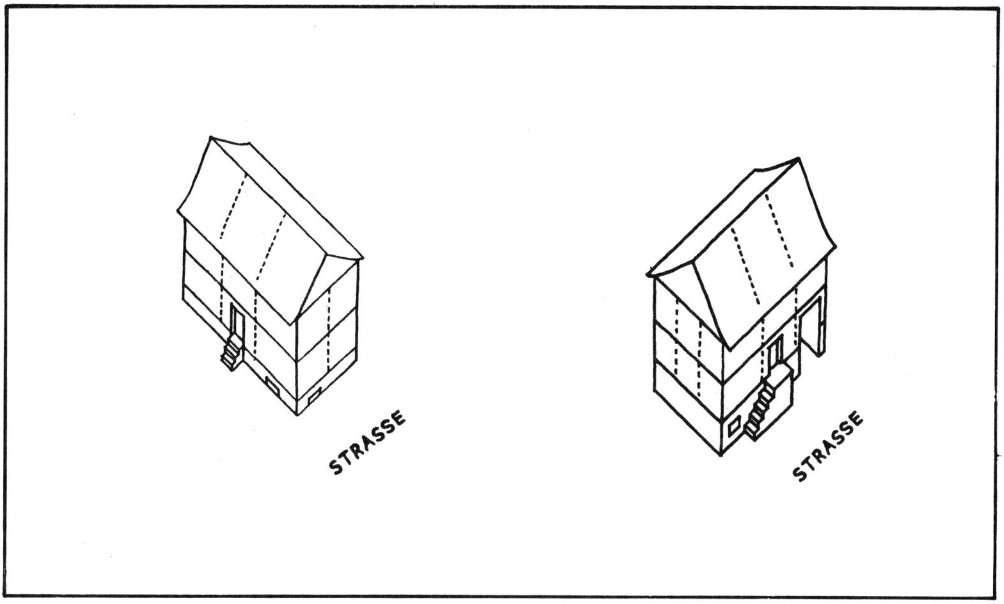


2-geschossiges Fachwerkhaus mit niedrigem Sockel, 3-zonig, 1 Längsunterzug, Keller unter der Stubenzone mit Holzbalkendecke.

Abwandlungen:
- 2-zonig
- 2 Längsunterzüge
- nur die Stube unterkellert

2-geschossiges Fachwerkhaus als Durchfahrtshaus mit hohem Sockel, 3-zonig, 2 Längsunterzüge, einseitige Vortreppe, Gewölbekeller, Vollunterkellerung mit Ausnahme der Durchfahrt, Kellerzugang von der Durchfahrt.

Abwandlungen:
- Vergrößerung der Zonenzahl
- 2-seitige Vortreppe
- Kellerzugang vom Hof über Kellerhals.

Abb. 6: Hausformen. Zeichnung: Christoph Beck nach Erhebungen der Arbeitsgruppe (s. Anm. 6).

die Keller sowohl in ihrer Lage zum Grundriß des Oberbaues wie auch in ihrer Höhenlage zum heutigen Geländeniveau exakt einzumessen. Außerdem sind vor allem der obere Raumabschluß und die Querschnittsform, aber auch der Zugang und die Kellerfenster sowie das Material und die Spuren des Handwerkstechnik wichtig[11]. Das Untersuchungsgebiet in Marköbel ist der ganze historische Ortskern innerhalb der mittelalterlichen Stadtmauer[12] (siehe hierzu und zu den weiteren Ausführungen die Pläne 1-3). Als Ergebnis der Kellerforschung ist zunächst festzustellen, daß keine neuen Funde von Kellern der Römerzeit gemacht wurden. Keller eines römischen Vicus sind am besten dokumentiert durch die Ausgrabungen des Kastells Zugmantel[13]. Die in Marköbel 1894 außerhalb der Stadtmauer südlich der Hauptstraße ausgegrabenen vier Keller passen zu diesem Kellertyp sehr gut[14]. Ähnliche Kelleranlagen wurden bei den bestehenden Bauten innerhalb der Stadtmauer nicht vorgefunden.

Die Kellerforschung Marköbel umfaßt 102 Keller, die gemäß ihrer siedlungsgeschichtlichen Bedeutung in fünf Hauptgruppen unterteilt werden können.

## GEWÖLBEKELLER, ÄLTESTE SCHICHT

Als älteste Gewölbekeller sind zweifellos die anzusehen, deren Gewölbescheitel heute unter dem Geländeniveau liegen. Sie sind wesentlich älter als der darüberliegende Oberbau[15]. Zwölf Beispiele dieser Gruppe konnten ermittelt werden. Fast alle zeigen große Differenzen in ihrer Lageanordnung gegenüber dem heutigen Hausgrundriß.

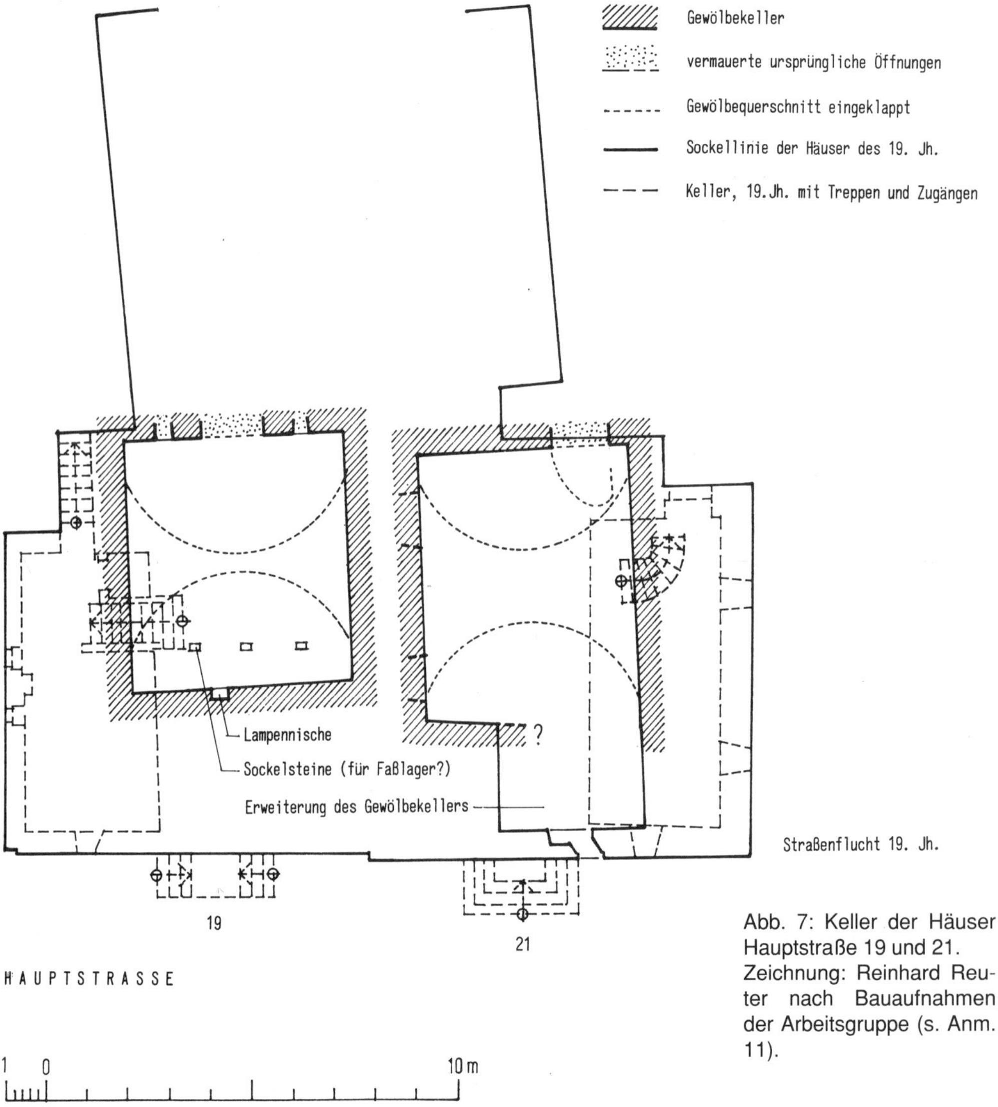


Abb. 7: Keller der Häuser Hauptstraße 19 und 21. Zeichnung: Reinhard Reuter nach Bauaufnahmen der Arbeitsgruppe (s. Anm. 11).

Besonders hervorstechende Beispiele sind die Gewölbekeller unter den Häusern Hauptstraße 19 und 21 (Abb. 7 und 8). Ihre Gewölbescheitel liegen 0,63 m bzw. 0,71 m unter Straßenoberkante, die Kellerböden 3,33 m bzw. 3,01 m. Ihre weiteren Abmessungen sind: Breite 5,06 m bzw. 5,00 m, Länge 5,80 m bzw. 6,20 m, Höhe im Lichten 2,70 m bzw. 2,30 m, Tonnengewölbe in Kreissegmentform, Widerlagerhöhe vom Boden 0,85 m bzw. 0,50 m.
Die beiden Häuser wurden Anfang des 19. Jahrhunderts bzw. um 1890 errichtet, wobei die vorhandenen Gewölbekeller nicht zugeschüttet wurden, obwohl die Straßenflucht um 3,50 m bzw. 3,00 m zur Straße hin vorgeschoben wurde. In den Bereich des Sockels der Häuser wurde jeweils ein niedriger neuer Keller eingebaut, von wo aus der Zugang zum tieferliegenden alten Keller erfolgt. Der ursprüngliche Zugang war in beiden Fällen jeweils von der rückwärtigen, östlichen Schildmauer her, bei Nr. 21 in der Südostecke des Kellers. Bei Nr. 19 liegt das heute vermauerte alte Portal genau in der Mitte des Schildmauer, links und rechts symmetrisch flankiert von je einem heute ebenfalls vermauerten Fenster mit schrägen Leibungen. Größe, Form und Zuordnung dieser beiden Keller zueinander sowie ihre Lage in Bezug zum heutigen Niveau sprechen dafür, daß es sich um Keller des mittelalterlichen Marköbel vor dem Bau der Stadtmauer handelt.

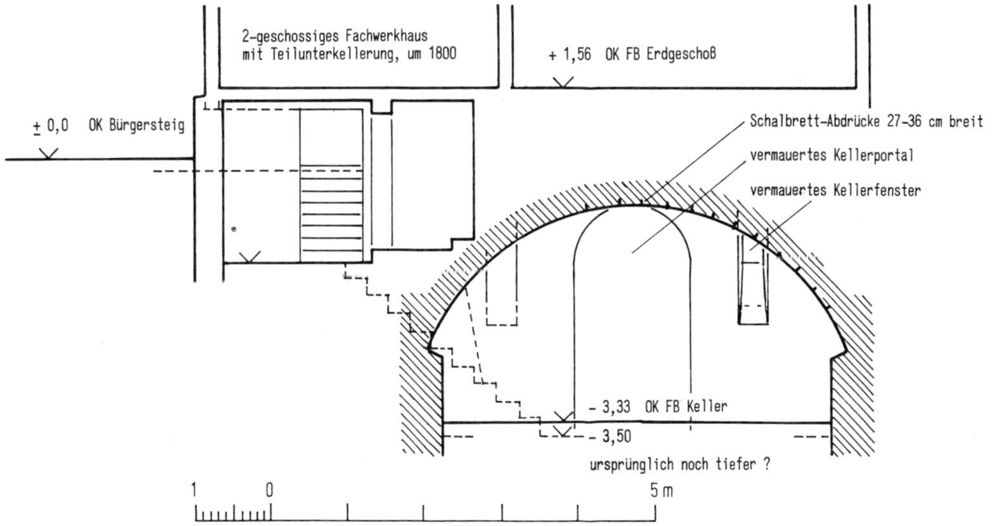


Abb. 8: Querschnitt durch den Keller Hauptstraße 19. Zeichnung: Reinhard Reuter nach Bauaufnahmen der Arbeitsgruppe (s. Anm. 11).

Zum Vergleich sollen die Verhältnisse in Gelnhausen dienen. Anton Fuhs[16] beschreibt die Keller der staufischen Stadtgründung wie folgt: Breite 4-5 m, Länge 6-10 m, Höhe i.L. 2-2,50 m, Tonnengewölbe in Halbkreis- oder Kreissegmentform, 0,50-0,80 m Widerlagerhöhe vom Boden.
Die alten Zugänge zu diesen Kellern sind unterschiedlich ausgebildet, wobei das symmetrisch von Fenstern flankierte Kellerportal in der Mitte der Schildwand mehrmals auftritt[17].
Der Beschreibung der staufischen Keller in Gelnhausen und ihren Durchschnittsmaßen entsprechen in Marköbel insgesamt sieben Keller, die sich unter den Häusern Nordstraße 8, Hauptstraße 16, 19, 21, 23, 25 und Am Kirchplatz 1 befinden. Der 7. Keller fällt durch seine etwas größere Breite von 5,50 m auf. Es handelt sich um das Anwesen Kirchstraße 1. Einer der drei Gewölbekeller unter dem heutigen Wohnhaus springt unter dem Hofniveau 1,50 m in den Hofraum vor.
Weitere fünf Keller mit Gewölbescheitel unter Straßenniveau sind im Vergleich zu Gelnhausen schmäler, aber ebenfalls dem mittelalterlichen Marköbel zuzuordnen.

## GEWÖLBEKELLER, MITTLERE SCHICHT

Ebenfalls ein hohes Alter haben acht Keller, die zwar mit dem Gewölbescheitel über dem Straßenniveau liegen aber mit der Grundrißdisposition des jeweiligen Hauses nicht übereinstimmen, also ebenfalls von Vorgängerbauten stammen müssen. Meist ist der Haussockel auch hier wesentlich höher als das Gewölbe. Zwischen Gewölbe und Erdgeschoßboden liegt dann eine starke Aufschüttungsschicht, ein Beweis für den fehlenden baulichen Zusammenhang von Keller und Oberbau.
Diese zweite Gruppe von Kellern befindet sich mit wenigen Ausnahmen zusammenhängend auf der Westseite der Hauptstraße in dem Abschnitt der ehemaligen Mittelgasse, angefangen beim Rathaus, Hauptstraße 20 über die anschließende Häusergruppe bis zur Nr. 28[18]. Diese Keller haben größere Abmessungen, wie z.B. der Keller unter dem Wohnhaus von Hauptstraße 26: Breite 5,94 m, Länge 10,59 m, Höhe i.L. 2,45 m, Widerlagerhöhe vom Boden 0,84 m, flache Segmentbogentonne als Gewölbeform.
Die überbaute Fläche des Fachwerkhauses Hauptstraße 26 ist ungewöhnlich groß. Die genaue Einmessung in den Sockelgrundriß zeigt, daß der Keller zu einem kleineren Haus gehört haben muß, das nur rund zwei Drittel der heute überbauten Fläche aufwies, aber schon wie der heutige Bau traufständig an der Straße stand (Abb. 9A)[19].

## GEWÖLBEKELLER, JÜNGERE SCHICHT

Bei der jüngeren Schicht, der Mehrzahl der Gewölbekeller in Marköbel, ist im Gegensatz zu den beiden vorgenannten Gruppen eine vollkommene Übereinstimmung von Keller und Oberbau festzustellen. Es handelt sich um voll unterkellerte Häuser, wie bei

Hauptstraße 1 (Abb. 9B) oder um Teilunterkellerung, dann aber meist in Beziehung zu der Zonenteilung des Fachwerkoberbaues. Sie sind häufig im 18. oder 19. Jahrhundert erbaut. Im 19. Jahrhundert kommen auch Keller unter dem Bansen von Scheunen vor.

KELLER MIT HOLZBALKENDECKE

Die Hälfte aller in Marköbel untersuchten Keller sind mit einer Holzbalkendecke versehen. Von einer Ausnahme abgesehen[18] zeigen sie alle eine klare Übereinstimmung mit dem jeweiligen Oberbau, wobei nur die 1. Hauszone, in 6 Fällen nur die Stube selbst unterkellert ist (siehe oben und Abb. 9C und 9D). Die durchschnittlichen Abmessungen sind wie folgt: Breite entsprechend der Breite der Stubenzone 3,30 m - 3,50 m, Mittelunterstützung durch einen Unterzug erforderlich, Länge je nach Giebelbreite unterschiedlich: ca. 6,20 m (7 Beispiele), ca. 5,20 m (13 Beispiele), ca. 4,20 m (10 Beispiele), ca. 3,50 m Keller nur unter der Stube, nicht auf der ganzen Giebelbreite (6 Beispiele), Höhe im Lichten 1,40 m - 1,70 m, ursprünglicher Zugang stets von innen, z.T. Falltür noch vorhanden. Außer diesen durchschnittlichen Maßen kommen bei einigen Kellern geringere oder größere Abmessungen vor, darunter zwei Keller mit einer Länge von 6,95 m bzw. 7,85 m. Alle fügen sich in das zu Anfang beschriebene Schema des weit verbreiteten Haustyps mit niedrigem Sockel ein.

KELLER MIT STAHLTRÄGERDECKE

In einigen Fällen wurden die Holzbalken durch Stahlträger ersetzt und die Felder dazwischen mit Ziegelsteinkappen ausgemauert. Diese sogenannte "Preußische Kappen-Decke" kam Ende des 19. Jahrhunderts auf. In jüngerer Zeit wurden z.T. Ziegelhohlkörper o.Ä. statt der gemauerten Kappen eingebracht. Zur Vergrößerung des Kellerraumes wurde außerdem in wenigen Fällen zusätzlich - z.B. unter der 3. Hauszone - ein Keller nachträglich eingebaut, ebenfalls mit Stahlträgerdecke (Abb. 9C). Weiterhin kommt bei einer Scheune ein Keller mit Preußischen Kappen vor.

## Ergebnisse für die Siedlungsgeschichte

Marköbel hatte im Mittelalter einen wahrscheinlich auf die Römerzeit (siehe Beiträge von P. Jüngling und F. Schwind) zurückgehenden, sehr bedeutsamen Markt, den Kaiser Friedrich II. 1220 nach Gelnhausen verlegte. Er hieß dort noch lange Zeit später "Köbeler Mess". Graf Ulrich von Hanau erhielt 1368 von Kaiser Karl IV. das Stadt- und Befestigungsrecht für Marköbel verliehen. Ein bedeutender Abschnitt der Ortsgeschichte muß also bereits im Mittelalter gelegen haben.

Das wird deutlich durch die stattlichen Gewölbekeller, die auf eine Marktsiedlung schließen lassen mit ihrem Schwerpunkt vor der Ostseite des ehemaligen Kastells, wahrscheinlich auf seiner ganzen Länge. Dabei diente die Kastellmauer offensichtlich

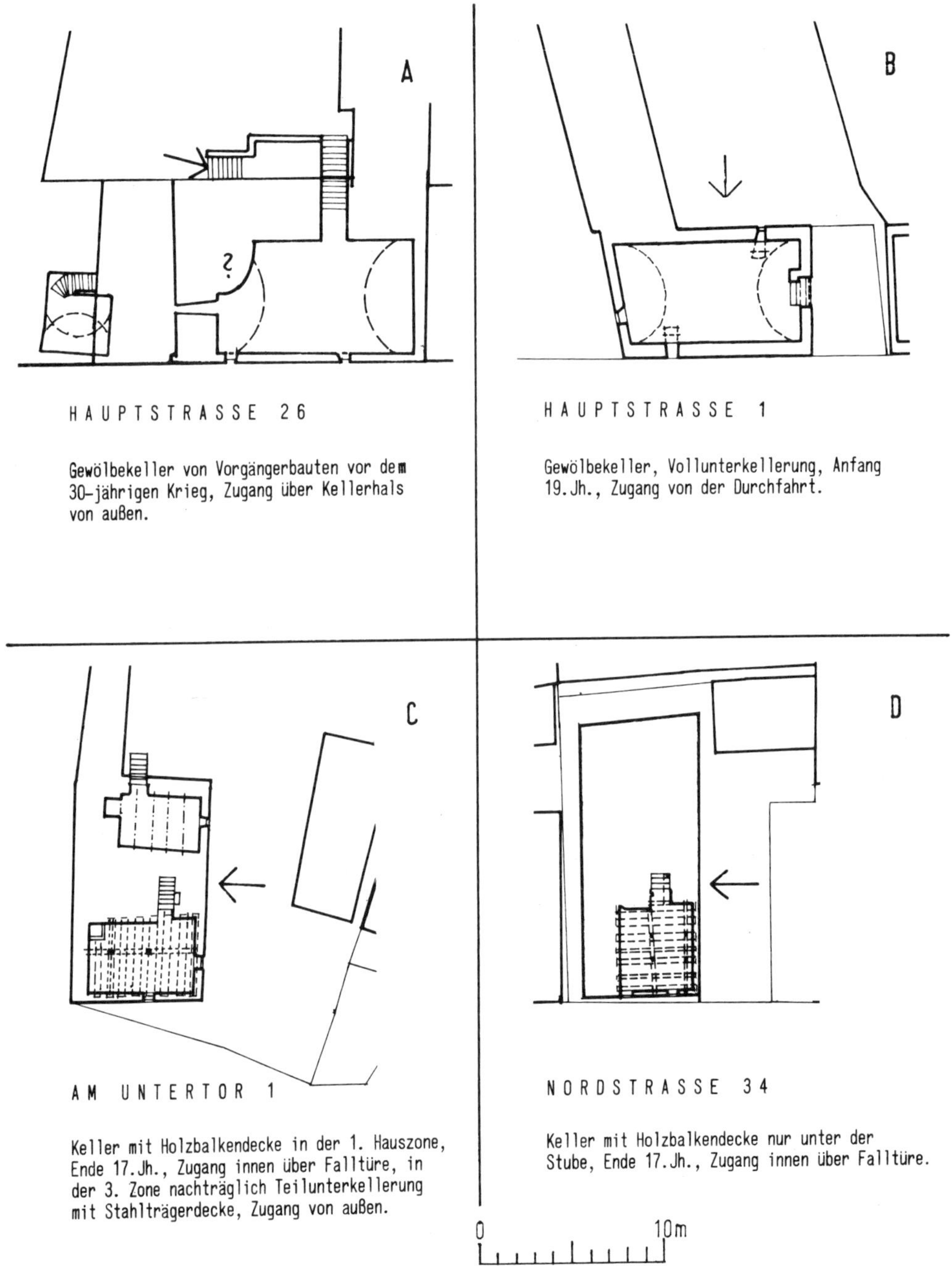


Abb. 9: Gewölbekeller der mittleren (A) und jüngeren Schicht (B) sowie Keller mit Holzbalkendecke (C und D). Ausschnitte aus Plan 1 und 2 (s. S. 392 ff.).

als Bestandteil der Befestigung [20]. Die aufgefundenen Keller halten einem Vergleich mit den Handelskellern in der staufischen Stadtgründung Gelnhausen stand. Das 1,50 m breite, rundbogige Portal am Gewölbekeller unter dem Haus Hauptstraße 19 macht es deutlich, daß hier Waren hinein- und heraustransportiert wurden.
Ziemlich genau gegenüber der Mitte der Kastellmauer, also gegenüber der ehemaligen Porta Praetoria hat eine ganze Hausgrupe mit solchen Kellern gestanden. Die Flucht mehrerer Keller springt im Vergleich mit der heutigen Straßenflucht auf der Ostseite der Hauptstraße wesentlich zurück. Eine platzartige Straßenerweiterung könnte der Grund dafür gewesen sein. In der Umgebung der Kirche konnten ebenfalls Keller dieses Typs nachgewiesen werden (Abb. 10). Durch den Bau der heute noch in Teilen erhaltenen Stadtmauer wurde dann die Siedlungsfläche von Marköbel vergrößert und neu gefaßt. Besonders nach Westen hin waren nun Veränderungen möglich. Anstelle der Kastellmauer konnte eine Häuserzeile entstehen, von denen mehrere Gewölbekeller erhalten sind. Die Erweiterung in dieser Zeit nach Osten ist nur punktuell zu fassen. Interessant ist aber die Straßenführung der Hauptstraße in diesem Bereich. Die Achse des Kastells vor der Porta Praetoria war durch die oben genannte Hausgruppe verstellt, und so bildete sich der heute noch erhaltene Straßenverlauf heraus mit seiner leichten Krümmung nach Norden. Bemerkenswert ist weiter, daß die Hauptstraße dann im Bereich des Untertores die Kastellachse kreuzt. Vom Untertor her gesehen ist die Führung der Hauptstraße und die Lage des Rathauses kaum anders als eine einheitliche Planung zu verstehen. Anstelle des Rathauses von 1686 wird hier im Mittelalter das für 1391 überlieferte "Spielhaus" als Vorgängerbau gestanden haben, wovon der Keller erhalten zu sein scheint [21]. Vermutlich war es sogar der Auftakt für die ganze Häuserzeile der Vorgängerbauten von Hauptstraße 20-28 [22].
Die weitere Entwicklung von Marköbel spiegelt sich ebenfalls in den Kellern wieder. Den Aufschwung, den der Weinbau in der Gemarkung von Marköbel am Anfang des 19. Jahrhunderts noch einmal genommen hat [23], wird durch den Neubau zahlreicher stattlicher Häuser mit Gewölbekeller in dieser Zeit dokumentiert. Der Haustyp des Bauernhauses des 18. und 19. Jahrhunderts mit Weinbau als traufständiges Durchfahrtshaus mit Vollunterkellerung des gesamten Wohnbereichs, wie es besonders gut die Häuser Hauptstraße 1 und 3 zeigen, ist ein Zeugnis dafür. Sogar auf den vorhandenen Kellern der Hauptstraße 22-26 wurden diese stattlichen Durchfahrtshäuser mit hohem Sockel gebaut, auch wenn wie bei Nr. 26 der tiefliegende Keller einen niedrigen Sockel und damit beträchtliche Kosteneinsparungen ermöglicht hätte. Die Durchfahrtshöhe für Erntewagen bedingt den hohen Sockel, wenn darüber das Obergeschoß durchgehen soll (Abb. 2).
In einigen Fällen sind die Gewölbekeller des 18. und 19. Jahrhunderts nicht dem Weinbau sondern der Wein- und Bierlagerung eines Gasthofes oder einer Brauerei zuzuordnen. Dazu zählt das 1797 direkt vor dem Obertor errichtete Haus Hauptstraße 41 mit einer auffallend großzügigen Kelleranlage.

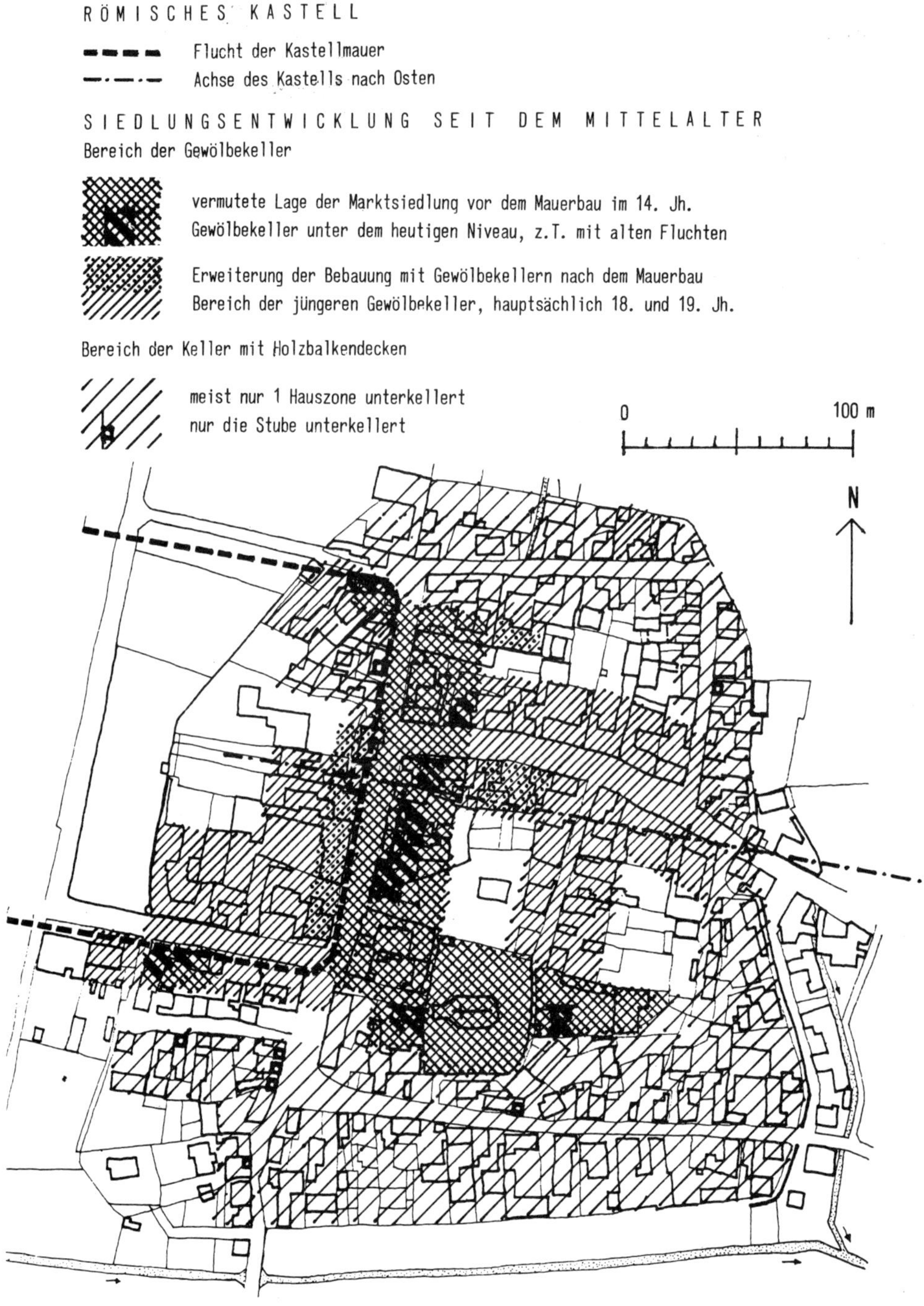


Abb. 10: Siedlungsentwicklung seit dem Mittelalter. Jürgen Kabelka und Reinhard Reuter nach Plan 1-3 (s. S. 392 ff.).

Es ist erstaunlich, daß der Bereich der Häuser mit Gewölbekellern insgesamt über alle Bauzeiten hinweg sich in Marköbel räumlich klar abgrenzen läßt. Er umfaßt die ganze Hauptstraße vom Unter- bis zum Obertor, dazu den Anfang der Nordstraße und die beiden Sackgassen Am Kirchplatz und Kirchstraße. Innerhalb dieses Bereichs befinden sich mehr als 90 Prozent aller untersuchten Gewölbekeller,. Es ist der Bereich von Landwirtschaft und Weinbau unter Einbeziehung der Gasthöfe und Brauereien.
Die Konzentration der Keller mit Holzbalkendecken liegt dagegen an den Nebenstraßen, der Nordstraße und der Ringstraße (ausgenommen ab Nr. 29) sowie der Rüdigheimer Straße und Erbsenstraße. In diesem Ortsbereich war die Landwirtschaft in Verbindung mit dem Handwerk zu Hause (Abb. 10). So ist durch das Handwerkerzeichen über dem Torsturzbalken des Doppelhofes Nordstraße 33 belegt, daß in einer Hofhälfte außer der Landwirtschaft eine Schumacherwerkstatt betrieben wurde (Abb. 4). Für den Hof Nordstraße 29 ist das Maurerhandwerk neben der Landwirtschaft überliefert. U.a. zeugt der Giebel der Scheune aus Bruchstein von 1770 davon. Im Hof Nordstraße 31 war im 19. Jahrhundert eine Küferwerkstatt. Aus Platzmangel im Hof wurde auf der Straße ein Feuer gemacht, wenn der Küfer Faßreifen aufzog [24].
Die Torsturzbalken sind ein besonderes Bauglied für Inschriften und Zierat auch in Marköbel. Bemerkenswert sind besonders die vorgeblatteten Torsturzbalken der Scheunen mit angeschnitzten Eckverstärkungen zur Aufnahme der Drehzapfen der Torwendebäume. In der Regel ist in der Mitte eine Diamantquaderform angeschnitzt und nach rechts und links hin Winkel- oder Pfeilformen. Es wird deutlich, daß nicht nur die Scheunen der großen Höfe diese Zierformen aufweisen - wie die dreizonige Scheune vom Hof Hauptstraße 24 von 1751 -, sondern auch die der Handwerkerbauern - wie die zweizonige Scheune vom Hof Nordstraße 31 von 1803 (Abb. 2 und 4).
Die Kleinhäuser in der Rüdigheimer Straße (Abb. 5) sind Beispiele von Anwesen ohne, oder mit geringen Wirtschaftsbauten. Sie weisen meist nur einen kleinen Keller unter der Stube auf. Wie weit sie jüdischen Bürgern als Wohnhäuser gedient haben, kann vielleicht die Archivforschung genau klären. In der mündlichen Überlieferung heißt die Rüdigheimer Straße "Judengasse" oder "Judenecke". Vom Haustyp her sind sie gut vergleichbar mit den Häusern in der Hofgasse 16-19 in Staden, Gemeinde Florstadt im Wetteraukreis, die im 19. Jahrhundert jüdische Eigentümer hatten [25]. In der Grafschaft Hanau bestanden in Hanau und Windecken im 18. Jahrhundert besondere Judengassen. In der übrigen Grafschaft war das Zusammenwohnen der Juden nicht verordnet, hatte sich aber aus vielerlei Gründen eingestellt [26].
Die hier dargelegten Beiträge zur Siedlungsgeschichte von Marköbel sind aus den Bestandaufnahmen der Keller und der Haus- und Hofformen abgeleitet. Sie werden in diesem Band zusammengestellt mir Arbeiten über die verschiedenen Zeitabschnitte aus anderen Quellen. Durch ihre Aussagen mit Ergänzungen, Relativierungen und Übereinstimmungen kann sich nach heutigem Forschungsstand erst ein abgerundetes Gesamtbild des Siedlungsgeschichte von Marköbel ergeben.

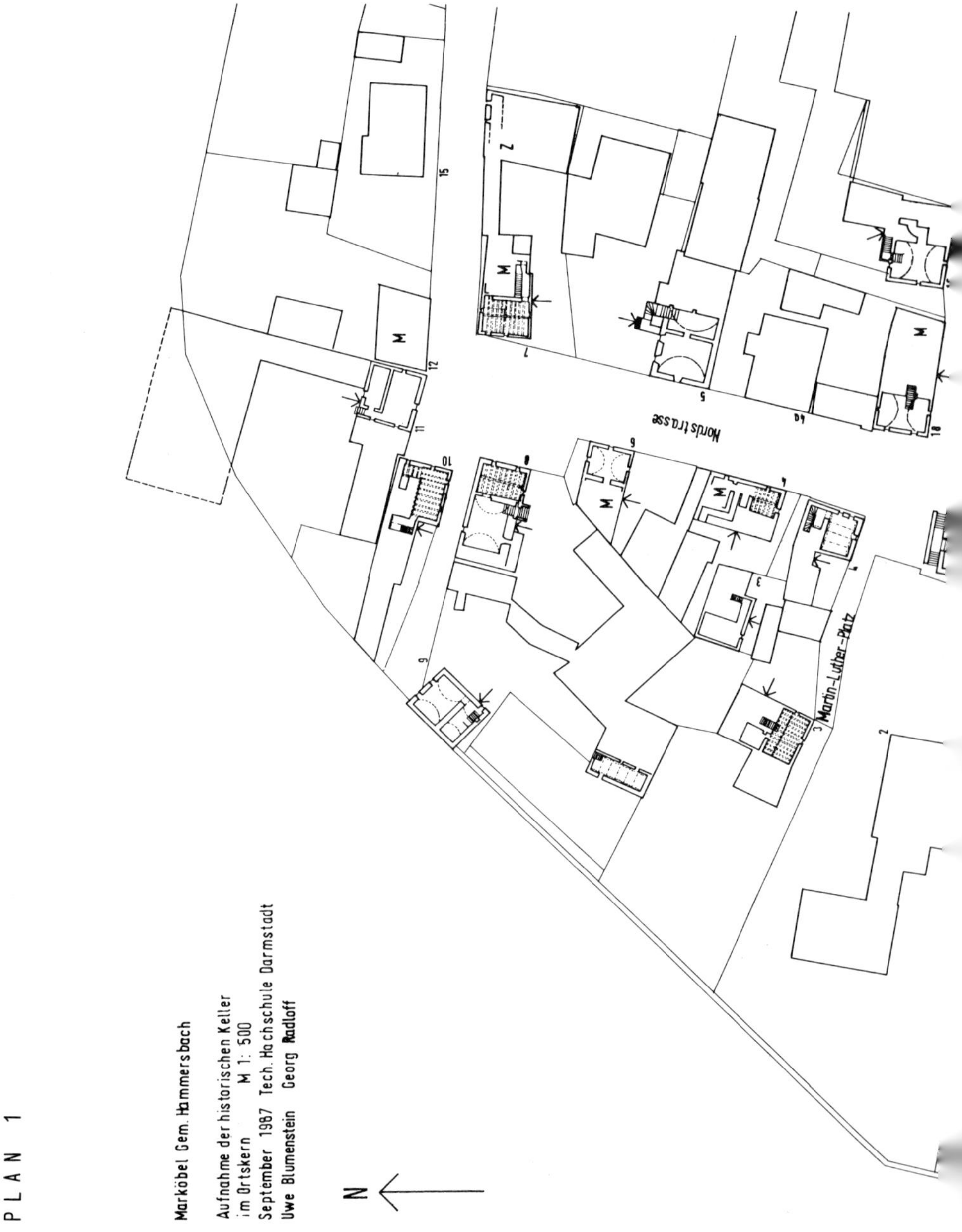


Plan 1: Uwe Blumenstein und Georg Radloff, Bauaufnahme der Keller (s. Anm. 11) und Einzeichnung in die vergrößerte Flurkarte des Katasteramtes Hanau.

Hauptstrasse
19
21
23
25
27
22
24
26
28
30
32
34
Z
Z
K
K
K = Kein Zutritt zum Keller
M = moderner Keller Um- und Ausbau
Z = zugeschütteter Keller
Gewölbekeller = Querschnittsform eingeklappt
Kappengewölbe = Stahlträgerachsen strichpunktiert
Flachdecken = Holzbalken gestrichelt, verputzte Decke ohne Eintragung
10
0
50
100 m

Plan 2: Nils Schalk und Bettina Schubotz, wie vor.

Langenbergheimerstrasse
Am Untertor
Kirchstra
K = Kein Zutritt zum Keller
M = moderner Keller Um-und Ausbau
Z = zugeschütteter Keller
Gewölbekeller = Querschnittsform eingeklappt
Kappengewölbe = Stahlträgerachsen strichpunktiert
Flachdecken = Holzbalken gestrichelt, verputzte Decke ohne Eintragung
10
0
50
100 m

Plan 3: Antje Grell und Bernd Liebmann, wie vor.

PLAN 3

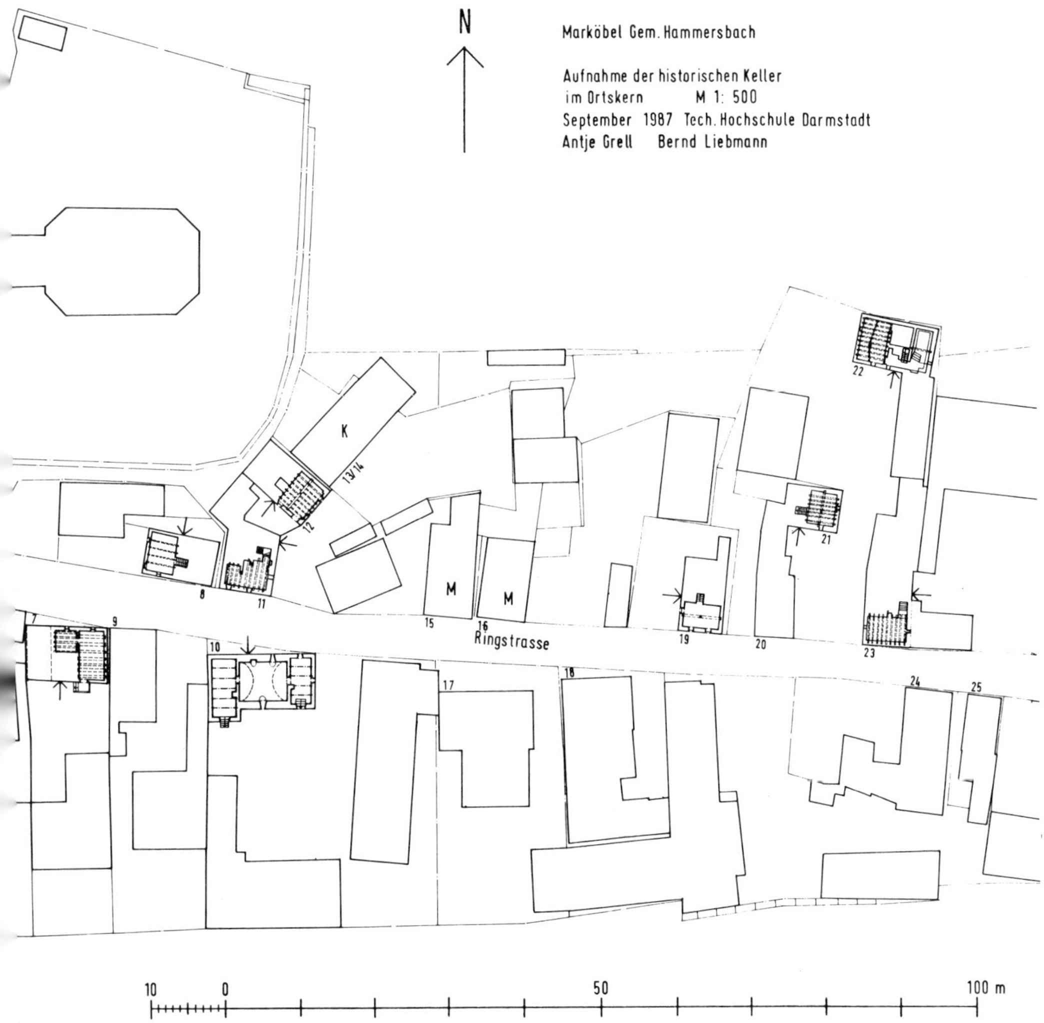
N
Markōbel Gem. Hammersbach
Aufnahme der historischen Keller
im Ortskern M 1: 500
September 1987 Tech. Hochschule Darmstadt
Antje Grell Bernd Liebmann
K
13/14
12
8
11
M
M
15
16
Ringstrasse
19
20
21
22
23
7
9
10
17
18
24
25
10
0
50
100 m

## Anmerkungen

1 Vgl. den Beitrag von Fred Schwind in diesem Band.
2 Kellerforschung Marköbel im September 1987 im Seminar "Baugeschichte - Bauaufnahme" an der Technischen Hochschule Darmstadt, Fachbereich Architektur, Fachgruppe Stadt; Mitarbeiterinnen und Mitarbeiter: Uwe Blumenstein, Antje Grell, Bernd Liebmann, Markus Profittlich, Georg Radloff, Nils Schalk, Betina Schubotz; Leitung: Reinhard Reuter. Die Arbeit wurde von der Gemeinde Hammersbach angeregt und bei der Durchführung entscheidend unterstützt. Auch die Egentümer der einzelnen Anwesen haben die Arbeit durch ihre Aufgeschlossenheit sehr gefördert. Die Gemeindeverwaltung führte eine Nachuntersuchung in der Rüdigheimer Straße durch. Den Bürgern von Marköbel , insbesondere Bürgermeisterin Helga Meininger und Dirk-Jürgen Schäfer sei auch an dieser Stelle der herzliche Dank der Arbeitsgruppe für die Initiative, Unterstützung und Mithilfe ausgesprochen.
3 Die beigegebene Karte, Abb. 1 ist eine Umzeichnung der Topographischen Karte, Ausgabe 1948, s. unten.
4 Vgl. den Beitrag von Peter Jüngling in diesem Band.
5 Neben dieser Übereinstimmung der heutigen Straßenführung mit der Rechtwinkligkeit des Kastellgrundrisses sind die Abweichungen vom Rechten Winkel bemerkenswert, die an den anderen Straßenabwinklungen vorkommen: Rüdigheimer Straße Ecke Ringstraße - leicht spitzwinklig; Nordwestknick der Nordstraße - stark stumpfwinklig. Dadurch wird die Unabhängigkeit des Straßenverlaufs an diesen beiden Punkten gegenüber dem Kastell bestätigt.
6 Innerhalb des Baugeschichts-Seminars wurde eine Untersuchung der Hof- und Hausformen in Marköbel durchgeführt.
7 Kurt Ehemann, Das Bauernhaus in der Wetterau und im SW-Vogelsberg, Veröffentlichungen des Zentralausschusses für deutsche Landeskunde, Bd. 61, Remagen 1953, S. 62ff und Heinrich Walbe, Siedlungs - und Hausformen in Hessen, in: Jahrbuch des Landschaftsbundes, Darmstadt 1938, S. 4
8 Alle 3 in Abb. 2 dargestellten Durchfahrtshäuser stehen auf Kellern von Vorgängerbauten.
9 Vgl. den Beitrag von Dirk-Jürgen Schäfer in diesem Band.
10 Gero von Schönfeld, Bauernhäuser in Hessen, in: AVA-Schriftenreihe, Sonderheft 45, Wiesbaden 1973, S. 102f.
11 Bei der Kellerforschung in Marköbel wurden folgende Methoden angewandt:
Lagemessung:
- Fall 1: Keller in Übereinstimmung mit dem Hausgrundriß; Einmessung der inneren Raumabmessungen auf die Außenkanten des Sockels mit dem Bandmaß, Stärke der Sockelmauer am Kellerfenster.
- Fall 2: Keller nicht in Übereinstimmung mit dem Hausgrundriß; Einmessung der inneren Raumabmessungen mit Theodolith und Bandmaß im Radialverfahren und Anschlußmessung an die Sockalaußenkanten durch Polygon.
Höhenmessung:
Nivellements mit der Schlauchwasserwaage, Bezugshöhe ist jeweils die Geländeoberkante in der Nähe des Hauseingangs oder der Einfahrt (Bürgersteig- oder Hofniveau).
Querschnitt:
Punktweise Einmessung der Gewölbeform an der Schildwand, Bezugshöhe = Kämpferhöhe.
12 Die angestrebte flächendeckende Untersuchung innerhalb der mittelalterlichen Stadtmauer wurde zu 70 Prozent erreicht. 23 Prozent der alten Keller waren bereits durch Modernisierung stark verändert oder zugeschüttet, bei 7 Prozent der Keller war während der Arbeitskampagne in Marköbel ein Zutritt nicht möglich.
13 H. Schönberger, Kastell Zugmantel, in: Saalburg-Jahrbuch X, 1951, Beilage 1.
14 G. WOLFF, Das Kastell Marköbel, in: Der Obergermanisch-Rätische Limes des Römerreiches. Heidelberg 1914, Tafel II und S. 13 ff.
15 Die Fachwerkbauweise erfordert einen Schutz des Bauholzes im Schwellenbereich vor dem Spritzwasser der Traufe. Die Schwelle liegt daher ca. 60 cm hoch auf einem Mauersockel, der gleichzeitig Kelleraußenmauer sein kann. Die Fachwerkbauweise selbst kann auch bei ermittelalterlichen Bauten im kleinstädtischen Bereich weitgehend vorausgesetzt werden. Bei einem Gewölbekeller liegt der Gewölbescheitel im Innern nur ca. um die Gewölbestärke + Bodenbelag = 30 - 40 cm unter der Sockeloberkante. Liegt der Gewölbescheitel tiefer, kann die Bauzeit des Kellers nicht mit der des Oberbaues gleichgesetzt werden, sondern muß als älter und bei einem Neubau wiederverwendet eingestuft werden. Zwischen Gewölbeoberkante und dem heutigen Fußboden im Erdgeschoß befindet sich dann eine mehr oder weniger starke Aufschüttung. Beim Rathaus Marköbel beträgt diese Höhendifferenz ca. 1,00 m, beim Haus Hauptstraße 26 sogar 1,65 m.
16 Anton Fuhs, Gelnhausen, Städtebaugeschichtliche Untersuchung, Veröffentlichung der Histor. Komm. f. Hessen und Waldeck, Nr. 215, Marburg 1960, S. 30. Vgl. außerdem: - Karl Gruber und Waldemar Küther, Münzenberg, Burg, Stadt, Kirche, Gießen 1968, Stadtplan Münezenberg nach 1300 mit Einzeichnung der Gewölbekeller.
- Kelleraufnahme Seligenstadt, unveröffentlichte Zeichnungen im Archiv der Fachgruppe Stadt, FB 15, Techn. Hochschule Darmstadt.
17 Anton Fuhs (Anm. 16) Plan 8, hierin z.B. die Keller von Langgasse 12 und 14.
18 Das Haus Hauptstraße 22 hat zwar keinen Gewölbekeller unter dem Vorderhaus, aber der mit Balkendecke versehene Keller ist nach Lage, Größe und Höhe mit den Nachbarnkellern zu vergleichen und stimmt mit dem Oberbau von 1772 nicht überein.
19 Das wird noch dadurch bestät igt, daß der Gewölbescheitel 1,65 m unter der Sockeloberkante liegt.
20 Handbuch der Historischen Stätten, Hessen, Stuttgart 1966, S. 298 f.
21 Das "Spielhaus" wird als Vorgängerbau des Rathauses laut Beitrag von Fred Schwind in diesem Band 1391 erstmals erwähnt.
22 Wenn der Bau der Stadtmauer kurz nach der Verleihung der Befestigungsrechte 1368 erfolgt ist, so wird mit dem Bau des Spielhauses kurz darauf die Häuserzeile Hauptstraße 20-28 begonnen worden sein. Ein weiteres Baudatum dieser Häusergruppe liegt uns - allerdings nur indirekt - in dem mit 1588 datierten Ofenstein vor, der in die Straßenflucht des Hauses Nr. 28 eingemauert ist und mit großer Wahrscheinlichkeit von dem Vorgängerbau mindestens aus dem Ende des 16. Jh. stammte, der durchaus aber auch wesentlich älter gewesen sein kann.
23 Vgl. den Beitrag von Dirk-Jürgen SCHÄFER in diesem Band.
24 Für diese Mitteilungen sei Herrn Karl Jung, Nordstr. 31 Dank gesagt.
25 Reinhard REUTER u.a., Staden in der Wetterau, Geschichte - Ortsbild - Denkmalpflege, Studienmaterialien der Fachgruppe Stadt, FB 15, Techn. Hochschule Darmstadt, Heft S 34, S. 26.
26 Lilianna LEJCZYK, Jüdisches Leben in Hessen vor 1800, unveröffentlichte Seminararbeit, Techn. Hochschule Darmstadt, WS 1985/86.

# Die Marköbeler Gemarkung und ihre Namen

*Bernd Vielsmeier*

## I. Einleitung

*Es ist sonst die Wetterau fast durchgehends ein ebenes und flaches, dabey aber ein von GOtt dem Allmächtigen, mit vielen herrlichen Erdgewächsen, reichlich gesegnetes und fruchtbares Land, dahero es nicht unbillich eine Speißkammer der umherliegenden Landschaften mag genennet werden, weilen es denen angränzenden Nachbarn seinen Ueberfluß mittheilet. Das Erdreich ist mehrentheils mastig, schwarz, fett und fruchtbar, so allerley Arten der besten Sommer- und Winter-Früchte hervor bringt. Gewisse Geschichtschreiber bemerken unter andern, daß diejenige Länder von einer besondern Fruchtbarkeit seyn sollen, deren meiste Nutzbarkeiten sich mit dem Buchstaben W anfangen. Wer sich nun in unserer Wetterau wohl umsiehet, wird solches miteinander darinnen antreffen, dann man findet, Wasser, Wein, Weitzen, Weyden, Wiesen, Weyer, Wolle, Werk oder Flachs, Wälder und Wildprät aller Orten*[1]. So beschrieb 1747 der Wetterauische Geographus in seiner Einleitung die Wetterau. Der Dichter Henry Benrath schrieb ca. 150 Jahre später über die Wetterau: Das Land *ist klar und eindeutig, von wenig Sage umwoben, ein Land der Fülle und Gnade, freundlich umfangend, freundlich bewahrend. Es schwillt von Korn- und Weizenäckern, von Hafer- und Gerstenfeldern; seine Dörfer sind in Obstgärten eingebettet, an den Erlenufern seiner Bäche ziehen breite Wiesengründe. Es hat kleine, runde Wälder in seiner kaum gewellten Ebene, Pappelsäume, Ulmengruppen* [2].

Das Bild der Wetterau als einer fruchtbaren Agrarlandschaft ist der Beschreibung des Wetterauischen Geographus' und Benraths gemein, und doch unterschied sich die Wetterau des 18. Jh.s in ihrem Erscheinungsbild von der des 19. Jh.s. Die Landschaft des Wetterauischen Geographus' war vom System der Dreifelderwirtschaft geprägt, durchzogen von Hecken, Gräben und Zäunen, die Wiesen, Weiden, Äcker, Gärten und Wälder voneinander schieden. Als im 19. Jh. die Dreifelderwirtschaft von neuen Formen der Landwirtschaft und Viehzucht abgelöst wurde, die alte Feldaufteilung durch Flurbereinigungen verschwand, wandelte sich auch die Landschaft. Die Ausweitung der Siedlungsfläche, die beginnende Industrialisierung sowie der verstärkte Bau von Straßen und Eisenbahnen trugen ein Übriges dazu bei.

Aussagen über die historische Landschaft und ihre Nutzung ermöglichen die Benennungen der einzelnen Landschaftselemente, die Flurnamen. In ihnen hat sich eine Fülle an Informationen erhalten, die, soweit sie in ihrer ursprünglichen Bedeutung erkannt werden, wichtige Aufschlüsse für die Geschichte der einzelnen Gemarkungen geben können.

Für die Marköbeler Gemarkung soll versucht werden - und um mehr als einen Versuch kann es sich vorerst nicht handeln-, ihre Flurnamen auf dem Hintergrund der Ortsgeschichte, insbesondere der Landwirtschaftsgeschichte, zu betrachten.

## II. Die Siedlungen

Die älteste, auch archäologisch nachweisbare Siedlung ist die *Burg*, das römische Kohortenkastell, das um 100 n. Chr. am Limes an einem strategisch wichtigen Straßenübergang angelegt wurde[3]. Ab Bergen führte die *Hohe Straße*, eine Fernverkehrsstraße, die bereits in bandkeramischer Zeit bestand, auf dem Kamm der Höhen entlang und mußte in Marköbel zum ersten Mal die Höhe verlassen, um einen Bach, den *Krebsbach*, zu durchqueren. Nach der Aufgabe des Kastells im 3. Jh. dürfte der westliche Teil der burgartigen Anlage, der nicht in die Fläche der nachrömischen Siedlung einbezogen wurde, noch lange im Gelände gut zu erkennen gewesen sein. Bereits 1345 wird ein Acker *vt der burg in dem Esschee* genannt[4]. Zu diesem Land, 1466 *vff der Burg*[5], gehörte nicht nur der westliche Teil des Kastells, sondern auch das ihm unmittelbar vorgelagerte Gelände, auf dem das ausgedehnte Lagerdorf lag, das sich im Westen, Süden und möglicherweise auch im Osten um das Kastell gruppierte[6]. Da die Landstraße die Äcker und die Gärten, 1508 *uff der burgk*[7], in zwei ungleiche Hälften

teilte, begann man im 17. Jh., das Gelände zwischen dem *Eschbach* und der Landstraße *In der kleinen Burg* (Flur 34) zu nennen und den erheblich größeren Teil *Auf der großen Burg* (Flur 12). 1682 werden die Äcker *in den bürgen* und *vf der großen Burg*[8] erwähnt, 1714 *Auff der kleinen Burg*[9].
Es gibt gute Gründe davon auszugehen, daß die 839 erstmals urkundlich bezeugte Siedlung *Cavilla* ununterbrochen seit römischer Zeit besiedelt ist. Der Ortskern von *Marköbel* liegt zur Hälfte auf dem östlichen Teil des Kastells und zur Hälfte auf dem Gelände, das im Osten dem Kastell zum *Krebsbach* vorgelagert ist und das zum Teil zur römischen Zivilsiedlung gehört haben dürfte. In diesem Bereich befand sich das römische Kastellbad, über dessen Kaltbaderaum (Frigidarium) sich die frühchristliche Gemeinde eine Kirche erbaute, an deren Stelle die heutige, barocke Kirche steht[10]. Der Bau einer Kirche über einer alten Badeanlage ist kein Zufall. Man wird davon ausgehen können, daß das römische Badehaus auch nach der Aufgabe des Kastells von der ansässigen Bevölkerung weitergenutzt und damit in einem funktionsfähigen Zustand erhalten wurde, der dann die frühchristliche Gemeinde veranlaßte, über dem Kaltbaderaum eine Kirche zu errichten und die Anlage als Taufbecken (Baptisterium) zu benutzen. Neben der Weiternutzung des Bades in nachrömischer Zeit sprechen aber auch die Köbeler Messe, in der sich wahrscheinlich ein römischer Kastellmarkt bis ins Mittelalter hinein erhalten hatte[11] und der in der Bebauung der Hauptstraße zwischen dem *Obertor* und dem alten Rathaus erhalten gebliebene Verlauf der südlichen und östlichen Kastellmauer für eine Siedlungskontinuität. Die Hauptstraße dürfte in diesem Bereich weitgehend der römischen Trassenführung der *Hohen Straße* entsprechen.
Die beiden frühesten Ortsnamenformen von Marköbel sind für die Jahre 839 *Cavilla*[12] und 1057 *Kebele*[13]. Nach der *Köbel*, 1263 *kebele*[14], dem alten Namen des *Krebsbachs*, der in Hanau in die Kinzig mündet, benannte sich eine weitere Siedlung, das heutige Bruchköbel. Die beiden 'Köbel'dörfer erhielten zur Unterscheidung im 13. Jh. charakteristische Zusätze; 'Bruch'-Köbel nach seiner Lage in einer feuchten Niederung der *Köbel* und 1289 *Margkebel*[15], 1304 *Marktkebel*[16] nach seinem alten 'Markt'. Der Bach wurde in seinem gesamten Verlauf bis weit in die frühe Neuzeit die *Köbel* genannt; 1469 *uff der kebel*[17], 1714 *Auff der Köbelbach, Auff der Köbel*[18]. Sie gehört zur Gruppe der frühgermanischen Gewässernamen. Ausgehend von einer germanischen Grundform *Kabilo, bringt Prof. Greule, Mainz, diese Form in Verbindung mit altnordisch kaf 'Meerestiefe', das zu anderen Wörtern, die 'tief' und 'eintauchen' bedeuten, in Beziehung gesetzt wird[19]. 'Tief' dürfte sich eher auf die Lage des Baches im Gelände beziehen, da der *Krebsbach* meines Wissens nicht sonderlich tief ist.
Für die frühmittelalterliche Siedlung Marköbel liegen bisher kaum aussagekräftige Quellen vor. Von daher kommt der Auswertung der Funde aus frühmittelalterlichen Gebäuden, die bei einer Ausgrabung 1983 auf dem ehemaligen Kastellgelände freigelegt wurden[20], besondere Bedeutung zu. Nach der Untersuchung der Gebäude und ihrer Ausstattung wird es möglich sein, Genaueres über die Siedlungsstruktur des Dorfes in

dieser Zeit auszusagen. Da die ausgegrabenen Häuser außerhalb des alten Ortskerns standen, deckt sich die frühmittelalterliche Siedlungsfläche nicht mit der spätmittelalterlichen; sie ging, zumindest im Westen, darüber hinaus. Das frühmittelalterliche Marköbel dürfte aus einer Anzahl von mehr oder minder dicht von einander errichteten, umzäunten Höfen, Häusern und Gebäudegruppen, die auf dem Gelände des römischen Kastells und Lagerdorfs lagen, bestanden haben.
Der Waldsaum des *Unterwalds* verlief ungefähr auf der Linie des Limes. Die meisten Flurnamen östlich der alten Limesstrecke gehen auf ehemaliges Waldland zurück, das teilweise bereits im 14. Jh. gerodet war, teilweise erst im 17. und 18. Jh. als Ackerland erschlossen wurde. Die erste größere Kulturlanderschließung in nachrömischer Zeit dürfte in der Zeit des fränkischen Landesausbaus die Rodung einer Waldfläche im Süden von Marköbel für die Anlage der Siedlung *Prangenheim* gewesen sein. Über diese bereits im 14. Jh. wieder aufgegebene Siedlung liegen weder Urkunden noch archäologische Nachweise vor. Lediglich anhand der Flurnamen sind einige Rückschlüsse möglich.
Die nach Marköbel zweitälteste Siedlung war im 18. Jh. bereits vergessen. Als 1724 die adligen und geistlichen Güterkomplexe nach der Vorlage alter Urkunden und Ackerbücher neu vermessen werden sollten, legte Christian Jacob Kremp von Freudenstein für seine Ländereien aus dem Besitz des Deutschen Ordens eine Gütervermessung aus dem Jahr 1466 vor[21]. Ein Grundstück war nicht mehr aufzufinden. Im Vermessungsprotokoll wurde vermerkt: *Nota: Jn der Specification de anno 1466 findet sich zwar noch ein Stück alßo beschrieben: J*tem e*y*nen *morgen zu Prangenhe*y*m. Es will aber Niemand wißen wo dieße Lag in dem Marcköbeler territorio zu finden, überdem berichten die beständer, daß sie in dießem feld niemahlen mehr stucker alß sie würcklich besäßen unterm Pflug gehabt hätten*[22].
1331 besaß die Deutschordenskommende Sachsenhausen Land *zu Pranginheim*[23]. Bereits zu dieser Zeit war die Siedlung aufgegeben und ihr Name nur noch eine Flurbezeichnung. Die Lage dieser Wüstung läßt sich relativ gut aus den Güterbeschreibungen des Deutschen Ordens erkennen. Diese verschwundene Ansiedlung müßte am Südhang des *Hartenbergs* (Flur 27), nur unweit von Marköbel gelegen haben. Auch wenn der Name *Prangenheim* im 18. Jh. nicht mehr bekannt war, scheint die Stelle, an der sich die Siedlung befand, immer noch zu erkennen gewesen sein, da im umfangreichen und in seinen Grundstücksbeschreibungen sehr detaillierten Marköbeler Grundbuch aus dem Jahr 1714 in der gesamten Gemarkung nur bei der Beschreibung zweier Äcker *Hinter dem Hartten Berg* das Wort *Wüstung* verwendet wird[24]. *Prangenheim* gehört zu der frühesten Schicht der fränkischen Ortsnamen auf '-heim' aus dem 6./7. Jh., deren erster Teil auf einen Personennamen zurückgeht, hier sehr wahrscheinlich auf den ahd. Männernamen *Prango* [25]. *Prangenheim* wäre dann das 'Heim' eines 'Prango' gewesen.
Möglicherweise bildeten *die vordere, mittlere und hintere Haube*, 1466 *vff der hindersten Huben*[26], 1702 *auf der Mittel hauben*[27], die Ackerflächen der Siedlung *Prangen-*

*heim*. Nach der Vermessung des Jahres 1714 betrug der Flächeninhalt der vorderen, mittleren und hinteren *Haube* fast 99 Morgen[28]. Durchschnittlich bestand jede der drei *Huben* aus knapp 33 Morgen Ackerland. Das ahd. hoba meint in seiner ältesten Bedeutung nur das zum Hof gehörige Ackerland[29]. Falls diese drei Huben zu *Prangenheim* gehörten, könnte diese Siedlung aus drei Hofstellen bestanden haben, zu denen neben den drei Huben Ackerland auch die Wiesen mit dem Bach im Talgrund und ein Teil des *Unterwalds* gehörten.

Die Siedlungen *Weldericheshusun*, *Hirzbach* und *Baiersrode* entstanden während des Hochmittelalters, in einer Zeit des Bevölkerungswachstums, das in Europa zwischen 850 und 1050 eingesetzt hatte und bis ca. 1300 andauerte[30]. Der Anstieg der Bevölkerung bewirkte zunächst einen Ausbau der bestehenden Altsiedlungen und deren Anbauflächen und führte später in immer größerem Umfang zur Anlage neuer Siedlungen[31]. *Weldericheshusun*, das 1067 in einer Urkunde genannt wird[32], lag, wie der Marköbeler Pfarrer Heck dies 1928 ziemlich sicher nachwies, im Osten von Marköbel[33]. Wie *Prangenheim* wurde die Siedlung 'zu den Häusern' des 'Walthar' oder 'Waldarich'[34] jenseits des Limes im *Unterwald* am *Hammersbach* angelegt. Die Dorfmark von *Weldericheshusun* lag vermutlich in den beiden heutigen Gemarkungen Marköbel und Langen-Bergheim. Die Flurbezeichnung *Im Wellreß* (Flur X/D) in Langen-Bergheim und die Bezeichnung *zu Weldereshusin*[35] in Marköbel aus dem Jahr 1331 legen die Vermutung nahe, daß sich beide Gemeinden die Dorfgemarkung geteilt haben, nachdem die Siedlung aufgegeben wurde. Dort, wo der von Pfarrer Heck erwähnte verfallene Brunnen am *Hammersbach* lag, wird mit ziemlicher Sicherheit auch die Siedlungsstelle von *Weldericheshusun* zu suchen sein.

Die 1128 erstmals erwähnte Siedlung *Hirzbach*[36] erhielt wie *Marköbel* ihren Namen nach dem Bach, an dem sie lag. 'Hirz' ist noch bis ins vorige Jahrhundert in Hessen die übliche Bezeichnung für den 'männlichen Hirsch', ahd. hiruz, hirez, mhd. hirz[37] gewesen[38]. Ausschlaggebend für die Auswahl des Siedlungsplatzes wird sicher die Lage an der Einmündung zweier Fernstraßen gewesen sein. Westlich von *Hirzbach* traf die alte Römerstraße, die die Kastelle Okarben, Heldenbergen und Marköbel miteinander verband, auf die *Hohe Straße*.

Die jüngste Siedlung dürfte der *Baiersröderhof* sein, der 1139 erstmals als *Rode*, d.h. also schlicht als 'Rodung'[39] in einer Urkunde erscheint[40]. Erst 1331 wird er erstmals *Beiersrode* genannt[41]. Der Name an sich läßt sich problemlos als 'Rodung des Baier(n)' erklären. 'Baier' kann hier sowohl Familienname als auch Herkunftsbezeichnung sein. Schwierig ist lediglich die Frage, ob diese 'Rodung' in den *Oberwald* von einem 'Baier' angelegt worden ist oder ob der Ilbenstädter Wirtschaftshof nach einem der späteren Pächter(familien) benannt wurde. Seine Bezeichnung *Pfaffenhof* ist sehr jung. Sie scheint erst im 18.Jh. aufgekommen zu sein und geht auf die Zugehörigkeit des Hofes zum Mönchskloster Ober-Ilbenstadt zurück.

*Prangenheim* und *Weldericheshusun* sind bereits 1331 verlassen, ihre Namen bestehen nur noch als Flurbezeichnungen fort. Es dürften mehrere Gründe in Frage kommen, die zur Aufgabe der Siedlungen führten. Bereits im 12. Jh. traten vereinzelt Teuerungen und Hungersnöte auf, erste Anzeichen, daß die mittelalterliche Landwirtschaft an die Grenzen ihrer Leistungsfähigkeit stieß und die Menschen nicht immer ausreichend mit Nahrungsmitteln versorgen konnte[42]. Eine Klimaverschlechterung, die schwerwiegende Mißernten hervorrief, führte in weiten Teilen Deutschlands in den Jahren 1309-1311 und in Nord- und Mitteleuropa in den Jahren 1315-1317 zu großen Hungersnöten und zur Aufgabe ganzer Dörfer[43]. Ob *Weldericheshusun* und *Prangenheim* in dieser Phase oder schon früher zu Wüstungen wurden und welche Gründe dafür ausschlaggebend waren, muß offen bleiben. Daß *Hirzbach* und *Baiersrode* nicht ebenfalls zu Wüstungen wurden, hängt mit ihrer Zugehörigkeit zu verschiedenen Klöstern zusammen, die ein Interesse an der Weiterbewirtschaftung ihrer Höfe hatten. Bei *Weldericheshusun* könnten allerdings die ungünstige Lage im Wald und die mangelhaften Böden eine Rolle gespielt haben. Die Grundstücke waren bereits im 14./15. Jh. Wiesen; sie werden bis heute als Waldwiesen genutzt. Es handelt sich dabei um das Gelände *In der mittelsten Waldwiese* und *In der obersten Waldwiese* (beide Flur 22).

## III. Die Mühlen

Von den insgesamt vier Mühlen lagen drei in unmittelbarer Nähe von Marköbel am *Krebsbach*, die *Obermühle* (Flur 13) und die *Untermühle* an dessen Ober- und Unterlauf und die *Wolfsmühle* direkt an der Einmündung des *Hammersbachs* in den *Krebsbach*. Die Existenz der vierten Mühle läßt sich bisher nur aus den Flurnamen zwischen dem *Hartenberg* und den *Hauben* erschließen.

Die *Obermulen*[44] bestand bereits 1331. Der *Mühlgraben* (Flur 13) versorgte sie mit Wasser aus dem *Krebsbach*. Die Nennung der *alten Bach*[45] im Jahr 1714 nördlich der *Obermühle* weist auf eine Verlegung des Bachlaufs oder des *Mühlgrabens* hin.

Die *Ritmule*, die nach dem sie umgebenden feuchten, mit Ried bestandenen Gelände benannt wurde, gehörte bis 1344 Werner von Köbel und ging im selben Jahr durch Kauf an das Kloster Marienborn[46]. Bei der *Riedmühle*, die bis ins 16. Jh. belegt ist, läßt sich bisher nicht sagen, ob es sich um die seit dem 16. Jh. genannte *Untermühle* oder die *Wolfsmühle* handelt.

Bereits 1469 sorgte ein Damm[47] zwischen *Ober- und Untermühle* dafür, daß das Wasser des *Krebsbachs* angestaut und in den *Mühlbach*, 1714 *Mühl bach*[48], geleitet wurde, der die *Untermühle* vor dem *Untertor* antrieb. Der Verlauf des *Krebsbachs* und des *Mühlbachs* wurde bis in unser Jahrhundert mehrmals verlegt. Bereits 1714 gab es eine *alte und neue Mühl=bach*[49], der alte *Mühlbach* wurde zu dieser Zeit auch *alter Graben* und *die alte Bach* genannt[50]. Sowohl die *Ober-* als auch die *Untermühle* gehörten zum sog. *Junkernhof* der Grafen von Hanau[51].

Die *Wolfsmühle* bestand bis 1837 als Mühle. Sie scheint 1635 von weimarischen Truppen zusammen mit einer weiteren Mühle zerstört worden zu sein[52]. Der Müller Reichard Reuther baute die Mühle nach dem Dreißigjährigen Krieg wieder auf und erhielt sie am 26. September 1692 von Graf Philipp Reinhard von Hanau in Erbleihe. Bereits zu dieser Zeit hieß die Mühle *Wolfsmühle*[53]. Offen bleibt allerdings, ob es sich hierbei um den alten Namen der zerstörten Mühle handelt, dann ginge die Bezeichnung wahrscheinlich auf den Familiennamen 'Wolf' zurück, oder ob die Mühle nach dem Tier benannt wurde.

Der erste Hinweis auf eine Mühle im Bereich des *Mühlrasens* (Flur 29), mundartlich *Mühlwasem*, liegt aus dem Jahr 1533 vor; Wiese *bey der Langen wießen uff den Moelgraben*[54]. Diesen *Mühlgraben* speisten die Quellen und Bäche des *Unterwaldes*, die in *Das Bruch* (Flur 25) mündeten. *Der oberste See* (Flur 26) und die Wiesen *Im See* (Flur 28) waren durch einen oder zwei Dämme gestaut. Der 1714 bezeugte *See Damm* lag *Hinter dem harten berg*[55]. Das Wasser des *Bruchs* und des *Seeborns*[56], der am *Hartenberg* entsprang, nahm der *See* auf, und der *Mühlgraben* führte es der Mühle zu, von der bisher weiter nichts bekannt ist.

## IV. Die Gemarkung Marköbel

Geographisch liegt Marköbel am Südostrand der Wetterau. Die Höhe, an der sich der *Unterwald* erstreckt, trennt das Becken der Wetterau vom Ronneburger Hügelland. Zwischen dem Tal des *Krebsbachs* und dem höchsten Punkt des *Unterwalds* liegen ca. 75 Meter Höhenunterschied. Die Gemarkung umfaßt 1345 ha Land, davon sind 368 ha Waldfläche, 829 ha landwirtschaftliche Flächen, 8 ha Gewässerflächen, 80 ha Straßen- und Wegeflächen, die restlichen Flächen sind bebaut. Neben dem Dorf *Marköbel* im Osten liegen im Westteil der Gemarkung die Hessische Staatsdomäne *Baiersröderhof* und die *Hirzbacher Höfe.*

Um die im Hochmittelalter anwachsende Bevölkerung ausreichend mit Nahrungsmitteln versorgen zu können, mußten die Ackerflächen durch Rodungen und den Umbruch von unkultiviertem Land, das zum Großteil als Viehweide genutzt wurde, stetig ausgeweitet werden. *Aus den verhältnismäßig breiten Grenzsäumen zwischen den frühmittelalterlichen Siedlungen bildet sich im hohen Mittelalter die scharfe Abgrenzung der einzelnen Gemarkungen gegeneinander in Form der Gemarkungsgrenze heraus*[57]. Die Nutzung des unkultivierten Landes als Ackerland führte mit der Zeit zu einer immer stärkeren Einschränkung der Viehwirtschaft und gestaltete für die Bauern den Zugang zu ihren Äckern, die sie vorher über das unbebaute Land erreichen konnten, immer schwieriger. *Es ergab sich die Notwendigkeit zur nachbarlichen Kooperation, wollte man nicht Schaden zufügen oder Schaden erleiden. Es mußten die Überfahrten geregelt, Saatfelder geschützt, Heckenzäune errichtet werden. Man mußte sich gemeinsam auf ein bestimmtes Betriebssystem einigen, wollte jeder Bauer an den Feldfrüchten teilhaben. Am leichtesten ließ sich dies im Rahmen der Dreifelderwirtschaft durchführen. Aus der Gewohnheit gemeinsamer Absprachen entwickelte sich schließlich ein fester Flurzwang. Über viele Jahrhunderte regelte er die Bewirtschaftung der Felder, nahm aber auch Einfluß auf das gesellschaftliche Zusammenle-*

*ben im Dorf*[58]. Die Einführung der Dreifelderwirtschaft ging einher mit der Sicherung der Allmende, des Gemein(de)besitzes, auf deren Nutzung jeder Dorfgenosse ein Anrecht besaß. Zur Allmende gehörten Wald, Weide, Wege und Gewässer. Nachdem sich die Gemarkungsgrenze einer Dorfmark herausgebildet hatte, war keine Ausdehnung der Ackerflächen nach außen mehr möglich, und einer Umwandlung von Wald- und Weideflächen im Inneren waren ebenfalls Grenzen gesetzt, da jeder Dorfbewohner für die Sicherung seines Lebensunterhaltes ein Mindestmaß an Holz und Weidefläche benötigte. Aus dem Zwang gemeinsamer Absprachen aller Dorfgenossen zur bestmöglichen Nutzung der Dorfmark entstand während eines langen Zeitraums in den Dörfern eine bäuerliche Selbstverwaltung, die die Dorfmark zu verwalten und die Einhaltung der getroffenen Vereinbarungen zu überwachen hatte.

## V. Dorf, Mark und Markgenossenschaft

### 1. Das Dorf

Das Dorf bildete innerhalb der Dorfmark einen eigenen Rechts- und Friedensbereich, der mit einem Dorfzaun umgeben und dadurch gekennzeichnet war[59]. Sowohl Marköbel als auch Hirzbach und der Baiersröderhof waren mit einem Zaun umgeben. In Hirzbach wird 1434 die Lage eines Ackers mit *hinder der kirchenmuren vnd des dorffs zune*[60] angegeben. Der Zaun sollte das Dorf vor dem unerlaubten Eindringen von Mensch und Tier schützen. Er bestand in den meisten Dörfern aus einer lebenden Hecke, einem Graben und einem Wall, die zusammen die Befestigung bildeten.
Ulrich von Hanau erhielt 1368 die Freiheiten und Rechte der Städte Hanau und Windecken für seine Dörfer Marköbel, Bruchköbel, Dorfelden und Schaafheim von Kaiser Karl IV. (1346-1378) verliehen, zu denen auch das Recht gehörte, diese Dörfer zu *bewaren und bevesten mit toren, turmen, muren, graben*[61]. Die Ringmauer, die erst 1555 begonnen worden sein soll[62], ersetzte die alte Ortsbefestigung, die aus einem Graben, einem Wall und einem Zaun bestanden haben dürfte. *Obertor* und *Untertor* sicherten bis ins 19. Jh. hinein die Durchlässe für die *Hohe Straße* in der Befestigung. An der Stelle der beiden Tortürme standen im Spätmittelalter verschließbare Tore, wahrscheinlich aber noch keine Steintürme. Das *Obertor* war 1345 ein Falltor, *an dem faldor*[63]. Falltore verhinderten in erster Linie, daß das im Dorf frei umherlaufende Vieh in die Felder und Gärten gelangen konnte und dort Schaden anrichtete. Diese Tore waren in ihrem Schwerpunkt so gelagert, daß sie von Menschen leicht aufgeschoben werden konnten und sich von selbst wieder schlossen. Bei der 1437 erwähnten Pforte, *vff der burg vor der porte*[64], dürfte es sich um ein verschließbares Tor gehandelt haben. Das *Untertor* wurde bereits 1371 als *Gelnhäuser Pforte, an der Portenn ghen Geilnhausenn zur lincken handt vff dem graben*[65], erwähnt. Mit dem Bau der Ringmauer entstanden auch die beiden Tortürme, das *Obertor*, 1714 *beym Ober thor*[66], 1714 *am unter Thor*[67] und der Gefängnisturm, die *Betzenkammer,* 1707 *an der betten*

*kamer oder Zuchthauß*[68]. Der Turm wurde nach dem eigentlichen Gefängnisraum, der 'Kammer', benannt. Die Bezeichnung des Gefängnisses als 'Betzenkammer' war in der Wetterau in vielen Dörfern gebräuchlich[69]. Die Bedeutung von 'Betze' konnte bisher nicht befriedigend erklärt werden[70]. Die Ringmauer war umgeben vom *Hain*, der aus einem mit einem Zaun eingefaßten Wall und Graben bestand.

## 2. Die Dorfgemarkung

Die Gemarkung von Marköbel besteht, sieht man von den Wüstungen *Prangenheim* und *Weldericheshusun* ab, aus dem Gelände des Baiersröderhofs und den Gemarkungen von Hirzbach und Marköbel. Diese drei "Gemarkungen" wurden bis ins 18. Jh. hinein unterschieden[71], wobei sich aber die Grenzen zwischen den einzelnen Gebieten nur ansatzweise abzeichnen[72]. *Baiersrode* wird von Anfang an eine Hof- und keine Dorfsiedlung gewesen sein, *Hirzbach* hingegen, dessen Höfe Mitte des 13. Jh.s in den Besitz des Antoniterklosters Roßdorf[73] und des Klosters Ilbenstadt[74] übergegangen waren[75], dürfte ein Dorf mit einer, wenn auch kleinen, Dorfgemarkung gewesen sein. In einer Urkunde sind Marköbel und Hirzbach 1398 als Dörfer getrennt aufgeführt[76], und noch 1629 wird eine *Margköbeler vnd hirtzbächer Terminei* unterschieden[77]. Bei der Beschreibung Hirzbacher Güter werden drei Felder angegeben, deren Namen von denen der drei Marköbeler Großfelder fast immer abweichen. Einige Güterbeschreibungen enthalten eine Reihe von Grundstücken, die eindeutig nicht mehr zur Hirzbacher "Gemarkung" gehören. Daneben gibt es aber auch mehrere Urkunden und Ackerbücher, die nur Güter, die in unmittelbarer Nähe des Dorfes liegen[78], aufgeteilt auf drei Hirzbacher Großfelder, nennen, was auf eine früher eigenständige Dorfgemarkung schließen läßt. Ihre Eingliederung in die Marköbeler Gemarkung zeigt sich m. E. auch in der uneinheitlichen Einteilung der Marköbeler Großfelder (s. Karte).
Hirzbach und der Baiersröderhof dürften Teil des ehemaligen Landgerichts Marköbel, zu dem wohl ursprünglich auch das Gebiet des Gerichts Eckartshausen gehörte, gewesen und nach dessen Teilung bei Marköbel verblieben sein. So heißt es 1434 vom Hof des Johanniterordens, er sei *zu Hirtzpach gelegen In marckebeler gerichte*[79]. Die drei Siedlungen bildeten zugleich auch eine Markgenossenschaft. *Erst im Laufe des Hoch- und Spätmittelalters sind diese Verbindungen entstanden, Zweckverbände für die Nutzung von Wald, Wasser und Weide, die infolge der Rodung und Siedlungsausweitung knapp zu werden begannen*[80]. Die Belange der Markgenossenschaft regelte das Märkergericht.

## 3. Die Verwaltung von Dorf und Mark

Der Schultheiß und die Schöffen, die alle auf Lebenszeit gewählt waren, bildeten das Gericht. Den Schöffen stand das Recht zu, durch Wahl das Märkergericht mit Gerichts-

personen zu besetzen, die der Schultheiß bestätigen und vereidigen mußte[81]. Diese beiden Gremien verwalteten das Dorf und die Mark.
An der Spitze des Märkergerichts stand der Märkermeister, ihm zur Seite die beiden Bürgermeister, die die Markrechnung zu führen hatten, in der die Einnahmen und Ausgaben der Markgenossenschaft verzeichnet wurden. Jedes Jahr im Januar trat im 18.Jh. das Märkergericht zusammen, so auch am 17. Januar 1714[82]. Neu besetzt wurden die Ämter des Försters, des Feldschützen, des Gemeindedieners, des Kuhhirten und des Schweinehirten[83]. Der Märkermeister hatte zusammen mit dem Förster, dem Feldschützen und dem Gemeindediener darauf zu achten, daß in der Gemarkung keine Schäden angerichtet wurden. Wenn es zu Schäden kam, hatte das Märkergericht die Täter zu bestrafen.
Nutzungsrecht an der Mark besaßen nur diejenigen, die das Nachbarschaftsrecht besaßen. Jeder Mann mußte von der Gemeinde als Nachbar angenommen werden. Jeder neu zuziehende Nachbar hatte 5 Gulden Einzugsgeld zu bezahlen[84]. Bei der Aufzeichnung der Waldordnung am 10. Dezember 1734 wurden drei Einwohnergruppen voneinander unterschieden. D*ie vor erwehnte puncten verstehen sich auf die gantz gebrauchte nachbahrn, die halb gebrauchte nachbahrn aber, bekommen nur halbsoviel. Ein halbgebrauchter nachbahr aber ist ex*empli *gr*atia (zum Beispiel) *ein Lediger Mensch, so sein völliges haußwesen nicht hat, oder ein Wittmann so seine sachen übergeben enfin ein solcher der zwar kein beysaß, sond. ein rechter Nachbahr ist Aber an Manngeld und Diensten nur halb so viel alß ein anderer respec*tive *Giebt und thut, also auch an Allmayen nur halb so viel geniest*[85]. Den Vollnachbarn und Halbnachbarn standen Nutzungsrechte an der Mark und der Allmende zu. Ausgeschlossen blieben die Beisassen, zu denen auch die Juden gehört haben dürften. Neben einem Geldbetrag waren auch Arbeitsleistungen zu erbringen. Die Ortsbürgernutzungen bestanden in Marköbel z.T. bis in unser Jh. hinein.
Noch zu Anfang unseres Jh.s erhielt jeder Ortsbürger bei seiner Hochzeit auf der *Platte* ein 5 ar großes Stück Land auf Lebenszeit für jährlich 1 Mark sowie 2 Raummeter Holz, Stümpfe und Wellen kostenlos. Dafür bestand die Pflicht, fünf Tage im Jahr im Wald zu arbeiten[86].

## VI. Grenzen und Grenzzeichen

Neben dem Gericht und dem Märkergericht erfüllten die sieben Landscheider eine wichtige Funktion für die Gemeinschaft. Sie waren für das Ausmessen der Grundstükke zuständig, das Setzen der Grenzsteine und die Überwachung der Grenzen und Grenzmarkierungen.
Die Landscheider wählten nach dem Tod eines Kollegen aus den Nachbarn einen unbescholtenen Mann auf Lebenszeit. Die Wahl wurde im 18. Jh. im Rathaus von Marköbel durchgeführt. Jeder neugewählte Landscheider mußte dem Schultheißen schwören, die Landscheideordnung einzuhalten. Auch wenn ein Landscheider aus Alters-

# Die Flurnamen der Marköbeler Gemarkung des 19. und 20. Jahrhunderts

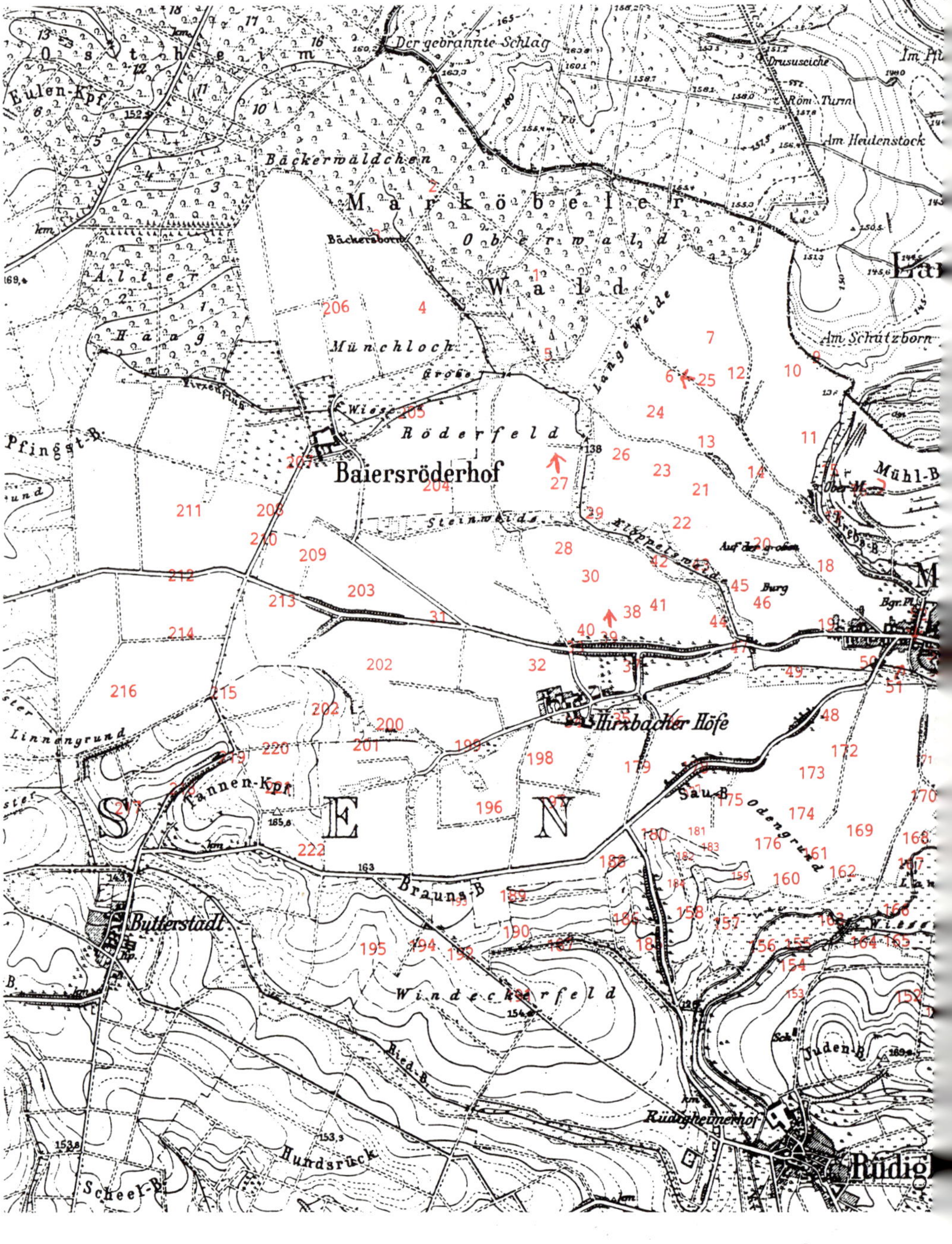

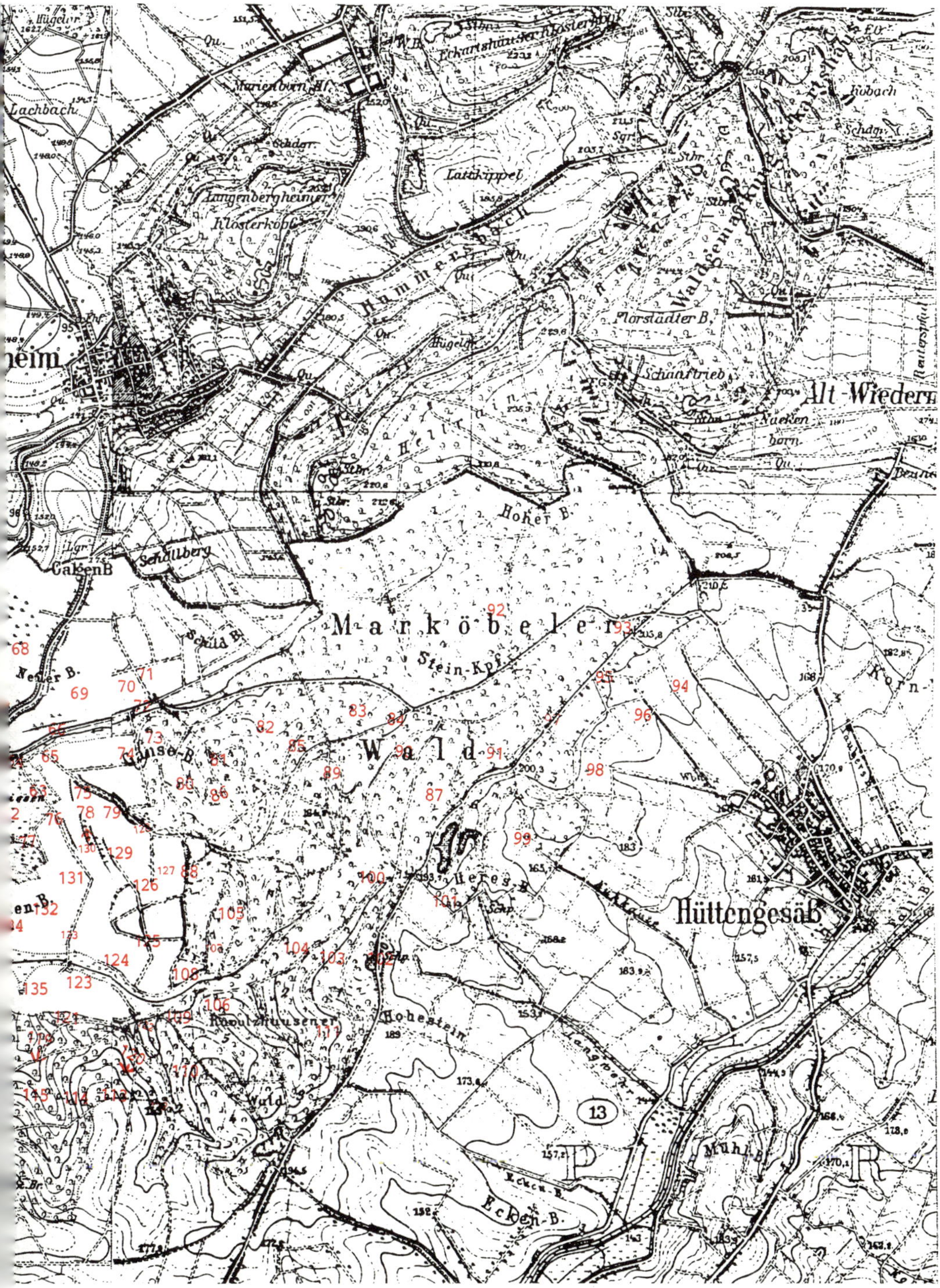
Lachbach
Marienborn Hf.
Eckartshäuser Klosterwald
Lattkippel
Langenbergheimer Klosterköpfe
Hummersbach
Florstadter B.
Schaaftrieb
Alt-Wiedern
Nacken born
Höher B.
Schallberg
Galgen B.
Markö̈beler Wald
Stein-Kpf.
Neuer B.
Heeg B.
Hüttengesäß
Hohestein
Mühl B.
Ecken-B.
13

## Die Flurnamen der Marköbeler Gemarkung des 19. und 20. Jahrhunderts

Grundlage dieser Karte sind die amtlichen Flurnamen des Katasters. Ergänzend wurden die nicht mehr gebräuchlichen Namen aus der Marköbeler Flurnamensammlung im Hessischen Landesamt für geschichtliche Landeskunde in Marburg, die Ludwig Pfeiffer 1934 angelegt hat, sowie des Katastermaterials im Staatsarchiv Marburg aufgenommen. Die Flurnamen des Mühlbergs und der Wingerte sind auf einer besonderen Karte dargestellt.
Die Namen aus der Sammlung Ludwig Pfeiffers sind mit einem (a) und die Flurbezeichnungen aus dem Kataster Marköbel C 3-6 im Staatsarchiv Marburg mit einem (b) gekennzeichnet.
Nach Auskunft von Forstoberrat Rigobert Oberländer-Simanavicius, Hessisches Forstamt Nidderau in Hanau, sind die Forstkataster während des Zweiten Weltkrieges in Hanau vernichtet worden. Ältere Forstkarten sind bisher nicht bekannt. Es ergeben sich daher bei einigen Waldnamen widersprüchliche Angaben über die Lage zwischen dem heutigen Forstkataster und den Angaben Ludwig Pfeiffers. Ihre Lage kann daher nur annäherungsweise angegeben werden. Bei dem "Eulenkopf", der unter Nr.93 und 99 im "Unterwald" eingetragen ist, war eine Vermittlung nicht möglich. In der Karte ist der Gutsbezirk des Baiersröderhofes als eigene Gemarkung eingetragen, wie er bis 1927/28 bestand (Nr. 203-220).
Die Nummern 211-212, 214-217 bilden heute einen Teil der Gemarkung Ostheim. Die Ackerflächen Nr. 221-222 sind zur Marköbeler Gemarkung hinzugekommen.
Die Nummern sind in die beiden topographischen Kartenblätter 5719 Altenstadt und 5720 Büdingen eingetragen, die um 1910 gültig waren.

1 Der Oberwald
2 Am dreieckigen Stein
3 Hinterm Bäckerwäldchen
4 Bäckerwäldchen
5 Platte
6 Das Zinswäldchen (a)
7 Der dicke Buchbaum (a)
8 Am Bombenloch
9 Die Landwehr, auch Heeg genannt (b)
10 In den drei Gräben
11 In der Wolfskaute (b)
12 Bei Hauptseiche
13 Am Höhlchen, Am Eichelgarten (b)
14 In den Betten
15 In der Elswiesenhege
16 In der Elswiese (a)
17 An der Elswiesenhege
18 Hinter der Obermühle
19 An der Leimenkaute
20 Zwischen den Wegen
21 Am Ilmsnickel
22 Am Pfingstweidweg
23 An der langen Weide
24 Die lange Weide
25 Das Pastetenstück (b)
26 Im kleinen Feldchen
27 Die Pfingstweid (b)
28 Im Röderfeld
29 Im Röderfeld, die 18 Morgen (b)
30 Im Röderfeld, bei der Zwerchbach (b)
31 Die Steinweid

32 An der Steinweid
33 Im Steinstück
34 Am Holzweg
35 Über dem Pfirchborn
36 Beim Hainbuchenstrauch (b)
37 Über dem Bruch
38 Die Klöppelsweide
39 Die Klöppelsweid mit dem sog. Kessel (b)
40 Am Hohenstein, im Hirzbacherfeld (b)
41 In der Biege (b)
42 Am Lichtenberg
43 Im Elsengarten
44 Auf der Hollerstaude
45 An der Krindhecke
46 In der Teschen
47 An der Klöppelsweide
48 Auf den Kreuzen (b)
49 Auf der großen Burg
50 Der Hirtengarten (b)
51 In der Leimenkaute, Bleiche (a)
52 Am Weidenborn
53 Beim Fritzensteg
54 Bei der Reutersgasse
55 Auf dem Hain
56 Auf dem Damm (b)
57 Der Hain
58 Hinter den Zäunen
59 Im kleinen Breul (b)
60 Beim Storchborn
61 In den Gräben
62 An den Storchhalten
63 Am Büdinger Berg (b)
64 Am Storchsborn (a)
65 Über den Storchshalten
66 Auf dem neuen Berg
67 Unter den Weingärten (a)
68 In der Leiste (a)
69 An der Sandkaute (a)
70 Am Hochgericht
71 Im Galgenloch
72 Am Schildberg
73 Vor dem Schildberg
74 In der Fallkaute
75 Über der Fallkaute
76 Am Büdinger Weg (a)
77 Am Wasen
78 An der Bornree (a)
79 An der Elsenbornweide
80 Bei der Gelnhäuser Brücke
81 Der große Schildberg
82 Zwischen den Schildbergen (b)
83 In der mittelsten Waldwiese, In der Waldwiese (a)
84 In der obersten Waldwiese, In der Waldwiese (a)
85 Am einzelnen Fleck (b)
86 Bei der Gelnhäuser Brücke, die alte Gänsweid (b)
87 Der Unterwald
88 Gänseberg (a)
89 Roter Kopf (a)
90 Hopfenhecke
91 Am Steinkopf
92 Hoherberg
93 Am Eulenkopf (a)
94 Salzlackergrund (a)
95 Bollackergrund
96 Gimmeshecke (a)
97 Über dem Steinbruch (a)
98 Brandt (a)
99 Eulskopf
100 Am Dachsbau (a)
101 Am Brahngraben
102 Taubenrain
103 Neue Born (a)
104 Röderrain (a)
105 Schindkaute
106 Der Fuchsgrund
107 Im neuen Feld
108 Im Selbolder Grund
109 An der hohen Buche
110 Hinter dem Eichen Löhn
111 Das Bruch
112 Die Aue (a)
113 Die hintere Haube
114 Die Heeg, auch Landwehr genannt (b)
115 Die Deiwelskehl (a)
116 Die mittlere Haube
117 Die vordere Haube
118 Die Hölsweide
119 Im See
120 Der oberste See
121 Hinter dem Hartenberg
122 Eichelöhn (a)
123 Am Eimeling
124 An der Scheelhecke
125 Am Vogelkorb
126 Im Hundsnickel
127 Im Hundsloch (b)
128 Die Elsenbornweide

129 Am Hundsnickel
130 Am Weihergarten
131 An Lehrs Garten
132 Die Erlwiesen
133 Am Erl
134 Das Erl
135 Der Hartenberg
136 Am Hartenberge
137 Die Hölswiesen
138 Das Röhrig (b)
139 Auf der Breitwiese
140 Hinter dem Brauhaus (a)
141 Die Schafwiesen
142 Das kleine Esch (b)
143 Über dem kleinen Esch
144 Auf der Köbel
145 Am Goldborn
146 Die Pfuhlwiesen
147 Der Mühlrasen
148 Die Schmarotzerwiese (b)
149 Die langen Wiesen
150 Beim Hof (a)
151 Im Spieß
152 An den drei Stegen
153 In der Nachtweide
154 Im Sauloch
155 Über dem Sauloch
156 Auf dem Sauberge
157 Auf dem Säuberg, i. d. Klostergewann (b)
158 Das Remisenloch
159 An der Hanauer Straße
160 Am Odenberge
161 Am guten Hansenberge
162 Auf dem Platze
163 Im Odengrund
164 Die Kirchspitze
165 An der Kirchspitze
166 Im Schwimmgraben
167 An der Ruhbank
168 Über den kleinen Eschgärten
169 Am großen Esch
170 An den kleinen Eschgärten
171 Die großen Eschgärten
172 In der kleinen Burg
173 Das große Esch
174 Im Maingrund
175 An der Wieshahle
176 Auf der Hanauer Straße
177 Die Hirzbacher Wiesen
178 Auf dem alten Hof
179 Auf der Beune
180 In den Hirzbacher Wiesen
181 Das Viehweidchen (b)
182 Über der Ochsenwiese
183 Bei Gerts Gretchens Weinberg (b)
184 An der Spillingshahle
185 Über dem Scheuertor (a)
186 Beim Lochmannsgraben
187 Bei dem Kriegerspfad
188 Hinter dem Johanniterhof
189 Im Kammerborn
190 In der Läushecke
191 Am Heiligen Haus
192 In der Läushecke, der Franzosenacker (b)
193 Beim Kammerborn
194 Im Braunsberg
195 Die Tannengewann
196 Im Flachsgrund
197 Hinter Hirzbach
198 Am Windecker Weg
199 Über dem Flachsgrund
200 An der Frankfurter Straße
201 Über dem Weides (b)
202 Im Rebling
203 Am Röderweg
204 Die große Wiese
205 Im Münchloch
206 Das Eckfeld
207 Die Birken
208 An der Ostheimer Grenze (a)
209 Neben dem Hoffeld, Neben dem Hoffe (a)
210 Die Schindkaute (b)
211 Am Firzenfließ (Gemarkung Ostheim)
212 An der eisernen Tür (Gemarkung Ostheim)
213 Über dem Rommelshäuser Pfad
214 Am Marköbeler Weg (Gemarkung Ostheim)
215 Hufe (Gemarkung Ostheim)
216 Vor dem Römergrund (Gemarkung Ostheim)
217 Im schwarzen Andreasloch (Gemarkung Ostheim)
218 Römergrund (Gemarkung Ostheim)
219 Teufelssee (Gemarkung Ostheim)
220 Im Teufelssee
221 Die langen Äcker
222 Auf dem Plauel

oder Gesundheitsgründen nicht mehr in der Lage war, sein Amt auszuüben, blieb er bis zu seinem Tod Landscheider. Als der Landscheider Martin Moßbach 1710 *seines hohen Alters wegen, sich alhier beschwehrt, wie daß er in der Landschiedt gar nicht mehr fort kommen könte vnd dahero gebetten haben wolte, seines Ambts hierin zu erlaßen* [87], wählten die Landscheider einen Nachfolger und zwar, *daß Carlen Schmidt Statt, Marthin Moßbachs in so weith darzu erwehlet worden, doch so daß Marthin Moßbach, seiner pflichten, noch nicht erlaßen, sondern Jhme dabej bedeut worden, daß Er noch nach wie fohr so viel seine Kräffte zulaßen würde, und man Jhm in eim oder andern nöthig dabej haben solte, er allezeit mit dabej sein und so viel Jhm wissent nach treulich bej der Landschiedt daz seinge mit bej helffen solte*[88]. Da das Wissen der Landscheider ein Geheimwissen war, konnte ein Landscheider eigentlich aus seinen Pflichten nicht entlassen werden. Das Geheimwissen bestand hauptsächlich in dem Wissen um die Zeichen aus Metall, Stein, Ton oder Glas, die bei der Grenzsteinsetzung unter den Stein gelegt wurden, um ein Verrücken des Steins nachweisen zu können. Als 1733 der Landscheider Johann Henrich Deger ausnahmsweise doch aus seinem Amt entlassen wird, muß er sich zur Verschwiegenheit verpflichten. *Ist also gedachter Johann henrich Deger, hiermit seiner pflichten und Landscheider Ambts erlaßen worden doch also und dergestalten was Er währender Zeit seines Ambts vor heimlichkeit dabej gesehen und in erfahrung gebracht solches bej sich Verschwiegen zu halten biß in sein Grab, Welches Er mit Hand und Mund an Eydes statt angelobt treulich zu halten*[89].

Das heimliche Versetzen von Grenzsteinen wurde im Mittelalter als schweres Vergehen mit schweren Strafen geahndet. Als Mahnung, die Grenzen unangetastet zu lassen, sind 1714 den vier Grundbüchern von Marköbel vier Bibelstellen an den Anfang gestellt: *Im 5ten Buch Mosis am XIX Ca*p*itel Vers: 14 et Ca*p*itel XXVII Vers: 17. Du solst deines Nächsten Gränze nicht zurück treiben, die die Vorige gesetzet haben, in deinem Erbtheil, das du erbest, im Lande, das dier der Herr dein Gott gegeben hat, einzunehmen./:dann:/ Verflucht seye, wer seines Nächsten Gräntze engert und alles Volk sol sagen Amen. In den Sprüchwörtter Salomonis am 2t: Capit: Vers: 28 und Ca*p*itel XXIII Vers: 10 Treibe nicht zurück die vorige Gräntze, die deine Vätter gemacht haben; Treibe nicht zurück die vorige Gräntze und gehe nicht auf der Wayßen Äcker, denn ihr Erlößer ist mächtig, der wird ihre Sache wieder dich aus machen*[90].

Im Norden, Osten und Süden von Marköbel verlief auf der Grenze zu den isenburgischen Orten Langen-Bergheim, Altwiedermuß, Hüttengesäß und Ravolzhausen eine *Landwehr* oder *Hege*. Sie läßt sich in den Flurnamen noch gut erkennen. *Landwehren sind aus schwer durchdringbaren (Dorn)Hecken, auch durch Pfähle, Wälle und Gräben gebildete Verteidigungsanlagen um die Siedlungen oder in der Flur*[91]. Die Marköbeler Landwehr hieß 1509 *die hege*[92], 1443 *die landtgewer*[93] und 1593 *Landttfrieden*[94]. Der nördliche Teil wurde 1714 folgendermaßen beschrieben: *Landgewähr die Heeg genanth so Langenberckheimer und marckobeler Terminey scheidet. Die Heeg am Ober Wald angefangen Am Wald Ecke biß im Waldt am Schildtberg genandt Nota die*

*Landheege ist durch gehends mit Gebüsche Hainbuch*en *und Buch*en *Steullen bewachsen neb*en *der grentze hin lieget eine weyd So zu dieser heeg mitgemeßen* und *von der gemeind alß wieß: und weyd genutzet werden*[95]. Diese Wiese war die *Elswiese*, nach der ein Teil der Landwehr benannt wurde, *An der Elswiesenhege* (Flur 13), *In der Elswiesenhege* (Flur 8), 1714 *An der Elßwiesen Hög*[96]. Direkt an der Stelle, an der die *Hohe Straße* die Grenze zwischen Marköbel und Langen-Bergheim passierte, stand in der Landwehr der *Galgen*. Das Grundstück, auf dem der Galgen oder das *Hochgericht, Am Hochgericht* (Flur 21), stand, gehörte, wie die gesamte Landwehr, der Gemeinde Marköbel; 1845ff. *Am Galgen, die ehemalige s.g. Landwehr und das Hochgericht*[97]. Die Richtstätte wurde 1692 einfach als *gericht*[98] oder 1714 als *Hochgericht*[99] bezeichnet[100]. Im Osten verlief 1720 die *Wiederumbser hög* und die *Hüttengesäser Höge*[101], die als Landwehren zu Altwiedermus und Hüttengesäß gehört haben dürften. Im Süden zwischen dem *Unterwald* und dem *Krebsbach* markierte die *Hege* die Grenze zu Ravolzhausen und Rüdigheim. In diesem Teil befand sich im Spätmittelalter ein Durchlaß für einen Weg, die *Prangenheimer Lücke*, 1345 *zu prangerheymer lucken*[102], die nach ihrer Lage in der Wüstung *Prangenheim* benannt wurde. Die Landwehr endete an der Stelle, an der der *Krebsbach* in die Rüdigheimer Gemarkung fließt. Den westlichen Teil der gemeinsamen Gemarkungsgrenze schied 1714 der *Rüdigheimer Grentz Graben*[103]. Den Zustand der Landwehr besichtigten jährlich die Landscheider zusammen mit dem Gericht[104]. Eine Grenzhecke dürfte auch die 1345 genannte *hirtzisbecher hecken*[105] gewesen sein, die das Hirzbacher Feld vom Marköbeler schied.

Auf ihre Lage an der Grenze zu Langen-Bergheim bezieht sich auch die Flurbezeichnung *In der Flurscheide* (Flur 14), 1331 *an der Flurscheide*[106], auf ihre Lage an der Grenze zu Ostheim 1714 die Äcker *uff die ostheimer Gräntz*[107].

An der Straße nach Windecken, wahrscheinlich direkt an der Einmündung des *Holzwegs*, stand ein Grenzbaum, 1467 *gelegen ane dem marck boüme*[108]. *Mark,* ahd. marca, mar(c)ha, mhd. march, mark wurde sowohl als Begriff für 'Gemarkung' als auch für 'Grenze' gebraucht[109]. *Mark* bezieht sich hier auf die Funktion des Baumes als Grenzzeichen. Auf eine Grenzmarkierung zwischen dem *Oberwald* und dem Markwald von Windecken und Ostheim bezieht sich der Name eines Schlages *Am dreieckigen Stein*. Der *dreieckige Stein* ist ein roh behauener Stein mit einer leichten Trapezform, auf dem die Buchstaben M und WO eingemeißelt sind.

Auf die Markierung der Grundstücksgrenzen mit Steinen gehen vermutlich die Flurbezeichnungen *An der Steinweid* (Flur 4, 5), *Die Steinweid* (Flur 6) und *Im Steinstück* (Flur 5), 1588 *ym Steinstück*[110], zurück. Die *Steinweid* wird bereits 1365 *by der Steinweide*[111] erwähnt; 1413 *gelegen yn der steyne weszen*[112]. *Steinwiese* und *Steinweide* dürften identisch sein. Da sich im Boden keine Steine befinden, kann es sich nicht auf steinigen Boden oder Untergrund beziehen. Wahrscheinlich wurden *Steinstück* und *Steinweide* bereits sehr früh, im Gegensatz zu den übrigen Grundstücken in der Gemarkung, mit dauerhaften Grenzsteinen ausgesteint. Im Nummernbuch 1845ff.[113] ist die Gewannbezeichnung *Im Steinstück* durchgestrichen und durch *Am Hohenstein, im Hirzbacherfeld* ersetzt. Dieser *Hohestein* ist allerdings nur dieses eine Mal belegt. Es läßt sich daher über Alter und mögliche Funktion nichts sagen, ebensowenig darüber, ob sich *Steinstück* und *Steinwiese* darauf bezogen.

## VII. Gärten und Weingärten

### 1. Gärten

Gärten sind allgemein kleine Nutzflächen, auf denen eine Vielfalt an Pflanzen angebaut werden und die besonders intensiver Pflege bedürfen. Während früher die Haus- und Küchengärten beim Haus innerhalb des Dorfes oder direkt an dessen Rand lagen, waren Baum-, Gras- und Krautgärten den Hausgärten vorgelagert. Die Pflanz- und Feldgärten, die während des Jahres nicht so viel Pflege erforderten, lagen meistens weiter vom Dorf entfernt. Kennzeichnend für alle Gärten war der sie umgebende Zaun. Ahd. garto, mhd. garte bedeutet in seinem ursprünglichen Sinn 'umzäuntes Land'[114]. Dieser Zaun hatte zwei wichtige Funktionen. Die Gärten waren das einzige Land, das nicht dem Flurzwang unterworfen war und von seinen Besitzern individuell genutzt werden konnte. Sie bildeten, wie das Haus und der Hof, einen besonderen Rechtsbezirk und unterlagen dem sog. Gartenrecht[115]. Unter Gartenrecht werden die Vereinbarungen zwischen der Gemeinde, die die Gartenfläche des einzelnen Mitnachbarn als Sondernutzungsfläche aus dem Flurzwang herausnimmt, und dem Garteneigentümer, der auf diesem Grundstück frei anbauen darf, verstanden. Es beinhaltet aber auch die gegenseitigen Fürsorgeverpflichtungen. Der Zaun um den Garten markierte das Grundstück als privaten Rechtsbereich und sollte den Frieden zwischen den Grundstücksnachbarn gewährleisten[116]. Wir haben diese rechtliche Funktion des Zaunes heute noch in unserem Wort *Einfriedigung.* Neben der rechtlichen hatte der Zaun auch eine Schutzfunktion. Mit ihm sollte das unerlaubte Eindringen von Mensch und Tier verhindert werden. Die Gärten, die ganzjährig von der Beweidung ausgenommen waren, dazu gehörten in der Regel die Hausgärten, umgab ein fester Zaun aus Pfählen, Stecken und geflochtenen Gerten oder eine lebende Hecke[117], während die übrigen Gärten, die im Herbst zur Beweidung freigegeben werden mußten, nur mit Zäunen, die leicht zu entfernen waren, von den Feldern und Weiden abgegrenzt waren[118]. Der Garteneigentümer hatte die Pflicht, seinen Zaun so in Ordnung zu halten, daß es dem Vieh nicht möglich war, in den Garten einzudringen. Das Material für den Zaunbau sollten die Leute sich aus dem Wald holen, um zu verhindern, daß die Hecken, Büsche und Bäume in der Flur geschädigt werden. In der *Forst- und Holtz=Ordnung Der Graffschafft Hanau=Münzenberg* aus dem Jahr 1736 sollte jedes Gebund Holz *Fur Gärten zu sticken, kleiben, Hürten und Zäunen*[119] zu machen, für 4 Batzen aus den Wäldern verkauft werden. Gleichzeitig wurden die Dorfbewohner verpflichtet, unter Anleitung der Forstbeamten Weiden anzupflanzen, um die Waldungen zu schonen[120]. Sieht man einmal von den *Weiden* ab, so sind es drei Flurbezeichnungen, die auf 'eingezäuntes' Land zurückgehen. Die Wiesen *Hinter den Zäunen* (Flur 15), 1466 Wiesen *gelegen hinder den zeunen an dem Berckeimer pfade*[121], lagen direkt an dem Zaun, der den *Hain* (Flur 15), 1469 *uff dem esche lydt uff dem hayn*[122] umschloß. 'Hain', ahd. hagan, mhd. hagan, hain bedeutet 'lebendiger Zaun'[123]. Der Marköbeler *Hain* bestand aus einem mit Büschen bewachsenen Graben, der eingezäunt war, da er zum Sonderland der Gemeinde gehörte. Die Nutzung des Hains stand im 18. und 19.Jh. als Teil der Besoldung dem Schultheißen von Marköbel und dem Halter des Faselochsens je zur Hälfte zu[124]. Als der Schultheiß Mörschel 1797 wegen der Urbarmachung des Hains eine Besichtigung vornahm, hielt er in seinem Bericht fest, daß er ein *rund um die Stadt herum dichte um die Stadt Mauer aus wartsherum lauffende und mit lauter Dornen und Sträuchern bewachsener Graben* sei[125]. Zu dem umzäunten Sonderland gehörten vermutlich auch die drei 'Beunen' in der Gemarkung, von denen sich nur die Hirzbacher 'Beune' als Flurbezeichnung *Auf der Beune* (Flur 38) erhalten hat. Die anderen beiden lagen südlich und nördlich von Marköbel. 1466 wird ein Acker *vff der Bunden wendet vff das Esche*[126], 1570 am *Mühlberg* ein Weingarten *vff der Beunen*[127] genannt. 'Beune' geht vermutlich auf *bi-(w)unda 'um was sich der Zaun herumwindet' zurück[128] und bezeichnete gutes Land, auf dem Sonderkulturen wie Flachs, Rüben oder Wein angebaut wurden, wie dies im 16. Jh. für die *Beune* auf dem *Mühlberg* belegt ist.

Bereits mit dem Einsetzen der Flurnamenüberlieferung im 14. Jh. werden Gärten genannt. Im Mittelalter lagen im Dorfbereich mehr Gärten. Ein Teil dieser Gartenflächen ist bis zum Ende des 18. Jh.s, als die Besiedlung des Geländes vor dem *Unter-* und *Obertor* einsetzte, überbaut worden. Gerade auf den größeren Gartenflächen, die keine ausgesprochenen Küchengärten waren, scheinen auch im Dorf Gärten mit Sonderkulturen bepflanzt worden zu sein. 1355 wird eine Hofstätte erwähnt, *die iczu*nt *ist eyn hoppfen garte*[129]. Vom Hopfen (Humulus lupus), ahd. hopfo, mhd. hopfe[130], wird seit dem 8. Jh. in Deutschland die weibliche Pflanze zur Bierherstellung angebaut[131]. Der Hopfenanbau wurde in Marköbel bis ins 18. Jh. hinein betrieben, wie der Verkauf von Hopfenstangen *außem Hayn*[132] belegt. Im 17. Jh. scheint ein Brauhaus eingerichtet worden zu sein. 1643 wird der Bierbrauer Wenzel Raquet genannt[133], 1707 ein Krautgarten *hinter dem Brau Hauß*[134].

Als weitere Sonderkultur sind nachweislich Erbsen, ahd. araweiz, arawiz, mhd. arweiz, erweiz[135], innerhalb des Dorfes angebaut worden, die der *Erbsengasse* in Marköbel, 1716 *in der so genanten Erbßengaßen*[136] und dem 1533 in Hirzbach erwähnten Garten *der Awweißgartt, ligt neben der Thongesherrn hoff*[137] ihre Namen gaben.

Zahlreiche Gärten umschlossen den Dorfbereich von Marköbel wie ein Ring. Auch um Hirzbach und den Baiersröderhof lagen Gärten, wenn sie auch keinen so ausgeprägten Ring um die Siedlungen bildeten, wie dies für Marköbel der Fall war. Da die Gärten ganz individuell genutzt werden durften, trugen und tragen einige Marköbeler Gärten die Namen ihres Besitzers. Der älteste ist der 1331 erwähnte *Oleislegers Garten*[138],

der der Marköbeler Familie Ölschläger gehörte[139]. Im 14./15. Jh. wird ein Acker genannt, der an den Garten einer Frau grenzte *gelegen uf der Burg an der Schernstilin Garten*[140]. Die Gewann *Im Elsengarten* (Flur 9), 1345 *an dem lyrchenberg an der furch gein Elsen garten*[141], die heute mundartlich bereits in *Elfengarten* umgedeutet wird, war ein Feldgarten, der sich im Besitz der Marköbeler Familie Else[142] befunden haben dürfte. Bei dem 1469 genannten *snyders gartten*[143] ist 1545 in einer Abschrift eines alten Ackerbuchs auch der Vorname des Besitzers überliefert *vff kleynen esch by Heintz schneydersz garten*[144]. Der Familienname Lehr scheint erst in unserem Jh. als Flurbezeichnung *An Lehrs Garten* (Flur 24) Eingang ins Kataster gefunden zu haben.
Andere Flurnamen beziehen sich auf die Lage der Grundstücke, so *An den kleinen Eschgärten*, *Über den kleinen Eschgärten* und *Die großen Eschgärten* (alle Flur 31), 1714 *Hinter den Eschgarten*[145] auf die Gärten auf dem *Esch*. Die Gärten *Am Weihergarten* (Flur 24) lagen früher an der Staufläche der *Wolfsmühle* am *Hammersbach;* 1469 *im wymers gartten*[146]. Östlich davon lag 1714 der *Reyher Garthen*[147]. Dieser Bereich bietet dem Reiher auch heute noch gute Lebensbedingungen. Direkt hinter der Hirzbacher Kapelle befand sich der *Klausengarten*, 1413 *in dem cluszen garten*[148], 1702 *der Clausen gartten...stöst mit dem obersten haubt, auff den kirch Hoff, oder Cappell*[149], 1708 auch *Capellen Garten*[150]. 'Klause', mlat. clusa, meint eigentlich 'verschlossene, schwer zugängliche, entlegene, enge behausung oder örtlichkeit überhaupt', auch 'klosterzelle', 'kloster'[151]. Die Hirzbacher Kapelle scheint demnach auch als 'Klause' bezeichnet worden zu sein. Auf dem *Mühlberg* lag 1872 *Der Gartenberg*[152] (s. Karte).
Neben der Benennung nach dem Anbau bestimmter Pflanzen, der Besitzzugehörigkeit und der Lage gab es noch andere Gründe. Sowohl in Marköbel als auch in Hirzbach stand den Viehhirten als Teil ihrer Besoldung die Nutzung eines gemeindeeigenen Grundstücks, des sog. *Hirtengartens*, zu; 1533 *im hirtzgarten*[153]. Bei dem 1331 genannten *Schultheizen Garten*[154] kann es sich ebenfalls um ein gemeindeeigenes Grundstück gehandelt haben, dessen Nutzung Teil der Besoldung des Schultheißen war. Der Garten kann aber ebensogut dessen Privatbesitz gewesen sein. Der *Steingarten* in Hirzbach, 1533 *der Steingart, ligt im Dorff*[155], war wahrscheinlich mit einer Mauer eingefaßt und unterschied sich dadurch von den übrigen Gärten. Auf die Neuanlage von Gartenflächen gehen *Die neuen Gärten* (Flur 15), 1571 *an den neuen garten*[156], zurück.
Für den Anbau von Obst wurden Baumgärten angelegt, die meisten in Ortsnähe. Der wohl größte in der Marköbeler Gemarkung dürfte das sog. *Baumstück* am Baiersröderhof mit 920 Obstbäumen, von denen überwiegend Tafelobst geerntet wurde, gewesen sein. Baumgärten konnten, wie die Grasgärten, auch als Viehweide genutzt werden[157].
Die beiden Flurnamen *An der Spillingshahle* (Flur 36), mundartlich *Schillingshohle* und *Spillingshohle*, 1714 *An der Spillingshahlen*[158], und *Im Braunsberg* (Flur 40), 1588 *im Braunetz Bergk*[159], 1695 *Am Braunusberg*[160], 1702 *Jm Braunsberg*[161], gehen auf den Anbau von zwei alten Pflaumensorten zurück. Erasmus Alberus zählt 1552 in seiner

*Kurtzen Beschreibung der Wetterau* an Obst und Früchten auf, die zu seiner Zeit in den Wetterauer Gärten gediehen. *Es sind im Lande viel schöner Garten, darinnen köstlich und mancher Art Obst wächst, als Äpfel, Birn, Quidsam* (Quitten), *Pfersinge* (Pfirsiche), *Spillinge, Pflaumen, Kirschen, Welschnüsse, Haselnüsse*[162]. In seinem Wörterbuch führt Alberus drei Pflaumensorten auf: 1. *Pruna damasci vel damascena*[163] *sind die besten quetschken*, 2. *Cerea pruna spilling oder geel pflaumen*, 3. *Amethystina pruna, braun*[164]. Ältere Marköbeler kennen den Spilling, ahd. spinula, mhd. spinling[165] noch. Sie beschreiben ihn als eine gelblich-rötliche, süße, ovale, kleine Wildpflaume. Bei den ältesten Namenbelegen für den *Braunsberg* läßt sich noch sehr schön das lat. prunus 'Pflaume' erkennen, aus dem das deutsche 'Pflaume' entstanden ist.

Die Feldgärten und Pflanzenländer unterlagen zwar dem Gartenrecht, da sie eingezäunte Sonderflächen waren, die in den Feldern und Wiesen lagen, sie mußten aber während eines festgelegten Zeitraums vom Herbst bis zum Frühjahr zur Beweidung geöffnet werden. Auf den Feldgärten wurden Rüben, Kartoffel u.ä. gezogen, während auf den Pflanzenländern junge Pflanzen ausgesät, großgezogen und dann auf den Äckern eingepflanzt wurden[166]. 1702 werden Äcker *bej den pflanzenLänder, bej Rüdigkheimer steeg*[167] und *Jn der Langen Wiesen...etliche Pflantzen länderchen so neben in und an den Wiesen liegen*[168] genannt. Zu den Feldgärten gehörten vermutlich auch die Äcker *In den Betten* (Flur 8), 1437 *Jnne den betten*[169]. Ahd. betti u.ä. bedeutet 'Lager, Bett' auch 'Beet', mhd. bette, bet(t) auch 'Feld-, Gartenbeet'[170]. Unter dem Beetbau verstand man das *Pflügen des Bodens in einzelne Beete, d.h. in verhältnismäßig schmale Streifen mit schwach gewölbter Oberfläche, im Gegensatze zum Ebenpflügen. Zweck des Beetbaus ist eine schnelle Ableitung des Niederschlagwassers und schnelles Abtrocknen des Bodens zu erzielen*[171].

Die meisten Gärten waren zehntpflichtig. Da der Gartenzehnt deutlich geringer war als der übrige Fruchtzehnt, mußte die Umwandlung von Acker- und Wiesenflächen in Gartenfläche vom Zehntherrn wegen der Zehntminderung genehmigt werden[172]. Auch die Gemeinde mußte zustimmen, damit die genossenschaftlichen Rechte an der Weide nicht geschmälert und der Zugang zu den Feldern während der Saatzeit nicht beeinträchtigt wurden[173]. Marköbel hatte 1753 insgesamt 130 Morgen Gartenland[174].

## 2. Weingärten

Der Anbau von Wein hat in der Wetterau eine lange Tradition, die bis ins Frühmittelalter zurückreicht. Erst im 19. Jh. wurde der Weinbau größtenteils aufgegeben und die Flächen in Baumgärten umgewandelt. Als letzte im Gebiet der ehemaligen Grafschaft Hanau stellten um 1920 die Winzer in Bergen-Enkheim den Weinanbau ein. In Marköbel bestanden 1753 insgesamt 47 Morgen aus Rebflächen[175], die fast alle *Auf dem Mühlberg* (Flur 13, 14) lagen.

Für die Weingärten galt zwar auch das Gartenrecht, doch wurden sie im Gegensatz zu den übrigen Gärten in der Zeit der Traubenreife geschlossen (gebannt)[176]. Der Schultheiß und das Gericht von Marköbel entschieden nach einer Besichtigung der Trauben Anfang September, ob die Traubenmenge für eine Weinlese ausreichte. War dies der Fall, wählte das Gericht zwei oder drei Männer zu Wingertschützen zur Beaufsichtigung der gebannten Weingärten. Anläßlich der Wahl der Wingertschützen im Jahr 1714 trug der Schreiber ins Gerichtsprotokoll ein: *Nachdeme es dießes Jahr etwas trauben der liebe Gott in hiesigen weinbergen beschert und die Zeit herbey kommen daß die wingertschutzen müßen ahngenommen werden, alß ist heut Dato durch schultheiß in bey sein des Borgemeisters Carlen schmids und der, gerichtsleute...Nachfolge personen zu Wingerschutzen ahngenommen worden alß Peter Möller Johan Diederich und Johannes Kamer welche dan so gleich in Handgelöbnüß genommen worden in allem treü und fleißig uf die weinberg zu sehen niemand ohne vorwießen des schultheißen in die weinberg zu laßen oder Drauben auß den wingerten tragen zu laßen, sie selber auch der gleichen nicht thun sollen, es sey dan daß sie auß Jhren eigenen wingerten etwas mit heim nehmen wollen soll Jhnen erlaubt sein*[177], *auch sollen sie von Dato derzeit die weinberg gehöriger Maßen mit wieschen abstekken und sollen die leute dieße woche gehalten sein ohnfehlbahr daß lab auß den weinbergen zu thun und was dieße woche nicht heraußkombt sie nach der Zeit niemand bey Straf eines gulden daß lab auß den wingerten langen laßen sollen*[178].

Der Wisch war ein zusammengebundenes Bündel Heu oder Stroh, das man als Flurzeichen an den Eingängen des Weinbergs anbrachte, um den gebannten Bezirk zu markieren. Der Weinberg unterlag bis zum Ende der Lese dem Bann, dessen Einhaltung die Wingertschützen zu überwachen hatten. Kam die Zeit heran, in der die Trauben ausreiften, bestimmte das Gericht den Termin für die Überwachung der Weingärten auch bei Nacht. Wenn *die Zeit herbey kombt, daß die drauben zeitiger werden auch nachts gewacht werden soll, wirdt man des wegen davon ferner reden und dan ahnstalten machen*. Die Wingertschützen waren gehalten auch *Jedesmahl sich selber in den wingerten finden zu laßen, und nicht etwan Jhre söhn oder Jemandt ander in die wingerten zu schicken*[179].

Die Erhebung des Weinzehnten nahmen dafür gewählte Zehnter vor, die jede zehnte Bütte, in Marköbel vermutlich nur jede dreißigste, für den Zehntherrn registrierten. Alle Bütten mußten daher ein einheitliches Volumen haben. Da nicht alle Weingärten zehntpflichtig waren, gestaltete sich das Zehnteinnehmen oft schwierig und führte zu manchen Unregelmäßigkeiten. Für Hochstadt am Main ist dies sehr anschaulich durch die Weinzehntordnung von 1743 dokumentiert. Es heißt dort: *Erstlich alle Butten, worinnen Trauben aus denen Weingarten getragen werden, richtig und zwar umb besserer Bequemlichkeit willen auf Acht Viertel Hochstätter Eich, an dem Orth selbsten geEicht, und mit dem darzu verordneten Brenn-Eisen gezeichnet; Zweytens bey Eintragung der Trauben eine wie die andere gefüllet und gemustert oder gestampt; Drittens, den ersten Tag keine andere Weinberge, als wovon gnädigster Herrschafft der Zehende*

# Die Gewannbezeichnungen auf dem Mühlberg und dem Wingert um 1860

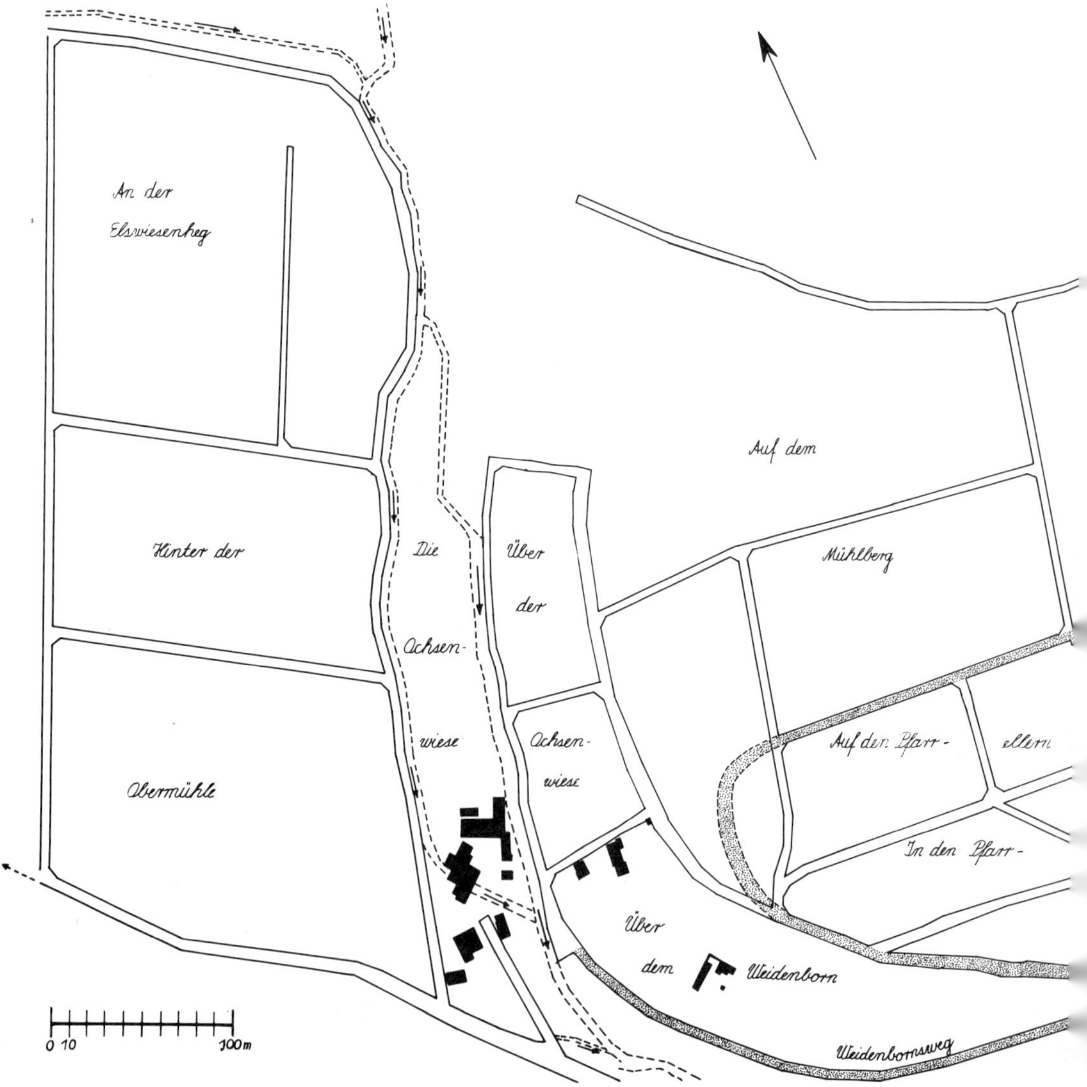


Das historische Wegenetz, wie es bis ins 19. Jahrhundert bestand
Quelle: StAM Kataster Marköbel C 3-6, Karten A II 18 und P II 1204.

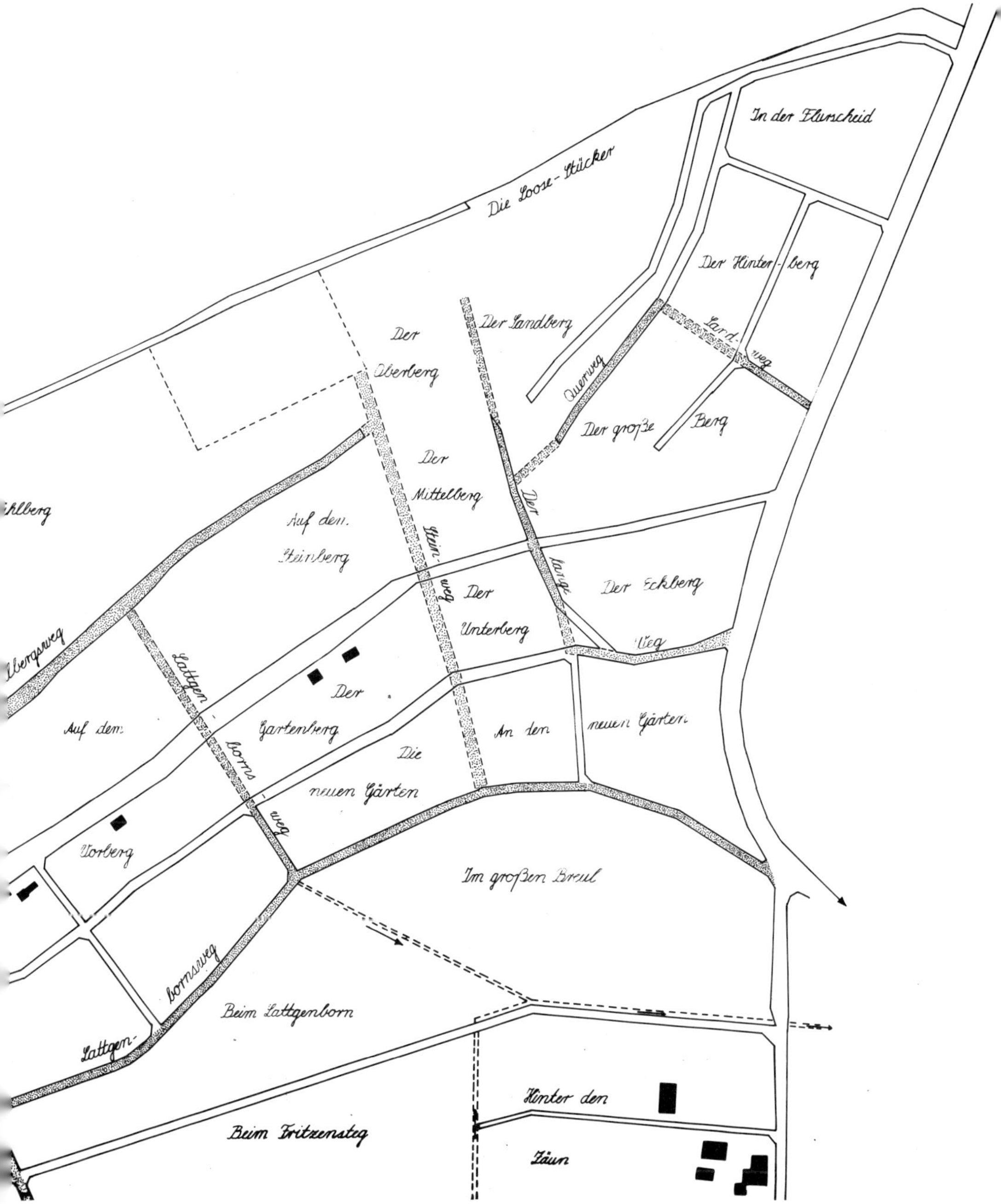
In der Flurscheid
Die Loose-Stücker
Der Hinter-berg
Der Landberg
Land-weg
Der Oberberg
Querweg
Der große Berg
Der Mittelberg
Auf dem Steinberg
Stein-weg
Der lange Weg
Der Eckberg
Der Unterberg
Lattgen
Der Gartenberg
borns
born
Auf dem Vorberg
Die neuen Gärten
An den neuen Gärten
Im großen Breul
bornsweg
Lattgen-
Beim Lattgenborn
Hinter den Zäun
Beim Fritzensteg

*allein und ohne Ausnahm zu entrichten ist, gelesen, oder doch wenigstens die Schuldigkeit davon abgetragen*[180].

Die *Wingerte* auf dem *Mühlberg* bildeten die größte geschlossene Rebfläche in der Marköbeler Gemarkung. Als landwirtschaftliche Nutzfläche schied der teilweise recht steile Südhang zum größten Teil aus. An manchen Stellen ist die Bodenkrume so dünn, daß der gewachsene Fels sichtbar wird. Der Berg bot allerdings für den Weinanbau sehr günstige klimatische Bedingungen und dürfte sich auch von den Bodenverhältnissen dazu geeignet haben. Typisch für einen Weinberg ist auch die kleinräumige Parzellierung, die ihre Ursache sowohl in der Oberflächenstruktur des *Mühlbergs* als auch in der früher häufig sehr geringen Größe der Weingärten hat. Diese Kleinräumigkeit fand ihren Niederschlag in den relativ vielen Flurnamen (s. Karte). *Der Eckberg, Der große Berg, Der Hinterberg, Der Mittelberg, Der Oberberg, Der Sandberg, Der Unterberg* und *Auf dem Vorberg* (alle Flur 14) sind nicht vor 1800 belegt. Es dürfte sich um reine Katasterformen handeln.

Bereits 1331 werden Äcker *uffe dem Wynberge* und *under den Wingarten*[181] erwähnt. 'Weingarten', 'Wingert', ahd. wingart, wingarto und mhd. win-gart, win-garte, ist älter als die Bezeichnung 'Weinberg', die als Wort erst in spätmittelhochdeutscher Zeit in der Form win-berc belegt ist und aus mhd. wingartberg hervorgegangen ist[182]. 1714 werden die Weingärten *obig dem Neuen Garten im alten Berg*[183] genannt. 'Alt' dürfte sich auf die Weingärten *Auf dem neuen Berg* (Flur 20), 1562 Weingärten *im neuwen berg*[184], beziehen, die wohl im 15./16. Jh. an dem Hang, der von der *Hohen Straße* nach Westen abfällt, neu angelegt worden sind. Ein Teil des *Alten Bergs* wurde 1714 *im Krug* genannt [185]. Die Flurbezeichnung dürfte sich, wie bei den 1562 erwähnten Weingärten *inn der leisten*[186], 1714 *Jn der Leisten im Becker*[187], auf die Form des Grundstücks bezogen haben. Bei der 'Leiste' müßte es sich um ein langgezogenes, schmales Grundstück gehandelt haben[188]. Auf den Marköbeler Familiennamen Becker beziehen sich vermutlich die Weingärten *im Becker.*

Weingärten lagen 1591 auch an der Landstraße nach Hüttengesäß *beym Elster bronn*[189]. Im 16. und 17. Jh. waren einige Weingärten auch etwas weiter vom Dorf entfernt angelegt. Südlich von der *Spillingshahle* lag 1588 ein Weingarten *vff dem Viehe Weidtgenn*[190] und daran anschließend 1682 *gerths gretenweingarten*[191], der den Namen seiner Besitzerin trägt. 'Grete' ist eine Kurzform von 'Margarethe'. Eine *Margreth Gerth* lebte 1642 in Marköbel[192]. Auch *im Sewloch*[193] sind 1588 Weingärten bezeugt. Im Jahr 1500 wuchs Wein *an der scheln hecken vor der Hoenbuche*[194].

Zwei "Weinbergslagen" lassen sich nicht lokalisieren. Die Deutschordenskommende Sachsenhausen besaß 1331 einen Acker *amme Schelmwingarten*[195] und die Johanniterkommende Rüdigheim 1605 einen Weingarten *Im Affenberg*[196]. Bei beiden läßt sich die ursprüngliche Bedeutung nicht mit Sicherheit ermitteln. Ahd. scelmo, scalmo, mhd. schelme, schelm bedeutet 'Aas, Pest, (Vieh)Seuche'[197]. In Hessen ist 'Schelm' allerdings nur für den 'Kadaver' oder im übertragenen Sinne in seiner heutigen Bedeutung gebraucht worden[198]. Da aber die Familie Schelm von Bergen in der südlichen

Wetterau in einer Reihe von Dörfern Besitz hatte, kann der Weingarten zum Besitz der Schelme von Bergen gehört haben. Es kann aber dort auch verendetes Vieh begraben worden sein. Der *Affenberg* kann nach dem Familiennamen *Affe, den ahd. Personennamen Affo, Effo[199] sowie eventuell der 'Effe, Iffe' als Bezeichnung für die 'Ulme'[200] benannt sein.
Die nach 1331 erwähnte Flurbezeichnung *in deme Elpelin*[201] könnte auf den Anbau einer frühmittelalterlichen Rebsorte, den Elbling, zurückgehen, den bereits die Römer zogen und 'albuelis' nannten[202].

## VIII. Dreifelderwirtschaft

Die Dreifelderwirtschaft hatte sich im Hoch- und Spätmittelalter als gemeinsames Bewirtschaftungssystem für die Ackerflächen herausgebildet, das allen Bauern den Zugang zur Bestellung und Ernte der Felder ermöglichte und den Schaden, der dabei verursacht wurde, auf ein Minimum beschränkte. Da im Mittelalter das Wegenetz nicht so dicht ausgebaut war und die einzelnen Ackerflächen zum überwiegenden Teil recht klein waren, mußten die Bauern, deren Felder nicht an einem Weg lagen, zwangsläufig über die Felder anderer fahren, um zu ihren Grundstücken zu gelangen. Mit der Dreifelderwirtschaft bildeten sich auch die Gewanne heraus. Ursprünglich war die 'Gewann' der Ackerstreifen am Ende des Feldes, auf dem der Pflug gewendet werden mußte. Das konnte das Endstück des eigenen Ackers oder das Feld des daran anstoßenden Nachbarn sein. Später nannte man die Äcker, die die gleiche Pflugrichtung hatten, 'Gewann' und den Feldstreifen, den alle Äcker einer Gewann als Pflugwende benutzten, 'Anwender' oder 'Angewann' [203]. Die Ausbildung des Gewannsystems hatte sich *in der Wetterau vielleicht schon im 11. Jahrhundert* [204] herausgebildet.
Die meisten Dörfer in der Wetterau betrieben ihren Ackerbau in der Dreifelderwirtschaft. Im 14. Jh. gab es auch einige Dörfer mit einer Zweifelderwirtschaft, wie z.B. Ekkartshausen, und einer Vierfelderwirtschaft[205]. Die gesamte Ackerfläche einer Gemarkung wurde in mehrere Großfelder eingeteilt. Marköbel und wahrscheinlich auch Hirzbach besaßen drei Großfelder. In jährlichem Wechsel waren zwei Felder mit Winter- und Sommergetreide eingesät, während das dritte, das in den beiden vorangegangenen Jahren einmal Sommergetreide und einmal Wintergetreide getragen hatte, brach liegen blieb, um sich wieder erholen zu können, da noch keine ausreichende Düngung der Felder möglich war. Als Sommergetreide sind überwiegend Hafer und Gerste, als Wintergetreide Roggen und Weizen angebaut worden[206].
Das Dorf- oder das Märkergericht bestimmte die Zeiträume, in denen die Felder und Wege für die Feldbestellung und die Ernte geöffnet waren und die Bannzeiten nach der Saat und der Ernte. Die Felder und Wirtschaftswege blieben meistens den ganzen Winter geschlossen und wurden erst im Frühjahr wieder geöffnet, wenn die Äcker einigermaßen abgetrocknet waren, um die Flurschäden, die beim Überqueren der Felder entstanden, für den Besitzer so gering wie möglich zu halten. Das Brachfeld stand den

# Das Marköbeler Dreifeldersystem im 18. Jahrhundert

______ Gemarkungsgrenze
_._ Grenze zwischen dem Gutsbezirk des Baiersröderhofs und der Gemarkung Marköbel
......... Waldgrenze

Oberfeld | Unterfeld | Rüdigheimer Feld

Quelle: StAM Kataster Marköbel C 3-6

Hirten als Weideland offen. Neben der Nutzung als Schafweide wurden in Deutschland auf dem Brachland seit dem Spätmittelalter auch schon Linsen und Erbsen als Zwischenfrucht feldmäßig angebaut [207].

Die Überwachung und Durchsetzung der Flurordnung lag in Marköbel bei dem Märkermeister und dem Feldschützen. Sie hatten Verstöße an das Märkergericht zur Verhandlung weiterzuleiten. Die Flurschützen führten, zumindest im 18. Jh., sog. Rügebücher, in denen sie die Verstöße notierten, die sie an den Tagen, an denen das Märkergericht abgehalten wurde, vortrugen. Für seinen Dienst erhielt der Feldschütz als Entgeld 2 Gulden für einen grünen Kittel und 1 Gulden 15 Albus für ein paar Schuhe, den vierten Teil der verhängten Strafgelder, einen Klafter Holz und den sog. Schützensichling[208]. Zu diesem Schützensichling heißt es 1715: jeder Flurschütz *bekombt die Sichling von Jedtweder nochbahr Ein Sichling, und dann zu Hirtzbach haben sie zwar bißhero von Jedem eine Meste Korn gehabt, weilen aber daßige Nochtbahrn vormeint warumb sie harter, alß anderen nochbahrn gehalten, ist es dem Schützen verwilliget und bleibt bey dem alten herkommen* [209].

Sowohl die geistlichen und weltlichen Grundherren als auch die Bauern mußten versuchen, möglichst gleichgroße Ackerflächen in jedem Großfeld bewirtschaften zu können, sei es Eigenland oder Pachtland, da durch den Flurzwang jedes Großfeld alle drei Jahre brach liegen blieb.

Sieht man sich die Karte mit der Aufteilung der Ackerflächen in den drei Feldern an, fällt auf, daß die Ackerflächen des Baiersröderhofs nicht zu den drei Marköbeler Feldern dazu gehören. Es fällt weiter auf, daß nur das *Oberfeld* eine zusammenhängende Fläche bildet. Das *Rüdigheimer Feld* besteht aus zwei sehr ungleichen Teilen, die durch eine Ackerfläche getrennt sind, die noch zum *Unterfeld* im Osten gehört. Diese Stückelung des *Unterfelds* und des *Rüdigheimer Felds* dürfte durch die Eingliederung der drei Hirzbacher Großfelder in das Marköbeler Dreifeldersystem entstanden sein.

Jedes Großfeld trug einen eigenen Namen. Er bezog sich in der Regel auf die Richtung, in der das Gelände vom Dorf aus gesehen lag. So hieß das *Oberfeld* 1331 *campo versus Beiersrode*, das *Unterfeld* hieß *campo versus Geylinhusen* und das *Rüdigheimer Feld* wurde *campo versus Rudekeim* genannt[210]. Das *Oberfeld* trug 1437 die Bezeichnung *Das felt gein wonnecken*[211], 1467 *das felt geyn dem ober walde zü gelegenn*[212], 1469 *das oberfelt im roderfelle*[213]. Auch das *Unterfeld* hatte seit dem 15. Jh. unterschiedliche Namen; 1467 *Das Feldt ghen Geylinhußen zw in dem vnderfeld*[214], 1469 *genannt das galgen felt* [215]. Nur bei dem *Rüdigheimer Feld* blieb der Name unverändert. Manchmal wird allerdings, wie beispielsweise 1467, *Das klein feldt ghen Rudekem* genannt [216], womit anscheinend der Teil gemeint ist, der östlich des *Rüdigheimer Wegs* lag.

Für Hirzbach konnte die Aufteilung in drei Felder noch nicht sicher bestimmt werden. 1331 nennt der Deutsche Orden bei dem Marköbeler Besitz auch Äcker *uf Hirtzpechervelde*[217], die zum *Oberfeld* und zum *Rüdigheimer Feld* gerechnet werden. Bis ins 18.

Jh. hinein erscheint die Bezeichnung von Grundstücken, wie z.B. 1377, *gelegin vff hirzebechir felde*[218] ganz allgemein und als Zusatz zu Flurnamen; 1345 *vff hirtzisbacher felde zuhet vber den feheweg*[219]. Doch auch in Hirzbacher Güterbeschreibungen findet eine Aufteilung in drei Felder statt. Da sich aber die verschiedenen Namen bisher nicht sicher bestimmten Feldflächen zuordnen lassen, wird hier für jede Bezeichnung ein Beispiel genannt: 1467 *das felt zu Boderstat* [220], 1588 *feldt nach Marcköbel vnd dem oberwaldt zu*[221], 1467 *das mittelfelt bye dem kandel borne*[222], 1413 *in dem feld rebbelingkß; in dem feldt zu der steynen weyde*[223], 1708 *im Feldt nacher dem Warthbaum zu*[224], 1533 *im kleinen vnderfeldt; Daß Feldt zum weydes zu*[225].

## 1. Der Zehnt

Die Karolinger Pippin III. (741/751-768) und Karl der Große (768-814) schufen die rechtlichen Voraussetzungen in ihrem Herrschaftsgebiet zur Einführung des alttestamentlichen Zehntgebots[226], um der fränkischen Reichskirche regelmäßige Einkünfte zu verschaffen, ohne ihr das entzogene Grundeigentum zurückgeben zu müssen[227]. Der Zehnt stand *grundsätzlich den Tauf- (Pfarr-) Kirchen von dem im zugehörigen Sprengel liegenden nutzbaren Boden zu, außerdem den Fiskalkirchen v. Fiskalland, seit 818/819 auch den Grundherren für ihre Eigenkirche*[228].

Der Pfarrkirche in Marköbel stand, im Gegensatz zu den Kirchen der übrigen Orte des Amts Windecken, der Zehnt vollständig zu. Nach einer Aufstellung des Jahres 1753 besaß die evangelisch-reformierte Pfarrei das alleinige Recht *am Frucht Zehnden von der gantzen Terminey, am Braach Zehnden von Kraut, Rüben, Flachß, Tabac, Tartoufflen, Bohnen p., am Wein Zehnden, am Blut Zehnden ebenfallß*[229]. Auf das Obst durfte kein Zehnt erhoben werden. Als die Pfarrei 1716 auf den Obstzehnten Anspruch erhob, kam es am 22. August zu einer Gerichtsverhandlung. *Alß ist heut dato, daz gericht alhier zu sammen gefordert worden, vnd mit dem selben von der Sachen geredet, gestehen sie und haben nichts dagegen, waß die ordte seyn, so in der pfaar Competenz beschrieben, und Zehenbar seyn, ein Jeder, so güther in der Laage, von allen den Zehenden, außer den Obst oder Baum Zehenden, sie nicht gestehen, In dem solches hier kein hergebrachtes recht, Solte es Jhnen aber von gnädtigster Herrschaft: zu erkant werde, müste sie es geschehen laßen*[230].

Die Grundstücke des Hirzbacher Kapellengutes, die im Besitz des Antoniterhauses Roßdorf-Höchst waren, hatten den Fünfzehnten an Grundabgaben an die Antoniter und die Pfarrei Marköbel zu leisten; den Fünfzehnten mußten sich beide teilen. Der Antoniterhofbeständer Caspar Jung in Butterstadt schrieb dazu am 1. April 1787 an die Antoniterherren nach Höchst am Main: *dise ländereyen müßen, den 15ten zu zehnden geben, weil man aber keine garben zerbricht, auff dem felt, so wird erstlich vor daß Antoniter Capelen guth den 15te gezogen hernach vor die Parey den 15 und so fort biß*

*die ernd Zeit vollend ist wie ich auch von Peter gottwalß und von den Zehnder vernommen hab*[231].
In Marköbel scheint nur der Dreißigste als Zehntabgabe entrichtet worden zu sein[232]. Der Wetterauische Geographus führt 1747 bei Marköbel an: *Dieser Ort hat ausnehmende Freyheiten, denn da andere Dörfer den Zehenden geben, dieser nur den Dreysigen ableget*[233]. Der Zehnt bestand aus dem Großzehnt und dem Kleinzehnt. *Den großen Zehenden macht regulariter alles das aus, was auf den Feldern und Aeckern unter Sommer- und Wintergetreyden wächset, den kleinen aber das, was ex fructibus arborum, aliisque herbis* (von den Früchten der Bäume und anderen Pflanzen) *besonders Gartengewächsen hergenommen wird*[234]. Die Zehntabgaben bestanden aus dem sog. Fruchtzehnt, der von den Pflanzenerträgen erhoben wurde, und dem sog. Blutzehnt, der vor allem von den Lämmern und den Jungen des Geflügels erhoben wurde.
Die Zehntordnung, die der Mainzer Erzbischof Lothar Franz 1712 erlassen hatte und nach der die Antoniter den Zehnt erhoben[235] sowie die *Hanauische Zehend-Ordnung* von 1723, die für Marköbel galt[236], erlauben, den Vorgang der Erhebung dieser Naturalabgabe zu rekonstruieren.
Die Bestimmungen der Zehntordnung mußten, zumindest im 18. Jh., allen Dorfbewohnern jedes Jahr öffentlich bekannt gegeben werden. Der Zehntherr wählte jährlich mehrere Männer des Dorfes zu Zehntern. Nachdem die Gemeinde den Termin für die Öffnung der gebannten Felder festgesetzt hatte, konnten die Schnitter ab einem bestimmten Tag das Getreide mähen. Sie durften nur während des Tages arbeiten. Es war ihnen verboten, Feldfrüchte mitzunehmen, wenn sie mittags nach Hause gingen. Die Garben mußten gleich und fest gebunden sein, die Haufen durften höchstens aus 10 Garben bestehen. Die Zehnter hatten während der Erntezeit den ganzen Tag auf den Feldern zu sein und konnten dort mit dem Auszehnten beginnen, wo sie wollten. Sie mußten darauf achten, daß niemandem beim Auszehnten Nachteile entstanden und kein Schaden verursacht wurde. Erschien den Zehntern die zehnte Garbe kleiner als die übrigen, durften sie eine andere nehmen. Wenn die Haufen bei Regenwetter geschlossen werden mußten, sollte jeder Haufen mit 9 Garben geschlossen und die zehnte Garbe daneben gelegt werden. Auch hier war der Zehnter nicht verpflichtet, diese zehnte Garbe zu akzeptieren. Die Anzahl der gezehnteten Früchte mußten die Zehnter auf Kerbhölzern festhalten und am Ende dem Zehntherrn abliefern. Die Früchte auf den Äckern der Zehnter sollten ihre Gesellen zehnten. Der Rest, der auf dem Acker übrig blieb, sollte entweder in 10 gleichgroße Teile geteilt werden oder auf dem nächsten Acker weitergezählt werden. Blieb beim Weiterzehnten auf dem letzten Acker eines Nachbarn ein Rest, dann war von diesem Rest der zehnte Teil zu erheben. Ein Rest konnte nicht ins nächste Jahr übertragen werden. Die Frucht durfte erst vom Acker abgefahren werden, wenn alles Getreide geschnitten, aufgebunden und ausgezehntet war. Die Abfuhr war, mit Ausnahme der Mittagszeit, nur bei Tag erlaubt bis zum Abendläuten. Diese Bestimmung galt nicht bei drohendem Regenwet-

ter und bei Kriegsgefahr. Erst wenn alle Feldfrüchte eingebracht waren, durften Ähren gelesen werden.

## 2. Bezeichnungen der Felder

### 2.1. Allgemeine Ackerbezeichnungen

Einige Flurnamen sind mit allgemeinen Begriffen für Grundstücksflächen und Stellenbezeichnungen gebildet.
In kirchlichem Besitz befanden sich der 1466 genannte *heiligen acker*[237] und der 1702 erwähnte *pfarr acker*[238]. Da die Lage des Baumgartens *auff dem Hoff Acker*[239] aus dem Jahr 1682 nicht zu ermitteln war, kann er zum Hof eines weltlichen oder geistlichen Grundherren gehört haben.
*Das große Esch* (Flur 34) und 1714 *Das kleine Esch*[240] bildet eine langgezogene Wiese im Süden von Marköbel, die durch die frühere Straße nach Butterstadt in zwei ungleiche Hälften geteilt wird; 1345 *vf der burg in dem Essche*[241], 1377 *stozsentt vff daz Cleyne Escha*[242]. 'Esch', ahd. ezzisc, mhd. ezzesch meint eigentlich 'das gesamte Ackerfeld einer Gemarkung'[243], 'saatfeld, flur'[244]. Nach Vilmar ist 'Esch' *eine in der Niedergrafschaft Hanau ziemlich häufig vorkommende, auch noch in ihrer ursprünglichen Bedeutung verstandene Benennung von Flurstrecken: zusammenliegendes, gleichartiges Gelände, welches auf gleiche Weise und zu gleicher Zeit bestellt und zu gleicher Zeit abgeerntet wird*[245].
Die Lage eines Ackers wurde 1357 lediglich mit *mitten uff dem felde*[246] angegeben.
*Das Eckfeld* (Flur 2), das zum Baiersröderhof gehört, wurde nach seiner Lage und möglicherweise auch nach seiner Form benannt. Die Äcker *Neben dem Hoffeld* (Flur 3) beziehen sich auf das Feld des Baiersröderhofs, zu dem auch die Fläche *Im Röderfeld* (Flur 6), 1345 *vff roder felde*[247] gehörte. Die nördlich davon gelegene Gewann *Im kleinen Feldchen* (Flur 7), 1480 *vff dem kleyn feldchin*[248], war durch zwei Weiden vom übrigen Ackerfeld abgetrennt. Die Felder *Im neuen Feld* (Flur 25), 1714 *im Neuen Feldgen*[249], wurden durch eine Rodung neu angelegt.
'Flecken' in Flurnamen kann 'Stück Zeug, Flicke, Lappen' und ' Stück Landes, Landstrich, Platz, Stelle'[250] bedeuten. Die Größe bzw. Form war bei dem *breiten Flecken*, 1331 *an dem breiden Flecken*[251], Benennungsmotiv. Der *einzelne Flecken*, 1467 *vff dem Entzlingen flecken*[252], war eine kleine, fast quadratische Ackerfläche an der Straße nach Hüttengesäß im *Unterwald*.
*Die Tannengewann* (Flur 42) ist eine Katasterform des vergangenen Jh.s. 'Gewann' ist hier als eine bestimmte Anzahl von Parzellen zu verstehen, die innerhalb eines Flurstücks eine größere Einheit bilden und dieselbe Bezeichnung tragen.

Auf 'Land' im Sinn von 'Gelände' läßt sich der Name *Am Eimeling* (Flur 27), um 1507 *ym melmeling*[253], 1714 *In dem Aimerling*[254], zurückführen, das möglicherweise zu einer Mühle gehörte.
Bei dem relativ ebenen Gelände *Auf dem Platze* (Flur 33), 1466 *vff dem Platz*[255], läßt sich auch heute noch gut erkennen, daß der 'Platz' [256] den Kern einer größeren Ackerfläche bildet, deren Gewanne sich im Kreis um diese Mitte herum gruppieren.
*Seit dem 13. jh. ist stück im sinne von acker, feld, grundstück, zuerst besonders in flurbeschreibungen bezeugt*[257]. Von den drei Flurnamen auf -stück gehen zwei auf kirchlichen Besitz zurück. Zur Besoldung des Frühmessners, der in der Marköbeler Kirche an Samstagen und Sonntagen die Frühmesse vor der eigentlichen Messe gelesen hat[258], gehörte das nach 1331 genannte *Froyhen Hern Stucke*[259], um Besitz der Marköbeler Kirche oder eines Klosters handelte es sich 1508 *by dem heilligin stücke*[260]. Der 1490 erwähnte Acker *am golt stuck*[261] kann aus mehreren Gründen so bezeichnet worden sein. Die Benennung kann auf vor- und frühgeschichtliche Metallfunde, auf gelbblühende Pflanzen, den guten Ertrag oder auch auf den schlechten Ertrag des Ackers zurückgehen. Da die Lage des Grundstücks nicht bekannt ist, läßt sich nicht entscheiden, wonach das Feld sein Namen erhielt.

## 2.2. Oberflächengestalt

Eine ganze Reihe von Namen beziehen sich auf die Oberflächengestalt der Gemarkung. Insbesondere die Flächen im Norden, Osten und Westen von Marköbel, die zum *Krebsbach* und *Hammersbach* abfallen, sind teilweise sehr steil. Die Flurnamen für die Bodenerhebungen sind mit -berg, -höhe und -köppel, für die Senken mit -boden, -graben, -loch, -tal und für die Hänge mit -halde, -nickel und -rain gebildet.

a) Richtung und Lage

Drei Flurbezeichnungen gehen vermutlich auf ihre Lage an Wegen zurück. Die Felder zwischen der *Elsenbornweide* und der *Büdinger Hohl* hießen 1517 *an dem budingner bergk*[262]. Der Teil der *Hanauer Straße*, der in unmittelbarer Nähe des Dorfes liegt, wurde im 15. und 16. Jh. die *Mainstraße* genannt. Die Äcker *Im Maingrund* (Flur 34), 1708 *Mayen Grund*[263], fallen von der Straße nach Norden zum *Eschbach* ab. Wenn der *Maingrund* nach seiner Lage an der Straße benannt wurde, liegt hier vermutlich eine Klammerform von 'Main-straßen-grund' vor. Auf ihre Lage am alten Weg, der nach Langenselbold führte, beziehen sich auch die Äcker *Im Selbolder Grund* (Flur 25, 26), 1509 *vf dem Selbeter nickel* [264], 1714 *Auff dem Selbolder Nickel obig dem Grund*[265]. Sowohl 'Nickel'[266] als auch 'Halde', ahd. halda, mhd. halde[267] haben die Bedeutung 'mehr oder minder steiler Bergabhang'. 'Nickel' ist ein jüngeres mitteldeutsches Wort. Es ist für Marköbel erstmals 1509 belegt. Mehrere dieser Hänge sind nach Wiesen und Weiden benannt. Die Anhöhe an der *Klöppelsweide* hieß 1466 *an der*

*Clopels halden*[268]. Die 1682 erwähnte *Höltzs Hallen*[269] lag oberhalb der *Hölsweide* oder der *Hölswiesen*, oberhalb der *Pfingstweide* die 1714 genannten Äcker *Im Pfingst Nickel* und *An der Pfingst Halen*[270], die Felder *An der Wieshahle* (Flur 34, 35), 1588 *Ann der Wiesenn hallen*[271] oberhalb der *Hirzbacher Wiesen*. Der 1466 genannte *hirtzbecher berge*[272] ist wahrscheinlich mit der *Wieshahle* identisch. Der heute weitgehend bebaute Berghang *An den Storchshalten* (Flur 19) und *Über den Storchshalten* (Flur 20), 1437 *an der storcks halden*[273], lag oberhalb des *Storchborns*. Die Äcker *Im Galgenloch* (Flur 21), 1714 *Am hochgericht oder im Galgen loch*[274] wurde nach dem Galgen an der Grenze zu Langen-Bergheim benannt, nach der *Obermühle* die Anhöhe *Auf dem Mühlberg* (Flur 13, 14), 1509 *am mölberge*[275].
Die Grundstücke *Am Hundsnickel* (Flur 25) und *Im Hundsnickel* (Flur 24) sowie das *Hundsloch*, 1714 *Jm Hund Loch uffm Nickel*[276], liegen am Nordhang des *Hartenbergs* und sind teilweise stark nach Osten zum Wald hin geneigt. Die tiefergelegenen Bereiche im 'Loch' bekommen daher nicht so viel Sonneneinstrahlung. 'Hund' ist abschätzig für 'Land mit schlechtem Boden und ungünstiger Lage' verwendet worden[277].

b) Bodenverhältnisse

Drei Flurbezeichnungen beziehen sich auf ihren Untergrund. Die mundartliche Bezeichnung *Gehle Berg* für die Äcker *Beim Kammerborn* bezieht sich auf den schweren, gelben Lehm, der in den tieferliegenden Bodenschichten vorkommt. *Der Sandberg* (Flur 14) wurde in den vergangenen Jahrhunderten von der Gemeinde als Sandkaute genutzt. Ihm benachbart lag der gemeindeeigene Steinbruch *Auf dem Steinberg* (Flur 14), 1720 *uffm Steinberg*[278]. Beide Abbaustellen sind heute noch sehr gut zu erkennen.

c) Anbau und Nutzung

Auf den feldmäßigen Anbau von Flachs weist das Gelände *Im Flachsgrund* (Flur 39, 41) und *Über dem Flachsgrund* (Flur 39, 41) hin. Der Jagd diente *Das Remisenloch* (Flur 36). 'Remise' ist ein Wort aus der Jägersprache und meint ein 'dem Niederwild als Deckung u. Unterschlupf dienendes, natürliches od. künstlich angelegtes Buschwerk, Gesträuch, Gehölz' [279].

d) Besitzverhältnisse und Personen

Der Flurname *Am guten Hansenberge* (Flur 33), 1714 *Am Gudenhanßen Berg*[280], läßt gut erkennen, daß er den Namen 'gute Hans', vermutlich den eines früheren Besitzers, enthält. 'Gut' dürfte hier der Beiname eines 'Hans' sein. *Der Hartenberg* (Flur 27), 1331 *amme Hottenberge*[281], dürfte ebenfalls auf einen männlichen Personennamen zurückgehen, möglicherweise auf einen 'Hudo, Hutto'[282]. Auch für das Gelände *Am Odenber-*

*ge* (Flur 36) und *Im Odengrund* (Flur 33), 1437 *vff dem vdenberge*[283], 1466 in *dem Oden grundt*[284], wird man einen Personennamen 'Uto'[285] zugrunde legen können.
Zum Baiersröderhof und damit zum Besitz der Ilbenstädter Mönche gehörte das Gelände *Im Münchloch* (Flur 2), 1705 *am Münchloch*[286], vermutlich auch 1518 der *Rodder nickel*[287] und 1720 der *Pfaffenboden*[288]. Bei dem *Münchloch* geht '-loch' eher auf 'Loh', 'Wald' zurück, da es keine Geländesenke aufweist. *Der Pfaffenboden* kann auch Besitz der Marköbeler Kirche gewesen sein.
Von dem Acker, der 1508 *obwinigk dem Jüden grondt*[289] genannt wird, ist die genaue Lage nicht bekannt. Welche sachlichen Gründe zur Benennung des Geländes nach Juden führten, muß offen bleiben. Im Bereich der *Elsenbornweide* ist auf einer Karte 1781 der *Judenborn*[290] eingetragen. Da *Judengrund* und *Judenborn* beide im *Unterfeld* lagen, besteht die Möglichkeit, daß es sich um dasselbe Gelände handelte. Da Marköbel eine große jüdische Gemeinde hatte, könnte es sein, daß sich die Juden das Wasser für die Mikwe, das rituelle Reinigungsbad, vom *Judenborn* holten.
Das Gelände *Hinter Hirzbach* wird *Russekippel* genannt. Es sollen dort in den Jahren 1813/1814 mehrere russische Soldaten begraben worden sein. Nach der Vertreibung Napoleons wurden am 27. Dezember 1813 80 Russen, die zu den Truppen der Allianz gehörten, in Marköbel einquartiert. Während dieser Zeit starben 36 Personen in Marköbel an Typhus[291]. Es ist daher gut möglich, daß die russischen Soldaten, die an der Krankheit starben, nicht auf dem Friedhof, sondern *Hinter Hirzbach* begraben worden sind.

e) Tiere

Die Landschaft des Mittelalters und der Neuzeit war bis ins 19. Jh. hinein durch Hecken, Bäume und Gräben wesentlich abwechslungsreicher und kleinräumiger, als es heute der Fall ist. Sie bot, im Gegensatz zu unserer ausgeräumten Agrarlandschaft, zahlreichen Tierarten Lebensräume. Einige Ackerbezeichnungen weisen auf das frühere Vorkommen von Wildtieren und die Nutzung für Haustiere hin.
Die Flurbezeichnung *Am Ilms Nickel* (Flur 7), 14/15. Jh. *an dem Elvesberge*[292], 1714 *Ilms Nickel*[293], geht möglicherweise auf das Vorkommen des Schwans zurück. Der Schwan wurde in alt- und mittelhochdeutscher Zeit auch albiz, elbiz< lat. albus 'weiß', nach der weißen Farbe seines Gefieders benannt[294]. Der Name läßt sich nicht mit Sicherheit klären. Der ganz in der Nähe liegende *Lichtenberg* (Flur 10) ist sprachlich entstellt. Die älteste Form von 1345 *an dem lyrchenberg*[295] zeigt, daß der Berg seinen Namen nach den 'Lerchen', ahd. lerahha, mhd. lerche[296] trägt.
Bei den Gänsen des *Gänsebergs* dürften die Hausgänse namengebend gewesen sein, die am Fuß des Berges am *Hammersbach* geweidet wurden.
Ob Wildschweine den Anlaß zur Benennung der Äcker *Auf dem Sauberge* (Flur 36), *Im Sauloch* (Flur 32) und *Über dem Sauloch* (Flur 33), 1469 *in dem seüweloich*[297], 1588

*im Sewberg*[298] gaben oder das Gelände zeitweise als Schweineweide genutzt wurde, läßt sich nicht entscheiden.
Unsicher ist auch die ursprüngliche Bedeutung der früheren Waldungen *Am Schildberg* (Flur 21), *Vor dem Schildberg* (Flur 21) und *Der große Schildberg* (Flur 22), 1466 *Schelberg*[299]. Der Name könnte auf frühere Pferdehaltung zurückgehen. In unserem Wort 'Beschäler' für den '(Zucht)Hengst' ist das ahd. Wort scelo, mhd. schel(e) für 'Hengst' erhalten geblieben[300]. Die Anhöhe kann aber auch nach ihrer gewölbten, schildartigen Oberflächengestalt benannt worden sein.

f) Gebäude

Eine Feldscheune muß im Spätmittelalter an der Straße von Hirzbach nach Rüdigheim in der Nähe der Gemarkungsgrenze gestanden haben, auf die sich im 14./15. Jh. die Äcker *zu Schurendal* [301], 20. Jh. *Über dem Scheuertor*[302] bezogen. *Scheuertor* ist eine zersprochene oder umgedeutete Form von *Scheuerntal*.

## 2.3. Bewuchs

a) Bäume

Einzelstehende oder auffällige Bäume gab es mehrere in der Gemarkung, die Eingang in die Flurnamengebung gefunden haben. Die Flurbezeichnung *Bei Haupts Eiche* (Flur 7), 1331 *under Heibeteyche*[303] bezog sich auf eine heute nicht mehr vorhandene große Eiche, die entweder am Waldsaum des *Oberwaldes* oder in dessen Nähe stand. 'Haupt', in Hessen und Franken ahd. hoibet, mhd. heubit[304], wird hier im Sinne von 'weitausladendem Geäst und Baumkrone' für die auffällige Größe der Eiche gebraucht worden sein. Da die *Haubtseiche* in unmittelbarer Nähe der Gemarkungsgrenze zu Langen-Bergheim stand, war sie möglicherweise ein Grenzbaum.
Um einen großen Baum handelte es sich auch bei der *hohen Buche* am *Unterwald*, nach der das Gelände *An der hohen Buche* (Flur 25, 26), 1345 *zu der hohen buchen*[305], benannt wird. *Die Birken* (Flur 2) hießen 1705 noch *an den Beyersröder aspen*. Dieser Bereich wurde 1705 als *naß wüstung*, die mit *gesträuß, Aspen, bircken* bewachsen war, beschrieben[306]. 'Aspe' ist eine andere Bezeichnung für die Zitterpappel (Populus tremula).
Auch bei dem *Erl* (Flur 27), 1469 *in den erlen*[307], hängen Bewuchs und Bodenverhältnisse eng zusammen. Die Erle wächst auf feuchtem Untergrund.

b) Hecken und Büsche

Die Grundstücke *Auf den Pfarrellern* (Flur 13), 1714 *Auff dem MühlBerg auff der Pfarr Ellern*[308], waren früher unbebautes, mit Büschen und Bäumen bewachsenes Gelände,

das ganz oder teilweise der Marköbeler Pfarrei gehörte. 'Eller' als Bezeichnung für 'Ödland' [309] wird noch im 18. Jh. in Marköbel verwendet. 1714 lag etwas weiter oberhalb *Die wüste Ellern auf dem Mühlberg, worin eine Stein Kaute*[310]. Was ausschlaggebend für die Benennung der *Krindhecke* (Flur 9), 1714 *An der Krind Hecken*[311], war, läßt sich nicht sicher ermitteln. 'Grind' kann 'knorrige wucherung, mißbildung an bäumen und sträuchern' meinen oder den Untergrund, da 'Grind' auch im Sinne von 'sand, kies'[312] gebraucht wurde.
*Auf der Hollerstaude* (Flur 9), 1480 *vff der Holder studen*[313], wurden zwei größere Flächen zwischen der *Klöppelsweide* und dem *Röderweg* genannt, nach dem 'Holunder', der dort wuchs. 'Holler' ist die verkürzte Form für 'Holunder'.
Die *Schelhecke* (Flur 24, 27), 1466 *an der scheleheckenn*[314] lag westlich vom *Unterwald*. 'Schel' dürfte im Sinn von 'schief, krumm' zu verstehen sein und sich entweder auf die gekrümmte Form der Hecke oder ihre Lage am Hang beziehen[315].

## 2.4. Form

Nach einem alten Arbeitsgerät, dem Blauel, ist die Gewann *Auf dem Plauel* (Flur 42) benannt. In den historischen Grundstücksbeschreibungen wird zur Charakterisierung der Grundstücksform öfter der Zusatz 'ist ein Blauel' oder 'ist ein Blauelstück' verwandt. Der 'Blauel', ahd. pliuwil, mhd. bliuwel[316] war ein flaches Brett mit einem Stiel zum Schlagen der Wäsche und des Flachses[317]. Als Flurname bezeichnet 'Blauel' Äcker und Wiesen mit nahezu quadratischem Grundriß[318].
Auf die Form eines Grundstücks oder der ganzen Gewann geht vermutlich auch *In der Teschen* (Flur 9), 1714 *Jn der Teschen*[319], zurück. In den Karten des 19. Jh.s läßt sich allerdings kein Grundstück ausmachen, das die Form einer 'Tasche' hat. Die Oberflächenbeschaffenheit hat auch nichts Taschenartiges. 'Tesche' ist eine Nebenform zu 'Tasche'[320].

## 2.5. Größe

Im 18. Jh. wurde bei Vermessungen die Fläche der Grundstücke in Morgen, Viertel, Ruten, Schuh und Zoll angegeben. Als größtes Ackermaß ist die Hube bis ins 18. Jh. als Flächenmaß verwendet worden[321]. In Marköbel bestand 1 Hube aus 30 Morgen, 1 Morgen aus 4 Vierteln bzw. 160 Quadratruten, 1 Quadratrute aus 10 Quadratschuh und 1 Quadratschuh aus 10 Quadratzoll. In einem *Münz-, Maass- und Gewichtsbuch* des Jahres 1858 wird der Flächeninhalt einer Quadratrute im Hanauer Gebiet mit 12,74133 qm angegeben, allerdings mit der Einschränkung: *Das Feldmaass ist übrigens im Hanauischen verschieden*[322]. Jedes Dorf in der Wetterau hatte ein eigenes, wenn auch von den umliegenden Orten oft nur geringfügig abweichendes Längen- und Flächenmaß.

a) Hube

Die 'Hube', ahd. hoba, huoba, mhd. huobe[323] kann als Flächenmaß eine zusammenhängende Ackerfläche meinen, unter der 'Hube' kann aber auch eine Wirtschaftsfläche, bestehend aus Hofstelle, Äckern, Wiesen, Weiden und Wald, die über die Gemarkung verteilt lagen, verstanden werden. *An Hand des Codex Laureshamensis* (Güterverzeichnis des Klosters Lorsch) *läßt sich deutlich verfolgen, wie im letzten Jahrzehnt des 8. Jahrhunderts plötzlich der Ackerzubehör eines Gutes gewöhnlich in Hufen zusammengefaßt wurde. Seitdem bezeichnet die Hufe ein bestimmtes Ackermaß. Seit dem hohen Mittelalter prägt die Hufe als Feld- und Flur- wie als Wirtschafts- und Betriebseinheit maßgeblich das gesamte Siedlungs- und Flurbild*[324].
Die 'Hufe' ist für Marköbel als Betriebseinheit und als Flächenmaß belegt. Die 1289 genannte *Stuzen hube*[325] ist als Hof mit allen dazugehörenden Ländereien anzusehen, der sich im Besitz der Marköbeler Familie Stutze befand[326]. Auf die Ackerfläche beziehen sich 1413 *vff der huben*[327], 1714 *stöst hinten uff die Ostheimer hube*[328] und 1545 *vff der hindersz huben*[329], 1588 *vff der haubenn*[330]. Die Hube wurde in der Wetterau zu 30 Morgen gerechnet[331] und in Marköbel als größte Flächenangabe bis ins 18. Jh. hinein verwendet. So gab das Antoniterhaus Roßdorf 1469 die Gesamtfläche seines Hirzbacher Besitzes, der 342 1/2 Morgen Ackerland umfaßte, mit 11 Huben und 12 1/2 Morgen an[332].

b) Morgen

Der 'Morgen' umfaßte ursprünglich soviel Ackerland *so vil man mit eym par ochsen einn tag zackern kan*[333]. Daher kann der Morgen unterschiedliche Flächeninhalte haben. Bei den Äckern, die nach 'Morgen' benannt sind, handelt es sich in der Regel um große Grundstücke im Besitz geistlicher und weltlicher Herren, die in der stark parzellierten Flur mit zumeist sehr kleinflächigen Feldern auffielen. Bei fast allen wird die Größe des Ackers angegeben. Es wird hier nur eine Auswahl der Ackernamen auf *-morgen* angeführt: 1588 *vff die zween Morgenn*[334], 1331 *niedewendig der 4 Morgen*[335], 1588 *vff die fünff morgenn*[336], 1714 *an den Hoffischen 18. Morgen*[337], 1702 *auff die johannitter 40 morgen*[338], 1467 *ane den lxx* (70) *morgen*[339]. Zum kirchlichen Besitz gehörte der im 14./15. Jh. erwähnte *Heiligenmorgin*[340], der 1466 der *heiligen acker*[341] genannt wurde.

## 2.6. Gebäude und Begräbnisplätze

Drei Flurbezeichnungen beziehen sich auf Hirzbach und seine Höfe. Die Äcker *Hinter Hirzbach* (Flur 39) schließen im Westen direkt an Hirzbach an. Im Süden liegen die

Felder *Hinter dem Johanniterhof* (Flur 35, 37), der früher im Besitz der Johanniterkommende Rüdigheim war. Auf der Fläche der Gewann *Auf dem alten Hof* (Flur 35) stand bis ins 16. Jh. der alte Wirtschaftshof des Frauenklosters Nieder-Ilbenstadt. 1552 wird die *Alte Hobreyd* und die *Naüe Hobreyd*[342], die der Hofmann *Gercz Hanße* zusammen mit seiner Frau gebaut hatte[343], genannt.
Äcker und Gärten um den Friedhof der Hirzbacher Kapelle werden beschrieben: 1588 *der Clausenn Garttenn, Stöst vff denn Kirchoff*[344], 1702 *der Clausen gartten /.../ stöst mit dem obersten haubt, auff den kirch Hoff, oder Cappell*[345].
Ob es sich bei den *Kreuzen*, 1714 *Bey den X.ern, Auf den Creutzern*[346], *bis an die Xstein*[347], um einen Friedhof handelte, ist fraglich, obwohl die Nennung mehrerer Kreuze dafür spricht. Das Gelände liegt heute direkt am Ortseingang von Marköbel, wenn man aus der Richtung von Hirzbach kommt, auf der linken Seite. Es wird auch bei den *sieben Kreuzen* genannt.

### 2.7. Sonstige Namen

Für die große Ackerfläche *Im Rebling* (Flur 3, 41) läßt sich bisher keine sichere Erklärung finden. Der Flurname ist seit dem 14. Jh. belegt; 1365 *uf den Rebelinges*[348]. *Rebling* könnte ein ehemaliger Besitzername sein. Der Familienname *Rebeling, *Rübeling o.ä. ließ sich bisher für den Marköbeler Raum nicht nachweisen.

## IX. Allmende

Die Allmende umfaßte den Besitz an Weiden, Wasser, Wäldern und Wegen, der allen Ortsbürgern eines Dorfes gemeinsam gehörte und gemeinschaftlich genutzt wurde[349]. Ihre Bedeutung für das Dorf lag vor allem in der Nutzung der Wiesen und des Waldes als Weide sowie des Waldes als Holzlieferant. Aus den Einnahmen der Verpachtung von Wiesen und Bächen, dem Verkauf von Holz und dem Wegegeld konnten gemeinschaftliche Aufgaben und Einrichtungen im Dorf und in der Gemarkung finanziert werden[350].
Zu diesen gemeinschaftlichen Einrichtungen gehörte die *Bleiche*[351], die auf einem Stück Gemeindeland nordwestlich des Friedhofs zwischen dem Weg zur *Obermühle* und dem *Krebsbach* lag. Dort konnte die Wäsche zum Bleichen ausgelegt werden. In der Nähe befand sich die *Weed*, 1714 *Auf der Weeth, bey Fritzen Steeg*[352]. Sie dürfte mit der 1588 erwähnten *wasserstuben*[353] identisch sein. Sowohl eine *Weed* als auch eine *Wasserstube* sind künstlich angelegte Teiche bzw. Wasserbehälter[354]. Nach Alberus ist eine *Weed* ein Teich *da mann waßer hat, wann sunst inn den heyßen tagen wenig waßers ist*[355]. Die *Weed* konnte auch Pferdeschwemme und Viehtränke sein. Diese lag in Marköbel vor dem *Untertor*. Bereits 1614 ließ die Gemeinde den *Tränkbach*, mundartlich *die Tränk*, säubern und neu herrichten sowie den unmittelbar daran

anschließenden *Waschbach*, 1571 *bey der weschbach gelegen*[356], 1714 *bey der Waschbach genandt*[357], neu pflastern[358]. Der *Waschbach* wurde 1714 auch *Schwänckbach*[359] genannt. 'Waschen' und 'schwenken' werden in der Wetterau im Sinne von 'auswaschen', 'mit Wasser spülen' gebraucht. In diesem gepflasterten Teil des Bachs können sowohl Fuhrwerke, Vieh als auch Wäsche gewaschen worden sein[360].

Im Besitz der Gemeinde befand sich auch das Gelände, auf dem Baustoffe abgebaut werden konnten. Lehm, der u.a. zum Ausfüllen des Fachwerks Verwendung fand, wurde *In der Leimenkaute* (Flur 13) und an der *Büdinger Hohl* abgebaut; 1514 *gelegen bey der leyme kütten*[361], 1714 *Die Gemeinschafftliche Leimenkauthen*[362]. 'Kaute' ist ein mitteldeutsches Wort für 'Grube, Loch' [363] und wird in der Wetterau für vom Menschen angelegte Gruben gebraucht.

Auf dem *Neuen Berg* und dem *Mühlberg* lagen zwei Sandkauten; 1345 vff der *santgruben*[364], 1845ff. *Jm Neuenberg, die alte Sandkaute genannt* [365]. Neben der *Sandkaute* auf dem *Mühlberg* befand sich ein Steinbruch; 1714 *Die Gemeine Stein Kauthen auff Mühlberg, ligt neben der hög*[366]. *Die Loosestücker*, die sich 1872 im Marköbeler Kataster als Gewannbezeichnung finden[367], waren ursprünglich Gemeindeland in der *Steinkaute*, das um 1714 im Losverfahren an Gemeindemitglieder verkauft worden ist. 1714 heißt es *Auff der Stein Kauthen über dem Wein Berg, an denen ausgetheilten Löser*[368]. Ein weiterer Steinbruch befand sich im *Unterwald* [369].

Auf den Fang von Wildtieren gehen wahrscheinlich vier Flurbezeichnungen zurück. In der Nähe der *Hauptseiche* lag eine Wildschweinfalle; 1345 *zur hobitseich in der furch gein der schweingruben*[370]. Da sie zwischen *Oberwald* und den *Betten* lag, sollte diese Fanggrube verhindern, daß Wildschweine die Felder verwüsteten. Vermutlich wurde die *Wolfskaute*, 1714 *Jn der Wolffs Kauten*[371], erst nach dem Ende des Dreißigjährigen Krieges angelegt, als die Wölfe sich sehr vermehrt hatten. Die verstärkte Jagd auf den Wolf und die Aussetzung von Fanggeldern führten bis zum Jahr 1757 in der Grafschaft Büdingen dazu, daß der Wolf als ausgerottet galt[372]. Die Marköbeler *Wolfskaute* lag, wie die *Schweinegrube*, zwischen *Oberwald, Landwehr* und den *Betten*. Da sich ganz in der Nähe auch die *Pfingstweide* und die *lange Weide* befanden, sollte wohl verhindert werden, daß die Wölfe das Weidevieh anfielen. Auf den Äckern *In der Fallkaute* (Flur 21), 1331 *an der Valgruben*[373], war ebenfalls eine Grube ausgehoben worden, um Wölfe, Füchse oder Wildschweine von Äckern und Weiden abzuhalten. Vermutlich zur Unterscheidung zur zweiten Fanggrube am *Oberwald* nannte man diese nach der Art und Weise, wie die Tiere gefangen wurden. Georg Wickram beschrieb in seinem Buch *Das Rollwagenbüchlin* 1555 eine solche Fanggrube. *Nun hatten die bauren in dem dorff, in wöllichs er gon wolt, erst am selbigen tag ein tieffe wolffsgrüben nit weit vom dorff auffgeworffen, und, wie man pflegt zu thun, in mitte der gruben hatten sy ein höwstangen auffgericht und ein endt in einem korb darauff gebunden, damit, wann die wölff oder füchs die endt horten, das sy dem geschrey zulouffen solten und in die gruben fallen /.../ Als nun des morgens die bauren lugen wolten, was sy die nacht gefangen hetten, kamend sy mit seilern und leitern, spiessen und kolben zu der gruben*[374].

Auf eine Vorrichtung zum Vogelfang kann die Flurbezeichnung *Am Vogelkorb* (Flur 25) zurückgehen. *Der Vogelkorb*[375] war nach dem Kataster im 19. Jh. ein quadratisches Grundstück im Besitz der Gemeinde mit einem Flächeninhalt von 1,79 Quadratruten (knapp 27 qm) inmitten der Gewann. Bei der Kulturart wird angegeben, daß es wüst liegt. Ein 'Vogelkorb' ist ein 'Vogelbauer'[376]. Früher wurden bei der Singvogeljagd, wie dies heute in Südeuropa noch praktiziert wird, Singvögel in Käfigen in Hecken und Büsche gesetzt, damit sie durch ihren Gesang andere Vögel anlockten. Die Bezeichnung *Vogelkorb* könnte sich allerdings auch im übertragenen Sinn auf die geringe Größe des Grundstücks bezogen haben.

## 1. Wiesen und Weiden

Die gemeindeeigenen Wiesen und Weiden wurden hauptsächlich als Viehweide und zur Heugewinnung genutzt. Im 18. Jh. verpachtete die Gemeinde einen Teil der Wiesen an interessierte Ortsbürger, der andere Teil mußte dem Zug- und Melkvieh als Weidefläche sowie als Fläche zur gemeinschaftlichen Wiesennutzung vorbehalten bleiben[377]. Da das Vieh den überwiegenden Teil des Jahres im Freien blieb, stellte die Gemeinde zum Hüten des Rindviehs und der Schweine zwei Hirten an. Das Amt des Hirten wird 1735 beschrieben: Der *Hirte, ist einer, dem das Vieh auf die Weide, und wieder nach Hause zu treiben anvertrauet wird. Nach dem Unterschiede des Viehs werden sie Küh- Schaaff- Schwein- Kälber- Hammel- Lämmer- Hirten und so weiter genennet. Ein guter Hirte muß wachsam und unverdrossen seyn, das Auge ohn Unterlaß auf sein Vieh haben, damit es nicht zum Schaden weide; er muß wissen, wie und wohin er das Vieh nach dem Unterschiede der Jahrs-Zeit und des Wetters treiben soll. Er muß die seiner Aufsicht anvertrauete Heerde so gut, als ob sie sein eigen wäre, in Acht nehmen, sich vor schädlicher Weide hüten, und das Vieh Niemand zu Schaden lauffen lassen. Er muß zugleich davor sorgen, daß das Vieh einander nicht selbst beschädige, sich nicht verlauffe, verliere, oder wohl gar entwendet und gestohlen werde. Hiernächst muß er eine proportionirliche Eintheilung der Weide machen, und selbige mäßig gebrauchen, daß er nicht alles auf ein Mahl verthue, sondern ein ander Mahl auch etwas habe; Denn er hat einen Unterschied in Ansehung der Weide in Acht zu nehmen, und jegliche Gattung Viehes zu gehöriger Zeit dahin zu treiben. Sein Amt, wenn er nicht auch die Schaaffe mit zu hüten hat, fänget sich am Georgen-Tage* (23. April) *im Monath April an, und währet bis in den halben November. Vormittags muß das Vieh auf einen Anger, Stoppeln, oder auf eine Wiese ins freye, damit es sich mit frischem Grase sättigen könne, ehe die starcke Mittags-Hitze heran nahet, getrieben werden; Nachmittags aber eilet der Hirte damit er in das Holtz, Gebüsch, Brahnen und andere schattigen Plätze, wo sie ihr Futter ohne Beschwehrung haben können. Endlich*

*soll sich ein Hirte auf die Vieh-Artzeney wohl verstehen, und demselben bey allerhand zustossenden Kranckheiten zu Statten zu kommen wissen, weil sonst manches Stück von einem plötzlichen Zufalle auf der Weide crepiren muß, welchem mit einem geringen Mittel geholfen werden können*[378].
Spätestens ab Pfingsten blieb das Vieh ständig im Freien. Das Hüten des Kleinviehs war Aufgabe der Frauen und Kinder. Wie die Gemeindehirten mußte jeder, der Vieh hütete, darauf achten, daß die Tiere keinen Schaden verursachten.

## 1.1. Allgemeine Bezeichnungen

Die *Aue*[379] liegt westlich des *Bruchs* unterhalb der Autobahnbrücke an der *Haube*. Sie wird 1714 als *Die Aue Wiesen neben dem kleinen Bruch*[380] beschrieben. Das Gelände ist sumpfig. 'Aue', ahd. ouwa, mhd. ouwe[381] ist 'wasserdurchflossenes, feuchtes, gewächsreiches Gelände'[382].
Die Gewann *Am Wasen* (Flur 19), 1469 *uff dem wässem*[383], ist heute zum Teil bebaut, ein Teil ist noch Wiese. 'Wasem', ahd. waso, mhd. wase ist eine 'rasenfläche'[384].
Die Wiesen, die 1714 *Jn der Obersten Wiesen, die mittelste Wiese*[385] und 1720 *an der Untersten Wiesen am born*[386] genannt werden, sind lediglich nach ihrer Lage zueinander unterschieden worden. Sie gehörten wahrscheinlich ehemals zur Wüstung *Welderícheshusun*. 'Wiese', ahd. uuisa, mhd. wise bedeutet allgemein 'kultiviertes, zur gras- und heugewinnung bestimmtes grünland'[387].
Da der größte Teil der Wiesen und Weideflächen Gemeindebesitz war, werden unterschiedliche Grundflächen als *gemeine Weide* bezeichnet. 1545 *an der gelnhauser brucken an der gemeyn weyde*[388]. 'Weide', ahd. weida, mhd. weide bedeutet seit Ende des 13. Jh.s Grünfläche, die zur 'nahrungsaufnahme des viehs' genutzt wird[389]. Da die Nutzung der Grünflächen im Gemeindebesitz als Wiesen zur Heugewinnung und als Weiden für das Vieh wechseln, werden für dieselbe Fläche 'Wiese' und 'Weide' als Bezeichnung verwendet.

## 1.2. Bodenverhältnisse

*Das Bruch* (Flur 25), 1331 *uf dem Bruche*[390], und *Über dem Bruch* (Flur 11), 1437 *uff der bruchwiesen, vff hirtzbecher felde*[391], 1467 *vff dem wogende bruche*[392], sind zwei Geländeteile mit sumpfigem Untergrund. *Das Bruch*, das westlich des *Unterwalds* liegt, ist mit Gräsern, Schilf, Weiden- und Erlenbüschen bewachsen. Mehrere kleine Waldbäche und Quellen fließen dort zusammen. Auch die Gewann *Über dem Bruch* ist feucht. 'Bruch', ahd. pruoh, mhd. bruoch ist 'ein feuchter wiesengrund, der beweidet und betreten werden kann' [393], 'feuchte, sumpfige Wiese' [394]. Die Bezeichnung 'wogender Bruch' bezieht sich auf das Schilf, das vom Wind bewegt wird.

Auf den Bewuchs mit Schilf und damit auf die Nässe des Geländes gehen die Bezeichnungen *Ried,* 1345 *vff dem Riede*[395], und *Röhricht,* 1466 *am Rorach*[396], zurück. 'Ried' ahd. (h)riot, mhd. riet bedeutet 'Schilfrohr, mit Schilfrohr bewachsenes Gelände' [397], 'Röhricht', mhd. rorich 'Schilfrohrdickicht' [398].
Im Bereich des *Braunsbergs* wurde eine Weide, die ursprünglich mit Weiden bewachsen war, 1357 *uff dem Wydes*[399], 1434 *uff die wydesweyde*[400] genannt. 'Weidicht', ahd. widahi, mhd. widah[401] bezeichnete hier zusammenfassend die Weiden, die auf dem feuchten Gelände wuchsen.
*Die Pfuhlwiese* (Flur 29), 1714 Wiesen *Jn der Pful Wiesen, Pflantzen Länder zwischen diesen Pful Wiesen*[402], dürften mit 127 m ü.d.M. den tiefsten Punkt der Marköbeler Gemarkung bilden. 'Pfuhl', ahd. phuol, mhd. phuol, pfuol meint 'im eigentlichen sinne eine gröszere tiefere pfütze' [403]. In der *Pfuhlwiese* lagen bis zur Zusammenlegung in unserem Jh. Pflanzenländer[404]. Nach der Beschreibung von 1714 scheinen in der Wiese mehrere tiefe Stellen gelegen zu haben, die dauernd oder zeitweise mit Wasser gefüllt waren. Um diese *Pfuhle* lagen die Pflanzenländer.
*Bey der dürren Weyd* [405], die 1714 genannt wird, handelt es sich um eine nicht sehr ergiebige Wiese, einen Magerrasen, im Bereich der *Klöppelsweide.* 'Dürr', ahd. durri, mhd. dürre, durre 'nennt man einen boden auf dem nichts wächst, weil er von natur steinig, sandig ist, weil er zu hoch liegt' [406]. Der Magerrasen ist gekennzeichnet durch einen Mangel an Nährstoffen, einen trockenen Standort, hohe Temperaturunterschiede sowie eine artenreiche Flora und Fauna[407]. Auch *Die Hölswiesen* (Flur 30), 1413 *geliegen in der hyltz wieszen*[408] und *Die Hölsweide* (Flur 28), 1714 *die Hildsweyd*[409], werden mageres Wiesengelände gewesen sein, wenn der erste Bestandteil zu 'hahl', ahd. hali, mhd. haele[410] 'trocken, dürr, mager' [411] gehört.

## 1.3. Bewuchs

Das Naturschutzgebiet *Die Erlwiesen* (Flur 24, 27) ist mit Erlen, Weiden, Weidenbüschen und Schilf bewachsen. Der Boden ist sumpfig und moorig. Die Nutzung dieses Geländes war auch früher schon problematisch. In der Forst- und Waldordnung von 1736 sollten solche Flächen mit Erlen angepflanzt werden. *Wo es auch an sumpfigten und nassen Orthen keine Erlen hätte, dahin sollen Unsere Forst-Beambten des zeitigen Erlen-Saamens streuen lassen, angesehen solches ein wächßiges Holtz ist, so in wenigen Jahren zu Stamm-Wellen, gehauen werden kan*[412].

## 1.4. Nutzung allgemein

Im Nummernbuch 1845ff. wird eine lange, schmale Wiese, die zwischen dem *alten Heegweg* und den *langen Wiesen* lag *An der alten Heeg, die Schmarotzer Wiese*[413] genannt. Alle Wiesenbesitzer in den *langen Wiesen*, die auf die gemeindeeigene *Schmarotzer Wiese* mit ihren Grundstücken stießen, mußten das schmale Wiesenstück benutzen, um auf ihre Wiesen zu fahren. Der Nutzen lag auf Seiten der Wieseneigentümer der *langen Wiesen*.

## 1.5. Viehwirtschaftliche Nutzung

Die Gänse der Gemeinde hatten ihre Weide im Osten vor dem *Unterwald*, 1845ff. Wiese *Bei der Gelnhäuser Brücke, die alte Gänsweid genannt* [414].

Das früheste Zeugnis für die Haltung von Schafen ist die Erwähnung von dem *schafhove*[415] im Jahr 1338, den das Kloster Marienborn in Marköbel besaß. *Die Schafwiesen* (Flur 19, 30), 1356 *in der Schoffwisen*[416], die am Ortsrand des Dorfes liegen und heute z.T. bebaut sind, ist die einzige Flurbenennung, in der sich die Schafhaltung niedergeschlagen hat.

In unmittelbarer Nähe der Hofreiten von Hirzbach standen mehrere Verschläge für Schweine, die aus Brettern oder geflochtenen Zäunen bestanden. Die Verschläge, in denen die Schweine wohl nur während der Nacht eingesperrt waren, hießen 'Kreben'. In Hirzbacher Güterverzeichnissen werden 1467 eine Wiese *Jnne dem dorffe gelegen gnant Jnne dem kreben*[417] aufgeführt, 1588 *Reitzenn Heinntzenn Krebenn, vff dem Viehe Weidtgenn, stöst vnndenn vff der Thönnges Herrnn Krebenn*[418]. 'Krebe', mhd. krebe bedeutet eigentlich 'Korb' [419]. In Oberhessen hießen die Verschläge für die Schweine 'Kreben' [420]. Die beiden 'Kreben' von 1588 befanden sich im Besitz eines Hirzbacher Hofmanns und der Antonius(Thönges)herren in Roßdorf. In der Nähe von Marköbel wird 1429 in einer Urkunde eine Wiese *in dem kreben*[421] erwähnt, 1588 *die Krebenn Wiesenn*[422]. Inwieweit sich dazu die Nennungen 1331 *uf die Grabenwiesen*[423], 1714 *die Gräben Wiesen genandt*[424], *In den Gräben* (Flur 19) stellen lassen, ist fraglich, da in und an der Wiese zwischen dem *Damm* und der *Untermühle* drei wasserführende Bäche und Gräben lagen. Auf oder an der *Gräbenwiese* befanden sich 1714 Gärten *hinter den Zäunen genandt im Gräben neben der Bach*[425]. Dieser Beleg läßt eher an einen 'Kreben' denken. Ob die Wassergräben oder ein Schweinekreben zur Benennung Anlaß gaben, muß offen bleiben. Beides ist möglich.

In der Nähe von Hirzbach befand sich ein *Pferch*, 1467 *vff dem Pyrchin*[426]. 'Pferch', ahd. pfarrich, farrich, pfer(r)ich, mhd. pherrich ' ist eine Hürdenumzäunung zur Aufnahme von Vieh im Freien' [427]. Während im *Pferch* verschiedene Haustiere gehalten werden konnten, dürften auf der *Viehweide*, 1365 *an der veheweide gelegen*[428], und dem *Viehberg*, 1469 *uff dem fye berge*[429], vermutlich Kühe und Rinder gehalten worden sein, auch wenn 'Vieh' nur eine allgemeine Bezeichnung ist.

Eine 'Nachtweide', ein nächtlicher Weideplatz für das Vieh, scheint erst im 17. Jh. in Marköbel eingerichtet worden zu sein; *In der Nachtweid* (Flur 32), 1714 *an der Nacht-Weyd stößt auf den Rüdigheimer Grentz Graben*[430]. Das Wort 'Nachtweide' ist erst

seit dem 15. Jh. belegt[431]. Wahrscheinlich blieben Rinder, Mast- und Zugvieh im Sommer nachts auf der Weide unter Bewachung von Männern aus dem Dorf, während das Melkvieh abends in die Ställe kam, damit es morgens und abends gemolken werden konnte.
Die *Pfingstweide*, 1467 *vff der phingstweyde*[432], war eine 'weide, die zu pfingsten auf gethan (bis dahin als wiese gehegt) wird'[433]. Mit Pfingsten verbanden sich viele Bräuche, die in Zusammenhang mit der Weidewirtschaft, insbesondere der Schäferei standen. Pfingsten war der Termin, an dem das Vieh endgültig Tag und Nacht im Freien bleiben konnte, da keine Fröste mehr zu befürchten waren.
Marköbel und Hirzbach besaßen beide eine Wiese, auf der der gemeindeeigene Zuchtstier, der Faselochse, gehalten wurde. In Marköbel stand im 18. Jh. dem Landbereiter des Amts Windecken, der die Tiere halten mußte, *Die Ochsenwiese* (Flur 13), 1714 *Die Ochsen Wieß Bey der Obermühl*[434], und in Hirzbach 1714 *Die Ochsen Wiese bey Hirtz*bach[435] zur Nutzung zu[436]. Die Haltung zweier Faselochsen beruht vermutlich auf der Konfessionsverschiedenheit der beiden Siedlungen. Die "evangelisch-reformierten" Kühe aus Marköbel sollten nur von dem "evangelisch-reformierten" Faselochsen und die "katholischen" Kühe von Hirzbach nur vom "katholischen" gedeckt werden[437].
Sowohl am *Oberwald* als auch am *Unterwald* befanden sich am Ende der *Pfingstweide* und oberhalb des *Elsenborns* schattige Ruheplätze am Waldrand für das Weidevieh, das sich dort während der größten Mittagshitze aufhalten konnte. Die Plätze hießen *Kühunter* und *Kühruh*; 1714 *Bey der Kühruh obig dem Elsterborn, Bey der Kühuntern am Elsterborn*[438], 1720 *im Oberwald uff der Küh Undern*[439]. 'Untern', ahd. untarn, untern, mhd. undern, undarn bezeichnete die Mittagszeit[440], in der Wetterau 'die Zeit zwischen 11 bis 1 Uhr' und die 'Under' für das Vieh 'zwischen 12 und 3 Uhr' [441].
In der Marköbeler Gemarkung gab es wahrscheinlich mehrere Plätze, auf denen das verendete Vieh verscharrt wurde. *Auf der großen Burg* wird 1714 der *Kühe Kirchhoff*[442] genannt, 1331 ein Acker *an Schinacker*[443], im *Unterwald* der *Schindgrund*[444] und auf dem Gelände des Baiersröderhofs 1845ff. *An der Ostheimer Grenze*, die *Schindkaute*[445]. Ahd. scintan, mhd. schinden bedeutet 'von Haut oder Rinde entblößen', der 'Schinder', mhd. schinder ist der 'Abdecker, der totem Vieh die Haut abzieht'[446].

### 1.6 Besitzverhältnisse und Personen

Zum Gelände des Baiersröderhofs gehörten 1705 die *hoffwießen*[447], zu Hirzbach *Die Hirzbacher Wiesen* (Flur 35), 1357 *in der Hirtzbecher wysen*[448], zum Johanniterhof 1702 die *Johannitterwießen*[449] und zur *Obermühle* 1714 *Obig der Mühl Wießen*[450].
Der Marköbeler Familie Else[451] gehörte wahrscheinlich die *Elswiese*, 1413 *an der elsz wieszen*[452], wobei der Name auch auf den Bewuchs mit Erlen oder Wermut (Artemisia absinthium) zurückgehen kann. Beide Pflanzen wurden auch als 'Else' bezeichnet[453].

Besitz der Hirzbacher Familie Kammer dürften *die Cammer Wiesen*[454], die 1714 genannt werden, gewesen sein. Auf einen Familiennamen geht vermutlich auch *Die Klöppelsweide* (Flur 10, 12) zurück; 1357 *obwendig des Kloppels wisen*[455], 1533 *vff die Kloppelsweydt* [456]. Der Familienname ist zwar nicht für Marköbel belegt, aber um 1370 für Gelnhausen. Dort lebte ein *Johannes Cluppel, Johannes de Breydinbach dictus Clopphil*[457]. Auch die *Weimersweide* wurde nach einem Familiennamen benannt; 1466 *zu den Biegen wenden vff die weide neben Helffrich weynern*[458], 1714 *Bey Lochmanns Graben oder der Weymers Wayd*[459].

## 1.7. Tiere

Nach dem Vorkommen des Blutegels (Hirudo medicinalis) im *Egelgraben* trug die *Egelwiese*, 1588 *bey der Egellwiesen*[460] ihren Namen. 'Egel', ahd. egala, mhd. egele, egel[461] bezeichnet sowohl die Saugwürmer als auch die Ringelwürmer, zu denen der Blutegel gehört[462].
Die Wiese unterhalb des *Ilmsnickels* wurde möglicherweise nach dem Schwan , mhd. elbiz (s. S. 434) benannt; 1429 *elbesze weszen*[463].

## 1.8. Form und Größe

Die Gewann *Auf der Breitwiese* (Flur 30) wird wohl so bezeichnet worden sein, da sie im Vergleich zur schmalen, langgezogenen *Hölswiese*, an die sie anschließt, zum Dorf hin sich verbreiterte; 1437 *vff der breit wiesen*[464].
*Die große Wiese* (Flur 2) beim Baiersröderhof hieß 1701 *Große Weyd*, und in ihrer unmittelbaren Nähe befand sich die *Kleine Weyd*[465], die beide bis zu diesem Jahr zur Weidefläche des Hofs gehörten.
Während *Die lange Weide* (Flur 6, 7), 1357 *uff dy langen weyde*[466], die zur Allmende gehörte und daher eine ungeteilte Fläche bildete, nach ihrer langgestreckten Form genannt wurde, bestanden *Die langen Wiesen* (Flur 29) aus zumeist langstreifigen Wiesenparzellen; 1331 *zu langen Wiszen*[467].
Nach ihrer Form sind die *Eckwiese*, 1714 *Am Säuloch und der Eckwiesen*[468], und 1714 *die Runde wiesen*[469] benannt worden.
Auf einem Vergleich beruhte die Bezeichnung eines Wiesenstücks am Ende der *langen Weide*; 1845ff. *Ueber der langen Weid', das Pastetenstück genannt*[470]. 'Pastete', mlat. pastata, mhd. pastete, pastede ist 'im eigentlichen sinne, in einem schachtelförmigen teig (paste) gebackene fleisch- oder fischspeise' [471]. Das Wiesenstück war ein langgezogenes Rechteck, das durchaus scherzhaft mit einem Pastetenstück verglichen werden konnte.

Die Wiesenfläche *Im Spieß* (Flur 29) zwischen der Gemarkungsgrenze zu Rüdigheim und dem *Krebsbach* bildet eine langgezogene Landspitze. Die Benennung bezieht sich auf die Form der Wiese, die mit einem Spieß verglichen wird[472]; 1714 *Jm Spieß*[473].

### 1.9.Lage

Neben schattenspendenden Hecken, Büschen und Bäumen gehörten zu allen Weiden Bäche und Quellen, um das Vieh im Sommer ausreichend mit Wasser versorgen zu können. Diese Funktion hatten der *Elsenborn* für *Die Elsenbornweide* (Flur 24), 1714 *Die Elstern Born Weydt*[474] und der *Weidenborn* für die 1714 genannte *Weide Born Weydt*[475]. An einem Graben, durch den das Wasser des *Kandelborns* abfloß, lag 1467 *dye kandel wieszen*[476], am *Zwerchbach* 1714 *Die Zwerch Bach Weydt*[477].

### 1.10.Sonderland

Als Teil der Besoldung stand einem der Hirten oder beiden ein Wiesenstück *Auff der kleinen Burg* zu, das 1714 die *hirten Wießen* hieß[478].
*Die große Wiese* am Baiersröderhof wird heute auch die *Prielwiese* genannt. Im Norden von Marköbel, unterhalb des *Mühlbergs* liegen die Wiesen *Im großen Breul* (Flur 15). Der *Damm* trennte den Marköbeler *Breul* in zwei ungleiche Teile, die durch den Zusatz 'groß' und 'klein' voneinander unterschieden waren; 1356 *in dem Brule*[479], 1714 *Der Breul und zwar der große Breuel genandt* und *der kleine Breuel genandt*[480]. 'Brühl', mlat. bro(g)ilus, ahd. pruil, proil, mhd. brüel bezeichnet 1. 'die zum Herrenhof gehörige große Wiese und unterliegt deshalb dem Sonderrecht', 2. 'allgemein eine Wiese, gleichviel, ob ortsnah oder ortsfern, ob naß-sumpfig oder auf gutem Heuboden gelegen, ob eingezäunt oder nicht'[481]. Die *Prielwiese* gehörte zum Baiersröderhof, war also im Besitz geistlicher Herren. Der Marköbeler *Breul* bestand im 18. Jh. aus zahlreichen kleinen Parzellen, die in Privatbesitz waren. Er gehörte weder zur Allmende, noch besaßen weltliche oder geistliche Grundherren größere Flächen.

## 2. Gewässer

Ein Teil der Bäche und Quellen gehörte zur Allmende. Der *Krebsbach*, 1573 auch *die gemein bach*[482] genannt, war der einzige Bachlauf, von dem zwei Abschnitte auf eine gewisse Zeit verpachtet wurden. 1714 schrieb die Gemeinde die Verpachtung für einen Zeitraum von drei Jahren aus. Der erste Abschnitt begann an der Grenze zu Langen-Bergheim und endete an der *Obermühle*, der zweite verlief von der *Untermühle* bis zur Rüdigheimer Grenze[483]. Bei der Verpachtung des *Krebsbachs* 1719 sicherte das Gericht den Pächtern zu, *daß wann Jemandt darin solten Trappiret* (ertappt) *werden, das ein solcher Jhnen den schaden solte ersetzte, und guth thun, auch des wegen noch zur Herrschafftlichen straff könte gebracht werden. Ferner ist dabey außgesagt worden wann es die nothwendigkeit erfordern solte, daß dieße bach müste gefeget oder gesaubert werden Jhnen beständner zu erst erlaubt sein Ermelde bach zu fischen und krepsen nachgehendts aber hiermit der Accordt* (Vertrag) *gänzlich auffgehoben seyn solte*[484]. Aber nicht nur die Gemeinde war zu Schadenersatz gegenüber den Beständern verpflichtet. Jeder Besitzer von Grundstücken an Gewässern hatte eine Fürsorgepflicht, insbesondere für die Uferregion und deren Bewuchs. In der Fisch-Ordnung für die Grafschaft Hanau aus dem Jahr 1749 bezieht sich § X darauf: Die Grundstückseigentümer an Gewässern *sollen gehalten seyn, denen Wassern nicht allein Jhren Fluß zulaßen, sondern auch die Weyden und unnütze Sträuche, so weit dieselbe denen Fisch-Wassern schädlich sind, aus denen Bächen zu raumen, und dadurch dem Wasser den Gang zu befördern, damit die Fisch-Gruben erhalten, und nicht verschlammt werden mögen*[485].

### 2.1. Allgemeine Bezeichnungen

Am Baiersröderhof wird 1505 die Lage einer Wiese beschrieben, sie liege *zussen den nuwen graben vnd dem alten flusz*[486]. 'Fluß' wurde wie 'Floß' gebraucht für ein 'kleines fließendes Wasser' [487], wie es bereits 1540 Alberus erklärt hat *Riuus, riuulus/.../ein floß, bechlin*[488]. Der *alte Fluß* war das alte Bachbett des *Firzenflusses*, dem man ein neues gegeben hatte.
Die Fläche *In den drei Gräben* (Flur 8), 1714 *Bey den drey Graben*[489], ist im mittleren und unteren Bereich sehr feucht. Es gab bis in unser Jh. mehrere Gräben, die das Gelände entwässerten.
Ein Acker *beym Borngen*[490] wird 1533 erwähnt und der *Neue Born*[491] im *Unterwald*; 1720 *am Neüen born*[492]. 'Born' kann in der Wetterau sowohl ein 'Brunnen' als auch eine 'Quelle' sein[493]. Fast alle Gewässer auf '-born' in Marköbel sind Quellen.

### 2.2. Lage

Der Bach, der am *großen* und *kleinen Esch* vorbeifließt, trug bereits 1714 den Namen *die Eschbach*[494], wie er auch heute heißt; 1845ff. *der Eschgraben*[495]. Er wurde 1345 *sunderbach*[496] genannt, nach seiner Lage im Süden von Marköbel. Ahd. sund, mhd. sunder bedeutet 'südlich'[497].
In oder an der *Schelhecke* entsprang 1714 *das Schellhecken flößgen*[498]. Oberhalb des *obersten Sees* mündete am Ende der *Teufelskehle*, 1714 *des teufels Kehlfloß*[499], in den Bach, der das *Bruch* entwässert.
Ein Brunnen dürfte der *Bitzenborn*[500] gewesen sein, da er nach einer Zeichnung des 18./19. Jh.s an der Gabelung von *Eicher Weg* und *Baiersröderhofweg* auf der Wegefläche lag. 'Bitze' war in der Wetterau die Bezeichnung für einen 'Baumgarten' [501]; ahd. bizuna, 'Beizaun, eingezäuntes Grundstück', mhd. bitze 'Baumgarten' [502]. Die Be-

zeichnung *Bitzenborn* dürfte der Brunnen durch seine Lage an einem Baumgarten erhalten haben.
Quer, vom *Oberwald* kommend, mündet die *Zwerchbach* in den Graben, der durch die *Steinweide* und die *Klöppelsweide* verläuft; 1365 *an der twerinbach by der weyde*[503], 1466 *vff der zwerebach*[504], 1705 *bieß auf den Zwerchgraben*[505]. 'Zwerch', ahd. dwerah, twerah, mhd. twerh, twer bedeutet 'quer' [506].
Der *Teufelssee* ist kein Gewässer, jedenfalls kein dauerndes. Die Felder *Im Teufelssee* (Flur 41), die sehr flach sind, haben einen undurchlässigen, schweren Lehmboden. Bei Regen bleibt in den Mulden Wasser stehen. Außerdem liegen bei bestimmten Witterungslagen nur in diesem Bereich Nebelbänke. Diese ungewöhnlichen Erscheinungen, die durch die Lage und die Bodenbeschaffenheit bedingt sind, waren den Menschen früher unheimlich. Von daher erschien es ihnen als Werk des Teufels, bei dem es nicht mit rechten Dingen zuging.

### 2.3. Nutzung und Funktion

Die *Landwehr* im Süden endete an dem *Krebsbach*. Den weiteren Verlauf der Gemarkungsgrenze bildete auf der anderen Seite ein Wassergraben; 1872 *Der Grenzgraben*[507].
Der *Kandelborn* entsprang im Bereich der Gewann *Im Kammerborn*, 1467 *bye dem kandel borne*[508]. Wahrscheinlich handelt es sich bei dem *Kammerborn* und dem *Kandelborn* um ein und dieselbe Quelle. 'Kandel', lat. canalis, ahd. chanali, mhd. Kanel, Kenel, Kandel bezeichnet eine 'Rinne' [509]. Es müßte sich demnach um eine gefaßte, künstlich geleitete Quelle gehandelt haben, möglicherweise zur Wasserversorgung von einem der Hirzbacher Höfe.
Der Wasserversorgung des Viehs diente der *Pferchborn*, *Über dem Pferchborn* (Flur 11), 1714 *Obig dem Pfirch Born oder an der Klöppels Wayd*[510].
Die Lage der Gewann *Im Schwimmgraben* (Flur 31), 1714 *uff dem schwemmgraben*[511], spricht eigentlich nicht dafür, daß es sich um eine alte 'Schwemme für das Vieh' handelt, da der Graben ein ganzes Stück südlich von Marköbel liegt. Der *Schwemmgraben* führt heute nur sehr wenig Wasser. Die Nutzung als 'Schwemme' ist sehr fraglich[512].

### 2.4. Besitzverhältnisse und Personen

*Der Bäckersborn*[513] entspringt im *Oberwald*; 1705 *gegen dem beckers fluß, nahe dem beckersbrunn*[514], 1709 *neben dem Beckerfloß* [515]. Er trägt seinen Namen nach der Marköbeler Familie Becker.
Der *Elseborn*[516], der wahrscheinlich im Besitz der Familie Else war, versorgte die *Elsenbornweide* mit Wasser; 1331 *Ellenburne*[517], 1466 *bei Elsenborner*[518]; 1591 *gelegen beym Elsterbronn*[519]. Der Name der Quelle wurde offensichtlich im 16. Jh.

umgedeutet, bzw. sie erhielt einen neuen Namen, der mit dem alten konkurrierte, ohne ihn ganz verdrängen zu können. Das zeigen auch die Bezeichnungen für die *Elsenbornweide*, die im 18. Jh. auch *Elsternbornweide* genannt wurde. Da die Quelle in der Nähe des *Unterwalds* liegt, wird sie wahrscheinlich, in Anlehnung an den ähnlich klingenden alten Namen, nach den dort lebenden Elstern benannt worden sein.

Der *Judenborn* und der *Jochumsborn*, die auf einer Karte von 1781[520] eingezeichnet sind, sind nach einem oder mehreren Juden sowie einem Mann namens Joachim benannt.

Der *Kammerborn* und die *Kammerwiese* gehörten wahrscheinlich zum Besitz der Hirzbacher Familie Kammer; *Im Kammerborn* (Flur 37), *Beim Kammerborn* (Flur 40), 1714 *Bey dem Cammer Born*[521].

Das Jahr der Entstehung der Flurbezeichnung *Beim Lochmannsgraben* (Flur 36, 37) kann man um das Jahr 1453 ansetzen. Zu dieser Zeit hatte ein Mitglied der Marköbeler Familie Lochmann Land am späteren *Kriegerspfad* erworben; 1453 *liget an dem Alden rudenkemer wege gefort friderichs halben morgen den lochmann gekaufft hait. Item eyn viertel wiesen gelegen in den Grebin by lochmans viertel dy er vmb friderich gekaufft hait*[522].

*Des Schulthyßen Borne*[523], der im 14./15. Jh. genannt wird, dürfte Besitz eines Marköbeler Schultheißen gewesen sein.

1702 wird ein Acker *bej dem Kriegers Born*[524] erwähnt. Es besteht die Möglichkeit, daß es sich um einen Ereignisnamen handelt und die Quelle nach Soldaten benannt wurde oder die Bezeichnung auf einen Besitzernamen *Krüger o.ä. zurückgeht.

### 2.5. Tiere

Der *Egelgraben*, 1469 *uff dem egelgraben*[525], 1605 *am Spieß oder Egellgrabenn*[526] trug seinen Namen nach den in ihm lebenden Blutegeln.

Der Flußkrebs war bis zum Auftreten der Krebspest, die sich seit 1875 in ganz Europa ausbreitete, in allen Bächen und Flüssen anzutreffen[527]. Die Nutzung der *Köbel* (s.S. 402) als Gewässer zum Fang von Krebsen führte zur Verdrängung des alten Bachnamens und zum Gebrauch des neuen Namens *Krebsbach*; 1781 *die Grebsbach*[528].

Der *Storchsborn* entsprang im *kleinen Breul* auf einem Grundstück, das nach dem Nummernbuch 1845ff. im Besitz der Pfarrei war[529]. Er wird bereits 1331 genannt *bie Storkesburne*[530], *Beim Storchsborn* (Flur 20). Die Quelle ist nach dem 'Storch', ahd. storah, storc, mhd. storch, storc[531] benannt.

### 2.6. Pflanzen

Drei Quellen trugen ihren Namen nach den Bäumen, die in ihrer unmittelbaren Nähe wuchsen; die Quelle im *Eichen Löhn* nach den Eichen, 1331 *bie Eychenburne*[532], nach

Erlen im 14./15. Jh. der *Erleborne*[533] und der *Weidenborn* nach Weiden (Salix); *Am Weidenborn, Über dem Weidenborn* (beide Flur 13), 1357 *by dem Widenbornen*[534].

## 2.7. Sonstige Bezeichnungen

Der Name des *Goldborns* geht mit ziemlicher Sicherheit auf Metallfunde an der Quelle zurück. Bei einer Ausgrabung 1984 entdeckte man in der Gewann *Am Goldborn* (Flur 29), 1331 *an dem Goltburnen*[535], Keramik aus der La-Tène-Zeit[536].
Auf den Tonboden des Geländes *Beim Lattgenborn* (Flur 13, 15) geht der Name der Quelle zurück; 1466 *bei Lattigenbornn*[537]. 'Letten', ahd. letto, liet(e), mhd. lette bedeutet 'Tonerde, Töpferton'[538].
Der Name *Firzenfluß* für den Graben, der im Westen des Baiersröderhofs von zwei Quellen gespeißt wird, scheint stark zersprochen zu sein. Im Ackerbuch des Baiersröderhofs heißt es 1705 an zwei Stellen der Grenzbeschreibung *bieß in das eck im fietzs im floß* und *bies an das fitz im fluß* [539]. Was mit 'Fitz' gemeint ist, nach dem der Graben offensichtlich seinen Namen erhalten hat, ließ sich nicht feststellen. Möglicherweise besteht ein Zusammenhang mit den 'Fitzgerten', mit denen die Hölzer im Fachwerk durchflochten wurden[540].
Der Name des *Hammersbachs*, 1720 *Hammersbach*[541], läßt sich ohne ältere Namenbelege nicht erklären.

# 3. Wald

Die Wälder bildeten den flächenmäßig größten Teil der Allmende. Zuständig für ihre Verwaltung und Bewirtschaftung war das Märkergericht. Von den sechs Waldflächen, die es im 18. Jh. gab, bestehen noch der *Unterwald*, der *Oberwald* und der *Hartenberg*. Der *große* und der *kleine Schildberg* sowie das *Eichen Löhn* wurden gerodet und in Ackerflächen umgewandelt[542].

## 3.1. Namen auf -wald und -loh

Die größten Waldflächen bilden *Der Oberwald* (Flur 1), 1467 *obern walt*[543], und *Der Unterwald* (Flur 23), 1714 *Der gemeine Unterwald* [544]. Der *Unterwald* besteht, im Gegensatz zum ebenen *Oberwald*, aus zahlreichen Tälern und Bergen.
*Das Zinswäldchen*[545] und *Das Bäckerwäldchen* (Schlag 19) sind die Namen zweier Distrikte im *Oberwald*. Der Name des *Zinswäldchens* kann auf eine private Nutzung gegen einen bestimmten Geldzins in diesem Teil des Waldes zurückgehen. Im *Bäckerwäldchen* entspringt der *Bäckersborn*. Auch hier scheint der Name des Waldteils auf die private Nutzung der Marköbeler Familie Becker zurückzugehen.

Der 1467 genannte *schiebeluchten wald*[546] muß ein Waldstück gewesen sein, das eine kreisrunde Form hatte, da ahd. scibilicht, scheiblicht, mhd. schibelich, scheibelig 'kreisförmig, rund' bedeutet[547].
Das *Eichen Loh, Hinter dem Eichen Löhn* (Flur 25), 1345 *vff dem Eichloe*[548] war ein Eichenwald, der erst in jüngerer Zeit gerodet wurde. Der älteste Beleg zeigt, daß das Grundwort des Namens 'Loh', ahd. loch, mhd. loch 'wald, holz' ist [549].

## 3.2. Oberflächenbeschaffenheit

a) Allgemeine Bezeichnungen

Zu den allgemeinen Bezeichnungen gehört der *Hohe Berg* im *Unterwald*, der mit ca. 200 m ü.d.M. die höchste Erhebung in der Marköbeler Gemarkung ist.
Eine 'wannenförmige Vertiefung' [550] bildete die 1781 so genannte *Hinderste wann*[551] mit der 1720 erwähnten *Obersten Wann*[552].
*Die Platte* (Flur 6) im *Oberwald* ist eine ebene, hochgelegene Fläche, die zur Hälfte aus Wald und zur Hälfte aus Ackerland besteht. Die Bezeichnung 'Platte' bezeichnet die ebene Oberfläche und die höhere Lage.

b) Nutzung und Bodenverhältnisse

Im *Oberwald* hieß 1720 ein feuchter Bereich *in der Seiffen*[553]. Mhd. sife ist ein 'langsam fliessender sumpfartiger bach, von einem solchen durchzogene bodenstelle'[554] und kommt in der Wetterau häufiger als Bezeichnung für 'nasses, sumpfiges Gelände' vor[555]. Ein vergleichbares Gelände ist der *Nasse Grund* im *Unterwald*[556].
Der Boden des *Roten Kopfs* im *Unterwald* hat eine rötliche Farbe[557]. Auf die Bodenbeschaffenheit bezieht sich auch der Waldname *Steinkopf* (Flur 23). Dort hatte die Gemeinde früher einen Steinbruch angelegt.
Der *Röderrain*, 1720 *am Röder Rain*[558], dürfte ein Abhang sein, der diesen Namen nach einer Baumrodung erhalten hat.

c) Personen

Das *Meerbottsgründchen* (Flur 23) trägt den Namen der Marköbeler Familie Meerbott.
Der *Bollackergrund* (Flur 23) war bereits im 18. Jh. zersprochen; 1726 *am bullhauer grund*[559], 1781 *Hinderste baladeckergrund*[560]. In diesem Bereich schlug die Gemeinde das Holz für die Dauben- und Bollenhauer, das sie zum Teil nach Frankfurt lieferte, zum Teil überließ sie den Bollenhauern auch das Gelände, die sich ihr Material dort selbst holen konnten[561]. 'Bollen' hießen in der Wetterau 'tiefe Schüsseln' [562]. Die Bollenhauer stellten diese Schüsseln her.

d) Tiere

Das Vorkommen von Wildtieren hat in einigen Waldnamen seinen Niederschlag gefunden. Im *Oberwald* gab es 1705 *die Dachsbühn*[563]. 'Bühne' wird hier eine freie, etwas erhöhte Stelle im Wald gewesen sein. Am Rand des *Unterwalds* liegt die Gewann *Der Fuchsgrund* (Flur 25), 1469 *in dem foisgründe*[564]. Sie setzt sich in den Wald hinein fort. Die Ackerfläche ist ehemals Waldfläche gewesen. Noch im 19. Jh. gehörte die gesamte Feldfläche der Gemeinde. 1720 wird auch ein Waldteil *am Fuchsberg*[565] genannt. Seine Lage ist allerdings nicht festzustellen.
Die Distrikte *Am Eulenkopf* (Flur 23) und *Taubenrain* (Flur 23) im *Unterwald* bildeten den Lebensraum für Eulen und Tauben.
Im *Salzlakegrund* (Flur 23) legte man Salzsteine für das Wild aus. 'Salzlecke' ist 'der ort, wo man dem wildbret salz zu lecken gibt' [566].

e) Pflanzen

Der *Heidelbeernkopp* im *Unterwald* war eine Anhöhe, auf der früher Heidelbeeren wuchsen und vielleicht auch heute immer noch wachsen.
Von seinem Bewuchs und seiner Lage hat der *Brahngraben* (Flur 23) seinen Namen. *Brahne wird ein mit Laub- Holtz bewachsener Holtz- Feld- oder Wiesen-Rand genennet*[567]. 'Brahn' war im 18. Jh. als Wort in Marköbel noch gebräuchlich. Am 22. Februar 1714 erklärte das Gericht: D*aß weillen die leüte in der gemeindt ser lamentiren daß Jhnen diesen winter die Zeüne umb Jhr Gärden so Zerrieß*en *und verdorben, ob sie nicht etwas reißig in der Hög Jhnen könt ahngewieß*en *werden, Hat man resolvirt Morgen ahm Bran in der Hög den leuten so es Nötig etwas ahn zu weis*en[568].

f) Sonstige Bezeichnungen

Die *Deiwelskehl* [569], 1437 *Jn des düfels keeln*[570], liegt im Bereich der *hinteren Haube.* 'Kehle' wird hier im übertragenen Sinn für einen 'Geländeeinschnitt' gebraucht. Die *Teufelskehle* dürfte im südlich anschließenden Wald von Rüdigheim beginnen. 'Teufel' wird auch wie beim *Teufelssee* eine Stelle bezeichnet haben, die den Menschen unheimlich war.
Einige Namen haben die frühere Nutzung des Waldes durch den Menschen bewahrt. Der *Brandt*[571] im *Unterwald*, 1720 *am Brand am Stellweg*[572], geht wahrscheinlich auf eine Brandrodung zurück. Es könnte auch ein Waldbrand Anlaß für die Benennung dieser Stelle gewesen sein.
Im *Oberwald* bestand nach dem Dreißigjährigen Krieg eine Köhlerei zur Herstellung von Holzkohle, die nach Hanau verkauft wurde[573]. Die Stelle hieß 1720 *am Kohlblakken* und am *Kohlplatz*[574].

In den beiden Marköbeler Wäldern lagen Gärten. Der *alte Pflanzengarten* (Flur 23) und der 1720 erwähnte *Baumgartten*[575], 1781 *de oberste Baumgarten*[576], lagen im *Unterwald*. Es handelt sich um Forstgärten zur Anzucht von Jungbäumen, die im Wald gepflanzt wurden, wenn sie eine bestimmte Größe erreicht hatten. Der desolate Zustand, in dem sich die Wälder nach dem Dreißigjährigen Krieg befanden, und die Übernutzung veranlaßten die Landesherren, Schutzmaßnahmen zu ergreifen und eine geregelte Forstwirtschaft einzurichten. Die Forstordnung der Grafschaft Hanau-Münzenberg von 1736 ordnete die Anlage von Pflanzgärten an. *Damit es aber an jungem Eichen-Anzug nicht gebreche, so sollen auf jedem Forst und Waldung nach Größe und Gelegenheit derselben von 1.2.3. und mehr Aeckern groß ein Eichel-Garten angelegt, selbiger von Unsern Unterthanen, welche der Orthen Beholtzigung, Mast und Hude zu genießen haben, auf Befehl und Geheiß der Forst-Bedienten, wobey auf geschehene Anzeige die Beambte jedesmahlen die Hand zu biethen, geackert, zugerichtet und mit Plancken und Reinen vor dem Wildpreth wohl verwahret, alsdann von denen Forst-Bedienten mit Eichel-Saamen besäet und der Gebühr verpfleget werden, damit die junge Eichen so lang, biß sie zum Versetzen dienlich-vor dem Vieh und Wildpreth darinnen gesichert stehen und wachsen können*[577].

Bei dem *Rosengärtchen im Oberwald* ist nicht zu entscheiden, ob die Bezeichnung auf einen Waldbezirk zurückgeht, in dem Rosen wuchsen, ob sie sich auf einen vor- und frühgeschichtlichen Begräbnisplatz oder einen früheren Festplatz im Wald bezieht[578].

Im *Unterwald* bestand im 18. Jh. eine Waldweide, 1714 *Die Gimmes Weyd*[579]. Daran schloß sich eine Ackerfläche an, 1720 *an den Gimmesacker*[580]. Die Bedeutung von 'Gimmes' ist unklar.

### 3.3. Tiere

Nach den Wohnflächen von Wildtieren sind der *Dachsbau*[581] und das *Rabennest*, 1720 *am Raben Nest*[582], bezeichnet worden. Der Distrikt *An der Wildhütte* im *Unterwald* müßte seinen Namen nach einer überdachten Vorrichtung zur Wildfütterung erhalten haben.

### 3.4. Pflanzen

Ein Distrikt im *Oberwald* heißt *Am dicken Buchbaum* nach einer markanten Buche. An der *Gimmeshecke* (Flur 23) lagen der *Gimmesacker* und die *Gimmesweide*. Nach der wildwachsenden Form des Hopfens wurde die *Hoppehecke*[583] benannt, 1726 *in der hoppenhecken*[584].

## 4. Wege und Brücken

Einen wichtigen Bestandteil der Gemarkung bildeten die Straßen, Wege und Pfade mit ihren Überführungen über Bäche und sumpfige Stellen. Sie prägten das Landschafts-

bild und das Leben des Dorfes, da sie eine Reihe von Funktionen für die Wirtschaft des Mittelalters und der Neuzeit hatten. Fast alle Wege und Straßen waren Bestandteil der Allmende und als solche auch für jeden zugänglich. Für ihre Unterhaltung hatte die Gemeinde zu sorgen, dies galt insbesondere für die Landstraßen.
Eine Reihe von Flurnamen haben die alten Wegenamen und die Trassenführung bewahrt. Zusammen mit alten Karten erlauben sie die Rekonstruktion des historischen Wegenetzes.

### 4.1. Allgemeine Bezeichnungen

Die Zugehörigkeit der Wege zur Allmende kommt in Grundstücksbeschreibungen häufiger in Wendungen wie 1533 Äcker *ziehen vber die gemeine straßen*[585] oder 1467 *by dem gemeinde wegk*[586] zum Ausdruck.
Zwei Ackerflächen wurden nach ihrer Lage *zwischen den Wegen* (Flur 9), 1508 *zwuschin den wegin*[587] genannt. Die Äcker westlich der *Obermühle* schlossen der Weg in den *Oberwald* und der *Röderweg* ein. *Zwischen den Wegen*[588] nannte man 1714 die Felder, die zwischen der *Windecker Straße* und dem alten Zufahrtsweg zum Baiersröderhof lagen.
Ein alter Hohlweg gab der Gewann *Am Höhlchen* (Flur 7), 1469 *neben dem Hoeln wege*[589] ihren Namen. 'Hohle', mhd. hole ist ein 'tiefgehender Weg zwischen Berg-, Erdwänden' [590]. Ein Hohlweg kann ein natürlicher Geländeeinschnitt sein, durch den ein Weg führte, oder durch die häufige Benutzung als Fuß-, Reit- und Fahrweg im Laufe der Jahrhunderte entstanden sein. Bei den "künstlichen" Hohlen schwemmte bei Regenfällen das Wasser das ausgetretene Erdreich an den Gefällstrecken der Wege und Pfade ab und führte mit der Zeit zur Bildung von Einschnitten ins Gelände.
In den *Wingerten* führte 1845ff. *Der lange Weg*[591] vom oberen Teil des Geländes zu den *neuen Gärten* und zur Straße nach Langen-Bergheim. Er war im Vergleich zu den anderen Fußwegen länger.
Die drei Stege, nach denen die Wiesen *An den drei Stegen* (Flur 29, 32) genannt werden, überbrücken an zwei Stellen den *Krebsbach* und der dritte Steg den alten *Mühlgraben*. Der 'Steg' war im Unterschied zur 'Brücke' ein einfacher hölzerner Übergang über einen Wasserlauf nur für Fußgänger[592].

### 4.2. Überregionale Wege

Zu den überregionalen Wegen gehören sowohl die Fernverkehrsstraßen als auch die Wege und Pfade zu den umliegenden Orten. In den Benennungen der Wege nach den Orten, zu denen sie führen, läßt sich der Wirtschafts- und Verkehrsraum des Dorfes erkennen.
Die älteste und für Marköbel bedeutendste Straße blieb bis ins 18. Jh. die *Hohe Straße*, 1682 *auff der Hohenstraßen*[593], die von Frankfurt nach Fulda und von dort

weiter nach Leipzig führte. Sie bestand als Höhenweg bereits in bandkeramischer Zeit und blieb bis in die frühe Neuzeit eine wichtige Handelsstraße. Mit dem Ausbau der Straße von Hanau nach Frankfurt als Geleitsstraße verlor sie allerdings zunehmend an Bedeutung. Die *Hohe Straße* wird 1725 als Nebenstraße zur Messegeleitsstraße bezeichnet, die die Fuhrwerke nur benutzten, *wann Sie bey grosem Wasser zu Dorfelden, nicht über die Brücken kommen können, und diesen Umweg nehmen müssen*[594]. Bis zum Ende des 18. Jh.s war sie zur Bedeutungslosigkeit herabgesunken und ihre Trasse Mitte des 19. Jh.s bereits an mehreren Stellen beseitigt.

Für die Unterhaltung der gepflasterten Straße hatte die Gemeinde zu sorgen. Sie durfte von den Reisenden Straßenbenutzungsgebühren, das Wegegeld, erheben. An der Gemarkungsgrenze zu Langen-Bergheim am Galgen befand sich ein Schlagbaum[595]; ein weiterer Schlag, an dem im 16. Jh. auch das Wegegeld von den Pförtnern erhoben wurde, stand am *Untertor*. Noch 1845ff. hieß der Weg von den *Schafwiesen* zum *Untertor* der *Schlagweg*[596]. Die Gemeinde hatte zur Verköstigung und Beherbergung der Reisenden ein Gasthaus errichtet. Die Fuhrwerke konnten von Marköbel aus in einer Tagesreise Frankfurt erreichen[597].

Der westliche Teil der *Hohen Straße* in der Marköbeler Gemarkung hieß 1348 *Frankfurter weige*[598], 1434 *franckfurter strassen*[599]. Der Name hat sich bis heute in der Flurbezeichnung *An der Frankfurter Straße* (Flur 41) erhalten. Die Trasse der Straße ist bereits im vergangenen Jh. in diesem Bereich bis zur Gemarkungsgrenze beseitigt worden. Der östliche Teil hieß 1377 *Budinger wege*[600], 1466 *die Budinger strassen*[601], 1714 *die Galgen Straßen*[602]. Heute erinnert die *Büdinger Hohl* im neuen Ortsbereich an diese alte Straße. Ein Stück dieses mächtigen Hohlweges ist trotz Bebauung erhalten geblieben. Die *Hohe Straße* in diesem Abschnitt wurde 1928 folgendermaßen beschrieben: *An vielen Stellen ist sie fast unvergänglich tief in den Boden eingeschnitten, so von Marköbel bis zur Langenbergheimer Grenze in dem in seltener Mächtigkeit anstehenden Löß. Sie zeigt sich hier als haushoher Hohlweg mit trichterförmigen Querschnitt*[603].

Westlich von Hirzbach traf die *Hohe Straße* mit einer alten Römerstraße zusammen, die die Kastelle Okarben, Heldenbergen und Marköbel verband. Nach ihr sind die Felder *Am Windecker Weg* (Flur 39) benannt; 1431 *wynnecker wegk*[604], 1434 *die wonecker strassen*[605], 1490 *wonnecker phat*[606], 1588 *Ostheimmer Weg*[607]. Der *Windekker Pfad* dürfte als Fußweg parallel zur Straße gelaufen sein. *Es ist dabei jedoch allgemein davon auszugehen /.../, daß die Geleise und Hohlwege des rollenden Verkehrs von Reitern und Fußgängern gemieden worden sind. Diese suchten sich vielmehr einen Pfad zwischen den Hohlwegen und Geleisen, der vom Untergrund her bequemer und ebener war*[608].

Südlich der *Hohen Straße* verlief die *Hanauer Straße*, die im 15. und 16. Jh. *Mainstraße* genannt wurde; 1466 *die mayn strassen*[609], 1714 *Hanauer Weeg, Hanauer Landtstraße*[610], *Auf der Hanauer Straße* (Flur 34). Sie bildete die kürzeste Verbindung zum 'Main' und zur Residenzstadt 'Hanau'. An der Straße stand früher ein Heiligenstock an

# Das historische Wegesystem im 19. Jahrhundert

Das Wegenetz des Mühlbergs und der Wingerte sind aus Darstellungsgründen auf einer gesonderten Karte dargestellt.

Quelle: StAM Kataster C 3-6, Karten A II 18,1-2 und P II 1204,1-28
Karte: Topographische Karten des Kurfürstentums Hessen-Kassel, 1858, Blatt 99 (Windecken) und Blatt 100 (Hüttengesäß).

1 Holzweg
2 Pfingstweg
3 Eicher Weg
4 Fußweg nach Altenstadt
5 Obermühlweg
6 Der gräsige Weg
7 Bergheimer Gasse
8 Galgenstraße (Hohe Straße)
9 Weg nach Hüttengesäß
10 Hundsnickelweg
11 Der neue Feldweg
12 Selboldergrundsweg
13 Eimelingsweg
14 Röhrigsweg
15 Schafswiesenweg, Schlagweg
16 Hölzgasse
17 Ravolzhäuser Weg
18 Der alte Heegweg
19 Der neue Brückenweg
20 Ruhbanksweg (Rüdigheimer Weg)
21 Mittelhohl
22 Weg nach Ober-Issigheim
23 Hasenbahn
24 Roßdorfer Weg (Hanauer Landstraße)
25 Hohe Straße
26 Landstraße nach Ostheim und Windecken
27 Eselspfad, Oberauer Pfad, Rommelhäuser Fußpfad
28 Eicher Weg, Eicher Pfad
29 Baiersröder Hofweg
30 Steinweg

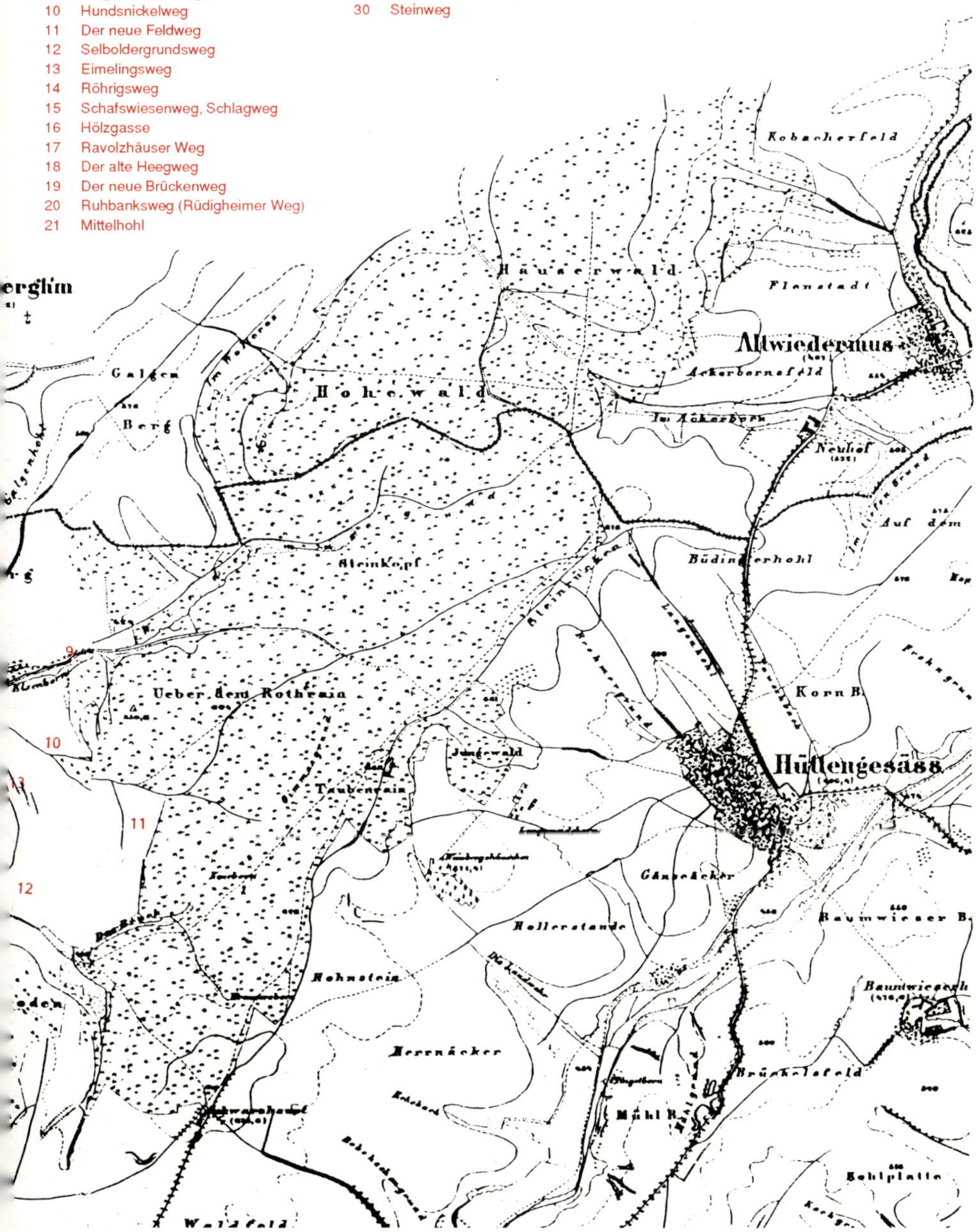

der Gewann *Am heiligen Haus* (Flur 37, 40); 1714 *biß an den Helgen Stock*[611]. Noch um 1930 hieß diese Stelle *Am Kreuz* und *Am Stock*[612]. Aus diesen Bezeichnungen läßt sich erschließen, daß an dieser Stelle früher ein Bildstock, wahrscheinlich mit einer Kreuzigungsdarstellung in einem Gehäuse, das auf einer Säule, dem Stock, ruhte, stand[613]. Einen weiteren Bildstock gab es an der Straße nach Windecken; 1533 *beym heyligen Stock*[614].

Zur Überwachung und Sicherung dieser drei Straßenzüge gab es zwei Aussichtspunkte. Ein *Wartbaum*, 1437 Acker *vnder dem wartbaüm*[615], stand ungefähr an der Gabelung der *Hohen Straße* und der *Windecker Straße* südlich des Baiersröderhofs und wahrscheinlich auch ein Baum als erhöhter Aussichtspunkt *In der Läushecke* (Flur 37, 38) an der Straße nach Hanau; 1467 Wiese *ane der lusze wyesen*[616], 1629 *an der Leußhecken*[617]. 'Laußen', mhd. luzen heißt 'lauern, auflauern, warten'[618]. Die Funktion der *Läushecke* kommt deutlich 1533 zum Ausdruck, als ein Acker beschrieben wird, der *vff der Lawer*[619] liegt. Von dieser Stelle, und zwar nur von dieser Stelle, hat man einen weiten Blick nach Norden und Süden. Das Land ist bis nach Hanau und die *Hohe Straße* in Richtung Kilianstädten über Kilometer einzusehen und bei einem etwas erhöhten Standpunkt auch der *Wartbaum* von Windecken. Es ist davon auszugehen, daß ein ausgefeiltes System von Wachpunkten entlang der Fernverkehrswege angelegt war. Diese Wachpunkte bestanden aus steinernen Warten und Wartbäumen, die zusammen mit weiteren Warten, wie z.B. der *Erbstädter* und *Bönstädter Warte*, eine Überwachung des gesamten Verkehrs auf den Straßen der südlichen Wetterau ermöglichten.

Östlich des *Untertors* zweigten nach der Brücke über den *Krebsbach* die Straße nach Langen-Bergheim nach Norden und der Weg nach Gelnhausen nach Osten von der *Hohen Straße* ab. Die Straße nach Langen-Bergheim, 1377 *Berkeymirwege*[620], war vermutlich ein mittelalterlicher Fernverkehrsweg, der durch das Krebsbachtal bis nach Orleshausen führte und dort auf der Höhe auf die *Bettenstraße* traf, die die *Hohe Straße* mit der linken *Nidderstraße* verband[621]. Der alte Weg nach Gelnhausen, 1338 *Geilnhuser wege*[622], hat sich nur in der Flurbezeichnung *Bei der Gelnhäuser Brücke* (Flur 21, 24), 1467 *an der Geylhuser brucken*[623], erhalten. Nach diesem Weg trug auch im Mittelalter die Pforte, an deren Stelle heute das *Untertor* steht, seinen Namen, 1371 *Portenn ghen Geilnhausenn*[624]. Er führte durch das Tal des *Hammersbachs* in den *Unterwald*. Da die Stelle, an der er den Bach und die Niederung überquerte, sumpfig war und es auch heute noch ist, mußte der Weg über eine Brücke geführt werden. Der *Gelnhäuser Weg* verlief wahrscheinlich zunächst in Richtung Hüttengesäß und von dort aus weiter nach Gelnhausen.

Sternförmig liefen Wege und Pfade von den drei Siedlungen zu den umliegenden Dörfern. Die meisten dieser Wege sind Fußpfade oder einfache, unbefestigte Feld-, Wald- und Wiesenwege gewesen, die mit Fuhrwerken in der trockenen Jahreszeit benutzt werden konnten. Nach Eichen führte 1533 der *Eycher weeg*[625], 1714 *Eicher Pfadt*[626], nach Oberau 1705 *der oberauer pfadt*[627], nach Rommelhausen der *Rommel-*

*häuser Pfad* (Flur 3), 18. Jh. *Rommelhäuser Fußpfad*[628], nach Altenstadt 1331 der *Stederwege*[629], nach Langen-Bergheim 1348 der *Bergheimer phade*[630], nach Hüttengesäß 1720 der *Hüttengesäser* weg[631], nach Langenselbold 1331 der *Selboder weg*[632], nach Ravolzhausen 1331 der *Rameshuserweg*[633] und nach Butterstadt 1714 der *Buderstätter Pfad*[634]. Nach Rüdigheim bestanden zwei Verbindungen. Von Hirzbach aus führte der *alte Rüdigheimer Weg,* 1453 *an dem Alden rudenkemer wege*[635] und von Marköbel 1331 der *Rudenkeimerwege*[636] nach Rüdigheim. Der *Rüdigheimer Weg* hieß 1845ff. auch *der Ruhbankweg*[637]. Am Weg stand im Bereich der Äcker *An der Ruhbank* (Flur 31) eine 'Ruhe', ein Holzgestell oder eine Steinbank, worauf *man Lasten, die man vom Feld auf dem Kopf heimtrug, zum Ausruhen absetzen konnte*[638]. Meistens bestanden diese Ruhen aus zwei verschieden hohen Stufen. Die Marköbeler Ruhbank hat mindestens bis 1714 noch bestanden[639].
Zu den überörtlichen Wegen gehörten auch der *Milchweg*, auf dem die Milch des Baiersröderhofs nach Hanau transportiert wurde[640], und der *Eselspfad*, 1429 *bij dem eselpade*[641], der am Westrand der Gemarkung entlangführte. Er dürfte ein Weg gewesen sein, auf dem Esel Lasten zu einer Mühle transportierten.

### 4.3. Wege innerhalb der Gemarkung

Obwohl das Wegenetz innerhalb der Gemarkung noch nicht so dicht ausgebaut war, wie dies heute der Fall ist, führten doch eine ganze Reihe von Feldwegen, Fußpfaden und Viehtriften zu den Äckern und Wiesen sowie in die Wälder. Aus den zahlreichen Wegenamen sollen hier nur einige beispielhaft genannt werden.
Die weitaus meisten Wege trugen den Namen des Flurstücks, zu dem sie führten. So endete der *Pfingstweidweg* (Flur 10) an der *Pfingstweide*. Auf ihm trieben die Marköbeler an Pfingsten ihre Kühe zur Weide. Nach seiner Funktion als Abfuhrweg für das Holz aus dem *Oberwald* trägt der *Holzweg* (Flur 5), 1357 *obir dem Hultzwege*[642], seinen Namen.
Als Verbindungsweg führte der *Röderweg* (Flur 3), 1331 *an dem Roderswege*[643], von Marköbel aus zum Baiersröderhof.
Nach Wegen, deren Namen auf Personen zurückgehen, sind die Gewanne *Bei der Reutersgasse* (Flur 15), 1714 *an der Reuters Gaßen*[644], *Beim Fritzensteg* (Flur 15), 1556 *vff Fricken gassen*[645], 1682 *bey Fritzen Steeg*[646] und *Bei dem Kriegerspfad* (Flur 37), 1629 *beim KriegerPfadt* [647], genannt. Die *Reutersgasse* trägt ihren Namen nach der Marköbeler Familie Reuter. Der *Fritzensteg* führte den *Fritzenpfad* über den *Krebsbach* in die Gärten. Er dürfte nach seinem Erbauer oder Besitzer, einem Mann namens Fritz, genannt worden sein. 'Frick' ist wie 'Fritz' eine Kurz- und Koseform für 'Friedrich'. Der *Kriegerspfad* kann auf einen Familiennamen oder ein Ereignis zurückgehen.

## X. Schlußbemerkung

Die Flurnamen der Marköbeler Gemarkung sind hier nur in einer Auswahl behandelt worden. Dies umfassend zu tun, hätte den Rahmen dieses Aufsatzes gesprengt, der nicht mehr sein will als eine Anregung zu einer weiteren Beschäftigung mit den Flurnamen als Quelle für die Dorfgeschichte. Insbesondere eine Aufarbeitung des Archivmaterials für die Sachgeschichte ist für die Klärung vieler Namen, für die hier nur Vermutungen geäußert werden konnten, unerläßlich.

Für ihre Hilfe und ihren Rat möchte ich mich bei Doris Becker und Birgit Treutler im Max-Planck-Institut für Europäische Rechtsgeschichte, Frankfurt am Main, Ursula Dietzel, Marköbel, Prof. Hans Ramge, Hessisches Flurnamenarchiv Gießen, Prof. Fred Schwind, Hessisches Landesamt Marburg sowie der Gemeindeverwaltung Hammersbach bedanken. Mein besonderer Dank gilt Dirk-Jürgen Schäfer und meinem Kollegen Otto Volk für die gute Zusammenarbeit, ihre Anregungen und die Kritik, die ich von ihnen während meiner Arbeit erhielt.

## Literaturverzeichnis

ABEL, WILHELM: Agrarkrisen und Agrarkonjunktur. Zweite, neubearb. u. erweit. Aufl.. Hamburg, Berlin 1966.

ALBERUS, ERASMUS: Novum Dictionarii genus,... Frankfurt/M. 1540. Neudruck Hildesheim, New York 1975. (Documenta Linguistica, Reihe I).

BACH, ADOLF: Deutsche Namenkunde. I,1 u. 2: Die deutschen Personennamen. 2. stark erw. Aufl. Heidelberg 1952-1953. II,1 u. 2: Die deutschen Ortsnamen. Heidelberg 1953-1954.

BERNHARD, JOHANN ADAM: Antiquitates Wetteraviae Oder Alterthümer Der Wetterau...Hanau 1731.

BADER, KARL SIEGFRIED: Das mittelalterliche Dorf als Friedens- und Rechtsbereich. 3. Aufl. Köln, Wien 1981. (= Bader I).

BADER, KARL SIEGFRIED: Rechtsformen und Schichten der Liegenschaftsnutzung im mittelalterlichen Dorf. Wien, Köln, Graz 1973. (= Bader III).

BLESKEN, HANS: Ältere deutsche Gefängnisnamen. In: Zeitschrift der Savingny-Stiftung für Rechtsgeschichte. GA 80 (1963). S. 357-378.

BOTT, HEINRICH: 839-1939. 1100 Jahre Marköbel. Aus der Geschichte eines Dorfes in der Wetterau. Hanau 1939.

CLEMM, LUDWIG: Die Urkunden der Prämonstratenserstifte Ober- und Nieder-Ilbenstadt. In: Archiv für hessische Geschichte und Altertumskunde, NF 14 (1925). S. 129-222, 617-666. 15 (1926). S. 147-224, 385-517.

CRAMER. Vollständiges Hauptregister über des Freyh. Joh. Ulrichs von Cramer, weyl. Kayserl. und Reichs-Cammer-Gerichts Assessoris Wetzlarische Nebenstunden Hundert und Acht und zwanzig Theile. Ulm 1779.

CRECELIUS, WILHELM (Bearb.): Oberhessisches Wörterbuch. Auf Grund der Vorarbeiten Weigands, Diefenbachs und Heinebachs sowie eigener Materialien. Neudruck Wiesbaden 1966.

DENECKE, DIETRICH: Straße und Weg im Mittelalter als Lebensraum und Vermittler zwischen entfernten Orten. In: Mensch und Umwelt im Mittelalter. Hrsg. v. Bernd Herrmann. 3. Aufl. Stuttgart 1987. S. 207-223.

Deutsches Wörterbuch von FRIEDRICH LUDWIG WEIGAND. Hrsg. von HERMAN HIRT. Bd. 1-2. 5. Aufl. Gießen 1909/1910. (=Weigand/Hirt).

Deutsches Wörterbuch. Bearb. v. JACOB U. WILHELM GRIMM u.a. Bd. 1-33. Leipzig 1854-1971. Neudruck München 1984. (= DWB).

DIELMANN, KARL/BAATZ DIETWULF: Das römische Kastellbad von Marköbel, Landkreis Hanau. In: Hanauer Geschichtsblätter 20 (1965). S. 9-44.

DUDEN. Das große Wörterbuch der deutschen Sprache in 6 Bänden. Mannheim, Wien, Zürich 1976-1981.

DWB s. Deutsches Wörterbuch.

ENNEN, EDITH U. WALTER JANSSEN: Deutsche Agrargeschichte. Vom Neolithikum bis zur Schwelle des Industriezeitalters. Wiesbaden 1979. (Wissenschaftliche Paperbacks, Sozial- und Wirtschaftsgeschichte 12). (= Ennen/Janssen).

FÖRSTEMANN, ERNST: Altdeutsches Namenbuch. Bd. I: Personennamen. 2. Aufl. Bonn 1900. Bd. II: 1 u. 2: Orts- und sonstige geographische Namen. Bearb. v. Hermann Jellinghaus. 3. Aufl. Bonn 1913 u. 1916.

GÖNNENWEIN, OTTO: Zur Geschichte des Weinbaurechts. In: Zeitschrift der Savigny-Stiftung für Rechtsgeschichte. GA 80 (1963). S. 157-196.

GRUPE, GISELA: Umwelt und Bevölkerungsentwicklung im Mittelalter. In: Mensch und Umwelt im Mittelalter. Hrsg. v. Bernd Herrmann. 3. Aufl. Stuttgart 1987. S. 24-34.

HECK, JOHANNES: Wo lag Weldericheshusen? In: Hanauisches Magazin 7 (1928). S. 54-55.

Hessischer Flurnamenatlas. Hrsg. v. Hans Ramge nach den Sammlungen des Hessischen Flurnamenarchivs Gießen und des Hessischen Landesamts für geschichtliche Landeskunde unter Mitarbeit v. Sonja Hassel-Schürg, Ulrich Reuling, Gerda Weigel, Bernd Vielsmeier, computativ bearbeitet v. Harald Händler, Wolfgang Putschke. Darmstadt 1987. (Arbeiten der Historischen Kommission, NF Bd. 3)

Illustriertes Landwirtschafts-Lexikon. Zweite, umgearb. Aufl. Hrsg. v. Guido Krafft. Berlin 1888.

JANSSEN, WALTER: Mittelalterliche Gartenkultur. Nahrung und Rekreation. In: Mensch und Umwelt im Mittelalter. Hrsg. v. Bernd Herrmann. 3. Aufl. Stuttgart 1987. S. 224-243.

JOST, WILHELM: Der Deutsche Orden im Rhein-Main-Gau. Ein Quellenbuch für Namenforschung. Gießen 1941. (Gießener Beiträge zur deutschen Philologie 80).

JÜNGLING, PETER: Ausgrabungen im römischen Kastell und mittelalterlichen Ortsbereich von Hammersbach-Marköbel. In: Neues Magazin für Hanauische Geschichte 8 (1984). S. 161-168.

KOTTJE, RAYMUND: Zehnt. In: Lexikon für Theologie und Kirche. 2. völlig neu bearb. Aufl. Zehnter Band. Freiburg 1986. Sp. 1319-1321.

LEXER, MATTHIAS: Mittelhochdeutsches Taschenwörterbuch. 34. Aufl. Stuttgart 1976.

MAKOWSKI, HENRY U. BERNHARD BUDERATH: Die Natur dem Menschen untertan. Ökologie im Spiegel der Landschaftsmalerei. München 1983.

MARZELL, HEINRICH (Bearb.): Wörterbuch der deutschen Pflanzennamen. Bd. 1-5. Leipzig, Stuttgart, Wiesbaden 1943-1979.

METZENDORF, WILHELM: Heppenheimer Lexikon. Ein ortskundliches Geschichtsbuch: Flurnamen, Gebäude, Straßen und Plätze. Heppenheim 1986. (Geschichtsblätter Kreis Bergstraße, Sonderband 7).

MILIUS, ERICH: Fruchtbare, gepriesene und geliebte Landschaft. Die Wetterau im Spiegel der schöngeistigen Literatur. In: Die Wetterau. Beiträge zur Kultur-, Wirtschafts- und Sozialgeschichte einer Landschaft. Hrsg. v. der Kreissparkasse Friedberg (Hessen). Friedberg 1983. S. 517-532.

MÜLLER, KARL THEODOR CHRISTIAN: Alte Straßen und Wege in Oberhessen. Erster Teil: Das Gebiet zwischen Kinzig und Nidder. In: Mitteilungen des Oberhessischen Geschichtsvereins, NF 28 (1928). S. 1-145.

NIEß, WALTER: Die Forst- und Jagdgeschichte der Grafschaft Ysenburg und Büdingen vom ausgehenden Mittelalter bis zur Neuzeit. Büdingen 1974.

NOBACK, CHRISTIAN UND FRIEDRICH: Münz-, Maass- und Gewichtsbuch. Das Geld-, Maass- und Wechselwesen, die Kurse, Staatspapiere, Banken, Handelsanstalten und Usanzen aller Staaten und wichtigeren Orte. Leipzig 1858.

PFISTER, HERMANN v.: Mundartliche und stammheitliche Nachträge zu A. F. C. Vilmar's Idiotikon von Hessen. Marburg 1886.

PICKERT, LUISE: Grenzsteinsetzung in Kaichen 1514. In: Wetterauer Geschichtsblätter 2 (1953). S. 88-93.

RAMGE, HANS: Die Siedlungs- und Flurnamen des Stadt- und Landkreises Worms. Darmstadt 1967. Neudruck Gießen 1979. (Beiträge zur deutschen Philologie 43).

RAMGE, HANS: Die Flurnamen der Gemarkung Homberg an der Ohm. In: Homberg an der Ohm. Eine oberhessische Stadt von den Anfängen bis zur Gegenwart. Hrsg. v. Fred Schwind. Sigmaringen 1984. S. 187-214.

REIMER, HEINRICH: Urkundenbuch zur Geschichte der Herren von Hanau und der ehemaligen Provinz Hanau. Band 1-4. Neudruck der Ausgabe Leipzig 1891-1897. Osnabrück 1965.

Die Römer in Hessen. Hrsg. v. Dietwulf Baatz und Fritz-Rudolf Herrmann. Stuttgart 1982.

SCHMIDT-WIEGAND, RUTH: Anwende im Licht von Dialektologie und Rechtssprachgeographie. In: Text- und Sachbezug in der Rechtssprachgeographie. Hrsg. von Ruth Schmidt-Wiegand. München 1985. S. 146-178.

SCHRÖDER-LEMBKE, GERTRUD: Wandlungen in der Flureinteilung und Fruchtfolge des Rhein-Maingebietes im späten Mittelalter. Mainz 1957.

SIMON, GUSTAV: Die Geschichte des reichsständischen Hauses Ysenburg und Büdingen. Dritter Band: Das Ysenburg und Büdingen'sche Urkundenbuch. Frankfurt a. M. 1865.

STERN, HORST, WOLFGANG SCHRÖDER, FREDERIC VESTER U. WOLFGANG DIETZEN: Rettet die Wildtiere. Hrsg. v. Rudolf L. Schreiber. Stuttgart 1980.

STUTZ, ULRICH: Das karolingische Zehntgebot. In: Zeitschrift der Savigny-Stiftung für Rechtsgeschichte. GA 29 (1908). S. 180-224.

Ullstein Lexikon der Tierwelt. Berlin, Frankfurt/M, Wien 1967.

VILMAR, AUGUST FRIEDRICH CHRISTIAN: Idiotikon von Kurhessen. Marburg, Leipzig 1883.

WEIGAND/HIRT s. Deutsches Wörterbuch.

Wetterauischer Geographus, Das ist Kurtze und Vollständige Beschreibung, aller derer in und an der Wetterau liegender Herrschaften... Frankfurt/M 1747.

WICKRAM, GEORG: Das Rollwagenbüchlin. Stuttgart 1984. (Reclams Universal-Bibliothek Nr. 1346).

WILLERDING, ULRICH: Landwirtschaftliche Produktionsstrukturen im Mittelalter. In: Mensch und Umwelt im Mittelalter. Hrsg. v. Bernd Herrmann. 3. Aufl. Stuttgart 1987. S. 244-256.

WITT, REINHARD: Der Magerrasen. Reichtum durch Armut. In: Natur 6 (1986). S. 77-80.

ZEDLER, JOHANN HEINRICH: Grosses vollständiges Universal-Lexicon aller Wissenschaften und Künste. Bd. 1-68. Leipzig, Halle 1732-1754.

# Anmerkungen

1 Wetterauischer Geographus, S. 2-3.
2 zitiert nach MILIUS, S. 527.
3 vgl. Die Römer in Hessen, S. 429.
4 HStA Abt. 82, Nr. 44, fol. 83; K. ca. 1530/1540.
5 HStA Abt. 82, Nr. 44, fol. 180'; K. ca. 1530/1540.
6 vgl. DIELMANN/ BAATZ, S. 9-10; Die Römer in Hessen, S. 430.
7 HSt Abt. 35 Urkunden, Nr. 215.
8 GAM(HStA) Nr. 32, pag. 18.
9 GAM(HStA) Nr. 4, pag. 359.
10 Auch die evangelische Kirche in Echzell wurde auf dem römischen Kastellbad errichtet; vgl. Die Römer in Hessen, S. 262-264, 430.
11 vgl. in diesem Band SCHWIND, S. 37ff.
12 REIMER I, Nr.27.
13 REIMER I, Nr.61.
14 HStA Abt. 35 Urkunden, Nr. 18.
15 SIMON III, Nr. 53.
16 REIMER II, Nr. 42.
17 HStA Abt. 35 Akten, Nr. 107, fol. 48.
18 GAM(HStA) Nr. 4, pag. 320 und 326.
19 Brieflich, Prof. GREULE, Mainz, dem ich an dieser Stelle herzlich für seine Auskünfte danken möchte.
20 vgl. JÜNGLING, S. 161-168.
21 vgl. StAM 86. Hanauer Nachträge, a 975, pag. 84.
22 StAM 86. Hanauer Nachträge, a 975, pag. 91.
23 JOST, Nr. 1058.
24 GAM(HStA) Nr. 3, pag. 12 und 236.
25 FÖRSTEMANN I, Sp. 5.
26 HStA Abt. 82, Nr. 44, fol. 180'; K. ca. 1530/1540.
27 StAD F 11, B 2, Konv. 4, fol. 20.
28 vgl. GAM(HStA) Nr. 3, pag. 715-738 und Nr. 4, pag. 412-460.
29 vgl. Hessischer Flurnamenatlas, Karte 18 Hube/Hübner.
30 vgl. GRUPE, S. 28.
31 vgl. ENNEN/JANSSEN, S. 164.
32 REIMER I, Nr. 65.
33 HECK, S. 54-55.
34 FÖRSTEMANN I, Sp. 1506 und 1511; vgl. auch FÖRSTEMANN II,2, Sp. 1213.
35 JOST, Nr. 1058.
36 REIMER I, Nr. 72.
37 DWB 10, Sp. 1563.
38 VILMAR, S. 171.
39 vgl. DWB 14, Sp. 1106-1107.
40 REIMER I, Nr. 78.
41 JOST, Nr. 1058.
42 vgl. GRUPE, S. 28-29.
43 vgl. ABEL, S. 44-46.
44 JOST, Nr. 1058.
45 GAM(HStA) Nr. 3, pag. 658.
46 REIMER II, Nr. 651.
47 Garten *hinder den zeünen uff dem Damme*. HStA Abt. 35 Akten, Nr. 107, fol. 49.
48 GAM(HStA) Nr. 5, pag. 247.
49 GAM(HStA) Nr. 5, pag. 419.
50 GAM(HStA) Nr. 5, pag. 212 und 215.
51 vgl. BOTT, S. 82.
52 vgl. BOTT, S. 54.
53 vgl. StAM 86. Hanauer Nachträge, Nr. 762.
54 StAD F 11, B 1, Nr. 24, pag. 97'; K.1616.
55 GAM(HStA) Nr. 3, pag. 257.
56 GAM(HStA) Nr. 3, pag. 242.
57 ENNEN/JANSSEN, S. 147.
58 MAKOWSKI/BUDERATH, S. 48.
59 vgl. BADER I, S. 88-90.
60 StA Ffm Johanniterorden Bücher, Nr. 15, fol. 1; K. 1476.
61 REIMER III, Nr. 569.
62 vgl. BOTT, S. 23.
63 HStA Abt. 82, Nr. 44, fol. 83; K. ca. 1530/1540.
64 StAM O II c 13, 1437 Juni 16.
65 HStA Abt. 82, Nr. 44, fol. 179; K. ca. 1530/1540.

66 GAM(HStA) Nr. 5, pag. 389.
67 GAM(HStA) Nr. 5, pag. 415.
68 GAM(HStA) Nr. 32, pag. 233.
69 vgl. CRECELIUS, S. 155.
70 vgl. BLESKEN, S. 369.
71 So noch im Grundbuch von 1714 (GAM(HStA) Nr. 2-5).
72 Die Struktur und die Grenzen der alten Dorfgemarkung Hirzbach müßten sich bei einer genauen Untersuchung auf einer breiteren Quellenbasis ermitteln lassen.
73 HStA Abt. 35 Urkunden, Nr. 14.
74 HStA München Mainzer Urkunden, Nr. 5992.
75 Wann der Johanniterorden seinen Hof in Hirzbach erhielt, ließ sich bisher nicht feststellen.
76 REIMER IV, Nr. 777.
77 StAM O II c 13, 1629 November 19.
78 So z.B. die Beschreibung der Güter, die 1434 zum Johanniterhof gehören (StA Ffm Johanniterorden Bücher, Nr. 15, fol. 1-1') und der Güteraufstellung des Antoniterordens 1467 (HStA Abt. 35 Akten, Nr. 105, fol. 7-9).
79 StA Ffm Johanniterorden Bücher, Nr. 15, fol. 1; K. 1476. vgl. für den Baiersröderhof in diesem Band VOLK, S. 473 ff.
80 ENNEN/JANSSEN, S. 184.
81 vgl. BOTT, S. 47.
82 GAM(HStA) Nr. 32, pag. 359-360.
83 vgl. GAM(HStA) Nr. 32, pag. 191-193; 1715 und pag. 456-460; 1724.
84 vgl. BOTT, S. 79.
85 GAM(HStA) Nr. 32, fol. 671-672; zum Allmendeanteil des Baiersröderhofs vgl. in diesem Band VOLK, S. 473 ff.
86 An dieser Stelle möchte ich mich ganz herzlich bei den Landwirten Fritz LEHR, Gustav LERCH, Wilhelm MÖLLER, Walter SCHEUERLE und Heinrich SCHMIDT bedanken, die mir zahlreiche, wertvolle Informationen gaben.
87 GAM(HStA) Nr. 32, pag. 412.
88 GAM(HStA) Nr. 32, pag. 413.
89 GAM(HStA) Nr. 32, pag. 569-570.
90 GAM(HStA) Nr. 4, pag. 0'; vgl. dazu in diesem Band VOLK, S. 493.
91 Hessischer Flurnamenatlas, Karte 137 Landwehr.
92 StAM O I g, 1509 März 22.
93 StAM 86. Hanauer Nachträge, Nr. 221.
94 StAM O II c 17, 1593 November 11.
95 GAM(HStA) Nr. 5, pag. 313.
96 GAM(HStA) Nr. 2, pag. 93.
97 StAM Kataster Marköbel, C 6, Karte X, Nr. 1.
98 GAM Nr. 32, pag. 68.
99 GAM Nr. 3, pag. 324.
100 vgl. Hessischer Flurnamenatlas, Karte 135 Gericht/Richt; Richter.
101 StAM 81. Regierung Hanau, E 40d, Nr. 45, pag. 3.
102 HStA Abt. 82, Nr. 44, fol. 83; K. ca. 1530/1540.
103 GAM(HStA) Nr. 5, pag. 1.
104 vgl. BOTT, S. 23.
105 HSTA Abt. 82, Nr. 44, fol. 83; K. ca. 1530/1540.
106 JOST, Nr. 1058.
107 GAM(HStA) Nr. 4, pag. 388.
108 HStA Abt. 35 Akten, Nr. 105, fol. 8'.
109 vgl. Hessischer Flurnamenatlas, Karte 1 Mark; Märker.
110 StAD F 11, B 2, Konv. 4, fol. 13.
111 REIMER III, Nr. 507.
112 StAD F 11, B 4, Konv. 22, fol. 66'.
113 StAM Kataster Marköbel, C 3, Karte K, Nr. 9-21.
114 WEIGAND/HIRT I, Sp. 624.
115 vgl. BADER III, S. 67-68.
116 vgl. BADER III, S. 64-67.
117 ALBERUS, Bl. x iija nennt sowohl den 'toten' als auch den 'lebenden' Zaun: *palo ich steck pfäl, ich zeun; Sepimenta hecken die man setzt, daß ein zaun darauß werde.*
118 vgl. BADER III, S. 62-63 und 80-81.
119 StAM 85. Hanauer Kammer, A IX, Nr. 31, I, § XXI, S. 16.
120 vgl. StAM 85. Hanauer Kammer, A IX, Nr. 31, I, § XXI, S. 25-26.
121 HSTA Abt. 82, Nr. 44, fol. 181; K. ca. 1530/1540.
122 HStA Abt. 35 Akten, Nr. 107, fol. 49.
123 vgl. DWB 10, Sp. 149-151; Weigand/Hirt I, Sp. 794; Ramge, 1984, S. 207.
124 vgl. GAM(HStA) Nr. 5, pag. 316; 1714.
125 StAM 81. Regierung Hanau, E 40 a, Nr. 36.
126 HStA Abt. 82, Nr. 44, fol. 180; K. ca. 1530/1540.
127 StAM O II c 17, 1573 November 11.
128 Hessischer Flurnamenatlas, Karte 15 Beune.
129 HStA München Mainzer Urkunden, Nr. 1185a.

130 DWB 10, Sp. 1795.
131 vgl. MARZELL II, Sp. 902.
132 GAM 16, Nr. 386, pag. 57.
133 vgl. BOTT, S. 67.
134 GAM(HStA) Nr. 32, pag. 233.
135 WEIGAND/HIRT I, Sp. 457; ALBERUS, Bl. tt ija pisum, erbeyß.
136 GAM(HStA) Nr. 32, pag. 247.
137 StAD F 11, B 1, Nr. 24, fol. 98; K. 1616.
138 JOST, Nr. 1058.
139 vgl. BOTT, S. 21.
140 JOST, Nr. 1062.
141 HStA Abt. 82, Nr. 44, fol. 83; K. ca. 1530/1540.
142 1562 wird *Elsen Haintzen* als Besitzer in Marköbel genannt. StAM O II c 17, 1562 Februar 10.
143 HStA Abt. 35 Akten, Nr. 107, fol. 48.
144 HStA Abt. 35 Akten, Nr. 39, fol. 3'.
145 GAM(HStA) Nr. 4, pag. 310.
146 HStA Abt. 35 Akten, Nr. 107, fol. 74'.
147 GAM(HStA) Nr.3, pag. 195.
148 StAD F 11, B 4, Konv. 22, fol. 64'.
149 StAD F 11, B 2, Konv. 4, fol. 25.
150 StAM 86. Hanauer Nachträge, Nr. 18895, fol. 7'.
151 DWB 11, Sp. 1035-1036.
152 StAM Karten, P II 1204/20.
153 StAD F 11, B 1, Nr. 24; K. 1616.
154 Jost, Nr. 1058.
155 StAD F 11, B 1, Nr. 24, fol. 98; K. 1616.
156 StAM O II c 17, 1571 November 11.
157 vgl. BADER III, S. 72.
158 GAM(HStA) Nr. 4, pag. 63.
159 StAD F 11, B 2, Konv. 4, fol. 6.
160 HStA Abt. 35 Akten, Nr. 117, pag. 8.
161 StAD F 11, B 2, Konv. 4, fol. 15.
162 BERNHARD, S. 305.
163 *Man teilt die Pflaumen ein in: 1. Zwetschen, mit länglich-eiförmigen Früchten und in 2. Damascenen, mit runden und rundlichen Früchten.* Illustriertes Landwirtschafts-Lexikon, S. 688.
164 ALBERUS, Bl. Gg ijb. Die *Braun* ist, im Gegensatz zum wachsgelben *Spilling*, amethystfarben, also violett.
165 DWB 16, Sp. 2487.
166 vgl. Illustriertes Landwirtschafts-Lexikon, S. 688.
167 StAD F 11, B 2, Konv. 4, fol. 20.
168 GAM(HStA) Nr. 5, pag. 94.
169 StAM O II c 13, 1437 Juni 16.
170 Hessischer Flurnamenatlas, Karte 49 Bett/Beet.
171 Illustriertes Landwirtschafts-Lexikon, S. 96.
172 In der Hanauischen Zehntordnung von 1723 werden die Zehnter angehalten, daß sie *gar nicht gestatten, daß die Zehenbahre Güter zu Gärten gemacht oder mit Bäumen besetzet werden.* StAM 85. Hanauer Kammer, A IX, Nr. 55, § IV.
173 vgl. BADER III, S. 83-85.
174 StAM H 5, pag. 59.
175 StAM H 5, pag. 59; zum Weinanbau in Marköbel vgl. in diesem Band SCHÄFER, S.205ff.
176 vgl. GÖNNENWEIN, S. 192-193.
177 Demgegenüber wurde 1710 den Wingertschützen dies ausdrücklich vom Gericht untersagt: *Vielweniger sie selbsten vor Jhre person einige Drauben Mittag oder abendts mit heim nehmen.* GAM(HStA) Nr.32, pag. 417.
178 GAM(HStA) Nr. 32, pag. 183-184.
179 GAM(HStA) Nr. 32, pag. 416-417.
180 StAM 85. Hanauer Kammer, A IX, Nr. 42.
181 JOST, Nr. 1058.
182 vgl. Hessischer Flurnamenatlas, Karte 23 Wingert, Weingarten/Weinberg. Der Terrassenbau an Hängen und auf Bergen *kam erst vom 12. Jh. an auf.* GÖNNENWEIN, S. 160.
183 GAM(HStA) Nr. 5, pag. 608.
184 StAM O II c 17, 1562 Februar 10.
185 GAM(HStA) Nr. 5, pag. 603.
186 StAM O II c 17, 1562 Februar 10.
187 GAM(HStA) Nr. 5, pag. 564.
188 vgl. DWB 12, Sp. 721.
189 StAM O II c 17, 1591 November 11.
190 StAD F 11, B 2, Konv. 4, fol. 9.
191 GAM(HStA) Nr. 32, pag. 19.
192 BOTT, S. 21.
193 StA Ffm Johanniterorden Bücher, Nr. 21, fol. 62'.

194 HStA Abt. 35 Urkunden, Nr. 200.
195 JOST, Nr. 1058.
196 StA Ffm Johanniterorden Bücher, Nr. 20, fol. 165.
197 DWB 14, Sp. 2506-2510.
198 Hessischer Flurnamenatlas, Karte 47 Schelm/Schindanger/Schindleich.
199 FÖRSTEMANN I, Sp. 14.
200 vgl. RAMGE, 1979, S. 103.
201 JOST, Nr. 1059.
202 vgl. GÖNNENWEIN, S. 175.
203 vgl. Hessischer Flurnamenatlas, Karte 7 Gewann und Karte 8 Anwender; Anwand/Angewann.
204 ENNEN/JANSSEN, S. 153.
205 vgl. SCHRÖDER-LEMBKE, S. 9.
206 vgl. WILLERDING, S. 246-248. Am Wintergetreide bildete sich das Mutterkorn, das das sog. Antoniusfeuer (Ergotismus) hervorrief. Der Antoniterorden hatte es sich zur Aufgabe gemacht, die an Ergotismus Erkrankten zu pflegen.
207 vgl. JANSSEN, S. 238.
208 vgl. GAM(HStA) Nr. 32, pag. 457.
209 GAM(HStA) Nr. 32, pag. 191.
210 JOST, Nr. 1058.
211 StAM O II c 13, 1437 Juni 16.
212 HStA Abt. 35 Akten, Nr. 105, fol. 8.
213 HStA Abt. 35 Akten, Nr. 107, fol. 46.
214 HStA Abt. 35 Akten, Nr. 38, fol. 6'.
215 HStA Abt. 35 Akten, Nr. 107, fol. 47.
216 HStA Abt. 35 Akten, Nr. 38, fol. 3'.
217 JOST, Nr. 1058.
218 HStA München Mainzer Urkunden, Nr. 1693.
219 HStA Abt. 82, Nr. 44, fol. 83; K. ca. 1530/1540.
220 HStA Abt. 35 Akten, Nr. 105, fol. 7.
221 StAD F 11, B 2, Konv. 4, fol. 11.
222 HStA Abt. 35 Akten, Nr. 105, fol. 7'.
223 CLEMM, Nr. 326; K. um 1530.
224 StAM 86. Hanauer Nachträge, Nr. 18895, fol. 8'.
225 StAD F 11, B 1, Nr. 24, fol. 97 und 95; K. 1616.
226 Deuteronomium 14, 22-27, Leviticus 27, 30-33, Nummerus 18, 21-32.
227 vgl. STUTZ, S. 184-187, 221-224.
228 KOTTJE, Sp. 1319.
229 StAM H 5, pag. 247.
230 GAM(HStA) Nr. 32, pag. 241.
231 HStA Abt. 35 Akten, Nr. 158, fol. 1.
232 BOTT, S. 37, zitiert aus der Aussage des Bürgermeisters Michael Schlarr, daß die Marköbeler an Stelle des Zehnten nur den Dreißigsten geben.
233 Wetterauischer Geographus, S. 258.
234 CRAMER, Vollständiges Hauptregister, S. 744.
235 HStA Abt. 35 Urkunden, Nr. 537.
236 StAM 85. Hanauer Kammer, A IX, Nr. 55.
237 HStA Abt. 82, Nr. 44, fol. 180'; K. ca. 1530/1540.
238 StAD F 11, B 2, Konv. 4, fol. 10'.
239 GAM(HStA) Nr. 32, pag. 19.
240 GAM(HStA) Nr. 5, pag. 322.
241 HStA Abt. 82, Nr. 44, fol. 83; K. ca. 1530/1540.
242 HStA München Mainzer Urkunden, Nr. 1693.
243 BACH 2,1, § 369.
244 DWB 3, Sp. 1140.
245 VILMAR, S. 95.
246 REIMER III, Nr. 211.
247 HStA Abt. 82, Nr. 44, fol. 83; K. ca. 1530/1540.
248 HStA Abt. 82, Nr. 44, fol. 83; K. ca. 1530/1540.
249 GAM(HStA) Nr. 3, pag. 172.
250 Hessischer Flurnamenatlas, Karte 50 Blech/Flecken.
251 JOST, Nr. 1058.
252 HStA Abt. 35 Akten, Nr. 38, fol. 6'.
253 HStA Abt. 35 Akten, Nr. 67, fol. 2.
254 GAM(HStA) Nr. 3, pag. 93.
255 HStA Abt. 82, Nr. 44, fol. 180'; K. ca. 1530/1540.
256 ALBERUS, Bl. Hh ijb *Plan, Area, campus, locus, platz.*
257 DWB 20, Sp. 212; vgl. Hessischer Flurnamenatlas, Karte 48 Stück.
258 In einer Notiz, die aus dem Anfang des 17. Jh.s stammt, steht über den Dienst des Marköbeler Frühmessners *frumeß hat vorzeiten auf sampstag & sontag meß geleße, hat dan Evangelie vnd feiertag angezeigt.* HStA Abt. 35 Akten, Nr. 5, fol. 73'.

259 JOST, 1059.
260 HStA Abt. 35 Urkunden, Nr. 215.
261 StAM O II c 17, 1490 November 16.
262 StAM O II c 17, 1517 Februar 16.
263 StAM 86. Hanauer Nachträge, Nr. 18895, fol. 11.
264 StAM O II c 17, 1509 September 14.
265 GAM(HStA) Nr. 3, pag. 81.
266 vgl. DWB 13, Sp. 974; VILMAR S. 287.
267 DWB 10, Sp. 221.
268 HStA Abt. 82, Nr. 44, fol. 179'; K. ca. 1530/1540.
269 GAM(HStA) Nr. 32, pag. 19.
270 GAM(HStA) Nr. 2, pag. 195 und 198.
271 StAD F 11, B 2, Konv. 4, fol. 8.
272 HStA Abt. 82, Nr. 44, fol. 180; K. ca. 1530/1540.
273 StAM O II c 13, 1437 Juni 16.
274 GAM(HStA) Nr. 3, pag. 332.
275 StAM O I g, 1509 März 22.
276 GAM(HStA) Nr. 3, pag. 186.
277 vgl. RAMGE, 1979, S. 162.
278 StAM 81. Regierung Hanau, E 40d, Nr. 45, pag. 9.
279 DUDEN 5, S. 2142.
280 GAM(HStA) Nr. 4, pag. 169.
281 JOST, Nr. 1058.
282 FÖRSTEMANN I, Sp. 921.
283 StAM O II c 13, 1437 Juni 16.
284 HStA Abt. 82, Nr. 44, fol. 180'; K. ca. 1530/1540.
285 FÖRSTEMANN I, Sp. 1472.
286 Baiersröderhof, Ackerbuch 1705, pag. 3.
287 StAM O II c 17, 1518 Juni 5.
288 StAM 81. Regierung Hanau, E 40d, Nr. 45, pag. 14.
289 HStA Abt. 35 Urkunden, Nr. 215.
290 StAM Karten, P II 15524.
291 vgl. BOTT, S. 95.
292 JOST, Nr. 1063.
293 GAM(HStA) Nr. 2, pag. 162.
294 vgl. DWB 15, Sp. 2201; WEIGAND/HIRT II, Sp. 811.
295 HStA Abt. 82, Nr. 44, fol. 83; K. ca. 1530/1540.
296 DWB 12, Sp. 759.
297 HStA Abt. 35 Akten, Nr. 107, fol. 48.
298 StA Ffm Johanniterorden Bücher, Nr. 21, fol. 62.
299 HStA Abt. 82, Nr. 44, fol. 179'; K. ca. 1530/1540.
300 WEIGAND/HIRT II, Sp. 671.
301 Jost, Nr. 1060.
302 Hessisches Landesamt Marburg, Sammlung Marköbel, Nr. 37.
303 JOST, Nr. 1058.
304 DWB 10, Sp. 596.
305 HStA Abt. 82, Nr. 44, fol. 83; K. ca. 1530/1540.
306 Baiersröderhof, Ackerbuch 1705, pag. 7 und 15.
307 HStA Abt. 35 Akten, Nr. 107, fol. 48'.
308 GAM(HStA) Nr. 3, pag. 626.
309 vgl. Hessischer Flurnamenatlas, Karte 33 Eller/Irre.
310 GAM(HStA) Nr. 5, pag. 312.
311 GAM(HStA) Nr. 2, pag. 242.
312 DWB 9, Sp.370 und 368; vgl. VILMAR, S. 137-138.
313 HStA Abt. 82, Nr. 44, fol. 83; K. ca. 1530/1540.
314 HStA Abt. 82, Nr. 44, fol. 179'; K. ca. 1530/1540.
315 vgl. DWB 14, Sp. 2485-2486; CRECELIUS, S. 723.
316 DWB 2, Sp. 111.
317 vgl. CRECELIUS, S. 175-176; VILMAR, S. 41-42; ALBERUS, Bl. Bb iijb *Malleus, ein blawel. Malleus lotorius, wesch blawel.*
318 vgl. Hessischer Flurnamenatlas, Karte 59 Blauel/Schwingstock.
319 GAM(HStA) Nr. 2, pag. 278.
320 PFISTER, S. 295; vgl. DWB 21, Sp. 147-150; Alberus, Bl. s iijb *deschen, seckel, wetschger, beutel.*
321 vgl. in diesem Band VOLK, S.
322 NOBACK, S. 266.
323 Hessischer Flurnamenatlas, Karte 18 Hube/Hübner.
324 ENNEN/JANSSEN, S. 137.
325 StAD A 3, Marienborn 1289 Mai 16: *vnum mansum in Marckebele situm, qui vulgo dicitur des Stuzen hube.*
326 *Katherin Stutze* wird im 14./15. Jh. genannt. JOST, Nr. 1061.

327 CLEMM, Nr. 326.
328 GAM(HStA) Nr. 4, pag. 388.
329 HStA Abt. 35 Akten, Nr. 39, fol. 3'.
330 StAD F 11, B 2, Konv. 4, fol. 18'.
331 ALBERUS, Bl. L iija *Triginta iugera, ein hub.*
332 HStA Abt. 35 Akten, Nr. 107, fol. 74-75'.
333 ALBERUS, Bl. L iija.
334 StAD F 11, B 2, Konv. 4, fol. 11'.
335 JOST, Nr. 1058.
336 StAD F 11, B 2, Konv. 4, fol. 11'.
337 GAM(HStA) Nr. 2, pag. 390.
338 StAD F 11, B 2, Konv. 4, fol. 18'.
339 HStA Abt. 35 Akten, Nr. 105, fol. 9.
340 JOST, Nr. 1063.
341 HStA Abt. 82, Nr. 44, fol. 180'; K. ca. 1530/1540.
342 StAM 81. Regierung Hanau, A 147, Nr. 2, fol. 18.
343 StAM 81. Regierung Hanau, A 147, Nr. 2, fol. 23'.
344 StAD F 11, B 2, Konv. 4, fol. 17'.
345 StAD F 11, B 2, Konv. 4, fol. 25.
346 GAM(HStA) Nr. 2, pag. 319 und 320.
347 GAM(HStA) Nr. 4, pag. 359.
348 REIMER III, Nr. 507.
349 vgl. Hessischer Flurnamenatlas, Karte 2 Allmende/Walme und Karte 3 Gemeine, Gemeinde.
350 vgl. dazu in diesem Band SCHÄFER, S. 141ff.
351 Hessisches Landesamt Marburg, Sammlung Marköbel, Nr. 73.
352 GAM(HStA) Nr. 5, pag. 202.
353 StA Ffm Johanniterorden Bücher, Nr. 21, fol. 62.
354 vgl. DWB 27, Sp. 2523 und Sp. 2814; Hessischer Flurnamenatlas, Karte 113 Weede/Schwemme.
355 ALBERUS, Bl. Zz ija.
356 StAM O II c 17, 1571 November 11 (III).
357 GAM(HStA) Nr. 5, pag. 433.
358 vgl. BOTT, S. 31.
359 GAM(HStA) Nr. 5, pag. 414.
360 ALBERUS, Bl. p ivb *Wesch Lavo* und Bl. u ja *Schwenck Lauo uel purgo pocula, ich schwenk etc.*; vgl. Crecelius, S. 776.
361 StAM O II c 17, 1514 Dezember 10 (I).
362 GAM(HStA) Nr. 3, pag. 392.
363 vgl. DWB 11, Sp. 364; ALBERUS, Bl. CC jb *Kaut, Fouea* und Bl. A ja *fouea, ein grub, höl, loch.*
364 HStA Abt. 82, Nr. 44, fol. 83; K. ca. 1530/1540.
365 StAM Kataster Marköbel, C 5, Karte W, Nr. 270.
366 GAM(HStA) Nr. 3, pag. 579.
367 StAM Karten, P II 1204/20.
368 GAM(HStA) Nr. 3, pag. 568.
369 Hessisches Landesamt Marburg, Sammlung Marköbel, Nr. 124a *Über dem Steinbruch.*
370 HStA Abt. 82, Nr. 44, fol. 83; K. ca. 1530/1540.
371 GAM(HStA) Nr. 2, pag. 78.
372 vgl. NIEß, S. 141-143.
373 JOST, Nr. 1058.
374 WICKRAM, S. 82 und 83. Auf diese Stelle hat bereits Jakob BUCHER in seiner Arbeit über die Flurnamen des Dorfs Wörrstadt in Rheinhessen, Gießen 1936, S. 47, hingewiesen.
375 StAM Kataster Marköbel, C 6, Karte Z, Nr. 37.
376 vgl. DWB 26, Sp. 413 und 415; ALBERUS, Bl. y iija *Cavea, kebsen, kefich, baur, vogelkorb.*
377 vgl. GAM(HStA) Nr. 32, pag. 175-179.
378 ZEDLER 13, Sp. 259.
379 Hessisches Landesamt Marburg, Sammlung Marköbel, Nr. 131.
380 GAM(HStA) Nr. 5, pag. 329.
381 DWB 1, Sp. 601.
382 CRECELIUS, S. 53; ALBERUS, Bl. Qq ijb *Viretum, ein grüner ort, gart, grüne awe, grüne lüstige wise, oder grün kreuter.*
383 HStA Abt. 35 Akten, Nr. 107, fol. 47.
384 DWB 27, Sp. 2276; vgl. CRECELIUS, S. 895.
385 GAM(HStA) Nr. 5, pag. 483 und 484.
386 StAM 81. Regierung Hanau, E 40d, Nr. 45, pag. 3.
387 DWB 29, Sp. 1575 und 1576.
388 HStA Abt. 35 Akten, Nr. 39, fol. 3'.
389 DWB 28, Sp. 545 und 547; vgl. CRECELIUS, S. 901.
390 JOST, Nr. 1058.
391 StAM O II c 13, 1437 Juni 16.
392 HStA Abt. 35 Akten, Nr. 105, fol. 8'.
393 DWB 2, Sp. 410.

394 CRECELIUS, S. 211; ALBERUS, Bl. Zz ija *Palustris aqua, palustria pascua, bruch, ein gebrüch.*
395 HStA Abt. 82, Nr. 44, fol. 83'; K. ca. 1530/1540.
396 HStA Abt. 82, Nr. 44, fol. 181; K. ca. 1530/1540.
397 WEIGAND/HIRT II, Sp. 585; vgl. Hessischer Flurnamenatlas, Karte 129 Ried; Alberus, Bl. DD ja *riet, das hat scharpff vnd lange schwert bletter, vnnd kolben, ließknospen, narrnkolben.*
398 WEIGAND/HIRT II, Sp. 600; vgl. Hessischer Flurnamenatlas, Karte 130 Rohr/Schilf.
399 REIMER III, Nr. 211.
400 StA Ffm Johanniterorden Bücher, Nr. 15, fol. 1'; K. nach 1476.
401 WEIGAND/HIRT II, Sp. 1226.
402 GAM(HStA) Nr. 5, pag. 38.
403 DWB 13, Sp. 1804; vgl. Hessischer Flurnamenatlas, Karte 111 Pfuhl.
404 Hessisches Landesamt Marburg, Sammlung Marköbel, Nr. 159.
405 GAM(HStA) Nr. 2, pag. 211.
406 DWB 2, Sp. 1735 und 1737; vgl. VILMAR, S. 80; CRECELIUS, S. 314; ALBERUS, Bl. ddja *Dürr, Aridus.*
407 vgl. WITT, S. 80.
408 StAD F 11, B 4, Konv. 22, fol. 65'.
409 GAM(HStA) Nr. 4, pag. 412.
410 DWB 10, Sp. 158.
411 CRECELIUS, S. 448; vgl. VILMAR, S. 145.
412 StAM 85. Hanauer Kammer, A IX, Nr. 31, II, § XV.
413 StAM Kataster Marköbel, C 4, Karte Q, Nr. 703.
414 StAM Kataster Marköbel, C 6, Karte Y, Nr. 178.
415 REIMER II, Nr. 513.
416 HStA München Mainzer Urkunden, Nr. 1224.
417 HStA Abt. 35 Akten, Nr. 105, fol. 9.
418 StAD F 11, B 2, Konv. 4, fol. 4 und 9.
419 DWB 11, Sp. 2126.
420 vgl. CRECELIUS, S. 521.
421 StAM O II b 20, 1489 November 11.
422 StAD F 11, B 2, Konv. 4, fol. 18.
423 JOST, Nr. 1058.
424 GAM(HStA) Nr. 5, pag. 272.
425 GAM(HStA) Nr. 5, pag. 280.
426 HStA Abt. 35 Akten, Nr. 38, fol. 5.
427 WEIGAND/HIRT II, Sp. 408; vgl. Hessischer Flurnamenatlas, Karte Nr. 39 Pferch; Alberus Bl. S ja *Hürd, Crates, uel cratis, ein hurd, hürt. Septa plu. hürd.i.pferrich* und Bl. p iij b *Pfirch, Caula, septum.*
428 REIMER II, Nr. 507.
429 HStA Abt. 35 Akten, Nr. 107, fol. 48.
430 GAM(HStA) Nr. 5, pag. 1.
431 vgl. DWB 13, Sp. 224; WEIGAND/HIRT II, Sp. 262; Hessischer Flurnamenatlas, Karte 41 Nachtweide.
432 HStA Abt. 35 Akten, Nr. 105, fol. 8.
433 DWB 13, Sp. 1703.
434 GAM(HStA) Nr. 5, pag. 311.
435 GAM(HStA) Nr. 5, pag. 307.
436 vgl. GAM(HStA) Nr. 32, pag. 178; 1714.
437 Aus diesem Grund gab es z.B. bis vor einigen Jahrzehnten in Haingrund im Odenwald zwei Zuchtstiere im Dorf. (Dr. Reinhard OLT, Gießen-Wieseck, mündlich). Zu den Zuchtstieren auf dem Baiersröderhof vgl. in diesem Band VOLK, S. 473ff.
438 GAM(HStA) Nr. 3, pag. 218 und 223.
439 StAM 81. Regierung Hanau, E 40d, Nr. 45, pag. 3
440 vgl. DWB 24, Sp. 1091, vgl. Hessischer Flurnamenatlas, Karte 43 Under.
441 CRECELIUS, S. 841 und 842.
442 GAM(HStA) Nr. 5, pag. 367.
443 JOST, Nr. 1058.
444 Hessisches Flurnamenarchiv Gießen, Sammlung Marköbel, Blatt 23.
445 StAM Kataster Marköbel, C 3, Karte C, Nr. 14.
446 WEIGAND/HIRT II, Sp. 713; vgl. Hessischer Flurnamenatlas, Karte 47 Schelm/Schindanger/Schindleich.
447 Baiersröderhof, Ackerbuch 1705, pag. 11.
448 REIMER III, Nr. 211.
449 StAD F 11, B 2, Konv. 4, fol. 18'.
450 GAM(HStA) Nr. 3, pag. 659.
451 vgl. BOTT, S. 21, 57.
452 StAD F 11, B 4, Konv. 22, fol. 64.
453 vgl. CRECELIUS, S. 336; VILMAR, S. 90; Marzell I, Sp. 219 und 424.
454 GAM(HStA) Nr. 4, pag. 9.
455 REIMER III, Nr. 211.
456 StAD F 11, B 1, Nr. 24, fol. 96'; K. 1616.
457 REIMER III, Nr. 619.
458 HStA Abt. 82, Nr. 44, fol. 180'; K. ca. 1530/1540.

459 GAM(HStA) Nr. 4, pag. 37.
460 StA Ffm Johanniterorden Bücher, Nr. 21, fol. 67.
461 WEIGAND/HIRT I, Sp. 258.
462 Ullstein Lexikon der Tierwelt, S. 69.
463 StAM O II b 20, 1429 November 11.
464 StAM O II c 13, 1437 Juni 16.
465 StAD B 6 Urkunden, Nr. 92.
466 REIMER III, Nr. 211.
467 JOST, Nr. 1058.
468 GAM(HStA) Nr. 4, pag. 103.
469 GAM(HStA) Nr. 3, pag. 808.
470 StAM Kataster Marköbel, C 3, Karte F, Nr. 60.
471 DWB 13, Sp. 1492.
472 vgl. Hessischer Flurnamenatlas, Karte 65 Spieß.
473 GAM(HStA) Nr. 5, pag. 41.
474 GAM(HStA) Nr. 5, pag. 310.
475 GAM(HStA) Nr. 5, pag. 312.
476 HStA Abt 35 Akten, Nr. 105, fol. 9.
477 GAM(HStA) Nr. 5, pag. 301.
478 GAM(HStA) Nr. 4, pag. 359.
479 HStA München Mainzer Urkunden, Nr. 1223.
480 GAM(HStA) Nr. 5, pag. 225 und 284.
481 Hessischer Flurnamenatlas, Karte 16 Brühl; WEIGAND/HIRT I, Sp. 294; Alberus, Bl. Bb iijb *Brüel, Palustris locus/.../pratum, mag auch ein brüel heyssen* und Bl. Zz ija *Palustris, uel paluster,a,um, sümpfficht.*
482 StAM O II c 17, 1573 November 11 (I).
483 vgl. GAM(HStA) Nr. 32, pag 179.
484 GAM(HStA) Nr. 32, pag. 357-358.
485 StAM 85. Hanauer Kammer, A IX, Nr. 45, S. 8.
486 StAD B 6 Urkunden, Nr. 91.
487 WEIGAND/HIRT I, Sp. 559.
488 ALBERUS, Bl. Zz ja.
489 GAM(HStA) Nr. 2, pag. 6.
490 StAD F 11, B 1, Nr. 24, fol. 96; K. 1616.
491 Hessisches Landesamt Marburg, Sammlung Marköbel, Nr. 126a.
492 StAM 81. Regierung Hanau, E 40d, Nr. 45, pag. 12.
493 ALBERUS, Bl. Pp iija *Fons/.../born, brunn, fliessend born.*
494 GAM(HStA) Nr. 4, pag. 361.
495 StAM Kataster Marburg, C 6, Karte AA, Nr. 87.
496 HStA Abt. 82, Nr. 44, fol. 83; K. ca 1530/1540.
497 DWB 20, Sp. 918.
498 GAM(HStA) Nr. 3, pag. 195.
499 GAM(HStA) Nr. 3, pag. 729.
500 GAM(HStA) Nr. 2, pag. 429.
501 CRECELIUS, S. 166-167; vgl. VILMAR, S. 38-39.
502 Hessischer Flurnamenatlas, Karte 11 Bitze.
503 HStA Abt. 35 Urkunden, Nr. 54.
504 HStA Abt. 82, Nr. 44, fol. 180'; K. ca. 1530/1540.
505 Baiersröderhof, Ackerbuch 1705, pag. 4.
506 DWB 32, Sp. 1084; vgl. Hessischer Flurnamenatlas, Karte 10 Quer, Zwerch; ALBERUS, Bl. p iij b *Transuersus, obtortus, obliquus,a,um. zwerch, zweriß.*
507 StAM Karten, P II 1204/16.
508 HStA Abt. 35 Akten, Nr. 105, fol. 7'.
509 WEIGAND/HIRT I, Sp. 977; vgl. Hessischer Flurnamenatlas, Karte 122 Kannel/Rinne; Alberus, Bl. Zz jb *canalis, fistula, aquaeductus, ein kennel/.../Tubus, tubulus, d.rhür, odder kennel.*
510 GAM(HStA) Nr. 2, pag. 486.
511 GAM(HStA) Nr. 4, pag. 207.
512 vgl. Hessischer Flurnamenatlas, Karte 113 Weede/Schwemme; Alberus, Bl. Ee ja *Schwem, Piscina/.../lauo, merso, ich schwemm.*
513 Hessisches Landesamt Marburg, Sammlung Marköbel, Nr. 2.
514 Baiersröderhof, Ackerbuch 1705, pag. 9 und 8.
515 StAD B 6 Urkunden, Nr. 98.
516 Hessisches Landesamt Marburg, Sammlung Marköbel, Nr. 116.
517 JOST, Nr. 1058.
518 HStA Abt. 82, Nr. 44, fol. 179'; K. ca. 1530/1540.
519 StAM O II c 17, 1591 November 11.
520 StAM Karten, P II 15524.
521 GAM(HStA) Nr. 4, pag. 9.
522 StAM O I g, 1453 April 2.
523 JOST, Nr. 1063.

524 StAD F 11, B 2, Konv. 4, fol. 9'.
525 HStA Abt. 35 Akten, Nr. 107, fol 48'.
526 StA Ffm Johanniterorden Bücher, Nr. 20, fol. 162.
527 vgl. STERN u.a., S. 138-139.
528 StAM Karten, P II 15524.
529 vgl. StAM Kataster Marköbel, C 5, Karte V, Nr. 276.
530 JOST, Nr. 1058.
531 WEIGAND/HIRT II, Sp 979; ALBERUS, Bl. z ja *Ciconia/.../storck*.
532 JOST, Nr. 1058.
533 JOST, Nr. 1061.
534 REIMER III, Nr. 211.
535 JOST, Nr. 1058.
536 vgl. in diesem Band TEWS, S. 6.
537 HStA Abt. 82, Nr. 44, fol. 181; K. ca. 1530/1540.
538 WEIGAND/HIRT II, Sp. 56; vgl. Hessischer Flurnamenatlas, Karte 105 Lett; Alberus, Bl. qq jb *Lett, Limus, darauß man ziegel macht. Limosus, letticht.*
539 Baiersröderhof, Ackerbuch 1705, pag. 6 und 15.
540 vgl. CRECELIUS, S. 811.
541 StAM 81. Regierung Hanau, E 40 d, Nr. 45, pag. 3.
542 vgl. in diesem Band
543 HStA Abt. 35 Akten, Nr. 35, fol. 6.
544 GAM(HStA) Nr. 5, pag. 325.
545 Hessisches Landesamt Marburg, Sammlung Marköbel, Nr. 4a.
546 HSTA Abt. 35 Akten, Nr. 38, fol. 6'.
547 DWB 14, Sp. 2390.
548 HStA Abt. 82, Nr. 44, fol. 83'; K. ca. 1530/1540.
549 DWB 12, Sp. 1127; Hessischer Flurnamenatlas, Karte 123 Loh.
550 DWB 27, Sp. 1892.
551 StAM Karten, P II 15524.
552 StAM 81. Regierung Hanau, E 40d, Nr. 45, pag. 8.
553 StAM 81. Regierung Hanau, E 40d, Nr. 45, pag. 8.
554 LEXER, S. 193.
555 CRECELIUS, S. 780.
556 Hessisches Flurnamenarchiv Gießen, Sammlung Marköbel, Bl. 22.
557 Hessisches Landesamt Marburg, Sammlung Marköbel, Nr. 122b.
558 StAM 81. Regierung Hanau, E 40d, Nr. 45, pag. 4.
559 GAM 16, Nr. 386, pag. 50.
560 StAM Karten, P II 15524.
561 vgl. BOTT, S. 63.
562 vgl. DWB 2, Sp. 231; CRECELIUS, S. 186; ALBERUS, Bl. Bb ija *Alueus, ein boll, nart, tief schüssel.*
563 Baiersröderhof, Ackerbuch 1705, pag. 8.
564 HStA Abt. 35 Akten, Nr. 107, fol. 74'.
565 StAM 81. Regierung Hanau, E 40d, Nr. 45, pag. 9.
566 DWB 14, Sp. 1718.
567 ZEDLER 4, Sp. 992; vgl. WEIGAND/HIRT I, Sp. 276.
568 GAM(HStA) Nr. 32, pag. 178.
569 Hessisches Landesamt Marburg, Sammlung Marköbel, Nr. 135a.
570 StAM O II c 13, 1437 Juni 16.
571 Hessisches Landesamt Marburg, Sammlung Marköbel, Nr. 124h
572 StAM 81. Regierung Hanau, E 40d, Nr. 45, pag. 7.
573 vgl. BOTT, S. 63.
574 StAM 81. Regierung Hanau, E 40d, Nr. 45, pag. 4 und 8.
575 StAM 81. Regierung Hanau, E 40d, Nr. 45, pag. 2.
576 StAM Karten, P II 15524.
577 StAM 85. Hanauer Kammer, A IX, Nr. 31, II, § XVIII.
578 Zur Problematik der Rosengärten vgl. BACH II, 2, § 449 und BADER III, S. 58.
579 GAM(HStA) Nr. 5, pag. 308.
580 StAM 81. Regierung Hanau, E 40d, Nr. 45, pag. 11.
581 Hessisches Landesamt Marburg, Sammlung Marköbel, Nr. 127a.
582 StAM 81. Regierung Hanau, E 40d, Nr. 45, pag. 17.
583 Hessisches Landesamt Marburg, Sammlung Marköbel, Nr. 122a.
584 GAM 16, Nr. 386, pag. 1.
585 StAD F 11, B 1, Nr. 24, fol. 94'; K. 1616.
586 HStA Abt. 35 Akten, Nr. 38, fol. 3'.
587 HStA Abt. 35 Urkunden, Nr. 215.
588 GAM(HStA) Nr. 2, pag. 137.
589 HStA Abt. 35 Akten, Nr. 107, fol. 75'.
590 WEIGAND/HIRT I, Sp. 880.

591 StAM Kataster Marköbel, C 5, Karte U, Nr. 286.
592 vgl. DWB 17, Sp. 1374; ALBERUS Bl. x jb *Ponticulus, climax, ein steg.*
593 GAM(HStA) Nr. 32, pag. 19.
594 StAM 81. Regierung Hanau, B Nr. 90 1/2 /22; 1725 Juli 9.
595 vgl. BOTT, S. 52.
596 StAM Kataster Marköbel, C 6, Karte AA, Nr. 86.
597 vgl. DENECKE, S. 217.
598 REIMER II, Nr. 754.
599 StA Ffm Johanniterorden Bücher, Nr. 15, fol. 1'; K. nach 1476.
600 HStA München Mainzer Urkunden, Nr. 1693.
601 HStA Abt. 82, Nr. 44, fol. 180'; K. ca. 1530/1540.
602 GAM(HStA) Nr. 3, pag. 319.
603 MÜLLER, S. 23.
604 StAD F 11, B 4, Konv. 22, fol. 65.
605 StA Ffm Johanniterorden Bücher, Nr. 15, fol. 1; K. nach 1476.
606 StAM O II c 17, 1490 November 16.
607 StAD F 11, B 2, Konv. 4, fol. 6'.
608 DENECKE, S. 214.
609 HStA Abt. 82, Nr. 44, fol. 180'; K. ca. 1530/1540.
610 GAM(HStA) Nr. 5, pag. 323 und 397.
611 GAM(HStA) Nr. 3, pag. 739.
612 Hessisches Landesamt Marburg, Sammlung Marköbel, Nr. 186.
613 vgl. DWB 19, Sp. 29.
614 StAD F 11, B 1, Nr. 24, fol. 96; K. 1616.
615 StAM O II c 13, 1437 Juni 16.
616 HStA Abt. 35 Akten, Nr. 105, fol. 9.
617 StAM O II c 13, 1629 November 16.
618 DWB 12, Sp. 363.
619 StAD F 11, B 1, Nr. 24, fol 94'; K. 1616.
620 HStA München Mainzer Urkunden, Nr. 1693.
621 vgl. MÜLLER, S. 37-39.
622 StAD A 3, Marienborn 1338 Oktober 28.
623 HStA Abt. 35 Akten, Nr. 38, fol. 6'.
624 HStA Abt. 82, Nr. 44, fol. 179; K. ca. 1530/1540.
625 StAD F 11, B 1, Nr. 24, fol. 95; K. 1616.
626 GAM(HStA) Nr. 3, pag. 792.
627 Baiersröderhof, Ackerbuch 1705, pag. 8.
628 GAM(HStA) Nr. 4, pag. 389.
629 JOST, Nr. 1058.
630 REIMER II, Nr. 754.
631 StAM 81. Regierung Hanau, E 40d, Nr. 45, pag. 13.
632 JOST, Nr. 1058.
633 JOST, Nr. 1058.
634 GAM(HStA) Nr. 2, pag. 752.
635 StAM O I g, 1453 April 2.
636 JOST, Nr. 1060.
637 StAM Kataster Marköbel, C 4, Karte R, Nr. 529.
638 METZENDORF, S. 222; vgl. RAMGE, 1979, S. 248.
639 vgl. GAM(HStA) Nr. 4, pag. 301.
640 vgl. in diesem Band VOLK, S. 515.
641 StAM O II b 20, 1429 November 11.
642 REIMER III, Nr. 211.
643 JOST, Nr. 1058.
644 GAM(HStA) Nr. 5, pag. 356.
645 HStA Abt. 35 Urkunden, Nr. 296.
646 GAM(HStA) Nr. 32, pag. 19.
647 StAM O II c 13, 1629 November 16.

# Klosterhof - Landsiedel - Domäne.

**Der Baiersröder Hof bei Marköbel**

*Otto Volk*

## Die Ersterwähnung des *'allodium Rode'* im Papstprivileg von 1139

In einem feierlichen Akt nahm Papst Innocenz II. am 12. Dezember 1139 im Lateranpalast zu Rom im Beisein mehrerer Kardinäle, Bischöfe und anderer Geistlicher seiner Kurie das junge Kloster Ilbenstadt in der Wetterau in seinen besonderen päpstlichen Schutz. Er setzte fest, daß die Brüder darin nach der Augustinerchorherrenregel leben sollten und traf weitere Bestimmungen für das zukünftige Zusammenleben in dem 1123 gegründeten Kloster. Wohl auf Bitten des dazu nach Rom gereisten Propstes Antonius von Ilbenstadt bestätigte er in der Urkunde, die er über diesen Vorgang ausfertigen und durch eine an roten, weißen und gelben Seidenschnüren angehängte päpstliche Bleibulle besiegeln ließ[1], den Besitz, den das Kloster bereits erworben hatte oder in Zukunft noch erwerben würde. Unter den Klostergütern nennt die Papsturkunde dabei den Ort, auf dem das Kloster selbst errichtet worden war und die Besitzungen, die die Grafen Gottfried und Otto von Kappenberg den Klosterbrüdern zur Ausstattung überlassen hatten, nämlich die Allode Dorheim und Rode (*In quibus hec propriis nominibus annotanda subiunximus: fundum, in quo nobiles comites Godefridus et Oddo fratres eandem vestram ecclesiam ... construxerunt, cum aliis possessionibus ab ipsis vobis collatis, allodium Doreheim, allodium Rode ...)*. Die Papsturkunde von 1139, die heute im Staatsarchiv Darmstadt verwahrt wird[2], wurde zwar schon im 12. und dann noch einmal im 14. Jahrhundert - vermutlich im Kloster selbst - durch Rasuren und Veränderungen am Text verfälscht, um daraus weitere, angeblich alte Besitz- und Predigtrechte ableiten zu können[3], jedoch ist davon die Nennung des Allods Rode, auf die es in diesem Zusammenhang ankommt, nicht berührt.

Aufgrund des besitzgeschichtlichen Zusammenhangs läßt sich das in dieser Papsturkunde genannte Allod *Rode* mit dem heute in der Gemarkung von Marköbel liegenden Baiersröder Hof identifizieren, der seitdem bis zur Säkularisierung im frühen 19. Jahrhundert im Besitz des Klosters Ilbenstadt blieb. Daß der damit 1139, also vor jetzt 850 Jahren, zum ersten Mal erwähnte Hof allerdings schon seit einigen Jahren oder sogar Jahrzehnten bestand, geht daraus hervor, daß er Ilbenstadt[4] wohl bereits bei der Gründung übertragen worden war: 1122 hatte der aus einem angesehenen westfälischen Adelsgeschlecht stammende Graf Gottfried von Kappenberg, beeindruckt vom Zusammentreffen mit dem Hl. Norbert von Xanten, dem Gründer des Prämonstratenserordens, feierlich versprochen, alle seine weltlichen Güter aufzugeben und sich in freiwillige klösterliche Armut zu begeben. Nachdem er und sein Bruder Otto schon bald darauf auf ihren westfälischen Besitzungen in Varlar und auf seiner Burg Kappenberg (bei Lünen) Prämonstratenserstifte errichtet hatten[5], übergaben sie 1123 ihren Besitz zu Ilbenstadt in der Wetterau dem zuständigen Mainzer Erzbischof Adalbert I., damit auch dort ein Chorherrenstift nach der Prämonstratenserregel entstünde[6].

Nach der genannten Urkunde Papst Innocenz' II. von 1139 kann es als gesichert gelten, daß auch das Allod in Rode, der spätere Baiersröder Hof bei Marköbel mit seinen Gütern, aus dem Besitz der Grafen von Kappenberg stammt und zum Grün-

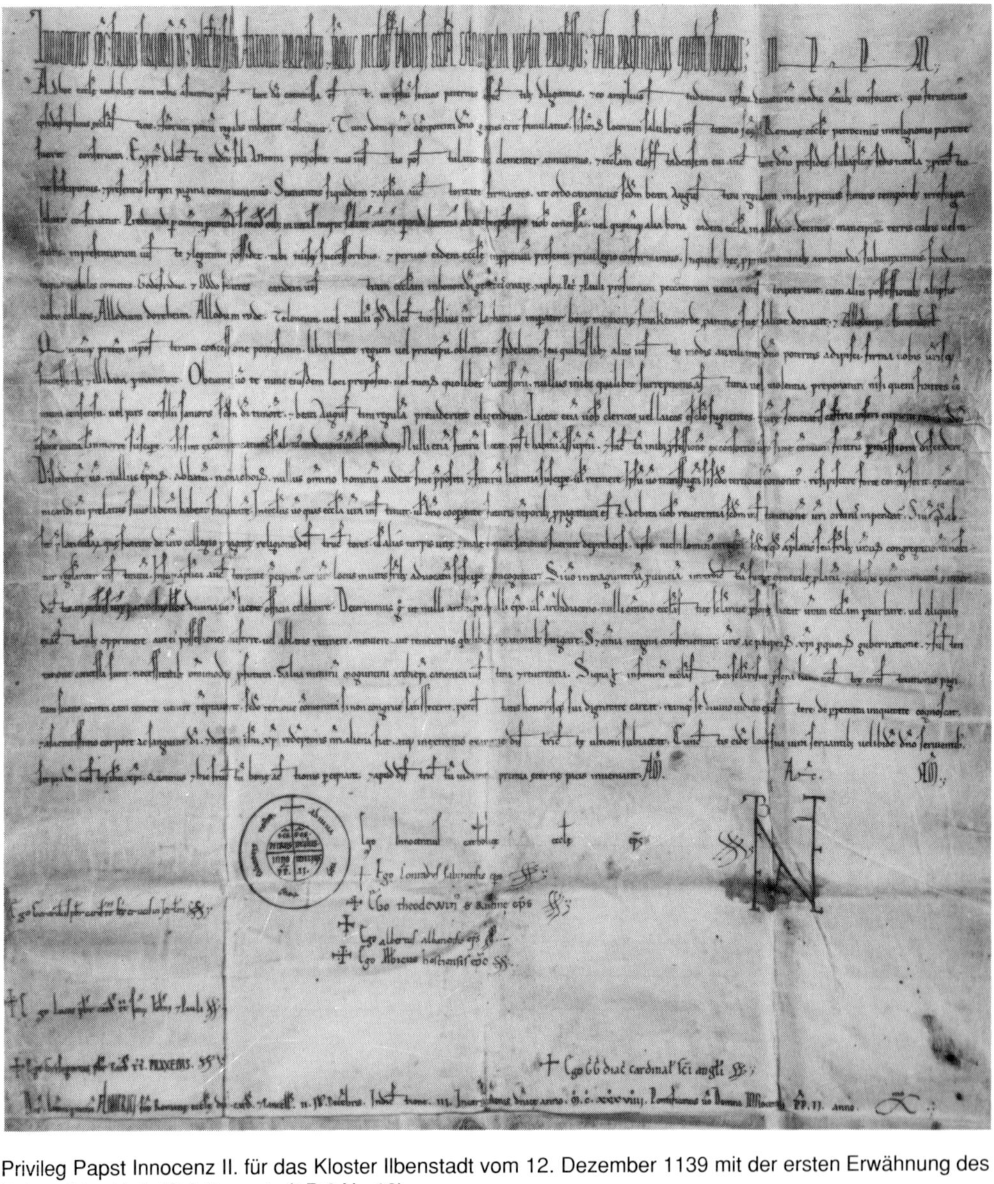

Privileg Papst Innocenz II. für das Kloster Ilbenstadt vom 12. Dezember 1139 mit der ersten Erwähnung des Baiersröder Hofs (StA Darmstadt B 6 Nr. 12)

dungsgut des Klosters Ilbenstadt gehörte. Wie umfangreich das von den Kappenbergern an Ilbenstadt geschenkte Gut in Rode war, geht aus der Papsturkunde nicht hervor. Man darf jedoch vermuten, daß es sich dabei um einen Herrenhof und zugehöriges Acker- und Wirtschaftsland gehandelt hat, das wahrscheinlich im Zuge der hochmittelalterlichen Rodungen aus dem Waldgebiet zwischen Marköbel und Ostheim angerodet worden war[7]. Dafür spricht auch der Ortsnamen *Rode*, der für Siedlungen typisch ist, die in dieser Rodungsphase des 11. und 12. Jahrhunderts entstanden[8]. Der Baiersröder Hof war damit die jüngste der Siedlungen in der Gemarkung Marköbel, jedoch dürfte auch das benachbarte Hirzbach, das 1128, also nur 11 Jahre früher, erstmals erwähnt wird, kaum wesentlich älter sein[9]. Aus der Bezeichnung des Gutes als Allod ist zu schließen, daß es sich dabei um Eigengut der Grafen gehandelt hat, bezeichnen Urkunden in dieser Zeit mit dem lateinischen Rechtsbegriff *allodium* doch "das in vollem Eigentum stehende Gut, speziell das Familienerbe"[10], im Gegensatz etwa zu königlichem Lehengut, über das die Grafen nur eingeschränkt hätten verfügen können.

Die Frage, wie die westfälischen Grafen von Kappenberg in den Besitz von Gütern in der von ihrem Stammsitz weit entfernten südlichen Wetterau gekommen sind, ist in der Literatur mehrfach strittig diskutiert worden. So hat G. MALDFELD[11] die These vertreten, die Ausstattungsgüter des Klosters Ilbenstadt stammten, wie die des benachbarten Augustiner-Chorherrenstifts Langenselbold, aus dem Besitz der Konradiner, des vielleicht bedeutendsten westdeutschen Adelsgeschlechts des hohen Mittelalters, dessen Angehörige bis in das 11. Jahrhundert wiederholt Grafenämter in der Wetterau, im Lahn- und Niddagau und am Rhein bekleidet haben. Als konradinische Erbgüter[12] seien Teile dieses Besitzes über Familien- und Heiratsbeziehungen der Töchter Herzog Ottos III. von Schwaben an den Grafen Gottfried von Kappenberg übergegangen, der mit Beatrix, der Tochter des Heinrich von Hiltershausen und Enkelin des Schwabenherzogs verheiratet war. Gottfried von Kappenberg, der Vater der beiden Ilbenstädter Klostergründer, habe die von seiner Frau ererbten Güter in Schwaben an die Staufer verkauft, die wetterauischen Güter aber, die von der konradinischen Erbmutter Gerberga herstammten, an seine Söhne weitergegeben, die damit 1123 das Kloster Ilbenstadt ausgestattet hätten. Während auch L.CLEMM[13] die Frage nach der Herkunft der Kappenberger Güter in der Wetterau für noch nicht befriedigend geklärt hielt und seinerseits die Vermutung anstellte, sie könnten aus dem Besitz der Grafen von Nürings stammen, wurden diese komplizierten, genealogisch begründeten Annahmen für die frühe Ilbenstädter Gütergeschichte jedoch von Franz Paul MITTERMAIER mit dem Hinweis zurückgewiesen, daß die konradinischen Eigengüter in den hochmittelalterlichen Quellen kaum wirklich zu fassen seien[14]. Die Hauptmasse des konradinischen Familienbesitzes habe zudem im mittleren und unteren Lahntal, nicht aber in der Wetterau gelegen, wo vermutlich gar kein Familiengut der Grafen vorhanden gewesen sei, da es sich sonst, bei der für die Wetterau günstigen Quellenlage, auch würde nachweisen lassen[15].

MITTERMAIER glaubte stattdessen gute Gründe für die Annahme beibringen zu können, daß die Güter der Grafen in der südlichen Wetterau, zu denen auch Ilbenstadt und das *allodium Rode* gehörten, auf ehemaliges Reichsgut zurückzuführen seien[16]. In der fruchtbaren Wetterau, so argumentiert er, sei das hochmittelalterliche Reichsgut besonders umfangreich gewesen. Tatsächlich zeige sich, daß die Stifte Ober- und Niederilbenstadt später mehrfach an den Orten über Besitz verfügten, an denen sich karolingisches, ottonisches oder salisches Reichsgut nachweisen lasse (u.a. in Eichen, Ostheim, Heldenbergen, Vilbel). An den Orten, in denen erst in staufischer oder nachstaufischer Zeit Reichsgut bezeugt sei wie z.B. in Ilbenstadt, ließe es sich für die ältere Zeit zumindest vermuten. Die Quellen bieten nach seiner Ansicht allerdings keinen Anhaltspunkt für eine Antwort darauf, wann die Kappenberger in den Besitz des ehemaligen Reichsguts in der südlichen Wetterau gekommen sein könnten[17]. MITTERMAIER weist jedoch auf die engen Beziehungen hin, die die Kappenberger zu den Saliern und insbesondere zu den Staufern unterhielten und darauf, daß Otto von Kappenberg Taufpate Friedrich Barbarossas war.
Auch wenn vieles für diese Überlegungen spricht, muß die Frage nach der Herkunft der Kappenberger Güter letztlich unentschieden bleiben[18]. Als gesichert kann jedoch gelten daß der Ilbenstädter Gründungsbesitz und damit auch der spätere Hof zu Baiersrode bei Marköbel noch in der Phase der hochmittelalterlichen Rodungen im ersten Drittel des 12. Jahrhunderts aus adliger Hand in den Besitz der Prämonstratenser von Ilbenstadt kam. Für annähernd sieben Jahrhunderte blieb der Baiersröder Hof in seiner Geschichte eng mit der des Klosters Ilbenstadt verbunden.

## Baiersrode als Ilbenstädter Klosterhof

Nach der ersten Erwähnung des Baiersröder Hofs im Papstprivileg von 1139 fehlen für annähernd zwei Jahrhunderte alle weiteren Nachrichten über diesen Ilbenstädter Besitz. Weder in den späteren Papstprivilegien für das Kloster von 1144 und 1147[19] noch im Schutzprivileg, das Kaiser Friedrich I. 1166 ausstellte[20], wird das Allod Rode ausdrücklich erwähnt. Aus der weiteren Entwicklung des Ilbenstädter Besitzes läßt sich jedoch erschließen, daß der Hof bei der Loslösung des Frauenklosters Niederilbenstadt vom Chorherrenstift (um 1250) und bei der notwendigen Aufteilung der Güter bei dem bedeutenderen Männerkloster (Ober-)Ilbenstadt verblieb[21]. Wahrscheinlich wurde er in dieser Zeit von unfreien Leuten bebaut, die einem klösterlichen Maier oder Verwalter *(villicus),* vielleicht auch einem Klosterbruder unterstanden.
Erst 1319 wird der Röder Hof wieder genannt, als Propst und Konvent von Ilbenstadt der Johanniterkommende im benachbarten Rüdigheim einen Acker in Landsiedelleihe gaben *der da horte zu eimale zume Rade*. Die Johanniter sollten dafür jährlich 1 Malter Weizen und 1 Malter Korn Friedberger Maßes nach Ilbenstadt liefern. Da der Acker in der darüber ausgestellten Urkunde[22] ausdrücklich als Außenland (*der da heizet*

*Uzlende*) bezeichnet wird, darf man schließen, daß er nicht zum besonders wertvollen Kernbestand der Hofgüter gehört hatte, sondern zu den weniger intensiv bewirtschafteten Außenländereien, die vielleicht von Rüdigheim aus günstiger zu nutzen waren. Die Gründe für die Ausgabe dieser Hofländereien werden in der Leiheurkunde nicht genannt. Vielleicht steht die Vergabe des Ackers an die Johanniterkommende Rüdigheim aber - wie die zeitliche Nähe andeutet - in Zusammenhang mit der schweren Wirtschaftskrise, die in den Jahren 1315-1317 durch lange Schlechtwetterperioden und Mißernten ausgelöst wurde und in weiten Teilen Mitteleuropas zu einer schweren Hungersnot und einem Massensterben in Städten und Dörfern führte[23]. Möglicherweise waren auch das Kloster Ilbenstadt und der Baiersröder Hof mittelbar oder unmittelbar von diesem Einbruch betroffen, so daß zumindest vorübergehend nicht mehr das gesamte Hofland mit eigenen Kräften bewirtschaftet werden konnte und einzelne Stücke, wie der erwähnte Acker, gegen eine Abgabe an Dritte vergeben wurden.
Über die Art der Bewirtschaftung des Baiersröder Hofes selbst und über seine Bewohner läßt die Urkunde von 1319 jedoch noch keine Schlüsse zu. Auch die bald rascher aufeinanderfolgenden Nennungen des Hofes sind nicht sehr viel aussagekräftiger: Einzelne Ackerstücke zweier Hufen in der Marköbeler Gemarkung, von denen ein Ritter von Assenheim 1345 eine Gülte an das Deutschordenshaus in Sachsenhausen zu liefern hat, liegen im *andern felde gein Rode*, *uff Roderfelde* und *an dem Roderwege*[24]. Es sind die Güter, die, mit anderem Deutschordensbesitz in Marköbel, auch im Güterverzeichnis der Deutschordenskommende Sachsenhausen genannt werden[25]. In diesem Güterverzeichnis von 1331 finden wir zugleich den ersten Beleg für die ausführliche und bis heute gebräuchliche Namensform *Beiersrode*, während der Hof bis zu dieser Zeit ohne einen bestimmenden Zusatz nur *Rode* oder *Rade*[26] genannt worden war. Gründe für diese Benennung des Hofes sind aus den Quellen nicht ersichtlich. Aus ähnlichen Ortsnamenbildungen darf man jedoch schließen, daß im Bestimmungswort ein Personenname steckt und der Hof vielleicht nach einem Hofinhaber oder -verwalter benannt wurde, der den Namen Baier trug[27]. Auch in Quellen des 16. und 17. Jahrhunderts kommt noch die einfache Namensform *Rode* neben der sonst üblichen zusammengesetzten Form vor[28]. Dabei hat es den Anschein, daß man in Ilbenstadt den Hof in der Regel durch die volle Namensform 'Baiersrode' von anderen Klosterhöfen, v.a. von dem in Burggräfenrode unterschied, während man von Marköbel aus den Hof auch einfach *Raydtt* oder *Raydt* und seine Bewohner die *Rayder* nannte.

Den Erwähnungen des Baiersröder Hofes von 1331 und 1345 lassen sich weitere hinzufügen: Unter den Gütern, die der Ritter Werner von Köbel und der Edelknecht Wolf von Hattstein 1348 der Herrschaft Falkenstein-Münzenberg in Marköbel zu Lehen auftrugen, werden auch 3 Morgen Ackerland aufgezählt, die *gein Beiersrode uf dem felde an dem Roder weige* lagen[29]. 1365 durfte der Edelknecht Markolf von Hülshofen das hanauische Lehngut zu Hirzbach in der Marköbeler Gemarkung veräußern, zu dem auch ein Ackerstück von 12 Morgen *by Beyersrode* gehörte[30]. Aus der wiederholten

Nennung des Hofes wird deutlich, daß der Ilbenstädter Besitz nordwestlich der Dorflage von Marköbel schon zu dieser Zeit ein fester Bezugspunkt innerhalb der Dorfgemarkung geworden war.
Die ersten Bewohner des Baiersröder Hofes, die sich in den Quellen belegen lassen, sind Gela, die Frau des Ackermanns von Baiersrode, und ihre Kinder, Hörige oder Leibeigene des Heinrich von Isenburg-Büdingen, die 1367 gegen eine hanauische Leibeigene in Obernhausen vertauscht wurden[31]. Für ihre beiden Herren hatten der hanauische Vogt zu Windecken und der Zentgraf von Langen-Bergheim vereinbart, die auf dem Baiersröder Hof wohnende Gela sollte in Zukunft mit ihren Kindern Graf Ulrich von Hanau gehören, der Landesherr zu Marköbel war. Vereinbarungen dieser Art, bei der unfreie Leute zwischen adligen oder geistlichen Leibherren getauscht wurden, waren späten Mittelalter nicht ungewöhnlich. In dem aus dem 14. und 15. Jahrhundert stammenden Hanauer Kopialbuch VI[32] zum Beispiel, das von den Grafen geschlossene Verträge verschiedener Art enthält, bilden diese *briefe uber armelute, die vurwesselt und hyngegeben sin biß off eyn witderruffen* ein eigenes Kapitel. So wie Gela von Baiersrode mit dem genannten Vertrag hanauische Hörige wurde, war zum Beispiel 1361 zwischen dem Grafen und dem Isenburger auch der Hörige Heintze Furhultzen zu Hirzbach gegen einen Hörigen zu Widermuß getauscht worden[33].

Der Baiersröder Hof von Osten, Luftaufnahme SP Luftbild GmbH, Dattenberg, Freigabe durch Bez. Reg. Rheinh. Pfalz. Freigabe-Nr. 2211/1.

Ein wesentlicher Grund für Abmachungen dieser Art lag in der Lockerung der alten grund- und leibherrlichen Bindungen, die den unfreien Bauern bisher an die von ihm bebaute Bauernstelle gebunden hatten. Mit dem Aufblühen des Städtewesens und den schweren Bevölkerungseinbrüchen des 14. Jahrhunderts wuchs die Gefahr, daß Unfreie in die Städte auswichen oder anderenorts freie Bauernstellen zu günstigeren Bedingungen übernahmen, so daß es den Herren immer schwerer fallen mußte, ihr Land bebauen zu lassen. Die Leibherren mußten darum die Bindungen ihrer Unfreien lockern und ihnen gegen die Leistung bestimmter personenbezogener Abgaben ein gewisses Maß an Freizügigkeit einräumen[34]. Der Rechtsstatus der Unfreien oder *armelute*, wie sie zum Beispiel das Hanauer Kopiar nennt, unterschied sich demnach von freien Bauern vor allem in der Pflicht zur Leistung von bestimmten Abgaben wie Besthaupt oder Bestkleid, die die Erben beim Tode eines Unfreien an den Herrn zu leisten hatten, in der Einschränkung der Ehefreiheit und darin, daß ein Wegzug der Genehmigung des Herrn bedurfte.

Vor allem dort, wo die grundherrlichen Besitzverhältnisse so zersplittert waren wie in der Wetterau, war es deshalb nahezu unvermeidlich, daß Unfreie in fremde Grundherrschaften 'einheirateten', wie vermutlich auch die genannte isenburgische Hörige Gela, die ein hanauischer Höriger auf dem Baiersröder Hof zur Frau genommen hatte. Für die Leibherrn entstand dadurch aber das Risiko, daß ihnen Einkünfte verloren gingen oder daß sich die Unfreien ihrem Zugriff entzogen. Vor allem dann, wenn aus der Ehe Kinder hervorgingen, wurde die rechtliche und finanzielle Situation kompliziert. In zahlreichen 'Ehegenoßsamen', Kindgedingen' und Tauschverträgen versuchten die Leibherren, diese Verhältnisse, wie im erwähnten Fall der Gela von Baiersrode, zu bereinigen[35]. Für die betroffenen Hörigen, wie etwa für die Frau des Baiersröder Ackermanns, änderte sich damit faktisch nur wenig. Sie sollte, wie es in der Urkunde heißt, fortan dem Grafen von Hanau *sin und anhoren und steen zu genießen und zu engelden*, hatte ihre Abgaben also in Zukunft dem Grafen statt wie bisher dem Isenburger zu entrichten, blieb ansonsten aber von der Abmachung ihrer Herren unberührt.

## Ritterliche und bäuerliche Landsiedel zu Baiersrode

Bis in das 14. Jahrhundert, so hat es den Anschein, wurde der Baiersröder Hof vom Kloster Ilbenstadt selbst bewirtschaftet oder doch zumindest in seinem Auftrag von einem Hofvorsteher verwaltet, der über abhängiges Gesinde und eine größere Anzahl von Arbeitskräften verfügte. Hinweise darauf, daß Teile des Hoflandes im Rahmen eines grundherrlichen Hofverbandes, einer Villikation, an einzelne Bauern ausgegeben wurden, gibt es dagegen nicht. Vermutlich um die Mitte des 14. Jahrhunderts oder wenig später jedoch änderte sich diese Betriebsform des Baiersröder Hofs. Nachdem ja schon 1319 zum Hof gehöriges Außenland an die Johanniterkommende in Rüdigheim zu Landsiedel vergeben worden war, wurde nun, drei Jahrzehnte später, auch der Hof als Ganzes mit allen Ländereien an adlige Herren zu 'Landsiedel' ausgegeben.

Das dabei in den Quellen verwendete Wort *landsydel* bezeichnete ursprünglich den 'Landsitz', d.h. einen vogt- und abgabenfreien Herrenhof[36]. Unter dem von diesem Begriff abgeleiteten Landsiedelrecht[37] versteht man eine freie Form der Landleihe, die sich im 14. Jahrhundert vor allem in Hessen, in der Wetterau, im Nassauischen, dem Mainzer Raum und am Mittelrhein durchsetzte. Sie entstand ursprünglich als eine Reaktion auf die von vielen adligen und kirchlichen Grundherren praktizierte freie Erbleihe, die dem einzelnen Bauern garantierte, daß das Leihegut - die Existenzgrundlage seiner bäuerlichen Wirtschaft - seiner Familie über Generationen erhalten blieb. Dem Grundherrn wurde dadurch aber auf der anderen Seite die Möglichkeit genommen, auch längerfristig über sein Gut zu verfügen, an dem der bäuerliche Erbleiher ein 'Miteigentum' erwarb[38]. Im Gegensatz dazu behielt ein kirchlicher oder adliger Grundherr bei der Vergabe zu Landsiedelrecht, die zumeist nur auf eine bestimmte Anzahl von Jahren oder allenfalls auf Lebenszeit erfolgte, das volle Eigentumsrecht am Hof, so daß die Gefahr einer Entfremdung und Veruntreuung des Gutes wesentlich gemindert war. Bei jeder Neuvergabe konnte der Grundherr außerdem die Höhe der Pachtsumme neu festsetzen und damit auf steigende Bodenpreise und bessere wirtschaftliche Ausgangssituationen reagieren. Als wesentlicher Aspekt kam hinzu, daß dem Landsiedel vielfach das Recht auf die 'Besserung' zugestanden wurde, d.h. daß er bei der Beendigung des Pacht- oder Leiheverhältnisses die von ihm in den Hof und seine Güter gemachten Investitionen geltend machen konnte[39]. Den Interessen beider Seiten, des Grundherrn wie des Landsiedels, wurde auf diese Weise im fortschrittlichen Landsiedelrecht Rechnung getragen.

Seine besondere Verbreitung fand das Landsiedelrecht in Hessen und in der Wetterau im späten Mittelalter nach der großen Pestwelle um die Mitte des 14. Jahrhunderts. Nur dadurch, daß den Landsiedeln die 'Besserung', also die von ihnen aufgewandten Investitionen, garantiert wurde, konnten nach den großen Bevölkerungsverlusten und der krisenhaften Entwicklung der Landwirtschaft vielfach überhaupt Pächter gefunden und auf den Gütern gehalten werden[40]. Die Landsiedelleihe ist darum geradezu als "Interessen- und Risikogemeinschaft von Pächter und Verpächter in den spätmittelalterlichen Krisenzeiten" bezeichnet worden[41].

Im Gegensatz zur freien Erbleihe, die fast ausschließlich eine bäuerliche Leihe war, findet man im 14. Jahrhundert häufig auch Bürger, Geistliche - wie 1319 etwa die Johanniterkommende Rüdigheim - und adlige Herren als Landsiedel, da ihre ständische Stellung durch den Abschluß nicht gemindert wurde[42]. Auch als Landsiedel oder Pächter anderer Grundherren hatten sie keine feudalen Abgaben zu leisten, sondern blieben ohne Schmälerung ihres Standes und ihres Ansehens freie Leute.

Landsiedel des Baiersröder Hofes und seiner Ländereien wurden auf diese Weise Angehörige der Ritterfamilie von Karben, deren verschiedene Linien im 14. und 15. Jahrhundert über Grundbesitz in Groß- und Kleinkarben, Burggräfenrode und Kloppenheim und an anderen Orten verfügten[43]. Ihre wirtschaftlichen Grundlagen reichten jedoch allem Anschein nach - wie die vieler anderer Niederadeliger - um diese Zeit wegen der tiefgreifenden Strukturwandlungen in der spätmittelalterlichen Landwirtschaft nicht mehr aus, um bei sinkenden Einkünften aus ihren Eigengütern eine angemessene ritterliche Lebensweise zu gewährleisten. Ein möglicher Weg, diese wirtschaftliche Basis zu verbreitern und zu festigen, war die Übernahme fremden grundherrlichen Gutes zu Landsiedelrecht. Da die Ritter von Karben zum benachbarten Kloster Ilbenstadt in engeren Beziehungen standen - 1347 wird Konrad von Karben als einer der beiden *provisores* (als Beauftragter), kurz vor 1358 als Propst des Klosters genannt[44] - lag es nahe, von Ilbenstadt auch Landgüter in Leihe zu übernehmen. Auf diese Weise dürfte der bisher in Regie des Propstes bewirtschaftete Baiersröder Hof um 1350 in den Pacht- oder Landsiedelbesitz der Eltern oder Großeltern des Edelknechts Friedrich von Karben und seines Vetters gekommen sein, die 1385 als erste Inhaber des Hofes genannt werden[45].

Die Rechts- und Besitzverhältnisse am Baiersröder Hof und das Verhältnis zwischen dem Kloster und den adligen Landsiedeln wird erst durch einen Landsiedelvertrag hinreichend deutlich, die Herdan und Ruprecht von Karben 1416 mit Ilbenstadt schlossen[46]. Mit diesem Vertrag, durch den alle früheren Verträge und Abmachungen zwischen den Rittern von Karben und dem Kloster über den Baiersröder Hof für ungültig erklärt wurden, gab Ilbenstadt denen von Karben und ihren Nachkommen den Klosterhof *Beyersrode* mit Haus, Scheune, Hofraite und allem was dazu gehörte, mit allen Äckern, Wiesen, Wäldern, Wassern und Weiden zu Landsiedel *als lantsydelrecht ist.* Gerade dieser Bezug auf das bekannte Landsiedelrecht machte es möglich, die in der Urkunde ausgeführten besonderen Vertragsbedingungen, trotz des beachtlichen Werts des Landsiedelgutes, auf wenige Punkte zu beschränken[47].

Die Landsiedel und ihre Erben, so wurde vereinbart, sollten den Hof mit allen Scheunen und Baulichkeiten und die zugehörigen Äcker und anderes Wirtschaftsland in zeitlichem gewöhnlichen Bau und Besserung und in ordentlicher Zäunung (*tonunge*) halten, wie es Landsiedelrecht sei. Kämen sie trotz einer Mahnung dieser Pflicht nicht nach, konnte der Propst zu Ilbenstadt das Landsiedelverhältnis aufheben und den Baiersröder Hof mit dem zugehörigen Wirtschaftsland wieder einnehmen und an andere Landsiedel vergeben. Daß es dazu nicht kam, lag allerdings im Interesse beider Seiten. Den Rittern von Karben, die während der Leihezeit als Landsiedel auf dem Baiersröder Hof fast wie auf Eigenland wirtschaften konnten, mußte daran gelegen sein, den Hof und seine Güter in ordentlichem Zustand zu halten und eventuell an ihre Nachfolger und Erben weiterzugeben, während das Kloster verständlicherweise darauf achtete, daß sein Gut, das es früher selbst hatte bebauen lassen, im Wert erhalten blieb und nicht durch nachlässige Landsiedel heruntergewirtschaftet wurde. Eine zeitliche Befristung des Landsiedelverhältnisses fehlt in der Urkunde, von einer Vergabe zu Erbrecht ist jedoch ebensowenig die Rede.

Die wichtigste Vertragsbestimmung aus der Sicht des Klosters war sicherlich die über die regelmäßige Lieferung der Abgaben. Die Brüder von Karben hatten dem Propst in Ilbenstadt jährlich 48 Achtel Korns Frankfurter oder Ilbenstädter Maßes *zu phachte* zu liefern, was bei einem Fassungsvermögen des Frankfurter Fruchtmaßes von etwa 83.5 kg rund 40 dz Korn entsprach[48]. An den Prior und den Konvent des Klosters hatten sie pro Jahr 2 Achtel Weizen, also etwa 177,5 kg[49] zu leisten. Alljährlich zwischen Mariä Himmelfahrt (15. Aug.) und Mariä Geburt (8. Sept.), also in der Zeit nach dem Dreschen der Ernte im Spätsommer, waren diese Mengen in *guder dürer fruchte* auf Kosten und Risiko der Ritter von Karben ohne Verzug, Widerspruch oder Hindernis nach Frankfurt oder Ilbenstadt oder wohin sie sonst angewiesen wurden zu liefern. Die Ritter von Karben waren außerdem verpflichtet, dem Siechhaus (Hospital) in Ilbenstadt jährlich am Martinstag 10 Schilling leichter Pfennige zu entrichten. Für den Fall, daß sie an der fristgerechten Lieferung der Getreidepacht oder des Geldzinses säumig würden, konnte der Propst sie in entsprechender Höhe pfänden lassen und soviele Pfänder verkaufen, bis die Außenstände mit allen angefallenen Unkosten, Schreib- und Botenlöhnen bezahlt wären. Reichten die auf dem Baiersröder Hof vorgefundenen Pfänder, d.h. der bewegliche Besitz derer von Karben auf dem Hof, nicht aus, so konnte der Propst auch anderes Gut der Ritter pfänden lassen.

Daß das Bemühen des Klosters um Sicherheiten für den Fall der Zahlungssäumnis oder -unfähigkeit nicht unbegründet war, zeigt übrigens eine Vereinbarung zwischen den Brüdern von Karben und dem Propst von Ilbenstadt vom gleichen Tag[50]. Aus dem bisherigen Landsiedelvertrag am Baiersröder Hof waren die Ritter inzwischen 200 Achtel Korn Frankfurter oder Friedberger Maßes (rund 167 dz) an *virseßener phecht und schulde* säumig geblieben, die sie nun in den kommenden 10 Jahren - zusätzlich zur laufenden Hofpacht - in Jahresraten zu je 20 Achtel abliefern sollten[51].

Die Ritter von Karben beschritten im 14. Jahrhundert auch den zweiten Weg, die Grundlage der eigenen Ritterfamilie zu sichern, indem sie in die Lehnsmannschaft oder Vasallität eines größeren Herrn eintraten. In einer Zeit, in der sich grund- und leibherrliche, Gerichts- und Vogteirechte immer stärker in den Händen weniger bedeutender Landesherren konzentrierten[52], bedeutete die Einordnung in dessen Dienstmannschaft auf der einen Seite zwar eine Einschränkung eigener freier Herrengewalt, sicherte auf der anderen Seite aber durch die Übernahme herrschaftlicher Amtsgewalt und der damit verbundenen Einkünfte eine wichtige Einnahmequelle und garantierte eine angesehene Stellung im Dienst eines größeren Herrn.

Vermutlich bald nach der Mitte des 14. Jahrhunderts kam der Baiersröder Hof auf diese Weise in eine Lehensabhängigkeit von den Grafen von Hanau, die sich in dieser Zeit endgültig als Orts- und Landesherren in Marköbel durchsetzen konnten. In einer Urkunde vom 13. Juli 1385[53] erlaubte Graf Ulrich seinem Burgmann zu Windecken, dem Edelknecht Friedrich von Karben, in Zukunft auch die zweite Hälfte des auf dem Baiersröder Hof liegenden Burglehens von ihm zu Lehen zu tragen, so wie sie sein verstorbener Vetter gleichen Namens bisher von ihm zu Lehen hatte. Wie lange der verstorbene Friedrich von Karben schon Lehnsmann des Grafen von Hanau war, ist nicht genau überliefert. In den Jahren 1376-1381, vielleicht auch schon wesentlich früher, war er hanauischer Amtmann zu Windecken[54]. Wahrscheinlich ist er mit dem

Der Baiersröder Hof um 1959, Luftaufnahme von Norden. Im Vordergrund die alte Scheune. Freigabe durch Reg. Präs. Darmstadt. Freigabe-Nr.: 251/89.

Ritter gleichen Namens identisch, der 1343 und 1346 Zeuge in Urkunden Graf Ulrichs III. von Hanau war[55].

Der Vater des genannten Friedrich von Karben und dessen Bruder, vermutlich die 1353 belegten Heinrich und Werner von Karben, waren hanauische Burgmannen auf der benachbarten Burg Windecken[56], der Residenz des Hanauer Grafen und dem auch für Ostheim und Marköbel zuständigen Amtssitz, geworden[57]. Für den Grafen hatten sie auf der Burg über der Nidda für eine bestimmte Zeit im Jahr militärische Dienste als Burgbesatzung zu leisten und waren ihrem Herrn auch sonst zu Hilfe und Treue verpflichtet. Statt eines Lehens - das in der Regel aus einem landwirtschaftlich nutzbaren Gut oder regelmäßigen Einkünften anderer Art bestand - hatte ihnen der Graf eine bestimmte Geldsumme gezahlt, für die sie Lehengüter erwerben oder - wie augenscheinlich in diesem Fall geschehen - eigene Güter zu Lehen auftragen sollten. Die Ritter von Karben nutzten dafür nun die Rechte, die sie als Landsiedel am Baiersröder Hof besaßen und trugen, jeder für sich und seine Lehnserben, *dinst und frieheit uff demselben hoff und den gudin, die darynne und darzü gehorent,* dem Grafen zu Lehen auf, wie es in der Urkunde von 1385 heißt[58].

Obwohl der Graf durch den Lehnsvertrag über Rechte am Baiersröder Hof verfügen konnte, gingen die Ilbenstädter Güter damit doch keineswegs in das Eigen des Landesherrn über. Die in der Urkunde von 1385 angesprochenen Rechtsverhältnisse, die erst durch die Landsiedelurkunde von 1416 in ihrem Zusammenhang verständlich werden[59], zeigen vielmehr auf typische Art und Weise, wie kompliziert im späten Mittelalter die Rechts- und Besitzverhältnisse an einem Gut sein konnten, wenn sich grundherrliche und lehnsherrliche Rechte und Beziehungen überlagerten. Tatsache war vielmehr, daß das Kloster Ilbenstadt wie bisher Grundherr, d.h. Herr über Grund und Boden am Baiersröder Hof war und blieb. Auch auf dem Hof änderte dieser Vorgang faktisch nur wenig. Solange die Ritter von Karben ihre Lehenspflichten wahrnahmen, hatten die Grafen von Hanau keinen Anlaß, ihre lehnsherrlichen Rechte daran geltend zu machen. Vielmehr ließen die Ritter den Hof von ihrem Gesinde in eigener Verantwortung bewirtschaften und waren dafür ihrerseits dem Kloster zu regelmäßiger Pachtleistung verpflichtet. Rechtlich aber hatte sich über den Hof und über das Landsiedelverhältnis zwischen dem Kloster Ilbenstadt und denen von Karben für die Dauer ihrer Lehnsmannschaft und des Landsiedelverhältnisses lehensherrliche Rechte der Herren von Hanau gelegt. Immer dann, wenn ein Lehensherr starb und die Herrschaft an seinen Erben überging, oder dann, wenn ein ritterlicher Lehensmann das Erbe seines Vaters antrat, mußte das Lehensverhältnis durch eine Belehnung erneuert werden.

So wie Friedrich von Karben seinen Vater beerbt und dessen Hälfte am Baiersröder Hof vom Herrn von Hanau zu Lehen empfangen hatte, so dürfte auch sein gleichnamiger Vetter den Anteil seines Vaters mit den Pflichten als hanauischer Burgmann zu Windecken übernommen haben. Als dieser Vetter 1385 offenbar erbenlos verstarb, fielen seine Rechte am Baiersröder Hof an Friedrich von Karben. Da Friedrich aber bereits Vasall des Grafen Ulrich von Hanau und dessen Burgmann zu Windecken war, bedurfte es der besonderen Genehmigung und Gunst des Grafen, daß er nun beide Anteile als Burglehen einnahm, statt anstelle seines verstorbenen Vetters einen anderen Verwandten oder gar einen Fremden nachfolgen zu lassen, wie es der Graf hätte verlangen können. Der Graf ging sogar noch über diesen Verzicht hinaus, indem er Friedrich zubilligte, daß sein ursprüngliches Lehen am Baiersröder Hof Friedrichs Frau Else auf ihre Lebenszeit verbleiben sollte, wenn Friedrich vor ihr sterben sollte. In einer Gegenurkunde mußte Friedrich von Karben dem Grafen jedoch ausdrücklich bestätigen, daß der Verzicht des Grafen zu seinen Gunsten ohne Rechtsanspruch erfolgt und lediglich eine Gnade, eine besondere Gunst des Grafen gewesen sei[60].

Erben dieses Edelknechts Friedrich von Karben[61] und seiner Frau Else waren allem Anschein nach die beiden bereits genannten Brüder Herdan und Ruprecht von Karben, die ihren Landsiedelvertrag über den Baiersröder Hof 1416 mit dem Kloster erneuerten[62]. Er blieb noch mehr als zwei Jahrzehnte bestehen. Das klösterliche Zinsregister von 1427[63] führt jedoch zu *Beyersrode* nur noch Herdan von Karben als Landsiedel an, der, wie 1416 vereinbart, an den Propst jährlich 48 Achtel Korn zu liefern hatte[64]. Zum erstenmal wird dabei der Umfang des Baiersröder Hoflandes mit 18 Hufen, d.h. 540 Morgen Landes[65] angegeben, während im gleichen Zinsregister in einem 1452 gemachten Eintrag[66] neben diesen 18 Hufen des Propstes auch noch eine Hufe angeführt wird, *die man nennet die Conventshube*.

Wie lange Ritter Herdan von Karben nach dem Tode seines Bruders Ruprecht noch alleine Landsiedel des Baiersröder Hofes war, ist nicht sicher festzustellen. Es scheint jedoch, daß er um 1435 gestorben ist, da es bald darauf zwischen dem Kloster und seinen Erben zu einer Auseinandersetzung um die Rechte am Hof kam, die uns in illustrativer Weise in die Rechtsverhältnisse des 15. Jahrhunderts einführen: Am 7. Februar 1436 hatte sich in Marköbel *undir dem spilhuse da selbis*, d.h. vor dem Marköbeler Gemeindehaus[67], vor dem Schultheißen und den Schöffen des Ortes und im Beisein des öffentlichen Notars, der den Vorgang festhielt, der Ilbenstädter Propst Werner Lesche mit etlichen seiner Mitbrüder, klösterlichen Untertanen und anderen Freunden des Klosters eingefunden. Durch seinen Rechtsvertreter *(vorsprechin)* Konrad Metzeler von Okarben ließ er die Schöffen des Gerichts um einen Urteilsspruch anmahnen *antreffinde des egn[annten] closters Elwinstad hofe und gutere zu Beyersrode bij Margkebel gelegin*. Hof und Güter seien vorzeiten von Propst, Prior und Konvent des Klosters den Brüdern Herdan und Ruprecht von Karben zu Landsiedelrecht verliehen worden. Die darüber ausgestellte Urkunde (von 1416) sei, wie der Vorsprech anführte, dem letzten Gericht vorgelegt und verlesen worden. Dagegen hätten die von Karben oder ihre Kinder bei dem vorigen Gerichtstermin eine andere Urkunde des verstorbenen Ilbenstädter Propstes Cuno beigebracht, mit dem das bestehende Landsiedelverhältnis in ein Erbpachtverhältnis umgewandelt worden sei *(da inne daz lantsedilrecht in eyn yrbeschafft gewandelt sii)*. Eine solche Urkunde mit der Änderung des Landsiedelrechts in Erbrecht könne jedoch nach der Auffassung des heutigen Propstes und seines Konvents keine Rechtskraft besitzen, da der Konvent seinerzeit der Änderung nicht zugestimmt und die Urkunde nicht besiegelt habe. Der jetzige Propst bestätigte noch einmal ausdrücklich diese Position und nachdem sich die Marköbeler Schöffen beraten hatten, wiesen sie in ihrem Urteil die Ansprüche der ritterlichen Erben derer von Karben zurück und bestätigten die Rechtsungültigkeit der (nicht erhaltenen) Urkunde des verstorbenen Propstes.

Für die Rechts- und Besitzverhältnisse am Baiersröder Hof ergibt sich aus diesem Sachverhalt, daß die Ritter von Karben als Landsiedel in der Zeit des Ilbenstädter Propstes Kuno Halber (1424 - um 1430) versucht hatten, aus der zeitlich befristeten Landsiedelleihe für ihre Familie ein Erbleiheverhältnis am Baiersröder Hof zu machen. Während der Propst, dem nach dem Landsiedelvertrag von 1416 der größte Teil der Abgaben am Hof zustand, zu dieser schwerwiegenden Konzession bereit war, scheiterte die Abmachung an der notwendigen Zustimmung des Konvents[68]. Als nun um

1435/36 der Erbfall eintrat, legten die von Karben die Urkunde des Propstes Cuno vor, konnten sich damit aber vor Gericht nicht durchsetzen. Dem Kloster gelang es vielmehr, die Erbansprüche derer von Karben zurückzuweisen und damit eine Entfremdung des Gutes zu verhindern, die vermutlich früher oder später unausweichlich die Folge gewesen wäre. Die Vorteile des Landsiedelrechts gehen aus diesem hier ausführlicher geschilderten Rechtsstreit eindeutig hervor. Zugleich wird - wie bereits beim Landsiedelvertrag von 1416 - deutlich, daß der Baiersröder Hof bei der internen Aufteilung der Klostergüter zwischen Propst und Konvent zum größten Teil dem Propst zugefallen war, daß aber auch Prior und Konvent nicht nur Einkünfte, sondern rechtlich auch eine wichtige "Sperrminorität" besaßen. Dem entspricht die bereits genannte Aufzeichnung im Zinsregister von 1452, nach der der Propst in Baiersrode 18 und der Konvent 1 Hufe besaßen.

Die Urkunde von 1436 gibt zugleich zum erstenmal einen sicheren Anhaltspunkt für die rechtliche Zugehörigkeit des Baiersröder Hofes zum Gerichtsbezirk der Gemeinde Marköbel[69]. Zumindest in Fragen der freiwilligen Gerichtsbarkeit und des Güterrechts war das in der Halle unter dem 'Spielhaus' zu Marköbel tagende Schöffengericht im Bedarfsfall auch für den Baiersröder Hof zuständig, ebenso wie für Hirzbach, für das sich schon 1402 die Zugehörigkeit zum Gerichtsbezirk Marköbel belegen läßt[70]. Aus dem Protokoll über das Marköbler Märkergericht von 1595[71] geht hervor, daß auch Baiersröder und Hirzbacher Angelegenheiten vor dem Märkergericht der Gemeinde behandelt wurden. Eine aus dem Schultheißen und Gerichtspersonen aus Marköbel gebildete Kommission besichtigte aus feuerpolizeilichen Gründen mehrfach im Jahr nicht nur die Schornsteine im Ort selbst, sondern auch die in Hirzbach und Baiersrode[72].

Ob und wie lange die Erben der Ritter von Karben nach dem Rechtsstreit von 1436 Landsiedel des Baiersröder Hofes geblieben sind, ist nicht mehr festzustellen. 1464 wird Peder Hamman als *hoffeman zu Beyerßrode* genannt[73]. Zum erstenmal hatte damit ein bäuerlicher Hofmann und nicht mehr ein adliger Landsiedel den Baiersröder Hof inne. Der Rückzug des Niederadels aus der Pacht von Landsiedelgütern[74] läßt sich also auch in diesem Fall gut belegen. Vielleicht war der Hof schon zu dieser Zeit an zwei Hofleute oder Landsiedel vergeben, die jeweils eine Hälfte selbständig bewirtschafteten.

Zwölf Jahre später (1476) gab Propst Johann Heyderich von Ilbenstadt die Hälfte des Baiersröder Hofes mit den zugehörigen Güter, wie sie der jetzt verstorbene Friczchin von Kesselstadt seit etlichen Jahren innegehabt hatte, an Concz Fridrich, Beckers Sohn, auf 12 Jahre in Landsiedelleihe[75]. Concz sollte die Äcker und die anderen Güter nach Landsiedelrecht in gutem Bau und Besserung halten, ebenso den Hof und die Gebäude *in rade, in gereche und in gedecke*, so wie er sie empfangen habe. Würde ein Neubau notwendig, sollte er ihn mit Wissen des Propstes ausführen. Die dabei entstehenden Kosten wurden ihm in dem Jahr von seiner Pachtsumme abgezogen, die ansonsten jährlich 31 1/2 Achtel (26.3 dz) Korns betrug und wie üblich zwischen den

beiden Marienfesten im Spätsommer auf Kosten und Risiko des Landsiedels nach Ilbenstadt zu liefern war. Außerdem hatte Concz als einer der beiden Landsiedel vom Hof die vom Landesherrn, dem Grafen von Hanau, geforderte Bede, Dienste und andere Verpflichtungen (*und wes sich do von gepuret*) zu leisten. Wenn der Propst oder sein Nachfolger ihn nach Ablauf der Leihezeit von 12 Jahren nicht länger auf dem Hof behalten wollte, sollte er es ihm früh genug mitteilen, damit sich Concz darauf einstellen könne, so wie auch er dem Propst rechtzeitig anzuzeigen hatte, wenn er an einer Fortsetzung des Vertrages nicht interessiert war.
Ein deutliches Indiz für die inzwischen wieder veränderte Lage in der Landwirtschaft ist in der Bestimmung zu sehen, daß der Landsiedel bei seinem Abzug vom Hof auch sein Recht an der Besserung, d.h. an dem, was er eingebracht und im Laufe der Zeit in den Hof investiert hatte, verlieren sollte. Nachdem die schweren Bevölkerungsverluste des 14. Jahrhunderts wieder annähernd ausgeglichen waren und eine wachsende Zahl von Pachtinteressenten für die Landsiedelgüter vorhanden war, begannen die Grundherren, die noch ein Jahrhundert zuvor gemachten Konzessionen gegenüber ihren Landsiedeln zurückzunehmen. Zugleich verschmolzen Landsiedelrecht und Erbleihrecht immer stärker zu einem mehr oder weniger einheitlichen, regional geprägten bäuerlichen Leiherecht.
1505 übernahmen Stylhenn der Alte und sein gleichnamiger Sohn den Baiersröder Hof - wiederum als Ganzes - für 60 Achtel Korn (ca. 50 dz) und 12 Achtel Hafer (ca. 6 dz) pro Jahr vom Ilbenstädter Altpropst Ruprecht Dauernheimer zu ähnlichen Bedingungen in Pacht. Lediglich den Weiher beim Hof mit dem umliegenden Gelände behielt sich der Ilbenstädter Altpropst wegen der darin gehaltenen Fische ausdrücklich vor[76]. Allem Anschein nach waren die Einkünfte aus dem Baiersröder Hof mit seinen Gütern dem ehemaligen Propst überlassen worden, als er im Februar 1502 von seinem Amt zurücktrat[77]. In den folgenden Jahren wirkte er als Pfarrer in Assenheim, so daß er sich die jährliche Pacht sofort nach der Ernte in die Pfarrscheune zu Assenheim bringen ließ[78].
Auch nach Ruprecht Dauernheimers Tod waren die Pachtlieferungen vom Baiersröder Hof in den Jahren 1538/39 zeitweilig nach Assenheim zu liefern, als die Burg Friedberg im Zuge der nachreformatorischen Auseinandersetzungen versuchte, Ilbenstadt durch einen Gewaltstreich einzunehmen. Propst Servatius Feyhe mußte deshalb mit einigen Konventsangehörigen aus dem Kloster nach Assenheim fliehen, das den Grafen von Solms, Isenburg und Hanau als Landesherren unterstand[79]. Im Sinne des Propstes forderte der Hanauer Befehlshaber im August 1538 die Ilbenstädter Hofleute zu Erbstadt und zu *Beiers Rode* auf, ihre Kornpächte auf keinen Fall in das Kloster, sondern nur dem Propst nach Assenheim zu liefern[80]. In einer entsprechenden Anweisung an den hanauischen Oberkellner zu Windecken werden die aus Baiersrode erwarteten Getreidemengen wiederum mit 60 Achtel Korn (gegenüber 90 Achtel aus Erbstadt) und 6 Achtel Hafer angegeben[81].

Nach dem Ilbenstädter Zinsbuch waren *der junge Stilhen* und *Bechtolt Stilhens eiden* noch 1542 Pächter des Baiersröder Hofs[82]. Ein halbes Jahrhundert später aber verzeichnet das Zinsbuch von 1596 bereits vier Pächter zu *Beyersroth*, nämlich *Joisten Hanß* und *Ulrich Stiell* sowie die beiden Verwandten *Hanß Waldt* und *Hanß Walten wittib* (Witwe), die sich jetzt für eine Jahrespacht von je 15 Viertel und 3 Sümmer Korn in die Hofgüter teilten. Lediglich die beiden Erstgenannten hatten außerdem noch je 1/2 Achtel Korn zusätzlich abzuliefern[83]. Die Zunahme der Zahl der Hofleute - und das heißt zugleich auch die Aufteilung des Gutes in kleinere Wirtschaftseinheiten - steht offensichtlich in Zusammenhang mit der rapiden Bevölkerungszunahme, die Hessen, wie andere deutsche Landschaften, seit der Mitte des 16. Jahrhunderts erlebte[84]. Damit stieg aber auch zugleich die Zahl der Bauern, die, wie die vier Baiersröder Hofleute, ein kirchliches oder adliges Landsiedelgut übernehmen wollten.
Das Marköbeler Schatzungsregister des Jahres 1603 macht zum Güterbestand der vier Hofleute genauere Angaben[85]. Zusätzlich zu den 4 1/2 Hufen Leiheland (*lehenlandt*), die jeder von Ilbenstadt innehatte, bewirtschaftete Peter Waldt 1 Morgen Eigenland und Josten Stills Sohn Hans 3 1/2 Morgen Eigenäcker und ebensoviele erkaufte Äcker. Peter Waldts Sohn Hannß bebaute neben seinem Hofgut 1 1/2 Viertel Weingarten zu Marköbel und 1 Viertel zu Ostheim, während Still Ulrichs Sohn Hanß sogar 5 Viertel Weinland besaß. Neben den vier Hofleuten wird auch Gela, die Witwe Hans Waldts genannt, die als 'Altenteilerin' lediglich 1 1/2 Morgen Eigenacker sowie 1 Viertel Weingarten und 1 Viertel Garten bebaute. Neben den 18 Hufen Ilbenstädter Hoflands gehörten also 9 1/2 Morgen Ackerland, die teilweise zu Ostheim lagen, und 3 Morgen 3 1/2 Viertel Weinland zu den Betrieben der Baiersröder Hofleute. Die Weingärten waren dabei ausschließlich Eigengut der Pächter, während sich ein klösterlicher Weinbau zu Baiersrode auch zu dieser Zeit nicht belegen läßt[86]. Neben den schatzungspflichtigen Baiersröder Gütern führt das Marköbeler Schatzungsregister von 1603 als Extrakt aus anderen Ackerbüchern auch die ehemals zum Hof gehörenden Güterstücke an, die in der Zwischenzeit in andere Hände gelangt waren und dadurch dem Kloster entfremdet wurden. Neben 2 Morgen 'auf dem Holzweg' waren dem Hof durch Veräußerung oder Entfremdung 5 weitere Ackerstücke von zusammen rund 18 Morgen verloren gegangen.
Die Marköbler Bürgermeisterrechnungen des ausgehenden 16. und frühen 17. Jahrhunderts[87] zeigen, daß die vier bzw. fünf Hofleute zu Baiersrode wie die Hirzbacher verpflichtet waren, innerhalb der Gemeinde für die Herrschaft Bede und Dienstgeld zu entrichten. Die Bede wurde dabei alljährlich nach einem bestimmten Satz von der Hofraite, Äckern, Wiesen, Gartenland und dem Anteil am Allmendgut berechnet und festgesetzt[88]. Mit etwa 12.7 - 14.3 fl. blieb die jährlich gezahlte Bede während der Jahre von 1589/90-1620 dabei annähernd gleich. Am gesamten Bedeaufkommen der Gemeinde waren die Baiersröder Hofleute im Mittel mit etwa 4.5-6.5% beteiligt, während die Hirzbacher immerhin rund 20% der Marköbeler Bede zahlten. Die Bedebelastung der vier Baiersröder Hofleute lag demnach - läßt man den in den folgenden Jahren

nicht mehr genannten Michael Walt außer Acht - mit durchschnittlich 3.36 fl. ähnlich hoch wie die der Hirzbacher (3.24 fl.), aber dreimal höher als die der Marköbler Bauern (etwa 1.1 fl.)[89]. Dabei wurden die Baiersröder Hofleute allerdings, *weilen die zu dem Hoff gehörige Äcker und Feldter meistentheils an und zwischen dem Waldt gelegen und alßo beyweitem nicht so guth als der übrigen Unterthanen Güther sind,* lediglich zum halben Bedesatz herangezogen, wie es in einem Bericht an die Hanauer Regierung von 1686 heißt[90]. Im Gegensatz zu der auf Grundstücke und Gebäude bezogenen Bede galt das wohl erst seit dem ausgehenden 16. Jahrhunderts erhobene Dienstgeld als Ablösung für ehemals dem Landesherrn geschuldete Dienste[91]. Mit etwa 4-5 fl. pro Jahr war es für die vier Baiersröder Hofleute, die *Rayder,* weniger drückend als die Bede.
Die Einträge in den Marköbler Bürgermeisterrechnungen geben uns auch die Möglichkeit, die Namen der Baiersröder Hofleute des späten 16. und des 17. Jahrhunderts über einen längeren Zeitraum zu verfolgen[92]. 1589/90 werden Peter Walt, Hans Walts Witwe, Ulrich Still und Josten Hans als Bedepflichtige je eines Viertels des Baiersröder Hofes genannt, außerdem mit einem kleinen Betrag (für einzelne gepachtete Güterstücke) Michel Walt. Bis 1620 blieb eine Hälfte des Hofes Pachtgut im Besitz der Familie Walt: Auf Peter Walt folgte 1597/98 Hans Walt. Hans Walts Witwe bebaute nach dem Tod ihres Mannes ein Viertel des Hofes noch mehr als zweieinhalb Jahrzehnte lang. 1606 übernahm sie die 4 1/2 Hufen mit 7 1/2 Morgen Wiesen mit einem neuen Landsiedelvertrag auf Lebenszeit[93]. Bis 1631 wurden zwei, zeitweise sogar drei Teile des Baiersröder Hofes von Angehörigen der Familie Walt bewirtschaftet[94]. Den Anteil des dritten Pächters, Ulrich Still, hatte 1597/98 dessen Sohn Hans inne, während zu dieser Zeit Still Josten Hans ebenfalls das Pachtverhältnis seines Vaters fortsetzte. Unter normalen Umständen, so darf man daraus schließen, wurden die Leiheanteile am Baiersröder Hof von Generation zu Generation innerhalb derselben Familien weitergegeben. Nur wenn aus der Gütermasse des Hofes einzelne Stücke gesondert ausgegeben wurden, wie etwa in den Jahren um 1614 und 1620[95], traten auch andere Bauern aus Marköbel oder Ostheim in den Kreis der Baiersröder Bede- und Dienstgeldpflichtigen.

## Die Zerstörung des Baiersröder Hofes im Dreißigjährigen Krieg

Die Ereignisse des Dreißigjährigen Krieges trafen den nahezu schutzlos in der Feldgemarkung liegenden, allenfalls durch einen Zaun geschützten Baiersröder Hof mindestens ebenso hart wie die Gemeinde Marköbel selbst[96]. Schon 1621 wurden mit Durchzügen und Einquartierungen erste Anzeichen der Kriegshandlungen im Hanauischen spürbar. Auch 1623 und 1624 waren Truppen über mehrere Monate in Marköbel einquartiert[97]. Auf dem Baiersröder Hof lagen 24 Wochen lang fremde Soldaten, die den Hofleuten Zehrungskosten von annähernd 300 fl. verursachten[98]. Nach der Gemeinderechnung ließ man 1630/31 von einem Zimmermann drei Tafeln anfertigen,

Der Wappenstein des Klosters Ilbenstadt aus dem 17. Jahrhundert, heute am Scheunengebäude. Foto: Jürgen Horn.

um daran die Schutzbriefe anzuheften, die Marköbel als hanauisches Dorf auswiesen. Eine der Tafeln wurde am Gemeindehaus, die beiden anderen zu Hirzbach und zu Baiersrode angebracht[99].
In existenzielle Bedrohung kam der Hof um diese Zeit plötzlich als Teil des Ilbenstädter Besitzes, als das Kloster zum Objekt politischer Händel wurde. Nachdem noch 1627 Kaiser Ferdinand II. den Propst zu Ilbenstadt und sein Kloster mit seinen Besitzungen, darunter den Höfen zu Erbstadt, Baiersrode und Hirzbach, in seinen und des Reiches besonderen Schutz genommen hatte[100], schenkte 1632 der schwedische Kanzler Oxenstierna aufgrund eines Versprechens König Gustav Adolfs von Schweden dem böhmischen Adligen Hans Georg von Wartenberg für treue Dienste das gesamte Kloster mit allem was dazugehörte[101], also auch den Baiersröder Hof mit seinen Gütern. Erst mit der Wendung des Kriegsglücks für die schwedisch-französischen Truppen in der Schlacht von Nördlingen im September 1634 war die Gefahr gebannt, daß Ilbenstadt auf Dauer aufgehoben und sein Besitz in adlige Hände geraten würde.

Die Niederlage in der Schlacht von Nördlingen führte jedoch auch sehr bald zu größeren Durchzügen verschiedener Truppen, vor allem schwedischer Soldaten, die in der Hanauer Gegend schlimme Plünderungen und Zerstörungen anrichteten. Im Januar 1635 lagen schwedische Truppen unter der Führung des Herzogs Bernhard von Sachsen-Weimar um Hanau und schlugen dabei ihr Hauptquartier zeitweilig in Marköbel auf. Wie aus dem vom Oberschultheißen zu Windecken angelegten amtlichen Verzeichnis über die dabei angerichteten Schäden hervorgeht, wurde nicht nur der Ort nahezu völlig zerstört und eingeäschert, sondern auch Hirzbach und der Baiersröder

Hof: *Rodt. Dieser Hoff hat gehabt 4 Heuser und vier Schewern, die seindt durch die Weim[arischen] auch gantz in die aschen gelegt*, heißt es darin[102]. Zu diesen verheerenden Kriegszerstörungen kam 1636 noch eine Pestwelle, die die Bevölkerung weiter dezimierte. Nach dem Verzeichnis der in den Jahren 1634-1636 getöteten und gestorbenen Personen, das der Marköbler Pfarrer Johann Wilhelm Heupel anlegte[103], gehörten Jost Kühn, seine Frau und sein Kind und Lips Wald und seine zwei Kinder aus Baiersrode zu den Bewohnern, die diese furchtbaren Jahre nicht überlebten. Von den fünf Steuerpflichtigen und ihren Familien, die die Marköbler Steuerliste des Jahre 1630 noch auf dem Baiersröder Hof genannt hatte[104], blieben offensichtlich nur die Kinder des Peter Wald und Caspar Schefer am Leben. Schefer wird 1640 mit seiner Frau Katharina als Gerichtsmann im *Catalogus Auditorum* der Marköbler Kirche genannt; eine Tochter des Peter Wald heiratete 1644 Caspar Zoll, der später einer der Hofleute zu Baiersrode war[105].

Die Überlebenden der schlimmen Kriegsjahre blieben wohl zunächst in Marköbel wohnen. In den 1640/41 wieder einsetzenden Bürgermeisterrechnungen heißt es darum unter Hirzbach und Baiersrod: *Nichts. Seint noch kein Hofleuth daselbst undt ligt alleß wüst*[106]. Auch 1653, fünf Jahre nach dem Westfälischen Frieden, waren der Baiersröder Hof noch unbewohnt und seine Ländereien weitgehend unbebaut. Erst im Jahr darauf wird zum erstenmal wieder Bede vom Hof gezahlt. Seit 1655 sind Johann Heck, wohl ein Sohn des 1625 erwähnten Hofmanns Hans Heck, sowie Caspar und Johann Zoll, die in verwandtschaftlichen Beziehungen zur Familie Walt standen, als Hofleute zu Baiersrode faßbar[107]. Bis 1685 blieben diese drei Pächter und ihre Familien auf dem Hof und leisteten die überaus schwere Aufbauarbeit nach dem Dreißigjährigen Krieg. Es fällt nicht schwer sich vorzustellen, wie mühsam und risikoreich es war, die zwei Jahrzehnte lang unbebauten und verwilderten Güter wieder in einen ordentlichen Zustand zu versetzen, den vernichteten Viehbestand und die notwendigen Vorräte wieder aufzubauen und die abgebrannten und zerstörten Wohn- und Wirtschaftsgebäude wiederherzustellen.

Die wirtschaftliche Situation der Hofleute wurde durch die wiederholte Pflicht zur Zahlung von Verpflegungskosten für die Truppen, hohe Kontributionen, Fouragegeldern, Atzgeld und anderen Belastungen weiter verschlimmert. 1675 zum Beispiel hatten die Hofleute neben der Bede zusammen 45 fl. aufzubringen, 1678 etwa 155 fl. und in den Jahren 1684/85 zusammen rund 240 fl.[108]. Wenn man berücksichtigt, daß der Hof 1682 bei der Festsetzung der Schatzung (Grundsteuer) mit 3280 fl. veranschlagt wurde[109], wird die Belastung durch ordentliche und außerordentliche Abgaben deutlich. Die Überlebenden des Dreißigjährigen Krieges und ihre Kinder und Erben hatten, wie auch aus diesen Nachrichten hervorgeht, noch jahrzehntelang nach dem Krieg dessen unmittelbaren und mittelbaren Folgen zu tragen.

## Der Baiersröder Hof als Ilbenstädter Gutsbetrieb (1685-1803)

Unter dem tatkräftigen Abt Andreas Brandt, der in den Jahren 1681-1725 als der vielleicht bedeutendste Vorsteher das 1657 zur Abtei erhobene Ilbenstadt leitete[110], wurde nicht nur die Bautätigkeit im Kloster selbst intensiviert, sondern auch eine energische Reorganisation der Klostergüter betrieben, zumal ohne eine gesicherte und ertragreiche wirtschaftliche Grundlage eine wirkliche Sanierung der Abtei nach dem Dreißigjährigen Krieg und eine Entfaltung einer Lebensweise, wie sie Abt und Konvent von Ilbenstadt entsprach, nicht möglich war.

Der Baiersröder Hof gehörte dabei zu den Klostergütern, deren Wiederaufbau in den letzten Jahrzehnten des 17. Jahrhunderts vom Kloster selbst in die Hand genommen wurde. Wie auf dem Dottenfelder Hof bei Vilbel[111] wurde auch in Baiersrode um 1684/86 ein Neubau des Hofgebäudes begonnen[112]. Eine Skizze dieses Hauses, die vor dem Abriß im Jahr 1877 angefertigt wurde, zeigt uns einen stattlichen zweigeschossigen Bau von etwa 23 x 12.5 m Grundfläche mit einem barocken Mansardendach und einer repräsentativen Hoffront. Dieser Neubau des Hofhauses an der Stelle der bisher von vier Bauern bewohnten Gebäude markiert auch in der Betriebsform einen tiefen Einschnitt in der Geschichte des Baiersröder Hofes, leitete er doch die Umwandlung des Hofes, der seit mehr als 300 Jahren von zwei, später sogar von vier Landsiedeln bewirtschaftet wurde, in einen klösterlichen Gutsbetrieb ein[113]. Das Klostergut wurde jetzt in unmittelbarer Regie der Abtei selbst betrieben und stand unter der Leitung eines 'Oekonomen', eines Klosterangehörigen, der den Hof mit abhängigem Hofgesinde und Tagelöhnern bebaute[114]. Das Kloster wollte damit offensichtlich nicht nur seinen Anteil an den Erträgen des Hofes steigern, sondern vor allem auch die Art und Weise der Bewirtschaftung spürbar verbessern. Erster Oekonom auf dem Baiersröder Hof war der Ilbenstädter Pater Augustinus, dem noch im 17. Jahrhundert Pater Siardus als Hofverwalter folgte[115].

Die Vertreibung der bisherigen Hofleute vom Baiersröder Hof und die Niederlegung ihrer Bauernstellen verlief 1685 allerdings bei weitem nicht so problemlos, wie es aufgrund der eindeutigen Rechts- und Besitzverhältnisse hätte erscheinen mögen[116]. Noch im gleichen Jahr mußte der Abt von Ilbenstadt vor dem Ortsgericht von Marköbel gegen die drei bisherigen Hofleute Caspar und Johann Zollen und Johann Heck wegen der strittigen Leiheverhältnisse klagen[117]. Nach einer gründlichen Untersuchung des Sachverhalts kam das Gericht zu dem Spruch, daß zwar die Hofleute Hof und Güter an das Kloster abzutreten hätten, der Abt und das Kloster aber verpflichtet seien, ihnen nicht nur die Meliorationskosten zu ersetzen und sie für den Aufwand und die Mühen zu entschädigen, die sie nach dem Gutachten unparteiischer Leute beim "Ausrotten" des Hoflandes (nach dem Dreißigjährigen Krieg) aufgewandt hätten. Das Kloster sollte vielmehr den Hof wieder von Leuten bestellen lassen, die der Herrschaft, dem Grafen von Hanau, die hergebrachten Leistungen und Abgaben, nämlich Erbhuldigung, Schatzung, Heerfolge, Musterung, Bede, Kontribution, Fronden und dergleichen zu entrich-

ten in der Lage seien - ein Hinweis darauf, daß dem Landesherrn und der Gemeinde in erster Linie an Mitbauern auf dem Hof gelegen war, die die Lasten der anderen hanauischen Untertanen mittragen halfen. Obwohl sich der Vertreter des Klosters, Pater Augustinus, und der herrschaftliche Sekretär auf diese Lösung verständigt hatten, ist es doch für eine längere Zeit zu einer erneuten Vergabe des Hofes an selbständig wirtschaftende Bauern oder Hofleute nicht gekommen.
Der Hof blieb deshalb auch nach der Umwandlung in einen Ilbenstädter Gutsbetrieb von öffentlichen Belastungen nicht verschont. 1687 zum Beispiel hatte Pater Augustinus für sein Kloster Kriminalgeld und Trauergelder zu entrichten. 1690 wurde er zu Römergeld, Proviantgeld, Kontribution und Artillerieunkosten, zu Schwetzischen Unkosten und zur Frankfurter Schul- und Präsenz-Pension herangezogen[118]. Die Anlässe und Begründungen für ständig neue Forderungen waren offensichtlich leicht zu finden, die Lasten aber umso schwerer zu tragen.
Während die bisherigen Baiersröder Hofleute mit ihren Marköbler und Ostheimer Mitbauern zumeist ohne größere Konflikte zusammengelebt und ihrerseits Markberechtigungen genossen hatten, veränderte sich das Verhältnis mit dem Einzug eines Klosterbruders auf dem Hof schlagartig. Die auf die Anlage des Gutsbetriebs folgenden Jahre waren angefüllt von anhaltenden Streitigkeiten zwischen den Bauern und den Gemeinden auf der einen und dem Klostervertreter zu Baiersrode auf der anderen Seite. In der Hauptsache ging es dabei um die Abgrenzung der klösterlichen Eigentums- und Nutzungsrechte von denen der Marköbler Markgenossen.
Vor allem die genaue Grenzziehung zwischen dem Hofgut und der Gemeinde führte seit 1685 zu Streitigkeiten, die auch in den folgenden Jahrzehnten immer wieder aufflackerten. Wiederholt mußten unparteiische Feldgeschworene aus den Nachbargemeinden die Grenzen zwischen dem Hof und dem Marköbler Allmendland besichtigen, die Grenzsteine ausheben und erneut einmessen, konnten damit aber nur an der einen oder anderen strittigen Stelle endgültige Einigung über den Grenzverlauf schaffen. Oft ging es dabei lediglich um wenige Schritte, die ein Zaun über die korrekte Grenze gesetzt war oder um die sich die eine oder andere Seite betrogen fühlte[119]. Der Konflikt verschärfte sich nicht ohne Zutun des Klosteroekonomen, als 1686 in der Nähe des Hoftores gesetzte Grenzsteine von Pater Augustinus, dem Ilbenstädter Hofverwalter, in einer nächtlichen Aktion herausgerissen wurden, so daß sie auf Befehl der Regierung in Hanau durch den Oberschultheißen in Hanau selbst und unter dem Schutz eines Hauptmanns und *5 Rotten commandierte Ausschösser mit gewerder Hand* neu gesetzt werden mußten[120].
Nach jahrelangen Streitigkeiten, die teilweise auch vor dem Reichskammergericht in Wetzlar ausgetragen worden waren, kam endlich im Mai 1701 zwischen dem Mainzer Erzbischof Lothar Franz, der für Ilbenstadt handelte und Graf Philipp Reinhard zu Hanau für seine Gemeinde Marköbel ein Vergleich zustande, in dem die wichtigsten Streitpunkte einvernehmlich geregelt wurden[121]: Nach diesem Vertrag sollte der Baiersröder Hof dem Kloster Ilbenstadt verbleiben und von der Grafschaft Hanau *von*

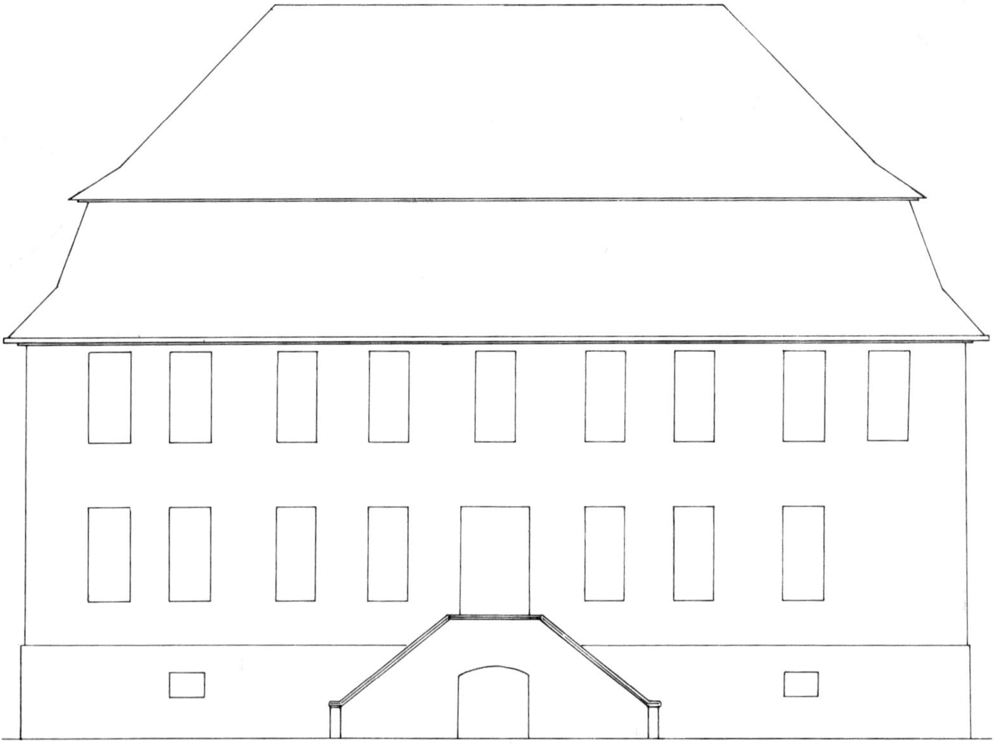

Das barocke Wohnhaus des Baiersröder Hofes, erbaut um 1685, abgebrochen 1877/78, Ansicht von Osten (StA Marburg Best. 168, Nr. 2401).

*allen oneribus* (Lasten) *frey und exempt* gelassen werden. Auch von Seiten der Gemeinde sollte von den Hofleuten und ihrem Gesinde keine Huldigung, Bede, Steuer, keine Frondienst, keine Reißfolge oder Musterung gefordert werden. Die 'große Waydt', die ungefähr 24 Morgen Wiesenland umfaßte, sollte wie die 'kleine Waydt' ohne Abgaben nur vom Klosterhof benutzt werden. Auf dem Hofland sollten in Zukunft keine fremden Schaf- oder Viehherden geweidet, noch über sie hinweggetrieben werden, während der Baiersröder Hof seinerseits auf Trifftrechte in der restlichen Gemarkung verzichten mußte. Dazu sollten auch die wenigen zwischen den Klostergütern gelegenen Äcker Marköbler Bauern gegen andere getauscht werden, und nach dieser Bereinigung die Grenzen des Gutsbezirks neu vermessen werden. Auf dem Hofland sollte nichts verändert werden, wenn dadurch die Jagdgerechtigkeiten der Herrschaft Hanau oder die Zehntberechtigungen beeinträchtigt würden. In den Marköbler Wäldern wurde dem Hof die dreifache Holzberechtigung und die dreifache Schweinemast anderer Marköbler Untertanen zugestanden. Bei Bedarf sollte dem Kloster das ge-

wöhnliche Baurecht (d.h. das Recht zum Einschlag von Bauholz) nicht verweigert werden. Auf dem Hof sollte kein Wirtshaus eingerichtet noch Wein oder Bier an Fremde ausgeschenkt werden. Außenstehenden durfte weder Wohnung noch Aufenthalt auf dem Hof gewährt werden.
Für bestehende Grundstückstreitigkeiten sagte Graf Philipp Reinhard die Prüfung der Unterlagen durch unparteiische Juristen zu. Über alle kleineren Rechtsfälle auf dem Hof, besonders über Streitigkeiten, die ohne Verwundung abgingen und über Feldrügen von weniger als 30 Kreuzern Strafe sollte der Abt von Ilbenstadt richten, über alle schweren Fälle und über solche Angelegenheiten, an denen Außenstehende beteiligt waren, die hanauischen Richter.
Auf dem Hof soll kein öffentlicher katholischer Gottesdienst gehalten werden, jedoch war es dem Ilbenstädter Geistlichen gestattet, wenn er nach Baiersrode kam, *privatim* und ohne Geläut ganz in der Stille die Messe zu lesen. Die katholischen Hofleute und ihr Gesinde durften ebenso bei Bedarf die Sakramente empfangen und, ohne Prozession und ohne Geleit, in Heldenbergen oder Ilbenstatt beerdigt werden. Ilbenstadt erklärte sich bereit, im Rahmen dieses Vergleichs den Grafen innerhalb von vier Wochen mit 3000 fl. und die Gemeinde Marköbel mit 1200 fl. abzufinden, während die Gemeinde ihrerseits einen Acker von etwa 2 Morgen abtrat und die Bestimmungen insgesamt zu halten erklärte. Im August 1701 quittierte Graf Philipp Reinhard zu Hanau dem Kloster über die vereinbarungsgemäß gezahlte Summe. Am gleichen Tag bestätigte die Gemeinde Marköbel den Mainzer Vertrag und quittierte ihrerseits über die 1200 fl., die sie vom Kloster erhalten hatte[122]. Der vereinbarte Austausch von Äckern zur Bereinigung der Grenz- und Liegenschaftsverhältnisse zog sich noch bis 1718 hin[123].

Durch eine amtliche Feststellung und Absteinung der zum Baiersröder Hof gehörenden Güter, wie sie im Vertrag von 1701 vereinbart worden war, versuchte die Abtei, die ständigen Auseinandersetzungen mit der Gemeinde zu beenden und zugleich eine geordnete Bewirtschaftung zu ermöglichen. Auf Bitte des Ilbenstädter Paters Siardus, des *Bruder Haußhaltern* zu Baiersrode, traten im Mai 1705 die Marköbler Feldgeschworenen und Landscheider[124] auf dem Hof zusammen, um das Hofgut neu zu *länden* und abzusteinen. Auf ihre Pflichten gegenüber Gott und ihrer Herrschaft vereidigt, vermaßen sie jedes einzelne Stück Feld, Wiese und Garten mit den ordentlichen Ruten der Länge und der Breite nach und steinten das ganze Gut mit 49 Grenzsteinen aus. Das Protokoll über diese Begehung und die Lage der einzelnen Grenzsteine trugen sie in das neuangelegte Ackerbuch des Hofes ein, das bis heute auf dem Hof verwahrt wird[125]. Für die Feststellung der Güter, die insgesamt mehr als drei Wochen in Anspruch nahm, hatte Ilbenstadt beträchtliche Gebühren zu zahlen, nämlich 3 fl. pro Hufe Landes , für das Richten der Grenzsteine 12 fl. und für die Steine selbst je 5 alb., zusammen also mehr als 83 fl.[126].
Die Konflikte zwischen dem Kloster Ilbenstadt und seinem Hofverwalter zu Baiersrode auf der einen und der Gemeinde Marköbel und benachbarten Orten auf der anderen

Seite waren jedoch, wie sich bald zeigen sollte, durch den Vergleich von 1701 nicht auf Dauer aus der Welt geschafft. Streitigkeiten entstanden vor allem mit den Bauern, die früher die Hofleute zu Baiersrode als ihre Mitbauern betrachtet hatten, dem auf dem Hof residierenden, hochmütigen Vertreter des Klosters aber in gegenseitiger Abneigung gegenüberstanden. Typisch für dieses veränderte Verhältnis ist ein Vorfall, der sich 1706 in Windecken ereignete. Im Frühjahr dieses Jahres verfolgten die Feldschützen der Stadt das Fuhrwerk des Paters Siardus, der von Baiersrode nach Ilbenstadt unterwegs war und dabei nicht die gewöhnliche Landstraße benutzte, wo er hätte Wegegeld entrichten müssen, sondern quer über die Saaten und frisch bestellten Felder fuhr. Als sie dem Knecht des Paters zuriefen, er solle die rechte Straße fahren und einhalten, ernteten sie deshalb nur Spott und Hohn (*derßelbe Sie nur verspottet undt ausgelacht)*[127].

Wegen der Waldnutzungsrechte des Baiersröder Hofes und der Mitnutzung des 'alten Haags' durch den Hof stritten das Kloster und die Gemeinde zu Marköbel in den dreißiger Jahren des 18. Jahrhunderts immer wieder. Die dabei erhobenen gegenseitigen Vorwürfe muten letztendlich kleinlich an, wurden jedoch über prinzipielle Positionen und Rechtsauffassungen geführt und erhitzten die Gemüter auf beiden Seiten. Pater Bernhard Lipp, der Oekonom zu Baiersrode, beklagte sich zum Beispiel 1738 bitter darüber, daß der Hof von den Marköblern zumeist *das schlimste oder knörtzigste holtz* zugeteilt erhalte, daß ihm die Reiser aus dem Wald vorbehalten würden und daß er auch sonst von der Nutzung des alten Haags ausgeschlossen werden solle, obwohl der Hof nach dem Vertrag von 1701 die Holzberechtigung in der Mark besaß[128].

Mit dem Pfarrer in Marköbel prozessierte das Kloster in den ersten Jahrzehnten des 18. Jahrhunderts jahrelang um die Schmälerung des Zehnten von den Baiersröder Hofgütern[129]. Erst 1719 wurden die Auseinandersetzung mit dem reformierten Konsistorium zu Hanau durch einen Vergleich beigelegt[130]. Das Kloster löste danach den vom Vieh geforderten Blutzehnten durch eine einmalige Zahlung von 60 fl. ab und traf Regelungen über die Nutzung von Hofland für den Klee- und Wickenanbau für das Zugvieh, die Begrenzung des Obstanbaus und den Wechsel der für das Weißkraut genutzten Stücke. Mit der Herrschaft Hanau wurden jahrelange Rechtsstreitigkeiten um die gerichtliche Immunität des Baiersröder Hofes geführt[131]. Wegen der anhaltenden Prozesse unterhielt das Kloster sogar einen ständigen Agenten in Wien, obwohl ihm dadurch erhebliche Kosten entstanden[132].

Den ständigen Konflikten und den unablässigen Rechtsstreitigkeiten, in die Ilbenstadt des Baiersröder Hofes wegen seit dessen Umwandlung in einen Gutsbetrieb verwickelt war, stand eine günstige wirtschaftliche Entwicklung des Hofes gegenüber. Aus dem gerade in dieser Zeit rasch anschwellenden Verwaltungsschriftgut des Hofes läßt sich seine Organisation und die wirtschaftliche Lage des Hofes besonders gut herausarbeiten:

Die ausführliche Beschreibung der Baiersröder Hofgüter, die 1705 im Zusammenhang mit der Überprüfung und Aussteinung der Hofgüter angelegt wurde[133], ermöglicht zum

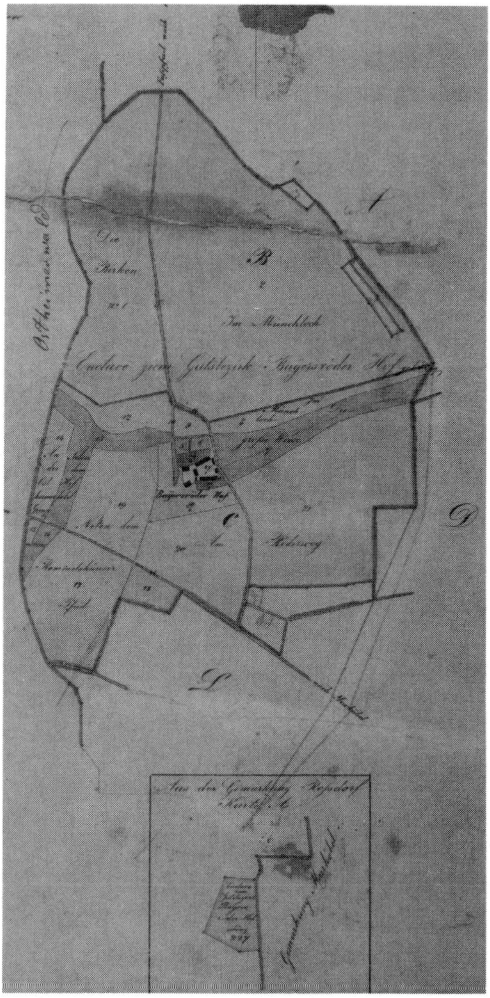

Der Gutsbezirk des Baiersröder Hofes nach der Katasteraufnahme von 1877. Im Besitz des Domänenpächters Walter Scheuerle.

ersten Mal einen genauen Überblick über den Güterbestand im einzelnen, die Zahl und Größe der einzelnen Grundstücke, ihre Lage und die Zusammensetzung nach einzelnen Nutzungsarten.

Mit mehr als 526 Morgen machte das Ackerland nach dieser Güterbeschreibung - einschließlich der Äcker, die seit 1701 von Marköbler Bauern gekauft wurden - rund 79% des genutzten Hoflandes aus. Die wirtschaftliche Ausrichtung des Hofes auf den Getreidebau geht schon aus dieser Verteilung deutlich hervor. Wiesen und Weiden sowie ein als Weide liegengelassener Acker umfaßten mit 58 1/2 Morgen etwa 8.8% , das vermutlich als Viehtrift genutzte Ödland aus *Aspen, Bircken und nasse wüstung* gut 65 Morgen (9.8%) des Landes. Erwartungsgemäß fielen die Baum- und Grasgärten und die Hoffläche selbst mit 15 1/2 Morgen (2.3%) nicht ins Gewicht[135]. Auch in dieser Güterbeschreibung wird die in Morgen angegebene Gesamtfläche des Hoflandes noch in Hufen zu je 30 Morgen umgerechnet. Mit etwa 22.2 Hufen hat sich demnach das Hofland seit dem 15. Jahrhundert um etwa 3.2 Hufen (95 Morgen) vergrößert, wobei man jedoch in Rechnung stellen muß, daß jetzt unter Umständen genauer gemessen wurde als im ausgehenden Mittelalter.

**Die Güter des Baiersröder Hofes nach der Vermessung von 1705**

| | Zahl | Morgen* | ha |
|---|---|---|---|
| Ackerland | | | |
| - im Feld nach dem Steinweg | 8 | 169.03 | 33.11 |
| - im Feld nach Marköbel | 4 | 175.69 | 34.42 |
| - das Feld nach Eichen zu | 1 | 172.00 | 33.69 |
| - Äcker, die von den Nachbarn von Marköbel gekauft wurden | 7 | 9.58 | 1.88 |
| | 20 | 526.30 | 103.10 |
| Wiesen | 3 | 48.87 | 10.57 |
| - die 'kleine Waydt' neben der Hofwiese | 1 | 4.50 | 0.88 |
| - als Weide liegengebliebener Acker | 1 | 5.18 | 1.01 |
| | 5 | 58.55 | 11.46 |
| Gesträuch, Birken und nasse Wüstung am altem Haag | 1 | 65.27 | 12.79 |
| Baum- und Grasgärten | 3 | 13.27 | 2.60 |
| der Hof Baiersrod mit seinem Bezirk | 1 | 2.37 | 0.47 |
| Summe aller Ländereien | 30 | 665.76 | 130.42 |

*) Ein Morgen (zu 150 Quadratruten) wurde mit 0.1959 ha veranschlagt[136].

Im Vergleich zu den anderen geistlichen Gütern in der Gemarkung Marköbel ragte der geschlossene Bezirk des Baiersröder Hofes mit seinen mehr als 665 Morgen deutlich hervor, während das Niederilbenstädter Gut zu Hirzbach 260 Morgen, die beiden Güter der Höchster Antoniter zu Hirzbach 196 bzw. 150 Morgen und das der Johanniter zu Hirzbach 144 Morgen umfaßte[137].

Aus derselben Zeit haben sich im Aktenbestand des Ilbenstädter Klosterarchivs auch eine Reihe von Baiersröder Hofrechnungen erhalten[138]. Auch wenn die meisten der

jahrgangsweise abgelegten Rechnungshefte unter Feuchtigkeit und Moder sehr gelitten haben, bergen sie doch für die wirtschaftliche Situation und Entwicklung des Baiersröder Hofes nach 1685 außerordentlich aufschlußreiche Nachrichten, die erstmals einen Gesamtüberblick über die Produktion und Rentabilität des Hofes erlauben. Aus der Reihe der Rechnungen soll hier beispielhaft die des Rechnungsjahres 1700/01[139] untersucht werden. Sie verzeichnet in einzelnen Abschnitten detailliert die Einnahmen und Ausgaben an Geld und Frucht (Weizen, Korn, Gerste, Hafer, Erbsen und Linsen) und bringt Aufstellungen des dienstmäßigen Personals auf dem Hof und des Ackerviehs sowie des sonstiges Viehbestandes.
Angebaut wurden nach dieser Rechnung die vier wichtigen Getreidesorten Weizen, Roggen (Korn), Gerste und Hafer. Im Jahr 1700 wurden 13.375 Achtel (11.87 dz) Weizen, 201 Achtel Korn (167.85 dz), 95 Achtel Gerste (64.45 dz) und 138 Achtel Hafer (69.15 dz) geerntet, zusammen also etwa 313.3 dz Getreide. Hinzu kamen 9 Malter Erbsen und etwa 3 3/4 Achtel Linsen. Eine Aufschlüsselung einzelner Ausgabeposten für die vier wichtigsten Getreidesorten (s. die Tabelle unten) zeigt, daß beim Weizen und bei der Gerste weniger als ein Zehntel, bei Roggen und Hafer knapp ein Fünftel als Saatgut gebraucht wurden. Mehr als 40% des Roggens wurden als Brotgetreide im Haushalt des Hofes selbst verbraucht, während Weizen und Gerste zu etwa einem Fünftel auf dem Hof verzehrt wurden. Die Verfütterung des Getreides an das Vieh des Hofes spielte bei Weizen, Roggen und Gerste keine Rolle, wohl aber beim Hafer, der zu mehr als drei Vierteln an die Hofpferde verfüttert werden mußte. Der Marktanteil des erzeugten Getreide, d.h. der Anteil, der verkauft wurde und Bargeld in die Hofkasse brachte, lag bei Weizen und Gerste, den beiden in den geringeren Mengen erzeugten Sorten, bei mehr als 60%, beim Roggen wegen des hohen Eigenverbrauchs bei gut einem Viertel, während Hafer in diesem Jahr überhaupt nicht verkauft wurde.

**Einnahmen und Ausgaben von Weizen, Roggen, Gerste und Hafer auf dem Baiersröder Hof 1700/01**

| | **Weizen** | **Roggen** | **Gerste** | **Hafer** |
|---|---|---|---|---|
| EINNAHMEN (in dz) | 24.74 | 225.47 | 84.80 | 113.99 |
| - Vorrat vom Vorjahr | 12.87 | 57.62 | 20.35 | 45.09 |
| - Ernteertrag 1700 | 11.87 | 167.85 | 64.45 | 68.90 |
| GESAMTAUSGABEN (in dz) | 19.85 | 162.84 | 69.88 | 66.64 |

AUSGABENANTEILE (in %)

| | | | | |
|---|---|---|---|---|
| - Aussaat | 8.9 | 17.3 | 7.8 | 18.8 |
| - Verbrauch im Haushalt | 17.9 | 42.1 | 20.4 | 5.3 |
| - Verbrauch als Viehfutter | 1.7 | 1.5 | 3.9 | 75.9 |
| - in Zahlung gegeben- | 7.2 | 6.8 | - | - |
| - Sonstiges | 4.4 | 5.2 | - | - |
| - Verkauf | 67.1 | 26.7 | 61.1 | - |
| | | | | |
| Vorrat zum Jahresende (dz) | 4.89 | 62.63 | 14.92 | 47.35 |

Die Einnahmen aus dem Verkauf von Weizen, Korn und Gerste machten 1700/01 mit 314 fl. 4 alb. mehr als drei Viertel (80.24%) der Geldeinnahmen des Hofes aus. Rechnet man auch noch den Geldwert der in Zahlung gegebenen Frucht hinzu (12.39%), so stammten mehr als 9/10 der Einnahmen aus dem Getreidebau, während Gelegenheitsverkäufe von Erbsen, Linsen, Nüssen, Eiern, Butter, Bier, eines jungen Rindes und von zwei Hammelhäuten nur gut 7 % zu den Einnahmen beitrugen[140]. Verkauft wurden also vor allem Weizen, Roggen und Gerste, wobei sich für den Weizen mit etwa 3 fl. 8 1/2 alb. pro Achtel die höchsten Preise erzielen ließen, während Korn für etwa 2 1/2 fl. und Gerste für etwa 2 fl. pro Achtel gehandelt wurden.

Den Geldeinnahmen des Hofes von etwa 390 fl. standen im Rechnungsjahr 1700/01 Ausgaben von 465 fl. gegenüber (s. das Diagramm S. 321), so daß die Rechnung mit einem Minus abschloß. Von den Ausgaben entstanden lediglich 9.55% durch Ablieferungen an den Abt oder sonst innerhalb des Klosters. Die größten Ausgabeposten waren dagegen die Löhne und Mietpfennige für das Gesinde (29.78%), die Löhne für die Tagelöhner in der Landwirtschaft (20.53%) und die Löhne und Kosten für die Handwerker (27.03%). Mit zusammen 77.34% verursachten die Personalkosten damit innerhalb des Gutsbetriebes den bei weitem größten Ausgabenposten, während alle weiteren, nämlich die Sachausgaben für die Landwirtschaft und den Garten sowie für Küche und Haushalt mit zusammen etwa 12% nicht sonderlich hoch ausfielen.

Der Getreidebau war demnach um 1700 - wie auch heute noch - das wirtschaftliche Rückgrat des Baiersröder Hofes. Auch wenn es von Jahr zu Jahr zu deutlichen Schwankungen der geernteten Mengen kommen konnte, blieb das Mengenverhältnis der einzelnen Getreidesorten zueinander doch über einen längeren Zeitraum annähernd gleich. Die Ernteergebnisse in den zwei Jahrzehnten von 1688-1707 zeigen aber, daß die Erträge auf dem Hofland in dieser Zeit sowohl absolut als auch im Verhältnis zu den ausgesäten Mengen erheblich gesteigert werden konnten. Die Gesamternte an Weizen, Roggen, Gerste und Hafer betrug im ersten Fünfjahreszeitraum von 1688-1692 im Durchschnitt 344.5 Achtel[141], sank danach sogar auf 282.8 Achtel pro Jahr ab, um dann um die Jahrhundertwende im Mittel bei 401.7 Achtel zu liegen und 1703-1707 sogar auf etwa 571.8 Achtel anzusteigen, was einer Verdoppelung der

Erträge in gut einem Jahrzehnt entspricht. In besonders guten Jahren, wie z.B. 1706, wurden in Baiersrode mehr als 650 Achtel Getreide geerntet.
Da die ausgesäten Mengen während dieser Zeit für die einzelnen Getreidesorten und auch insgesamt annähernd unverändert blieben, muß die wesentlich günstigere Ertragssituation auf ein besseres Aussaat-Ernte-Verhältnis auf gleicher Fläche zurückzuführen sein. Tatsächlich zeigt ein solcher Vergleich (s. das Diagramm S. 321), daß zum Beispiel beim Korn 1688-92 durchschnittlich das 5.5-fache der ausgesäten Mengen einkam, 1703-1707 aber das 9.6-fache. Die Haferernten stiegen im Verhältnis zur Aussaatmenge vom 2.8-fachen 1693-1697 auf das 5.7-fache. Besonders deutlich fiel im gleichen Zeitraum die Steigerung bei der Gerste ins Gewicht, bei der man den Ertrag vom 5.3-fachen auf das 11.4-fache anheben konnte, und auch beim Weizen wurde im letzten Fünfjahreszeitraum eine ähnliche Relation (1:10.8) erreicht. Zu diesen günstigen Verhältnissen, die in den besten Jahren bei 1:12.2 beim Roggen, 1:13.7 beim Weizen und sogar 1:16 bei der Gerste liegen konnten[142], trug sicherlich nicht nur der für den Getreideanbau besonders geeignete Boden bei, sondern auch die intensivierte und besser organisierte Führung der Landwirtschaft des Baiersröder Hofes, seit er unter der Leitung eines Klosterbruders stand. Die 1684/85 durchgeführte Umwandlung des Hofes in einen Gutsbetrieb und die aufgewendeten Investitionen zahlten sich demnach schon nach wenigen Jahren in deutlich besseren Ernteerträgen aus.
Gegenüber dem Getreideanbau spielte die Viehhaltung betrieblich nur eine untergeordnete Rolle [143]. Die Rechnung von 1700/01 enthält im Anhang eine Liste des Viehbestandes zu Baiersrode, nach der hier 12 Stück Ackervieh standen, nämlich 6 Pferde, 1 dreijähriges 'Füllen', 1 alter Ochse, 2 junge Schorchochsen (neu angelegte Zugochsen) und 2 junge Ochsen, die als Zug- und Spannvieh eingesetzt wurden. Nicht zum Ackervieh gehörten 2 Brüllochsen (Zuchtstiere), 3 Rinder und 12 Kühe (darunter 2 Neulinge und noch eintragende Kälber), die als Zucht-, Fleisch- und Milchvieh gehalten wurden. Sie dienten damit fast ausschließlich zur Deckung des Eigenbedarfs des Hofes, wofür auch 23 große und kleine Schweine, 3 Gänse, 3 'welsche Hühner' und etwa 70 einfache Hühner gehalten wurden. Auch andere Rechnungen und Inventare lassen einen Viehbestand in diesem Umfang erkennen[144]. In der Rechnung des Jahres 1700/01 wird lediglich die Zahl der Schafe nicht angegeben, die der klösterliche Schäfer hütete. Besonders kopfstark scheint die Herde jedoch nicht gewesen zu sein. Im Jahre 1719 umfaßte der klösterliche Anteil an der Herde zu Baiersrode 129 Stück[145]. So wie hier hatte das Kloster auch Schäfer zu Ilbenstadt, Erbstadt und zu Dottenfeld, die 1719 zusammen 847 Schafe hüteten[146]. Die Ilbenstädter Schafzucht befand sich jedoch schon seit der Mitte des 17. Jahrhunderts in einem deutlichen Aufschwung[147].
Aus dem erwähnten Zusammenhang mit dem Zehntstreit von 1719[148] läßt sich erschließen, daß bald nach der Umwandlung des Hofes in einen Gutsbetrieb das vorhandene Grünland zur Fütterung des Viehs nicht mehr ausreichte, sondern daß man zum Klee- und Wickenanbau schritt, der zugleich der Bodenverbesserung diente.

Daneben wurde offensichtlich der Obstanbau durch die Anpflanzung von Obstbäumen intensiviert[149]. Die Erwähnung eines *Hopfenstücks* belegt außerdem, daß man auch den für das Bierbrauen benötigten Hopfen zeitweilig auf dem Hof selbst anbaute.

In einem Anhang zur Hofrechnung des Jahres 1700/01[150] werden auch die *dienstmäßigen Persohnen* genannt, die als Gesinde unter der Leitung des klösterlichen Verwalters auf dem Hof eine Anstellung gefunden hatten. Die Rechnung zählt auf: *4 Knecht und 1 Buben, 1 Haußhalterin, 2 Mägdt, 2 Hirtenmägdtlein, 1 Schaffer.* Neben dem Verwalter waren demnach zu dieser Zeit 11 Personen - 6 Männer bzw. Jungen und 5 Frauen und Mädchen - auf dem Hof tätig. Dieses Gesinde wurde viermal jährlich entlohnt. Nach der Hofrechnung von 1700/01 erhielt der Oberknecht im Jahr insgesamt 30 fl., ein einfacher Knecht 24 fl. und der Ochsenknecht 18 fl. Lohn. Der Junge, der die Kühe des Hofes hütete, erhielt dafür jährlich 15 fl., also ebensoviel wie die Haushälterin und Köchin, während die beiden Mägde mit je 10 fl. entlohnt wurden. Der *Saubub*, der die Schweine des Baiersröder Hofes versorgte, stand mit 10 alb. pro Jahr in der Gesindelohnliste.

Das Gesinde wurde in der Regel auf ein Jahr verpflichtet. Nach Ablauf dieser Dienstzeit konnte das Dienstverhältnis durch die Zahlung eines "Mietpfennigs" um jeweils ein Jahr verlängert werden. Im Rechnungsjahr 1700/01 wurde der Oberknecht vom Ilbenstädter Abt selbst mit 1 fl. erneut verpflichtet, während die anderen Angehörigen des Hofgesindes Mietpfennige von 6-20 alb. erhielten. Der Hofverwalter trug die Anstellung des Dienstgesindes und die vierteljährliche Auszahlung der Gesindelöhne in ein *Manuale von dem Gesindts auff dem Closterhoff zu Bajersrode* ein[151]. Das etwa schulheftgroße Manuale aus dem ersten Drittel des 18. Jahrhunderts, das heute durch Moder leider sehr beschädigt ist, läßt doch noch erkennen, daß manche Knechte und Mägde über eine ganze Reihe von Jahren auf dem Hof tätig waren, während andere offensichtlich schon bald eine andere Anstellung suchten. Aus den Angaben über ihre Herkunft geht hervor, daß sie in dieser Zeit in der Regel nicht aus der unmittelbaren Nachbarschaft (etwa aus Marköbel oder Ostheim) stammten, sondern aus der ganzen Wetterau und aus dem Rhein-Main-Gebiet auf den Hof kamen, wie zum Beispiel die Knechte Peter Jungblut aus Wickstadt, Zillinger aus Höchst, Johannes Normann aus Ockstatt oder Balthasar Schmitt aus Heusenstamm. Auch die Mägde kamen zumeist aus diesem weiteren Umkreis, wie etwa Catharina Felin aus Oberwöllstadt, Elisabeth Michelbach aus Schwalheim, Anna Elisabeth Schmittin aus Niedermörlen oder eine andere Magd aus Ortenberg. Es wirft jedoch ein bezeichnendes Licht auf die erstaunliche Mobilität des Gesindes schon in dieser Zeit, daß daneben auch Knechte und Mägde aus weiteren Entfernungen kamen, um für eine bestimmte Zeit auf dem Baiersröder Hof zu "dienen". Das Manuale nennt zum Beispiel Knechte *aus dem Hessenlandt*, d.h. aus der Landgrafschaft Hessen-Kassel, aus dem *Frankenlandt*, aus dem Fuldischen oder sogar *aus Westphalen*. Große landwirtschaftliche Gutsbetriebe in der Wetterau, wie zum Beispiel der Baiersröder Hof, boten also schon im frühen 18. Jahr-

DIE GELDEINNAHMEN UND -AUSGABEN DES BAIERSRÖDER HOFES
IN DEN JAHREN 1700/01 und 1986/87

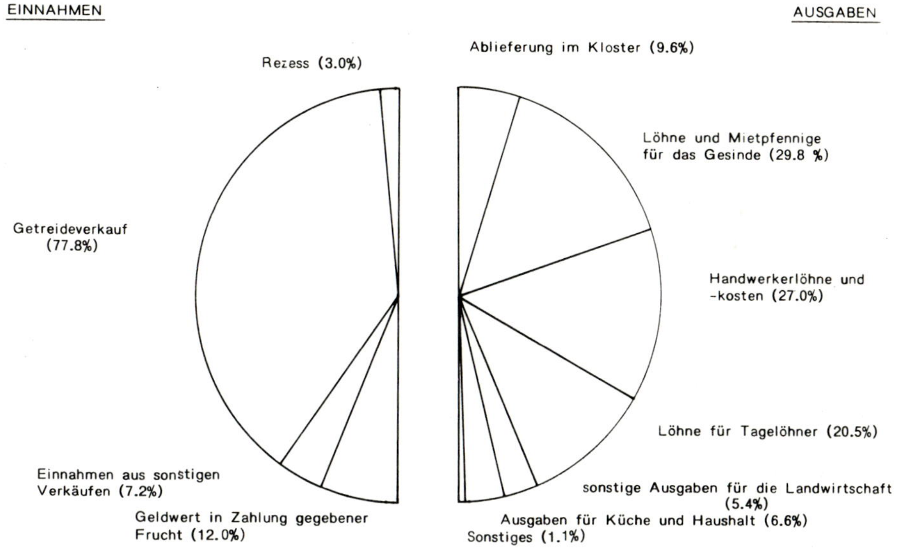


1700/01

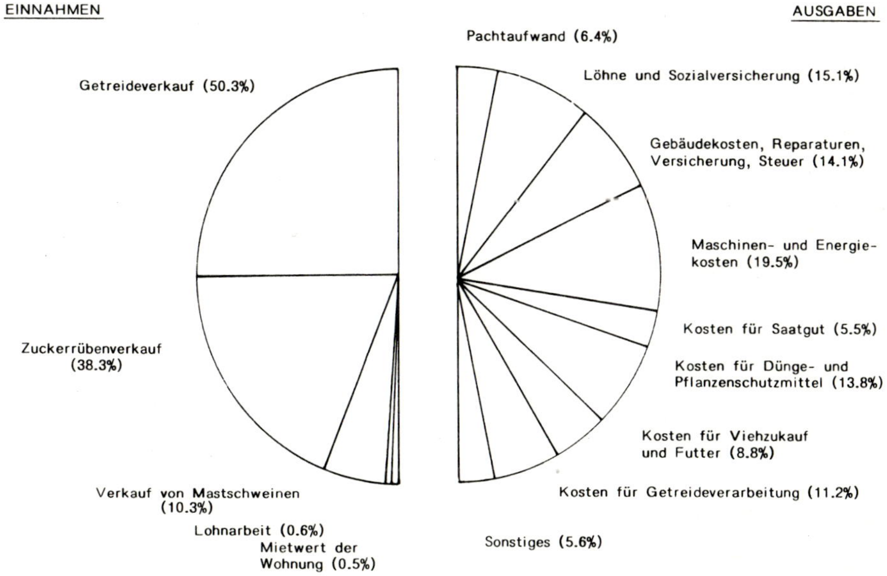


1986/87

hundert Beschäftigungsmöglichkeiten für besitzloses Gesinde aus den ärmeren hessischen Nachbarlandschaften[152].
Zusätzlich zum ständigen Hofgesinde wurden für die Zeiten größeren Arbeitsanfalls Tagelöhner verdungen, um z.B. auf den insgesamt 44 Morgen (11 ha) Wiesenland des Hofes Heu und Grummet zu mähen, um Korn, Weizen und Gerste zu schneiden und auf Haufen zu setzen oder um das eingefahrene Korn im Herbst und Winter zu dreschen. Ein Teil der Drescher kam z.B. im Herbst 1700 als Wanderarbeiter aus dem Riedeselschen Gebiet im östlichen Vogelsberg[153]. Neben dem ausgehandelten Lohn wurden ihnen auch kleinere Mengen an Hafer, Gerste und Weizen in natura ausgezahlt.

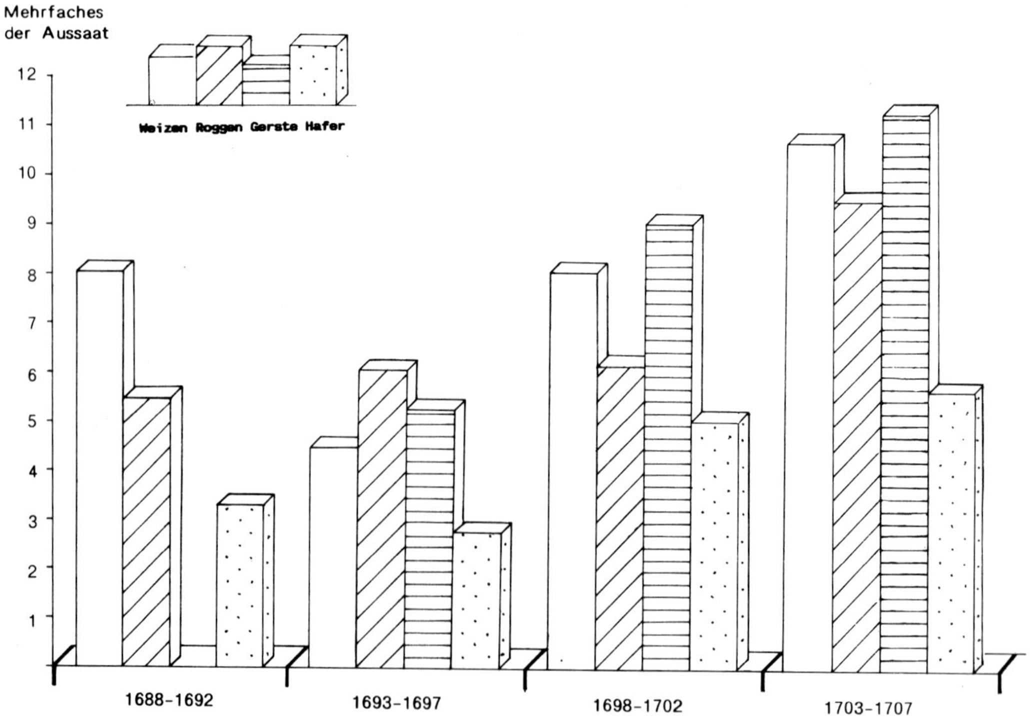


Mittlere jährliche Ernteerträge der vier wichtigsten Getreidesorten auf dem Baiersröder Hof 1688-1707 (als Mehrfaches der Aussaatmenge).

Ein halbes Jahrhundert nach der Umwandlung des Baiersröder Hofs in einen Gutsbetrieb sah sich das Kloster wohl aus organisatorischen und personellen Gründen veranlaßt, wiederum weltliche Hofleute mit der praktischen Bewirtschaftung des Hofes zu betrauen, auch wenn er weiterhin unter der Aufsicht eines klösterlichen Ökonomen verblieb. Pater Bernhard Lipp berichtete 1744 in einer sehr lebensnahen Schilderung von den großen Schwierigkeiten, die er über Jahre mit diesen Hofleuten hatte: *Beyde Hoffleuth, Joannes Heyd und Anton Hartert, haben vom Closter eine Leyhe auff neun Jahr ohne einiges Leyhgeld wie sonst gebrauchlich empfangen*, schreibt er, *und weil ihre Weiber auff einem Heerd sich nicht konten vertragen, ist mit nicht geringen Unkosten daß Hauß abgetheilet worden. Doch hat dieß nicht soviel vermöget, daß sie ohne Haß und Neid oder Gezänck wegen Eigennutz, Übelreden, Schaden in Gärten und Felder, unter sich einig lebten oder gegen daß Closter in Leistung gebührender Diensten danckbar sich erzeigten.* Und er fährt fort: *Ihnen zwar gefiele besonders frey von allen Beschwärungen auff dem Hoff zu sitzen und wünschten darbey nichts mehr als wie andere Pfachtleuth ohne eines anderen Menschens Auffsehen zu seyn und ihren Nutzen wie sie nur wollten recht zu prüfen, aber dem Closter viele Diensten zu leisten war ihnen zuwieder und zuviel. Hingegegen alles waß sie empfingen vom Closter zu wenig. Niemahlen haben sie ohne Wiedersprechen vom Closter etwas gutwillig gethan oder thun wollen ausser deme, waß in ihrer Leyhe außdrücklich ware*[154].

Es würde zu weit führen, hier das von Pater Bernhard Lipp sehr plastisch geschilderte widerspenstige Verhalten der Hofleute im Einzelnen zu beschreiben. Die Klagen des Paters reichen von der schlechten Verköstigung, die er und der Schäfer auf dem Hof erfuhren, der Plünderung der im Weinkeller liegenden Fäßchen, die immer wieder im Kloster nachgefüllt werden mußten, und dem Ausfischen der Hofweiher, bis zur Unwilligkeit, Arbeiten auf dem Hof oder Dienste für das Kloster zu verrichten. Selbst bei der Bebauung der Felder und der Teilung der Ernte zwischen den Hofleuten und dem Kloster verhielten sie sich widersetzlich und unaufrichtig. So wie sie sich weigerten, die Heilige Messe des Paters zu besuchen, so widersetzten sich selbst ihre Kinder *in der Kinderlehr*, die ihnen der Pater geben wollte.

Typisch für die heftigen Auseinandersetzungen, die der Ilbenstädter Pater mit den Hofleuten hatte, ist ein von ihm geschildeter Streit, der 1742 aus einem nichtigen Anlaß entstand. Der Pater hatte, wie er schreibt, den Buben des Hofmanns zur Rede gestellt, der sich den Magen an unreifen Sauerkirschen verdorben hatte und ihm mit Schlägen gedroht, falls er ihn noch einmal erwischen würde. *Auff dieß kame der Hoffmann, machte mit Greischen den Anfang seiner Ansprach, alswan ich seine Dienstboten und Hausleuth übel wollte tractieren und tractierte, nennte den Buben ein Fuxschwentzen etc., das ich seinen Leuthen nichts hätte zu sagen, er müste ihnen Brod geben. Ich wiedersetzte, daß ich nichts mit dem Hoffmann hätte zu thun, es schiene wol, das er ein Grischer und Zäncker ...* In dieser Situation gab ein Wort das andere, bis der Pater schließlich auf die Standesunterschiede und das Verhältnis zwischen dem Hofmann und dem Kloster hinweisen mußte, was den Zorn des Hofmanns gänzlich überschäumen ließ: *Darauff sagte ich ihme seine gebührende Baurentitel, daß er ein grober untreuer Mann, wie ein etc. mit mir umbgangen, und weilen er sagte 'Das sagt mir kein rechtschaffener Geistliche' und vor mir stunde und forderte eine Ohrfeigen, das ich nur einmahl schlagen sollte, nahme ich ihne bey dem Hembt, zoge ihn zur Thür und sagte ihm, daß indeme er sich so widerspenstig gegen mich seinen Herrn zeigte, vor der Thür wäre. Als ich aber den Hoffmann zur Thür wollte führen, hat sein Sohn Niclas mich übern Hauffen gestossen und ich und der Hoffman auff den Boden gefallen.* Auch wenn man annehmen darf, daß das Verhältnis zwischen dem Kloster und den Baiersröder Hofleuten in dieser Zeit unter Spannungen persönlicher Art besonders zu leiden hatte, so wird doch der Kontrast zu den Verhältnissen des frühen 17. Jahrhunderts besonders deutlich, als Propst und Konvent von Ilbenstadt ihre langjährige Pächterin als ihre *erbare und tugentsame* Hoffrau bezeichnen konnten[155].

## Die Säkularisierung des Baiersröder Hofes 1803

Am Ende der Feudalzeit teilte der Baiersröder Hof das 'Schicksal' des Klosters Ilbenstadt, das zur Manövriermasse in den Säkularisationsverhandlungen wurde und zum Objekt bei den tiefgehenden Güter- und Besitzverschiebungen in weiten Teilen des zerfallenden Deutschen Reiches, die die Eroberungspolitik Napoleons ausgelöst hatte. Nachdem schon in den letzten Jahren des 18. Jahrhunderts in Verhandlungen mit Frankreich Säkularisationsprojekte erwogen worden waren[156], wurde das Kloster durch die Ratifikation des Reichsdeputationshauptschlusses vom 25. Febr. 1803 am 28. April des Jahres aufgehoben. Durch § 20 Abs. 5 dieses Abkommens wurde dem Grafen von Leiningen-Westerburg, ältere Linie, als Entschädigung für die mit dem Frieden von Lunéville (1801) an Frankreich gefallene linksrheinische Grafschaft Grünstadt in der Pfalz *die Abtey und das Kloster Ilbenstadt in der Wetterau, mit der Landeshoheit in ihrem geschlossenen Umfange (enclos)*[157] zugewiesen[158]. Dazu gehörten 1,25 Quadratmeilen Landes und 3.126 Einwohner sowie Einkünfte von 20.000 fl.[159].
Die Grafen von Alt-Leiningen residierten seit dem Vertrag mit der Neu-Leininger Linie (1806) im ehemaligen Kloster Ilbenstadt, das die Mönche nach einer finanziellen Abfindung durch den Grafen hatten verlassen müssen. 1805 verkaufte Graf Christian von Alt-Leiningen-Westerburg dem Kurfürsten von Hessen-Kassel den gesamten ehemaligen Klosterbesitz, jedoch trat der Kaufvertrag für die auf dem Gebiet des Großherzogtums Hessen-Darmstadt liegenden Güter nicht in Kraft[160]. Der Baiersröder Hof wechselte nach dem kurzen Leininger Zwischenspiel schon 1804 seinen Besitzer und kam an Kurhessen. Zum Ankauf des Baiersröder Hofes und der beiden Hirzbacher Höfe und zur Berichtigung eines dem Grafen Christian Carl von Altleinigen-Westerburg gegebenen Darlehens bewilligte die Oberrentkammer der kurfürstlichen Rentkammer ein Kapital von 200.000 fl.[161].

Bei der Zusammenstellung aller versicherten Gebäude in Marköbel für das Kataster des Jahres 1811[162] griff man auf eine Gebäudeschätzung vom 30. November 1805 zurück, die in Baiersrode ein großes Wohnhaus, zwei Scheuern, einen Remisenbau und Schafstall, zwei Schweineställe, einen Pferde-, Kuh- und Ochsenstall, die Branntweinbrennerei und das Badehaus anführte, die zusammen zu einem Wert von 16.410

fl. veranschlagt wurden, während die 59 *assekurirten Gebäude* in Marköbel selbst zusammen nicht einmal auf das Doppelte geschätzt wurden.

## Der Baiersröder Hof als Staatsdomäne

Seit dem Erwerb des Hofes von Graf Christian von Altleinigen-Westerburg (1804) war der Baiersröder Hof kurhessische Domäne[163]. 1866 wurde er preußische Staatsdomäne. Im Auftrag des Preußischen Finanzministeriums in Berlin wurde er von der Abteilung für direkte Steuern, Domänen und Forsten der Königlichen Regierung in Kassel verwaltet.
Bis Petri 1865 war der Baiersröder Hof mit seinem geschlossenen Areal von 554 1/2 Kasseler Ackern Land für jährlich 2.000 Reichstaler an den Landwirt Theodor Baist verpachtet, der 1865 in einem neuen Pachtvertrag auch die zwei Hirzbacher Domänenhöfe mit 217 1/2 Kasseler Acker für eine Gesamtpacht von 3.883 Reichstaler übernahm. Baist hatte jedoch auf seinem erweiterten Pachtgut wenig Glück. Durch Mißernten und Viehseuchen wurde er wirtschaftlich zurückgeworfen, so daß er schon zwei Jahre später nicht mehr genug Betriebskapital aufbringen konnte, um die Güter erfolgreich bewirtschaften zu können[164].
Mit Vertrag vom 30. Dez. 1867[165] trat der in Herford in Westfalen geborene Landwirt Wilhelm Schwarz aus Wölfersheim in die noch bis Petri 1877 dauernde Leihe des Baiersröder Hofs und der beiden Hirzbacher Höfe ein und übernahm damit alle durch den Pachtvertrag bedingten Verbindlichkeiten[166]. An Baist hatte er einen Abstand von 9.000 fl. zu zahlen. Das Inventar und die Vorräte übernahm er zu einem gemeinsam zu taxierenden Preis. Baist durfte nach dem Vertrag noch bis Martini des Jahres 1868 in fünf Zimmern im oberen Stockwerk des Hofhauses wohnen bleiben, mußte aber danach auch diese Wohnung räumen. Am 1. Januar 1868[167], erklärte Theodor Baist vor dem Königlichen Rentmeister Löber zu Windecken dementsprechend, daß er, ohne sich in seinen Vermögensverhältnissen durch die mehrfach erlittenen Viehverluste und die häufigen Mißernten zu ruinieren, nicht in der Lage sei, das Pachtverhältnis des Baiersröder Hofes und der zwei Hirzbacher Höfe fortzusetzen. Er habe darum die Pacht mit dem vorgelegten Vertrag an Wilhelm Schwarz übergeben, der seinerseits damit einverstanden war und Bescheinigungen über seine wirtschaftlichen und finanziellen Verhältnisse vorlegte. Mit ihm werde, wie der bereits 59jährige Wilhelm Schwarz erklärte, sein auf dem landwirtschaftlichen Institut bei Wiesbaden ausgebildeter Sohn Ferdinand die Verwaltung des Hofes übernehmen.
Der Königlichen Regierung in Kassel berichtete der Rentmeister einen Tag später[168], Theodor Baist schulde dem Staat noch mehr als 1.112 Taler Pacht und sei deshalb am 28. Dezember letzten Jahres gepfändet worden. Wilhelm Schwarz dagegen gelte als ein tüchtiger Oekonom, der ein Gut von mehr als 100 Morgen in Wölfersheim, ein *nicht unbedeutendes Barvermögen und ein vollständiges Inventar für ein Areal von 300 Morgen* besitze. Sein Barvermögen wolle er *zum Ankauf des fehlenden Inventars und*

*zur Verbesserung der Grundstücke* auf dem Baiersröder Hof verwenden. Er empfahl darum der Regierung in Kassel, der Übergabe des Pachtverhältnisses an Schwarz zuzustimmen. Nachdem die Regierung weitere Erkundigungen über die Vermögensverhältnisse und die Befähigungen der neuen Pächter hatte einholen lassen und Schwarz die gewünschten Bescheinigungen beigebracht hatte, befürwortete die Kasseler Regierung gegenüber dem preußischen Finanzminister in Berlin die Übergabe des Pachtgutes an Wilhelm Schwarz[169]. Schon am 2. Februar 1868 genehmigte der Finanzminister die Übernahme des Pachtverhältnisses, so daß der Rentmeister zu Windecken am 12. Februar die Übergabeformalitäten abwickeln konnte. Trotz der erheblichen wirtschaftlichen Schwierigkeiten, mit denen die Pächter seit der Übernahme der Domäne kämpfen mußten, blieb der Baiersröder Hof für vier Generationen bis in die Gegenwart Pachtgut der Familie Schwarz. Während ihrer Pachtzeit wandelte sich der Hof - unter erheblichen Übergangs- und Anpassungsschwierigkeiten - wirtschaftlich und strukturell von einem spätfeudalen Gutsbetrieb zu einem nach modernen landwirtschaftlichen Methoden produzierenden Domänenbetrieb.

Die beiden neuen Domänenpächter mußten sehr bald erkennen, daß der *Kulturzustand des Gutes ein sehr schlechter (war) und solcher auch wegen seines kalten feuchten Bodens mit undurchlassendem Naturboden durch Drainage, wozu bereits über 300 Gulden von uns verwendet worden sind, gehoben werden müsse*, wie sie im August 1868 an die Regierung in Kassel schrieben[170]. Ihre bisherigen Aufwendungen seien jedoch bei weitem nicht ausreichend, um *das durch unrationellen Betrieb gänzlich verkommene Gut in eine beide Teile befriedigende Ertragsfähigkeit zu versetzen.* Sie seien bereit, Mühen und Geld aufzubringen, baten jedoch die Regierung, ihnen durch die Hilfe bei der Erweiterung der Gebäude zur Seite zu stehen. Schon malten auch sie die Gefahr an die Wand, daß sonst alle Mühe umsonst sei und ihr mühsam erworbenes Vermögen zugrunde gehe, so wie sie in ihren bisherigen Vorgängern traurige Vorbilder hätten. Seit 50 Jahren habe noch kein Pächter auf dem Hof wirtschaftlich bestehen können, sondern sie seien alle bankrott gegangen. Ihr Vorgänger Baist sei, wie sie jetzt gehört hätten, mit 40.000 Gulden Schulden vom Hof abgezogen.

Vater und Sohn Schwarz machten ihrerseits Vorschläge für den Neuaufbau und die Verbesserung des Gutes. Statt der 687 Kasseler Acker Land, die sie nach dem Pachtvertrag übernehmen sollten, fanden sie nur 562 Acker vor, während die restlichen 125 Hute (65 Acker) und Wüstung (60 Acker) waren. Bei der Übergabe des Hofes sei noch überhaupt nichts bestellt gewesen. Alles hätte noch wüst auf den vorjährigen Stoppeln gelegen. Um Platz für 50 Stück Rindvieh und 150 Schafe zu schaffen, die der Größe des Gutes nach auf dem Hof gehalten werden könnten, schlugen sie den Neubau und die Umwandlung von Stallgebäuden und den Bau einer neuen Tränke vor und stellten in Aussicht, statt der bisherigen Branntweinbrennerei die Stärkemehlfabrikation aufzunehmen, die Wilhelm Schwarz schon auf seinem Hof in Wölfersheim betrieben hatte.

Die Regierung in Kassel wies daraufhin den Landbaumeister in Hanau an, einen Teil der vorgeschlagenen Projekte auf dem Baiersröder Hof zu prüfen, lehnte jedoch den

Bau eines neuen Schafstalles nicht nur wegen der Ungeeignetheit des Platzes ab, sondern stellte ihn solange zurück, *bis die Größe, welche der Baiersröder Hof in Folge der eingeleiteten Auseinandersetzung mit der Gemeinde Marköbel und der voraussichtlich durchführbaren Zusammenlegung der dem Domänenfiskus zugehörigen, in der Ostheimer Gemarkung belegenen Grundstücke in der Zukunft erlangen werde, - wenn auch nur annähernd - festgestellt sei*[171]. Wie dringend die Verbesserungen der Betriebssituation auf dem Baiersröder Hof waren zeigt jedoch die Tatsache, daß schon im Frühjahr 1869 die Hofpächter darum bitten mußten, ihnen die fällige Pacht um zwei Monate zu stunden, da ihnen durch die neue Anlage der Stärkefabrik bedeutende Auslagen entstanden seien *und das Produkt augenblicklich bloß mit Verlust abzusetzen sei*[172]. Im September des gleichen Jahres wurden sie durch den Brand auf dem von ihnen ebenfalls gepachteten Hirzbacher Hof zusätzlich hart getroffen, bei dem - ohne ihr Verschulden - Scheunen- und Stallgebäude mit eingelagerten Fruchtvorräten verbrannten. Sie erklärten sich jedoch bereit, auf einen Pachtnachlaß infolge dieses Brandschadens zu verzichten, wenn ihnen das Pachtverhältnis um 3 Jahre bis 1880 verlängert werde[173]. Da ein Marköbler Landwirt und die Gemeindebehörden sich seit dem Brand um Überlassung der Hirzbacher Hofstelle bemühten, trug die Regierung in Kassel dem Finanzministerium in Berlin Überlegungen vor, die in Hirzbach abgebrannten Gebäude zu Baiersrode wiederaufrichten zu lassen und die verbliebene Hofstelle in Hirzbach zu veräußern, nicht aber die Grundstücke, die vom Baiersröder Hof mitbewirtschaftet würden, solange der Ostheimer Domanialbesitz von über 1000 Acker noch nicht zum Hof geschlagen worden seien[174].
Die Aufführung der Neubauten auf dem Baiersröder Hof ließ dennoch lange auf sich warten. Im Herbst 1870 klagte Ferdinand Schwarz vor dem Domänen-Rentmeister in Hanau, im ersten Pachtjahr, 1868, hätten sein Vater und er wegen des schlechten Zustandes, in dem sie das Gut übernommen hätten, nichts geerntet. Im Vorjahr sei ihre Ernte verbrannt und nun werde die neue Ernte wegen fehlender oder schlechter Lagermöglichkeiten durch Nässe zerstört, so daß sie nun befürchten müßten, wie ihre Pachtvorgänger auf dem Hof dem wirtschaftlichen Ruin entgegenzugehen. Er bat darum um Fristverlängerung der Pachtzahlung bis Martini, die von der Regierung umgehend bewilligt wurde. Im Oktober 1870 kam aus Berlin endlich die Genehmigung zur Veräußerung der Hirzbacher Hofstellen und zum Ausführung der gewünschten Bauten zu Baiersrode, die Herrichtung der erweiterten Hofstelle, den Neubau einer Scheune, eines Schafstalls und der notwendigen Schweineställe sowie die Umwandlung des bisherigen Schafstalls in einen Rinderstall. Zugleich wurde das Pachtverhältnis mit Vater und Sohn Schwarz wie gewünscht um drei Jahre bis 1880 verlängert[175].
Die Klagen der Hofpächter rissen dennoch nicht ab. Im Januar 1871 erinnerten sie an die fehlende Drainage der Felder, die die Kartoffelernte und die Aussaat unmöglich mache, mahnten die Wiederherstellung des alten Brennereigebäudes an und klagten über die hohen Wildschäden, weil sich kein Jäger sehen lasse, so daß es wünschenswert sei, daß ihnen auch die Jagd übertragen werde. *Das ganze Feld liegt beinahe*

*rundum mit Wald umgeben, und niemand läßt sich sehen*, so schrieben sie, *uns vor dem Wild zu schützen, so daß uns sämtlicher Ölsamen im vorigen Jahr ruiniert wurde, und soeben ist das Hasenvieh aus allen Gegenden auf unserem Kohl, um denselben bis aus der Wurzel zu verzehren.* Die Regierung in Kassel war bereit auf die Beschwerden der Pächter einzugehen, mußte jedoch die bauliche Instandsetzung des Brennereigebäudes wegen der hohen Kosten des Deutsch-französischen Krieges von 1870/71 zurückstellen[176]. Gerade die Kartoffelstärkemehlfabrik aber war in dieser schwierigen Zeit das wirtschaftliche Rückgrat des Hofes, da die Pächter, wie der Hanauer Landbaumeister 1871 schrieb, nur auf dieses Weise *auf dem so sehr vernachlässigten Gute bestehen* konnten[177]. Erst das Erntejahr 1872 brachte einen reichen Ertrag und leitete endlich eine Sanierungsphase des Hofes ein. Da sich die Genehmigung zum Neubau der Stärkemehlfabrik weiter verzögerte, ließen die Pächter das Fabrikgebäude 1872 zunächst auf eigene Kosten errichten[178]. Nach der Drainierung der Äcker konnten die Pächter darum 1874 auch die Entwässerung des zum Hof gehörenden Wiesengeländes beantragen.

Die wirtschaftlichen Probleme des Hofes, die durch die jahrzehntelange Vernachlässigung des Betriebes, des Wirtschaftslandes und der Hofgebäude entstanden waren, ließen dennoch nicht nach. Im Winter 1875 wurden plötzlich so erhebliche Bauschäden am Hofhaus selbst sichtbar, daß umgehend Sicherungs- und Stützarbeiten notwendig wurden. Für die Hofpächter und ihre Familien ergaben sich dadurch weitere Unannehmlichkeiten und Einschränkungen in der Nutzung des baufälligen Gebäudes. *Also drei Jahre sollen wir noch wohnen ohne Reparatur ?*, klagt Wilhelm Schwarz im Januar 1876 nach einem hinhaltenden Bescheid der Regierung in Kassel, und fährt fort: *In der vorigen Woche kam der Schornsteinfeger und sagte, daß auf der nördlichen Seite der Schornstein eingebrochen. Gendarm Schoßler von Windecken teilte uns mit, sofort das Feuer aus Küche und Ofen zu entfernen, und müsse uns zur Anzeige bringen. ... Zwei Zimmer sind nicht mehr zu bewohnen. Die Verwalter sind vor einigen Wochen ausgezogen, und die Mägde haben sich in die Löcher an der Decke aufgesteckt. Indem wir Königliche Regierung aufs freundlichste ersuchen, uns so rasch wie möglich entgegen zu kommen; denn es ist keine Kleinigkeit, abgestützte Keller, gesprieste Wände, wo Gefächer herunterfallen, die großen schweren Schornsteine überall Sprünge haben und von allen Seiten dem Wetter ausgesetzt sind, mit Frau und Kindern, länger zu wohnen als durchaus nötig ist*[179].

Die Bauschäden an dem jetzt fast zweihundert Jahre alten Gebäude erwiesen sich bei genauerer Überprüfung als so schwerwiegend, daß man sich 1876 auf Drängen der Pächter zu einem völligen Neubau des Hofhauses entschloß. Er entstand westlich des bisherigen Wohngebäudes, so daß nach dessen Abriß der Hofraum deutlich vergrößert werden konnte. Aus dem Erläuterungsbericht des königlichen Bauinspektors zu Hanau vom Sept. 1875 geht hervor, von welchen baulichen Vorstellungen sich die Regierung bei der Planung leiten ließ: *Das Gebäude soll als Ziegelrohbau mit Anwendung von Sandsteinen zu den Freitreppen, Fenstergewänden und Bänken, sowie zu den*

*Gesimsen und Abdeckungen der Giebel aufgeführt und mit Schiefer auf Schalung eingedeckt werden. Dabei sollen die Fundamente in Bruchsteinen zur Ausführung gelangen. Der innere Ausbau wird demjenigen der bürgerlichen Wohnhäuser gleich zu achten sein, wobei die äußeren Türen und Fenster in Eichenholz, die inneren Türen und Fußböden in Tannenholz zu konstruieren sind. Die Kellerräume und Flur des Erdgeschosses sowie die Küche und Speisekammer werden mit starken Sandsteinplatten versehen, die Wände getüncht und tapeziert mit Ausnahme der Küche und Speisekammer sowie der Bodenräume, welche glatt geputzt und abgefärbt werden sollen. ... Die Treppen im Innern sind aus starkem Eichenholz zu konstruieren, die Fenster werden mit einfachem Glas verglast.* Das sparsame preußische Finanzministerium in Berlin genehmigte im Frühjahr 1876 zwar endlich den Neubau, monierte aber die Ausmaße des geplanten Gebäudes, die *weit über das Maß des wirklichen Bedürfnisses* hinausgingen. *Die Flure nehmen überflüssig viel Raum in Anspruch, eventuell könnte auch die Küche, Speisekammer und die Gesindestube in das Kellergeschoß verlegt werden.*

Ein für die ländliche Wohnkultur des späten 19. Jahrhunderts außerordentlich illustrativer Bericht zu dem in Berlin vorgelegten Bauplan macht deutlich, wie man - bei Einhaltung der gebotenen Sparsamkeit der Mittel - die einem größeren Gutshaus angemessene repräsentative Behaglichkeit und die funktionalen Notwendigkeiten des Betriebes sowie die soziale Seite des Miteinanders der 'herrschaftlichen' Familie auf dem Hof zu verbinden suchte[180]. Es erscheint lohnend, aus diesem Bericht längere Passagen zu zitieren, spiegelt er doch nicht nur die Wohnvorstellungen wider, sondern gewährt auch Einblicke in das familiäre Zusammenleben auf dem Hof und das Verhältnis von Pächtern und Gesinde. *Die Haus- und Familienflur, auch als Vor- und Empfangszimmer und auch als Eß- und Kinderspielzimmer zwischen den Wohn- und Geschäftszimmern dienend,* so heißt es darin, *ist ... 16.34 $m^2$ groß, wird durch zwei Fenster zu beiden Seiten der Tür und ein Oberlicht über der Haustür nicht nur vollständig erhellt, sondern auch verschließ- und heizbar gemacht, so daß zur Zierde und häuslichen Annehmlichkeit Blumenstöcke darin aufgestellt und überwintert werden können, wie dieses in dem Wilhelmshöher Pachterhause in sehr ansprechender Weise geschieht. Aus diesem Vorzimmer gelangt man links in die ... 32.86 $m^2$ große Wohnstube und rechts in die ... 23.99 $m^2$ große Geschäftsstube. Aus derselben gelangt man durch eine zweite ... Tür auf die Gesindeflur, welche mit der Küche, der Gesindestube und der zweiten Haustür, auch dem Gesindeabtritt* (Gesindeklosett) *in unmittelbarer Verbindung steht, sodaß in erwähnter Stube, ohne Beschwerlichkeit für die Familie, dem ganzen landwirtschaftlichen Verkehr ungestört Rechnung getragen werden kann.*

Besonders deutlich werden die Wohnansprüche der Pächterfamilien in der Bedeutung der großen Besuchsstube: *Die Besuchsstube im oberen Geschoß 6.23 Meter lang und 5.42 breit ... darf in einer anständigen Pachterwohnung nicht fehlen. Bei den gewöhnlich sehr langen Pachtperioden wird auch auf den Wechsel der Generationen einige Rücksicht zu nehmen sein. Mit jungen einziehenden Pächtern stehen oft auch Schwie-*

*gereltern etc. in Verbindung, und bei älteren Pächtern pflegt nicht selten eine Übergabe des Gutes einzutreten, ohne daß sich die Familienangehörigen voneinander trennen. Nötig und für die Verpachtung des Gutes von Einfluß erscheint es daher, hierauf und somit auf eine kleine Auszügerwohnung (Leibzucht) Bedacht zu nehmen, wie solches in dem Entwurfe geschehen ist.*
Auch wenn die Pächterfamilien mit ihrem Gesinde unter einem Dach lebten, wurde doch auf eine deutliche Trennung zwischen dem Familien- und dem Gesinde- und Wirtschaftsbereich Wert gelegt[181]: *Hiernach ist das [Dach]geschoß, welches statt hoher steinerner kostspieliger und schwer zu unterhaltender Giebelwände, sehr billig mit äußeren Blend- und inneren Fachwänden hergestellt wird, ganz unentbehrlich, die Gesindeschlafkammern, Vorratskammern, die Rauchkammer, Zimmer für Näherinnen und Sattler etc., dsgl. Krankenzimmer und zur Einquartierung aufzunehmen. Aus Sanitätsrücksichten ist darauf Bedacht genommen,* so heißt es ausdrücklich, *daß die Familien- und Gesindeabtritte gesonderte Kloakgruben erhalten.*

Obwohl die Pächter ihrer schwierigen Wohn- und Wirtschaftsverhältnisse wegen wiederholt auf den Baubeginn drängten, konnte doch erst im Frühjahr 1877 zwischen der Baudirektion in Hanau und der Regierung in Kassel Einigung über die endgültige Bauausführung erzielt werden. Am 26. Mai 1877 gab das preußische Finanzministerium die Genehmigung zum Bau, dessen Kosten auf 37.500 Reichsmark veranschlagt wurden[182]. Der Neubau wurde glücklicherweise rascher fertiggestellt, als es nach dem bisher nur schleppenden Verfahren zwischen den beteiligten Behörden zu erwarten gewesen wäre. Im Februar 1878 fehlte nur noch der Innenanstrich und die Tapeten, so daß das neue Wohnhaus im Sommer 1878 bezogen und das alte baufällige Gebäude abgebrochen werden konnte[183]. Der vermutlich am alten Wohnhaus angebrachte Ilbenstädter Wappenstein aus dem ausgehenden 17. Jahrhundert ist heute in den großen Scheunenbau eingemauert.

Mit dem Beginn des Neubaus des Pächterhauses traten zugleich auch die baulichen Notwendigkeiten des Wirtschaftsbetriebes wieder in den Vordergrund. Der Hanauer Bauinspektor berichtete im August 1877 nach Kassel, für die zu erwartende Vergrößerung des Hofgutes um 400 Morgen fehle es an einem Fruchtspeicher und einer Wagen- und Geräteremise. Diesen Mangel könne man am besten durch den Neubau zwischen Scheune und Viehstall abhelfen, der im Erdgeschoß die Remisen und darüber drei niedrige Fruchtspeicher enthalten solle[184]. Wilhelm Schwarz bestätigte und bekräftigte, daß es ihm so sehr an Lagermöglichkeiten fehle, daß er die Hauptdrescherei bis in das Frühjahr zurückstellen müsse. Während Ferdinand Schwarz noch 1875 zuversichtlich geschrieben hatte: *Da ich mit meinen 7 Jungen so gestellt bin, daß ich hiesige Domäne wieder pachten muß, liegt es in meinem Interesse, alles auf das Solideste herzustellen, um später keine Reparaturen zu haben*[185], schrieben die Pächter jetzt beinahe hoffnungslos: *Uns ist es leid, wenn gebaut werden muß. Bitte Sie, mich vor der neuen Verpachtung zu verschonen.*

1880 jedoch verlängerte die Königliche Regierung in Kassel das Pachtverhältnis mit Ferdinand Schwarz bis Johanni 1898[186]. Im Juli 1897 ermächtigte das Preußische Ministerium für Landwirtschaft, Domänen und Forsten die Regierung in Kassel, mit dem Sohn des bisherigen Pächters, Gustav Ferdinand Schwarz und dessen Frau Anna Marie für 15.000 RM jährlichen Pachtzins den Vertrag für die Pachtzeit von 1898 - 1916, also auf weitere 18 Jahre abzuschließen[187].
Nach der wirtschaftlichen Erholung des Betriebes und nachdem die Stärkemehlfabrik in Gang gekommen war, wurden zu Baiersrode zwischen dem 1. April und dem 15. November alljährlich 12-18 fremde Arbeiter beschäftigt, die auf dem Hof Kost und Logis hatten. Nach dem Abriß des alten Hofhauses, in dem die Arbeiter zuletzt in zwei Zimmern geschlafen hatten, ersuchte Ferdinand Schwarz 1879 um den Neubau eines Arbeiterschuppens[188]. Es liegt auf der Hand, daß sich Vater und Sohn Schwarz mit Recht nicht nur als Landwirte und Domänenpächter, sondern auch als Unternehmer fühlten, wie es der von ihnen zu dieser Zeit verwendete Briefkopf[189] *'W. Schwarz &*

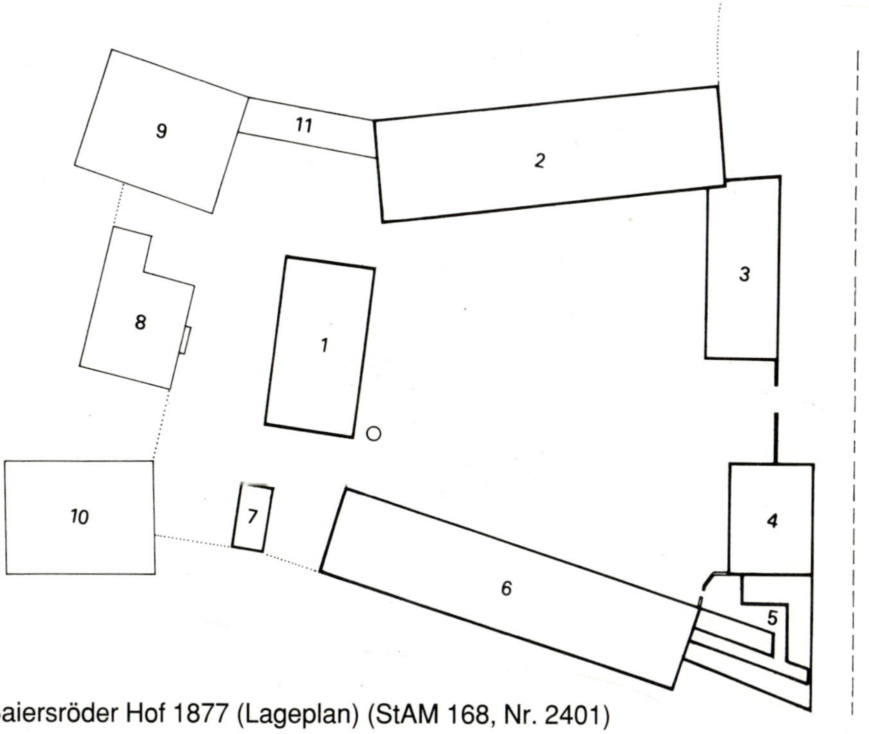


Der Baiersröder Hof 1877 (Lageplan) (StAM 168, Nr. 2401)

| | | | | | |
|---|---|---|---|---|---|
| 1 | Altes Wohnhaus | 5 | Schweineställe | 9 | Neuer Schafstall |
| 2 | Alte Scheuer | 6 | Viehstall | 10 | Neue Scheuer |
| 3 | Fabrik-Gelände | 7 | Backhaus | 11 | Remise |
| 4 | Alter Schafstall | 8 | Neues Wohnhaus | | |

*Sohn, Königl. Domaine, Baiersröder Hof bei Hanau. Kartoffel-Mehl-Fabrik'* deutlich ausdrückt. Die Jahrzehnte vor dem Ersten Weltkrieg brachten in der betrieblichen Struktur des Baiersröder Hofes weitere wichtige Veränderungen[190]: Neben dem Anbau von Kartoffeln, die man in der Stärkemehlfabrik verarbeitete, wurde 1882 auch der Anbau von Zuckerrüben aufgenommen, die man zunächst nach Waghäusel lieferte. Mit dem Bau der Zuckerfabrik in Friedberg 1883 wurde der Anbau stark ausgeweitet. Bis heute ist er eine wesentliche Grundlage des Betriebes. Von 1886 bis 1935 belieferte der Baiersröder Hof die drei Krankenhäuser zu Hanau mit Frischmilch. Seit 1900 wurde eine Schweineherdbuchzucht aufgebaut.
Seit der Übernahme der Domäne durch den preußischen Staat 1866 bildete der Hof mit seinen Ländereien einen eigenständigen Gutsbezirk, der an die Gemeinde Marköbel Gemeinde-, Schul- und Kirchensteuern und an den Landkreis Kreissteuern zu entrichten hatte. Nach einem Verzeichnis der zum Baiersröder Hof gehörenden Grundstücke von 1897[191] umfaßte das Hofland zu dieser Zeit 35 Äcker von zusammen 203.1 ha, 7 Wiesen von 17.5 ha sowie Gärten, Teiche, Wegeparzellen und die Hofstelle

Die Pächter des Baiersröder Hofes und ihr Gesinde zu Beginn des 20. Jahrhunderts. Foto im Besitz des Domänenpächters Walter Scheuerle.

selbst von zusammen etwa 6.4 ha. Von den 227 ha Hofland wurden demnach etwa 89.5% als Ackerland und 7.7% als Grünland genutzt. 57 % des Hoflandes lagen in der Gemarkung Marköbel, 42.2 % in Ostheim und 0.8% in der Gemarkung Düdelsheim. Das 1886 dem Hof zugeschlagene Domänenland in der Gemarkung Ostheim wurde

1919 wieder vom Hof getrennt. 1895 lebten auf dem Baiersröder Hof einschließlich der Familienangehörigen der Pächter und des Personals 37 Personen. Erst 1927/28 wurde der Gutsbezirk aufgelöst. Dabei wurden 5/7 der Fläche des Gutsbezirks (124 ha) der Gemeinde Marköbel, 2/7 (60 ha) der Gemeinde Ostheim zugeteilt[192].
Die Zwischenkriegsjahre, aber auch die Jahrzehnte nach dem Zweiten Weltkrieg standen vor allem im Zeichen der raschen Mechanisierung der Betriebsabläufe auf dem Hof[193]. Nachdem man seit 1886 einen Dampfpflug auf dem Hof einsetzte, der bis 1928 verwendet wurde, konnte 1933 der erste rationell einsetzbare Traktor angeschafft werden. Die Zahl der eingesetzten Pferdegespanne ging von 15 um 1919 auf 6 im Jahr 1960 zurück. Die seit 1898 genutzte stationäre Dreschmaschine[194], die seit 1922/23 elektrisch betrieben wurde, konnte im gleichen Jahr durch fahrbare Dampfdreschlokomobile ersetzt werden. Den elektrischen Strom erzeugte man in den Jahren 1918-1921 mit Hilfe eines Benzinmotors, bis der Hof 1921 an das öffentliche Stromnetz angeschlossen wurde. Seit 1959 sind die heute üblichen Mähdrescher in Gebrauch. Um 1925 wurde auf dem Hof, der alte Schäfereiberechtigungen zu Hirzbach und Baiersrode besaß, noch eine Schafherde von etwa 300 Tieren gehalten. Die Rindviehhaltung, die 1960 noch 70 Milchkühe und etwa 60 Stück Jungvieh umfaßte, wurde 1964 eingestellt.

Gustav Ferdinand Schwarz, der 1898 Pächter auf dem Baiersröder Hof geworden war, bewirtschaftete das Gut auch in den beiden folgenden Pachtperioden bis zu seinem Tod 1945. Ab 1936 war sein Sohn Wilhelm Schwarz Mitpächter und bis 1976 alleiniger Pächter der Domäne. Aus wirtschaftlichen, aus Altersgründen und weil kein direkter Nachfolger vorhanden war, übernahmen am 1. Januar 1976 Walter Scheuerle und seine Frau Ingrid die Wirtschaftsführung und traten somit in den laufenden Pachtvertrag 1970/88 ein.

Die Wirtschaft des Hofes wird heute durch Anbau von Getreide (ca. 55% des Aufkommens) und Zuckerrüben (ca. 35 %) sowie die Schweinemast (ca. 10 %) bestimmt. Als anerkannter Saatgutbetrieb beliefert der Baiersröder Hof Landwirte innerhalb und außerhalb Hessens mit Saatgut. Mit den Fortschritten in der landwirtschaftlichen Produktion, die in den vergangenen 150 Jahren durch die Einführung des Mineraldüngers, die Erfolge der Saatzucht und die Mechanisierung erzielt wurden[195], konnten die Erträge um ein Vielfaches gesteigert werden. Gegenüber der Zeit um 1700 haben sich die Erntemengen im Verhältnis zur Aussaat etwa vervierfacht[196]. Im Jahr 1700 konnte von dem zum Hof gehörenden Ackerland von rund 104.2 ha nur etwa zwei Drittel bebaut werden, während man etwa ein Drittel brachliegen lassen mußte. Um die darauf im Jahr 1700 erzeugten Getreidemenge von zusammen etwa 313 dz zu erzeugen, würden heute etwa 5.65 ha ausreichen. Während noch nach der Jahrhundertwende einschließlich der Tagelöhner und Saisonarbeiter bis zu 40 Personen auf dem Hof beschäftigt waren, wird die Gesamtfläche heute vom Hofpächter und drei Angestellten bewirtschaftet.

Kaum ein anderer Hof in Hessen kann auf eine ähnliche lange und in den historischen Quellen vergleichbar gut dokumentierte Geschichte zurückblicken wie der Baiersröder Hof bei Marköbel. Seit achteinhalb Jahrhunderten folgt das Leben und Arbeiten auf dem Hof dem Rhythmus von Aussaat und Ernte. In dieser Zeit hatte die heutige Domäne, beispielhaft für viele andere Güter nicht nur in der Wetterau, teil an allen wesentlichen Entwicklungen der deutschen Agrargeschichte. In der hochmittelalterlichen Rodungsphase entstanden, war seine Geschichte für Jahrhunderte eng mit der des Klosters Ilbenstadt verbunden. In dieser Zeit wurde er von hörigen Bauern bebaut und von adligen und bäuerlichen Landsiedeln bewirtschaftet. Nach der Zerstörung im Dreißigjährigen Krieg und dem Wiederaufbau führte die Umwandlung in einen Ilbenstädter Gutsbetrieb zu einer erneuten wirtschaftlichen Blüte. Mit der Säkularisation wurde der Baiersröder Hof hessische, 1866 preußische Domäne. Seit 1945 ist er wiederum hessische Staatsdomäne. Seit dem letzten Drittel des 19. Jahrhundert prägten technische, organisatorische und strukturelle Wandlungen die Entwicklung des Hofes von einem spätfeudalen Gutshof hin zu einem modern bewirtschafteten agrarischen Großbetrieb.

## Anmerkungen

1 1139 Dez. 12: Heinrich REIMER (Bearb.), Hessisches Urkundenbuch, 2. Abt.: Urkundenbuch der Herren von Hanau und der ehemaligen Provinz Hanau, 4 Bde. (PublPreußStaatsArch 3, 19, 73), 1879-1899 [künftig zitiert: REIMER, Bd. Nr.], hier Bd. 1, Nr. 78; Ludwig CLEMM, Die Urkunden der Prämonstratenserstifter Ober- und Niederilbenstadt, in: ArchHessG NF. 14, 1925, S. 129-223, 617-666; NF. 15, 1928, S. 147-224, 385-517 [künftig zitiert: CLEMM, Nr.], hier Nr. 14. - Zur Urkunde und zu den päpstlichen Schutzprivilegien für Ilbenstadt s. Lothar E. TRÄDER, Geschichte der wirtschaftlichen Entwicklung des Klosters Ober-Ilbenstadt in der Wetterau, Phil. Diss. Frankfurt o.J. [1959], S. 81-84.

2 StAD B 6, Nr. 12.

3 S. die Hinweise bei CLEMM Nr. 14.

4 Zur Archiv- und Quellenlage zur Geschichte des Klosters Ilbenstadt s. Wilhelm DERSCH, Hessisches Klosterbuch (VeröffHistKommHess 12), 2. Aufl. 1940, S. 88-90.

5 S. Ludwig CLEMM, Aus der ältesten Geschichte des Klosters Ilbenstadt, in: FriedbGBll 6, 1923, S. 29-31.

6 1123: Manfred STIMMIG (Bearb.), Mainzer Urkundenbuch, Bd. 1: Die Urkunden bis zum Tode Erzbischof Adalberts I. (1137), 1932, Nr. 513; zum Gründungsvorgang s. auch Karl Heinrich SCHMITT, Erzbischof Adalbert I. von Mainz (1111-1137) als Landesfürst, Diss. Gießen 1914, S. 12 ff.; Ludwig FALCK, Die Erzbischöfe von Mainz und ihre Klöster in der 1. Hälfte des 12. Jahrhunderts, Diss. Marburg (Maschr.) 1952, bes. S. 24; Wolf-Arno KROPAT, Reich, Adel und Kirche in der Wetterau von der Karolinger- bis zur Stauferzeit (Schriften des Hessischen Landesamtes für geschichtliche Landeskunde 28), 1965, S. 116. - Zur Gütergeschichte s. Franz Paul MITTERMAIER, Zur Gütergeschichte der Prämonstratenserstifte Ober- und Niederilbenstadt in der Wetterau, in: ArchHessG NF. 24, 1952/53, S. 89-118, hier S. 89.

7 Zu den hochmittelalterlichen Rodungen s. Hans-Jürgen NITZ, Zur räumlichen Organisation der Binnenkolonisation im Früh- und Hochmittelalter, in: Berichte zur Deutschen Landeskunde 49, 1975, S. 3-25; Werner RÖSENER, Bauern im Mittelalter, 1985, S. 40-54.

8 S. Adolf BACH, Deutsche Namenkunde, Bd. II: Die deutschen Ortsnamen, T. 2, S. 373-380. - S. dazu auch: Bernd VIELSMEIER, Die Marköbeler Gemarkung und ihre Namen, in diesem Band, S. . Meinem Gießener Kollegen Bernd Vielsmeier bin ich für zahlreiche wertvolle Hinweise zu besonderem Dank verpflichtet.

9 S. dazu Friedrich HECK, Zum 800jährigen Jubiläum von Hirzbach, in: Hanauisches Magazin 8, 1929, S. 20-23; VIELSMEIER, Marköbeler Gemarkung, S. .

10 S. W. GOEZ, Art. Allod, in: HRG 1, 1971, Sp. 120 f.

11 G. MALDFELD, Auf welche Weise kamen die Kappenberger zu Gütern in der Wetterau ?, in: FriedbGBll 7, 1925, S. 93.

12 Zur Besitzgeschichte der Konradiner s. Irmgard DIETRICH, Das Haus der Konradiner. Untersuchungen zur Verfassungsgeschichte der späten Karolingerzeit, Diss. Marburg (Maschr.), 1952, S. 33 ff.

13 CLEMM, Älteste Geschichte S. 30.

14 Franz Paul MITTERMAIER, Die Herkunft der wetterauischen Güter der Grafen von Kappenberg, in: MittObHessGV NF. 32, 1934, S. 249-256.

15 MITTERMAIER, Herkunft S. 251.

16 MITTERMAIER, Herkunft S. 254; s. auch DERS., Gütergeschichte S. 89.

17 MITTERMAIER, Herkunft S. 254 f.

18 S. auch KROPAT, Reich S. 80.

19 1144 Dez. 2: CLEMM Nr. 19; 1147 Aug. 8: CLEMM Nr. 21; s. Philipp JAFFÉ, Regesta pontificium Romanorum Bd. 2, 1888, Nr. 8669 u. 9113.

20 1166 Jan. 29: MGH DD F I, bearb. Heinrich APPELT, 2. T., 1979, Nr. 504.

21 S. MITTERMAIER, Gütergeschichte S. 99 ff.

22 1319 Juni 29: REIMER 2, Nr. 203; CLEMM Nr. 131.
23 S. dazu Wilhelm ABEL, Agrarkrisen und Agrarkonjunktur. Eine Geschichte der Land- und Ernährungswirtschaft Mitteleuropas seit dem hohen Mittelalter, 3. Aufl. 1978, S. 46-50.
24 1345 März 30: REIMER 2, Nr. 674.
25 S. Wilhelm JOST, Der Deutsche Orden im Rhein-Main-Gau. Ein Quellenbuch für Namenforschung (Gießener Beiträge zur deutschen Philologie 80), 1941, Nr. 1058 u. 1060.
26 1319 Juni 29: REIMER 2, Nr. 203.
27 Zur Bildung von -rode-Namen mit Personennamen im Bestimmungswort s. BACH, Namenkunde II, S. 375. S. VIELSMEIER, Marköbeler Gemarkung S. .
28 GAM (HStA 360, Marköbel) Rechnungen Nr. 71,73-83.
29 1348 Juli 11: REIMER 2, Nr. 754.
30 1365 Okt. 22: REIMER 3, Nr. 507.
31 1367 Apr. 22: StAM K Nr. 350 (Hanauer Kopiar 6), fol. 87-87'; REIMER 3, Nr. 551 Anm.
32 StAM K Nr. 350.
33 Ebd. fol. 86.
34 S. dazu Claudia ULBRICH, Leibherrschaft am Oberrhein im Spätmittelalter (VeröffMaxPlanckInstG 58), 1979, S. 254 ff., hier S. 259-262.
35 S. ULBRICH, Leibherrschaft S. 34 f.; Walter MÜLLER, Entwicklung und Spätformen der Leibeigenschaft am Beispiel der Heiratsbeschränkungen. Die Ehegenoßsame im alemannisch-schweizerischen Raum (Vorträge und Forschungen Sonderbd. 14), 1974, bes. S. 43 ff.; F.J. MONE, Über das Eherecht von Hörigen vom 13.-16. Jahrhundert, in: ZGORh 7, 1856, S. 129-171, bes. S. 151 ff.
36 S. Hans THIEME, Zum hessischen Landsiedelrecht, in: Festschr. Alfred SCHULTZE zum 70. Geburtstag, 1934, S. 207-250, hier S. 217.
37 Zum Landsiedelrecht s. auch: K.A. KROESCHELL, Waldrecht und Landsiedelrecht im Kasseler Raum, in: HessJbLdG 4, 1954, S. 117-154; Eckhart G. FRANZ, Grangien und Landsiedel, in: Wege und Forschungen der Agargeschichte, Festschr. Günther FRANZ, 1967, S. 28-50; Ingomar BOG, Das Landsiedelrecht Hessens im Mittelalter, in: Wirtschaftliche und soziale Strukturen im saekularen Wandel. Festschr. Wilhelm ABEL, Bd. 1, 1974, S. 66-76.
38 S. Hans THIEME, Art. Landsiedelrecht, in: HRG 2, Sp. 1570-1574.
39 BOG, Landsiedelrecht S. 71. - Ingomar BOG, Die wirtschaftlichen Trends, der Staat und die Agrarverfassung in der Geschichte Hessens, in: ZAgarGAgrarSoziol 18, 1970, S. 185-196, hier S. 191.
40 S. BOG, Landsiedelrecht S. 74.
41 BOG, Wirtschaftliche Trends S. 189. - S. auch KROESCHELL, Waldrecht S. 150.
42 BOG, Landsiedelrecht S. 74; THIEME, Landsiedelrecht S. 217.
43 S. Dieter WOLF, Der Raum Karben vom frühen Mittelalter bis zum 18. Jahrhundert, in: 1150 Jahre Karben, 827-1977, Beiträge zur Vergangenheit und Gegenwart einer Stadt (Karbener Hefte 4), 1977, S. 25-65, hier S. 38-40.
44 1347 Apr. 4: REIMER 2, Nr. 723 Anm.
45 S. dazu unten S. .
46 1416 Nov. 25: StAD B 6, Nr. 87. Die Urkunde trägt den Rückvermerk: *Uber den hoiffe Beyers Rode wye er an uns kommen und erwachßen isth*; CLEMM Nr. 331.
47 S. die Diskussion eines Ilbenstädter Landsiedelvertrages für den Dottenfelder Hof bei TRÄDER, Ober-Ilbenstadt S. 108-110.
48 1 Achtel Frankfurter Maßes faßte 4 Sümmer zu je 28.685 l, also 114.74 l (s. Moritz John ELSAS, Umriß der Preise und Löhne in Deutschland vom ausgehenden Mittelalter bis zum Beginn des neunzehnten Jahrhunderts, 3 Bde., 1936-1949, hier Bd. 2, S. 21 f.). 48 Achtel entsprachen demnach 5.507,5 l und bei einem Reduktionsfaktor von 0,7278 für Roggen für die Umrechnung von Liter in Kilogramm (s. Kersten KRÜGER (Hrsg.), Der Ökonomische Staat Landgraf Wilhelms IV., 3. Bd.: Landbuch und Ämterbuch (VeröffHistKommHess 17), 1977, S. 30.) 4008,4 kg.
49 D.h. 2 x 114,74 l = 229,48 l, bei einem Reduktionsfaktor für Weizen von 0,7733; s. KRÜGER, Ökonomischer Staat 3, S. 30.
50 1416 Nov. 25: StAD B 6 Nr. 88; CLEMM Nr. 332.
51 Die Brüder von Karben verzichteten deswegen auch ihrerseits 1416 Nov. 25 (CLEMM Nr. 333) auf eine jährliche Gülte von 7 Pfund Wachs vom Klosterhof in Erbstadt.
52 S. dazu: Der deutsche Territorialstaat im 14. Jahrhundert, hrsg. Hans PATZE (Vorträge und Forschungen 13-14), 2 Bde., 1970.
53 1385 Juli 13: REIMER 4, Nr. 393.
54 REIMER 2, Nr. 17, 221 u. Register S. 889.
55 1343 Nov. 27: REIMER 2, Nr. 634; 1346 vor Sep. 23: REIMER 2, Nr. 699. - Friderich Dugel von Karben und seine Frau trugen Ulrich III. von Hanau 1348 Juni 5 (REIMER 2, Nr. 753 Anm.) ihr Haus zu Großkarben als Erbburglehen zu Windecken auf. Zu den Rittern von Karben als Burgmannen zu Friedberg s. SCHWIND, Marköbel, S. .
56 S. K. HENSS, Festschrift zur 650-Jahr-Feier der Stadt Windecken, 1938, bes. S. 15-19; Bert WORBS, Die Burg in Windecken, in: Stadt Windecken 1288-1988. Historische Festschrift zur 700-Jahr-Feier der Stadterhebung, 1988, S. 64-78.
57 Angehörige der Linie Dugel von Karben waren seit 1329 Vasallen der Grafen von Hanau; s. WOLF, Karben S. 40.
58 S. oben Anm. 53.
59 S. unten S. .
60 REIMER 4, Nr. 393 Anm.
61 Edelknecht Friedrich von Karben wird in den Jahren 1385-1398 genannt; s. REIMER 2, Register S. 889.
62 S. oben S. .
63 StAD F 11 B 3 Konv. 17, hier fol. 30; CLEMM Nr. 363.
64 Ebd.: *Item Herdan von Carbin gibt uns jerlich XLVIII achtel k(orns) von dem haffe zu Beirsrode von XVIII hubin.* - Ruprecht von Karben war in den Jahren 1400-1403 Burgmann zu Friedberg; s. Thomas SCHILP, Die Reichsburg Friedberg im Mittelalter. Regesten der Urkunden 1216-1410 (VeröffHistKommHess 3.2), 1987, S. 377.
65 S. dazu unten S. .
66 Ebd. fol. 81'; CLEMM Nr. 451 (unvollst.).
67 S. dazu: Dirk-Jürgen SCHÄFER, Das historische Rathaus in Marköbel, in diesem Band.
68 S. dazu TRÄDER, Ober-Ilbenstadt S. 107.

69 Zu den Gerichtsverhältnissen in Marköbel im späten Mittelalter s. SCHWIND, Marköbel, S. .
70 CLEMM Nr. 308. - HECK, Hirzbach S. 21.
71 GAM (HStA 360 Marköbel), Rechnung Nr. 72.
72 S. SCHWIND, Marköbel, S. .
73 StAD F 11 B 3 Konv. 17, fol. 102; CLEMM Nr. 439.
74 THIEME, Landsiedelrecht S. 217.
75 1476 Sep. 9: StAD B 6 Nr. 90; CLEMM Nr. 514.
76 1505 Feb. 22: StAD B 6, Nr. 91; StAD F 11 A Konv. 55, Fasc. 4; CLEMM Nr. 579.
77 CLEMM Nr. 572.
78 S. TRÄDER, Ober-Ilbenstadt S. 24.
79 S. TRÄDER, Ober-Ilbenstadt S. 145-147.
80 StAM, Best. 81 Reg. Hanau A 147 Nr. 2 fol. 11.
81 StAM, Best. 81 Reg. Hanau A 147 Nr. 2, fol. 12-14.
82 StAD F 11 B 3, Konv. 17, fol. 77'.
83 StAD F 11 B 3, Konv. 17, fol. 253 f.
84 S. BOG, Wirtschaftliche Trends S. 192 f.
85 StAD F 11 A, Konv. 58 (Extrakt aus dem Schatzungsregister).
86 Zum Weinbau in Marköbel s. Dirk-Jürgen SCHÄFER, Nur die "Wingerde" erinnern noch an den Weinanbau, in diesem Band, S. , bes. S. .
87 GAM (HStA 360 Marköbel), Rechnungen Nrr. 71,73-83. - Zu den Rechnungen s. auch Heinrich BOTT, 839-1939. 1100 Jahre Marköbel. Aus der Geschichte eines Dorfes in der Wetterau, 1939 [künftig zitiert: BOTT], S. 27-34.
88 S. BOTT S. 27. - S. auch Friedrich HECK, Wo lag Weldericheshusen ?, in: HanauMag 7, 1928, S. 54 f.
89 S. SCHWIND, Marköbel S. .
90 StAM Best. 81, Reg. Hanau Nr. 149, Nr. 1, fol. 2 f.
91 S. BOTT S. 29; SCHWIND, Marköbel S. .
92 Zur Sozialgeschichte der hessischen Bauern in der frühen Neuzeit s. auch die außerordentlich anregende Untersuchung von Arthur E. IMHOF, Die verlorenen Welten. Alltagsbewältigung durch unsere Vorfahren - und weshalb wir uns heute so schwer damit tun, 2. Aufl. 1985.
93 StAD F 11 A Konv. 55 Fasc. 3.
94 BOTT, Auszug aus dem Marköbler Gerichtsbuch und anderen Gemeindearchivalien, 1939, unveröffentlicht, [künftig zitiert: BOTT (E)], hier: Auszug aus den Bürgermeisterrechnungen.
95 GAM (HStA 360 Marköbel), Rechnungen Nr. 81, 82.
96 S. dazu BOTT, S. 49 ff.; Ernst SIEGMUND-SCHULTZE, Der Dreißigjährige Krieg, in diesem Band.
97 BOTT S. 51.
98 BOTT (E), Auszüge aus einer Zusammenstellung der Lasten des Baiersröder Hofs.
99 BOTT S. 52.
100 CLEMM Nr. 663.
101 Urk. des Kanzlers Oxenstierna v. 4.12.1632, s. TRÄDER; Ober-Ilbenstadt S.149.
102 R. WILLE, Hanau im 30jährigen Krieg, Anlage 16, S. 656; BOTT S. 54; SIEGMUND-SCHULTZE, S. .
103 BOTT S. 55-59.
104 BOTT S. 59.
105 BOTT S. 55.
106 HECK, Hirzbach S. 21.
107 BOTT (E).
108 Ebd.
109 Ebd.
110 S. Leonhard, KRAFT, Forschungen zur Bau- und Kunstgeschichte des Klosters Ilbenstadt, in: ArchHessG NF. 14, 1925, S. 32-51, 224-260, hier S. 33 u. S. 40; TRÄDER, Ober-Ilbenstadt S. 152; MITTERMAIER, Gütergeschichte S. 115.
111 Zum Dottenfelder Hof s. Willi GIEGERICH, Bad Vilbel. Landschaft, Geschichte, Kunstdenkmäler und Kultur, 1969, S. 235 f.
112 KRAFT, Forschungen S. 227; TRÄDER, Ober-Ilbenstadt S. 151.
113 Zur Entwicklung und Ausbreitung der frühneuzeitlichen Gutsbetriebe s. Wilhelm ABEL, Geschichte der deutschen Landwirtschaft vom frühen Mittelalter bis zum 19. Jahrhundert (Deutsche Agargeschichte 2), 2. Aufl. 1967, S. 203-209; Friedrich-Wilhelm HENNING, Landwirtschaft und ländliche Gesellschaft in Deutschland, Bd. 1: 800 bis 1750, 1979, S. 247-254.
114 Zur Eigenbewirtschaftung der unter der Leitung von *Oeconomi* stehenden Höfe Ilbenstadt, Baiersrode, Dottenfeld und Erbstadt s. TRÄDER, Ober-Ilbenstadt S. 102 f. - BOTT S. 82.
115 StAD F 11 Rechn. von 1698.
116 S. BOTT, S. 82.
117 BOTT (E), Gerichtsbuch Marköbel, Eintr. v. 1685 Aug. 13.
118 BOTT (E).
119 S. BOTT (E), Gerichtsbuch Marköbel S. 44 f., Protokoll v. 1686 Juni 23, ebd. S. 46: Protokoll v. 1687 Apr. 8.
120 BOTT (E), Gerichtsbuch S. 57.
121 StAD B 6, Nr. 92 (Pergamentlibell aus 2 Lagen, durch die Kanzlei zu Hanau beglaubigte Kopie des Originals), Abschrift im Marköbler Gerichtsbuch, S. 214 ff. nach BOTT (E).
122 StAD B 6, Nr. 93 f.
123 StAD B 6, Nr. 95-99; Ackerbuch v. 1705, Bl. 32-38.
124 Zu den Landscheidern s. VIELSMEIER, Marköbeler Gemarkung S.125.
125 Ackerbuch des Baiersröder Hofes von 1705, im Besitz der Hofpächter. Eine Kopie des Ackerbuches wurde mir freundlicherweise von Herrn Walter Scheuerle zur Verfügung gestellt. - Protokoll von 1705 Bl. 1-2, Grenzbeschreibung des freieigentümlichen Hofguts Bl. 3-9.
126 Ebd. Bl. 31.
127 StAM Best. 81 Reg. Hanau B Nr. 83 1/2 /27, fol. 14-14'.

128 StAD F 11 A Konv. 55 Fasc. 3.
129 StAD F 11 A Konv. 58 Fasc. 2.
130 Ackerbuch v. 1705, fol. 39-42.
131 StAD F 11 A Konv. 59-61.
132 S. TRÄDER, Ober-Ilbenstadt S. 156.
133 Ackerbuch von 1705, s. Anm. 125.
134 Zum Baiersröder Hofland gehörten außerdem 2 1/4 Zinsäcker in der Marköbler Gemarkung von zusammen 2 Morgen 15 Ruten sowie 10 Morgen Wiesen und Ackerland zu Düdelsheim (ebd. Bl. 25).
135 S. SCHWIND, Marköbel, S. 125.
136 Nach einem Bericht des Landmesser-Inspektors zu Hanau an den Bürgermeister in Marköbel v. Mai 1860 (GAM (HStA) Nr. 669) entsprach 1 Morgen Marköbeler Maßes 3/4 Acker + 11,174 Quadratruten Kasseler Maßes. 1 Kasseler Acker (zu 150 Quadratruten) ist nach Christian NOBACK, Münz-, Maß- und Gewichtsbuch, Leipzig 1858, S. 315, mit 2376,06 $m^2$, 1 Kasseler Quadratrute mit 15,8404 $m^2$, anzusetzen, so daß sich für den Marköbeler Morgen eine Fläche von 0,195904 ha errechnen läßt.
137 BOTT S. 18.
138 StAD F 11 A Rechnungen, Konv. 28 und Konv. 33.
139 StAD F 11 A Rechnungen, Konv. 33.
140 TRÄDER, Ober-Ilbenstadt S. 116 f., gibt den Anteil der Getreideeinkünfte an den Gesamteinnahmen der Abtei im 17. Jh. mit etwa 80%, im 18. Jh. mit rund 65% an.
141 Aus dem Jahr 1691 liegen keine Zahlen vor.
142 Nach LEOPARD, Die Wetterau und ihr Getreidehandel, 1816 (zitiert nach KATZ, Landarbeiter, S. 8), wurde zu Beginn des 19. Jahrhunderts auf den besten Böden der Wetterau das 13- bis 14-fache der Aussaat geerntet. Zu den Ernteerträgen s. ABEL, S. 225 f.; Friedrich-Wilhelm HENNING, Phasen der landwirtschaftlichen Entwicklung unter besonderer Berücksichtigung der Ertragsverhältnisse, in: ZAgrarGAgrarSoziol 30, 1982, S. 2-27, bes. S. 9-14; M.-J.TITS-DIEUAIDE, Art. Getreide, in: LexMA 4, 1988, Sp. 1416.
143 Zur Bedeutung der Viehzucht im Rahmen der Wirtschaft des Klosters Ilbenstadt s. TRÄDER, Ober-Ilbenstadt S. 126-132.
144 Die Rechnung des Jahres 1698 (StAD F 11 B 4 Nr. 33) nennt: 6 Pferde, 4 Ochsen, 5 Kühe, 2 zweijährige tragende Rinder, 8 Kälber, 2 Mucken und 9 Ferkel, 3 Gänse, 9 Enten, 4 Hahnen und 24 Hühner. Im Jahr 1712 wurden auf dem Hof u.a. 36 Stück Großvieh und 10 Kälber, 25 Schweine und 12 Ferkel gehalten.
145 StAD F 11 B 4, Nr. 33.
146 S. TRÄDER, Ober-Ilbenstadt S. 127.
147 Zur betrieblichen Bedeutung der Schafzucht, die im 1. Drittel des 18. Jahrhunderts rund 18-20% der Klostereinnahmen ausmachte, s. TRÄDER, Ober-Ilbenstadt S. 129.
148 S. oben S. .
149 Zum Obstanbau auf dem Baiersröder Hof s. VIELSMEIER, Marköbeler Gemarkung S. 408.
150 StAD F 11 B 4, Nr. 33.
151 StAD F 11 B 4, Nr. 33.
152 S. dagegen Werner WAGNER, Gesindewesen in Griedel um 1800, in: Wetterauer Gbll 30, 1981, S. 107-115, hier S. 107.
153 Zu den Wanderarbeitern, die zu Beginn des 18. Jahrhunderts im Sommer und Herbst in die fruchtbare Wetterau und das Rhein-Main-Gebiet zogen, s. Eugen KATZ, Landarbeiter und Landwirtschaft in Oberhessen (Münchener Volkswirtschaftliche Studien 64), 1904, S. 11 f.
154 StAD F 11 A Konv. 55 Fasc. 3, Bericht v. 17. März 1744.
155 StAD F 11 A Konv. 55 Fasc. 3.
156 Siehe Karl Frhr. HERTLING, Säkularisationsprojekte aus dem Jahre 1798, in: HistJb 13, 1892, S. 505-513, hier S. 507.
157 CLEMM Nr. 679 nach K. ZEUMER, Quellensammlung zur Geschichte der deutschen Reichsverfassung in Mittelalter und Neuzeit, 1904, S. 445.
158 Ed. BRINCKMEIER, Genealogische Geschichte des uradeligen, reichgräflichen und reichsfürstlichen, standesherrlichen, erlauchten Hauses Leiningen und Leiningen-Westerburg, Bd. 2, 1891, S. 286 f.; S. KRAFT, Forschungen S. 256.
159 BRINCKMEIER, Westerburg S. 286f.
160 KRAFT, Forschungen S. 257.
161 StAM 86 (Hanauer Nachträge), Kasten 18, Nr. 22.1 (Domänen-, Kammer-, Staatskapitalien), S. 389.
162 GAM, Kataster v. 1811.
163 Zur Domäne s. G. NEUSSER, Art. Domäne, in: HRG 1, Sp. 750-754.
164 StAM Best. 168, Nr. 844, Bericht der Regierung in Kassel an den Preußischen Finanzminister v.d.Heydt in Berlin v. 23. Jan. 1868.
165 StAM, Best. 168, Nr. 844.
166 Der folgenden Darstellung liegen Archivexzerpte und Unterlagen aus Familienbesitz zugrunde, die mir der Alt-Pächter des Baiersröder Hofs, Herr Willi Schwarz freundlicherweise zur Verfügung stellte, wofür ich ihm zu besonderem Dank verpflichtet bin.
167 Ebd.
168 Schreiben Löbers an die Königliche Regierung in Kassel vom 2. Jan. 1868, ebd.
169 StAM Best. 168 Nr. 844. Zu dem Inventar auf dem bisher von ihm gepachteten Hof in Wölfersheim gehörte übrigens bereits eine Dampfdreschmaschine mit Inventar und Dampfkessel im Wert von 4800 fl.
170 Ebd. Schreiben v. Aug. 1868.
171 Schr. der Regierung in Kassel v. 26.8.1868, ebd. - Der Domanialbesitz in der Gemarkung Ostheim wurde nach Erlaß der Regierung in Kassel vom 19. Mai 1869 mit der Domäne Baiersröder Hof für das Jahr 1880 vereinigt.
172 Schr. vom 11. März 1869, ebd.
173 Bericht des Rentmeisters in Hanau v. 25. Nov. 1869. - Protokoll des Domänen-Rentmeisters in Hanau v. 11. Dez. 1869, ebd.
174 Bericht der Regierung in Kassel v. 24. Juli 1870, ebd..
175 Schr. des Finanzministeriums in Berlin an die Reg. in Kassel v. 3. Okt. 1870, ebd.
176 Schr. der Regierung in Kassel v. 8. Feb. 1871, ebd.
177 Bericht des Landbaumeisters in Hanau vom 20. Juni 1871, StAM Best. 168, Nr. 2401.
178 Schr. der Reg. in Kassel an das Finanzministerium in Berlin v. 23. Sep. 1872, StAM Best. 168, Nr. 2401.

179 Schr. v. 19. Jan. 1876, ebd.

180 Zu den ländlichen Wohnverhältnissen sowie zur ländlichen Sozialgeschichte und Volkskunde des 19. Jahrhunderts s. die eindrucksvolle Untersuchung von Ingeborg WEBER-KELLERMANN, Landleben im 19. Jahrhundert, 2. Aufl., 1988, hier bes. S. 207 ff.

181 S. WAGNER, Gesindewesen S. 112, der darauf hinweist, daß wegen der in der Wetterau üblichen Realteilung aus den einheimischen Bauernfamilien kaum Gesinde hervorging und Gesinde und Bauern deshalb zwei unterschiedlichen sozialen Schichten angehörten. - Zum Gesindewesen in der Wetterau s. auch: DERS., Gesindewesen am Petershof in Okarben von 1902 bis 1933, in: Gesindewesen in Hessen. Studien zur historischen Entwicklung und sozialkulturellen Ausprägung ländlicher Arbeitsorganisation (Hessische Blätter für Volk- und Kulturforschung 22), 1987, S. 183-196. Im gleichen Band weitere wertvolle Beiträge zum Gesindewesen.

182 Schr. des Finanzministeriums an die Reg. in Kassel v. 26. Mai 1877, StAM Best. 168, Nr. 2401.

183 Schreiben v. Wilhelm Schwarz an die Reg. in Kassel v. 5.2.1878, ebd.

184 Schr. v. 30. Aug. 1877, ebd.

185 Schr. v. 9. Okt. 1875, StAM 168, Nr. 2401.

186 Die folgenden Angaben sind einer Zusammenstellung entnommen, die Herr Werner Hahn, Seeheim, für den Regierungspräsidenten in Darmstadt erstellt hat.

187 Beglaubigte Abschr., im Besitz der Pächter.

188 Schr. v. 22. März 1879, Antwort der Regierung in Kassel v. 2. Apr. 1879, StAM Best. 168, Nr. 2401. - Zu den Wohnverhältnissen der Wanderarbeiter s. Katz, Landarbeiter S. 110 ff.

189 StAM Best. 168, Nr. 2401.

190 Zu den Betriebsverhältnissen der Landwirtschaft um die Jahrhundertwende s. KATZ, Landarbeiter S. 48 ff.

191 Im Besitz der Pächter.

192 Manuskript W. Hahn.

193 Mündl. Angaben v. Herrn Willi Schwarz und Herrn Walter Scheuerle.

194 S. dazu Michael KELLER, Agrartechnik in der Wetterau 1800-1880, in: WetterauerGBll 26, 1977, S. 229-247, hier bes. S. 238 ff.

195 S. KELLER, Agrartechnik, S. 229 ff.

196 Auf dem Baiersröder Hof beträgt das Verhältnis von Saatmenge und Ernteertrag pro ha heute (in Klammern Verhältniszahl): Weizen 2 dz/80 dz (1:40), Roggen 1.5 dz/55 dz (1:36.6), Gerste 1.5 dz/60 dz (1:40), Hafer 1.5 dz/50 dz (1:33.3) (Mündl. Mitteilung von Herrn W. Scheuerle).

# Verzeichnis der Autoren

| | |
|---|---|
| **Bott, Dr., Heinrich (†)** | Studienrat, Hanau. Verfasser der Chronik zur 1100-Jahr-Feier Marköbels 1939. |
| **Dietzel, Ursula** | Laborantin, Hammersbach-Marköbel. |
| **Dietzel, Wilhelm** | Studienrat, Hammersbach-Marköbel. |
| **Glade, Martin** | Rektor der Grundschule Hammersbach, Bruchköbel. |
| **Hausmann, Dr., Jost** | Archivreferendar, Taunusstein-Wehren. Von 1981-1987 als Wissenschaftlicher Angestellter mit der Verzeichnung der hessischen Reichskammergerichts-Akten befasst. |
| **Heck, Johannes (†)** | Pfarrer in Marköbel 1911-1937. |
| **Jung, Karl** | Rentner, Hammersbach-Marköbel. |
| **Jüngling, Peter** | Polizeibeamter, Hanau. Leiter der Archäologischen Arbeitsgemeinschaft des Hanauer Geschichtsvereins. |
| **Oberländer-Simanavicius, Rigobert** | Forstoberrat. Leiter des Hessischen Forstamtes Nidderau in Hanau. |
| **Reuter, Reinhard** | Dipl.-Ing., Akademischer Oberrat, Technische Hochschule Darmstadt, Fachbereich 15 Architektur, Fachgruppe Stadt. |
| **Schäfer, Dirk-Jürgen** | Journalist, Hammersbach-Marköbel. |
| **Schwind, Prof. Dr., Fred** | Leiter des Hessischen Landesamtes für geschichtliche Landeskunde, Marburg. |
| **Siegmund-Schultze, Ernst** | Pfarrer, Hammersbach-Marköbel. |
| **Sirsch, Rudolf** | Theologe, Hammersbach-Marköbel, z.Zt. Bad Nauheim. |
| **Steidte, Johannes** | Optikermeister, Rodenbach. Mitarbeiter der Archäologischen Arbeitsgemeinschaft des Hanauer Geschichtvereins. |
| **Tews, Rainer** | Student, Frankfurt. Mitarbeiter der Archäologischen Arbeitsgemeinschaft des Hanauer Geschichtsvereins. |
| **Trackis, Paul** | Kirchlicher Mitarbeiter, Hammersbach-Marköbel. |
| **Vielsmeier, Bernd** | Doktorand, Schöneck-Büdesheim. Wissenschaftlicher Mitarbeiter am Hessischen Flurnamenarchiv der Justus-Liebig-Universität Gießen. |
| **Volk, Otto** | Doktorand, Marburg. Wissenschaftlicher Mitarbeiter bei der Justus-Liebig-Universität Gießen. |

# Verzeichnis der Abkürzungen und der häufig benutzten Literatur

| | |
|---|---|
| **Abb.** | Abbildung |
| **Anm.** | Anmerkung |
| **Bearb.** | Bearbeiter |
| **Bott** | Dr. Heinrich Bott, 839-1939, 1100 Jahre Marköbel. Aus der Geschichte eines Dorfes in der Wetterau, Hanau 1939. |
| **Bott (E)** | Exzerpte von Dr. Heinrich Bott aus Gemeindearchivalien für die Chronik 1939, zum Teil unveröffentlicht. |
| **BR** | Bürgermeisterrechnungen (bis 1910 unter GAM (HStA) erfasst. Die Rechnungen ab 1911 sowie alle Anlagenbände sind noch nicht nummeriert). |
| **Clemm** | L. Clemm, Die Urkunden der Prämonstratenserstifter Ober- und Nieder-Ilbenstadt, Hessische Regesten, 2. Heft, Darmstadt 1927. |
| **d** | (denarius), Pfennig |
| **Ders.** | Derselbe |
| **Ebd.** | Ebenda |
| **fl** | (florenus), Gulden |
| **GAM** | Gemeindearchiv Marköbel (in der alten Einteilung nach Fächern und darin nach fortlaufender Nummerierung). |
| **GAM (HStA)** | Gemeindearchiv Marköbel (nach der Nummerierung des Hauptstaatsarchivs Wiesbaden). Ein Teil der Altakten wurde 1963 an das HStA Wiesbaden abgegeben und dort von 1-680 neu nummeriert. |
| **Hrsg.** | Herausgeber |
| **HStA** | Hessisches Hauptstaatsarchiv Wiesbaden |
| **KAM** | Kirchenarchiv Marköbel |
| **Reimer** | H. Reimer, Urkundenbuch zur Geschichte der Herren von Hanau und der ehemaligen Provinz Hanau, Hessisches Urkundenbuch, 2. Abteilung, Band 1-4, 1891-1897, Neudruck Osnabrück 1965. |
| **S.** | Seite |
| **ß** | Schilling |
| **SCM** | Schulchronik Marköbel (im Besitz der Grundschule Hammersbach). |
| **StAD** | Hessisches Staatsarchiv Darmstadt |
| **StAM** | Hessisches Staatsarchiv Marburg |
| **Vgl.** | Vergleiche |
| **Zimmermann** | E.J. Zimmermann, Hanau Stadt und Land, Kulturgeschichte und Chronik einer fränkisch-wetterauischen Stadt und ehemaligen Grafschaft. Vermehrte Ausgabe 1919. Unveränderter Nachdruck Hanau 1978. |

## Bildnachweis

Bildnachweis, soweit nicht im jeweiligen Bildtext erwähnt: Historisches Museum Hanau, Seite 2,30. - Dr. F. Kutsch, Museum des Hanauer Geschichtsvereins, Seite 9. - Hessisches Landesvermessungsamt, Vervielfältigungsnummer 89-1-030, Seite 9. - Schriften des Frankfurter Museums für Vor- und Frühgeschichte VI, Seite 14. - Peter Jüngling, Seite 15, 25, 33. - Dirk J. Schäfer, Seite 28, 36, 94, 242, 266. - Hanauer Geschichtsblätter Band 20, Seite 31. - Hess. Staatsarchiv Marburg, Seite 64. - Zimmermann, Hanau Stadt und Land, Seite 68. - Verein für Kultur und Heimatgeschichte Hammersbach, Seite 192, 193, 240, 241, 286. - Kupferstichkabinett Berlin, Seite 75. - Ernst Siegmund-Schultze, Seite 106. - Gemeindearchiv Marköbel, Seite 142, 143, 145, 147, 298. - Rigobert Oberländer-Simanavicius, Seite 149, 170. - Ursula Dietzel, Seite 172, 173, 422, 423. - Wilhelm Möller, Seite 296. - Karl Dietzel, Seite 118. - Mitteilungen des Vereins für Geschichtee und Landeskunde zu Bad Homburg v.d.H., Seite 88. - Paul Trackis, Seite 195. - Mitteilungen des Oberhessischen Geschichtsvereins, Band XXVIII, Seite 91. - Kirchenarchiv Marköbel, Seite 186, 191. - Schreiber, Sinfonie der Straße, Seite 93. - Kreisbildstelle, Seite 219. - Wilhelm Dietzel, Seite 313, 315, 320, 321, 324, 325. - Walter Scheuerle, Seite 342. - Bernd Vielsmeier, Seite 410, 411, 426, 427, 456, 457.